Léon E. Halkin
ERASMUS VON ROTTERDAM

Léon E. Halkin

ERASMUS VON ROTTERDAM

Eine Biographie

Aus dem Französischen
von Enrico Heinemann

Benziger

*Zur Erinnerung an Roland H. Bainton, Professor an der
Yale University, an Margaret Mann Phillips, Professorin an der
London University, und an Clément-M. Bruehl, Sekretär des
Conseil international pour l'édition des œuvres complètes
d'Érasme. Gewidmet Jean Delumeau, Professor am
Collège de France.*

INHALTSVERZEICHNIS

Vorbemerkung

Alles, was ich bin, findet ihr in meinen Büchern.
Erasmus an Erhard von der Marck

Das vorliegende Buch über Erasmus von Rotterdam habe ich lange mit mir herumgetragen, und ich habe viel darüber nachgedacht, bis ich es schließlich in einem Zug niederschrieb. Keine Arbeit hat mich länger in Anspruch genommen, und an keiner lag mir mehr.

Es ist meine Absicht, Erasmus aus sich selbst heraus zu verstehen und zu erklären. Diese Biographie ist weder eine Apologie noch eine Anklageschrift, sondern ein Buch, das in gutem Glauben entstanden ist und offen gegenüber Fragen der Philosophie- und Geistesgeschichte sein möchte. Es ist keine Enzyklopädie zu Erasmus und keine Aneinanderreihung von Abhandlungen zu Einzelproblemen, sondern der Versuch einer Synthese, eine umfassende Darstellung, der Entwurf zu einem Porträt des Erasmus. Über das Werk erschließen wir den geistigen und religiösen Werdegang des Humanisten. Aus den Briefen erfahren wir von seinen Erfolgen und seinen Niederlagen, von seinen Zielen, Idealen und seinen Kämpfen. Es war mir daran gelegen, ihn so oft wie möglich zu zitieren; als Ergebnis entstand eine Art Blütenlese aus Erasmus' Werken.

Warum wird Erasmus heute wenig gelesen? Sicher vor allem deshalb, weil er seine Bücher in Latein schrieb, in einer Sprache, der geradezu der Geruch verstaubter Foliobände anhaftet. Ungeachtet der Tatsache, daß die Zahl der Übersetzungen beständig wächst, ist Erasmus auch vierhundertfünfzig Jahre nach seinem Tod zwar berühmt als Persönlichkeit, aber nicht bekannt durch seine Werke. Im Grunde ist er ein verkannter Autor; seine bedeutenden Gedanken eignen sich wenig für einen kurzlebigen Modeerfolg und müssen bei der breiten Masse des Publikums, die sich kritischem Geist verschließt, auf Ablehnung stoßen. Erasmus ist kein Autor, der seine Gedanken unbedingt unter das Volk bringen will, sondern er will vor allem neue Gedanken formulieren.

Er ist durch und durch Humanist, ein Fürsprecher des Friedens und Verfechter eines kritischen Christentums. Der Humanismus setzt natürlich gewisse Kenntnisse im griechisch-römischen Schrifttum voraus: Für die Menschen unserer Tage rücken diese Schriften leider in immer weitere Ferne. Der Kampf für den Frieden ist unauflöslich mit dem Kampf gegen nationalistische Bestrebungen verbunden, aber der Nationalismus hatte nie einen solch starken Auftrieb wie heute. Kritisches Christentum schließlich verlangt tiefe Vertrautheit mit dem Evangelium: Doch eine solche Vertrautheit ist heute selbst unter Gläubigen die Ausnahme. Lediglich der Künstler Erasmus konnte über die Gleichgültigkeit triumphieren, auf die große Gedankengebäude sonst stoßen: Das Lob der Torheit *und die* Colloquia *fanden in den gebildeten Kreisen stets ihr Publikum. Die beiden Bücher gewinnen täglich neue Leser, und die Leser sind beeindruckt, wie aktuell die Geisteshaltung des Verfassers heute noch ist.*

Abschließend bleibt mir noch anzumerken, daß trotz der gewaltigen Zahl von Studien, die in den letzten 75 Jahren über Erasmus erschienen sind, viele Aspekte seines Lebens nach wie vor im dunkeln liegen. Ohne Anspruch auf Vollständigkeit zu erheben, bemühe ich mich, möglichst viele plausible Erklärungen zu geben.

Alle Fragen, die in dieser Biographie gestellt und diskutiert werden, sind offen, und ich maße mir nicht an zu behaupten, ich hätte die besten oder gar die einzig möglichen Antworten gefunden. Erasmus als Persönlichkeit ist unerschöpflich, und es bleibt dem Leser anheimgestellt, mit ihm in einen Dialog zu treten. Lassen wir uns von ihm in Erstaunen setzen und faszinieren; er hat uns viel zu sagen, und wir können viel von ihm lernen.

Lüttich, den 1. Mai 1987

KAPITEL I

Kindheit und Jugend

Erasmus' Herkunft bleibt von einem Geheimnis umgeben.[1] Er wird an einem 28. Oktober, vielleicht 1466 oder 1467, wahrscheinlich aber im Jahre 1469 als uneheliches Kind in Rotterdam geboren. Seine Eltern Gerard und Margarete gehören dem holländischen Kleinbürgertum an; er hat einen älteren Bruder namens Peter. Sein Vater, der sich in Italien als geschickter Kopist von Manuskripten betätigt hat, vermittelt ihm das Interesse am Humanismus.[2] Das ist alles, was wir über Erasmus' Familie wissen; oder vielmehr ist das alles, was als wahrscheinlich, wenn schon nicht als gesichert gilt.

Ausführlichere und genauere Angaben über seine ersten Lebensjahre wären Spekulation, denn Erasmus macht über seine Herkunft nur widersprüchliche Andeutungen. Er selbst kümmert sich wenig darum, wie alt er ist,[3] und der von ihm geschriebene Lebensabriß, der unter dem Titel *Compendium vitae Erasmi*[4] veröffentlicht wurde, ist im Hinblick auf seine Abstammung recht unklar.[5]

Erasmus trägt den Vornamen Desiderius. Auch hier sind die Angaben nicht eindeutig. 1496 nennt er sich einmal *Herasmus Rotterdammensis* und wenig später *Desyderius Herasmus*.[6] Doch nach und nach bildet sich eine feste Schreibweise heraus, und so lesen wir auf den Titelblättern seiner Werke den Namen *Desiderius Erasmus Roterodamus;* auf seinen Briefen fehlt der Vorname oft.

Was bleibt, ist geographische Genauigkeit. Erasmus ist mit Sicherheit Holländer aus Rotterdam. Der Mann, der sich später als »Weltbürger« bezeichnet und der bedeutendste Vertreter der Philosophie während der Renaissancezeit wird, ist kein heimatloses Kind. Er ist am Ende des Mittelalters in einer kleinen Stadt geboren, deren Bürger den Handel höher schätzen als die Dichtung. Noch in jungen Jahren verläßt er Rotterdam und kehrt nie wieder dorthin zurück. Später scheint er seine Heimatstadt ebenso zu vergessen, wie er geflissentlich die Sprache seiner Eltern meidet. Das Niederländische wird er erst in der Todesstunde wieder im Munde führen.[7]

Über die Jugend des Erasmus wissen wir nur, was er als Erwachsener in seinen Erinnerungen preisgibt.[8] Wir erfahren nichts über die Gefühle des Knaben seinem Vater und seiner Mutter gegenüber. Seine frühe Kindheit entzieht sich uns vollkommen. Nichts über die ersten Worte und Schritte! Kein direktes oder indirektes Bekenntnis, keine Anspielung, kein Dokument! Wir besitzen kein Porträt, das Erasmus als Jugendlichen oder als Studenten zeigt. Weshalb sollte man auch einen armen jungen Mann porträtieren?

Auch ein Tagebuch liegt uns nicht vor, und alles deutet darauf hin, daß er sich in einem solchen literarischen Abenteuer nicht versucht hat. Er findet seine Ausdrucksmittel später in Briefen und Gedichten; seine ersten Proben sind heute allerdings verloren. Wir erfahren nichts über seine Träume, diese Stimmen des Unbewußten, die uns sein tiefstes Inneres zugänglich machen könnten. Wir wissen nicht, ob die Spiele seiner Altersgenossen ihm Freude bereiteten. Nirgends erinnert er sich wehmütig an die Kindheit: Es ist ihm genug, erwachsen zu sein. Mit Sicherheit hatte er seelische Komplexe und Geheimnisse. Genaueres werden wir nie erfahren.

1473 oder 1474 betritt er in Gouda erstmals ein Schulgebäude; mit vier Jahren, so sagt er uns. Was mag er in diesem Alter gelernt haben? Wir wissen darüber ebensowenig wie über seine kurze Zeit als Chorknabe in der Kathedrale von Utrecht.

Mit neun Jahren wird Erasmus von seinem Vater auf die Fraterherrenschule Sankt Lebwin zu Deventer geschickt. Seine Mutter folgt ihm in die Stadt, in der er fünf Jahre, von 1478 bis 1483, lebt.

In der Schule entdeckt Erasmus eine neue Welt – die Welt der Studien, die künftig sein Reich bedeutet. Über seine Lehrer äußert er sich meist gleichgültig, oft sogar verächtlich. Daraus spricht nicht die Enttäuschung des faulen Schülers, der sich gegen mühsames Lernen auflehnt, sondern die Unzufriedenheit des allzu begabten Kindes, dessen Wissensdurst nicht befriedigt wird. Seine geistige Bildung erhält der spätere Humanistenfürst aus den Schulbüchern des Mittelalters. Die Philosophie, in der er unterrichtet wird, ist die mittelalterliche Scholastik.

Die Schule zu Deventer sei »barbarisch« gewesen, schreibt Erasmus später. Eine erste Ahnung von einem aufgeschlosseneren Unterricht, das heißt von einem Unterricht, der auch die klassischen Autoren einbezieht, erhält er von den älteren Mitschülern, die das Glück hatten, Johann Sintheim, einen Bruder vom Gemeinsamen Leben, zu hören. Sintheim hat Erasmus wohl gelegentlich unterrichtet, und er soll ihm eine glänzende Zukunft vorausgesagt haben.

Der Ablauf des Unterrichts und die Inhalte der Fächer sind zwar noch starr festgelegt, aber einige Lehrer zählen bereits zu den Humanisten. In der Schule Sankt Lebwin profitiert Erasmus vom Unterricht des Alexander Hegius; bald schon teilt er Hegius' Begeisterung für die griechisch-lateinische Literatur. Ein weiterer Glücksfall für den jungen Erasmus ist die Begegnung mit Rudolf Agricola, der sich um die Verbreitung des Humanismus in den Niederlanden verdient macht. Etliche Jahre später beschwört Erasmus in feurigen Worten dieses kurze Zusammentreffen.

Obwohl die Lehrbücher schlecht und viele Lehrer unbegabt sind, erweist sich Erasmus als guter, sogar als sehr guter Schüler. Er verschlingt unzählige Werke und schwärmt von Horaz. Mit vierzehn Jahren, in einem Alter, in dem die meisten Schüler noch ihre Kämpfe mit verzwickter Prosa ausfechten, spricht er Latein so fließend, als sei es eine lebende Sprache. Es zieht ihn zur Dichtung. Er schmiedet Verse, die ihm nach eigenen Worten »die barbarischen Musen« eingeben. Geblieben ist von diesen Versuchen nur das *Carmen Bucolicum,* eine Vergil nachempfundene Ekloge ohne besondere Originalität.

Schwerer ist der Rahmen von Erasmus' geistlicher Bildung abzustecken. Seine Lehrer sind unbestreitbar Orthodoxe. In Deventer wird die Religion förmlich mit der Atemluft eingesogen. Wie alle Kinder seines Alters, seiner Schicht und seiner Zeit wird Erasmus »mit den Klängen von Hymnen und Chorälen«, *in hymnis et canticis,* aufgezogen. Er genießt eine christliche Erziehung und bezeichnet sich selbst als »ein Kind, das zur Frömmigkeit bestimmt ist«.

Mit dreizehn Jahren verliert er seine Mutter, die an der Pest stirbt. Als auch Schüler an der Seuche erkranken, wird die Lehranstalt geschlossen. Erasmus kehrt zu seinem Vater zurück, der kurz darauf derselben Krankheit erliegt. Als Vollwaise ist Erasmus sehr früh schon aus den Gärten der Kindheit ausgeschlossen und findet sich plötzlich ins Dickicht der Erwachsenenwelt gestoßen. Zwar pflegt er den Austausch mit Älteren, doch hängt er noch mit zu vielen Erinnerungen an seinen Eltern, als daß er durch ihren tragischen Tod nicht bis ins Mark erschüttert wäre. Diese Erinnerungen, freudige und schmerzliche, behält Erasmus für sich; wie viele Menschen sucht er seine frühen Jahre eher zu vergessen, als daß er unbefangen darüber spricht. Jetzt ist er nur noch ein hilfloser Halbwüchsiger, der die schmerzlichen Minderwertigkeitsgefühle eines im Innersten einsamen und armen Kindes unehelicher Geburt mit sich herumträgt.

Der erste Sonnenstrahl in diesem grauen Einerlei kommt von der Schule, trotz aller Mängel des Unterrichts. Erasmus möchte an der Universität studieren, aber nach den Plänen der Vormünder sollen beide Brüder Mönche werden, notfalls auch gegen ihren Willen. Erasmus wird bei den Brüdern vom Gemeinsamen Leben in Herzogenbusch untergebracht. In diesem weithin bekannten Haus verbringt er mehr als drei Jahre. »Verschwendete Jahre«, schreibt er rückblickend mit offensichtlicher Übertreibung und überzogener Ablehnung. Tatsächlich zeigt sich die Qualität der Ausbildung daran, daß seine Neigung zur Versdichtung immer deutlicher zutage tritt. Er legt geistige Vorräte an, auf die er ein ganzes Leben zurückgreifen kann.

Erasmus verdankt seinen Lehrmeistern in Herzogenbusch zudem die Berührung mit der Devotio moderna[9], dem Frömmigkeitsideal, das ab dem 14. Jahrhundert in den Niederlanden von Geert Groote und seinen Schülern, den Brüdern und Schwestern vom Gemeinsamen Leben, und von den Mönchen und Nonnen der Windesheimer Kongregation gelebt und gelehrt wird. Als Reaktion auf all die Strömungen, die die Anforderungen an einen strenggläubigen Christen entweder zu hoch oder zu niedrig ansetzen, betonen die Gläubigen der Devotio moderna die Bedeutung der persönlichen Frömmigkeit. Geert Groote war kein philosophischer und wohl auch kein theologischer Geist. Er wollte Männer und Frauen, Priester und Laien in der christlichen Praxis heranbilden. In seiner reformatorischen Sichtweise setzte er der Bettelei die Arbeit entgegen und ließ sich auch nicht von der Aussicht abschrecken, daß ihm das die Feindschaft bestimmter Bettelorden eintragen würde. Im übrigen lehnte er sich gegen die vorherrschende Meinung auf, nur die Mönche und Nonnen in den Klöstern könnten Anspruch auf Religiosität erheben. Wahrhaft religiös war für ihn der Mensch, der ein frommes, keusches, demütiges und armes Leben führte, in dem vor allem die Nächstenliebe eine große Rolle spielte.

Die Grundzüge der Devotio moderna sind über die Jahrhunderte hinweg gültig geblieben: das Mißtrauen gegenüber weltlichem Glanz und auch gegenüber der Wissenschaft, wenn sie nicht auf die Erkenntnis Gottes abzielt; die Rückkehr zu den Quellen des Christentums, die Faszination an der inneren Einkehr, die freiwillige Askese, die Übung einer inneren und geregelten Frömmigkeit und schließlich der Einklang mit dem göttlichen Vorbild, dem Gekreuzigten. Keines der einzelnen Merkmale ist neu; die Modernität und die Wirkungskraft dieser geistlichen Pädagogik liegen vielmehr in ihrer harmonischen Ganzheit. Der bedeutendste Vertreter der Devotio moderna war Thomas von Kempen, der 1471 starb. Er hinterließ zahlreiche Schriften, doch seinen Ruhm begründete das Andachts- und Erbauungsbuch *De Imitatio Christi,* von der Nachfolge Christi.

Konnte Erasmus – der berühmteste und zugleich der undankbarste Schüler der Brüder vom Gemeinsamen Leben – der *Imitatio* etwas abgewinnen? Wenn er Thomas von Kempen auch nie zitiert, so entspringt doch die innige Frömmigkeit, die er sein ganzes Leben hindurch lehren wird, dem gleichen Geist, ist sie in der gleichen Tradition verwurzelt. Eine erstaunliche Verwandtschaft in Geist und Ausdruck beweist diesen Einfluß. Ob es darum geht, die Erforschung des Gewissens, die Versenkung in den Gedanken an den Tod oder die gefühlsbetonte Frömmigkeit zu preisen, Thomas von Kempen und Erasmus sprechen die gleiche Sprache. Freilich schimmert bei Erasmus nie die geistfeindliche Haltung mancher Wortführer der Devotio moderna durch. Seine Zeitgenossen haben das sehr genau wahrgenommen. Mögen seine Ankläger ihn auch als einen Feind wahrer Frömmigkeit beschuldigen: In mehreren spanischen Ausgaben des großen Buches der Devotio moderna findet sich bezeichnenderweise neben der *Imitatio* eine kleine Schrift von Erasmus, die *Predigt des Kindes Jesu*. Die meisten Historiker, die sich heute mit der Renaissancezeit befassen, vertreten die Ansicht, Erasmus habe die *Imitatio* gelesen. Ohne ihren Einfluß hätte sein christlicher Humanismus eine andere Färbung bekommen.[10]

Als Erasmus die Schule von Herzogenbusch verläßt, hofft er gewiß noch darauf, an der Universität studieren zu können. Doch die Vormünder lassen sich nicht umstimmen und drängen beide Brüder, ins Kloster zu gehen. Eine geradezu tragische Szene spielt sich ab. Erasmus widersetzt sich tapfer, während Peter schweigt. Die Vormünder verstärken ihren Druck, bis der ältere Bruder nachgibt und ins Kloster Sion eintritt. Erasmus, der trotz seines schwächlichen Körpers große Standhaftigkeit an den Tag legt, plant wie sein Vater Gerard und sein Vorbild Agricola, nach Italien zu fliehen. Nur die Armut hält ihn an der Küste zurück und fesselt ihn an die Niederlande.

KAPITEL II

Ein Humanist im Kloster

Erasmus muß sich dem Druck seiner Umgebung schließlich beugen. 1486 oder 1487 tritt er ins Chorherrenstift der Augustiner zu Steyn bei Gouda ein. Steyn gehört zwar nicht zur Windesheimer Kongregation, aber die Devotio moderna und die *Imitatio Christi* können doch nicht ganz ohne Einfluß auf das Kloster geblieben sein.[1]

Die junge Waise hat noch viel zu lernen. Was bittere Erfahrungen anbetrifft, ist er freilich kein Neuling mehr. Wie verwundbar die Unschuld ist, weiß er damals noch nicht. »Ich war«, so schreibt er, »nur ein krankes, einsames Kind, das von der Welt nichts wußte und von einer Schule zur anderen wechselte.«[2]

Erasmus bleibt fünf oder sechs Jahre in Steyn und fühlt sich dort viel weniger unwohl, als er glauben machen will. Im Kloster findet er eine gut bestückte Bibliothek und gewinnt Freunde, die ihm sehr viel bedeuten.[3] Zur Wonne der Freundschaft fügt sich nach und nach sein Vergnügen am Lernen und Schreiben, und durch die Lektüre guter Autoren entwickelt er ein Gespür für stilistische Fragen.

Mehr schlecht als recht verläuft sein Leben in festen Bahnen. Er singt beim Gottesdienst, nimmt an der Messe teil und empfängt regelmäßig die Sakramente. Er fastet wie seine Glaubensbrüder, steht mit ihnen morgens zur Frühmette auf und übt sich in Enthaltsamkeit. Ob der junge Erasmus im Kloster besonderen Glaubenseifer an den Tag legt, läßt sich zumindest für die ersten beiden Jahre nicht sicher sagen. Seine Briefe und Gedichte aus diesem Lebensabschnitt sind geprägt vom Einfluß der Schriftsteller des klassischen Altertums; religiöse Gefühle klingen darin zunächst nicht an. Doch allmählich tritt die Beschäftigung mit geistlichen Fragen immer stärker in den Vordergrund, vor allem seit er in der Klosterbibliothek die Schriften der Kirchenväter entdeckt hat.

In der Bibliothek findet er nicht nur christliche, sondern – erstaunlich genug

– auch antike Autoren. Noch bevor Erasmus nach Steyn kommt, hatte sein einstiger Mitschüler Cornelius von Woerden ihm die Bibliotheksbestände in leuchtenden Farben geschildert. Als Erasmus die klassischen Schriftsteller zur Hand nimmt, sind viele noch nicht in einer Ausgabe erschienen, die ihrer Bedeutung entspricht. Er liest sie als Manuskripte oder Inkunabeln, die er dann abschreibt und auswendig lernt. Einige Monate nach seinem Eintritt ins Kloster erläutert er nachts, im Schein einer Kerze, einem Glaubensbruder eine Schrift des Terenz. Einem anderen Freund schickt er eine Abschrift: Bereits hier zeigt sich der Philologe, denn Erasmus hat den Text bearbeitet. Er liest die großen Autoren mit Gewinn und Genuß, *cum fructu et voluptate*.

Auch wenn er später behauptet, Steyn habe sich gegen jede Bildung gesperrt, im Kloster hat er die bedeutendsten Werke kennengelernt: Bei den Alten liest er unter anderem Vergil, Horaz, Ovid, Juvenal, Terenz, Cicero und Quintilian, bei den Modernen Philelphus, Poggio, Aeneas Sylvius und vor allem Laurentius Valla, den er als Erneuerer der Literatur begrüßt. An all diesen Büchern findet er großen Gefallen, sie öffnen ihm die Augen für einen gepflegten Stil und die Reize der Poesie. Angeregt von diesen Vorbildern, begeistert er sich für die literarische Ästhetik der Alten und beschäftigt sich voller Faszination mit der lateinischen Literatur.

Erasmus schreibt auch gerne, denn das Schreiben geht ihm mühelos von der Hand. »Je mehr ich schreibe, desto mehr möchte ich schreiben«, vertraut er seinem Freund Cornelius Gerard an. »Der Briefwechsel«, setzt er wortgewandt hinzu, »ist das einzige, was Freunde in der Ferne vereint. Getrennte Freunde können nicht angenehmer und rascher miteinander in Verbindung treten als durch die Briefe, die dem einen ein Bild des anderen geben.«

Schreibt Erasmus zu gut für sein Alter? Man könnte es meinen, wenn man den frühesten seiner erhaltenen Briefe liest. Er hat ihn aus dem Kloster Steyn an seinen einstigen Vormund Peter Winckel geschickt. Der junge Erasmus drückt sich darin wie ein versierter Student der freien Künste aus. In einem Geschäftsbrief zitiert er Ovid und muß sich vom Empfänger wegen seines allzu gewählten Stils Vorhaltungen machen lassen.

Für den jungen Mönch verstreichen die Tage nur langsam, ein Tag gleicht dem anderen. Die ermüdende Eintönigkeit des Alltags lehrt ihn, daß man oft auch inmitten einer Gemeinschaft einsam ist.

Weil Erasmus die Geborgenheit in einer Familie entbehren muß, empfindet er immer stärker das Bedürfnis, sich einem anderen Menschen anzuvertrauen, engen Kontakt zu pflegen und sich auszutauschen – kurzum das Bedürfnis nach Freundschaft, das er mit gerade noch gezügelter Leidenschaft in Prosa und in Versen ausdrückt. »Ohne einen Freund ist mein Leben kein Leben, sondern der Tod; will man es dennoch Leben nennen, so ist es ein erbärmliches Leben, eher geschaffen für ein Tier als für einen Menschen. Wenn ich es wage, mich selbst einzuschätzen, so finde ich in mir diese tiefste Überzeugung: auf Erden darf man der Freundschaft nichts vorziehen, nach nichts eifriger streben und nichts sorgfältiger hüten.«

Der innige Wunsch nach Freundschaft richtet sich auf mehrere junge Mönche, in denen Erasmus verwandte Seelen findet. Er schickt ihnen feurige Briefe voller Tränen und Seufzer. Die Briefe besitzen zwar auch literarische Qualität, sind deshalb aber um nichts weniger aufrichtig und ergreifend. Aus jeder Zeile an Servatius Roger spricht begeisterte, ja glühende Zuneigung, die freilich nie über die rein gefühlsmäßige Ebene hinausgeht.

»Ich würde Dir öfter schreiben, teuerster Servatius, wenn ich sicher sein könnte, daß es Dir ebensowenig Verdruß bereitet, meine Briefe zu lesen, wie es mich Mühe kostet, sie zu schreiben. An Deinem Glück liegt mir so viel, daß ich es vorzöge, zu leiden und Dich in Frieden zu lassen, als Dich damit zu verdrießen, daß ich nur dem nachgebe, was mir Freude bereitet. Da es für Menschen, die sich gerne mögen, nichts Schlimmeres gibt, als nicht beieinander sein zu können – und wie selten sind wir beieinander –, muß ich Dir diesen Brief senden, anstatt daß ich zu Dir komme. Wären wir doch bald nicht mehr auf die Briefe angewiesen, und könnten wir in Ruhe miteinander plaudern! Lieber Servatius, muß ich denn aus Deinem engsten Kreis ausgeschlossen sein, weil uns – ich kann nicht ohne Tränen daran denken – das Schicksal für den Augenblick trennt? Wenn wir nicht vereint sein können, was wirklich vortrefflich wäre, warum sollen wir uns dann nicht schreiben, wenn schon nicht ständig, so doch wenigstens von Zeit zu Zeit? Immer wenn Du einen dieser Briefe ansiehst und darin liest, wirst Du meinen, Dein Erasmus sei gekommen und wolle mit Dir sprechen.

Während meine Liebe zu Dir, teuerster Servatius, nach wie vor so groß ist, daß ich Dich lieber habe als meine Augen, meine Seele, kurz, als mich selbst, was macht Dich so unerbittlich, daß Du den Dich innig Liebenden nicht nur nicht wieder liebst, sondern nicht einmal achtest? Bist Du so unmenschlich, daß Du liebst, die Dich hassen, hassest, die Dich lieben? Nie hat jemals ein so barbarischer, verbrecherischer, launischer Mensch gelebt, der nicht wenigstens seinen Freunden gegenüber ein menschliches Rühren gespürt hätte. Dich allein bewegen keine Mahnungen, rühren keine Bitten, erweichen keine Tränen des Liebenden?! So hart bist Du, daß Du kein Mitleid haben kannst? Was habe ich nicht mit Mahnungen, Bitten, Tränen bei Dir versucht! Aber Du, härter als der härteste Fels, je mehr man Dich bittet, desto härter versteifst Du Dein Gemüt, desto unerbittlicher machst Du Dich; nicht zu Unrecht könnte ich mit Vergil über Dich klagen: ›Nicht gab weinend er nach, noch rührt' ihn innige Liebe.‹

Wie soll ich das nennen, Servatius, Härte, Starrheit oder Hochmut, oder Laune? Oder bist Du vielleicht veranlagt wie störrische Mädchen, daß meine Qual Dir Freude macht, der Schmerz Deines Kameraden Dich vergnügt, seine Tränen Dich lachen machen? Wie möchte ich Dir mit Recht das Terenzwort eingeprägt wissen: ›O daß ich doch soviel Liebe bei Dir genösse, daß Du ebenso Schmerz empfändest! Oder Dein Verhalten machte mir nichts aus!‹ [...] Du bist mir immer auf den Lippen, im Herzen, Du meine einzige Hoffnung, Hälfte meiner Seele, Trost meines Lebens; bist Du nicht da, habe ich keine Freude, bist Du da, keinen Schmerz; sehe ich Dich froh, vergesse ich mein Leid, trifft aber Dich etwas Bitteres, bei Gott, mich schmerzt es heftiger als Dich. [...] Drachen, Löwen und Hunde lieben den wieder, der sie liebt, doch Du stößt den zurück, der vergeht vor Liebe zu Dir. Was die Bestien rührt, läßt Dich kalt, Dich, ein menschliches Wesen, Dich, einen jungen Mann!

[...] Gewiß hättest Du eine Entschuldigung, wenn ich Dir etwas Mühsames, Schwieriges oder Untugendhaftes abverlangte. Aber wenn ich Dich so traurig, so beharrlich bitte, so tue ich dies nicht, Du weißt es sehr wohl, um Dir ein Geschenk oder einen Vorteil abzutrotzen. Was also verlange ich? Liebe nur den wieder, der Dich liebt. Nichts Einfacheres, nichts Erfreulicheres, nichts Würdigeres für eine edle Seele! Du sollst mich nur lieben! Das genügt mir. [...] In Dich hatte ich all meine Hoffnung, all mein Leben, all meinen Trost gesetzt. Ich war ganz der Deine, ohne etwas für mich zu behalten. Doch zu meinem Unglück weichst Du mir grausam aus, ständig entziehst Du Dich mir und nutzt meine Schwäche aus. Du kennst diese Schwäche sehr wohl, die mich, der ich ohne Stütze bin, verzehrt und zur Verzweiflung treibt, so daß mir das Leben zur Last wird. Ich rufe Gott und das anbetungswürdige Licht des Himmels als meine Zeugen auf: Jedesmal, wenn Dein Bild vor meinem Geist erscheint, schießen mir die Tränen in die Augen. [...] Leb wohl, Du einzige Hoffnung meines Lebens.«[4]

In den frühen Briefen schüttet Erasmus, der verwaiste Heranwachsende, sein leidgeprüftes Herz aus und bekundet zärtlich seine Zuneigung. Er schämt sich seiner Tränen nicht. Bang durchlebt er eine dieser typischen Freundschaften, die sich bei Internatsschülern entwickeln, wenn ihr Bedürfnis nach Liebe erwacht. Servatius Roger ist der Auslöser für stürmische Gefühle, die der Liebe nahe kommen. In seinem Hunger nach Zuneigung stürzt Erasmus sich in dieses unglückliche Abenteuer und verzehrt sich in einer hoffnungslosen Leidenschaft.

Der Tonfall trügt nicht. Zwar spricht allzuviel Pathos aus seinen Worten, doch Erasmus liebt und leidet tatsächlich. Die glühenden freundschaftlichen Gefühle verraten – auch wenn sie ganz platonisch sind – eine verletzliche Seele, die nach Liebe hungert und kaum für das Leben nach strengen Ordensregeln geschaffen ist.

Eine Antwort von Servatius Roger ist uns nicht überliefert. War er gerührt oder verärgert? Wie hat er auf diese vereinnahmende Freundschaft, auf die überschwengliche und zudringliche Zuneigung reagiert? Wie wir sehen, nehmen Erasmus' Briefe in den folgenden Tagen und Monaten einen grundlegend anderen Ton an. »Werde ein Mensch«, schreibt er Servatius und sorgt sich fortan vornehmlich um die geistige Entwicklung des Freundes. »Halte mich nicht für einen plumpen und dumpfen Geist, der in Deinen Briefen nicht zu unterscheiden vermag, was von Dir kommt und was Du irgendeinem Autor entlehnt hast. Du bleibst besser Deinen natürlichen Gaben und der Eingebung des Augenblicks treu und schreibst im Stile Deiner Feder.«

Auf den Ausdruck gekränkter Empfindsamkeit folgen brüderliche Besorgnis und offenherzige Kameradschaft. Kaum merklich wandelt sich der sentimentale Bittsteller zu einem Lehrmeister des Denkens. Servatius Roger ist nicht der einzige Freund, den Erasmus sehr fürsorglich behandelt. Die Briefe an Cornelius Gerard und Wilhelm Herman sind in demselben Tonfall geschrieben. Erasmus ist für seine Freunde ein Vorbild geworden, dem sie Anregungen verdanken, ein geschätzter Mentor. Diese Entwicklung deutet darauf hin, daß er die seelischen Schwierigkeiten überwunden hat, sei es durch eine plötzliche Regung von persönlichem Stolz, durch eine Anstrengung zur Sublimierung oder einfach, weil er sich inzwischen mehr für andere Probleme interessiert. Das Steyner Zwischenspiel der Empfindsamkeit ist damit abgeschlossen.

Einige Historiker wollten in den Briefen an Servatius Roger und den gleichzeitig entstandenen Gedichten bloße Stilübungen sehen. Der Form nach sind sie freilich konventionell, voller Anklänge an Vergil, Horaz und Ovid; dennoch bringen sie echte Gefühle und ein inneres Erleben zum Ausdruck, die angesichts des Alters und der Situation ihres Verfassers durchaus nachvollziehbar sind. Wenn Horaz und Ovid aus den Zeilen des jungen Mönchs sprechen, erkennen wir sie mühelos wieder. Und doch spüren wir, daß diese Zeilen mehr als nur ein Echo sind: Ihr Verfasser liebt und leidet wirklich.[5]

Die kleinlichen Zwänge, die das Leben in der Gemeinschaft unausweichlich mit sich bringt, bleiben Erasmus nicht erspart. Nur mit Mühe gelingt es ihm, zwischen den Neigungen seines Herzens und den Erfordernissen der Regel ein allerdings stets bedrohtes Gleichgewicht aufrechtzuerhalten.

Mit seinen Freunden findet Erasmus Zerstreuung und Trost bei den lateinischen Autoren. Er schreibt nur Latein und bemüht sich sogar, nur Latein zu sprechen. Nach und nach besiegt das Bemühen um die antike Literatur die Verwirrung der Gefühle, und seine Briefe und Gedichte drücken vermehrt religiöse Überzeugungen aus. Der Einfluß seines Vertrauten Cornelius Gerard ist dabei von entscheidender Bedeutung. In ihren Briefen zitieren die beiden Freunde die Kirchenväter. Erasmus fertigt zu dieser Zeit Abschriften der Briefe des heiligen Hieronymus an und scheint sich den religiösen Themen widmen zu wollen, welche die christlichen Dichter des Altertums zuweilen behandelt hatten. Dennoch bleibt er dem eleganten Stil seiner heidnischen Vorbilder treu und stimmt seinem Freund gegenüber ein vorbehaltloses Lob auf Laurentius Valla an.

Es ist beeindruckend, wie reichhaltig Erasmus' literarische Produktion in dieser Zeit ist. Er schreibt immer mehr und immer besser. Sicher unter dem Eindruck der Bürgerkriege, die gerade in Holland wüten, verfaßt er den *Diskurs über den Frieden und den Zwist.* Dieser Essay ist das erste Zeugnis seines unermüdlichen Kampfes um den Frieden. Er schreibt ein Gedicht über »die vier letzten Dinge«, das an das *Dies irae* erinnert. Der Auferstehung Christi und dem österlichen Mysterium widmet er ein *Carmen heroicum.* Sein bedeutendstes dichterisches Werk aus dieser Zeit ist eine Ode zu Ehren der Jungfrau Maria, die mehr als vierhundert Verse umfaßt. In dem Gedicht erscheinen der Olymp, der Styx, Rhadamanthys und eine Sibylle, aber auch und vor allem Christus und Maria: Der Leser erkennt die Spuren der unterschiedlichen Einflüsse, die der junge Erasmus sich hier anverwandelt hat, las er doch gleichzeitig Vergil und Horaz, Prudentius Clemens und Venantius Fortunatus und vielleicht sogar Spagnoli, den christlichen Vergil.[6]

Erasmus verbindet zwanglos die Liebe zur antiken Literatur mit biblischem Geist, ganz nach dem überzeugenden Grundsatz: »Die Muse gebe Deinem Stil den Schmuck und die Bibel Deiner Schrift den Sinn.«[7] Er übt sich im Schmieden von Versen, weil sie die gedanklichen Schwächen eines Autors, der seine Themen noch nicht gefunden hat, eher verbergen als die Prosa.

Erasmus ist inzwischen eifriges Mitglied in einem kleinen Freundeskreis von Dichtern in Gouda,[8] dem auch Cornelius Gerard und Wilhelm Herman angehören. Gemeinsam mit Gerard verfaßt er das Gedicht *Apologie des Erasmus und Cornelius in Form eines Klagedialogs gegen die Barbaren, die die alte Beredsamkeit verachten und die gelehrte Dichtung verlachen,* eine Vorwegnahme der Streitschrift *Antibarbari.* Später veröffentlicht er Verse von Wilhelm Herman bei einem Verleger in Paris.

In diesen Lebensabschnitt fällt auch die erste Fassung des Traktats *De contemptu mundi* (Über die Weltverachtung), ein wahres Loblied auf das Leben des Mönchs in einem idealen Kloster, nicht unter den Bedingungen der realen Welt. Erasmus bekundet in der Schrift seine Begeisterung für Hieronymus, den Schutzheiligen der Mönche; eine Begeisterung, an der er sein ganzes Leben hindurch, innerhalb wie außerhalb der Klostermauern, festhalten wird. Er ist mit den Auffassungen von klösterlicher Frömmigkeit vertraut. Wenn er vom »Lustgarten« spricht, so meint er nicht das Paradies der Epikureer, sondern das Klosterleben, wie man es sich im Mittelalter erträumte. Desgleichen bezeichnet bei ihm der Ausdruck »Wonne der Einsamkeit« ganz nach dem Sprachgebrauch der Mönche die sittlich reine Freude, die die Seele empfindet, wenn sie sich Gott nahe weiß.[9]

Die Gefährten, die vom Charme und von der Persönlichkeit ihres Glaubensbruders hingerissen sind, haben Erasmus nicht verkannt. Cornelius Gerard nennt ihn einen »Dichter, Redner, Theologen« und preist ihn in jugendlichem Überschwang als den »gelehrtesten Mann auf der Welt«. Erasmus wird sich seines Talentes ebenfalls bewußt, aber seine literarischen Ambitionen stoßen bei den

Oberen auf Mißtrauen. Dennoch verbreitet sich sein Ruf bald auch außerhalb der Klostermauern. Man kann vermuten, daß es eine Auszeichnung darstellte, als sein Bischof David von Burgund ihn am 25. April 1492, im Jahr der Entdeckung des Kolumbus, nach Utrecht beorderte – was Erasmus dabei empfand, wissen wir nicht. Wahrscheinlich war es auch dieser Mann, der den jungen Humanisten dem Bischof von Cambrai als Sekretär empfahl.

Erasmus, der inzwischen die ewigen Gelübde abgelegt hat, verläßt somit das Kloster. Um seinen Abschied von Steyn zu rechtfertigen, beruft er sich später auf seinen schlechten Gesundheitszustand. Das Argument ist gewiß nicht an den Haaren herbeigezogen, denn die zermürbende Eintönigkeit der Zeremonien, die karge Kost und die körperlichen Kasteiungen sind für seine schwächliche Konstitution eine große Belastung. Aber letztlich ausschlaggebend sind nicht die äußeren, sondern die inneren Gründe. Er empfindet sein Dasein in Steyn als beengt, es fehlt ihm die Luft zum Atmen. Er fühlt sich fehl am Platze in diesem Haus, in dem die Beschäftigung mit Literatur nicht wohlgelitten ist.

Hieronymus mag Erasmus vorübergehend geholfen haben, das Klosterleben zu ertragen, aber sobald sich ihm die Möglichkeit bietet, das Kloster ohne Skandal zu verlassen, kann ihn auch der Heilige nicht mehr zurückhalten. Daß er sich seiner Berufung zum Mönch keineswegs sicher ist und seinen Eintritt ins Kloster eher als Irrtum ansieht, wird ihm sein ganzes Leben zu schaffen machen. Aber in Steyn hoffte er, zumindest die Zeit und die materielle Sicherheit für seine Studien zu finden. Die Erfahrung lehrte ihn, daß die fromme Abgeschiedenheit der Mönche keineswegs die Muße für die gelehrten Studien eines Humanisten bietet. In Anbetracht seiner physischen Schwäche und seines Dranges nach geistiger Unabhängigkeit strebt er nach einer Arbeit, die nicht durch die Glocke und den Gang zur Messe gestört wird und der die unterschwellige Gegnerschaft ungebildeter Glaubensbrüder nichts anhaben kann.

Eine weitere Enttäuschung kommt hinzu: Den zutiefst christlichen Menschen überzeugt die klösterliche Frömmigkeit nicht mehr; er vermißt dort die Rückbesinnung auf biblische und patristische Quellen, die ihm so sehr am Herzen liegt. Mit gutem Grund kann man annehmen, daß sein Kampf für die Frömmigkeit des Herzens mit dieser Enttäuschung beginnt. Daß Erasmus ein schlechter Mönch gewesen wäre, ist durch nichts belegt; glücklich war er als Mönch mit Sicherheit nicht. Er verläßt das Kloster mit Erlaubnis seiner Oberen, die mit seiner Rückkehr rechnen. Seine Bindungen an den Orden hat er damit nicht im mindesten gelöst. Noch jahrelang wird er das Gewand eines Regulars tragen, »aber das Gewand macht noch nicht den Mönch«. Zeit seines Lebens wird er sich nicht von seinem Stundenbuch trennen und wehmütig an den Gregorianischen Gesang zurückdenken.[10] Gebet und Messe bestimmen weiterhin den geistlichen Teil seines Lebens.

Trotz aller Vorwürfe, die Erasmus gegen Steyn erhebt, verdankt er dem Kloster doch viel: seine theologischen Kenntnisse ebenso wie die Grundlagen seiner klassischen Bildung.

Einer der Wege, die sich in Erasmus' Jugend eröffneten, ist nun für immer versperrt. Obwohl er in Steyn noch Freunde hat, wird er nie mehr ins Kloster zurückkehren. Von nun an folgt er dem Ruf seines eigentlichen Geschicks: Er wird schreiben, schreiben und nochmals schreiben!

Seine Berufung war im Grunde bereits in Steyn klar zutage getreten – die Berufung zum christlichen Humanisten, nicht zum Mönch. Er hat seinen Weg gewählt, nichts und niemand kann ihn nun davon abbringen. Seinem Ziel wird er seine Kräfte und sein Leben widmen, ohne sich von Hindernissen entmutigen und von den Eitelkeiten der Welt blenden zu lassen. Er wird jedes Opfer bringen, das sein Weg verlangt. Ehrungen werden ihm nicht den Kopf verdrehen und Rückschläge ihn nicht verzagen lassen. Er wird sich weder zum Höfling noch zum Beamten entwickeln, noch weniger zum Parasiten. Das ist der Preis für den Ruhm, nach dem er strebt.

KAPITEL III

Die harte Schule der Freiheit

Erasmus ist etwa vierundzwanzig Jahre alt, als er Steyn verläßt[1] und als Sekretär in die *familia* Heinrichs von Bergen, des Bischofs von Cambrai, eintritt. Der Bischof ist ein kleiner Mäzen mit großem Ehrgeiz und bescheidenen Mitteln. Erasmus tauscht den Gehorsam gegen die Freiheit ein, aber auch ein abgesichertes Dasein gegen eine unsichere Position.

Ein neues Leben mit neuen Illusionen beginnt. Ahnt er, wie hart dieses Leben manchmal sein wird? Er ist glücklich wie ein Kind, das sich umsorgt weiß. Gerade noch war er ein unbedeutender Mönch, der sich für schönes Latein begeisterte; nun rückt er in den Stand eines freien Priesters auf. An seiner Treue zum Geist der Kirche ändert dies nichts. Nachdem er von den Zwängen des Klosterlebens befreit ist, findet er sein seelisches Gleichgewicht wieder. Freundschaft bedeutet ihm noch immer sehr viel, aber er verzichtet darauf, sie allzu überschwenglich zu bekunden. Das leidenschaftliche Interesse für seine Studien lenkt ihn von sich selbst ab. Er versucht, seine unglückliche Kindheit und seine mangelnde Berufung zum Mönch zu vergessen. Nach dem langen Winter des Klosterlebens kündigt sich verheißungsvoll der Frühling eines weltlichen Lebens an. Er hofft, er werde Heinrich von Bergen nach Italien, ins gelobte Land des Humanismus, begleiten können, doch das vielversprechende Vorhaben wird aufgeschoben. Er reist mit seinem Herrn durch die Niederlande[2] und leistet ihm die Dienste, die man von einem guten Sekretär erwarten darf.

Durch die Verbindung zu Heinrich von Bergen kommt Erasmus in Tuchfühlung mit der Macht, denn sein Herr gehört einem vornehmen Geschlecht an. Von Bergen ist Mitglied im Regentschaftsrat von Erzherzog Philipp dem Schönen, dem Sohn des Kaisers Maximilian und der Maria von Burgund. Durch seine Mutter ist Philipp Herr über die Niederlande, und dank seiner Heirat mit Johanna der Wahnsinnigen gelangt er später auf den spanischen Königsthron. Sein früher Tod wird seinem Sohn Karl die Tore zur königlichen und kaiserlichen Macht öffnen.

Im Gefolge seines Bischofs rückt Erasmus auch Frankreich näher. Französisch ist die Sprache am Hof zu Brüssel und der Adligen seiner Zeit: Der Sekretär lernt sie nicht ohne Mühe. Als idealer Mäzen erweist sich Heinrich von Bergen zwar nicht, aber als Sekretär gewinnt Erasmus zumindest aufschlußreiche Einblicke in die kleingeistigen Seiten des höfischen Lebens. Er kann den Höflingen, die eher gepflegte Manieren als aufrichtige Empfindungen an den Tag legen, nichts abgewinnen. Noch in ihren banalsten Unterhaltungen schimmern die unerbittlichsten Rivalitäten durch; unermüdlich heischen sie nach der Aufmerksamkeit des Fürsten. Erasmus' Selbstwertgefühl verbietet es ihm, sich wie ein Emporkömmling zu benehmen, und so entzieht er sich so oft wie möglich den lästigen Verpflichtungen des höfischen Lebens.

Er befreundet sich mit Jakob Anthonisz, dem Generalvikar des Bischofs. Erasmus verfaßt das Vorwort zu einer Schrift des Generalvikars über den Vorrang der kaiserlichen Macht mit dem Titel *De precellentia potestatis imperatoriae*.[3] Das Buch entspricht allerdings keineswegs den Gedanken des jungen Humanisten, und so wird das Kaiserreich, »das die Waffen zugunsten aller erhebt« und »den Frieden der Christenheit erhält«, in der Vorrede nur mit einem lauen Lob bedacht.

Der Humanismus – literarischer Ausdruck und geistige Haltung der Renaissancezeit – ist nicht vorstellbar ohne den Anteil der Literatur. Der Humanismus will die Rückkehr zu den Quellen, den direkten Umgang mit den Texten und Wissen durch persönliche Erfahrung. Für Streit um Worte, Haarspaltereien und abstrakte Spitzfindigkeiten hat der Humanist nur Verachtung übrig. Der Mensch soll klar argumentieren, nicht nur herumpalavern! Der Humanismus will das Studium der »Sprachen« fördern, das heißt die Beschäftigung mit Latein und Griechisch, wie es die besten – die alten – Autoren in ihren besten Werken schreiben. Gegenstand dieser *humaniores litterae* sind Dichtung und Rhetorik. »Viele Menschen«, sagt Erasmus später einmal, »sind in der Lage, richtig zu urteilen, auch wenn sie nicht Logik studiert haben. Ohne die Kenntnis der Sprache begreift niemand, was er hört oder liest.« Nachdem er im Lateinischen nichts mehr zu lernen hat, macht sich Erasmus nun an das Studium des Griechischen.

Die Renaissancekunst ist eine Kunst der Schüler, nicht der Epigonen. Ebenso ist auch das Latein der Renaissancezeit nicht das künstlich wiederbelebte klassische Latein. Den Humanisten liegt daran, die Sprache an einen neuen Abschnitt der Geschichte, an eine völlig neue Situation anzupassen, ohne sie dabei zu mißbrauchen. Das geistige Universum der Humanisten ist nicht das eines Aristoteles, Cicero, Platon oder Augustinus: Es ist die Welt zur Zeit von Franz I. und Leo X., von Michelangelo und Christoph Kolumbus. Das Latein der Renaissance soll moderne und neuartige Gedanken ausdrücken. Über die Grenzen hinweg durchdringt der Humanismus ganz Europa, von England bis nach Polen.

Es bleibt nicht aus, daß diese neue Art des Umgangs mit antiker und heidnischer Weisheit auch Mißtrauen erregt. Manche Zeitgenossen sehen in den humanistischen Studien eine Gefahr für ihren erstarrten Katholizismus. Wenn es bei Erasmus ein Spannungsverhältnis zwischen seinem Bemühen um die antike Literatur und seinen religiösen Anliegen gab, so weiß er es rasch aufzulösen und beides in Harmonie zu bringen. Diesen Einklang, den er selbst immer bewußter wahrnimmt, bezeichnen wir als christlichen Humanismus. Erasmus ist ein christlicher Humanist wie Thomas Morus und Guillaume Budé, wie Juan Luis Vives und Philipp Melanchthon, die das späte Erbe Petrarcas angetreten haben.[4] Wie sie bemüht er sich, Antike und Christentum auszusöhnen, ohne sie miteinander zu verwechseln. Er erstrebt eine Wiedergeburt des Menschen, indem er dessen Bildung in den Dienst des Christentums stellt und seine Religion reinigt. Er führt ihm das Ideal der inneren Ausgeglichenheit und Harmonie vor Augen. Er trennt den Menschen nicht von seinen Wurzeln, sondern erhebt ihn ganz zu Gott.

Der christliche Humanismus ist eine Geisteshaltung, ein Wunsch, eine Methode: die Geisteshaltung der Zuversicht, des Maßhaltens und der Anpassung; der Wunsch, sich zum »vollkommenen Menschen« zu entwickeln und die Methode einer umfassenden Religionsphilosophie, die sich an alle Begabungen des Menschen richtet, an die Gesamtheit seiner Erfahrungen, seiner Tugenden und der Fähigkeiten, die in ihm schlummern.

Bereits in Steyn hat sich Erasmus mit dem Studium der besten Autoren befaßt und schon damals die Feindseligkeit der »Barbaren« zu spüren bekommen, die Ignoranz mit Frömmigkeit verwechseln und die antike Kultur ablehnen. Aber in Hieronymus und Augustinus fand er überraschend Verbündete: Auch sie messen den klassischen Schriftstellern einen so hohen Wert zu, daß sie ihnen einen Platz neben der Bibel einräumen. Seit dieser Zeit reift in Erasmus der Plan zu einem seiner bedeutendsten Werke.

Er hält sich häufig in Brüssel auf. Um das Jahr 1493/94 reist er nach Groenendaal ins Kloster seines Ordens, in dem der große Mystiker Ruusbroec lebte. Dort entdeckt er in der Bibliothek eine Abhandlung des heiligen Augustinus über die christliche Lehre, *De doctrina christiana*.[5] Erasmus studiert sie Tag und Nacht: Er wird sich darauf stützen, wenn er später die *Litterae* gegen die »Barbaren« verteidigt. Die von Erasmus bekämpften »Barbaren« sind die Unbelesenen und Verbildeten. Der scholastische Unterricht hatte die alten Autoren durch Kommentare, Glossen und theologische Summen ersetzt. Nur allzu oft lehrte die Scholastik nichts als Begriffe, keine Inhalte, und das Wort einer Autorität erhielt übergroße Bedeutung.

Mehrfach greift Erasmus die Arbeit an den *Antibarbari*, die er noch vor seinem zwanzigsten Lebensjahr in Steyn entworfen hatte, wieder auf, 1520 veröffentlicht er schließlich das Werk. Bis dahin kommen ihm allerdings mehrere Fragmente der Schrift auf seinen Reisen abhanden.

Auf Schloß Halsteren, dem Landsitz Heinrichs von Bergen nahe Bergen-op-Zoom, weiht er eines Tages seinen Freund Cornelius Gerard in seinen Plan ein. »Wenn Du mich fragst, was ich tue«, schreibt er ihm, »so ist in meinen Händen ein literarisches Werk, das ich dem Himmlischen gelobt und das ich auf dem Lande besorge. Wie es voranschreitet, weiß ich kaum. Ich beabsichtige, die beiden Bücher dieses Werks zu vollenden. Das erste wird sich fast ganz mit der Widerlegung der ungereimten Gründe der Barbaren beschäftigen, im zweiten lasse ich Dich und Dir ähnlich gelehrte Freunde zum Lob der Literatur sprechen. Wenn daher der Ruhm gemeinsam ist, dann ist es nur recht, daß auch die Arbeit Dir und mir gemeinsam ist. Wenn Du also etwas gelesen hast – was nämlich hättest Du nicht gelesen –, von dem Du meinen wirst, daß es mit der Sache zu tun hat, das heißt, wodurch entweder der Eifer für die Literatur getadelt oder gelobt werden kann, so ersuche ich Dich, es an mich zu schicken. Um unserer Freundschaft willen teile es mir treulich mit.«[6]

Aus dieser Zusammenarbeit sollte ein beredtes Manifest des Humanismus entstehen, eine Anklageschrift gegen seine ungebildeten Gegner.[7] Gestützt auf Zitate aus Augustinus und Hieronymus, hält Erasmus ein feuriges Plädoyer für die Verbindung von antiker Weisheit und Christentum.[8]

Im Verlauf seiner Arbeit schließt sich der junge Humanist, der sich in Brabant heimisch zu fühlen beginnt, Jakob Batt an. Batt ist Sekretär des Stadtrates von Bergen-op-Zoom und Leiter der dortigen Schule.[9] Wie aus seinen Briefen an Batt hervorgeht, liegt Erasmus sehr viel an dieser Freundschaft. In liebenswerten Worten sorgt er sich um die Gesundheit des Freundes. »Widerstreitende Gefühle haben mein Herz erschüttert. Als ich Deinen Brief zunächst sah, nahm ich es Dir ein wenig übel, daß Du Dich so kurz faßt. Ich bin auf meinen Batt so versessen, daß ich wünschte, ich erhielte nicht Briefe, sondern ganze Bände von ihm. Als ich Deinen Brief dann überflog und las, daß Dich ein hartnäckiges Fieber in den Krallen hält, bin ich bis ins Mark erschrocken und konnte die Zeilen nicht mehr aus der Hand legen. Ich las sie noch einmal und mit größerer Aufmerksamkeit. Ich habe ihnen indes entnommen, daß mein Brief Dich geheilt hat. Darauf fühlte ich mich erleichtert in meinem Schmerz und meiner bedrückenden Angst. Das übrige las ich freudiger.«[10]

Erasmus wählt für sein Buch die Form des Dialogs, die in der Renaissance hoch geschätzt wird und die er zur Vollkommenheit führt. Im Dialog der *Antibarbari* läßt er Batt auftreten. Batt spricht die Gedanken des Verfassers aus und zitiert lobend den Rat eines unbekannten Philosophen: »Lebe, als müßtest Du morgen sterben, arbeite, als lebtest Du ewig.« Dieser Grundsatz ist Erasmus in Fleisch und Blut übergegangen: Er möchte mit der Feder in der Hand sterben. »Eines Tages rafft mich der Tod hinweg. Möge er mich eher bei der Arbeit als in der Stunde der Muße überraschen.«[11] Als aufmerksamer Schüler des Sokrates fügt er noch hinzu:[12] »Wenn ich alles gelernt habe, werde ich wissen, daß ich nichts weiß.« Wenn er nach eigenen Worten nichts weiß, so liegt das nicht etwa daran, daß er sich zuwenig bemüht und zuwenig studiert hat. Er kann mit Recht die Trägen verspotten, die verkünden, daß sie das Wissen vom Himmel erwarteten, da die Wissenschaft Gottes nun einmal vom Himmel komme.[13] Die »Barbaren« gehen Erasmus nicht mehr aus dem Sinn. Sie hindern ihn am vollkommenen Glück, weil ihretwegen »alles voller Bitterkeit« ist. »Ich kann nur noch weinen und klagen«, vertraut er Wilhelm Hermans an. »So stumpf ist mein Geist geworden, daß ich an keinem Ding, an dem ich einst hing, noch Gefallen finden kann. Die Gesänge der Dichter haben ihren Reiz für mich verloren, und ich vernachlässige die Musen, die früher mein einziges Streben waren.«[14]

Das Unbehagen, das Erasmus verspürt – die Knausrigkeit seines Dienstherrn trägt einiges dazu bei –, hält nicht lange an. Mit Jakob Batts Hilfe findet er sein inneres Gleichgewicht und die Freude an der Beschäftigung mit Literatur wieder. Batt rät ihm zum Studium an der Universität von Paris. Erasmus verläßt die Niederlande mit Einwilligung des Bischofs und mit der Zusage einer finanziellen Unterstützung. Im Jahr 1495 schreibt er sich für das Studium der Theologie an der Sorbonne ein; er strebt den Doktorgrad an.[15]

Heinrich von Bergen empfiehlt ihn seinem Günstling Johannes Standonck aus Mecheln, der mit eiserner Faust das Collège Montaigu leitet, eine Bildungsanstalt für Studenten aus ärmlichen Verhältnissen. Unglücklich fügt sich Erasmus wieder in die Entbehrungen und in die strenge Disziplin des Klosterlebens. Obwohl er nur ein Jahr in Montaigu bleibt, verfolgt ihn die Erinnerung an Fasten und faule Eier sein Leben lang.[16] In diesem Jahr predigt er gelegentlich an Feiertagen der Heiligen und legt seinen Mitschülern Bibeltexte aus.[17]

Die Sorbonne – die Königin der Universitäten im Mittelalter – ist noch immer die bedeutendste Hochschule der Welt. Erasmus, der sich nichts mehr gewünscht hatte, als seine Studien wiederaufzunehmen, ist durchaus zufrieden, auch wenn er über das Gewicht der Scholastik im Unterricht klagt. Über die erstarrten Strukturen, die Palästra und die Mütze der Sorbonne spottet er selbstverständlich, die Haarspaltereien der Lehrenden lehnt er ab. Dennoch hält er der Herausforderung stand, denn er strebt, auch wenn er sich dagegen verwahrt, nach dem Doktorgrad. Als Doktor würde er endlich mit Theologen aller Richtungen auf einer Stufe stehen. Seinen Mitschülern fühlt er sich trotz der Unterschiede in Alter und Vermögen bereits ebenbürtig. Er trifft sich täglich mit anderen jungen Leuten, die in ihren eigenen Zukunftsplänen schwelgen. Er unterhält sich mit ihnen in Latein und Französisch und liest sich kreuz und quer durch die Literatur. Die Zwänge der Universität hingegen erscheinen ihm übergroß und unerträglich. Druck von außen bringt den bildungsbeflissenen jungen Mann, dem es keineswegs an Selbstdisziplin fehlt, immer noch aus der Fassung. Erasmus besitzt die

Geduld des Armen und die Ungeduld des Wissensdurstigen zugleich. Seine Wiß-
begier weitet sich aus. Über seinen begeisterten Studien vergißt er sich selbst. Er
wird reifer, und die Probleme seiner unglücklichen Kindheit und seiner unbe-
stimmten Berufung verlieren allmählich an Schärfe.

Unermüdlich hält der junge Humanist Ausschau nach Leitbildern und
Büchern, die seinen Horizont erweitern könnten. Ebenso sucht er nach Dienstherren und Gönnern, um sein Auskommen zu sichern. Er ist häufig Gast in den
schöngeistigen Kreisen der französischen Hauptstadt, unter anderem bei dem
italienischen Dichter Fausto Andrelini und dem Gelehrten Robert Gaguin.
Gaguin[18] ist damals einer der Professoren mit dem meisten Zulauf. Als Dekan
der Fakultät für Kirchenrecht und Ordensgeneral der Trinitarier setzt er sich
sehr für die Erneuerung des Literaturstudiums und der Frömmigkeit ein.
Erasmus, der seinen bewunderten Vorbildern stets gefallen möchte, nähert sich
dem berühmten Mann; seine Gelehrsamkeit und Bildung faszinieren ihn.

Der Dichter, Staatsmann, Theologe und Historiker Gaguin veröffentlicht 1495
bei Pierre Le Dru in Paris sein großes geschichtliches Werk *De origine et gestis
Francorum compendium* (Über den Ursprung und die Taten der Franzosen).
Um den letzten Druckbogen seines Bandes auszufüllen, nimmt er einen Brief
des damals außerhalb der Sorbonne völlig unbekannten Erasmus als eine Art
Nachwort auf – einen ziemlich nichtssagenden Brief, was die geschichtlichen
Ausführungen angeht. Erasmus stimmt darin ein emphatisches Lob auf Gaguin
an, der Brief spricht eher für geschickte Berechnung als für literarisches Talent.
Immerhin ist dies die erste Schrift des Erasmus, der die Ehre zuteil wird, gedruckt
zu erscheinen. So ist Paris – *adamata Lutetia* – die erste Stadt, in der »er sich
kühn dem Urteil der Welt stellt«.

Ermutigt von diesem Erfolg, legt Erasmus Gaguin das Manuskript zu seinen
Antibarbari vor. Gaguins Antwort ist eine wohlwollende Kritik. »Du hast Dich
auf einen schweren Krieg eingelassen, Erasmus. Du wirst Dir dabei den Haß
dieser verachtenswerten Art von Menschen zuziehen, die unablässig die Hu-
maniora verleumden: Keine Kriegsmaschine wird Dir zum Sieg über diese Menschen verhelfen, und selbst dann, wenn sie besiegt sind, halten sie weiter
beharrlich an ihrer Unwissenheit fest. [...] Obwohl ich mich darauf beschränke,
Deine schamlosen Feinde unerbittlich zu verachten, tadle ich Dich nicht, daß Du
gegen sie zu Felde ziehst. Man muß sie mit allen erdenklichen Waffen schlagen,
so wie Du sie geschickt zusammengetragen hast und sie treffsicher und kraftvoll
gegen sie schleuderst. [...] Du legst Deinen Gegenstand mit großer Klarheit dar.
Du gliederst ihn ebenmäßig und behandelst ihn mit regem Verstand. Du arbei-
test ihn gut aus und schmückst ihn anmutig. Es fehlt Dir nicht an der Begabung
des Karneades für das heftige Wortgefecht. Nimm die einzige Kritik eines Freundes nicht übel auf, Erasmus. Du ziehst das Gedicht vielleicht etwas zu sehr in die
Länge, und man wird Batt, wenn er im Vordergrund steht, wohl vorwerfen, daß

er zu lange spreche und kein Gesprächspartner ihm antworte. Ein zu langer Diskurs ermüdet, während er den Zuhörer erquickt und begeistert, wenn man ihn mit abwechselnden Auftritten der Sprecher auflockert. Ich möchte nicht, daß Du mich in dieser Frage für einen Zensor ansiehst. Zieh Schriftsteller zu Rate, die Dialoge schreiben. Im allgemeinen nutzen sie Einschübe und Abschnitte und lassen das Gespräch nur selten in einem ununterbrochenen Vortrag voranschreiten. Nimm Dir doch Platon bei den Griechen, Cicero bei den Römern und einige andere Neuere zum Vorbild.«[19]

Während Gaguin Erasmus Schützenhilfe auf moralischer Ebene leistet, stellt Batt ihn seiner Gönnerin Anna Borsselen van Veere vor, der Mutter seines Schülers Adolf van Veere. Erasmus tritt später für kurze Zeit in ihre Dienste. Als in Paris die Pest wütet, treffen alle im Schloß Tournehem zwischen Calais und St. Omer wieder zusammen. Weil die junge Frau kein Latein versteht, unterhält sich Erasmus mit ihr in »schlechtem Französisch«.[20] Er sammelt neue Kräfte, während er gleichzeitig eines seiner bedeutendsten Werke beginnt, das *Enchiridion militis christiani* (Handbüchlein eines christlichen Streiters).[21]

Nach seiner Rückkehr ins Collège Montaigu vermag Erasmus das Regiment des Hauses kaum noch zu ertragen. Er erkrankt und zieht sich nach Bergen-op-Zoom zum Bischof von Cambrai zurück, der ihn wohlwollend aufnimmt.

Wie alle Studenten ohne Vermögen muß sich Erasmus nach einem Gönner – oder möglichst nach mehreren Gönnern – umsehen, wenn er seine Studien weiter betreiben und dabei nicht verhungern will.

1496 läßt er sich wieder in Paris nieder. Diesmal lebt er allein, wohlgemut und von der Hand in den Mund. Überall stößt er auf Geldprobleme wie an eine unüberwindliche Mauer. Das Leben am Existenzminimum, das seine Geldgeber bestimmen, ist für ihn bald unerträglich, aber nach Montaigu kehrt er nicht zurück. Paris übt trotz des Gestanks in den Straßen[22] auf den jungen Holländer große Faszination aus; das rührt sicher von der Freiheit her, die er im Augenblick genießt. Kaum merklich hat sie sein Leben verändert.

KAPITEL IV

Glanz und Elend
des Privatlehrerdaseins

Erasmus besucht Vorlesungen in Theologie, daneben gibt er Unterricht in Latein. Damit beginnt sein Dasein als Privatlehrer; er tritt gewissermaßen in das bescheidene Vorzimmer ein, von dem aus sich die Tür zur Literatenlaufbahn öffnen kann.

Nach und nach trägt der junge Präzeptor das nötige pädagogische Rüstzeug zusammen, mit dem er die Schüler in elegantem Latein unterrichtet. Er stößt auf beträchtliche Schwierigkeiten, denn in seiner kleinen Bibliothek[1] verfügt er nicht über die Lehrmittel, die uns heute selbstverständlich sind: kritische Ausgaben, Wörterbücher, Enzyklopädien und andere Nachschlagewerke. Wieder zurückgekehrt nach Paris, ist Erasmus nach wie vor ein Mensch des Mittelalters, der in Philosophie, Theologie und selbst in den freien Künsten mit den Methoden des Mittelalters ausgebildet wurde.[2]

Erasmus' Genialität liegt darin, daß er unverzüglich die Erneuerung des Lateinunterrichts in Angriff nimmt. Er verfaßt Manuskripte, die als Einführung gedacht sind: Eine Schrift, die uns heute unter dem Titel *Colloquia familiaria* (Vertraute Gespräche), bekannt ist, soll den Schülern die Kunst des zwanglosen Gesprächs nahebringen, die Abhandlung *De conscribendis epistolis* (Anleitung zum Briefeschreiben) soll den Stil der Anfänger schulen, und der Traktat *De duplici copia verborum ac rerum* (Vom Reichtum der Worte und Dinge) soll ihren Wortschatz bereichern. Diese Entwürfe, die lange nur als Manuskripte im Umlauf sind, erscheinen sehr viel später als gedruckte Ausgaben und begründen Erasmus' Ruf bei Schülern und Lehrern. Darüber hinaus unterhält er in seiner Pariser Zeit regen Briefkontakt mit seinen Freunden, wie er später rückblickend berichtet. »Ich habe täglich meine Feder geübt und vertrauliche Briefe geschrieben. Ich habe dem einen und dem anderen im Plauderton Nichtigkeiten mitge-

31

teilt, wie es Freunde und Kameraden in einem freimütigen und vertraulichen Gespräch bei einem Glas Wein tun.«[3]

Die Frömmigkeit spielt in seinem Empfinden nach wie vor eine große Rolle.[4] In Paris veröffentlicht er sein erstes Buch – einen dünnen Band –, das ein zu Herzen gehendes Gedicht mit dem Titel *Über die Geburtsstätte Jesu*[5] enthält. Das Vorwort, das er an seinen schottischen Kommilitonen Hector Boesce richtet, ist ein anschauliches Beispiel dafür, wie Erasmus kokettieren kann. Er erröte, wenn man ihn einen Dichter nenne, behauptet er in dem Moment, da er seine Verse veröffentlicht. Und dem Bewunderer, der ihn um weitere Kostproben seines Könnens bittet, antwortet er mehr geschmeichelt als verärgert: »Du erklärst mir den Krieg, wenn ich Dir nicht eine Abschrift von meinen Gedichten zukommen lasse. Ich bitte Dich, bedenke, wie ungerecht Du bist, wenn Du von mir etwas verlangst, das ich nicht besitze. Ich schwöre Dir feierlich, daß ich mich niemals mit Poesie beschäftigt habe; mag ich mich auch als Kind zum Spiel damit befaßt haben, so ließ ich davon ab, als ich aus meinem Land fortging. Was mir die barbarischen Musen eingaben, war so schwerfällig und so wunderlich, daß ich nicht wagte, es zur hochberühmten Universität von Paris mitzunehmen, wo auf allen Gebieten der Literatur so viele gelehrte Meister glänzen. Doch sicher glaubst Du mir kein Wort und verdächtigst mich, daß ich mich hier noch immer der dichterischen Redseligkeit hingebe. Wer zum Teufel hat Dir in den Kopf gesetzt, daß ich Dichter bin; unablässig nennst Du mich in Deinen Briefen einen Dichter – ein einst geachteter, ja hoch geschätzter Titel, den die mangelnde Bildung und die Dummheit allzu vieler Verseschmiede in Verruf gebracht haben. Kurz, wenn Du mich liebst, dann hüte Dich von jetzt an, mich einen Dichter zu nennen.«[6]

Wenig später preist er die Lyrik, die religiöse Themen aufgreift. In einem Brief an Heinrich von Bergen schimpft er über die Dichter, die »für die Frömmigkeit nur Abneigung empfinden« und »sich lieber Catull, Tibull, Properz und Ovid zum Vorbild nehmen als den Ambrosius, Paulinus, Prudentius oder Juvencus«.[7] Nikolaus Werner, dem Prior von Steyn, der ihn zur Rückkehr ins Kloster auffordert, teilt er seinen nüchternen Entschluß mit: »Ich möchte nicht wegen einer Geldfrage vom Studium der Heiligen Schriften abgehalten werden. Ich bin nicht hier, um zu lehren und mich zu bereichern, sondern um zu lernen. Mein Ziel bleibt, so Gott will, der Doktorgrad der Theologie.«[8] Man kann vermuten, daß Erasmus den Prior für sein Vorhaben gewinnen und einen weiteren Aufschub erwirken will; an der Aufrichtigkeit seiner Worte ist jedenfalls nicht zu zweifeln.

Tatsächlich können die langwierigen und beschwerlichen Studien der Theologie Erasmus nicht das humanistische Denken austreiben, das nach einer Rückbesinnung auf die Quellen verlangt und für die Scholastik nur Verachtung übrig hat. Ausgelassen spottet der junge Student über die Sorbonne, »den sakrosankten Tempel der scotistischen Theologie«. Sein Humor enfaltet sich in einem vertraulichen Brief an einen Freund: »Wenn Du den Erasmus unter jenen heiligen Scotisten mit aufgesperrtem Munde sitzen sehen würdest, während vom hohen Katheder Professor Schweinhuber eine Vorlesung hält?! Wenn Du ihn sehen würdest mit gerunzelter Stirne, starrenden Augen, gespannten Zügen!? Du würdest sagen: Das ist Erasmus nicht. Sie sagen, das Geheimnis dieses Fachs könne von keinem erfaßt werden, der auch nur die mindeste Verbindung zu den Musen oder Grazien unterhalte. Du mußt verlernen, wenn Du nur an die schönen Wissenschaften getippt hast, Du mußt ausspeien, was Du aus dem Helikon zu Dir nahmst. Ich bemühe mich mannhaft, nichts mehr lateinisch zu sagen, nichts mehr in schönen oder geistreichen Wendungen. Es scheint, als gelinge mir das immer besser, und ich hege deshalb die Hoffnung, daß sie den Erasmus einst als einen der Ihren anerkennen werden.«[9]

Der letzte Satz drückt bitterste Ironie aus: Als einen der Ihren werden ihn die Lehrmeister, deren Zerrbild Erasmus entwirft, niemals anerkennen. Er und sie sind nach Denken und Veranlagung grundverschieden, und die Kluft wird mit den Jahren noch tiefer werden. Die Kritik an falschen Doktoren und schlechten Theologen ist ein Gemeinplatz, dem man in allen Epochen begegnet. Wenn Erasmus diese Gelehrten angreift, so stellt er ihnen zugleich lobend die guten und aufrichtigen Lehrer des Evangeliums gegenüber. Wenn er unfähige Lehrmeister mit beißendem Spott bedenkt, so geschieht dies vor allem aus Liebe zur reinen Lehre, der er ein Leben widmen möchte.

Wir wissen wenig über den Eifer, mit dem Erasmus seine Studien an der Universität betrieben hat. An den Vorlesungen nimmt er weder regelmäßig noch gewissenhaft teil; häufig fehlt er, und oft ist er durch Reisen verhindert.

Außerdem erkrankt er jedes Jahr, meistens in der Fastenzeit. »Die Krankheit hat mich völlig ausgezehrt. Meine Haut ist so schlaff wie meine Börse. Wenn man dem einen nur mit Fleisch, dem anderen mit Geld abhelfen könnte.« Seine Gesundheit bleibt anfällig. Ansonsten verfaßt der Privatlehrer wider Willen Bücher, die mit seinen Prüfungsvorbereitungen wenig zu tun haben, ihm aber zukünftig Ruhm einbringen werden. Allenfalls kann man vermuten, daß er in dieser Zeit die Würde eines Baccalaureus der Theologie erwirbt.[10] Gegen die scholastische Philosophie, in der das christliche Denken wie in einer Sackgasse steckt, vor allem gegen jene im Niedergang befindliche Scholastik, die er im Unterricht miterlebt, erhebt Erasmus eine ganze Reihe von Vorwürfen. Ihre fruchtlosen Grübeleien lehnt er ebenso ab wie ihre starre Systematik, ihren autoritären Moralismus, ihre sterile Logik und ihre aufgeblähte Terminologie. Am meisten jedoch bedauert er, daß diese Philosophie die Theologie bestimmt. Von den vier Summen des lateinischen Mittelalters, von Gratianus, Petrus Lombardus, Thomas von Aquin und Duns Scotus, hält er nicht viel. Dem Aristoteles stellt er Jesus gegenüber,[11] und er spottet über Thomas von Aquin, dessen Schriften er als Gipfelpunkt des Aristotelismus[12] anprangert. Dem Christen Scotus zieht er den Heiden Sokrates vor, der nach seinen Worten »der heiligste der Philosophen« sei und die Philosophie vom Himmel auf die Erde geholt habe. »Heiliger Sokrates, bitte für uns!« wird im Colloquium *Das geistliche Gastmahl* einer der Anwesenden zu sagen wagen.[13] Selbst Platon kommt in Erasmus' Verehrung erst an zweiter Stelle – nach seinem Lehrmeister Sokrates.[14]

Erasmus reagiert folglich nicht allergisch auf die Philosophie und noch weniger auf die Kunst des vernünftigen Denkens und Schließens. Bei Gelegenheit spendet er der Scholastik ein Lob, weil sie einen Teil des griechischen Gedankenguts herübergerettet habe,[15] aber er wird es ihr nie verzeihen, daß sie in die Theologie eingebrochen ist, die Kirchenväter verdrängt und die Frömmigkeit verdunkelt hat.[16]

Als Pädagoge und Humanist betrachtet Erasmus die klassischen Sprachen und die alte Literatur als den Kern der Kultur. Die Grammatik, welche die Kenntnis der Sprachen, der Dichtung und der Geschichte des Altertums einschließt, muß Grundlage jeder Wissenschaft sein, auch Grundlage der Wissenschaft Gottes, zu der sie hinführt.[17] Einige Theologen werden diesen Punkt niemals akzeptieren.

Bei seinen Schülern, Engländern wie Thomas Grey und Robert Fisher oder Deutschen wie den Gebrüdern Northoff, verfährt Erasmus nach dieser Methode. Er zeigt ihnen die Vielfalt und Genauigkeit der Sprache auf, unterweist sie in der Verknüpfung einzelner Gedanken und in einem eleganten Stil. In einem Brief an Christian Northoff, der ihn kurz zuvor verlassen hat, legt er sein pädagogisches Konzept dar. »Ich kann nicht daran zweifeln, teuerster Christian, daß in Dir das Feuer einer unglaublichen Leidenschaft für die Literatur lodert; und wie ich gesehen habe, bedarfst Du weniger der Ermutigung als der Anleitung und der Führung auf dem Weg, den Du vor Dir siehst. Ich erachte es für meine Aufgabe, Dir die Etappen aufzuzeigen, die ich selbst seit meiner Kindheit zurückgelegt habe. Es wird Dir, der Du mir so verbunden und sehr lieb bist, von großem persönlichem Nutzen sein. Wenn Du meine Darlegungen mit ebensoviel Aufmerksamkeit anhörst, wie ich Sorgfalt auf ihre Abfassung verwendet habe, dann bin ich sicher, daß wir beide nichts zu bereuen haben; ich nicht, daß ich Dir die Ratschläge erteilt habe, und Du nicht, daß Du ihnen folgst.

Deine erste Sorge sei es also, Dir einen wirklich gebildeten Lehrer zu suchen, denn kein Mensch kann, ohne daß er selbst gebildet ist, einen anderen bilden. Sobald Du ihn gefunden hast, setze alles daran, in ihm die Gefühle eines Vaters zu wecken und in Dir die eines Sohnes. Wir tun dies mit gutem Grund. Denn denen, die uns die Regeln für ein gutes Leben lehren, schulden wir ebensoviel wie denen, die uns das Leben gaben. Darüber hinaus ist dies für das Lernen so wichtig, weil ein Lehrmeister der Literatur für Dich völlig unnütz ist, wenn Du in ihm keinen Freund hast.

Zeige Dich im Unterricht aufmerksam und fleißig. Übertriebene Anstrengungen ersticken zuweilen die natürliche Begabung der Schüler. Der Eifer dagegen ist eine Tugend, wenn man die rechte Mitte zu halten weiß; durch tägliche Übung wird mehr zusammengetragen, als man sich vorstellt. Übersättigung ist überall ein Greuel und nirgends mehr als beim Studium der Literatur. Die geistige Anspannung, die beim Studieren entsteht, muß zuweilen gelockert, durch Spiele unterbrochen werden. Doch müssen es die Spiele eines wohlerzogenen Mannes sein, der schönen Literatur würdig und ihrem Niveau stets entsprechend. Sagen wir eher, daß wir in unserem Innersten den Studien stets einen neuen Reiz abgewinnen müssen, der uns mehr ihre vergnüglichen Seiten als ihre mühseligen aufzeigt. Keine Anstrengung ist auf Dauer erträglich, wenn sich nicht das Vergnügen dazugesellt, das den Bildungseifrigen fesselt. […]

Mache Dir diese Methode, mit der Du sowohl besser als auch leichter lernst, sofort zu eigen. Denn auch der Handwerker verdankt es der Kundigkeit in seinem Beruf, wenn er sein Werk vollkommener, schneller und mit weniger Anstrengung vollendet. Teile Deinen Tag in Arbeitsstunden ein, wie wir das von dem jüngeren Plinius und vom Papste Pius [II.], Männern, aller Erinnerung wert, lesen. Zuerst, das ist die Hauptsache, höre dem interpretierenden Lehrer nicht nur aufmerksam, sondern auch begierig zu. Begnüge Dich nicht damit, unverdrossen der Erörterung zu folgen, sondern suche mitunter dem Gedankengang vorauszueilen. Alle seine Worte präge Dir ein, bringe sie vorab auch zu Papier, diesem treuesten Bewahrer des gesprochenen Wortes; aber vertraue ihnen anderseits nicht wie jener reiche Tropf bei Seneca [Ep. 3.6. 5–8], der sich in den Kopf gesetzt hatte, jedes Wort seiner Sklaven behalten zu wollen. Verlaß Dich nicht auf Deine gelehrten Bücher, indem Du selbst ungebildet bleibst! Was Du hörst, darf Dir nicht entfallen; repetiere, allein oder mit andern. Damit nicht genug: vergiß nicht, etwas Zeit auf stilles Nachdenken zu verwenden, Augustin schrieb, das nütze ganz besonders dem Geist und Gedächtnis. Auch das Disputieren zeigt wie eine Palästra der Geister die Kraft des Gedankens, regt sie an und vermehrt sie. Schäme Dich nicht, zu fragen, wenn Du ein Bedenken hast, auch nicht der Zurechtweisung, wenn Du irrest. Nachtarbeit und Studium zu unrechter Zeit meide, es mindert die Geisteskraft und schadet sehr der Gesundheit. Morgenstunde hat Gold im Munde, sie paßt für das Studium. Nach dem Frühstück spiele, gehe spazieren oder plaudere. Wie kann man dabei auch arbeiten?! Iß so viel, als Deiner Gesundheit zuträglich ist, nicht so viel Dich gelüstet. Um die Essenszeit gehe ein bißchen auf und ab, nach dem Essen ebenfalls. Um die Schlafenszeit lies etwas ausgesucht Feines und dauernd Wertvolles; der Schlaf soll Dich beim Nachdenken darüber überwältigen, und wenn Du aufwachst, so rufe Dir das Gelesene ins Gedächtnis zurück. Fest hafte Dir im Herzen das Pliniuswort [Ep. 3.5.16], daß alle Zeit vertan ist, die Du nicht auf das Studium verwendest. Bedenke: nichts ist flüchtiger als die Jugend; ist sie einmal dahin, kehrt sie nimmer wieder. Doch nun spreche ich als Moralprediger zu Dir, und ich habe

Dir doch einen Führer versprochen! Folge dem Plan, den ich Dir, lieber Christian, unterbreite oder einem besseren, sofern Du einen solchen kennst.«[18]

In einem Brief an Thomas Grey beruft er sich auf eigene Erfahrung, wenn er daran erinnert, daß das Studium Kraft und Trost spendet. »Wenn ich den Schlägen des Schicksals standgehalten habe, so verdanke ich das der Beschäftigung mit der Literatur.« Doch den süßesten Trost findet Erasmus wie in der frühen Jugend in der Freundschaft. Seine Briefe und Unterhaltungen mit den Schülern atmen den Geist gegenseitiger Zuneigung. Er unternimmt mit ihnen ausgedehnte Spaziergänge in die Weinberge rund um Paris und trifft sich mit ihnen zu schlichten Mahlzeiten, die ausgelassen begangen werden. An Stephen Gardiner, den späteren Bischof von Winchester, der besser kochen kann als sein Privatlehrer, erinnert er sich noch nach dreißig Jahren sehr freundlich: »Er stellte bei der Zubereitung von Salaten ebensoviel Verstand unter Beweis wie bei den Literaturstudien.«[19]

1497 teilt er Thomas Grey seine Gedanken zur Freundschaft mit: »Eine feste Freundschaft, die in der Tugend wurzelt, kennt ebensowenig ein Ende wie die Tugend. Eine Freundschaft aus Eigennutz erlischt schnell, wenn kein Nutzen mehr in Sicht ist. Diejenigen, die aus dem Bestreben nach Zerstreuung zueinander gefunden haben, werden auseinandergehen, sobald der Überdruß kommt. Und jene schließlich, die sich in kindischer Aufwallung des Herzens ihre Zuneigung bezeigen, lösen diese Freundschaft ebenso leicht wieder auf, wie sie sie geknüpft haben. Die Bande zwischen uns, die aus besseren Grundsätzen hervorgehen, ruhen auf festeren Fundamenten, da uns weder Eigennutz noch der Wunsch nach Zerstreuung, noch kindische Leidenschaft zusammengeführt haben, sondern die edle Liebe zur schönen Literatur und unsere gemeinsamen Studien.«[20] Welch einen langen Weg hat Erasmus inzwischen doch zurückgelegt, seit er zehn Jahre zuvor Servatius Roger so leidenschaftlich sein Herz ausschüttete! Frauen haben in Erasmus' Leben keinen Platz. Er berichtet Robert Fisher von einem heftigen Wortwechsel zwischen ihrer gemeinsamen Wirtin und deren Tochter und schließt: »Wenn ich mir anschaue, wie Frauen in solchen Dingen verfahren, dann bin ich froh, daß ich diese Art von Leben gewählt habe. Wenn es Zufall war, so hatte ich Glück; war die Wahl überlegt, habe ich mich als besonders klug erwiesen.«[21]

Nachdem er seine Unterkunft im Collège gegen eine Familienpension eingetauscht hat, taucht Erasmus in ein malerisches volkstümliches Milieu ein. Christian Northoff berichtet er anschaulich über den deftigen Streit zwischen ihrer Wirtin und der Hausmagd. »Heute sahen wir unsere Hausmutter mit der Magd wacker streiten. Lange vor dem Angriff war die Kriegsdrommete erklungen, das Geschimpfe ging wacker hin und her. Dann ging man unentschieden auseinander, keiner hatte gesiegt. Es war im Garten, wir schauten stumm vom Speisesaal zu, nicht ohne ein Lächeln. Doch höre die überraschende Wendung. Nach der

Schlacht ging das Mädchen in mein Schlafzimmer herauf, um die Betten zu machen. Beim Schwatz lobte ich ihre Tapferkeit, daß sie an Stimme und Geschimpfe nichts ihrer Herrin nachgegeben habe; ich hätte nur gewünscht, daß sie ebensoviel Kraft in ihren Händen besessen hätte wie in der Zunge. Denn ihre Herrin, ein Mannweib, robust wie ein Athlet, hämmerte immer wieder mit den Fäusten auf den Kopf des kleineren Mädchens. ›Hast Du denn‹, sagte ich, ›gar keine Klauen, daß Du das ungestraft erträgst?‹ Sie antwortete lächelnd, es fehle ihr nicht so sehr an Mut, als an den Kräften. ›Glaubst Du denn‹, sagte ich, ›der Ausgang der Kriege hänge nur von den Kräften ab? Klugheit ist immer am meisten wert.‹ Sie fragte, welchen klugen Rat ich denn bereit hätte. ›Wenn sie Dich wieder angreift‹, sagte ich, ›so reiße ihr den Kopfputz herunter (die Pariserinnen haben nämlich einen erstaunlichen Gefallen an einem schwarzen, haubenartigen Haaraufputz), und dann fahre ihr rasch in die Haare.‹ Ich glaubte, sie würde das scherzhaft hingeworfene Wort ebenso aufnehmen. Aber um die Essenszeit kam keuchend ein Fremder angelaufen, ein Herold des Königs Karl, gewöhnlich Gentil Gerson genannt. ›Kommen Sie, meine Herren, Sie werden ein blutiges Schauspiel sehen.‹ Wir eilten hinzu und fanden Hausmutter und Mädchen auf dem Boden miteinander ringend. Kaum konnten wir sie auseinanderbringen. Wie blutig die Schlacht gewesen war, dafür als Beweis lagen auf dem Boden hier der Kopfputz, dort der Schleier. Der Boden war voller Haarknäuel, so grausam war das Schlachtgemetzel gewesen. Bei Tische erzählte uns in großem Ärger die Hausmutter, wie hitzig sich das Mädchen geschlagen hätte. Sie habe nie ein so kleines und dabei so artiges Mädchen gesehen. Wir entschuldigten die Zufälligkeiten bei den Menschenkindern und die Laune des Kriegsglückes und leiteten Friedensverhandlungen für die Zukunft ein. Ich gratulierte mir im stillen, daß die Herrin keine Ahnung davon hatte, daß auf meinen Rat hin die Sache geschehen war, sonst hätte auch ich ihre Zunge zu spüren bekommen.«[22]

Mag Erasmus aus Koketterie oder Bescheidenheit behaupten, er spreche nur schlecht Französisch, sicher ist jedenfalls, daß er die Sprache ausgezeichnet versteht!

Das Pariser Leben bleibt für seine geistige Entwicklung nur eine Episode. Noch immer träumt er davon, Italien zu sehen. Heinrich von Bergen plant für sich und seinen Sekretär die sehnlichst gewünschte Reise, aber das Vorhaben scheitert ein weiteres Mal.[23] Als Erasmus erkrankt, ruft er die heilige Genoveva, die Schutzpatronin von Paris, an: »Wende mir Deine Augen zu und befreie meinen Körper vom Fieber. Gib mich meinen teuren Studien zurück, ohne die mein Leben bitter wäre.« Dann schildert er ein Erlebnis während der Krankheit: »Neulich hatte ich vier Tage Fieber, aber ich wurde wieder gesund und erholte mich, nicht durch die Hilfe des Arztes, obwohl wir ihn zuzogen, sondern allein durch die heilige Genoveva, die adelige Jungfrau, deren Gebeine bei den Regularkanonikern aufbewahrt werden, täglich Wunderdinge vollführen und angebetet werden.« Daraufhin beschreibt er in seinem Brief respektvoll die Prozession zu Ehren der Heiligen, deren Schrein in einem pompösen Umzug von ihrer Abtei zur Kirche Notre-Dame getragen wird. Vermutlich hat Erasmus an dieser Pilgerfahrt durch die Stadt andächtig teilgenommen.[24]

Das Jahr 1497 verläuft ohne unvorhergesehene Zwischenfälle. Neben den Vorlesungen an der Sorbonne unterrichtet Erasmus seine Schüler und sichert sich damit ein dürftiges Auskommen. Die Schüler kommen und gehen, und nicht alle sind gleich liebenswürdig und bildungseifrig. Einige werden aus familiären Gründen in ihr Land zurückgerufen wie Christian Northoff, der zu seinem Vater, einem Lübecker Kaufmann, heimkehrt. Erasmus schreibt ihm im Namen seines Bruders, der in Paris geblieben ist, einen Brief in wohlgesetzten Worten; darin erklingt das Lob auf den Lehrer und seine Methoden.

»Was konnte mir erwünschter und nützlicher sein als ein Lehrer, der zugleich gebildet und mein Freund ist? Ich habe den allergebildetsten und besten Freund: den Erasmus, den ich mir lange so sehnlichst gewünscht hatte. Ich habe und besitze ihn allein, er ist mein Eigentum, ich genieße ihn andauernd, vollkommen, Tag und Nacht. Was fragst Du noch? Ich habe den Helikon selbst in meinen vier Wänden. Wenn das nicht heißt im Kreise der Musen leben?! Alles bei uns, Ernst, Scherz, Muße, Arbeit, wird mit Wissenschaft gewürzt. Beim Frühstück wird über Wissenschaft geplaudert, das Mittagessen wird dank wissenschaftlicher Würze ein Festmahl. Beim Spaziergang machen wir wissenschaftliche Scherze, sogar das leichte Spiel hat etwas Wissenschaftliches an sich. Der Schlaf überwältigt uns beim wissenschaftlichen Gespräch, unsere Träume sind wissenschaftlich, nach dem Erwachen beginnen wir den Tag mit Wissenschaft. Es dünkt mich Spiel, nicht Studium, und doch empfinde ich jetzt erst, daß ich studiere.«[25]

Diese ungezwungene Passage bringt sehr klar Erasmus' pädagogische Grundsätze zum Ausdruck. Bei einem solchen Hauslehrer ist »alles mit dem Salz der Wissenschaft gewürzt«.

Zu dieser Zeit befaßt sich Erasmus intensiver als hinter den Mauern von Steyn oder Montaigu mit religiösen Anliegen. »Seit langem«, so vertraut er einem befreundeten Karmeliter an, »stößt mich die Welt ab; ich verurteile meine ehrgeizigen Pläne aus der Vergangenheit und wünsche mir nur noch eines: ausreichend Muße, um mich ganz und gar Gott hinzugeben, um die Verfehlungen meiner Jugend zu bereuen, um zu lesen und zu schreiben, was ich in einem Kloster [Steyn] oder Collège [Montaigu] nicht tun könnte.«[26] Das Vorhaben einer sittlichen Erneuerung geht bei Erasmus einher mit einem ausgeprägten Interesse für frühreformatorische Ideen, die um die Gründung einer neuen Kirche und ihre Reinigung von Mißständen kreisen.

In den folgenden Jahren besucht Erasmus weiterhin Vorlesungen und erteilt nebenher Privatstunden. Aus Liebe zum Griechischen nimmt er Unterricht bei Georgios Hermonymos aus Sparta, der allerdings im klassischen Griechisch nicht sehr bewandert ist.[27] Die Fortschritte des Schülers entsprechen den bescheidenen Fähigkeiten des Lehrers. Ohne übertriebene Eile bereitet Erasmus seinen Doktorgrad vor und arbeitet im stillen an ausgezeichneten Lehrbüchern für die Privatschüler. Um seine Ratschläge mit Beispielen erläutern zu können, erbittet er von Freunden seine Briefe zurück und verfaßt bereits damals ein Vorwort zum Traktat *Anleitung zum Briefeschreiben*, der erst ein Vierteljahrhundert später erscheint. »Ich gebe mich ganz meinen Büchern hin«, schreibt er. »Ich sammle verstreute Textbeispiele, verfasse neue und gönne mir keine Ruhe, solange meine Gesundheit es zuläßt.«

Wie alle Studenten, die sich in den Vorlesungen langweilen, tauschen Erasmus und sein Freund Fausto Andrelini direkt unter den Augen der Professoren kleine Mitteilungen aus.

Fausto an Erasmus: »Ich bitte um ein völlig genügsames Mahl. Ich möchte nur Fliegen und Ameisen. Gott mit Dir.«

Erasmus an Faustus: »In welchen Rätseln sprichst Du Elender? Du hältst mich doch nicht für einen Ödipus, der eine Sphinx im Schreibpult hat? Und doch stelle ich mir vor, daß Du unter Fliegen kleine Vögel und unter Ameisen Kaninchen verstehst. Aber Spaß beiseite. Jetzt gilt es, fürs Abendessen einzukaufen. Du tust gut daran, das Rätselraten zu beenden. Gott mit Dir.«

Fausto an Erasmus: »Ich verstehe nun sehr wohl, daß Du ein Ödipus bist. Ich wünsche nichts als ganz kleine Vögelchen, pfui den Kaninchen! Leb wohl, Du größter aller Rätselrater.«

Erasmus an Faustus: »Du hast Dich sehr gut darauf verstanden, reizender Fausto, mir die Röte ins Gesicht zu treiben. Mit einem Streich hast Du auch den Theologen verärgert. Er war tatsächlich im Auditorium. Doch ich halte es für gefährlich, ins Wespennest zu stechen. Gehab Dich wohl.«

Fausto an Erasmus: »Wer wüßte nicht, daß Fausto für seinen lieben Erasmus mutig in den Tod ginge? Deine Schwätzer kümmern mich so wenig wie die Stechmücken einen indischen Elefanten. Mit Gott. Dein Fausto, möge der Neid sagen, was er will.«[28]

Erasmus dachte vielleicht an seine *Anleitung zum Briefeschreiben*, als er diese Beispiele für einen lakonischen Epigrammstil sorgfältig aufbewahrte.

Nach den Enttäuschungen an der Sorbonne möchte er Paris verlassen und die Doktorwürde an der berühmten Universität Bologna erwerben. »Ich wollte in diesem Jahre [1498] nach Italien, in Bologna einige Monate Theologie studieren und dort die Doktorwürde bekommen, dann im Jubiläumsjahr nach Rom, dann heim und meine Verhältnisse ordnen. Aber ich fürchte, ich kann nicht, wie ich will. Vorab fürchte ich, mein Befinden erlaubt nicht eine so weite Reise und verträgt das heiße Klima nicht. Schließlich berechne ich, daß man nicht ohne große Kosten nach Italien kommt und dort lebt. Auch der Doktortitel braucht eine große

Summe. Und der Bischof von Cambrai gibt verzweifelt sparsam.«[29] Tatsächlich vergehen die Tage, ohne daß die finanzielle Unterstützung eintrifft, auf die er verzweifelt hofft. »Leb wohl, Doktortitel der Theologie! Leb wohl, Ruhm! Leb wohl, nutzlose Würde!«[30]

Ein begeisterter Brief von Wilhelm Hermans, seinem Glaubensbruder aus Steyn, zeigt, daß sich Erasmus bei aller Enttäuschung die Zuversicht bewahrt hat. »Unser Erasmus hat uns hier [in Steyn] besucht. Vielleicht war es das letzte Mal, Gott möge das nicht gefallen! Nach Ostern reist er nach Bologna – welch lange und gefahrvolle Reise! –, und er ist bereits in den Vorbereitungen. Wenn alles gutgeht, kehrt er mit dem Grad und dem Triumph zurück.«[31]

Die Armut und sein schlechter Gesundheitszustand fesseln den Studenten der Theologie weiter an Paris. Doch dann tritt William Blount, der zukünftige Lord Mountjoy, als neuer Schüler in sein Leben und richtet ihn mit innigen Bekundungen seiner Freundschaft wieder auf. »Er liebt mich und behandelt mich gut«, sagt Erasmus. Aber die Verbitterung gewinnt die Oberhand über den Optimismus, als der Privatlehrer Erasmus die Risiken seines Berufs kennenlernt: Feinde haben Verleumdungen über ihn in Umlauf gesetzt. Selbst Wilhelm Hermans schickt ihm aus Steyn einen Brief voller Vorwürfe, der inzwischen verlorengegangen ist. Erasmus antwortet mit einem heftigen Gefühlsausbruch.

»Du sagst, man führe dort sehr unangenehme Worte über mich im Munde? Tatsächlich kann ich Dich, mein lieber Wilhelm, meiner Unschuld versichern, was ich hiermit tue. Aber ich bin nicht dafür verantwortlich, was diese Leute über mich in Umlauf bringen. Mehr sorge ich mich darum, was Du eigentlich über mich denkst, denn so wahr mir Gott helfe, Du zählst für mich mehr als alle anderen zusammen. Worauf zielt der besagte Brief, in dem Du meinen Lebenswandel anzugreifen scheinst? Du möchtest also wissen, wie Erasmus hier lebt? In der Tat hast Du ein Recht darauf, daß Dir von meinem Tun nichts verborgen bleibt. Erasmus lebt – wie er lebt, weiß ich eigentlich nicht –, er lebt sehr unglücklich, niedergedrückt von Kummer aller Art, gefährdet durch viele Fallstricke, oft von seinen Freunden enttäuscht, vom Unglück hin und her geworfen, aber er lebt in untadeliger Weise. Ich weiß, daß ich Mühe habe, Dich davon zu überzeugen. Du denkst an den Erasmus von früher, an die Freiheiten, die ich mir nahm, an die Eitelkeiten. Wenn wir beieinander wären, fiele mir nichts leichter, als Dich von der Wahrheit zu überzeugen. Stelle Dir deshalb, wenn Du Dir von Erasmus ein getreues Bild machen willst, nicht einen Aufschneider, einen lustigen Zecher, einen verderbten Menschen vor, sondern einen zutiefst betrübten Mann, der unablässig Tränen vergießt, sich selbst verabscheut, des Lebens überdrüssig ist und dennoch nicht sterben darf – kurzum, den Unglücklichsten der Welt, nicht durch eigene Schuld, sondern durch die Ungerechtigkeit des Schicksals und darum nicht weniger beklagenswert. Doch was bedeutet das schon!«[32]

Ganz im Gegenteil: Erasmus ist es sehr wichtig, daß an ihm kein schwerwiegender Vorwurf hängenbleibt! Ohne Reisegeld kann er nicht nach Italien aufbrechen, und Reisegeld erhält er nur, wenn er einen Mäzen von seiner vollkommenen Integrität überzeugen kann. Erasmus, für den die Freiheit ein unentbehrliches Gut ist, stößt auf ihre Grenzen und lernt ihre Gefahren kennen. Demselben Freund aus Steyn vertraut er an: »Ich armer Mensch habe die Freiheit zu gut kennengelernt, Du armer Mensch kennst sie nicht gut genug!«[33]

In dieser schweren Zeit glaubt Erasmus, bei Anna Borsselen van Veere, der Schloßherrin von Tournehem,[34] großzügigere und zuverlässigere Unterstützung zu finden. Anfang 1499 wendet er sich mit einem langen Brief an Adolf van Veere, den jugendlichen Sohn seiner Gönnerin, der von seinem Freund Batt unterrichtet wird. In dem Brief ermutigt er ihn zum Lernen. Die letzten Zeilen sind schlicht, direkt und persönlich. »Da Du mit den Grundbegriffen der Literatur in die Geheimnisse Christi einzudringen beginnst, schicke ich Dir einige Gebete, die ich auf Bitten Deiner Mutter, auf Anraten von Batt, aber für Dich geschrieben habe. Darum habe ich sie im Stil Deinem Alter angepaßt. Wenn Du diese Gebete oft sprichst, verbesserst Du Deinen Stil und lernst zugleich die üblen Soldatengebete verachten, an denen sich die Leute bei Hof erfreuen, die aber nur Meisterwerke der Unkenntnis und des Aberglaubens sind.«[35]

Aus den Zeilen spricht der ganze Erasmus: Literatur verbunden mit Frömmigkeit, Hingabe verbunden mit Freundschaft.

KAPITEL V

Die zweite Heimat: England

Die Bemühungen, bei Anna Borsselen van Veere Unterstützung zu finden, schlagen fehl. Aber als Erasmus schon nicht mehr daran glaubt, lächelt ihm das Glück doch noch zu. Mountjoy lädt ihn ein, mit ihm nach England zu kommen. Acht Monate, von 1499 bis 1500, führt Erasmus ein aufregendes Leben. Er findet unvergeßliche Freunde, vervollkommnet seine Ausbildung und arbeitet sein Programm für eine Vereinigung von biblischer Theologie und humanistischer Bildung weiter aus.

In London pflegt er engen Kontakt mit dem jungen Juristen und Philologen Thomas Morus, der die *Utopia* verfassen, zum Lordkanzler von England aufsteigen und den Märtyrertod sterben wird.[1] Nach einer nicht nachprüfbaren Überlieferung sollen sich Erasmus und Morus, ohne daß sie einander vorgestellt wurden, auf einem offiziellen Bankett kennengelernt haben. Erasmus habe sich nur kurz mit seinem Tischgenossen unterhalten und ausgerufen: »Dieser Mann kann nur Thomas Morus sein.« Morus habe geantwortet: »Wenn es nicht der Teufel ist, muß dieser Mann der Erasmus sein.« Dieser Dialog drückt ihr Verhältnis aus wie eine gestochen scharfe Momentaufnahme.

Erasmus ist acht Jahre älter als Morus. Die beiden geistig außerordentlich gewandten Männer tauschen vielerlei kühne Ideen aus und diskutieren leidenschaftlich über unerschöpfliche Themen: über Gott und die Menschen, das Universum und die Christenheit, über Krieg und Frieden! Eine tiefe Freundschaft bahnt sich an, die erst mit dem Tod des Engländers enden wird.

Nach seinem Aufenthalt in London verbringt Erasmus zwei Monate in Oxford als Gast von Richard Charnock, dem Prior des St. Mary's College. Dort begegnet er dem renommierten Theologen John Colet und besucht seine Vorlesungen über die Briefe des Apostels Paulus.

Erasmus ist glücklich. Man nimmt ihn ohne Vorbehalte als Humanisten auf und erwartet nicht, daß er die Landessprache spricht. Er liebt England mit romantischer Leidenschaft und erlebt dort glanzvolle Augenblicke, wie er sie in Paris nie gekannt hat. Den Nebel in London nimmt er gar nicht wahr. Die Sonne, die sich anders als in der französischen Hauptstadt nur selten und zögernd zeigt, erscheint ihm hier strahlender und kostbarer. Niemand erinnert ihn an seine bescheidene Herkunft. Er ist nicht mehr der studentische Hungerleider an der altehrwürdigen Sorbonne. Ein Glücksgefühl erfaßt ihn, das ihn für Schönheiten und Freuden empfänglich macht, die reine Lebenslust. Voller Begeisterung reitet er täglich aus und beteiligt sich am mondänen und intellektuellen Leben der vornehmen Londoner Gesellschaft. Daß er der englischen Sprache nicht mächtig ist, hindert ihn nicht bei seinen Unternehmungen. Er verkehrt nur mit Humanisten, und für solche Kontakte reichen seine vorzüglichen Lateinkenntnisse aus.

Seine Liebe zu England, wo er sich zwischen 1499 und 1517 mehrfach aufhält und insgesamt fünf Jahre verbringt, klingt auch in einem vertraulichen Brief an Fausto Andrelini an, der, wie Erasmus weiß, immer zu einem Scherz aufgelegt ist. »Es gibt hier Nymphen mit göttlichem Antlitz, reizend, gefällig; Du würdest sie leicht Deinen Camönen vorziehen. Zudem haben sie hier eine nicht genug zu preisende Sitte. Wohin Du kommst, jeder begrüßt Dich mit Kuß; wenn Du irgendwo weggehst, mit Abschiedskuß wirst Du entlassen. Kommst Du wieder, tut man Dir Liebes, kommt zu Dir, gibt Dir Gutes zu trinken; verläßt man Dich, werden Küsse ausgetauscht; trifft man sich irgendwo, gibt's Küsse mehr als genug; kurz, wohin Du Dich begibst, alles ist voll Annehmlichkeiten.«[2] Dieser erste Brief aus England, der wie eine Nachahmung des Stils von Catull wirkt, ist der einzige in einem fast euphorisch ausgelassenen Tonfall – ein ungewöhnliches Zeugnis für die Stimmungen des ansonsten eher zurückhaltenden Mannes. Manch einer mag aus dieser Beschwörung weltlicher Rituale herauslesen, daß Erasmus insgeheim Sehnsucht nach Vergnügungen verspürt, auf die er bisher verzichten mußte…

Der Humanist, der rasch wieder in die ernüchternde Realität des Alltags zurückfindet, veröffentlicht diesen scherzhaften Brief später in einer Sammlung – offenbar ohne Bedenken, der Brief könne seinen guten Ruf gefährden. So höflich, liebenswert und wortgewandt, wie er ist, hätte er sich in diesem unbeschwerten Milieu, in dem man ihn sehr freundlich aufnimmt, ohne weiteres zu einem Weltmann, vielleicht sogar zu einem Dandy entwickeln können. Doch Erasmus dürstet es zu sehr danach, seinen Horizont zu erweitern, als daß er allzuviel Zeit bei den schönen Nymphen in den Salons verbringen möchte. Immerhin sehen wir zweifelsfrei, daß sein Gemüt auch eine sonnige Seite besitzt, die sich in einem Klima des Vertrauens und der Fröhlichkeit, in dem Bildung und Bequemlichkeit herrschen, schnell entfaltet. Für den Rest seines Lebens wird dieser Charakterzug bestimmend bleiben.

44

Das schmeichelhafteste Erlebnis während seines ersten Aufenthaltes in England ist unbestreitbar die Begegnung mit den Kindern Heinrichs VII. Als Thomas Morus Mountjoy in Greenwich besucht, entführt er Erasmus für einen Spaziergang zum Eltham Palace, wo die Königskinder, der zukünftige Heinrich VIII. und seine Schwestern, erzogen werden. Beim Essen steckt der kleine Prinz Erasmus einen Zettel mit einer Nachricht zu, die uns leider nicht erhalten ist. Drei Tage später schickt ihm Erasmus als Antwort einen Brief und ein Gedicht, beides in Latein.[3] Erasmus wird sich lange voller Bewunderung an den kleinen Prinzen erinnern, der mit seinen zehn Jahren in der geistigen Entwicklung bereits weit voraus und sehr liebenswert im Umgang ist.

Das Bildungsniveau der englischen Humanisten, die Erasmus in London, Oxford und später in Cambridge wie ihresgleichen und oft sogar als einen Lehrer aufnehmen, scheint ihm besonders beneidenswert. In einem Brief an seinen ehemaligen Schüler Robert Fisher, der inzwischen als Beamter des englischen Königs in Italien tätig ist, stimmt er ein begeistertes Lob auf diese Männer an. »Wie mir England gefällt, fragst Du? Wenn ich Dein Vertrauen genieße, lieber Robert, so glaube mir: nichts hat mir je so gut gefallen. Ein angenehmes und gesundes Klima habe ich hier getroffen; soviel Geistesadel und Bildung, nicht die abgedroschene und banale, nein, die sorgsam gepflegte, alte, lateinische und griechische, so daß ich Italien kaum vermisse. Wenn ich meinen Colet höre, glaube ich Plato selbst zu hören. Wer sollte in Grocin nicht den Universalisten bewundern? Gibt es etwas Schärferes, Tieferes, Witzigeres als die Urteilskraft Linacres? Was hat die Natur Milderes, Lieblicheres oder Glücklicheres geformt als das Genie von Thomas Morus? Was soll ich die übrigen der Reihe nach aufzählen? Es ist wunderbar, wie hier allenthalben dicht die Saat der alten Wissenschaft sprießt; um so dringlicher mußt Du heimkehren.«[4]

Erasmus hebt besonders seine Bewunderung für John Colet hervor. Ihr Briefwechsel zeugt von einer innigen Freundschaft, und Colets Einfluß ist für Erasmus' geistige Entwicklung von entscheidender Bedeutung.[5] Durch Colet stößt er auf den Neuplatonismus des Marsilio Ficinos. Er lernt eine moderne Theologie und eine Form der Bibelauslegung schätzen, die in diametralem Gegensatz zu den fruchtlosen Spekulationen an der Sorbonne stehen.

Erasmus stellt sich dem Theologen ganz offen, vertrauensvoll und fast ein wenig selbstgefällig vor. »Ich will Dir selbst ein Bild von mir entwerfen, um so besser, als ich mich ja selbst viel genauer kenne, als andere es tun. Du bekommst einen Menschen mit geringem, ja gar keinem Vermögen, frei von Ehrgeiz, sehr bereit zur Liebe, in der Wissenschaft noch schwach, aber ihr glühendster Bewunderer, der bei anderen die Bewährtheit fromm verehrt, aber noch keine eigene besitzt, der an Gelehrsamkeit allen nachsteht, an Treue niemand, einen schlichten, offenen, freimütigen Kerl, der von Heucheln und Verleugnen nichts weiß, kleinen, aber reinen Geistes, der nicht viel redet; kurz, einen Menschen, von dem Du außer der Gesinnung nichts erwarten magst. Kannst Du, lieber Colet, einen solchen Menschen lieben, achtest Du ihn Deiner Freundschaft würdig, so rechne den Erasmus zu Deinen ›Aktivposten‹ wie keinen zweiten.« So sieht sich Erasmus selbst, und so können wir ihn uns vorstellen.

Colet wiederum eröffnet Erasmus, daß er mit Bewunderung seinen Brief an Gaguin – das Nachwort zu dessen Veröffentlichung – gelesen, in Paris viel Lob über ihn gehört und Charnocks Empfehlungen zur Kenntnis genommen habe. Er schließt mit den Worten: »Sosehr Wissenschaft, Kenntnis von den Dingen und aufrichtige Güte Macht über einen Menschen haben können, der nach ihnen strebt und sich mehr um sie bemüht, als daß er sie für sich einfordert, so sehr bist Du mir wert, Erasmus, weil Du diese Gaben besitzt. [...] Ich wünsche mir, daß unser England Dir ebenso viele Reize zu bieten hat, wie Du ihm mit Deiner Wissenschaft dienstbar sein kannst. Du stehst so hoch in meiner Achtung, wie es einem Mann gebührt, den ich zugleich als trefflichen Menschen und Gelehrten schätze.«[6]

Erasmus wird ein Lehramt angetragen. Er schlägt das Angebot aus und erklärt Colet mit einem gewissen Nachdruck: »Ich bin nicht hergekommen, um Poetik und Rhetorik zu lehren. Ich finde sie nicht mehr erbaulich, seitdem sie für mich keine Notwendigkeit mehr sind.«

Mit Colet und anderen Freunden, die sein Vertrauen genießen, diskutiert Erasmus gerne über Textstellen aus der Heiligen Schrift. Von diesem Gedankenaustausch, der zuweilen leidenschaftlich, doch stets herzlich geführt wird, ist uns die Schrift *Kleiner Disput über das Bangen, den Widerwillen und die Betrübnis Jesu*[7] erhalten geblieben.

Darin ist eine freundschaftliche Auseinandersetzung zwischen Erasmus und Colet über die Leiden Christi festgehalten. Während Colet in der Leidensgeschichte Jesu ganz den metaphysischen Aspekt der Angst des Erlösers betont, der sich um die Versündigung der Juden sorgt, bleibt Erasmus bei der Auslegung der Bibelstelle in der Tradition: Jesus empfindet als Mensch Furcht und Schrecken, als er ausruft: »Mein Vater, ist's möglich, so gehe dieser Kelch an mir vorüber«; und er fügt hinzu: »Doch nicht wie ich will, sondern wie Du willst!« Erasmus durchdenkt die Fleischwerdung in ihrer letzten Konsequenz und faßt sie betont realistisch auf.[8]

In Übereinstimmung mit Colet vertritt Erasmus die Überzeugung, daß Christus mehr Wert darauf lege, daß die Menschen ihn liebten, als daß sie ihn verehrten. Er wird dieser Ansicht treu bleiben, sie weiterentwickeln und später einmal so formulieren: »Der Zwang geht nicht mit der Aufrichtigkeit zusammen, und Christus nimmt unsere Seele nur als freiwillige Gabe.«[9]

Zwischen zwei Arbeitssitzungen führen die Freunde ihre religiösen Debatten beim festlichen Mahl in lockerem Rahmen fort. Mit geistreichem Spott schildert Erasmus später eine kleine Unterhaltung: »Colet sagte, Kain habe hauptsächlich dadurch Gott beleidigt, daß er der Güte des Schöpfers gleichsam mißtraute, auf den eigenen Fleiß aber zu sehr vertraute und deshalb als erster die Erde pflügte, während Abel, zufrieden mit dem, was da von selbst entstand, die Schafe geweidet habe…« Zwar widerspricht Erasmus dieser klassischen Auslegung nicht, aber er spinnt auf seine Art die Kains-Geschichte weiter aus.

»Kain ist ein fleißiger, aber ebenso gieriger und ehrgeiziger Mensch gewesen. Er hatte von den Eltern oft gehört, in einem schönen Garten, aus dem sie vertrieben waren, sprieße von selbst köstliche Saat mit riesengroßen Ähren, gewaltigen Körnern, so langen Halmen, daß sie unserer Erle gleichkämen; kein Unkraut, keine Dornen oder Disteln wüchsen dazwischen. Daran dachte er redlich, und als er nun sah, wie die Erde, die er damals mit dem Pflug bearbeitete, kaum eine kärgliche und winzige Frucht hervorbrachte, griff der fleißige Mann zu einer List. Er ging zu dem Engel, dem Paradieseswächter, und bestach ihn in routinierter Kunst unter großen Versprechungen, ihm von jener besseren Saat nur ein paar Körner heimlich zu schenken. Er sagte, Gott sei längst dieser Sache ledig und kümmere sich nicht darum; sollte er dahinterkommen, werde er keine Strafe setzen, die Sache sei ja bedeutungslos, wenn nur die Äpfel nicht angerührt würden, bei denen allein Gott gedroht hatte.

›Ei‹, sagte er, ›sei nur nicht ein zu sorgsamer Pförtner. Wie, wenn Dein übergroßer Diensteifer ihm unangenehm ist? Wie, wenn er auch betrogen sein will und ihm menschliche Schlauheit mehr Freude macht als träges Nichtstun? Oder hast Du an Deinem Amte besondere Freude? Aus einem Engel hat er Dich zum Henker gemacht, um grausam uns Elende und Verlorene von der Heimat fernzuhalten; Dich hat er mit einem großen Säbel an die Pforte gekettet, wir pflegen seit kurzem für diese Aufgabe Hunde zu gebrauchen. Wir sind gewiß sehr elend, aber Du scheinst Dich in noch etwas betrüblicherer Lage Dich zu befinden. Wir haben kein Paradies mehr, weil wir den nur zu süßen Apfel gekostet haben. Du hast, um uns dort fernzuhalten, Himmel und Paradies zugleich verloren. Du bist um so elender daran, als wir nach Lust und Belieben hierhin und dorthin umherschweifen können. […]‹ Der schlimme Mann brachte seine Sache durch, ein glänzender Redner!«[10] Zu seiner eigenen Unterhaltung und zur Unterhaltung seiner Freunde erzählt Erasmus solche scherzhaften Geschichten, und er scheint nicht zu fürchten, daß er damit der biblischen Überlieferung Abbruch tun könnte.

Zerstreuung findet er auch in der Poesie. Zwar urteilt er selbst unnachsichtig über das Gedicht, das er den englischen Königskindern gewidmet hat,[11] aber dies hindert ihn nicht daran, bis ans Ende seiner Tage Verse zu schreiben. In seinen Augen gibt es keine Kluft zwischen Dichtung und Theologie,[12] Lyrik und Religiosität. Die Qualität seiner Gedichte schätzt er durchaus realistisch ein: Nicht seine Lyrik, sondern seine Prosa wird ihn zu einem großen lateinischen Schriftsteller machen.[13]

Der erste Aufenthalt in England ist für Erasmus ein sicherer Erfolg, ein Feuerwerk, die Krönung seines dreißigsten Lebensjahres. Dank der Großzügigkeit der englischen Gastgeber kann er optimistisch in die Zukunft blicken. Mit beträchtlichen finanziellen Rücklagen tritt er Anfang des Jahres 1500 die Heimreise nach Paris an, um dort den Druck seines ersten bedeutenden Werkes, der *Adagia,* zu überwachen. Allerdings ist die Ausfuhr von englischen und ausländischen Gold- und Silbermünzen nach einer Bestimmung, deren genauen Wortlaut weder Morus noch Mountjoy kennen, streng beschränkt. So beschlagnahmen eifrige Zöllner in Dover fast die gesamten Ersparnisse des Reisenden.

Erasmus ist über die demütigende Behandlung zutiefst erbittert: Er sieht all seine Hoffnungen schwinden. Wieder steht ihm ein unsicheres Leben mit undankbaren Aufgaben bevor. Wieder muß er bei den Reichen um Unterstützung betteln. Zu allem Überfluß entgeht er auf dem Weg nach Paris nur mit knapper Not einem Anschlag geldgieriger Pferdeverleiher. Die unheilvollen Umstände seiner Rückkehr werden ihn noch lange beschäftigen, auch wenn er sich, nachdem er den ersten Schock überwunden hat, eher mit Humor als mit Bitterkeit an die Mißgeschicke erinnert.

Sein Freund Batt, der von seinem widrigen Geschick erfahren hat, benachrichtigt eiligst Mountjoy. »Ich habe die Rückkehr meines lieben Erasmus sehnsüchtig erwartet und herbeigewünscht, nicht aus Neid Dir gegenüber, sondern aus maßloser Liebe zu ihm. Ich konnte nicht anders und war zutiefst bekümmert, als er mir von der schlimmen Tragödie berichtete, die ich im tiefsten Inneren doch erahnt hatte. Was habe ich nicht um ihn gebangt? [...] Ach! Eine wirklich prächtige Sache ist die Philosophie, in der er sich unablässig geübt und die er gelehrt hat! Ich wollte sein Leid durch meine Worte lindern. Doch er schalt mich lachend wegen meiner Tränen und befahl mir, tapfer zu sein. Er bereue es nicht, sagte er, daß er nach England gegangen sei. Wenn er Geld verloren habe, so sei das mit größtmöglichem Nutzen verbunden gewesen, denn er habe in Deinem Land Freunde gefunden, was mehr wert sei als die Schatzkammern des Krösus. Wir haben zwei Nächte zusammengesessen. Großer Gott! Wie wortreich er mir von der Güte des Priors Richard, von der Gelehrtheit Colets, von dem liebenswerten Wesen des Morus berichtet hat. Jetzt ist es soweit mit mir, daß ich, wäre ich ungebunden, den gelehrten und redlichen Männern ebenfalls einen Besuch abstatten würde.«[14] Erasmus zieht es erneut nach England. 1505 schreibt er sich an der Theologischen Fakultät von Cambridge ein, um dort sein Doktorat vorzubereiten. Gleichzeitig vervollkommnet er sein Griechisch und betreibt eifrig das Studium der vorchristlichen Literatur und der Bibel. Zusammen mit Morus übersetzt er Dialoge des Lukian ins Lateinische und stellt ihnen ein Vorwort mit einem Porträt des Verfassers voran, das ebensogut die beiden Übersetzer darstellen könnte. »Welche Grazie im Ausdruck! Welch fruchtbares Denken! Welche Anmut in seinem Scherz! Wieviel Biß in der Kritik! Er neckt mit seinen Anspielungen, mischt Ernstes ins Leichte und Leichtes ins Ernste. Wenn er scherzt, sagt er die Wahrheit, und wenn er die Wahrheit sagt, ist es ein Scherz. Das Gebaren der Menschen, ihre Leidenschaften und ihr Streben malt er so anschaulich aus, daß der Eindruck entsteht, man lese nicht, sondern sehe leibhaftig vor sich, was er schildert. Keine Satire, keine Komödie kommt seinen Dialogen gleich.«[15]

Erasmus übersetzt auch Euripides; die *Hekuba* und die *Iphigenie* widmet er William Warham, dem Primas von England und Erzbischof von Canterbury. Warham protegiert und unterstützt ihn nach Kräften. »Er ist mein einziger Gönner, und ich verdanke ihm alles«, sagt Erasmus später über ihn. Unter Colets Anleitung befaßt er sich mit dem textkritischen Studium der Vulgata; eine undankbare Arbeit, deren Frucht – eine Neuausgabe des Neuen Testamentes – erst zehn Jahre später erscheinen wird. Schließlich lernt er einen in England lebenden Italiener namens Andreas Ammonius kennen und macht ihn bald zu einem seiner engsten Vertrauten.

Zu dieser Zeit erhält Erasmus aus Rom eine Dispens, die es ihm ermöglicht, trotz seiner illegitimen Geburt in den Genuß einer Pfründe zu kommen.[16] Damit ist die Doktorwürde in greifbare Nähe gerückt. Die Schwierigkeiten, mit denen er auf dem Kontinent zu kämpfen hatte, sind nun ausgeräumt. In England steht ihm der Weg zu kirchlichen Pfründen und universitären Würden offen. Seinen natürlichen Charme kann er dabei gewinnbringend einsetzen. Nun kommt er auch wieder auf den Plan einer Reise nach Italien zurück, und diesmal wird er ihn in die Tat umsetzen.

Erasmus verläßt England und hält sich im Juni 1506 zunächst wieder in Paris auf. Von dort schreibt er seinem Freund Thomas Linacre, Leibarzt des Königs, er fühle sich im Herzen hin und her gerissen zwischen Frankreich und England. »Frankreich erscheint mir seit meiner Rückkehr so angenehm, daß ich mich frage, was mir mehr gefällt: England, das mir so viele liebe Freunde geschenkt hat, oder Frankreich, das mir mit seinen alten Gewohnheiten und seiner Freiheit liebevoll entgegentritt, mir seine Gunst schenkt und mir seine Wertschätzung zeigt? So bin ich ganz durchdrungen von einer doppelten Freude: Wenn ich mich an meine englischen Freunde erinnere, zu denen ich hoffentlich bald zurückkehre, bin ich ebenso glücklich, wie wenn ich an meine französischen Freunde denke, die ich heute wiedersehe.«

Seit der zweiten Hälfte des Jahres 1506 hält sich Erasmus in Italien auf, wie wir später noch sehen werden. Dort bleibt er drei Jahre. 1509 kehrt er dann für einen mehrjährigen, nur durch kurze Reisen auf dem Kontinent unterbrochenen Aufenthalt nach England zurück. Er verläßt Rom ebenso von einem Tag auf den anderen, wie er drei Jahre zuvor aus London weggegangen war. England ruft ihn erneut. Dort hat gerade der junge König Heinrich VIII., der den Wissenschaften und der Literatur sehr zugetan ist, den Thron bestiegen. Erasmus sieht in dem

König den großen Mäzen, den die Vorsehung geschickt hat, um ihm endlich ein gesichertes und seßhaftes Leben zu bescheren. Indes kommt der Ruf, was Erasmus später darüber auch sagen mag, nicht vom König selbst, sondern von seinem Freund Mountjoy, der am Hof großes Ansehen genießt und für Heinrich VIII. schwärmt.

»Mein Erasmus, wenn Du sehen könntest, wie alle Menschen der Freude voll sind, wie glücklich sie sind, einen solchen Fürsten zu besitzen, daß sie nichts mehr wünschen, als daß er lange lebe, Du könntest die Freudentränen nicht zurückhalten. Es lacht der Himmel, die Erde hebt sich. Alles ist von Milch, Nektar und Honig voll. Vorbei ist es mit der Knauserei, mit voller Hand spendet die Freigebigkeit ihre Schätze. Nicht Gold, Edelstein und Geschmeide will unser König, sondern Tüchtigkeit, Ruhm und Werke, die von ewiger Dauer sind. Ich werde Dir einen Vorgeschmack geben. In den letzten Tagen brachte er den Wunsch zum Ausdruck, daß er noch gebildeter werde, als er schon ist. ›Das erwarten wir nicht von Euch, mein König‹, sagte ich zu ihm, ›sondern nur, daß Ihr die Gelehrten liebt und fördert.‹ ›Gewiß‹, antwortete er, ›denn was wäre ich ohne sie?‹ Hat ein Herrscher je ein schöneres Wort im Munde geführt? [...] Ich wollte Dir schon zu Beginn meines Briefes einiges von den Verdiensten unseres göttlichen Fürsten berichten, damit Du sogleich Deinen Kummer vertreibst, sofern Du solchen hast, und damit Hoffnungen in Dir keimen. [...] Bleib bei guter Gesundheit, und komm zurück, so schnell Du kannst.«[17]

Der unverhoffte Ruf erreicht Erasmus im Juni 1509. Wie hätte er ihm widerstehen können? Zu dieser Zeit ahnt niemand, wieviel Blut durch Heinrich VIII. einst in England fließen wird. Der herzlichen und verlockenden Einladung liegt ein Kreditbrief über eine beträchtliche Summe bei. Erasmus eilt über Bologna, Chur, Konstanz, Straßburg und Antwerpen nach England; schon im Juli, nur einen Monat später, ist er wieder in London. Das Zwischenspiel in Italien ist damit abgeschlossen: Erasmus wird nie mehr dorthin zurückkehren. Als er zu Pferd die Alpen überquert, hat er bereits mit dem *Lob der Torheit* begonnen, das er dann im Haus von Morus in kurzer Zeit vollendet. Morus, der inzwischen wieder geheiratet hat, ist noch immer sein liebster, aber keineswegs sein einziger Freund.

»Die Freundschaft«, sagt Erasmus, »ist allen irdischen Gütern vorzuziehen. Man braucht sie so notwendig wie das Wasser, die Luft und das Feuer.«[18] Die Liebe, die *per definitionem* Hingabe an den anderen bedeutet, macht den Gebenden nicht arm. Für Erasmus hat die Freundschaft nur eine Grenze: Man darf sich durch überflüssige Worte und Geplauder nicht von der täglichen Arbeit abhalten lassen. Das Herz steht bei ihm nicht hinter dem Geist zurück. Er wird um die Freundschaft stets einen wahren Kult treiben und engen Freunden unverbrüchlich die Treue halten.

So reich Erasmus an Freunden ist, so arm ist er an Geld. Das Gold, das Heinrich VIII. versprochen hat, ist sehr knapp bemessen, und das *Lob der Torheit* bringt ihm zwar Ruhm ein, aber kein Vermögen. Also muß er wieder in die demütigende Rolle des Bittstellers schlüpfen. Aus Cambridge, wo er zu dieser Zeit weder das Klima noch das Bier schätzt, schreibt er an John Colet: »Wer könnte dreister und ruchloser sein als ich? Seit langem bettle ich vor aller Augen. Vom Erzbischof Warham habe ich so viel erhalten, daß es unwürdig wäre, noch mehr anzunehmen – selbst wenn er es mir anböte. [...] Bis auf unseren Linacre, der mich für unverschämt hält! Obwohl er wußte, daß ich London mit weniger als sechs Nobel in der Tasche verlassen würde und zu Beginn des Winters krank war, hat er mir dringend empfohlen, den Erzbischof und Mountjoy zu schonen, mich einzuschränken und mich daran zu gewöhnen, tapfer die Armut zu ertragen. O freundschaftlicher Rat! Aber die Vernunft lehrt mich, meine Armut zu hassen, und sie hindert mich, taktvoll zu sein!«[19]

Erasmus steckt in einer erbärmlichen Lage und wird sich dessen immer mehr bewußt. Er leidet, weil er vom Schicksal unverdient so schlecht behandelt wird. Einige Tage später vertraut er Ammonius an: »Anfang Januar komme ich wieder zu Dir nach London, damit wir weniger unter der Kälte zu leiden haben und uns gegenseitig aufwärmen können, denn hier verbringe ich lieber den Sommer als den Winter.«[20]

Auf die Bitte von John Colet hin, der zum Leiter der St. Paul's Schule ernannt wurde, verfaßt Erasmus die Schrift *Concio de puero Jesu,* eine Predigt, die er frommen Schülern in den Mund legt.

Wenn Erasmus auch nach materieller Unabhängigkeit strebt und unter den Entbehrungen in London leidet, so ist er doch nach wie vor der fromme, strenggläubige Mensch, der er sein Leben lang bleiben wird. Dieser Aspekt seiner Persönlichkeit scheint einigen Biographen entgangen zu sein, die sich von seinen heftigen Angriffen auf die Geistlichkeit und seiner unerbittlichen Kritik am Aberglauben täuschen ließen. Hören wir ihn dazu lieber selbst: »Mein lieber Andreas [Ammonius], ich habe ein Gelübde abgelegt, das der Kirche Gewinn bringen soll. Ich weiß, daß die fromme Tat Deine Zustimmung findet. Ich werde zur Muttergottes von Walsingham pilgern und ein griechisches Votivgedicht in ihrer Kapelle aufhängen. Wenn Du eines Tages dort vorbeikommst, dann sieh es Dir an.«[21] In dem Gedicht, das Erasmus bei seiner Wallfahrt in der Kapelle hinterlegt, bezeichnet er sich als armen Dichter, der der Heiligen Jungfrau nichts als Verse anbieten könne. In seiner Frömmigkeit liegt etwas kindlich Naives, wenn er Maria als einzige Gnade um ein reines, gottgefälliges Herz bittet.

Im später entstandenen Dialog *Peregrinatio* (Die Pilgerfahrt) berichtet Ogygius, er habe der Muttergottes von Walsingham ein griechisches Gedicht dargebracht.[22] In diesem Dialog hat Erasmus seine Erfahrungen literarisch umgesetzt. Aber Ogygius spricht gleichermaßen die Gedanken und die Ernüchterung des Erasmus aus. Er übt Kritik, weil er enttäuscht ist; eine weitere Enttäuschung erlebt er bei einer Pilgerfahrt zum heiligen Thomas von Canterbury,[23] die er mit John Colet unternimmt. In einem späteren Bericht hebt er hervor, wie empört und ungeduldig sein Freund wurde, als der Geistliche, dem das Sanktuarium unterstand, pietätlos die Reliquien vor ihnen ausbreitete. In den *Colloquia* beklagt Erasmus sich über den prunkvollen Schrein des Heiligen und geißelt die Geschäfte, die mit seiner Verehrung getrieben werden.[24]

Erasmus zieht häufig gegen die Verirrungen des Volksglaubens zu Felde. Ein schlagendes Beispiel dafür findet er gerade im Reliquienkult an den beliebten Wallfahrtsorten. Von organisierter Frömmigkeit, Veranstaltungen, bei denen die Menschen herbeiströmen und dubiose Reliquien ausgestellt werden, hält er nichts. Lärmende Massen sind ihm, dem frommen Christen, der die Einsamkeit liebt, ein Greuel. Er wird weder Santiago de Compostela noch Jerusalem oder Loreto besuchen.

Zu Erasmus' Lebzeiten gibt es viele Pilgerstätten, und täglich kommen neue hinzu. Jede Kirche hat eine wundertätige Statue oder eine ganz besondere Reliquie vorzuweisen. An jeder Straßenbiegung erwartet den Gläubigen ein Heiligenbildnis, und dies nicht nur auf den Hauptwegen zu den bedeutendsten Wallfahrtsorten. Wer sich auf Reisen begibt, trifft zwangsläufig auf Kirchen, die von Pilgern überquellen. Die *aurea legenda* des Jacopo de Voragine hatte auf Kosten der geschichtlichen Wahrheit den Ruhm der Heiligen als Wundertäter und Wunderheiler vermehrt. In der Renaissancezeit sind die Pilgerströme der inflationär angewachsenen Heiligenverehrung noch immer nicht verebbt. Erasmus – der gelegentlich, aber dann in einem ganz anderen Geist, Wallfahrten unternimmt – entrüstet sich darüber. Er respektiert den religiösen Wert der Pilgerfahrt ebenso wie die Glaubenspraktiken im allgemeinen, prangert jedoch ihre Auswüchse und Irrungen schonungslos an. In dieser Hinsicht zeigt er sich als Revolutionär und Traditionalist zugleich: Einer konformistischen, auf Äußerlichkeiten fixierten Frömmigkeit sagt er den Kampf an und kritisiert sie aus der Sicht christlicher Autoritäten heraus, im Geiste eines Hieronymus und eines Thomas von Kempen.[25] Der Widerspruch, der hier aufscheint, entspricht Erasmus' Haltung. Er spricht der Wallfahrt keineswegs den sakralen Charakter ab. Es geht ihm lediglich darum, sie in ihrer ursprünglichen Bedeutung und Reinheit wiederherzustellen.

Ein Individualist wie Erasmus sieht in den Pilgerfahrten, die er miterlebt, eine Art Herdentrieb am Werke, hinter dem nichts als profane Reiselust stecke. Tatsächlich ist die Pilgerfahrt eine Vorform des modernen Tourismus. Wenn Erasmus ein Land bereist, dann will er nicht die Sehenswürdigkeiten besichtigen, sondern mit den Gelehrten zusammenkommen und Manuskripte lesen. Die Zwangsgemeinschaft einer Pilgerschar widerstrebt seinem scheuen Wesen und stört sein empfindsames Gemüt. Dennoch gehört er nicht zum Kreis jener frommen Adeligen, die sich von den Wegen gemeiner Religiosität fernhalten, um einen erleuchteten Glauben zu praktizieren. Er bevorzugt andere, innigere und persönlichere Formen der Andacht und gibt sich ihnen mit Selbstverständlichkeit, manchmal auch mit Selbstironie hin. Erasmus weiß, wie schwer es ist, nur ein Pilger auf dem Weg zu Gott zu sein. Er versteht und fühlt sich als Teil der Kirche und will ein Leben als Christ unter Christen führen, möglichst wie die anderen Christen. Die Pilgerfahrt bleibt ihm trotz aller begründeten Kritik eine Geste brüderlicher Gemeinschaft und ein Zeichen jener kindlichen Frömmigkeit, ohne die es keine wahre Philosophie Christi geben kann.

Als in London die Pest wütet, verschlägt es Erasmus nach Cambridge. Von 1511 bis 1514 ist die Stadt sein ständiger Aufenthaltsort. Er wohnt im Queens' College und hält an der Universität öffentlich Vorlesungen über die griechische Sprache; Kanzler der Universität ist sein Freund John Fisher. Kurz hintereinander veröffentlicht er zwei pädagogische Werke, denen sofort und dauerhaft Erfolg beschieden ist: die Schrift *De ratione studii*[26] (Von der Art und Weise des Lehrens und Lernens) und den Traktat *De duplici copia verborum ac rerum*[27] (Vom Reichtum der Worte und Dinge).

In *De ratione* regt er an, den Grammatikunterricht auf das Wesentliche zu reduzieren und die Schüler in die Kunst der gepflegten Unterhaltung einzuführen. »In diesem Alter«, schreibt er, »lernt man jede beliebige Volkssprache in wenigen Monaten. Warum sollte es beim Griechischen und Lateinischen anders sein? Die Methode ist allerdings nur anwendbar, wenn die Zahl der Schüler nicht zu groß ist, denn sie verlangt beständigen Kontakt zwischen Lehrer und Schülern.« Erasmus' erzieherische Gedanken finden bei John Colet begeisterte Zustimmung.

Die Abhandlung *De copia verborum* ist Colet gewidmet. Ihr Titel, der das Thema genau angibt, hat Thomas Morus zu einer bissigen Bemerkung veranlaßt: »Erasmus hat uns seine *De duplici copia* gegeben; was bleibt für ihn selbst, wenn nicht die bitterste Armut?«

In den Büchern zeigt sich Erasmus als Lehrmeister der Lehrer und als Meister des präzisen sprachlichen Ausdrucks, der seine Leser darin unterweist, wie sie ihrer Rede Eleganz und Wirksamkeit verleihen können.

Ein schlauer Brief des Druckers Jodocus Badius aus Paris an Erasmus läßt ahnen, warum das Einkommen des Humanisten in so krassem Gegensatz zum Erfolg seiner Bücher steht: »Um kurz zu erklären, wie ich den Preis der *Adagia* berechnet habe, so hatten wir, wenn ich mich recht entsinne, fünfzehn Gulden vereinbart. Zehn hast Du bereits erhalten. Fünf zahle ich Dir noch für das Manuskript. Für die Bearbeitung der Briefe des Hieronymus gebe ich Dir gerne fünf weitere Gulden und ebensoviel für das, was Du mir augenblicklich übersandt hast. Ach, wirst Du sagen, was für ein gar geringes Sümmchen! Ich bekenne, daß ich durch keine Belohnung Deinen Geist und Fleiß, Dein Wissen und Deine

Arbeit aufwiegen könnte. Aber die schönste Belohnung werden Dir die Götter und Deine Tugend schenken. Du hast Dich bereits um die griechische und die lateinische Wissenschaft über die Maßen verdient gemacht, und Du kommst Deinem kleinen Badius zu Hilfe, der einen zahlreichen Nachwuchs und keinen Verdienst außer seinem täglichen Gewerbe hat. Nur Mut, Erasmus, unser tapferer Beschützer, schreib mir, daß Du einverstanden bist.«[28]

In den Jahren 1513 und 1514 bereitet Erasmus eine Neuausgabe der *Adagia* und Ausgaben von Hieronymus, Seneca und Cato vor. Besonders eifrig arbeitet er an einem seiner bedeutendsten Werke, der griechisch-lateinischen Edition des Neuen Testamentes. Er unterhält einen umfangreichen Briefwechsel mit europäischen Gelehrten, aber die Kuriere erweisen sich oft als unzuverlässig. Sie verlieren seine Briefe, trinken seinen Wein, und manche verschwinden sogar spurlos.

Erasmus kann es sich nicht leisten, undankbare, aber einträgliche Aufträge abzulehnen. Ein Epitaph für das Grab der Gräfin Margarete von Richmond in der Westminsterabtei bringt ihm immerhin zwanzig Pfund ein. Ohnehin bezeichnet er sich inzwischen als einen »anglophilen Holländer«.[29] Dem großen Hebraisten Johannes Reuchlin vertraut er an: »Im Augenblick kommt England Italien gleich, ja sein Glanz übersteigt sogar den Italiens.«[30] In einem Brief an einen guten Freund verschweigt er nicht, daß er auch Sorgen hat: »Was mich betrifft, lieber Ammonius, so führe ich bereits seit mehreren Monaten das Leben einer Schnecke: Ich habe mich ganz in mein Haus zurückgezogen und Zuflucht bei meinen Studien genommen. Ich bin sehr einsam. Viele sind abgereist, weil sie die Pest fürchten. Aber auch in Gesellschaft fühle ich mich allein. Die Kosten für die Lebenshaltung sind unerträglich. Ich verdiene nicht einen Liard, das kann ich Dir bei allem, was mir heilig ist, schwören. Ich bin noch keine fünf Monate hier und habe fast schon sechzig Nobel ausgegeben. Einen einzigen habe ich von Hörern erhalten, obwohl ich mich strikt weigerte, das Geld anzunehmen. Seit diesem Winter bin ich entschlossen, Himmel und Erde in Bewegung zu setzen, um, wie man so sagt, den Anker zu werfen. Wenn es mir gelingt, richte ich mir ein Nest ein. Wenn nicht, werde ich mit Bestimmtheit fortgehen. Aber wohin? Ich weiß es nicht. Und vielleicht gehe ich dann auch nur, um an einem anderen Ort zu sterben.«[31]

Dank der Großzügigkeit des Erzbischofs William Warham, des Primas von England, wird Erasmus schließlich zum Pfarrer von Aldington in der Grafschaft Kent ernannt. Er atmet auf. Allerdings kann er sein Amt nicht ausüben, weil er die Sprache der Gemeindemitglieder nicht beherrscht. Da er ohnehin seine Tätigkeit als Gelehrter nicht aufgeben möchte, läßt sich der neue Pfarrer durch einen Pfarrverweser vertreten, mit dem er die Einkünfte aus dem Amt teilt.[32]

Nach einem Aufenthalt in Basel mit einem Abstecher zur Frankfurter Buchmesse kehrt Erasmus nach England zurück und verbringt dort im Mai des Jahres

1515 nochmals einige Wochen. In mehreren Briefen aus London berichtet er begeistert über seine englischen Freunde und Dienstherren. Er vergißt auch seinen Basler Drucker Johann Froben nicht und ebensowenig die Brüder Amerbach, die beiden Hebraisten: Jeder trägt seinen Teil zu Erasmus' Ausgabe der Schriften des Hieronymus bei. Schließlich denkt er wehmütig an seinen Aufenthalt in Rom zurück.

Die Freundschaft mit Thomas Morus gehört zu den glücklichen Seiten im Leben des Erasmus. Zwischen dem Laien, der inzwischen zum zweiten Mal geheiratet hat, und dem Mönch, der dem Kloster den Rücken gekehrt hat, besteht ein tiefes Vertrauensverhältnis, weil sie sich in ihrer Art, zu denken und zu glauben, sehr ähnlich sind. Morus verteidigt Erasmus' Schrift *Das Lob der Torheit* gegen die Angriffe des Löwener Theologen Martin Dorp. Und als es gilt, Morus' *Utopia*[33] zu veröffentlichen – den abenteuerlichen Bericht über die ideale Staatsform, die im Lande Nirgendwo angesiedelt ist –, findet Erasmus zusammen mit dem hilfsbereiten Peter Gilles 1516 in Löwen einen Verleger für das Werk. Das Buch *Utopia,* das ebenso stark von humanistischem und antischolastischem Denken geprägt ist wie *Das Lob der Torheit,* spiegelt gleichermaßen Morus' und Erasmus' Gedanken wider. Morus verbindet wie Erasmus Skepsis gegenüber der menschlichen Vernunft mit einer tiefen Achtung vor dem Glauben; und da die Torheit überall anzutreffen ist, muß man weit gehen auf der Suche nach der Weisheit, notfalls bis zur fernen Glücksinsel Utopia.

In ihren Briefen tauschen die Freunde in herzlichem Tonfall Informationen aus und helfen sich gegenseitig, wo es geht. Morus macht stets seinen Einfluß geltend, um dem Freund eine Pension oder eine andere Form der Unterstützung zu verschaffen. Er erkundigt sich nach seinen Manuskripten und Büchern, fragt besorgt nach seiner Gesundheit und vergißt sogar die Pferde nicht. Dank seiner Fürsorge und Aufmerksamkeit genießt er Erasmus' uneingeschränktes Vertrauen.

»Es gibt nichts«, schreibt Morus 1515 an Dorp, »was Erasmus mehr Freude bereitet, als seine abwesenden Freunde vor denen zu loben, die bei ihm sind. Da ihn unzählige Freunde auf der ganzen Welt wegen seiner Gelehrtheit und seines überaus gewinnenden Wesens lieben, nutzt er nach Möglichkeit die Zuneigung, die alle ihm entgegenbringen, um alle durch das gleiche Gefühl miteinander zu verbinden. So empfiehlt er unermüdlich jeden einzelnen von ihnen bei anderen Freunden und hebt die Vorzüge hervor, die ihn liebenswert machen, wenn er ihn bei den anderen einführt.«

Morus verdankt es Erasmus, wenn er den Platz einnimmt, der ihm in der Welt der Literatur gebührt. Erasmus verfaßt später das Vorwort zur Basler Ausgabe der *Utopia.* 1516 vertraut Morus seinem Freund an: »Wir beide sind für uns wie eine Schar von Menschen; ich glaube, mit Dir könnte ich in jeder Einöde leben.«

Doch der Gedanke an ein gemeinsames Leben, sei es in Einsamkeit oder Gesellschaft, rückt immer weiter in die Ferne. Morus hat 1511 erneut geheiratet, und so ist sein Haus für Erasmus auf Dauer keine geeignete Unterkunft mehr, auch wenn er dort gelegentlich Unterschlupf findet. 1517 ist Erasmus Gast bei seinem Freund Desmarais in Löwen, dem Rektor der Universität. Er berichtet Morus, daß er nicht recht wisse, wie es in Zukunft weitergehen werde: »Ich habe mich noch immer nicht für einen Aufenthaltsort entschieden. Spanien, wohin mich erneut der Kardinal von Toledo ruft, liebe ich nicht besonders. Was Deutschland anbetrifft, so schätze ich dort weder die Öfen noch die Straßen, wo es von Räuberbanden wimmelt. Hier gibt es viel Klatsch und keinen Nutzen. Selbst wenn ich es sehnlichst wünschte, lange könnte ich das Leben hier nicht ertragen. In England fürchte ich dagegen den augenblicklichen Aufruhr, und die Knechtschaft ist mir ein Greuel.«

Im Frühjahr 1517 hält sich Erasmus ein letztes Mal in England auf. Ammonius überbringt ihm zwei päpstliche Dispensen. Nun hat er nicht mehr zu befürchten, daß er mit Kirchenstrafen belegt wird, weil er das Kloster verlassen und das Ordensgewand abgelegt hat. Seine Rückreise auf den Kontinent endet mit einer gefährlichen Landung an der französischen Küste bei Boulogne. England wird er nie mehr wiedersehen, aber der Kontakt zu den zahlreichen Freunden und Gönnern reißt nicht ab. Im Jahr 1517 trauert Erasmus um seinen Freund Ammonius, 1519 stirbt auch Colet. Morus hat inzwischen mit loyalem Heldenmut eingewilligt, in die Dienste Heinrichs VIII. zu treten. Erasmus gefällt die neue Tätigkeit des Freundes nicht. Er bedauert Morus, weil er ein politisches Amt übernehmen mußte, das zwar ehrenvoll ist, ihn aber vollkommen vereinnahmt. »Daß man Dich mit Gewalt an den Hof gezogen hat«, schreibt er ihm, »hat für mich den einzigen Trost: Du dienst unter dem Befehl eines vortrefflichen Königs. Aber wir und die Literatur haben Dich verloren.«

Noch im selben Jahr 1517 lassen sich Erasmus und Peter Gilles in Antwerpen für ihren Freund Morus von dem Maler Quentin Metsys[34] porträtieren. Peter Gilles gehört zu jenen nicht sehr bedeutenden Persönlichkeiten, die wegen der Freundschaft mit einem berühmten Mann in die Geschichte eingegangen sind. Er verbringt seine Zeit teils mit seiner Tätigkeit in der Stadtverwaltung von Antwerpen, teils mit dem Studium der Literatur. Für seine Freunde ist er zugleich ein bescheidener Mensch und ein großzügiger Gastgeber. Thomas Morus widmet ihm seine *Utopia* und Erasmus seine *Parabolae*.

Die Arbeit an den Porträts verzögert sich, weil sowohl Erasmus' wie Peter Gilles' Gesundheitszustand zu wünschen übrigläßt. Mit Humor – er ist vielleicht das Wertvollste, was Erasmus aus England mitgebracht hat – schildert er Morus die Lage: »Peter Gilles und ich werden auf einer Doppeltafel gemalt; wir schicken Dir das Bild bald als Geschenk. Unglücklicherweise fand ich jedoch bei meiner Rückkehr Peter schwer erkrankt, ich weiß nicht woran. […] Mir ging's gut, aber irgendeinem Arzte kam es in den Sinn, mich zur Reinigung der Galle einige Pillen einnehmen zu lassen, und den törichten Rat habe ich noch törichter befolgt. Ich hatte schon mit den Sitzungen beim Maler begonnen, doch als ich nach Einnahme der Pillen zu ihm zurückkehrte, sagte er, ich hätte nicht mehr denselben Gesichtsausdruck. So wurde die Malerei für ein paar Tage hinausgeschoben, bis ich etwas frischer werde…« Morus antwortet: »Du kannst Dir nicht vorstellen, mit welcher Ungeduld ich die Tafel erwarte, die Dein Porträt und das unseres lieben Peter zeigt, und wie sehr ich das Übel verfluche, das der Erfüllung meiner Wünsche im Wege steht.«[35]

Schließlich kann Erasmus das Doppelporträt an Morus schicken. »Da schicke ich Dir die Bildnisse«, schreibt er »damit wir immer bei Dir sein mögen, auch dann, wenn wir einmal nicht mehr sind. Die Kosten hat zu einer Hälfte Peter getragen, zur anderen Hälfte ich. Nicht, daß es nicht jeder von uns gerne ganz bezahlt hätte, sondern damit es ein gemeinsames Geschenk von uns sei.« Morus bestätigt den Empfang der Tafeln: »Du kannst Dir nicht vorstellen, mein lieber Erasmus, wie sehr Dein Wunsch, mich enger an Dich zu binden, meine Zuneigung zu Dir vergrößert hat, obwohl ich doch überzeugt war, daß sie durch nichts mehr gesteigert werden könnte.«

Entzückt beschreibt Morus das bekannte Diptychon: »Der berühmte Quentin Metsys hat Erasmus und Gilles gemalt. Neben Erasmus, der eben seine *Paraphrase zum Römerbrief des Paulus* begonnen hat, erkennt der Betrachter seine Bücher, während Peter Gilles einen Brief des Morus in der Hand hält. Selbst dessen Handschrift hat der Maler nachgeahmt. Das Bildnis trägt die Aufschrift: ›Ich stelle den Erasmus und den Gilles dar, berühmte Freunde, wie einst Castor und Pollux. Morus bedauert, daß sie voneinander getrennt sind, während sie ihm durch ihre Zuneigung doch so eng verbunden sind, wie man es nur mit sich selbst sein kann.‹« Das Doppelporträt – die *tabula duplex*, wie Morus sie nennt – wurde später zu einem unbekannten Zeitpunkt auseinandergerissen. Das Porträt von Peter Gilles wird heute im Longford Castle aufbewahrt, das des Erasmus kann man im Schloß Hampton Court bewundern.

Der Maler stellt Erasmus im Dreiviertelprofil, an seinem Schreibpult stehend, dar mit der Feder in der Hand. Das Gesicht hat einen ernsten, aber zugleich auch heiteren Ausdruck, die Nase ist gerade und recht lang. Der Mann, der Modell gestanden hat, dürfte bei guter Gesundheit gewesen sein, aber sein Lächeln wirkt erzwungen. Erasmus hat »den Blick eines Lesers der *Utopia*. Seine Augen sehen etwas über die Waagrechte hinaus, als suchten sie nach einer glücklichen bildlichen Vorstellung, die ein Lächeln auf die Lippen bringen könnte; die schöne, feine, sichere Hand scheint bereit, diesen Eindruck voller Zuversicht festzuhalten.«[36] Dieses wunderbare Porträt des Erasmus ist das älteste, das wir kennen. Diesem Bild verdanken wir es, daß wir uns eine Vorstellung davon machen können, wie der Humanist in seinen besten Jahren aussah – noch vor den erbitterten Auseinandersetzungen, die sein ganzes späteres Leben vergiften sollten.

Wenn Erasmus von Morus spricht, gerät er unvermeidlich ins Schwärmen. »Ein besonderes Vergnügen macht es ihm, Gestalt, Instinkt und Triebleben der Tiere zu betrachten. Er hält fast alle Art Vögel in seinem Haus, ebenso gemeinhin seltene Tiere, wie Affen, Füchse, Frettchen, Wiesel und dergleichen. Stößt er auf etwas Fremdländisches oder sonst Sehenswertes, so pflegt er es schleunigst zu kaufen, und so hat er von solchen Dingen das ganze Haus voll, so daß der Besucher immer etwas findet, was seine Augen fesselt; und sooft er die Freude des anderen sieht, erneuert sich seine eigene.

Als es sein Alter noch erlaubte, war er der Liebe junger Mädchen nicht abgeneigt, doch ganz in Ehren, er genoß es mehr, wenn sie ihm entgegenkamen, als daß er sich auf die Jagd gemacht hätte, und der geistige Verkehr fesselte ihn mehr als der geschlechtliche. [...] Inzwischen wandte er sich ganz dem Studium der Frömmigkeit zu, Nachtwachen, Fasten, Gebeten und sonstigen derartigen Vorübungen, im Hinblick auf die Priesterwürde… Und es wäre auch kein Hindernisgrund vorhanden gewesen, sich dieser Lebensart zu weihen, wenn er die Sehnsucht nach einer Gattin hätte abschütteln können. Er wollte lieber ein keuscher Gatte sein als ein unreiner Priester.

Doch er heiratete ein noch ganz junges Mädchen, aus edlem Geschlecht, noch ungebildet – sie hatte mit Eltern und Schwestern immer auf dem Lande gewohnt –, um sie ganz nach seinem Geschmack ausbilden zu können. Er ließ sie in den Wissenschaften unterrichten, bildete sie in aller Art von Musik aus und hatte sie sich beinahe so erzogen, daß sie vollauf seine Lebensgefährtin hätte sein können, wenn nicht ein früher Tod sie hinweggerafft hätte, nachdem sie ihm mehrere Kinder geboren hatte; drei Mädchen, Margarete, Aloysia, Cecilie, und ein Bub, Johannes, leben noch. Er hielt es nicht aus, lange Witwer zu bleiben, mochten auch die Freunde anderes mit ihm vorhaben. Wenige Monate nach dem Tode der Gattin heiratete er eine Witwe, mehr im Interesse der Familie als zum Vergnügen; denn sie ist nicht gerade schön und, wie er selbst zu scherzen pflegt, kein Mädchen, sondern eine energische und scharf aufpassende Hausmutter; doch lebt er mit ihr so freundlich und liebenswürdig, wie wenn sie ein liebwertes junges Mädchen wäre. Kaum erreicht ein Ehemann mit Befehlen und Strenge bei seiner Frau so viel Willfährigkeit wie durch Schmeicheln und Scherzen. Was sollte er auch nicht erreichen, nachdem er es fertigbrachte, daß seine Frau, schon fast dem Greisenalter nahe, dazu geistig wenig elastisch, schließlich mit dem größten Eifer Zither, Laute, Monochord und Flöte spielen lernte und darin täglich auf Wunsch des Gatten ein vorgeschriebenes Pensum erledigte?!«[37]

Erasmus und Morus werden sich ein letztes Mal 1521 in Brügge sehen. Ihre Freundschaft überdauert alle Trennungen.[38]

Erasmus hat unter dem englischen Klima gelitten; er schildert das Land nicht mehr in so leuchtenden Farben wie während seines ersten Aufenthaltes; er ist den »Henkern« (den Ärzten) und den »Harpyien« (den Apothekern) in die Hände gefallen; zweimal hat man ihm den Tod vorausgesagt – und trotzdem liebt er England nach wie vor.[39] Es wird seine »zweite Heimat« bleiben, das Land der großen Freundschaften in der Zeit seiner Reife. Kein anderes Land wird er jemals so innig lieben.

KAPITEL VI

Paris und Löwen
Von den frühen *Adagia* zum *Panegyrikus*

Anfang des Jahres 1500 kehrt Erasmus von seiner ersten Englandreise zurück; anschließend hält er sich überwiegend in Paris auf. Er trifft dort wieder mit seinen Freunden und Verlegern zusammen und liest unzählige Bücher, aus denen er Stoff für mehrere eigene Werke schöpft. Erasmus reiht nicht einfach Texte seiner Lieblingsautoren aneinander, vielmehr wählt er sorgsam einzelne Passagen aus und kommentiert sie. Auf diese Art entstehen im Jahre 1500 die *Adagia*. Der moderne Leser findet zu diesem Werk nur noch schwer Zugang, aber die Schüler zur Zeit der Renaissance haben es wieder und wieder gründlichst studiert.[1] Was machte für sie den Wert dieses Lehrbuchs aus? Die reichhaltige Sammlung von Sprichwörtern und Zitaten vermittelte ihnen einen Eindruck von der antiken Kultur. Erasmus zitierte die Textstellen ausführlich und bettete sie ein in Betrachtungen zur Geistesgeschichte sowie zur Entwicklung von Sprache und Institutionen.

Der Band mutet an wie ein kleines Nachschlagewerk mit mehreren hundert Redewendungen, die für einen guten Stil empfohlen werden und mit kurzen Erklärungen versehen sind. Erasmus bezeichnet sich als einen Herkules im Sammeln von Sinnsprüchen und verweist in einer gelungenen Formulierung darauf, daß man sich im Altertum »Sinnsprüche aneignete, als seien es Orakel«.[2] Im Widmungsschreiben an Mountjoy erläutert er in bildhaften Wendungen den Gegenstand seines Buches.

»Ich bin durch die Gärten verschiedener Autoren gestreift und habe in dieser angenehmeren Art des Studiums alle sehr alten und ganz besonders die sehr berühmten Sprichwörter gleichsam wie die verschiedenartigsten Blumen gepflückt und zu einer Girlande zusammengefügt. [...] Wer aber weiß nicht, daß der besondere Reichtum und das Vergnügen an der Rede in den Sprüchen, Metaphern, Parabeln, Gleichnissen und Bildern liegt – das aber gehört zur Gattung der Redefiguren. Sie zieren stets die Rede, geben ihr ungemeinen Schmuck und Anmut. Wenn sie vom allgemeinen Bewußtsein aufgenommen sind, gehen sie in den gewöhnlichen Sprachgebrauch über. Gerne hört nämlich jeder, was er kennt, besonders aber, wenn es durch sein Alter empfohlen wird. Die Sprichwörter empfangen nämlich wie der Wein vom Alter ihren Wert. […] Wenn Du ein will-kürlich herausgegriffenes Beispiel möchtest: In welches Labyrinth von Irrtümern hat nicht das Wort vom ›sardonischen Lachen‹, das sich in den Briefen des Cicero findet, die Kommentatoren geführt?

Wenn wir nun als Christen von christlichen Beispielen mehr berührt werden, dann zögere ich nicht, den Hieronymus als einen für viele herauszustellen, dessen Bildung so vielfältig und tief ist, daß die übrigen, wie man sagt, ihm nicht das Wasser reichen können. […] Und in seinem Buch finden sich mehr und angenehmere Sprichwörter als in den Komödien des Menander, wie zum Beispiel jene: ›Er führt einen Ochsen zur Salbung‹; ›das Kamel tanzte‹; ›auf einen groben Klotz gehört ein grober Keil‹; ›den Nagel mit dem Nagel vertreiben‹ (jemanden mit seinen eigenen Waffen schlagen); ›ein müder Ochs tritt fester auf‹; ›auf jeden Topf gibt's einen Deckel‹; dann jene allegorischen Bezeichnungen: ›christlicher Epikureer‹; ›Ari-starch unserer Zeit‹, die der Eigenart der Sprichwörter sehr nahekommen.

Um die Liste nicht überlang werden zu lassen, ziehe ich den Schluß, daß ein Autor um so reizvoller schreibt, je mehr Achtung er den Sprichwörtern erweist, und daß wir, die wir unbedeutende Anfänger sind, sie darum nicht geringschät-zen dürfen. Diese Art, sich in Sprichwörtern auszudrücken, war für Redner, Ge-lehrte, Propheten und Theologen schon immer natürlich und selbstverständlich. Die berühmten Weisen des Altertums haben Wert darauf gelegt. Möge der Abstand zwischen ihrer Weisheit und der unsrigen geringer sein als der zwischen unserem Geschwätz und ihrer Beredsamkeit!«[3]

Das Buch erscheint mit einem Vorwort von Fausto Andrelini und ist der ge-eignete Lesestoff für den christlichen Humanisten. Erasmus versteht seine *Adagia* als Zusammenstellung antiker Spruchweisheit, Blütenlese guter Autoren, Schatzkammer der Minerva und Herbarium klassischer Kultur. Der un-erhörte Erfolg des Werks, auf das die Gelehrten immer wieder zurückgreifen, beweist, daß Erasmus das richtige Gespür hatte und die richtige Entscheidung traf. Damit begründet er seinen Ruf. Gewaltige geistige Leistungen werden in der Renaissance erbracht, und immer wieder geht das Streben dahin, die Rück-besinnung auf antike Quellen fest in der eigenen Kultur zu verankern; doch keiner der Gelehrten kennt die Verhältnisse und die Literatur des Altertums besser als er, und niemand spricht darüber in einem eleganteren Latein. Die *Adagia* leisten einen nicht hoch genug zu schätzenden Beitrag zur Verbreitung der klassischen Bildung und zur Anhebung des kulturellen Niveaus weit über die Grenzen eines Landes hinaus.

Obwohl Erasmus nun der große Ruhm winkt, hat er als Autor doch keinerlei

Rechte. Nicht immer zahlen die Verleger für seine Werke. Einige holen nicht einmal seine Einwilligung ein, bevor sie ein Manuskript drucken, das er einem Schüler oder einem gewissenlosen Bekannten leichtfertig anvertraut hat. Dann erhält er bestenfalls einige Exemplare des gedruckten Werkes, die er zu Geld machen kann. Ansonsten wird er, wenn seine Bücher reißenden Absatz finden – keine Seltenheit bei einem beliebten Autor wie Erasmus –, mit allerlei Geschenken bedacht. Zuweilen zeigen sich auch die Persönlichkeiten erkenntlich, denen er seine Bücher widmet; sie danken dem Autor, der ihnen zur Berühmtheit verhilft und sie als großzügige Wohltäter preist. Doch es kommt auch vor, daß er nicht einen Liard erhält!

Neben der Arbeit an den Lehrbüchern bereitet Erasmus kritische Ausgaben lateinischer Autoren vor und fertigt Übersetzungen griechischer Schriftsteller an. Er gibt unter anderem Euripides, Demosthenes, Lukian und Plutarch, Cicero, Horaz, Ovid, Titus Livius, Plautus, Terenz und Seneca heraus.

Seine Muttersprache, das Niederländische, bedeutet ihm nicht mehr als ein notdürftiges Mittel der Verständigung. Latein will er sprechen, denn Latein ist für ihn eine lebende Sprache! Entsprechend sind auch alle seine Briefe und Werke Glanzstücke der lateinischen Sprache. In seinen Schriften zieht er alle Register und pflegt einen lebendigen, bildhaften, oft bissigen und manchmal kraftvollen Stil. Er ist ein schwungvoller Erzähler, aber die Abhandlung mit ihren Exkursen, nach denen er übergangslos wieder zum Hauptthema zurückkehrt, bleibt seine Lieblingsgattung.

Erasmus verdankt seinen Platz in der Literaturgeschichte nicht zuletzt seiner Begabung als Briefeschreiber. Wie Cicero oder Voltaire faßt er seine Briefe in einem gefälligen Stil ab, im Bewußtsein, daß sie nicht nur ihre ursprünglichen Empfänger erreichen, sondern auch die Öffentlichkeit und damit die Nachwelt. Einige seiner Briefe, die er für typisch, sorgfältig ausgearbeitet oder besonders lebendig hält, gibt er selbst in Druck. Den Leser begeistert das meisterliche Latein dieser sprudelnden, geistreichen, ungezwungenen, spontanen Korrespondenz. Aus den Briefen an seine Freunde spricht eine faszinierende Mischung aus Zuneigung und Spottlust.

Eine Kostprobe finden wir in seiner Antwort auf einen etwas moralisierenden Brief seines Freundes Batt, der die Schule in Bergen-op-Zoom leitet und Vertrauter seiner derzeitigen Gönnerin Anna Borsselen van Veere ist: »Also bist Du wiederauferstanden, damit Du mir den Dolch eines Schmähbriefs in die Brust stoßen kannst? Es hieß, Du seist ans Bett gefesselt und wartest darauf, daß Dich der Chirurg unters Messer nimmt. In Trauer und Verzweiflung hatte ich bereits eine Grabinschrift aufgesetzt, und jetzt kommst Du durch eine Laune des Himmels wieder zu Kräften und brichst einen Streit vom Zaun! Dennoch ist es mir lieber, mein teurer Batt, Dir den erbittertsten Krieg zu liefern, als die Rolle des ehrfürchtigen Freundes zu übernehmen, der ein Epitaph auf Dich schreibt. Nun gut! Aufgepaßt! Du hast mich herausgefordert. O welch schändliche Dreistigkeit! Du wagst es, armseliger Wicht, mit Deinen kleinlichen Vorwürfen einen Mann von phantastischem Reichtum zu attackieren? Wenn Du schon keinen Respekt vor meinem Geld hast, fürchtest Du dann nicht wenigstens meine Feder? Du weißt doch, welche Kriegsmaschinen die Dichter gewöhnlich auffahren. Wenn ich sie in meinem Zorn gegen Dich richte, bist Du vernichtet. Vergeblich verschanzt Du Dich dann in Deinen Gräben, hinter Deinen Redouten und Festungsmauern, mögen sie noch so gut bewehrt sein. Bis jetzt sind nur die leichten Truppen in Aktion getreten. Wenn Du nicht unverzüglich um Frieden bittest, dann führe ich eine geordnete Feldschlacht gegen Dich.«[4]

In dieser Zeit setzt Erasmus alles daran, sein Griechisch zu verbessern. »Ich tue mich sehr schwer mit der griechischen Literatur«, vertraut er Jakob Batt an. »Ich habe weder die Muße, mich ausgiebig damit zu befassen, noch die Mittel, um mir Bücher zu kaufen oder mir einen Lehrer zu leisten. Und während ich mich ins Zeug lege, habe ich kaum noch etwas zum Leben. [...] Im Herbst, wenn es geht, will ich nach Italien, den Doktorhut erwerben; Du als meine Hoffnung sorge, daß ich Freiheit und Muße dafür bekomme. Der griechischen Literatur habe ich mich ganz hingegeben; sobald ich Geld habe, werde ich mir zuerst die griechischen Schriftsteller, dann Kleider kaufen.«[5]

Erasmus lernt so verbissen Griechisch, weil er die Heilige Schrift besser verstehen will. Aber Griechisch ist nicht nur eine der heiligen Sprachen der Bibel, es ist vor allem die Sprache schlechthin: die Sprache der Wissenschaft, der Philosophie und der Dichtung. Griechischkenntnisse sind unabdingbar für das Studium des Lateinischen. Ohne Griechisch bleibt das Latein ungelenk und die Wissenschaft blind. Erasmus wird dieser Tatsache später dadurch Rechnung tragen, daß er die griechische Grammatik des byzantinischen Humanisten Theodoros Gaza herausgibt.

Mehr Kopfzerbrechen als Griechisch und Latein zusammen bereitet ihm das Hebräische. Sehr spät erst macht er sich an das Studium dieser Sprache. Schon bald verliert er den Mut und gibt auf. Wenn ihn die eigenen Kenntnisse im Stich lassen, greift er auf die Hilfe von Spezialisten wie Johannes Reuchlin oder die Brüder Amerbach zurück. Dennoch wird er sich zeit seines Lebens dafür einsetzen, daß angehende Theologen alle drei Sprachen erlernen.

Erasmus ist weder ein geborenes Sprachgenie noch ein Linguist, auch wenn er geistreiche Sprachvergleiche anstellt. Er bleibt Altphilologe und Humanist. Auf die volksprachlichen Literaturen blickt er verachtungsvoll herab. Er kennt weder Machiavelli, noch liest er Luthers in Deutsch verfaßte Schriften. Nichts spricht dafür, daß er den *Pantagruel* von Rabelais, der sich als Schüler des Erasmus bezeichnet, je gelesen hat. Als Gaguin sein Werk zur französischen Geschichte veröffentlicht, beglückwünscht Erasmus ihn zu der Entscheidung, es in Latein zu schreiben. Die moderne volksprachliche Literatur ist seiner Meinung nach nur für den privaten Gebrauch geeignet, sie werde nur geringe Verbreitung finden und keine Zukunft haben. Die Bezeichnung »Muttersprache des Abendlandes« verdienten nur Hebräisch, Griechisch und Latein. Über die Sprachen denkt Erasmus anders als seine Zeitgenossen. Er hat weder den erstaunlichen Aufschwung der Volkssprachen vorausgeahnt noch deren literarischen Wert erkannt. Er träumt von einer Universalsprache: natürlich Latein! Der Mann, der auf jedem Gebiet vom Geist der Neuerung durchdrungen scheint, zeigt sich hier konservativ und geradezu rückständig.[6]

Mit der Feder in der Hand schwärmt Erasmus vom Lesen. Begeistert berichtet er über seine Lektüre. Bücher sind ihm die liebsten Gefährten. »Du fragst mich nach meinen Beschäftigungen«, schreibt er einem Studenten, »ich beschäftige mich mit meinen Freunden und genieße den Umgang in ihrem vertrauten Kreis. ›Aber‹, wirst Du sagen, ›wer sind Deine Freunde, deren Du Dich rühmst, armer Teufel? Wer will Dich schon sehen oder Dir zuhören?‹ Daß die Reichen viele Freunde haben, will ich nicht bestreiten, aber auch den Armen fehlt es nicht an ihnen, und vielleicht besitzen gerade sie die treuesten und gefälligsten Freunde. Mit ihnen ziehe ich mich, die unbeständige Menge fliehend, in meinen kleinen Winkel zurück, murmle ihnen sanft Worte zu oder lausche, was sie mir zuflüstern. Ich plaudere mit ihnen, als plauderte ich mit mir selbst. Gibt es etwas Schöneres?

Diese Freunde verbergen niemals ihre Geheimnisse, aber in vollkommener Verschwiegenheit behalten sie jene für sich, die man ihnen anvertraut. Sie wiederholen keines der Worte, die man im Freundeskreis allzu leicht dahinsagt. Sie kommen, wenn man sie einlädt; aber sie hüten sich, aufdringlich zu werden. Sie ergreifen das Wort, wenn man sie darum bittet, ansonsten schweigen sie. Sie sprechen über das, worüber man sprechen will, so viel und so lange man möchte. Sie schmeicheln nicht, lügen nie, verbergen nichts. Freimütig zeigen sie uns unsere Fehler. Was sie sagen, ist angenehm und nützlich. Sie zügeln uns im Wohlstand, trösten uns im Kummer, bleiben uns treu, wenn das Glück sich wendet. Sie begleiten uns in den Prüfungen des Lebens und verlassen uns nicht beim letzten Gang zum Scheiterhaufen. Es gibt nichts Aufrichtigeres als ihre Beziehung untereinander. Unablässig stelle ich unparteiisch Vergleiche an. Bald verkehre ich mit diesem, bald mit jenem.

Das, mein Lieber, sind die Freunde, mit denen ich mich in meinem Haus vergrabe. Gegen welche Reichtümer, welche Königreiche sollte ich diese Mußestunden der Gelehrsamkeit eintauschen? Möge die Metapher Dich nicht in die Irre leiten: Was ich bisher über die Freunde sagte, verstehe es auf die Bücher bezogen, deren Gesellschaft mich vollauf beglückt; als einziges mischt sich das Bedauern hinein, daß ich dies Glück nicht mit Dir teilen kann.«[7]

Leider sind Bücher teuer, und es fällt ihm schwer genug, den Lebensunterhalt zu bestreiten. Mit dreißig Jahren ist Erasmus noch immer ein studentischer

Hungerleider ohne feste Unterstützung und materielle Sicherheit. Er steckt voller Pläne, und sein Kopf sprüht vor Ideen. Er schreibt unermüdlich, aber nur selten gelingt es ihm, etwas davon zu veröffentlichen. Armut und Isolation bringen ihn an den Rand der Verzweiflung. Er stößt auf eine Mauer der Gleichgültigkeit, die er nur durchbrechen kann, wenn er seine Studien fortsetzt und sich den Doktortitel erwirbt. Doch bedeutet der akademische Grad eine noch größere finanzielle Investition als der Kauf von Büchern. Erasmus versucht, seinem Freund Jakob Batt verständlich zu machen, wie prekär seine Situation ist. Er schreibt ihm von seiner Verzweiflung und von seinem Ehrgeiz. »Daß das ganz nach Wunsch ausfallen möge, hoffe ich nicht so sicher, als ich nicht daran verzweifle. Doch ich mußte mir von überallher etwas Geld zusammenkratzen, um mich zu kleiden, um den ganzen Hieronymus, den ich kommentieren will, Plato, griechische Bücher zu kaufen, da ich Unterricht im Griechischen nehmen will. Was das alles zu meinem Ruhm, ja zu meinem Heil beiträgt, kannst Du Dir wohl denken; ich bitte jedenfalls, daß Du es mir, der ich aus Erfahrung spreche, glaubst. Es ist kaum zu sagen, wie ich darauf brenne, unsere ganze [lateinische] Literatur zu bewältigen, zugleich im Griechischen einigermaßen Fähigkeit mir zu erwerben und dann mich ganz dem Geheimnis der Theologie zu widmen, nach dem mich schon längst verlangt. Gesundheitlich geht es mir mäßig, Gott sei Dank, und ich hoffe, daß es so bleibt; deshalb muß ich für dieses Jahr alle Muskeln spannen, daß ans Licht kommt, was ich im Griff habe, und ich durch die Behandlung der theologischen Wissenschaft meine Kritiker – es sind viele – an den Galgen bringe, wie sie es verdienen. Schon lange verspreche ich große Dinge, doch meine Trägheit, widrige Umstände oder Krankheit halten mich auf. [...] Aber sicher beleidige ich unsere Freundschaft, wenn ich mich mit eindringlichen Bitten an Dich wende, wo ein einfacher Wink doch genügte. Ich bitte Dich nicht, mein Freund zu sein, Du könntest mir kein besserer sein; auch nicht, Dir mein Schicksal angelegen sein zu lassen: Du stellst es Deinem eigenen voran; auch nicht, meine Angelegenheiten mit Eifer und Redlichkeit zu behandeln: Du bemühst Dich mehr um sie als ich selbst. Ich bitte Dich um einen sehr geringen Gefallen, doch ist er für mich von größter Bedeutung.

Glaube nicht, ich mache, wenn ich über meine Angelegenheiten spreche, schöne Worte und erfinde etwas Passendes, um mir Vorteile zu verschaffen. Wenn ich in den Ferien manchmal zum Vergnügen Scherze getrieben habe oder wenn ich durch äußere Umstände gezwungen war, mich zu verstellen, so gehört dies, lieber Batt, der Vergangenheit an. In meiner gegenwärtigen Lage bin ich weder zum Scherzen aufgelegt, noch habe ich den geringsten Grund, nicht völlig aufrichtig zu sein. Gebe Gott, daß wir beide, wenn wir das Greisenalter erreichen sollten, uns noch immer gegenseitiger Zuneigung erfreuen und auch in Zukunft an unsere aufrichtige Freundschaft zurückdenken können. Ich habe in meinen Briefen niemals auch nur das Geringste geäußert, das diese Gefühle

Lügen strafte. Ich kann Dir, ohne etwas fürchten zu müssen, alles anvertrauen und vollkommen offen zu Dir sein, denn Du bist für mich wie ein zweites Ich.«[8]

Ohne eine Antwort abzuwarten, schreibt er Batt einen weiteren Bittbrief. Fast schon plump und sehr nachdrücklich bittet er den Freund, sich bei Anna Borsselen van Veere für ihn zu verwenden. »Du wirst zeigen, wie ich durch meine Wissenschaft der gnädigen Frau mehr Ehre machen werde als andere Theologen, die sie unterstützt. Denn die reden Alltägliches, ich schreibe Unvergängliches. Jene dummen Schwätzer hört man an der einen oder anderen Stätte; meine Bücher werden von Lateinern, Griechen, von allen Völkern auf der ganzen Erde gelesen werden.«[9] Batt tut sein möglichstes, aber dieser Appell stößt ebenso wie viele andere auf taube Ohren.

Erasmus vertieft sich erneut ins Studium des Hieronymus, der ihm mehr am Herzen liegt als Augustinus. Er bereitet eine Ausgabe des Kirchenvaters vor, den er als wortgewandten Exegeten der Bibel schätzt. »Ich nehme ein schweres Werk in Angriff, das eines Phaeton würdig ist: Ich möchte nach Kräften die Werke des Hieronymus wiederherstellen, die in Vergessenheit geraten sind oder die Halbgelehrte entstellt, verderbt und verstümmelt haben und die von gröbsten Fehlern wimmeln, weil man dem Altertum und der griechischen Literatur keine Beachtung schenkte. Ich nehme mir nicht nur vor, die Werke wiederherzustellen; ich möchte sie auch durch Kommentare erhellen, damit jeder Leser erkenne, daß der große Hieronymus, der doch in der ganzen Christenheit als der vollendete Meister der Weisheit in heiligen und weltlichen Dingen gilt, von jedermann gelesen, aber nur von Gelehrten verstanden werden kann.«[10]

Über diesem Vorhaben vergißt er jedoch nicht seinen Wunsch, in Italien den Doktorgrad zu erwerben. »Wenn mein Doktortitel noch einmal aufgeschoben werden muß, dann, so fürchte ich, wird meine Zuversicht nicht so lange währen wie mein Leben«, seufzt er.[11]

Im Herbst vertreibt ihn die Pest, die im 16. Jahrhundert in regelmäßigen Abständen in Europa wütet, aus Paris. Er flieht nach Orléans. Dort hat er ein abenteuerliches Erlebnis. Ein Mann, über den wir nichts Näheres wissen, wird vom Weihbischof von Thérouanne der Ketzerei angeklagt. Erasmus empfindet Mitleid mit der verzweifelten Tochter und erreicht mit Batts Hilfe die Freilassung des Verdächtigen.

In Orléans schließt er Bekanntschaft mit Jakob Voecht, einem jungen Juristen aus Antwerpen. Der neue Freund wird für ihn und andere arme Studenten während des außergewöhnlichen Aufenthaltes zum rettenden Engel.

In der Kürze der Zeit kann Erasmus nicht alle seine Vorhaben verwirklichen. Doch für seine Freunde setzt er sich jederzeit ein. Er empfiehlt sie bei potentiellen Geldgebern und nimmt in Kauf, daß er selbst übergangen wird! Uneingeschränkt hilfsbereit kümmert er sich um die jungen Leute in seiner Umgebung, seien sie auch nur flüchtig mit ihm bekannt, und nur selten läßt er sich das Vergnügen entgehen, ihnen gute Ratschläge zu geben. Aber viel zu selten werden sie beherzigt! Er schont seine Gesundheit nicht, und noch immer hegt er den Plan, nach Italien zu reisen. »Ich habe eine schwache Hoffnung, nach Italien reisen zu können«, teilt er seinem Freund Augustinus Caminadus mit. »Ich vergehe vor Sehnsucht.«[12]

Als er wieder in Paris ist, schickt er seiner Gönnerin einen überraschenden Brief. »Meine Werke, Zöglinge, die Deiner Fürsorge bedürfen«, schreibt er, »strecken bittend ihre Hände nach Dir aus und flehen zu Dir in Deinem Namen, im Namen des Geschicks, das Du, da es Dir nun wohlgesonnen ist, zu Recht geringschätzt, das Du jedoch tapfer ertragen hast, als es Dir widrig war; im Namen des Schicksals, das ihnen stets ein Feind war und dem sie nur dank Deiner Gönnerschaft standzuhalten vermögen; und im Namen der Liebe, die Du der Königin der Wissenschaften, der altehrwürdigen Theologie, entgegenbringst. Ich meine jene Theologie, die der vom göttlichen Hauch gestreifte Psalmist beschreibt, wie Hieronymus es ausdrückt, jene Theologie, die dem ewigen König zur Rechten sitzt, die unbefleckt ist und nicht in Lumpen geht – so trifft man sie heute in den Sophistenschulen an –, sondern in einem goldenen, farbenprächtigen, vom Staube befreiten Gewand, jener Theologie widme ich alle meine Nachtwachen. Zwei Dinge, fühle ich, werden mir wahrhaft unentbehrlich sein: Zunächst eine Reise nach Italien, um meine bescheidene Wissenschaft mit dem Ansehen des berühmten Landes zu schmücken, dann die Doktorwürde. Beides ist gleich eitel. Horaz sagt, man ändert seinen Geist nicht, wenn man das Meer durchpflügt, und ich werde nicht im geringsten gelehrter zurückkehren. Aber so ist es der Brauch! Niemand, und sei er noch so ernsthaft, glaubt an den Verdienst eines Mannes, wenn er ihn nicht ›Unser Magister‹ anreden kann – sei es auch gegen das Gebot Christi, des Fürsten der Theologen. Früher galt niemand nur deshalb als gelehrt, weil er sich den Doktortitel erkauft hatte. Gelehrte durften sich nur die nennen, die ihre Gelehrtheit mit Veröffentlichungen unter Beweis gestellt hatten.«[13] Dieser Brief, in dem sich das Pathos des Bittstellers mit nüchternem Realismus verbindet, wird keiner Antwort für würdig befunden.

Das Jahrhundert beginnt unter unglücklichen Vorzeichen. Immerhin gibt Erasmus im Jahre 1501 in Paris Ciceros Traktat *De officiis* (» Vom rechten Handeln«) heraus und widmet ihn Jakob Voecht. Wie die anderen Ausgaben antiker Schriftsteller trägt auch diese Veröffentlichung dazu bei, daß er sich finanziell über Wasser halten kann, daß er sich bei den Gelehrten einen Namen macht und sich sein Ruf als Kenner der klassischen Literatur weiter verbreitet. So armselig es materiell um ihn bestellt ist, so reich ist sein geistiges Leben! Erneut verläßt er Paris und reist, bedürftig und voller Arbeitseifer wie immer, in die Provinz. »Erasmus«, so sagt er, »nährt sich von seinen Gedanken und kleidet sich in seine Schreibfedern.« Krank und mittellos fristet er seine Existenz. Anna Borsselen van Veere heiratet wieder und vergißt ihren Schützling. Der Prior von

Steyn verlängert Erasmus' auf ein Jahr befristeten Urlaub, damit er sein Studium abschließen kann – allerdings ohne einen Zuschuß! Von Holland hat er genug. Frankreich erscheint ihm zwar nicht so gastfreundlich, doch hier schätzt er nach wie vor die Drucker. Sein Dienstherr, der Bischof von Cambrai, der ihn seit langem nicht mehr finanziell unterstützt, wendet sich nun ganz von ihm ab und verhält sich, wie Erasmus es ausdrückt, als »Antimäzen«.

Eine wohltuende Rast auf dem mühseligen Lebensweg ist sein Aufenthalt in Tournehem im Juli 1501 zusammen mit Jakob Batt. Alle Sorgen sind vergessen, solange Erasmus ganz in der Freundschaft aufgeht; durch Batts frühen Tod wird sie im folgenden Jahr jäh zu Ende sein.

Trotz aller Widrigkeiten gibt Erasmus seine hochfliegenden theologischen Pläne nicht auf. Er gewinnt einen neuen Freund, der ihn ermutigt, seiner Berufung zu folgen: Jean Vitrier, Franziskanermönch in St. Omer, erschließt ihm Origines. Vitrier, ein umstrittener, aber unbescholtener Mönch, fasziniert Erasmus, weil Rituale ihm nichts, die persönliche Frömmigkeit und Glaubenspraxis hingegen alles bedeuten. »Er liebte, was er predigte«, sagt Erasmus später über ihn und meint damit den direkten und aufrichtigen Ton seiner überaus wirkungsvollen Predigten.[14]

Sollte es im Dasein des Erasmus so etwas wie eine Art Bekehrung gegeben haben, dann fand sie in diesem Lebensabschnitt statt. Allerdings handelt es sich hier gewiß nicht um eine Wende von religiöser Gleichgültigkeit zum Glauben, sondern um eine Wandlung, bei der sich die durchschnittliche Frömmigkeit zum Glaubenseifer mit hohen Ansprüchen steigerte. Angesichts der heldenhaften Tugend eines Vitrier befällt Erasmus ein Gefühl der eigenen moralischen Unzulänglichkeit; mit neuem Eifer setzt er die Arbeiten an seinem *Handbüchlein eines christlichen Streiters* fort.

Erasmus versucht ein weiteres Mal, sich bei seiner Gönnerin Gehör zu verschaffen, und schreibt an Nikolaus von Burgund, den Domprobst von St. Peter zu Utrecht, einen nahen Verwandten der Anna van Veere. »Ich liebe Dich so sehr«, schreibt er ihm, »daß kein Brief lang genug sein kann, Dich meiner Ergebenheit zu versichern; doch bin ich mit meiner Arbeit so beschäftigt, daß kein Brief, auch nicht der kürzeste, kurz genug sein kann. Nicht ohne Grund gaben die Alten den Dichtern und den Meistern der Beredsamkeit sinnbildlich den Namen des Schwans. Dieser trägt das Weiß der Unschuld im Gefieder, jene tragen es im Herzen. Beide sind Apoll geweiht. Beide suchen gerne die Ufer klarer Wasser und feuchte Wiesen auf. Beide lassen ihre melodiöse Stimme erklingen. Doch gegenwärtig, vor allem in unseren Gefilden, scheinen wir alle verstummt zu sein, und selbst die Nähe des Todes gibt sie uns nicht wieder. Die Ursache, so meine ich, liegt in dem, was die Naturforscher behaupten: Der Schwan singt nur, wenn der Wind aus Westen bläst. Dürfen wir uns wundern, daß die Schwäne heute schweigen, da so viel Wind aus Nord und Süd weht, doch kein Zephir bläst? Ich armer Mensch, ein rauher Wind aus England – geschickter als ein Wolf schlich er sich heran – hat meine Stimme fortgetragen; mit ihr meine Börse. Und der Zephir bläst nicht eher, als bis das Frühjahr naht! Deshalb, hochgeschätzter Probst, mögest Du der Frühling der Dame van Veere sein, meiner Gönnerin, und bläst sie für mich wie eine sanfte Brise, so werde ich Euch beiden ein tönender Schwan, dessen Stimme noch in der Nachwelt erklingt. Zu diesem Rätsel keinen Schlüssel; ich wende mich an einen Ödipus.«[15] Meisterhaft hat Erasmus es hier verstanden, sein Anliegen auf raffinierte und ironische Art in ein Stück gelehrte Dichtung umzugießen!

Die Jahre zwischen 1502 und 1504 verbringt er größtenteils in Löwen. Hadrian von Utrecht, Professor der Theologie an der dortigen Universität, der künftige Papst Hadrian VI., trägt ihm ein Lehramt an. Erasmus schlägt das ehrenvolle Angebot aus; er will die Brüder in Steyn nicht verärgern.[16] Ohne Eile setzt er seine Studien fort und sucht weiterhin nach dem großzügigen und verständnisvollen Gönner, der ihm die notwendige Muße für seine ehrgeizige Arbeit und seine Pläne verschaffen könnte: Er will das Studium der antiken Literatur erneuern, die Theologie vom Staub befreien, die universelle Eintracht herstellen.

Nach dem Tod Heinrichs von Bergen 1502 findet Erasmus in Nikolaus Ruistre, dem Bischof von Arras und Kanzler der Universität Löwen, einen neuen Mäzen. Ruistre ist Mitglied im Rat Philipps des Schönen und gehört der patriotischen Fraktion an, die sich der Hausmachtpolitik des Habsburgerkaisers Maximilian widersetzt.

Ruistre beehrt Erasmus mit dem heiklen Auftrag, Maximilians Sohn in Brüssel zu empfangen. Am 6. Januar 1504 trägt der junge Humanist Philipp dem Schönen vor den Brabanter Ständen eine Festrede in Latein vor. Damit betritt der noch wenig bekannte, nach wie vor ins Ordensgewand gekleidete Erasmus zum ersten Mal die Bühne der internationalen Politik. Sein *Panegyrikus* auf Philipp bringt ihm Anerkennung und ersten Ruhm in den Niederlanden ein.[17] Die Rede wird vom Empfänger fürstlich belohnt und einige Wochen später in veränderter Form, mit umfangreichen Zusätzen und einer Widmung an Ruistre versehen, bei Dirk Martens veröffentlicht. Bei Martens lernt Erasmus auch seinen hochgeschätzten Freund Peter Gilles kennen.

Im Vorwort des *Panegyrikus* weist er darauf hin, daß es sich bei der Schrift weniger um eine Lobrede handle als um ein mahnendes Wort an den Empfänger. »Um die Fürsten zu bessern, ist nichts wirksamer, als ihnen, in die Form eines Lobes gekleidet, das Vorbild des guten Fürsten vor Augen zu führen.«[18] Dennoch trägt der *Panegyrikus* seinen Titel zu Recht, denn Erzherzog Philipp wird in der Schrift ausgiebig mit Lob bedacht. Zugleich verwahrt sich der Verfasser gegen den Vorwurf, er sei ein Schmeichler. Tatsächlich würde wohl kaum ein Höfling seinem Fürsten gegenüber solche Worte wagen: »Wir mögen Dich lieber friedliebend als siegreich.« Erasmus formuliert damit einen Leitsatz

seines Denkens und ein politisches Anliegen seiner augenblicklichen Dienstherren. In ihrem Sinne spricht er sich dafür aus, daß der Friede mit England und
vor allem mit Frankreich erhalten bleibt.[19] Daraufhin stellt er Betrachtungen an,
die über die aktuellen politischen Fragen hinausweisen. Er malt das düstere
Schreckensbild des Krieges, preist im Gegensatz dazu die unschätzbaren
Vorzüge des Friedens und gelangt zu dem Schluß, daß ein ungerechter Frieden
besser sei als der gerechteste Krieg. Eine Ausnahme macht für ihn nur der Verteidigungskrieg, den er indirekt rechtfertigt. Abschließend begründet er seine
Konzeption des Friedens aus der Religion: »Die christliche Welt ist ein gemeinsames Vaterland.«[20]

KAPITEL VII

Einführung in das fromme Leben
Das *Handbüchlein eines christlichen Streiters*

Obwohl Erasmus ein überzeugter Pazifist ist, scheut er sich Anfang 1504 nicht, seinem ersten geistlichen Werk einen kriegerischen Titel zu geben: *Handbüchlein eines christlichen Streiters*. Es wird bei Dirk Martens in Antwerpen gedruckt.[1] Dem christlichen Streiter, den dieses lange geplante Buch zum Gegenstand hat, haftet allerdings gar nichts von einem Soldaten oder einem Kreuzfahrer an. Er ist ein Kämpfer für Christus. Das Buch richtet sich in Form eines offenen Briefes an einen befreundeten Laien aus dem höfischen Kreis und ist gleichermaßen »eine Anleitung zur Frömmigkeit« wie eine Abhandlung über den geistlichen Kampf, beides auf der Grundlage christlicher Enthaltsamkeit. In einer genauen Systematik stellt Erasmus Grundsätze auf, nach denen ein Christ in der Welt leben und Gefahren für das Seelenheil erkennen und bannen soll. Das Buch hat wenig gemein mit der *Nachfolge Christi* der Devotio moderna, die sich an Geistliche und Mönche richtete.[2]

Dieses Brevier des Evangeliums, das über fünfhundert Bibelzitate enthält und etliche Male auf Origines, Augustinus und selbst Platon und Pico della Mirandola Bezug nimmt, hat nur einen Zweck: den Leser mit dem Wesen des Christentums vertraut zu machen. Der Verfasser möchte den Menschen dazu bringen, sich über sich selbst zu erheben, ohne sich aus der Welt zurückzuziehen. Er rät, durch eine Rückbesinnung auf die Bibel und eine Überwindung des »jüdischen Brauchtums« die wahre Frömmigkeit zu erneuern. Alles für Christus und alles durch Christus: Anders gibt es keinen wahren Glauben, und dieser unumstößliche Grundsatz hat auch für das Studium der Literatur zu gelten.[3]

»Du sollst Christus aber nicht für ein leeres Wort halten«, heißt es im *Handbüchlein,* »sondern für nichts anderes als die Liebe, die Aufrichtigkeit, die Geduld und die Reinheit, kurz für alles das, was er gelehrt hat. [...] Dein Auge

73

sei also einfältig, und Dein ganzer Körper wird leuchtend werden. Es schaue nur auf Christus als Dein einziges und höchstes Gut, so daß Du nichts liebst, nichts bewunderst, nichts begehrst außer Christus selbst oder etwas um Christus willen. [...] Von diesem Ende her beurteile den Nutzen oder Schaden aller mittleren Dinge.

Du liebst Kunst und Wissenschaft? Das ist gut, wenn es wegen Christus geschieht. Wenn Du sie aber des Wissens wegen liebst, so bleibst Du dort stehen, von wo aus man weitergehen sollte. Wenn Du aber nach Kunst und Wissenschaft verlangst, weil Du mit ihrer Hilfe Christus deutlicher siehst, der in den Geheimnissen der Heiligen Schrift verborgen ist, und wenn Du den Erkannten und Geliebten den anderen mitteilen oder genießen willst, so rüste Dich zu ihrem Studium. Gehe darin aber nicht weiter, als es Dir nach bestem Wissen und Gewissen zu einer guten Gesinnung nützt. Wenn Du Dir vertraust und auf den ungeheuren Gewinn in Christus hoffst, so mache Dich auf, wie ein kühner Kaufmann auch in den Schriften der Heiden weiter umherzustreifen und die Reichtümer Ägyptens zur Zier des Tempels unseres Herrn zu verwenden. [...] Besser ist es, weniger zu wissen und mehr zu lieben, als viel zu wissen und nicht zu lieben.«[4]

Im geistigen Kampf stehen dem Gläubigen zwei Waffen zur Verfügung: Das Gebet und das Wissen. »Jenes nämlich erfleht, dieses aber rät an, worum zu bitten ist.« Das Gebet muß inbrünstig, aber es darf nicht weitschweifig sein. Ein Gebet muß nicht mit rhetorischer Gewandtheit vorgetragen werden, damit es erhört wird. »Nicht das Geräusch der Lippen, sondern das glühende Gelübde des Herzens gewinnt gleich einer hellen, lauteren Stimme die Ohren Gottes.« Erasmus unterscheidet in seiner Schrift sorgsam die innere und die äußere Frömmigkeit. Wer sich damit begnügt, Glaubensformeln anzuhören oder selbst herunterzuleiern, ist kein wahrhaft frommer Mensch, so wie die Religion, die mehr auf die Einhaltung von Glaubensregeln als auf die Übung der Nächstenliebe bedacht ist, keine wahre Religion ist. Die mechanisch verrichtete Andacht kann unversehens in Albernheit umschlagen – was noch verzeihlich ist –, aber auch – und das ist schlimmer – in Bigotterie oder gar in abscheuliche Heuchelei. Echte Frömmigkeit hingegen durchdringt das ganze Leben, sie ist das Leben. Das Gebet ist ein Zustand der Seele, mehr ein Bemühen als eine Handlung. Kann derjenige, der nicht täglich betet, überhaupt noch ein Christ sein?

Die Antwort auf diese Frage findet Erasmus in der Heiligen Schrift und dort vor allem bei dem Apostel Paulus, der nur Christus, den Gekreuzigten, predigen will, der »den Juden [...] ein Ärgernis und den Heiden eine Torheit ist«. Das bedeutet freilich nicht, daß er äußere Formen der Frömmigkeit rundweg ablehnt. »Du wirst ohne sie [die Andachtsübungen] vielleicht nicht fromm sein, doch nicht sie machen Dich fromm. Sie werden Dich zur Frömmigkeit führen, wenn Du sie dazu verwendest. Wenn Du Dich an ihnen zu freuen beginnst, so löschen sie die ganze Frömmigkeit mit einem Male aus. Der Apostel schätzt die Werke Abrahams gering, die jeder als höchst vollkommen kennt, und Du vertraust den Deinen? Gott verwirft die Opfertiere, die Feiertage und die Neumonde seines Volkes, deren Urheber er doch selbst war. Wirst Du es vielleicht wagen, Deine armseligen Übungen mit den Weisungen des göttlichen Gesetzes zu vergleichen? [...] Zeigt er [Gott] nicht, sooft er die gottesdienstlichen Übungen und Gebräuche der Heiligen und die vielfältigen Gebete erwähnt, mit dem Finger auf die, welche die Frömmigkeit nach der Zahl der Psalmen oder Gebete messen? Hüte Dich vor einer solchen Religion. Sag mir nicht sogleich, daß die Liebe darin bestehe, häufig in die Kirche zu gehen, vor den Statuen der Heiligen niederzuknien, Kerzen anzuzünden, abgezählte Gebete herzusagen. Gott bedarf dieser Dinge nicht.«

Erasmus zieht daraus allerdings nicht den Schluß, daß alle frommen Handlungen abzulehnen seien. »Was soll der Christ also tun? Soll er die Gebote der Kirche vernachlässigen? Soll er die ehrwürdigen Überlieferungen der Vorfahren verachten? Soll er die frommen Bräuche verdammen? O nein! Wenn er schwach ist, wird er sie als notwendig bewahren, wenn er stark und vollkommen ist, wird er sie um so mehr beobachten, damit nicht sein Wissen den schwachen Bruder kränke und den zu Boden drücke, für den Christus gestorben ist. Dies soll man nicht aufgeben, doch jenes zu tun ist notwendig. Die körperlichen Werke werden nicht verdammt, aber die unsichtbaren werden vorgezogen. Der sichtbare Kult wird nicht verworfen, aber Gott wird nur durch die unsichtbare Frömmigkeit besänftigt.«[5]

Frömmigkeit, die diesen Namen verdient, verachtet den Volksglauben nicht, doch sie überwindet ihn und führt ihn zur höchsten Vollendung. Hartnäckig zieht sie gegen die Verirrungen im Glauben zu Felde und bekämpft den gewaltigen Mißbrauch, der als Aberglauben und Magie die Botschaft des Evangeliums entstellt. Erasmus verehrt zwar aufrichtig die heilige Genoveva, und er verdammt auch die Pilgerfahrten und die Anrufung von Heiligen nicht. Aber er rügt die Beichtväter, die den Gläubigen als Buße lange Reisen nach Rom, Jerusalem oder Compostela auferlegen. Er verspottet die Pilger, die durch die Welt ziehen, um bestimmte Heilige wegen finanzieller Sorgen oder Gesundheitsstörungen anzurufen. Er wirft ihnen vor, daß sie dubiosen Reliquien huldigen, aber sich nicht ausreichend mit dem Wort Gottes befassen, nicht in einem tugendhaften Leben seinen Jüngern nacheifern und deren Schriften mißachten. Selbst die Reliquien Christi, seien sie auch echt, stehen in ihrer Bedeutung hinter dem Wort Jesu zurück. Übereilte Gelübde und kommerzielle Pilgerfahrten lenken den Frommen nur vom Geist des Erlösers ab. Eine reine Seele wird nur der erlangen, der Buße tut. Kostspielige Wallfahrten, protzige Almosen und Ablaßbriefe nützen wenig.

Erasmus geißelt die eigennützige Anrufung von Heiligen, die einem billigen Handel gleichkomme. »Ist es etwas Großes, daß Du mit dem Körper Jerusalem besuchst, während in Dir selbst Sodom, Ägypten und Babylon ist? [...] Einer grüßt täglich den Christophorus, aber nur, wenn er sein Bild gesehen hat. Was erwartet er sich davon? Er redet sich ein, an einem solchen Tag vor einem schlechten Tode sicher zu sein. Ein anderer betet zu einem gewissen Rochus. Doch wieso? Weil er glaubt, daß dieser die Pest vom Körper vertreibt. Wieder ein anderer murmelt der Barbara oder dem Georg bestimmte Gebetlein, um nicht in die Hände der Feinde zu fallen.« »Du betrachtest gespannt das Gewand oder das Schweißtuch, das man Christus zuschreibt, und liest schläfrig die Sprüche des Gesetzes Christi? Du glaubst, es sei das Größte, daß Du zu Hause ein Stück des Kreuzes besitzt. Doch das ist nichts im Vergleich dazu, daß Du das Geheimnis des Kreuzes in Dir trägst.«

Heiligenverehrung bedeutet für Erasmus etwas ganz anderes: Das tugendhafte Leben der Heiligen soll nachgeahmt werden. »Willst Du dem heiligen Petrus oder dem heiligen Paulus wohlgefällig sein? Übe Dich im Glauben des einen und in der Barmherzigkeit des anderen. So hast Du mehr getan, als wenn Du zehn Pilgerfahrten nach Rom unternommen hättest.« Auch bei der Marienverehrung, die Erasmus noch am ehesten billigt, kommt es darauf an, ihrer Demut nachzueifern. Erasmus hebt hervor, daß die Bedeutung ihres Schicksals in der Auserwähltheit liegt: Daß Jesus aus ihrem Fleisch gewachsen ist, bedeutet für sie noch keinerlei Vorzug; daß sie jedoch seinen Geist vom Heiligen Geist empfangen hat, macht sie zur Auserwählten unter den Weibern.

Im *Handbüchlein* heißt es weiter, daß man den Tod der Seele mehr zu fürchten habe als den leiblichen Tod. Erasmus zitiert an dieser Stelle den Dialog *Phaidon,* in dem Sokrates lehrt, Philosophie sei nichts anderes als Versenkung in den Tod. In einem Seitenhieb prangert er die Mönche an, die sich in der Todesstunde der Illusion hingeben, ihnen sei die Erlösung allein deshalb gewiß, weil sie in der Kutte der Franziskaner bestattet werden: »Die ähnliche Kleidung im Tode nützt Dir nichts, wenn die Gewohnheiten im Leben verschieden waren.« In einem weiteren Schritt legt Erasmus dem Christen die Gewissenserforschung ans Herz und warnt ihn davor, der Selbsttäuschung zu erliegen: »Du bitttest Gott, daß Dich der Tod nicht vorzeitig treffe, statt ihn lieber zu bitten, Dir eine bessere Gesinnung zu verleihen, so daß Dich der Tod, an welchem Ort er Dir auch entgegentritt, nicht unvorbereitet finde. Du denkst nicht daran, Dein Leben zu ändern, und Du bittest Gott, nicht sterben zu müssen. Worum bittest Du also? Desto länger sündigen zu können? Du bittest um Reichtum und weißt ihn nicht zu gebrauchen. Bittest Du nicht um Dein eigenes Verderben? Du bittest um Gesundheit und mißbrauchst sie. Ist Deine Frömmigkeit nicht gottlos?«[6] Und die Hölle? Der Sünder erleide sie auf Erden, sagt Erasmus dem Christen, denn es gebe keine anderen Qualen der Unterwelt »als die unentwegte Furcht des Gewissens, welche die Gewohnheit zu sündigen begleitet«. Die Sünde habe »ihr Charakteristisches, um dessentwillen einem davor schaudern sollte«.[7]

Wenn ein Christ, der regelmäßig betet, ein engagierter Christ ist, dann besteht seine Frömmigkeit schließlich in der Ausübung der drei göttlichen Tugenden. Dem Aberglauben darf keinerlei Zugeständnis gemacht werden.[8] Es gibt keine Form der Lebensführung, von der sich sagen ließe, daß nur sie allein der Frömmigkeit entspreche. Auch die Mönche besitzen nicht das Monopol des Glaubens, denn wenn sie über der Einhaltung ihrer Ordensregeln das Evangelium vergessen, sind sie nur Pharisäer. Andererseits ist es ein Trugschluß zu glauben, es gebe »außerhalb der Kutte kein Christentum«. Die Entscheidung für das Kloster ist nur eine Möglichkeit, das Leben Gott zu weihen. Je nach den körperlichen oder sittlichen Veranlagungen des Betreffenden kann es gut oder schlecht sein.[9] Das Leben im Kloster garantiert nicht Gottgefälligkeit, aber es ist ein Gebot der Nächstenliebe, diejenigen nicht zu verurteilen, die sich in gutem Glauben, aufrichtig und ohne Überheblichkeit den altüberlieferten Formen der Frömmigkeit hingeben.

»Was den einfältigen Aberglauben und die angebliche Frömmigkeit betrifft, muß ich immer wieder betonen, daß ich keineswegs die körperlichen Opfer der Christen und die Bemühungen der Einfältigen tadle, besonders die nicht, die die kirchliche Autorität gebilligt hat. Diese sind nämlich bisweilen Anzeichen oder Hilfsmittel der Frömmigkeit. Sie sind den Kindern in Christus fast notwendig, bis sie erwachsen und zu reifen Menschen geworden sind. Dennoch schickt es sich nicht, daß die Vollkommenen die anderen verachten, da sonst die Schwachen durch ihr Beispiel verletzt werden.« Das Buch gibt dem Christen eine Fülle von Ratschlägen und Verhaltensregeln mit auf den Weg. Erasmus unterweist ihn zunächst im richtigen Verständnis des Evangeliums. Er geht sogar so weit zu sagen, die biblische Schöpfungsgeschichte sei nicht bedeutsamer als der Mythos des Prometheus, wenn man nicht ihren tieferen Sinn begreife. Erasmus ermahnt den Leser, sich auf die wahre Frömmigkeit zu besinnen: »Du aber glaubst, der Du die Augen des Herzens verdunkelt hast, so daß Du das klare Licht der Wahrheit nicht siehst und die göttliche Stimme mit dem inneren Ohr nicht vernimmst, da Du völlig empfindungslos geworden bist, Du glaubst, daß die Seele lebt? Du siehst, daß Dein Bruder Ungerechtigkeit leiden muß, aber Dein Herz rührt sich nicht, wenn nur Deine Habe unversehrt ist. Warum fühlt Deine Seele hier nichts? Doch offenbar, weil sie tot ist. Weshalb ist sie tot? Weil ihr das Leben, das ist Gott, fehlt. Wo Gott ist, ist ja die Liebe, denn Gott ist die Liebe. [...] Christus nennt die Pharisäer getünchte Gräber. Weshalb? Wohl, weil sie eine tote Seele mit sich umhertragen.«[10]

Nach diesem Appell an die Wachsamkeit der Seele gibt Erasmus dem Leser eine Regel an die Hand, wie er von der äußeren Frömmigkeit zur inneren gelangen kann. »Mühe Dich also, mein Bruder, nicht viel mit traurigen Arbeiten ab, sondern entrinne, bald groß und stark in Christus, durch maßvolle Übung, damit Du nicht mit den unreinen Tieren auf der Erde kriechst, sondern stets auf Flügeln schwebst. Plato meint, daß diese in den Seelen, von der Glut der Liebe hervorgelockt, wieder zu wachsen beginnen. Steige, wie auf den Stufen der Jakobsleiter, vom Körper zum Geist auf, von der sichtbaren Welt zur unsichtbaren, vom Buchstaben zum Geheimnis, von den fühlbaren Dingen zu den erkennbaren, von den zusammengesetzten zu den einfachen. So wird der Herr seinerseits sich dem nähern, der sich ihm naht, und wenn Du Dich nach Kräften mühst, Dich von Deiner Finsternis und dem Rauschen der Sinne zu erheben, so wird jener Dir zuvorkommend entgegeneilen aus seinem unzugänglichen Licht und seiner unerdenklichen Stille.«[11]

Man muß sich mutig für den Geist und gegen die Welt entscheiden. Erasmus will den Kindern Gottes ihre Freiheit ganz bewußt machen und prangert die Heuchelei einer Frömmigkeit ohne Beteiligung der Seele an. Dies ist das eigentliche Anliegen des *Handbüchleins eines christlichen Streiters,* das geradezu ein Manifest des inneren Christentums und des reformierten Katholizismus sein will.[12]

Wenn Erasmus verkündet, es sei besser, »weniger zu wissen und mehr zu lieben«, so spricht er damit seine innere Überzeugung aus. Der Gedanke ist fest in jener mystischen Tradition verankert, die der Gelehrte Pico della Mirandola so gut ausgedrückt hat: »Mein armer Angelo«, schrieb er an den Dichter und Humanisten Poliziano, »wie töricht sind wir doch! Als Sterbliche können wir Gott eher lieben als ihn erklären oder erkennen. Es fällt uns leichter, ihn zu lieben, und wir haben davon einen größeren Nutzen und machen Gott mehr Ehre. Trotz alledem suchen wir ihn lieber unablässig in unseren Spekulationen, ohne ihn je zu finden, anstatt ihn mit unserer Liebe einfach in Besitz zu nehmen; und es wäre doch völlig sinnlos, wenn wir ihn fänden und ihn nicht liebten.«[13]

Das *Handbüchlein,* Leitfaden für ein sittenstrenges und glaubenseifriges Leben, ist zunächst kein Erfolg. Doch nach und nach setzt es sich als Brevier für den engagierten Laien durch und gehört bald zu den bekanntesten Büchern der damaligen Zeit. Erasmus nimmt es immer wieder hervor und entwickelt seine Gedanken weiter; in weniger als einem Jahrhundert werden über fünfzig Auflagen herausgebracht. Man kann mit Recht behaupten, es sei »eine Einführung in das fromme Leben für den Gebrauch der Humanisten«[14] und »der Wachturm der christlichen Philosophie«.[15]

Auch wenn Erasmus damit beweist, daß er durchaus auf dem Boden der Orthodoxie steht, wird er nicht so verstanden und akzeptiert, wie er es sich gewünscht hat. Zu viele renommierte Theologen, die um ihr Monopol fürchten, sehen mit Verachtung auf die Bibelauslegung der Kirchenväter herunter. Bei ihnen hat Erasmus einen schweren Stand; ihre Unkenntnis oder ihre Gelehrtheit oder beides zugleich erschrecken ihn: Sie sind mit allen Winkelzügen der Kasuistik vertraut, diskutieren endlos über Glaubensartikel, scheinen aber nicht zu wissen, daß die Nächstenliebe die Quintessenz des Christentums ist.

Ihrem undifferenzierten, erbarmungslosen Widerstand ist es zuzuschreiben, daß das *Handbüchlein* nach Erasmus' Tod auf den Index gesetzt wird.

Dank der *Adagia* und des *Handbüchleins* genießt Erasmus den Ruf eines Philologen und Theologen von höchstem Rang. Engstirnige Zeitgenossen entsetzen sich zwar über die Kühnheit seiner Gedanken und machen ihm nach Kräften das Leben schwer, aber ignorieren können sie ihn nicht mehr.

Seine Berufung zum christlichen Humanisten tritt zur gleichen Zeit zutage, als sein Ruhm sich verbreitet. Erasmus versichert Colet, er wolle sein Leben nun der theologischen Forschung widmen. Wir werden noch sehen, daß er Wort hält und die Ergebnisse seiner Forschungen in Werken zusammenträgt, die bald ein ernsthafter, bald ein spöttischer Tonfall prägt und die stets von ein und demselben Geist und Glaubenseifer beseelt sind. Das *Handbüchlein* zeigt eindrücklich, wie engagiert sich Erasmus als Lehrmeister des geistlichen Lebens für ein anspruchsvolles Christentum einsetzt.[16]

Erasmus arbeitet fieberhaft weiter. In der Bibliothek des Prämonstratenserklosters Parc nahe bei Löwen entdeckt er ein Manuskript des Lorenzo Valla, kein literarisches Werk, sondern ein Vergleich zwischen dem Urtext des Neuen Testamentes und der Vulgata. Erasmus ist über den Fund begeistert und orientiert sich in seiner künftigen Arbeit als Exeget daran. 1505 gibt er das Werk unter dem Titel *Laurentii Vallensis... in latinam Novi Testamenti interpretationem adnotationes* (Bemerkungen zur Auslegung des Neuen Testamentes von Lorenzo Valla) heraus und verfaßt ein kämpferisches Vorwort dazu. »Ich glaube, nicht einmal die Königin aller Wissenschaften, die Theologie, wird es für unwürdig halten, wenn ihr von der Grammatik als Dienerin Handreichung getan und der schuldige Dienst geleistet wird; sie steht zwar an Ansehen hinter manchen Wissenschaften zurück, ist aber notwendiger als die anderen alle. Sie kümmert sich um sehr geringfügige Dinge, aber ohne diese wird niemand groß. Sie gibt sich mit Nichtigkeiten ab, die ernsthafte Folgen haben. Zu behaupten, die Theologie sei zu wichtig, als daß man sie unter die Gesetze der Grammatik beugen könne, und daß alle Arbeit der Interpretation von der Eingebung des Heiligen Geistes abhänge, hieße, den Theologen eine ganz neue Würde zu verleihen. Dann wären sie die einzigen, die eine barbarische Sprache sprechen dürften.« Und Erasmus fügt hinzu: »Sollen wir die Fehler [in der Heiligen Schrift] auf den Heiligen Geist zurückführen, im Glauben, er sei ihr Urheber?«[17]

Damit ergreift Erasmus Partei für eine humanistische Lösung der Frage, wie die Bibel auszulegen sei. Er plädiert für die philologische Analyse der Heiligen Schrift und stellt die Anforderungen für das auf, was wir heute Exegese nach wissenschaftlichen Kriterien nennen. Diese Betrachtungsweise rechtfertigt durchaus dann und wann Kritik an der Vulgata; Ungenauigkeiten können durch einen Vergleich mit der griechischen Fassung des Neuen Testaments korrigiert werden.

Allerdings gilt die Vulgata, die offiziell anerkannte lateinische Bibelausgabe, einigen Theologen nach wie vor als unantastbar…

Bei seinen Bemühungen um ein textkritisches Verständnis der Bibel stößt Erasmus auf ein Hindernis: Er beherrscht die hebräische Sprache nicht. Zwar sieht er das Hebräische als eine der drei heiligen Sprachen an, deren Studium für die ideale Ausbildung des Theologen unverzichtbar ist, aber er muß seine Bemühungen bald aufgeben.[18]

»Ich hatte auch das Hebräisch zu studieren begonnen«, gesteht er John Colet, »aber die Fremdheit der Sprache schreckte mich ab, außerdem reicht des Menschen kurzes Leben und sein Geist nicht für mehrere Dinge zugleich; so habe ich es aufgegeben.« Elf Jahre später äußert sich Erasmus in einem Brief an Johannes Reuchlin noch bescheidener: »Ich darf für mich keine Kenntnisse im Hebräischen beanspruchen; ich habe daran nur genippt.« In Wahrheit ist er zu dieser Zeit vollauf mit der Herausgabe der Werke des Hieronymus beschäftigt, so daß er notgedrungen immer wieder auf das Hebräische rekurrieren muß. Wertvolle Helfer findet er dabei in Reuchlin und in den Brüdern Amerbach aus Basel, die er nicht genug loben kann.

Erasmus' Griechischkenntnisse sind alles andere als oberflächlich. Aber sie reichen ihm nicht aus. Aus Liebe zum Griechischen möchte er nach Italien reisen, wo die besten Gräzisten zu finden sind.

KAPITEL VIII

Italien
und die Rückkehr zu den Quellen

Wie alle Humanisten aus dem Norden zieht es Erasmus nach Italien. In England hat er den florentinischen Platonismus entdeckt und Gefallen am christlichen Schrifttum gefunden. Die englischen Humanisten haben ihm offenbart, wo die Quelle ihres Denkens liegt: in Italien. Im 16. Jahrhundert ist Italien noch immer – und noch für lange Zeit – ein Mosaik von Einzelstaaten und Spielball ausländischer Interessen. Erasmus sieht in Italien zugleich die Heimat der antiken Literatur, das Herz der römischen Kirche und die Wiege des jungen Humanismus. Italien birgt ein dreifaches kulturelles Erbe: das heidnische Rom, das christliche Rom und die italienische Renaissance. Italien ist das Land des Cicero und des heiligen Ambrosius, eines Valla und eines Pico della Mirandola, das Land Bramantes, Botticellis und Raphaels – die Erasmus allerdings nie erwähnt. Dagegen preist er Petrarca als »Fürsten der neuen Beredsamkeit«.

Muß es einen gebildeten Mann nicht nach Italien ziehen, in das Land Petrarcas und Vallas, zu all den Sehenswürdigkeiten, den Meisterwerken der Antike und der Neuzeit? Wir stellen uns vor, wie Erasmus, Christ und Bibelexeget, ergriffen vor den Gräbern der Heiligen Petrus und Paulus niederkniet. Besuche bei Schülern der bedeutenden Vertreter des Florentiner Neuplatonismus dürften seine Begeisterung für eine neue Art der Philosophie geweckt haben. Diese Vorstellung ist sicher richtig, aber in einigen Punkten sind Veränderungen und Abstriche angebracht. 1518 schreibt Erasmus an Marcus Laurin: »Nur Italien habe ich freiwillig aufgesucht, teils um die heiligen Stätten wenigstens einmal zu betreten, teils um die dortigen Bibliotheken und den Verkehr mit den Gelehrten zu genießen.«[1]

Tatsächlich sind uns zu wenige Briefe aus dieser Zeit erhalten geblieben, als daß wir bis in Einzelheiten klären könnten, wie Erasmus seine Zeit in Italien verbrachte. Den fragmentarischen Berichten über seine Reise ist nicht zu entnehmen, ob er die römischen Basiliken besuchte. Wir erfahren nichts oder fast nichts über seine Vorlieben in Kunst und Philosophie. Er ist kein Weltmann, der seine Mußestunden mit dem Besuch von Bauwerken und anderen Sehenswürdigkeiten oder gar von Salons ausfüllt; er ist vielmehr ein ungeduldiger Gelehrter und hellsichtiger Beobachter der Gesellschaft seiner Zeit. Mag er auch weit gereist sein, so kommt er doch keineswegs als Tourist! Sicher hat er sich in Florenz Michelangelos David, in Rom die Ruinen des Kolosseums und die Bauarbeiten am Petersdom angesehen, doch interessiert er sich wie die meisten Frühhumanisten wenig für Kunstgeschichte oder Archäologie.

Erasmus ist in erster Linie Philologe, und als Philologe bereist er Italien. Nach der Eroberung Konstantinopels durch die Türken haben sich in Italien zahlreiche Gelehrte aus Griechenland niedergelassen; das Land bietet ihm die besten Möglichkeiten, das klassische Griechisch zu erlernen. »Ich bin vor allem aus Liebe zum Griechischen nach Italien gereist«,[2] schreibt Erasmus später in einem Brief. Seine längsten und fruchtbarsten Besuche führen ihn daher zu Bibliothekaren, Bibelexegeten und Philosophen.

Innerhalb weniger Tage fällt 1506 in London der Entschluß zu der so lange ersehnten und so oft aufgeschobenen Reise. Erasmus nimmt das Angebot an, Johannes und Bernhard Boerio, die beiden Söhne des italienischen Leibarztes Heinrichs VIII., nach Italien zu begleiten, um sie bei ihren Studien anzuleiten und zu beaufsichtigen.

Erasmus' Expedition nach Italien wird über drei Jahre dauern. Er durchquert die schönsten Landstriche der Halbinsel und sammelt Eindrücke zu allen Jahreszeiten. Die politische Lage erscheint ihm gerade günstig: Die Franzosen haben sich aus Neapel zurückgezogen, und trotz einiger Zwischenfälle herrscht noch immer Frieden.

Im August betritt Erasmus den Boden des gelobten Landes. Er klagt nicht über die Beschwerlichkeit der Reise, aber desto mehr über die Grobheiten des Erziehers und des Leibwächters der beiden Jungen. Zu seiner Zerstreuung verfaßt er ein Gedicht auf das Alter: Er ist noch keine vierzig Jahre, aber er ergraut schon. In diesem Gedicht beschreibt er sich selbst, wie er über die Vergänglichkeit des Lebens im Diesseits nachsinnt. Er schreibt seine Verse, der Eingebung des Augenblicks folgend, im Sattel nieder. Abends überträgt er sie in Reinschrift. Er nennt sein Werk *Alpen- oder Reitergedicht*.[3] »O süße Jahre, o glückliche Tage des Lebens, geschwind habt ihr euch davongemacht! Rasch seid ihr verflogen! […] Vorüber ist's, ich Armer: Noch seh' ich mich als Knaben mit Nüssen spielen, als jungen Mann dann, für die Literatur entbrannt, die Kämpfe und Wege des Philosophen erkunden. Närrisch verliebt in die Farbenpracht der Rhetorik, in das lockende Blendwerk honigsüßer Dichtung. […] Voll Eifer, ohne Unterlaß schwirr ich um die verschiedenen Gelehrten und sauge gleich der morgendlichen Biene…«

Das erste Ziel der Reise ist Turin. Erasmus lobt den heiteren Charakter der Einwohner dieser Stadt. In einem Tempo, um das ihn heutzutage jeder Doktorand beneiden würde, erwirbt er bereits am 4. September 1506 den Doktorgrad der Theologie.[4] Welche Gefühle mag der frischgebackene »Magister« am Abend dieses Tages empfunden haben, auf den er so lange gewartet hat? Zu unserem Leidwesen läßt er darüber nichts verlauten. Als die Schlacht um den Doktortitel endlich gewonnen ist, spricht er nicht mehr davon, und dieses Schweigen ist nicht nur Ausdruck seiner Bescheidenheit. Er ist vor allem stolz auf sein Genie, nicht auf seine Titel. Das offizielle Dokument, das seine Kompetenz bestätigt, ist ebenso nutzlos wie notwendig; zu lange hat er darauf gewartet, und zu rasch hat er es schließlich erhalten. Nun will er es so schnell wie möglich wieder vergessen. In Briefen werden Päpste, Kaiser und Freunde zuweilen seinen Titel in der Anrede verwenden; seine Feinde ignorieren ihn bewußt, sie spotten darüber oder halten ihm den Titel bissig vor. Für Erasmus ist die Sache in dem Moment erledigt, als er den Doktorgrad in der Tasche hat.

Von Turin aus reist der frischgebackene Doktor über Mailand und Pavia nach Bologna weiter. In Mailand sieht er sich Leonardo da Vincis *Abendmahl* an und kommentiert das Fresko mit der Bemerkung, der Künstler habe den Apostel ohne jeden Grund verjüngt. In der Nähe von Pavia macht er Station an der berühmten Certosa, die damals noch in jungem Glanz erstrahlt. Als ein Mann, der das Ideal der Einfachheit im Sinne des Evangeliums vertritt, fühlt er sich durch die überreichliche Verwendung von weißem Marmor beleidigt, und er bemitleidet die Mönche, die ständig von Besuchern gestört werden. In Pavia lernt er Paolo Ricci kennen. Von dem jüdischen Arzt und Professor an der dortigen Universität ist er geradezu hingerissen.

Mit Hilfe Ludwigs XII. will Papst Julius II. das ganze Land mit Krieg überziehen. In Bologna bereitet man sich auf eine Belagerung vor. Vorsichtshalber überschreitet Erasmus den Apennin und bezieht für einige Wochen Quartier in Florenz. Über seinen Aufenthalt in der Stadt Savonarolas und Machiavellis, Botticellis und Michelangelos ist uns so gut wie nichts überliefert: Kein begeisterter Ausruf über die Werke der bedeutendsten Künstler seiner Zeit! Auch kein Wort über den Florentiner Platonismus! Die Philologie lenkt jeden seiner Schritte. Um nicht untätig zu bleiben, überträgt er einige Dialoge des Lukian ins Lateinische. Als er nach Bologna zurückkehrt, wird er Zeuge, wie Julius II. im Triumph in die Stadt einzieht. Das Schauspiel bleibt ihm als empörendes und schmerzliches Ereignis in Erinnerung und geht in zahlreiche seiner Schriften ein.

Das Verhalten Julius' II. bestärkt Erasmus in seinem entschlossenen Kampf für den Frieden. »Julius II.«, spottet er, »führt Krieg, siegt und triumphiert. Ein zweiter Julius Cäsar!« Erasmus verurteilt die militärischen Aktionen als Christ, aber auch als Gelehrter und Forscher, für den der Krieg ein Hindernis und ein Ärgernis ist, weil die Universitäten geschlossen werden und die Professoren sich in alle

Winde zerstreuen. »Die Wissenschaft fällt zurück, der Krieg kommt voran«, klagt er und zieht die Rückkehr in den Norden in Erwägung. Er flieht vor der Pest, wie er vor dem Krieg flieht, und meidet den Krieg, als sei er die Pest.[5]

Nach dem Tod Julius' II. am 21. Februar 1513 verfaßt Erasmus einen kühnen Dialog mit folgender Handlung: Begleitet von seinem Genius und vielen gefallenen Soldaten, wird Julius an der Himmelspforte vorstellig. Petrus sieht durch ein vergittertes Fensterchen heraus und befragt den kriegerischen Papst nach seiner weltlichen und geistlichen Amtsführung; Julius erstattet ohne zu zögern Bericht. Am Ende der Unterredung sagt Petrus offen heraus, daß er von den Leistungen des Papstes nichts halte. Julius wird abgewiesen und droht, er werde mit Verstärkung wiederkommen und den Himmel, sollte er sich nicht freiwillig unterwerfen, im Sturm erobern.[6] Der Dialog wird bei Martens veröffentlicht. Erasmus hat sich nicht zu seiner Urheberschaft bekannt, aber der Text stammt zweifellos aus seiner Feder.

Sobald die Gefahr vorüber ist, schöpft Erasmus wieder Mut. Er verbringt mehr als ein Jahr in Bologna, wo ihn sein Freund, der Gräzist Paolo Bombasio, bei der Erziehung der beiden Jungen unterstützt. Erasmus vervollständigt seine Griechischkenntnisse und beschäftigt sich wieder mit seinen großen Werken, mit den *Antibarbari* und der Umarbeitung der *Adagia*. Wenn ihm noch Zeit bleibt, macht er Stilübungen und schreibt an einer *Deklamation in zwei Teilen, der erste gegen das Klosterleben, der zweite für diese Berufung*. Schließlich tritt er brieflich in Kontakt mit dem bedeutenden venezianischen Drucker Aldus Manutius und vertraut ihm die Neuausgabe seiner Übersetzungen des Euripides an.

Aldus Manutius lädt Erasmus nach Venedig ein. Dieser lehnt fürs erste ab und entschuldigt sich damit, daß zu dieser Jahreszeit eine Reise seiner schwachen Gesundheit schade. Doch auch das Klima in Bologna sagt ihm nicht mehr zu, vor allem seit in der Stadt Fälle von Pest aufgetreten sind. Er flieht aufs Land und wartet dort das Ende der Epidemie ab.

Ein merkwürdiges Abenteuer zwingt den Humanisten zu der Einsicht, daß man im Alltagsleben mit Latein nicht allzu weit kommt. Die Menge verwechselt sein schwarz-weißes Ordensgewand mit der Tracht der Pestärzte. Da er sich nicht verständlich machen und die Verwechslung aufklären kann, bleibt ihm keine andere Möglichkeit, als sich dem Handgemenge durch die Flucht zu entziehen. Wir dürfen vermuten, daß er seit diesem Tag weltlich gekleidet geht.

Der Zwischenfall muß Erasmus dazu veranlaßt haben, einige Worte Italienisch zu lernen, wenn auch ohne großen Erfolg. Selbstverständlich vergißt er die Wendungen der Umgangssprache wieder, sobald er sie nicht mehr benötigt. 1529 teilt ihm ein Freund mit, daß man sein *Handbüchlein eines christlichen Streiters* ins Italienische übersetzt habe. Erasmus dankt ihm und fügt hinzu, daß er anhand dieses Buches gerne bereit sei, Italienisch zu lernen... 1535 schreibt er ganz offen: »Ich kann kein Italienisch.«

Spätestens Anfang April 1508 ist Erasmus in Venedig. Er trifft dort weder Tizian noch Giorgione, sondern verkehrt in einem Kreis von Gelehrten, dem auch Johannes Lascaris und sein französischer Schüler Germain de Brie angehören. Während seines achtmonatigen Aufenthaltes in Venedig entfaltet er eine ebenso rege wie vielfältige literarische Tätigkeit. Er wird mit allen Ehren im Hause des Druckers Aldus Manutius nahe der Rialtobrücke empfangen. Der große Gräzist Hieronymus Aleander – später Gesandter des Erhard von der Marck, des Bischofs von Lüttich, und apostolischer Nuntius – besucht die Druckerei sehr häufig, er ist zu dieser Zeit zweifellos der berühmteste Besucher. Erasmus unterhält mit ihm zunächst eine enge Freundschaft, die später in Abneigung, fast in Haß umschlagen wird. Unter der Anleitung Aleanders und des Griechen Arsenius lernt Erasmus im Griechischen viel hinzu und erfüllt sich damit einen der Wünsche, die ihn zur Reise nach Italien bewogen haben.

Bei Aldus Manutius veröffentlicht er eine neue, beträchtlich erweiterte Ausgabe seiner *Adagia*.[7] Die ersten Seiten sind bereits im Druck, während der Verfasser die folgenden noch durchsieht und mit seinen Freunden diskutiert, auf deren Unterstützung er in jeder Hinsicht Wert legt. Jede Redensart aus den *Adagia* gibt ihm die Möglichkeit, in einem kurzweiligen Exkurs eigene Gedanken auszudrücken: Sie sind gewissermaßen Essays *ante litteram*. Mit der neuen Ausgabe, die überall begrüßt wird, ist Erasmus der berühmteste Vermittler der klassischen Kultur und der Lehrmeister Europas.

Das Buch quillt über von knappen und treffenden Wendungen über Leben und Tod, über Optimismus und Pessimismus: »Der Mensch ist den Menschen ein Wolf«, heißt es da oder: »Der Mensch ist nur eine Wasserblase« und vieles mehr.

Nicht selten folgt auf die Sprichwörter ein sehr kurzer Kommentar, der an Prägnanz und Würze nichts zu wünschen übrigläßt. Eines unter hundert Beispielen möge die geradezu lakonische Darstellungsweise der *Adagia* veranschaulichen. Die Redensart lautet: »Wenn Du nicht die Rolle des Ochsen spielen kannst, dann begnüge Dich mit der des Esels.« Dazu der Kommentar: »Wenn Du nicht vermagst, was Du möchtest, dann tu, was Du kannst. Hat Dich das Glück nicht reich beschenkt, dann mach das Beste aus dem, was Du hast. Wenn Du einen Wunsch nicht erfüllen kannst, dann kümmere Dich um Dinge in Deiner Reichweite.« Erasmus diskutiert, liest und arbeitet unermüdlich. Er studiert die griechischen Autoren, unter anderem Pindar und Plutarch. Er bereitet gleichzeitig mehrere Werke vor. Er sorgt sich um seine Gesundheit und klagt über das Essen. Er ist noch immer ein kritischer Beobachter, aber trotz gemischter Gefühle kann er den Nutzen nicht leugnen oder schmälern, den der Aufenthalt in Venedig für seine Arbeit gebracht hat. Später wird er sagen, Venedig sei »die herrlichste aller Städte«.

Als die *Adagia* schließlich gedruckt und gebunden zum Kauf ausliegen, hat Erasmus mit Venedig abgeschlossen. Noch vor Einbruch des Winters 1508 kommt er nach Padua. Dort trifft er wieder mit Germain de Brie zusammen. Johannes und Bernhard Boerio kehren wieder zu ihrer Familie zurück; Erasmus findet eine neue Anstellung als Privatlehrer und damit eine neue Einnahmequelle. Sein Schüler, der achtzehnjährige Alexander Stuart, ist eine Berühmtheit: Der natürliche Sohn Jakobs IV. von Schottland ist bereits Erzbischof von St. Andrews. Der junge Prälat besucht die Vorlesungen an der Universität und nimmt bei Erasmus Privatstunden.

Wahrscheinlich bleibt Erasmus nicht länger als einige Wochen in Padua; vielleicht denkt er später deshalb mit so warmen Gefühlen an die Stadt zurück. Selbst das Wetter ist hier besser. Er schließt Bekanntschaft mit den Philologen Marcus Musurus, Scipio Karteromachus und Raphael Regius und lobt sie in den höchsten Tönen. Aldus Manutius, dem »Verteidiger der Rhetorik und Dichtkunst«, vertraut er seine Sorgen an: »Du wirst Francesco [d'Asola] drängen, daß er meinen kleinen Kommentar [Vom Reichtum der Worte und Dinge] rasch vervielfältigt. Ich werde versuchen, es jemandem darzubringen, um in Gunst zu kommen und Gewinn daraus zu ziehen: Etwas muß ich in den Monaten hier doch auch verdienen. Andrea [d'Asola] hat mich sehr zaghaft mit Talern versorgt, aber er hat in dieser Angelegenheit sicher alles Notwendige getan. Germain de Brie hat mich mit seinem Charme hier festgehalten, während ich doch schon die Abreise vorbereitet habe.«

Allerdings führt der Krieg ein weiteres Mal zur Schließung der Universitäten. Da Venedig bedroht ist, muß Erasmus seine Pläne ändern und Padua verlassen. Am 19. Dezember ist er zur Abreise bereit. Einige Tage später trifft er mit Alexander Stuart und seinem Gefolge in Ferrara ein. Der junge Engländer Richard Pace bietet ihm seine Gastfreundschaft an. Erasmus lernt dort einen neuen Kreis von Humanisten kennen, dem auch Daniel Scevola angehört.

Der Papst, der Kaiser und die Könige von Frankreich und Spanien haben sich in der Liga von Cambrai gegen Venedig zusammengeschlossen. Da auch der Herzog von Ferrara der Liga beigetreten ist und seine Stadt einer Festung gleicht, verläßt Erasmus das Herzogtum. Ab Januar 1509 hält er sich in Siena auf und bleibt dort mit Rücksicht auf seine Gesundheit mehrere Monate. Er erwirbt eine Schrift des Aulus Gellius und arbeitet an der Abhandlung De morte declamatio (Von der Vorbereitung auf den Tod). Wahrscheinlich beobachtet er zusammen mit seinem Schüler, der an der Universität studiert, das Karnevalstreiben, aber eine frohe Erinnerung an die Festlichkeiten behält er nicht zurück. Während seines Aufenthaltes in Siena erfährt er, daß sein ungarischer Freund Jacobus Piso in einer römischen Buchhandlung eine Manuskriptsammlung seiner Briefe entdeckt hat. Erasmus gelingt es irgendwie, die Sammlung in die Hand zu bekommen, und er verbrennt sie; so behauptet er jedenfalls zwölf Jahre später. Tatsächlich mag der unvorhergesehene Erfolg seiner Briefe ihn veranlaßt haben, später doch noch einen Teil der Korrespondenz zu veröffentlichen.

Ende Februar 1509 ist Erasmus zum ersten Mal in Rom. Gelehrte und geistliche Würdenträger bereiten ihm einen begeisterten Empfang: die Kardinäle Giovanni de' Medici – der zukünftige Leo X. –, Raffaello Riario, Domenico Grimani, Egidio da Viterbo und Giovanni Stefano di Ferreriis und die Humanisten Philippus Beroaldus der Jüngere und Girolamo Donato.

Erasmus reist eilends nach Siena und holt seinen Schüler Stuart ab, dem er sehr zugetan ist. Gemeinsam kehren sie nach Rom zurück, und Erasmus zeigt dem jungen Mann die Ewige Stadt.

Am Karfreitag hört er in der päpstlichen Kapelle eine ungewöhnliche Predigt. Der geistliche Redner beginnt mit einem Lob auf Julius II., sagt einige Worte über die Leidensgeschichte Jesu und vertieft sich dann in die antike Mythologie und in die römische Geschichte! Auf einen christlichen Humanisten, der die Beschäftigung mit dem Altertum zwar als unabdingbare Voraussetzung für die Ausbildung ansieht, sie aber immer nur als Vorstufe zur christlichen Botschaft behandelt, muß diese Predigt ebenso verblüffend wie deplaziert wirken![8] So überrascht es denn auch nicht, daß es Erasmus am Ende seines Lebens ein besonderes Anliegen ist, eine Abhandlung darüber auszuarbeiten, wie Gottes Wort in der richtigen Weise zu verkünden ist.

Erasmus liebt Spaziergänge, die von gelehrten Unterhaltungen unterbrochen werden, und die anregende Atmosphäre auf dem *Campo dei Fiori*. Für die brutalen Schauspiele, die den Römern so gut gefallen, hat der friedliebende und feinsinnige Mann nichts übrig. Aber die Leistung eines guten Schauspielers weiß er zu schätzen.

»Ein solches Schauspiel«, berichtet er, »brachte mich im Palast Julius' II. zum Lachen. Freunde hatten mich wegen eines Stierkampfes dorthin mitgenommen (ich persönlich habe mich an solchen blutigen Schauspielen, Überbleibseln des Heidentums, noch nie erfreut). Im Verlauf des Spektakels, in der Pause, die zwischen dem Tod eines Stiers und der Ankunft des nächsten kampfbereiten eingelegt wurde, sprang ein Schauspieler in die Arena, die Linke mit einem Tuch behangen, in der Rechten den gezückten Degen, und ahmte alle Gebärden nach, die für den Stierkämpfer typisch sind. Er näherte sich behutsam dem Stier, griff ihn von der Seite her an und wich dann rasch zurück, als habe ihn der Stier bemerkt. Zuweilen warf er das Tuch beiseite, als verfolge ihn der Stier allzu dreist (eine Geste, mit der man häufig die Attacke verzögert). Dann näherte er sich ihm wieder vorsichtig, als habe sich das Tier zurückgezogen, und er hob das Tuch wieder auf. Manchmal ließ er wie vor Schreck den Degen fallen. Schließlich stieg er aufs Pferd und übersprang den Kadaver des imaginären Stiers, als wolle er noch den Besiegten herausfordern. Die Farce, die uns dieser Mann dargeboten hat, entzückte mich sehr viel mehr als der ganze Rest des Schauspiels.«[9] Unangenehm überrascht ist Erasmus auch von dem prunkvollen Aufwand, der in Rom getrieben wird. Er lehnt die Herrschaftsstellung des

Papstes, den weltlichen Machtanspruch auf das Patrimonium Petri,[10] die pompösen Zeremonien, prunkvollen Gewänder und verweltlichten Predigten ab. Er empört sich über die Scharen von Beamten, Dienern, Wachen und Nassauern, die um die Prälaten herumschwirren. Die kurialen Einrichtungen sind ihm zutiefst zuwider, weil sie sich verselbständigt und ihre eigentliche Bestimmung verloren haben. Als *enfant terrible* der römischen Kirche behält er seine Enttäuschung nicht für sich. Er spricht und schreibt darüber und wendet sich – auf unsere heutigen Verhältnisse übertragen – über die ihm zur Verfügung stehenden Medien an die Öffentlichkeit.

Auch die Spannungen zwischen Rom und Venedig beschäftigen ihn und nähren seine Sorge. Kardinal Riario überreicht er zwei Reden über den Konflikt; in der einen befürwortet er den Krieg, in der anderen den Frieden.[11] Trotz allem besteht kein Zweifel an seiner Aversion gegenüber Julius II. und dessen Politik.

Seine Pflichten als Privatlehrer erfüllt Erasmus gewissenhaft. Er besucht mit Alexander Stuart Neapel und die Grotte der Sibylle von Cumae – die letzte Handlung in einem Amt, das ihm sehr viel Freude bereitet hat. Beide kehren im Juli nach Rom zurück; dort trennt sich der Schüler von seinem Lehrer und kehrt nach Schottland zurück. Als Zeichen seiner Dankbarkeit überreicht er Erasmus zum Abschied einen Ring, in dessen Stein eine bärtige Dionysosherme eingraviert ist mit der Devise *Concedo nulli,* »Ich weiche niemandem«. Erasmus erkennt in der Darstellung den Gott Terminus und macht ihn zu seinem Emblem; die Devise bezieht er auf den Tod und erhebt sie zu seinem persönlichen Wahlspruch.[12]

Als sein Entschluß feststeht, Rom zu verlassen, stattet er Kardinal Grimani im Palazzo Venezia einen Besuch ab. Grimani ist Botschafter der Serenissima, der Republik Venedig. Erasmus schildert die Begegnung später in lebhaften Farben seinem Freund Augustin Steuchus; sie macht tiefen Eindruck auf ihn. »Kardinal Grimani hatte mich schon oft zum Geplauder eingeladen. Ich fand wenig Gefallen an erlauchten Persönlichkeiten. Eines Tages jedoch gehe ich, mehr aus Schicklichkeit als zu meinem Vergnügen, in seinen Palast. Es ist Nachmittag. Im Hof und in der Empfangshalle kein menschliches Wesen. Ich überlasse das Pferd meinem Knecht und steige allein die Treppen nach oben. Ich trete in den ersten Saal: niemand; in den zweiten: niemand; in den dritten: niemand. Zu meinem Erstaunen ist keine Tür verschlossen. An der letzten Tür finde ich schließlich jemanden vor, einen kleinen griechischen Arzt, wie mir scheint. Sein Schädel ist kahlgeschoren, und die Tür vor ihm steht offen. Ich frage, womit der Kardinal beschäftigt ist. ›Er spricht mit einigen edlen Herrschaften‹, antwortet er mir, und da ich nichts entgegne, erkundigt er sich, was ich von ihm wolle. ›Seine Eminenz grüßen‹, antworte ich, ›wenn sie mich hätte empfangen können.‹ Ich mache kehrt und betrachte einen Augenblick lang die Aussicht aus dem Fenster, als mich der kleine Grieche einholt und fragt, ob ich ihn mit einer Nachricht für den Kardinal beauftragen wolle. ›Unnötig, ihn im Gespräch zu stören‹, sage ich. ›Ich komme in Bälde wieder.‹ Er besteht darauf; ich gebe ihm meinen Namen. Er verschwindet, ohne daß ich es bemerke, kehrt sogleich zurück und läßt mich ein.

Der Kardinal empfängt mich nicht wie ein Prälat seines Ranges eine unbedeutende Person meines Ranges, sondern als Kollegen. Man bringt einen Stuhl, und wir plaudern mehr als zwei Stunden miteinander. Während der ganzen Zeit war es mir nicht möglich, den Hut abzunehmen. Er fordert mich auf, Rom, die Stadt der hehren Geister, nur ja nicht zu verlassen. Er lädt mich ein, Gast in seinem Haus zu sein, sein Leben zu teilen. Er fügt hinzu, das feuchte und warme römische Klima sei für meine schwache Gesundheit eine Wohltat, vor allem in dem Stadtteil, in dem er wohne. Ein Papst, sagt er, habe seinen Palast an diesem Ort erbaut, weil er der Gesundheit besonders zuträglich sei. Nach einer fruchtbaren Unterhaltung läßt er seinen Neffen kommen, einen jungen Mann von bewundernswerter Begabung und schon Erzbischof. Als dieser eintritt, hindert er mich aufzustehen. ›Es ziemt sich‹, erklärt er, ›daß der Schüler steht und der Meister sitzt.‹ Er führt mich durch seine herrliche Bibliothek mit Werken in vielen Sprachen. Hätte ich diesen Mann früher kennengelernt, dann wäre ich aus Rom, wo man mich weit über mein Verdienst empfangen hat, nie fortgegangen. Aber die Abreise war beschlossene Sache und meine Vorbereitungen so weit gediehen, daß ich beim besten Willen nicht bleiben konnte. Ich sagte dem Kardinal, der König von England erwarte mich. Er drang nicht weiter in mich, bat mich aber mehrmals, an der Aufrichtigkeit seines Angebotes nicht zu zweifeln und ihn nicht mit den Leuten vom päpstlichen Hof über einen Kamm zu scheren. Als er mich schließlich nicht länger aufhalten konnte, nahm er mir das Versprechen ab, ihn vor meiner Abreise noch einmal aufzusuchen. Ich Unglücklicher! Ich bin nicht zu ihm zurückgekehrt, aus Angst, ich könnte mich zum Bleiben verleiten lassen; tatsächlich hatte ich nie einen so schlechten Einfall.«[13]

Im Juli 1509 geht Erasmus' Aufenthalt in Rom zu Ende. Auf der Heimreise durchquert er ein letztes Mal die Apennin-Halbinsel, offenbar allein, ohne Schüler. Er verläßt Italien, weil ihn England ruft. Er flieht aus der drückend schwülen Luft des römischen Sommers und eilt seiner zweiten Heimat entgegen. Ein neuer König, ein Freund von Literatur und Wissenschaft, hat soeben den Thron bestiegen: Heinrich VIII. erscheint Erasmus als Sendbote der Vorsehung, der ihm endlich Sicherheit und Seßhaftigkeit bescheren soll.

Als Erasmus 1506 die Alpen überschritt, dachte er dabei über das Alter nach. 1509 überschreitet er sie in entgegengesetzter Richtung und in ganz anderer Stimmung: *Das Lob der Torheit,* das er ebenfalls auf dem Rücken seines Pferdes entworfen hat, verrät einen jugendlich regen Geist.

Nach drei Jahren in Italien traut sich Erasmus ein Urteil über die Italiener zu. Hier wie anderswo gibt es Freunde und Rivalen, ist er hin und her gerissen zwischen Begeisterung und Enttäuschung. Oft genug gewinnt die Enttäuschung die Oberhand. Erasmus lobt die einfache Lebensweise und die Freundlichkeit des italienischen Volkes, aber er beklagt die Überheblichkeit, mit der Ausländer als Barbaren behandelt werden. Im Grunde fühlt und weiß er sich überlegen über die vielen prahlerischen oder hochmütigen Italiener, die glauben, sie seien Humanisten, nur weil sie im Lande Ciceros geboren sind.

Das gelobte Land voller Lockungen und Wunschbilder hat nicht immer gehalten, was es versprach. Mit den Jahren wird Erasmus jedoch die bleibenden Werte erkennen und die flüchtigen Ärgernisse vergessen, auf die er gestoßen war. »Rom«, schreibt er dem Kardinal Grimani später, »ist die berühmteste aller Städte. Man genießt dort außergewöhnliche Freiheit. Die bestbestückten Bibliotheken sind dort vereint. In dieser Stadt tauscht man vor dem Hintergrund antiker Monumente mit besten Gelehrten gebildete Gedanken aus.«[14]

Dieses Kompliment kommt ganz aus der Sicht des Laien. Das christliche Rom hat Erasmus ebenso wie später Luther enttäuscht. Beide reagieren auf das triumphierende Papsttum und die blutleere Kirche: Luther mit Empörung, Erasmus mit Ironie. Im wesentlichen stimmen sie überein. So schreibt Erasmus einmal an Peter Barbier: »Der Himmel möge dafür sorgen, daß die Anklagen gegen die römische Kurie falsch sind: Tyrannei, Geiz, verderbte Sitten!«

Die Ernüchterung bestärkt Erasmus in seinem antiklerikalen Eifer, einem Eifer, der sich auch gegen die Italiener im allgemeinen und die Römer im besonderen richtet. Im *Lob der Torheit* werden diese zwiespältigen Gefühle in stilisierter Form literarisch umgesetzt, wie später auch im *Ciceronianer*. Erasmus hat vielleicht seine letzten Illusionen über die Männer der Kirche verloren: Zum Zyniker oder Ungläubigen ist er darüber dennoch nicht geworden.

Kapitel IX

Ein religiöses Pamphlet
Das Lob der Torheit

Als Erasmus auf dem Rückweg von Italien die Alpen überschreitet, entwirft er ein neues Werk, das sich von seinen bisherigen Schriften stark unterscheidet. Er vollendet es in London innerhalb weniger Tage im Hause seines besonders geschätzten Freundes Thomas Morus, dem er das Werk dann auch widmet: *Das Lob der Torheit.*[1]

»Als ich vor einiger Zeit von Italien wieder nach England zog, wollte ich die langen Stunden, die im Sattel zu verbringen waren, nicht alle mit banaler, banausischer Unterhaltung totgeschlagen haben und ließ mir darum dies und das aus unserem gemeinsamen Studiengebiet durch den Kopf gehen oder schwelgte in Erinnerung an die ebenso liebenswürdigen wie gelehrten Freunde, die ich in England wiederzufinden hoffte. Dabei pflegte mir Dein Bild, lieber Morus, zuallererst vor die Seele zu treten, denn in der Ferne gedachte ich des Fernen mit nicht weniger Behagen, als mir der Verkehr von Angesicht zu Angesicht behagt hatte, das Schönste, meiner Treu, das mir das Leben je bescherte. Da ich nun unbedingt etwas treiben wollte, eine ernste Arbeit aber unterwegs nicht wohl möglich schien, kam es mir in den Sinn, zur Unterhaltung eine Lobrede auf die Moria, wie die Griechen sagen, auf die Torheit, zu verfertigen.

›Eine schöne Muse, die Dir solches eingab!‹ wirst Du sagen. Nun, vor allem danke ich die Idee Deinem Namen Morus, der dem Namen der Moria geradeso ähnlich ist, wie Du selbst ihrem Wesen unähnlich bist; man kann aber – darüber ist alles sich einig – unähnlicher gar nicht sein. Und dann glaubte ich, ein solches Spiel der Phantasie werde besonders Dir gefallen; denn ein Scherz wie dieser – er ist, will ich hoffen, weder vulgär noch überall witzlos – machte Dir stets großen Spaß, und ohnehin schaust Du das menschliche Treiben mit den Augen eines Demokrit an, nur daß Du bei allem scharfen Verstand, der Dich weit von den landläufigen Ansichten wegführt, zugleich der umgänglichste, gemütlichste Mensch bist, der doch wieder mit allen auf alles einzugehen vermag und liebt. So wird Dir denn diese kleine Stilübung als Andenken an Deinen Studienfreund nicht unwillkommen sein. Du wirst aber auch Deine Hand über sie halten, denn Dir ist sie gewidmet und Dir gehört sie jetzt, nicht mir.

Es werden sich wohl bald Kritikaster finden, die dem kleinen Ding nachreden, es sei teils zu wenig ernst und schicke sich nicht für einen Theologen, teils sei es zu boshaft und widerspreche dem Gebot christlicher Milde; den Ton der alten Komödien oder eines neuen Lukian höre man daraus und nichts sei vor meiner bösen Zunge sicher. [...] Ernstes ins Lächerliche zu ziehen ist freilich plump; nichts aber ist feiner, als Lächerliches so zu gestalten, daß nichts weniger als Lächerliches herausschaut. Ob dies mir gelang, mögen andere entscheiden; doch wenn nicht Selbstgefälligkeit mich narrt, darf ich wohl sagen: der Torheit galt mein Hymnus, aber ganz töricht ist er nicht.

Auf den Vorwurf der Bosheit wäre zu erwidern,[2] daß man dem Witz noch stets erlaubt hat, sich ungestraft über das Treiben der Leute lustig zu machen, solange er nicht anfängt, Gift und Galle zu spritzen. Um so stärker überrascht mich die Empfindlichkeit der modernen Ohren, die nichts mehr ertragen außer hochtrabende Titulatur, oder jene verkehrte Pietät, die schneller die gröbste Lästerung Christi verzeiht als das feinste Tröpfchen Spott, das einen Prälaten oder Fürsten trifft, zumal in Sachen Finanzen. Wer aber als Kritiker menschlichen Lebens keinen einzigen Namen nennt, ist der nun wirklich ein Ehrabschneider und nicht eher ein Lehrer und Erzieher?

Und in wieviel Gestalten bin ich nicht selbst mein Opfer? Wer ferner jeden Typus an die Reihe nimmt, zeigt damit, daß der Hieb nicht einem bestimmten Menschen gilt, sondern den Untugenden allgemein. Schreit also einer, er fühle sich getroffen, so verrät er nur ein schlechtes Gewissen oder Angst. Ganz andere Freiheiten, ja Frechheiten erlaubt sich Hieronymus, und oft waren ihm auch Namen nicht heilig. Ich aber vermied alles Persönliche und mäßigte den Ausdruck so, daß jeder verständige Leser merkt, wieviel mehr ich unterhalten als weh tun wollte; nirgends rührte ich jenen dunklen Bodensatz des Lasters auf wie Juvenal, und absichtlich nahm ich eher das Lächerliche als das Häßliche vor. Wen auch das nicht beruhigt, der sage sich zumindest, es sei schön, von der Torheit Schelte zu kriegen; ließ ich die auftreten, so mußte sie eben sprechen, wie es zur Rolle paßt. Doch all das weißt Du besser als ich, denn ein so glänzender Anwalt versteht auch eine Sache, die nicht am besten steht, aufs beste zu vertreten. So leb denn wohl, beredter Morus, und verteidige klug Deine Moria.«[3]

Diese vielleicht ein wenig weitschweifige Einleitung gibt den Grundton für das gesamte Buch an; sie ist gleichermaßen ein Privatbrief wie eine Verteidigungsschrift. Aus jeder Zeile spricht Gefühl, aber Erasmus bemüht sich zugleich, nüchtern zu bleiben. Er kann sich die ablehnenden Reaktionen der Leser gut vorstellen und verläßt sich ganz auf die Unterstützung seines Freundes Thomas Morus. Wenn er auch diese Freundschaft geschickt zu nutzen weiß, so ist sie darum keineswegs unaufrichtig, und sein vertrauliches Anliegen ist bei niemandem besser aufgehoben. Morus verteidigt in seinen Briefen die Ideen des Freundes ebenso brillant wie leidenschaftlich gegen die Angriffe überempfindlicher und streitsüchtiger Theologen.

Das Lob der Torheit wird 1511 in Paris gedruckt und gilt einhellig als Erasmus' Meisterwerk. Es ist ein bedeutendes Buch der Renaissanceliteratur und hat bis heute nichts von seiner Aktualität eingebüßt. Mag der Verfasser in seiner Einleitung auch anderes sagen: Seine rasch aufs Papier geworfene satirische *declamatio* ist bissig und zuweilen sogar verletzend. Doch zugleich richtet er darin auch eine lyrische Huldigung an die »weise Torheit«, an ein unverfälschtes Christentum.

In diesem eigentümlichen Werk spricht als einzige Person die Torheit, die durch ihre zahllosen einfältigen Anhänger allgegenwärtig ist. Zum Wesen der Torheit gehört es, daß sie keine Grenzen kennt, sie begleitet die Menschen durch das ganze Leben. Die Schellen der Narrenkappe klingeln an allen Köpfen, und wenn sie verstummen, naht der Tod.

In seinem bekanntesten und zugleich hintergründigsten Buch führt Erasmus dem Leser die Torheit vor Augen, wie sie auf der Weltbühne in Erscheinung tritt. Gleich zu Anfang stellt sie sich selbst vor.

»Es kam mich nämlich die Lust an«, sagt sie, »vor euch für ein Stündchen den Sophisten zu spielen – nicht einen von den modernen, die auf den hohen Schulen die Gelbschnäbel mit verzwicktem Unsinn stopfen und zu mehr als weibermäßiger Ausdauer im Zanken abrichten – behüte! Ich halte mich an das Beispiel jener Alten, die von dem anrüchigen Titel ›der Weise‹ nichts wissen wollen und sich bescheiden nur Freunde der Weisheit, Sophisten, nannten. Und da sie nichts lieber taten als auf Götter und Helden Lobreden halten, so werdet auch ihr eine Lobrede hören; nur gilt sie nicht Herkules und nicht Solon, sondern mir selbst, der Torheit. […]

Ihr habt mich doch da in aller Leibhaftigkeit vor euern Augen und seht in eigener Person die wahre Geberin aller Gaben, das Wesen, das jedes Volk in seiner Sprache die Torheit heißt.

Doch wozu das noch sagen? Auf meinem Gesicht steht deutlich genug zu lesen, wer ich bin; und sollte einer behaupten, ich sei Minerva oder die weise Sophia, so lehrt ein Blick in meine Augen, daß er lügt, selbst wenn mir die Sprache fehlte, der ehrlichste Spiegel der Seele. Von Schminke weiß ich nichts, nichts spricht mein Mund, als was ich denke, und vom Scheitel bis zur Sohle bin ich echt. Drum können auch die mich nicht verleugnen, die mit Bedacht sich von der Weisheit Maske und Titel borgen und darin stolzieren wie der Affe im Pur-

pur und der Esel in der Löwenhaut: Trotz aller Verstellung gucken irgendwo die Eselsohren heraus.«[4]

Wenn die Torheit auch für die Verirrungen der Menschen verantwortlich ist, so hilft sie ihnen doch auch im Leben, denn sie ist die Triebfeder ihres Handelns und das Geheimnis ihrer Anpassungsfähigkeit. Erst die »honigsüße Torheit« ermöglicht das Leben in Gemeinschaft, Glück und Alltagsfreuden. Und die Torheit spart keinen aus! Päpste, Bischöfe, Philosophen, Gelehrte, Fürsten, Soldaten, Händler, Magistrate, Literaten, Kriegsleute, Frauen und Mönche, sie alle sind Narren und Närrinnen, treue Kundschaft auf dem Markt der Eitelkeiten.

Allen voran die Päpste! Erasmus lehnt den weltlichen Machtanspruch der Nachfolger Petri grundsätzlich ab, besonders aber dann, wenn der Nachfolger Julius II. heißt. So enthält *Das Lob der Torheit* denn auch giftige Anspielungen auf den altersschwachen Papst, der im Namen Christi Krieg führt. Wenn die Päpste das Patrimonium Petri mit solchen Mitteln verteidigen, dann hat das mit dem Evangelium nichts zu tun.

»Aber wenn erst die Päpste, die an Christi Statt stehen, es versuchen wollten, auch seinem Wandel nachzuleben, das heißt seiner Armut, seiner Arbeit, seinen Lehren, seinem Kreuz, seiner Todesbereitschaft, oder wenn sie an ihren Namen ›Vater‹ und den Zunamen ›heiligster‹ dächten, wessen Herz wäre so bedrückt wie das ihre? Wer wollte noch den päpstlichen Stuhl um jeden Preis kaufen oder diesen Kauf mit dem Schwert, mit Gift, mit jeder Gewalttat behaupten? Wieviel Schönes hätte ein Ende, wenn einmal Weisheit über einen Papst käme – Weisheit sagte ich? – nein, wenn er nur ein Körnchen jenes Salzes verspürte, von welchem Christus spricht! Es wäre geschehen um Geld, Ehre, Macht und Herrlichkeit, um Rechte, Dispense, Steuern, Ablässe, um Pferde, Maultiere, Trabanten, um all die Pracht und Behaglichkeit – ihr wißt ja, welcher Jahrmarkt, welche Ernte, welche Ströme von Reichtum mit diesen wenigen Worten umschrieben sind. Nun hieße es wachen, fasten, weinen, beten, predigen, studieren, seufzen und flehen und tausend andere Kasteiungen auf sich nehmen. Unzählige Schreiber, Kopisten, Aktuare, Advokaten, Promotoren, Sekretäre, Maultiertreiber, Reitknechte, Wechsler, Kuppler und – still! was ich da noch erwähnen wollte, dürfte zu gröblich klingen – kurzum diese ganze fatale – verzeiht, ich meinte feudale – Gesellschaft um den römischen-Stuhl, diese Riesenmenge von Menschen würde brotlos. Das wäre doch unmenschlich und abscheulich; aber entsetzlicher noch, daß die höchsten Fürsten der Kirche, die wahren Leuchten dieser Welt, wieder zu Ränzel und Wanderstab greifen müßten. Jetzt lassen sie das, was Mühe und Arbeit bringt, in der Regel dem Petrus und dem Paulus – die haben ja Muße genug –, was aber Glanz und Vergnügen, das behalten sie selbst. Mir also ist es zu danken, wenn fast niemand so behaglich und sorgenfrei lebt. Sie meinen, es sei den Geboten Christi reichlich Genüge getan, wenn sie mit seltsamem, theatralischem Pomp, mit Zeremonien, mit Titeln wie Seligkeit, Erhabenheit, Heiligkeit,

94

mit Segnungen und Verfluchungen den Bischof spielen. Altmodisch und abgedroschen und ohnehin nicht mehr zeitgemäß wäre es doch, Wunder zu tun; das Volk unterweisen wäre mühsam, die Schrift auslegen schulmeisterlich, beten zeitraubend, flehend Tränen vergießen kläglich und weibisch, in Armut leben unschön, sich binden lassen schimpflich und unschicklich für den, der kaum den mächtigsten Königen den Kuß auf seinen hochwürdigsten Fuß verstattet, sterben wäre unangenehm, gekreuzigt werden entehrend. [...]

Ihn [den Bannstrahl] freilich schleudern die heiligsten Väter in Christo und Stellvertreter Christi gegen niemand mit solcher Wucht wie gegen die Vermessenen, die, vom Teufel gereizt, das Erbe Petri zu mindern und anzunagen versuchen. Im Evangelium steht zwar Petri Wort: ›Wir haben alles verlassen und sind Dir nachgefolgt‹; sie aber heißen sein Erbe Ländereien, Städte, Steuern, Zölle und Herrschaftsrechte. Erst wenn ein Papst, voll heiligen Eifers für Christus, zum Schutz dieser Güter mit Feuer und Schwert sich zur Wehr setzt und dabei Christenblut stromweise verspritzt, glaubt er, die Kirche, die Braut Christi, nach rechter Apostelart zu verteidigen; zerschmettern will er ihre Feinde – so lautet der Ausdruck, wie wenn die Kirche schlimmere Feinde hätte als gewissenlose Päpste, deren Schweigen den Heiland der Vergessenheit preisgibt, deren erpresserische Gesetze ihn ausbeuten, deren verdrehte Auslegungen ihn entstellen, deren sündhaftes Leben ihn kreuzigt.«[5]

Nicht besser kommen die Könige und Fürsten im *Lob der Torheit* weg.

»Gerne aber spreche ich endlich auch von den Königen und den Herren am Hofe ein Wörtlein; sie bekennen sich doch so aufrichtig und freimütig, wie es Freien ansteht, zu mir. Hätten sie freilich nur eine halbe Unze Verstand, so wäre ihr Leben traurig und abschreckend wie kein zweites; denn wer würde einen Thron – gar noch durch Treubruch oder Brudermord – zu gewinnen wünschen, der erwogen hat, welche Last auf die Schultern desjenigen drückt, der ein wahrer Fürst sein will? Er müßte sich sagen: ›Wer das Staatsruder in die Hand nimmt, wirkt für die anderen, nicht für sich, und darf nur an den gemeinen Nutzen denken. Von den Gesetzen, die selber zu geben und auszuführen seines Amtes ist, darf er keinen Finger breit abweichen. Er muß für die Redlichkeit aller Beamten und Obrigkeiten einstehen. Auf ihn sind aller Augen gerichtet, kann er doch entweder wie ein freundliches Gestirn durch seinen untadeligen Wandel Heil und Segen über die Welt bringen oder aber wie ein unheilschwangerer Komet Tod und Verderben senden.«[6]

Und was denkt die Torheit über Philosophen und Theologen?

»Nach ihnen [den Rechtsgelehrten] ziehen die Philosophen einher, in ehrfurchtgebietendem Bart und Mantel. Sie rühmen sich, allein weise zu sein; alle andern seien flatternde Schemen. Und doch, wie köstlich phantasieren auch sie, wenn sie ihre zahllosen Welten bauen, wenn sie Sonne, Mond und Sterne mitsamt den Sphären auf Daumenbreite oder Fadendicke ausmessen, wenn sie den Blitz, den Wind, die Finsternisse und andere unerklärliche Erscheinungen erklären, ohne zu stocken, als hätten sie der Natur beim Weltbau als Geheimschreiber gedient oder eben noch im Rate der Götter gesessen – und dabei macht sich die Natur über sie samt ihren Mutmaßungen von Herzen lustig. Denn Sicheres wissen sie nichts; das beweist genugsam die bekannte Geschichte, daß über jedwedem Ding sie sich selbst beständig in den Haaren liegen. Obgleich sie gar nichts wissen, behaupten sie alles zu wissen; obgleich sie sich selbst nicht kennen und oft den Graben, den Stein auf dem Wege nicht sehen, weil ihre Augen nichts wert sind oder ihr Geist auf Reisen gegangen, so rühmen sie sich doch, Ideen und Universalien und separate Formen und primäre Materien und Quidditäten und Ecceitäten zu schauen, wahrlich recht luftige Dinge, die zu sichten kaum einem Lynkeus glücken dürfte. […]

Nun zu den Theologen! Gescheiter freilich wäre es wohl, in dieses Wespennest nicht zu stechen und um diese stinkende Hoffart einen Bogen zu machen, denn die Leute sind hochnäsig und empfindlich und reiten am Ende mit ihren Schlußsätzen schwadronsweise Attacke, um mich zum Widerruf zu zwingen, und weigere ich mich, so schreien sie gleich: ›Ketzerei!‹ Im Handumdrehen schleudern sie diesen Blitz, um den zu schrecken, der es mit ihnen verscherzt hat. Kein Mensch zwar will so wenig wie sie davon wissen, daß ich ihnen Gutes tue; und doch stehen auch sie mit einer erklecklichen Schuld bei mir zu Buche. Denn beglückt von ihrer Einbildung tun sie, als wohnten sie im dritten Himmel, und sehen auf die übrige Menschheit wie auf Vieh, das auf dem Boden kriecht, von hoch oben herab, mitleidig schier. Sie verschanzen sich hinter einer so dichten Hecke von magistralen Definitionen, Konklusionen, Korollarien und Propositionen, bald explicite, bald implicite zu verstehen, und halten sich ein so raffiniertes System von Schlupflöchern offen, daß auch die Netze Vulkans sie nicht zu fangen vermöchten: Immer wieder beißen sie sich mit ihren Distinktionen heraus, die ihnen so glatt wie das Beil des Tenedos die Knoten der Maschen durchschneiden, und eine Unzahl neuersonnener Wörtchen und ungeheuerlicher Ausdrücke kommt ihnen zu Hilfe. Die heiligen Geheimnisse erklären sie frei aus dem Kopfe: Sie wissen genau, wie die Welt erschaffen und eingerichtet, durch welche Kanäle das Gift der Erbsünde in die Kinder Adams geflossen, wie, in welcher Größe und wie schnell Christus im Leibe der Jungfrau gereift ist und wie in der Hostie die Gestalten von Brot und Wein auch ohne Substanz bestehen. […]

Dazu kommen ihre Sätze aus der Moral, so paradox, daß die bekannten seltsamen Sprüche der Stoiker, die Paradoxien heißen, daneben plump und abgedroschen erscheinen, Sätze wie die: Es sei ein kleineres Verbrechen, tausend Menschen den Hals umzudrehen, als nur einmal am Sonntag einem Armen seinen Schuh zu flicken, oder es sei besser, die ganze Welt mit Mann und Maus untergehen zu lassen, als eine einzige, noch so harmlose kleine Unwahrheit zu sagen. Noch spitzer spitzen diese Spitzfindigkeiten die Schulen der Scholastiker, zahllos wie Sand am Meer – man fände sich rascher im Labyrinth zurecht als in dem Knäuel von Realisten, Nominalisten, Thomisten, Albertisten, Occamisten, Scotisten, und das sind erst noch nicht alle, nur die bekanntesten. Ihre Systeme strotzen von Gelehrsamkeit und sind gespickt mit Diffikultäten; selbst die Apostel brauchten einen neuen Geist, hätten sie über derlei Dinge mit diesem neuen Theologengeschlecht zu streiten. [...] Und neulich wohnte ich persönlich, wie oft, einer theologischen Disputation bei und hörte dort, was folgt. Fragte da einer, wo sich denn in der Schrift die maßgebende Stelle finde, die einen Ketzer durch den Scheiterhaufen statt durch ein Wechselgespräch bekehren heiße. Da fuhr ihn ein finsterer Alter entrüstet an – schon seine hochmütigen Brauen verrieten den Theologen: ›Der Apostel Paulus hat das geboten, denn er sagt: *Haereticum hominem post unam et alteram correptionem devita!*‹ Niemand begriff; denn das heißt: ›Einen ketzerischen Menschen meide, nachdem du ihn einmal und noch einmal zurechtgewiesen hast.‹ Der Alte schmetterte indes diesen Satz mit Donnerstimme immer und immer wieder heraus, so daß man sich schon fragte, ob dem Manne etwas zugestoßen sei, bis endlich das Rätsel sich löste: ›devita‹ – zu deutsch ›meide‹ – hatte sich der findige Kopf in zwei Wörter zerlegt, was dann freilich ›aus der Welt‹ heißt, und flugs hatte er ergänzt ›muß man ihn schaffen‹. Nun lachten einige; aber andern schien die Erschleichung gut theologisch. [...]«[7]

Wenn man die Ironie beiseite läßt, erinnert diese Satire auf Philosophen und Theologen an das weit verbreitete Erbauungsbüchlein von der *Nachfolge Christi,* das Erasmus zwar nie zitiert, aus dem er sich aber zuweilen Anregungen geholt hat. »Wozu spitzfindige Diskussionen über die Heilige Dreieinigkeit führen«, fragte Thomas von Kempen den Leser, »wenn Du ihr mißfällst, weil es Dir an Demut fehlt?« »Es ist mir lieber, daß ich Reue empfinde, als daß ich ihre genaue Definition kenne.« »Was bedeuten schon Art und Gattung? Wie viele Menschen leitet eitle Wissenschaft fehl durchs Leben?« »Was ist Wissenschaft schon ohne Gottesfurcht?« »Ein bescheidener Bauer als Diener Gottes steht gewiß über dem hoffärtigen Philosophen, der die Bahnen der Gestirne verfolgt und sein Seelenheil dabei vernachlässigt.« »Zügle Deinen Wissensdrang, sonst wird er Dir zum zügellosen Leben und zur eitlen Täuschung.« »Wozu dienen subtile Disputationen über verborgene und dunkle Dinge?« Diese und andere Sätze aus der *Nachfolge Christi* findet man in abgewandelter Formulierung im *Lob der Torheit* wieder. Hier wie dort werden die falsch verstandene Wissenschaft und die profane Neugier der im Niedergang begriffenen Scholastik als nichtig, ja abscheulich verworfen.

Nach den Theologen nimmt die Torheit die Bettelmönche aufs Korn: »Kaum weniger glücklich als sie leben die Menschen, die sich fromme Brüder und Klosterleute nennen, wobei der erste Name so falsch ist wie der zweite; denn ein gut Teil von ihnen ist alles andere als fromm, und niemand trifft man so häufig auf allen Straßen und Gassen. Unsagbar kläglich wäre ihr Leben, käme nicht ich ihnen hundertfach zu Hilfe. Denn während jedermann diese Gesellschaft ins Pfefferland wünscht, ja eine zufällige Begegnung als übles Vorzeichen ansieht, haben sie selber an sich eine göttliche Freude. Zunächst gilt es ihnen als frömmster Gottesdienst, sich der Wissenschaft so tapfer zu enthalten, daß sie nicht einmal lesen können. Dann glauben sie, den Ohren der Heiligen einen gar herrlichen Schmaus zu bieten, wenn sie ihre abgezählten, aber unverstandenen Psalmverse mit ihren Eselsstimmen in der Kirche herunterplärren. Manche wissen aus Unsauberkeit und Bettlerpose Kapital zu schlagen und heischen vor den Haustüren mit lautem Muhen ein Stück Brot; ja in keiner Herberge, in keinem Reisewagen, auf keinem Schiff entgeht man den aufdringlichen Gesellen, zum schweren Schaden der übrigen Bettler. Dergestalt, unsauber, unwissend, unflätig, vermeinen diese köstlichen Leute, uns die Apostel wieder vorzuleben.«[8]

Anschließend vergießt die Torheit ihren Spott über ignorante Prediger. »Wenn ein solcher Prediger auf der Kanzel deklamiert, wer wollte noch Komödianten oder Marktschreiern zuhören? Lächerlich ist es und doch allerliebst, wie sie die alten Rhetoren und ihre Vortragskunst nachäffen. Großer Gott, wie sie fuchteln, wie sie passend die Stimme variieren, wie sie trillern! Wie blähen sie sich auf, wie wechseln sie fix ihre Maske, wie dröhnt ihr Gedonner! Und diese Kunst der Rede gibt ein Mönchlein nur wieder einem Mönchlein gleich einem Geheimrezept von Mund zu Mund weiter. Ich sollte sie also nicht kennen; doch versuchen wir es einmal mit Beobachten und Schließen. Zur Eröffnung rufen sie jemand an – das haben sie bei den Dichtern entlehnt. Um dann auf die christliche Liebe zu kommen, gehen sie aus vom Nil in Ägypten; um das Mysterium des Kreuzes zu erklären, setzen sie vielversprechend beim Drachen Bel zu Babel ein; um die Fastengebote zu erörtern, beginnen sie bei den zwölf Zeichen des Tierkreises; um vom Glauben zu reden, präludieren sie lange über die Quadratur des Zirkels. Ich selber habe einst zugehört, wie ein ganz großer Tor – nein, Doktor wollte ich sagen – vor einer glänzenden Versammlung das Geheimnis der Heiligen Dreieinigkeit erklärte. Um seine außergewöhnliche Gelehrsamkeit leuchten zu lassen und auch Theologenohren zu befriedigen, schlug er einen ganz neuen Weg ein. Er hub also an, von den Buchstaben, von den Silben, von den Wörtern zu berichten, dann von der Harmonie zwischen Subjekt und Verb, zwischen Adjektiv und Substantiv, indes die meisten Hörer schon stutzten und einige das horazische Verslein murmelten: ›Was soll das abgestandene Zeug?‹ Endlich gab er der Sache die Wendung, daß er erklärte, aus diesen Elementen der Grammatik schaue das Bild der ganzen Dreieinigkeit so deutlich heraus, wie kein Mathematiker es augenfälliger im Sande zu zeichnen vermöchte. Und über dieser Predigt hatte jener Meistertheologe volle acht Monate geschwitzt, und heute noch sieht er weniger als ein Maulwurf, weil er sein Augenlicht völlig für diesen Geistesblitz aufgebraucht hat. Aber der Mann bereut es nicht und glaubt, noch billig zu seinem Ruhme gekommen zu sein. […]

Allein, nun haben sie von irgendwem gehört, der Anfang einer Rede sei gemessen und ja nicht zu laut vorzutragen. Darum beginnen sie so leise, daß sie sich selber nicht hören, als ob es einen Sinn hätte, zu sagen, was niemand versteht. Sie haben ferner gehört, man müsse hin und wieder, um die Leute aufzurütteln, einen Ausruf anbringen. Also lassen sie ihren gedämpften Ton urplötzlich in verrücktes Fortissimo umschlagen, ein Mal über das andere, auch wenn es gar nicht vonnöten (vonnöten aber schiene für den Mann ein Mittel gegen Tobsucht), als wäre es einerlei, wo man schreit. Sie haben außerdem gehört, die Rede müsse fortschreitend immer feuriger werden. Also sagen sie bei jedem neuen Teil den Anfang ganz langweilig her; dann aber legen sie los mit erstaunlicher Kraft, auch bei den gleichgültigsten Dingen, und werden nicht eher still, bevor man sie schon erstickt glaubt. […] Mit einem Wort, man möchte schwören, sie hätten ihren Vortrag von den Marktschreiern gelernt.«

Mit den Schriftstellern verfährt die Torheit nicht besser. »Vom gleichen Teig sind die Leute, die mit Bücherschreiben die Unsterblichkeit einfangen wollen. Sie alle schulden mir viel, am meisten die, welche hellen Blödsinn auf ihre Blätter schmieren. Wer nämlich fein und gediegen schreibt, nach dem Geschmack der wenigen Kenner, und keinen Kritiker zu scheuen hat, scheint mir mehr bedauernswert als glücklich, denn so einer quält sich ohne Ende mit Einfügen, Abändern, Ausstreichen, Neuschreiben, Umschreiben, Weglegen, Vorlesen; neun Jahre läßt er das Ding still reifen, nie tut er sich genug, und dies alles, um ein Nichts, um ein bißchen Lob, das ein winziges Grüppchen spendet.«[9]

Nach den Männern der Feder kommen die Männer des Schwertes an die Reihe. Die Torheit ist für alle Übel verantwortlich, besonders für den Krieg, in dem unmenschliches Unrecht begangen wird. Erasmus spricht nur in wenigen Sätzen vom Krieg und vom Kriegshandwerk, und er sagt wenig Schmeichelhaftes. Aus jeder Zeile spricht Verachtung für die Soldaten und Söldner, Sklaven in einer erniedrigenden Knechtschaft.

»Was aber ist törichter, als aus den nichtigsten Gründen einen Streit anzuheben, aus dem der eine wie der andere stets größeren Schaden als Vorteil heimträgt? – Ganz zu schweigen von den Gefallenen, denn nach denen kräht kein Hahn. Und dann, wenn auf beiden Seiten die eisenstarrenden Reihen stehen und ›dumpfdröhnende Hörner ertönen‹, was taugen dann um Himmels willen jene Weisen, die, vertrocknet in der Luft der Studierstube, bei ihrem dünnen und eiskalten Blut angstvoll nach Atem ringen? Nein – stramme, stämmige Kerle, das sind die rechten Krieger, möglichst frech und möglichst dumm. Oder ist ein Soldat wie Demosthenes euer Ideal? Der hielt sich an den Rat des Archilochus und warf, kaum sah man den Feind, den Schild weg und gab Fersengeld, ein feiner Redner, ein feiger Kämpfer. Allein das Denken, sagt man, hat im Kriege doch viel zu bedeuten. Bei dem Führer schon, aber ein Denken soldatischer, nicht philosophischer Art; im übrigen braucht es Tagediebe, Hurenwirte, Straßenräuber, Meuchelmörder, Bauernschädel, Strohköpfe, Schuldenbrüder und derlei Hefe der Menschheit zu diesem heldischen Metier, nur keine Philosophen, die nach der Lampe riechen.«[10]

Unerbittlich trifft der Spott der Torheit auch die abergläubischen Frömmler, »[...] welche den törichten Glauben sich beigelegt haben, wer die geschnitzte oder gemalte Polyphemsgestalt des Christophorus anschaue, sei selbigen Tages gegen den Tod gefeit, oder wer eine steinerne Barbara mit den vorgeschriebenen Worten grüße, werde unverletzt aus der Schlacht heimkommen, oder wer dem [heiligen] Erasmus an bestimmten Tagen mit bestimmten Kerzchen mit bestimmten Gebetlein nahe, sei im Nu ein gemachter Mann. In dem Ritter Georg haben sie einen Herkules entdeckt – so gut sie einen zweiten Hippolytus haben –; sein Roß behängen sie in gar frommer Verehrung mit Zierat aller Art – sie beten es nächstens noch an –, und jeden Augenblick warten sie mit einem kleinen Geschenklein auf.«[11] [...]

»Und andere erst! Die bauen auf vermeintlichen Ablaß ihrer Sünden und fühlen sich dabei schon im Himmel; die Dauer des Fegfeuers berechnen sie wie mit der Uhr auf Jahrzehnt, Jahr, Monat, Tag und Stunde genau, wie nach der Rechentabelle, fehlerlos.«[12] Der Ablaß allein, so belehrt uns hier die Torheit, bringt eben noch keine Vergebung der Sünden, auch wenn er dank der klerikalen Werbekampagne so mißverstanden wird. Er ist keine Garantie für das ewige Leben...

Den Pilgern wirft die Torheit vor, daß sie Frau und Kinder im Stich ließen, um sich auf eine sinnlose Wanderschaft zu begeben. Sie zeigt mit dem Finger auf »die Leute, die schon bei Lebzeiten den Pomp ihres Begräbnisses bis ins kleinste regeln: Umständlich schreiben sie vor, wie viele Fackeln, wie viele Schwarzröcke, wie viele Sänger, wie viele Heuler von Beruf sie dabeihaben wollen, als ob sie selbst noch etwas von dem Schauspiele hätten oder im Grab erröten müßten, würde ihre Leiche nicht glanzvoll versenkt.«[13]

Wenn man sich fragt, warum diese Satire vom 16. Jahrhundert bis in unsere Tage hinein so viele aufrechte Christen schockiert hat, so muß man in erster Linie wohl auf die überspitzte Form der Kritik hinweisen. Spott und Respektlosigkeit verunsichern einfache Gemüter, die mit sich und ihrem Schicksal zufrieden sind. Sie leben in der festen Überzeugung, man könne die Geistlichen nicht aufs Korn nehmen, ohne die Kirche in den Schmutz zu ziehen. Viele Leser fühlen sich durch *Das Lob der Torheit* in ihrem Stolz verletzt. In der Tat lobt die Torheit ebenso viele Geistliche wie Laien, vielleicht sogar noch mehr. Die Ironie entlarvt die Selbstzufriedenheit im weltlichen und im religiösen Bereich, geißelt den

Hochmut der Theologen und Mönche, die Kriegslust der Päpste und Fürsten, den Dünkel der Gelehrten, die Eitelkeit der Philosophen und die Einfalt der Gläubigen.

Konservative Theologen empören sich in der Regel über das Buch. Sie greifen Erasmus öffentlich an und stellen seine Rechtgläubigkeit in Frage. Er antwortet, seine Schrift richte sich nur gegen die Auswüchse und Verirrungen in der Kirche und werde von aufgeklärten Christen schon richtig verstanden. Weder zersetze sie die öffentliche Moral, noch gefährde sie den Glauben.

Im ersten und längsten Teil ist *Das Lob der Torheit* eine Satire, der zweite Teil entwickelt sich in eine ganz andere Richtung. Nachdem die Torheit die Welt in Bausch und Bogen verurteilt hat, macht sie gewissermaßen eine Bekehrung durch und wird zur Fürsprecherin göttlicher Weisheit und mystischer Verzückung. Lassen wir sie selbst sprechen:

»Allein, um nicht das Unerschöpfliche erschöpfen zu wollen und um nur die Hauptsache zu sagen: Mir scheint, die christliche Religion steht überhaupt einer gewissen Torheit recht nahe; hingegen mit der Weisheit verträgt sie sich schlecht. [...] Die Christen glauben so ziemlich wie die Platoniker, die Seele sei verwickelt und verstrickt in die Fesseln des Leibes und seine massige Schwere hindere sie am Schauen und Genießen der Wahrheit, daher denn Plato die Philosophie als ein Sinnen auf den Tod definiert, weil sie den Geist von den augenfälligen, körperhaften Dingen wegführt wie der Tod. Solange sich nun die Seele der Werkzeuge des Körpers bedient, heißt man sie gesund; sobald sie sich aber auf ihre alte Freiheit besinnt, die Bande sprengen und fliehen will aus diesem Kerker, dann heißt man das krankhaft, und gelingt ihr die Flucht, etwa dank einer Krankheit, einem Fehler der Organe, so spricht alle Welt von Wahnsinn. Allein nun erleben wir, daß diese Leute das Kommende voraussagen, nie gelernte Sprachen und Wissenschaften beherrschen und überhaupt etwas Göttliches an sich haben, gewiß gerade nur darum, weil jetzt der Geist, dem Einfluß des Körpers entrückt, seine angeborene Kraft entfalten kann. Das ist wohl auch der Grund, warum es manchen im Angesicht des Todes ganz ähnlich überkommt und er, wie vom Hauche des Geistes beseelt, gar wundersame Worte redet. Wenn nun inbrünstiger Frömmigkeit ebenso geschieht, so mag das vielleicht nicht derselbe Wahnsinn sein, gleicht ihm jedoch dermaßen, daß die meisten darin echte Verrücktheit sehen, zumal diese paar Dutzend Menschlein in all ihrem Tun und Lassen Sonderlinge sind. Daher geht es hier wie in jenem Gleichnis des Plato, wo die Menschen, gefesselt in einer Höhle sitzend, die Schattenbilder der Dinge bestaunen, einer jedoch, der ausgerissen war, nach seiner Rückkehr in die Höhle sich rühmt, er habe die wirklichen Dinge gesehen, während sie mit ihrem Glauben, es gebe außer den armseligen Schatten überhaupt nichts mehr, arg auf dem Holzwege seien. Er, der Weise, bedauert und beklagt den Wahn der anderen, die in solcher Verblendung befangen blieben;

sie umgekehrt schelten ihn höhnend einen Narren und jagen ihn hinaus. Doch nicht nur hier – das waren lediglich Proben –, nein schlechthin auf dem ganzen Lebensweg kehrt sich der Fromme von allem ab, was leiblicher Art ist, und schwingt sich empor, dem Ewigen, Unsichtbaren, Geistigen zu. Nun seht: Da also zwischen ihm und jenen im Urteil über alle Dinge der schroffste Gegensatz klafft, so nennt jede Partei die andere verrückt, nur daß dies Wort auf die Frommen viel eher paßt, wie ich wenigstens glaube.

Noch deutlicher wird euch das werden, wenn ich jetzt, wie versprochen, in Kürze beweise, daß jener höchste Lohn der Frömmigkeit nichts anderes ist als etwas wie Wahnsinn. Bedenkt zunächst, daß ähnlich schon Plato phantasiert hat, als er schrieb, der Taumel der Liebe beselige am tiefsten. Denn wen eine Leidenschaft packte, der lebt nicht mehr in sich, er lebt in dem, was er liebt, und je mehr er sich selbst an das andere verliert, in das andere hineinwächst, desto höher und höher schwillt seine Wonne. Wenn aber die Seele sich anschickt, den Leib zu verlassen, und ihre Werkzeuge nicht mehr recht handhabt, so darf man das gewiß Raserei nennen; oder was meint man denn sonst mit den allgemein üblichen Ausdrücken ›er ist außer sich‹ oder ›wenn er nur wieder zu sich kommt!‹ oder ›jetzt ist er wieder bei sich‹? Je mächtiger die Liebe, desto toller die Raserei und seliger. Wie wird sich also jenes Leben im Himmel gestalten, nach dem die frommen Seelen sich so inbrünstig sehnen? Der Geist, nun Sieger und Herr, wird eben den Leib aufsaugen – das kann er darum leicht, weil er jetzt wieder König in seinem Reiche ist und weil er ihn längst bei währendem Leben zu solcher Wandlung verdünnt und geläutert hat; und diesen Menschengeist wieder wird jener höchste, unendlich mächtigere Geist dann wunderbarlich in sich nehmen, und nun ist der Mensch seiner selbst entäußert. Und nicht anders wird er selig werden, als indem er, seiner selbst entäußert, ein Unbeschreibliches an sich geschehen fühlt, eine Liebestat jener höchsten Güte, die alles an sich, in sich zieht. Und ob auch diese Wonne den Menschen erst dann in reiner Vollkommenheit beglückt, wenn seine Seele, neu vereint mit dem alten Leib, das Geschenk der Unsterblichkeit empfängt, so ist ja schon hienieden das Leben des Frommen ein Leben im Vorgefühl, im Abglanz jenes andern, und darum darf er auch die Süße des himmlischen Lohns schon hienieden zu guter Stunde für einen Augenblick schmecken und atmen. Und mag auch dieser Augenblick nur wie ein winziger Tropfen sein, verglichen mit dem Quell der ewigen Seligkeit, so schmeckt er doch tausendmal herrlicher als alle Freuden des Leibes zusammen, selbst wenn vereinigt wäre, was je Menschen auf Erden an Wonne genossen: so unendlich viel reicher ist das Geistige als das Leibliche, das Unsichtbare als das Sichtbare. Das ist es, denke ich, was der Prophet verheißt, wenn er sagt: ›Kein Auge hat es gesehen, kein Ohr gehört und, über keines Menschen Herz ist gekommen, was Gott denen bereitet hat, die ihn lieben.‹ Und das ist es auch, was unvergänglich ist an der Torheit, was nicht stirbt bei der Verwandlung des Lebens, sondern zur Vollendung reift.«[14]

102

Am Ende ist *Das Lob der Torheit* somit keine Satire mehr, sondern eine Huldigung an die christlichen Mysterien. Der christliche Glaube ist die reinste und vollendetste Form der Torheit; bei diesem Glauben geht es nicht um Gebete, Verdienste, Opfer und Prüfungen. Liebe genügt! *Das Lob der Torheit* beschwört ein mystisches Christentum, das weit entfernt ist von allem Moralismus, den einige Gelehrte aus Erasmus' Glaubensvorstellungen herauslesen wollten. Gibt es ihn nicht doch, den weisen Narren, der seine Feinde liebt, auch wenn der gesunde Menschenverstand davon abrät? Kann man so weit gehen und behaupten, Erasmus habe seine Gedanken nicht ganz ausgesprochen und die Schußfolgerung dem Leser überlassen? Niemand anderer als Jesus Christus ist doch der Inbegriff des Tors. Er weiß nichts von Egoismus und Vorsicht, und er liebt die Menschen auch dann noch, wenn sie ihn verraten und verfolgen.

Der verwerflichen Torheit der Menschen, die sich an die Welt klammern und glauben, sie seien weise, die eine Religion des Egoismus praktizieren, stellt Erasmus die weise Torheit der Narren Gottes gegenüber. Beiden Formen der Torheit ist gemein, daß sie kein gesundes Maß kennen. Die Toren der Welt begehen maßlos Unrecht. Die Toren Gottes tun Gutes in Überfülle. Meistens wird der erste Teil des Buches zitiert, weil er ausführlicher und einprägsamer ist. Doch der zweite bildet die Schlußfolgerung im Sinne eines mystischen Glaubensbekenntnisses. Menschen, die nicht glauben, verstehen den zweiten Teil im allgemeinen falsch, und die Gläubigen können die unerwartete Wendung oft schlecht nachvollziehen und wissen deshalb mit dem Buch nichts anzufangen.

Das Nachdenken über den Tod erscheint den Menschen, die ganz im Diesseits leben, als eine Torheit. Für Christen ist es eine geistige Übung, mit der sie sich der Welt entziehen und zum Unsichtbaren aufschwingen können. Darum wird der Aufbau des *Lobs der Torheit* auch nicht einfach dadurch bestimmt, daß das Thema des Todes das Thema der Narrheit ablöst, wie man behauptet hat. Die Torheit, die Erasmus dem Leser vor Augen stellt, ist ganz durchdrungen von den Lehren Platons.[15]

Dieses einzigartige Pamphlet geht ohne Respekt und Gnade mit den Menschen ins Gericht, aber es ist dabei nie ketzerisch oder anstößig. *Das Lob der Torheit* kreist im wesentlichen um ein Problem des Katholizismus, und in diesem Buch klingen alle Themen an, die im Denken des Erasmus eine bedeutende Rolle spielen: der Humanismus, der Pazifismus und das christliche Engagement. Während weltliche Weisheit auf trügerische Sicherheiten, materielle Zufriedenheit und eitle intellektuelle Bedürfnisse baut, ist die Weisheit Gottes ein Wahn: der Wahn der Erlösung, der Wahn des Kalvarienbergs und die innere Erfahrung des Unsichtbaren. Das Universum hält den Atem an, der *Herr* ist da.

Auch wenn Erasmus in dem Buch persönliche Erlebnisse verarbeitet und seine Überzeugungen zum Ausdruck gebracht hat, wäre es doch ganz abwegig, ein autobiographisches Anliegen herauslesen zu wollen. *Das Lob der Torheit* vermittelt und transzendiert Erasmus' Erfahrungen als Christ, Theologe, Reisender und Humanist. In diesem Brevier für Nonkonformisten und Reformer gibt er sein Innerstes preis, aber er verbirgt sich bewußt hinter einem überraschenden Sprecher: Nicht er tritt auf die Bühne, sondern die Torheit! Natürlich hat sich niemand von diesem literarischen Kunstgriff täuschen lassen; hinter der Satire und Fiktion erkennt der Leser immer wieder Erasmus, den Künstler und den streitbaren Schriftsteller mit seinen Abneigungen, Hoffnungen, Zweifeln und Überzeugungen. Geschickt greift Erasmus den alten Topos des hellsichtigen Narren auf und spart nicht mit paradoxen und provokanten Formulierungen. Er setzt sein literarisches Talent mit einer Freude und Begeisterung ein, wie er sie später nie wieder finden wird. Phantasievoll entwickelt er seine parodistischen Einfälle, aber niemals gleitet er ins Geschmacklose ab.

Das Lob der Torheit ist ohne Zweifel eine religiöse Streitschrift, und man darf wohl mit Fug und Recht behaupten, Erasmus habe das Buch ebensosehr aus Liebe wie aus Spottlust verfaßt. Er verhöhnt die verkommene Frömmigkeit, um sie wieder zu würdigen Formen der Andacht zurückzuführen. Er verurteilt den Krieg, weil er den Frieden liebt. Er geißelt die Laster, weil er die Tugenden verehrt. Seine Ironie ist heilsam, weil sie eingefahrenes Denken in Frage stellt, Mißstände anprangert und Illusionen zerstört. Aus jeder Zeile spricht die enttäuschte Liebe, die sich niemals damit abfindet, daß ihre Sache verloren sein soll. Weil die Hellsichtigkeit der Liebe zu seinem Anliegen entspringt, ist die Kritik konstruktiv. Wenn er Julius II. angreift, weil er Kriege führt, zeigt er Abscheu vor dem Menschen, aber Achtung vor dem päpstlichen Amt. Er hält dem schrecklichen Pontifex immer wieder Petrus als Spiegel vor, um ihn an die Amtspflicht zu erinnern, die mit politischem Kalkül und weltlicher Vernunft nichts zu schaffen hat. Jesus, so sagt er, habe den Aposteln nur die Eroberung der Seelen aufgetragen und er habe ihnen als einzige Waffen das Gebet und die Aufopferung erlaubt. Die Torheit Julius' II., nach dem Pauluswort verstanden, ist der Wille zur Macht.

Erasmus ist kein Fürsprecher bequemer Frömmigkeit. Er verhöhnt die Wortführer der Kirche, die Priester, Mönche und Theologen, weil sie das Evangelium vergessen und die Kirche verraten haben. Er liebt die Kirche, den Corpus mysticum Christi, und deshalb will er nicht akzeptieren, daß sie faule Kompromisse eingeht und weltliche Begierden verfolgt. Die Kirche soll sich ausschließlich – auch wenn das bisweilen unbequem ist – der richtigen Verkündigung des Evangeliums widmen. Tatsächlich aber schlafen die Hirten, während das Volk des lebendigen Gottes sich im Staub wälzt.

Bei Erasmus liegen Predigt und Beschimpfung stets eng beieinander. Durch die rüden, ja deftigen Formulierungen erinnern seine Schriften zuweilen an die bedeutenden Vertreter der mittelalterlichen Predigt.[16] Das düstere Gemälde seiner Vorgänger bereichert er um das Paradox und die Provokation. Beides gehört zu einer Pädagogik, die gleichermaßen dem Stil des Erasmus wie dem Geist der Bibel entspricht. Er formuliert überspitzt, damit er auch ja verstanden wird, er erhebt die Stimme, damit die Schläfer aufschrecken, und er übertreibt die Vorwürfe, damit der Leser nachdenklich wird und reagiert.

Seine Vorwürfe gegen die Kirche entspringen einer genauen Analyse ihrer Rolle im Katholizismus. Er sieht die Hindernisse, die der Verbreitung des Evangeliums im Wege stehen, die skandalösen und bedrohlichen Mißstände: Krieg und Machiavellismus, Habgier und Unmoral. Hinzu kommen die Verweltlichung der Prälaten, die Ignoranz der Priester, die starre Systematik der Theologie und des Kirchenrechts, der Aberglaube in der Volksfrömmigkeit, die Politisierung der Kirche und schließlich die herrschende Intoleranz.

Diese Mißstände sind unbestreitbar vorhanden, auch wenn Erasmus verallgemeinert und ihr Ausmaß übertreibt. Zu seiner Zeit arrangiert man sich damit nur allzu gerne. Erasmus hingegen nimmt daran Anstoß und leidet darunter. Er brandmarkt die Schuldigen und schlägt Möglichkeiten der Abhilfe vor, ohne an die Autorität der Kirche zu rühren. Er kämpft, aber er ist kein Rebell. Seine Lehren nehmen die katholischen Reformen am Ende des Jahrhunderts vorweg, doch sie werden dadurch nicht überflüssig.

Es wäre also ein Irrtum, wenn man im *Lob der Torheit* nur ein unterhaltsames Buch, ein weltliches Werk ohne religiösen Hintergrund sehen wollte. Nie erschallt das Hohngelächter des Skeptikers. Wenn Erasmus lacht, unterdrückt er damit die Tränen. Wenn er sich über die Menschen lustig macht, spottet er nicht Gott. Bei aller Persiflage ist sein Buch keine Attacke gegen die Religion, sondern eine Bloßstellung der Frömmler, die für sich den Ruhm beanspruchen, der doch Gott gebührt.

Für Erasmus ist wahrhafte Weisheit Torheit, das Christentum ist Torheit. Die höchste Stufe der Torheit ist die mystische Ekstase. Paulus, der in der ersten Lobrede der Torheit in Erscheinung tritt, hat es immer wieder gesagt: »Denn das Wort vom Kreuz ist eine Torheit denen, die verloren werden; uns aber, die wir selig werden, ist's eine Gotteskraft.« [...] Sondern was töricht ist vor der Welt, das hat Gott erwählt, damit er die Weisen zuschanden mache.« »Welcher sich unter euch dünkt, weise zu sein in dieser Welt, der werde ein Narr, auf daß er möge weise sei. Denn dieser Welt Weisheit ist Torheit bei Gott.«[17] Erasmus ist nicht radikaler als der heilige Paulus im Brief an die Korinther. Sein *Lob der Torheit* ist zunächst eine Anklage, dann eine Katharsis und am Ende ein feuriges Glaubensbekenntnis. Nachdem Erasmus die Satire ausgekostet hat, geht er weit über ein satirisches Anliegen hinaus.

Das Lob der Torheit wird ein Erfolg und bleibt es,[18] nach dem Urteil der Leser und wohl auch nach seinem eigenen Urteil ist der Verfasser eine bedeutende Persönlichkeit. Das Buch wird in allen Kreisen gelesen. Die einen schätzen es

als brillante Stilübung eines neuen Lukian oder eines zweiten Petronius; andere lehnen es ab, weil sie die Angriffe auf die Geistlichkeit für eine Verhöhnung des Glaubens halten. Später wird das Buch sogar auf den Index gesetzt...

Die außergewöhnliche Entstehungsgeschichte des Werkes zeigt, daß sein Verfasser sich als Weltbürger verstand. Erasmus hat *Das Lob der Torheit* auf dem Rückweg von Italien entworfen, es in England fertiggestellt und in Frankreich drucken lassen. Es wird in alle Sprachen übersetzt.

Das Lob der Torheit ist zum Teil deshalb so bekannt, weil es den Lesern, die an Spott und Paradoxien Gefallen finden, ein oberflächliches Vergnügen bereitet. Doch viele überfliegen das Buch nur und versuchen gar nicht erst, die Lehre am Schluß zu verstehen. Erasmus erkennt bald, daß kritische Geister schnell als boshaft gelten. Aber der Sturm der Entrüstung unter den Theologen trägt nur zum Erfolg der Satire bei, hinter deren Form sich ein ernsthaftes Anliegen verbirgt.

Der Erfolg des Buches in weltlichen Kreisen beruht auf einem grandiosen Mißverständnis. Der Text ist nicht einfach: Wer ihn rasch und oberflächlich liest, versteht ihn falsch und verkennt seine Originalität. Man muß ihn als Gesamtgefüge betrachten, um den Sinn ganz zu erfassen und hinter aller Torheit die Weisheit darin zu entdecken.

Schließlich hat Erasmus auch Leser gefunden, die Form und Inhalt seines Werkes richtig einzuschätzen wußten. Einer von ihnen ist sein Freund Thomas Morus.[19] Das englische Publikum hat sich ohnehin wie kein anderes fähig erwiesen, den hintergründigen Humor des Erasmus zu durchschauen.

Auch in Spanien wirkt die Gestalt der Torheit fruchtbar nach. Der heilige Ignatius von Loyola findet die dreisten Respektlosigkeiten gegen kirchliche Würdenträger unerträglich, aber Cervantes schätzt sie sehr. Sein Don Quijote ist ein liebenswerter Tor, dem die Ritterromane den Kopf verdreht haben. Nicht weniger närrisch, wenn auch auf andere Art, ist Sancho Pansa. Seine Rolle besteht darin, den Ehrenkodex zu entmystifizieren und die erstarrten Formen ins Lächerliche zu ziehen. Sancho verkörpert den weisen und geschwätzigen Narren, der frohgemut seinen Rosenkranz der Lebensweisheit herunterbetet. Erasmus hat dem traditionellen Motiv des Toren, der vielleicht keinen gesunden Menschenverstand besitzt, dafür aber weise ist, Tiefsinn und Originalität verliehen; Cervantes darf als sein Erbe gelten, weil er seine Romanhelden Don Quijote und Sancho Pansa mit ähnlichem Humor und ähnlicher Zuneigung zeichnet. Cervantes hat mit seinem *Don Quijote* – wie Rabelais, Shakespeare und andere Erben des Erasmus – ein Werk geschaffen, das uns die Harmonie der universellen Torheit, des unerwarteten Abbildes der ewigen Weisheit, vor Augen führt.

Erasmus verdankt seinen bemerkenswerten Ruf folglich einer Schrift, die dem ersten Anschein nach weder der Philosophie noch der Theologie verpflichtet ist. Das Geheimnis dieses genialen Meisterwerkes liegt darin, daß er auf unnachahmliche Art all sein Wissen und Können, sein ganzes Kritikvermögen und seinen tiefsten Glauben literarisch umgesetzt hat. Nur selten haben die Forscher im *Lob der Torheit* nach den Spuren von Erasmus' theologischen Anschauungen gesucht. Dennoch sind diese Spuren zahlreich, unübersehbar und wichtig.

Der heutige Leser geht an *Das Lob der Torheit* unvoreingenommener heran als der Leser im 18. oder noch im 19. Jahrhundert. Dennoch glaube ich nicht, daß man die religiöse Bedeutung dieses einzigartigen Werkes erst wiederentdecken mußte. Es war immer bekannt, daß der zweite Teil des *Lobs der Torheit* stark vom Denken des Apostels Paulus geprägt ist. Entscheidend ist die Frage, welche Bedeutung man diesem Teil, in dem die Torheit als Theologin spricht, zumißt.[20] Ebenso kommt es darauf an, den ersten Teil richtig zu verstehen, denn er steht nicht im Widerspruch zum zweiten Teil, sondern deutet auf ihn voraus. Die Rede der Torheit ist zuweilen schwer verständlich, und nicht immer ist der Übergang klar zu erkennen zwischen den Stellen, wo sie als törichte Weisheit auftritt, und den Passagen, wo sie die weise Torheit verkörpert. Ich maße mir nicht an zu behaupten, die Diskussion sei abgeschlossen.

Das Lob der Torheit beinhaltet nicht nur Kritik am Christentum, es ist auch ein Manifest für ein kritisches Christentum: das Manifest einer Religion, die vom Geist der Philosophie Christi und der kirchlichen Lehren durchdrungen ist, und das Manifest eines geistlichen Lebens, das nicht panische Angst mit Sicherheit verheißenden Formeln zu überdecken versucht. *Das Lob der Torheit* führt in heiterem Tonfall die Gedankengänge fort, die Erasmus schon 1504 im *Handbüchlein eines christlichen Streiters* ausgedrückt hatte: Die bedauernswertesten Menschen sind diejenigen, die die Gebote christlicher Nächstenliebe mißachten und die wahre Religion verkennen. Dagegen ist die fromme Torheit derjenigen, die sich in mystischer Verzückung – und zur Empörung der Welt – ganz ihrem Schöpfer hingeben, jener Wahn, den der Tod nicht zerstört, sondern für den er letztlich die Erfüllung bedeutet.[21]

Erasmus hat sein mißverstandenes Werk *Das Lob der Torheit* verteidigt und sein Anliegen erklärt. Das Buch, so sagt er, solle die Christen verjüngen. Es sei gedacht als Reaktion auf die Auswüchse in der Glaubenspraxis, die den Lehren des Evangeliums zuwiderliefen.[22] Als eine in paradoxe Form gekleidete Mahnung zur Weisheit fordert das *Lob der Torheit* eine Bekehrung des Herzens in freier Wahl und durch Liebe. Das ist die tiefste Bedeutung dieses religiösen Pamphlets. In diesem Sinne verdient das Buch, eines der meistgelesenen Werke des Erasmus zu bleiben.

KAPITEL X

Vom *Reichtum der Wörter* zur *Erziehung des christlichen Fürsten*

Bei der Arbeit am *Lob der Torheit* ist sich Erasmus seines literarischen Talentes bewußt geworden, und das Buch hat ihn bekannt gemacht. Zwar ist nun die Zeit vorbei, da er als Privatlehrer sein Auskommen suchen mußte, aber über gesicherte Einkünfte verfügt er immer noch nicht. Nach wie vor hängt er von Dienstherren ab, und oft ist das Geld knapp. Seine literarischen Fähigkeiten sind sein einziger Trumpf. Er stellt sie in den Dienst der Kritik. Er arbeitet eifrig, manchmal geradezu fieberhaft, weil er sich ein Publikum erobern will: ein Publikum, das Latein liest. Hier liegen all seine Hoffnungen.

Noch bevor das Jahr 1511 zu Ende geht, ist er wieder in England. Er bleibt dort, wie bereits erwähnt, fast drei Jahre und nutzt die Zeit gut. Am 24. August schreibt Erasmus im Queens' College einen Brief an Colet, in dem er ihm von seinen jüngsten Abenteuern und von den Wundern der Medizin berichtet. »Es gibt hier einen Arzt, einen Landsmann von mir, der mittels einer Wundermixtur Wunderbares leistet, Greise jung, Tote lebendig macht, so daß wohl zu hoffen ist, daß ich wieder jung werde, wenn ich nur die Wundermixtur kosten darf; glückt es, so werde ich es nicht bereuen, hierhergekommen zu sein. [...] Sobald ich mit dem Unterricht begonnen habe, berichte ich Dir, wie es steht. Dann hast Du noch mehr zu lachen.«

Erasmus gibt Griechischunterricht für die Studenten in Cambridge und arbeitet daneben an Büchern für das Lateinstudium. Eines dieser Bücher wird ein durchschlagender Erfolg: die Schrift *De duplici copia* (Vom Reichtum der Wörter und Dinge), gedruckt bei Badius in Paris. Allein zu Lebzeiten des Verfassers erscheinen mehr als fünfzig Auflagen!

1512 gerät der Friede in den Niederlanden erneut in Gefahr. Erasmus verfolgt das aktuelle politische Geschehen in seinem Heimatland sehr aufmerksam und schreibt aus London an Peter Gilles: »Ich kann gar nicht sagen, wie sehr ich es bedaure, daß unsere Landsleute sich nach und nach auf den Krieg eingelassen haben, da sie doch schon so oft Opfer der Gemetzel oder, besser gesagt, der Raubüberfälle geworden sind. O ihr Theologen ohne Stimme! O ihr stummen Bischöfe, die ihr diese Marter schweigend beobachtet!«[1]

Während seiner Zeit in England unterhält Erasmus ausgezeichnete Beziehungen zu Gelehrten auf dem Kontinent. Der große französische Humanist Jacques Lefèvre d'Étaples, den er einige Jahre zuvor in Paris kennengelernt hat, spendet ihm ein begeistertes Lob: »Wer sieht nicht zu Erasmus auf?« schreibt er, »Wer liebt, wer verehrt ihn nicht...? Werde glücklich, lebe für uns und unser Jahrhundert, und liebe den, der Dich schätzt und liebt.«[2]

Erasmus verabscheut den Krieg. Das betont er immer wieder nachdrücklich in seinen Briefen an Anton von Bergen. Anton ist der Bruder seines einstigen Gönners, des Bischofs von Cambrai. »Oft wundere ich mich darüber«, schreibt Erasmus, »was denn eigentlich, ich will nicht sagen: die Christen, sondern die Menschen überhaupt zu dem Wahnwitz treibt, so eifrig, mit solchen Kosten, unter solchen Gefahren gegenseitig ins Verderben zu rennen. Was tun wir denn anderes im ganzen Leben als Krieg führen? Nicht alle möglichen Tiere führen Krieg, sondern nur die wilden Bestien. Sie kämpfen nicht etwa unter sich, sondern mit Tieren von ganz anderer Art; und sie kämpfen mit ihren Waffen, nicht wie wir mit teuflisch ausgedachten Maschinen. Wiederum kämpfen sie nicht aus allen möglichen Gründen, sondern für ihre Jungen oder um Nahrung; unsere Kriege entspringen zumeist dem Ehrgeiz, dem Jähzorn, der Begierde oder einer ähnlichen Geisteskrankheit. Zuletzt werden sie nicht wie wir in solchen Massen für die gegenseitige Vernichtung geschult. Kann uns, die wir uns des Namens Christi rühmen, der nur Sanftmut lehrte und lebte, die wir Glieder an einem Leibe sind, ein Fleisch, die wir von einem Geiste belebt, durch dieselben Sakramente gespeist werden, Jünger eines und desselben Hauptes sind, zu einer Unsterblichkeit berufen, auf jene höchste Gemeinschaft hoffen, daß, wie Christus und der Vater eins sind, so auch wir eins mit ihm sind – kann uns irgend etwas, das von dieser Welt ist, so wertvoll sein, um deswegen Krieg anzufangen, eine so verderbliche, so widerwärtige Sache, die, selbst wenn der Krieg noch so gerecht ist, keinem wirklich guten Menschen gefallen kann?! Wenn uns der Ruhm treibt, so ist es sehr viel ruhmvoller, Städte zu gründen, als sie zu vernichten. Das Volk erbaut und unterhält die Städte: Der Wahnwitz der Fürsten zerstört sie.«[3]

Das ergreifende Plädoyer für den Frieden verklingt nicht ungehört. Es wird bald ins Deutsche übersetzt, veröffentlicht und schließlich in einer ausgearbeiteten Fassung in die Ausgabe der *Adagia* von 1515 aufgenommen.

Im übrigen bemüht sich Erasmus, die letzten Bindungen an Steyn zu lösen. Neuer Prior des Klosters ist inzwischen jener Servatius Roger, dem er einst so glühend zugetan war. Wir besitzen zwar keinen entsprechenden Brief von

Roger, aber wir ersehen aus Erasmus' Antwort, daß er ihn sehr eindringlich zur Rückkehr gemahnt hat. Erasmus hält sich in diesem Sommer 1514 bei Mountjoy auf Schloß Hammes nahe Calais auf, wo er in Abgeschiedenheit seinen Studien nachgehen kann. Nach Steyn zurückzukehren kommt für ihn nicht in Frage. »Du weißt«, erklärt er Roger, »daß ich die Ordensgelübde deshalb abgelegt habe, weil mich meine starrköpfigen Vormünder mehr dazu gedrängt als dazu bewogen haben; auch auf die Mahnungen anderer unredlicher Ratgeber hin. Ich blieb, weil mich Cornelius von Woerden mit seinen Klagen zurückhielt und wohl auch aus einer Art von kindlicher Scham; und doch war ich für dieses Leben nicht im geringsten geschaffen. Nicht jedes Dasein ist für jeden Menschen geeignet. Bei meiner schwachen Gesundheit vertrug ich das Fasten nicht. Wenn ich einmal wach wurde, schlief ich erst nach Stunden wieder ein. Meinen Geist zog es ganz zu den Studien hin, für die Ihr überhaupt nichts übrig hattet. Wäre mir durch das Geschick ein freies Leben beschieden gewesen, hätte man mich sicher nicht nur zu den glücklichen, sondern auch zu den untadeligen Menschen zählen können.«[4]

Der bewegte Rückblick in diesem Bekenntnis ist mit einigem Pathos formuliert. Daraus spricht ebensoviel Abneigung wie Entschlossenheit. Erasmus ist nicht mehr der unbekannte Mönch, der er 1492 war: Er wird nicht nach Steyn zurückkehren. Sein Jugendfreund soll keine Illusionen hegen, daher schließt Erasmus seinen Brief mit den Worten: »Leb wohl, Du liebster meiner einstigen Gefährten, heute mein ehrwürdiger Vater.«

Nachdem die Angelegenheit bereinigt ist, macht sich Erasmus auf den Weg nach Basel. Er bleibt dort mehrere Monate bei dem Drucker Johann Froben. Froben ist für ihn bald mehr als ein zweiter Aldus Manutius. Bei ihm veröffentlicht er seine großen Werke und seine umfangreichen Studien über die Kirchenväter.

Wie immer reist er zu Pferd. Zwischen Roulers und Gent scheut das Tier, und mit einer ungeschickten Bewegung versucht er, sich im Sattel zu halten. Dabei verstaucht er sich die unteren Rückenwirbel und ist vor Schmerz zu keiner Bewegung mehr fähig. Er gelobt daraufhin dem Apostel Paulus, er werde den Kommentar zum Römerbrief vollenden, wenn ihm der Heilige helfe, daß er den Ritt nicht lange unterbrechen müsse.[5]

Die Schmerzen werden erträglich, und Erasmus setzt seine Reise fort. Sein junger Ruhm eilt ihm voraus. In Straßburg wird er begeistert empfangen von seinen Freunden Jakob Wimpfeling und Sebastian Brant, dem Verfasser des *Narrenschiffs,* und von dem Drucker Matthias Schürer. Nach einer triumphalen Reise trifft er am 15. August 1514 in Basel ein. Überall wird er respektvoll und sehr freundlich aufgenommen.

In Basel macht er die Bekanntschaft von Ulrich Zwingli. Gleichzeitig tritt der deutsche Humanist Willibald Pirckheimer mit ihm in Briefkontakt, aus dem später

111

eine enge Freundschaft entsteht. Erasmus' einzige Sorge gilt der Veröffentlichung seiner neuesten Werke. »Ich weiche jetzt allem aus, was mich zerstreuen und von meiner Schreibarbeit abhalten könnte«, vertraut er am 21. September 1514 Wimpfeling an.

1515 verläßt die dritte Ausgabe der *Adagia*[6] in Basel die Druckerpresse. Im Vorwort schildert Erasmus, welch einen weiten Weg er in den letzten fünfzehn Jahren zurückgelegt hat. »Die erste Ausgabe, die von Paris [1500], wurde sehr überstürzt besorgt. Der junge Verfasser hat sich von dem Gegenstand hinters Licht führen lassen. Ich hielt es für eine leichte Arbeit, mußte dann aber einsehen, daß keine andere literarische Gattung dem Schriftsteller so viel abverlangt. Die griechischen Manuskripte fehlten mir; ohne sie über Sprichwörter schreiben hieße, ohne Flügel fliegen zu wollen, wie Plautus sagt. Schließlich habe ich in Venedig eine zweite Ausgabe vorbereitet [1508]. Umfang und Schwierigkeit des Gegenstandes waren mir damals sehr wohl bekannt; dennoch wurde die ganze Arbeit in ungefähr acht Monaten geleistet, und diese gewaltige Aufgabe, zu der ein Herkules nicht genügt hätte, erledigte ein schwächliches Männlein. Zu meinen Zeugen rufe ich mehrere Männer auf, die mich widerlegen können, sollte ich lügen: Aldus Manutius, in dessen Werkstatt die Schrift von meiner Feder vollendet und von seinen Typen gedruckt wurde; Johannes Lascaris, damals Gesandter des Königs von Frankreich; Marcus Musurus, Baptista Egnatius, Hieronymus Aleander und viele andere. Sie sind die Zeugen der Mühe, die ich bei diesem Buch auf mich genommen habe. [...]

Später habe ich eine reich bestückte Bibliothek geerbt und hatte einige Muße. Das verdankte ich der bewundernswerten, ja unglaublichen Großzügigkeit eines Mannes, eher eines Heroen, dem ich ewiges Lob schulde: William Warham, Erzbischof von Canterbury und Primas von ganz England; er müßte der erste im ganzen Universum sein, wenn man den Menschen seinen Tugenden entsprechend zu würdigen wüßte. [...] Von diesem wohlwollenden Manne unterstützt und angeregt, habe ich die Kommentare zu den Sprichwörtern erneut in Arbeit genommen und, wie man so sagt, das Werk vom Scheitel bis zur Sohle durchmustert. Dabei besserte ich zunächst die Druckfehler aus, die es in nicht geringer Zahl aufwies. Im übrigen hatte ich in der Eile an so mancher Stelle vergessen, griechische Zitate zu übersetzen: Auf die Bitte vieler Leser hin trug ich das nach. Die Stellen, die mir zu kurz erschienen, habe ich um Zitate weniger bekannter Autoren bereichert. An der einen oder anderen Stelle habe ich Autoren angeführt, die mir zunächst nicht eingefallen waren oder die ich in der Kürze der Zeit nicht hatte beibringen können. Schließlich gab es auch Punkte, mit denen ich nicht mehr einverstanden war – warum sollte ich das verbergen? Ich halte es da mit der Redensart, die von den geschätztesten Männern bevorzugt wird und besagt, daß beim zweiten Anlauf alles besser gelingt. Ich habe, wenn ich das so sagen darf, einigen Wendungen ihren Rang als Sprichwörter aberkannt, wenn mir schien, daß sie von unachtsamen oder dünkelhaften Kompilatoren unverdient aufgeschrieben worden waren. Dagegen habe ich einige neue Sinnsprüche in die Sammlung aufgenommen, so daß der Umfang des Buches durch diese und andere Zusätze um ein Viertel gewachsen ist.«

Diese Ausgabe der *Adagia* enthält mehr Spitzen gegen kirchliche Einrichtungen und Würdenträger als die vorangegangenen. Sie findet einen geradezu unglaublichen Widerhall. Aktuelle Vorgänge nehmen darin einen so breiten Raum ein, daß man fast von einer Vorform der modernen Zeitung sprechen könnte. In den gelehrten Anmerkungen verarbeitet Erasmus seine Religionsphilosophie, er ruft zu einer Politik der Toleranz und zum Universalismus auf. Die Technik des Exkurses hat er meisterlich entwickelt. Hier entfaltet er mit sichtlichem Genuß sein schriftstellerisches Können. Wie üblich wechselt Spott mit religiöser Betrachtung. Bei Gelegenheit entschuldigt sich Erasmus mit einem entwaffnenden Lächeln für die Abschweifungen: »Wie konnte ich vom Jäger nach Sprichwörtern zum Prediger werden?« Ein weiteres Mal zeigt er sich als Lehrmeister der klassischen Bildung und Ratgeber der christlichen Elite.

Zu den berühmtesten Spruchweisheiten, die in dieser Ausgabe abgehandelt werden, gehört die vom *Silen*. »Silene wurden jene Puppen genannt, die im Inneren hohl waren und sich aufklappen ließen. So gefertigt, bot ein Figürchen in geschlossenem Zustand den Anblick eines lächerlichen oder grotesken Flötenspielers, öffnete man es aber, zeigte es dem Betrachter in seinem Innersten plötzlich ein Götterbild – so daß ihm die Figur, die der Schnitzer kunstvoll ausgestaltet hatte, durch diese Überraschung noch lieblicher erschien. Man nannte diese Statuetten nach dem wunderlichen Silen, dem Ziehvater des Dionysos und Narren der Götter. So vergleicht Alkibiades, als er im *Gastmahl* des Platon ein Porträt des Sokrates zeichnet, diesen mit einem Silen, weil er sich, wenn man ihn aufmerksamer betrachtete, als ein anderer herausstellte als der Mann, den man auf den ersten Blick zu sehen meinte. Keinen Heller würde jemand für ihn gegeben haben, hätte er sich damit begnügt, ihn nach dem Äußeren zu beurteilen. Er hatte ein bäuerliches Gebaren, das Gesicht des Rindes, die schleimigen Nasenlöcher des Affen. Für einen linkischen, dummen Narren hätte man ihn gehalten. Nachlässig waren seine Manieren, einfach und volkstümlich seine Sprache, so daß er nur gängige Wörter verwendete und stets nur von Fuhrleuten, Flickschustern, Gerbern und Zimmerleuten sprach, aus denen er dann die Beispiele für seine Lehren zog. Er besaß nur ein mageres Einkommen und eine Frau, die selbst der kleinste Köhler nicht hätte haben wollen. [...]

Doch blieb man nicht beim äußeren Anschein stehen und öffnete diesen lächerlichen Silen, so fand man in ihm eher einen Gott als einen Menschen, einen außergewöhnlichen, erhabenen Geist und wahren Philosophen. Für alles, dem die Menschen hinterherrennen, für das sie schwitzen, streiten, kämpfen, hatte er nur Verachtung übrig. Er war erhaben über die Ungerechtigkeit, über das

Glück, das niemals den geringsten Einfluß auf ihn hatte, und er stand so hoch über der Angst, daß nicht einmal der Tod ihn das Fürchten lehrte; sogar noch als er den Schierling so bereitwillig getrunken hatte, als sei es ein Glas Wein, scherzte er, wie uns im *Phaidon* berichtet wird, bis zum Ende und erinnerte sich daran, daß er dem Asklepios noch einen Hahn schulde, gerade so, als gebe ihm der Trank die Gesundheit zurück, weil seine Seele den Körper, Quelle und Pfuhl allen Übels, endgültig verlassen durfte. Nicht zu Unrecht also wurde dieser Narr vom Orakel in Delphi als der einzige wahre Weise seiner Zeit anerkannt, während doch alle Wege mit falschen Weisen gepflastert waren, wurde seine wissende Unkenntnis der hochfahrenden Allwissenheit seiner Widersacher, das heißt aller Sophisten, vorgezogen.

Ist nicht aber auch Christus ein großartiger Silen gewesen? Warum sollte man diese Bezeichnung nicht auch auf ihn anwenden als Ausdruck der Ehrerbietung, die ihm jeder Mensch schuldet, der sich Christ nennt? Denn was kann es, wenn wir die äußere Hülle dieses Silens betrachten, in der Meinung des Volkes schon Verächtlicheres und Elenderes geben? Unbedeutende Eltern von geringem Stande, ein erbärmliches Heim. Er selbst, der aus der Armut kommt, hat als Jünger nur eine Handvoll armer Leute, die er nicht aus den Palästen der Großen, von den Kathedern der Pharisäer oder aus den Schulen der Philosophen geholt hat, sondern aus ihren Zollhäuschen und von ihren Fischernetzen. Und sein Leben verläuft, frei von jeder Sinnenlust, zwischen Hunger, Mühsal, den Angriffen und Verhöhnungen bis hin zum Kreuz. Doch wenn wir uns diesem Silen nähern und sein Inneres betrachten dürfen – das heißt, wenn er jede Eigenliebe aus unserem Herzen vertrieben hat und es ihm dann gefällt, darin zu erscheinen – durch den allmächtigen Gott, welch unsagbarer Schatz liegt dann vor unseren Augen! Wo wir nur eine gemeine Hülle sahen, glänzt eine strahlende Perle, wo Niedrigkeit sich zeigte, strahlt eine erhabene Seele, wo Gebrechen waren, ist nun bewundernswerte Tugend, und wo es galt, Prüfungen zu bestehen, herrscht nun der vollkommenste Friede. Selbst sein grausamer Tod steht nun als Quelle der Unsterblichkeit vor uns.«

Erasmus hätte es mit dem Bild der Leiden Christi bewenden lassen können. Doch wie im *Lob der Torheit* wollte er einen Schritt weiter gehen und die dialektische Kraft des Widerspruchs für seine Zwecke nutzen. So führt er uns im zweiten Teil der *Adagia* gleichsam die Kehrseite der Silene vor Augen. Sie haben ein glanzvolles Äußeres, doch wenn man sie öffnet, zeigen sie ihre Fehler: Die Fürsten entpuppen sich als Tyrannen, die Prälaten als Genußmenschen.[7] Der Kommentar zum Adagium vom *Silen* hat trotz oder gerade wegen der religiösen Absicht, die ihm zugrunde liegt, empörte Reaktionen hervorgerufen. Obwohl sich Erasmus wortgewandt für den Primat des Geistlichen einsetzt, ist es das einzige Adagium, bei dem sich Rom nicht mit einer Änderung zufriedengibt: Es soll gestrichen werden.

Der Sinnspruch vom *Süßen Krieg der Unerfahrenen*[8] eröffnet glanzvoll die vierte Chiliade der *Adagia*. Der Krieg und seine Opfer sind eine Ungeheuerlichkeit, die man nicht hinnehmen kann. Krieg ist Wahnsinn, und es ist undenkbar, ihn zu verteidigen. Wenn die Christen Krieg führen, ist es überdies eine Herausforderung an Gott. Jede Apologie des Krieges ist wertlos und sinnlos. Erasmus schildert mit Empörung und Wut die Kriegsgreuel und die Verbrechen der kriegführenden Parteien. »Der Krieg bringt Krieg hervor.« Trauer, Zerstörung, Elend, verderbte Sitten, Tyrannei, Krüppel, Kranke und Tote gehören zu jedem Krieg, auch zum siegreichen. Erasmus legt dar, daß das Heilmittel immer schlimmer als die Krankheit ist, und widerspricht damit den Rechtsgelehrten und Theologen, die Recht und Glauben verraten, indem sie den Krieg rechtfertigen. Der Friede ist das höchste Gut, und die Verblendung der Christen ist grenzenlos.

»Wir führen ständig Krieg«, empört er sich, »und, o Blindheit des menschlichen Geistes, niemand ist darüber erstaunt, niemand verwahrt sich dagegen! Es gibt welche, die Beifall klatschen, die Lob spenden, die eine mehr als höllische Sache heilig nennen, sogar jene schon rasenden Herrscher noch aufwiegeln und *Öl*, wie man sagt, *ins Feuer gießen*. Der eine verheißt vom Heiligen Stuhl denen die Vergebung aller Sünden, die unter seines Fürsten Fahne kämpfen würden. Ein anderer ruft: ›Unbesiegbarer Fürst, bewahre nur Deinen der Religion gewogenen Geist, Gott wird für Dich kämpfen.‹ Noch ein anderer verspricht einen sicheren Sieg, die Worte des Propheten zu einer gottlosen Sache verdrehend und folgendermaßen interpretierend: ›*Du brauchst Dich nicht zu fürchten vor den Schrecken der Nacht, vor dem fliegenden Pfeil bei Tage, vor dem Dämon des Mittags.*‹ Und: ›*Es mögen tausend an Deiner Seite fallen und zehntausend zu Deiner Rechten.*‹ Und: ›*Über Natter und Basilisk wirst Du schreiten und den Löwen und Drachen mit Füßen treten.*‹ Ja, der ganze mystische Psalm wurde für profane Dinge für diese oder jene Fürsten verdreht. Es fehlte nicht an derartigen Propheten auf beiden Parteiseiten, und es fehlte solchen Propheten nicht an Beifallklatschern. So kriegerische Aufwiegelungen haben wir von Mönchen, Theologen und Bischöfen gehört. Es wird wie gesagt von Greisen Krieg geführt, es wird von Priestern Krieg geführt, es wird von Mönchen Krieg geführt, und mit einer so teuflischen Sache vermengen wir Christus. Die Heere treffen zusammen, auf beiden Seiten das Kreuzzeichen vorantragend, das wohl selbst vermögen sollte zu mahnen, auf welche Art und Weise es sich für Christen ziemen würde zu siegen. Unter diesem göttlichen Heiligtum, durch welches jene vollkommene und unaussprechliche Verbundenheit der Christen repräsentiert wird, ziehen sie zum gegenseitigen Töten, und wir machen Christus zum Zuschauer und Anführer der so gottlosen Sache!«[9]

Die servilen Theologen des Königs verschweigen das Gebot christlicher Nächstenliebe, ja bedecken es mit dem Mantel der Lüge. Zutiefst empört gemahnt Erasmus die geistlichen Ratgeber an ihre Pflichten. »Der Ketzerei verdächtigt wird, wer gar ernstlich vom Krieg abrät. Die mit ihren Kommentaren die Lebenskraft der Evangelien-Lehre verwässern und den Herrschern Gelegenheit geben, sich in ihren Begierden geschmeichelt zu fühlen, gelten hingegen als rechtgläubig und Lehrer christlicher Frömmigkeit. Ein wahrhaft christlicher Lehrer billigt niemals den Krieg; vielleicht läßt er ihn manchmal zu, aber widerwillig und betrübt.«[10] Das letzte Zitat bringt uns auf die heikle Frage, ob es einen gerechten Krieg geben kann. Erasmus äußert sich zu dem Thema zurückhaltend und ohne seinen sonstigen Enthusiasmus. Die einschlägigen scholastischen Theorien läßt er notgedrungen gelten, aber er spottet über die Theologen, die jeden Krieg als legitim ansehen, wenn er nur von einem Fürsten, sei er ein Kind oder ein Tor, erklärt worden ist. »Wer glaubt sich nicht im Recht?« fragt er und nennt gottlos den, »der den Krieg herbeiführt«.[11]

Erasmus' politisches Denken erweckt nie den Eindruck einer zeitlosen Theorie. Darum hat er auch nicht die thomistische Konzeption vom gerechten Krieg weiterentwickelt. Aus psychologischen und moralischen Gründen distanziert er sich stillschweigend von der Lehre des Thomas von Aquin. Für Erasmus kann auch ein legitimer König nicht einen legitimen Krieg führen. Da er die abstrakten Grundsätze nicht unabhängig von ihren konkreten Auswirkungen durchdenkt, verdammt er zwangsläufig den Krieg und lobt unermüdlich den Frieden. Seine politische Moral ist bezogen auf die jeweilige Situation. Jede Form des Umsturzes und des Aufruhrs widerstrebt seinem Charakter. Die Frage nach Krieg oder Frieden ist in seinen Augen zu wichtig, als daß ein einzelner Mensch sie nach eigenem Ermessen entscheiden dürfe. An dieser Entscheidung müssen alle Menschen verantwortlich teilhaben.

Erasmus bezweifelt sogar die Legitimität eines Kreuzzuges. Er spricht sich dafür aus, legitime christliche Interessen mit anderen politischen Mitteln gegenüber den Türken zu verteidigen.

»Mir scheint es nicht einmal zulässig«, heißt es bei Erasmus, »daß wir wiederholt Krieg gegen die Türken unternehmen. Wahrlich schlecht steht es um die christliche Religion, wenn ihre Erhaltung von derartigen Schutzmaßnahmen abhängt. [...] Was durch das Schwert erworben ist, wird wiederum durch das Schwert verlorengehen. Willst Du die Türken zu Christus führen? Laß uns nicht prahlen mit Reichtum, Militärmacht und Gewalt. Mögen sie in uns nicht nur den Namen sehen, sondern auch jene zuverlässigen Merkmale eines Christenmenschen: ein unschuldiges Leben, das Streben, Gutes zu tun, selbst den Feinden, eine unbesiegbare Geduld gegen alle Ungerechtigkeit, die Geringschätzung des Geldes, die Gleichgültigkeit gegen Ruhm, ein bedürfnisloses Leben; sie sollen hören, daß die himmlische Lehre mit dieser Art von Leben übereinstimmt. Mit diesen Waffen werden die Türken am besten zu bezwingen sein. [...] Wir bereiten vor, ganz Asien und Afrika mit dem Schwert auszulöschen, obwohl die meisten dort entweder Christen oder Halbchristen sind. Warum anerkennen wir jene nicht lieber und unterstützen und bessern sie in sanftmütiger Weise? – Wenn wir nun trachten, ein Imperium auszudehnen, wenn wir nach deren Reichtümern stieren, warum bemänteln wir eine so unheilige Sache mit dem Namen Christi? Weshalb denn bringen wir, während wir doch jene bloß mit Menschenwerk angreifen, gleich das Ganze, was uns von der Welt übrig ist, in akute Gefahr? Ein wie kleiner Winkel der Welt ist uns überlassen! Eine wie große Menge von Barbaren fordern wir, die wir nur wenige sind, heraus! Aber irgendeiner könnte sagen: ›Wenn Gott für uns ist, wer ist gegen uns?‹ Dies kann mit Recht sagen, wer einzig auf Gottes Hilfe vertraut. […] Wenn wir mit Christus siegen wollen, laß uns gürten mit dem Schwert der evangelischen Schriften, laß uns den Helm des Heils nehmen, auch den Schild des Glaubens und die hinterlassene wahrhaft apostolische Rüstung. So wird es sein, daß wir dann ganz besonders siegreich sind, wenn wir besiegt werden. Aber angenommen, die Würfel des Mars fallen günstig für uns, wer sah jemals durch das Schwert, durch Gemetzel, Brandschatzung und Plünderung wahre Christen machen? Es ist weniger übel, ein offener Türke oder Jude zu sein als ein heuchlerischer Christ. […]

Ich möchte nicht gesagt haben, daß ich einen Feldzug gegen die Türken völlig verurteile, wenn sie uns aus freien Stücken angreifen, sondern daß wir einen Krieg, dem wir Christi Autorität umhängen, in christlichem Geist und mit den Mitteln Christi führen sollen. Sie sollen sich zum Heil eingeladen fühlen und nicht angegriffen zum Raub.«[12]

Erasmus kommt dann noch einmal auf die heikle Frage zurück und macht einige Zugeständnisse. Widerstrebend räumt er ein, daß man einen Verteidigungskrieg führen dürfe; aber ein Kreuzzug ist kein Verteidigungskrieg. Der Einsatz militärischer Mittel bleibt für ihn an so viele moralische Vorbedingungen geknüpft, daß er kaum noch möglich ist. Manchmal kann es sogar nötig sein, den Frieden zu erkaufen: Kein Preis ist dafür zu hoch!

Dieses Adagium ist besonders ausführlich und reich an Gedanken. Der Kommentar erscheint später als gesonderter Band und wird ein dauerhafter literarischer Erfolg. Vor allem aber nutzt Erasmus ihn als Vorlage für eine noch bedeutendere Schrift: *Die Klage des Friedens,* auf die wir weiter unten noch zurückkommen werden.

Andere Beispiele antiker Spruchweisheit, die in der Ausgabe von 1515 auftauchen, stellen gewissermaßen die Rohfassung von Erasmus' politischen und moralischen Gedanken dar. Er verarbeitet darin in komprimierter Form seine Beobachtungen, Reflexionen und Erfahrungen. So erinnert der oben genannte Spruch vom *Silen des Alkibiades* gleich an mehreren Stellen an den bekannten Dialog *Julius vor der verschlossenen Himmelstür,* während das Adagium *Man muß entweder als König oder als Narr geboren werden*[13] die Schrift *Die Erziehung des christlichen Fürsten* vorwegnimmt. Im Kommentar zum Adagium *Der Skarabäus bietet dem Adler die Stirn*[14] zeichnet Erasmus in Gestalt des grausamen, abscheulichen und niederträchtigen Adlers das Porträt des Tyrannen, den der schlaue Skarabäus in Schach zu halten weiß. Im Kommentar zu dem Spruch *Glücklich der, der nichts schuldig bleibt*[15] werden die Finanznöte angeschnitten, die der Verfasser nur allzu gut kennt: Es ist mühselig, an Geld zu kommen, und leicht, es wieder zu verlieren. Im Kommentar zu dem Spruch *Du hast Dein Sparta, mach es ansehnlich*[16] mahnt er den Fürsten an seine oberste Pflicht: Er soll den Staat gut regieren und nicht versuchen, ihn auf Kosten der Nachbarn zu vergrößern. In einem Seitenhieb geht Erasmus mit Karl VIII., Ludwig XII. und selbst mit Karl dem Kühnen und Philipp dem Schönen ins Gericht: Sie alle habe der Ehrgeiz zu Fall gebracht.

Im März 1515 verläßt Erasmus Basel und kehrt für einige Monate in die Niederlande zurück. Nacheinander ist er Gast bei Peter Gilles in Antwerpen, bei Jean Le Sauvage in Gent und bei Lord Mountjoy in Tournai.

In dieser Zeit lobt Erasmus vor allem einen Mann immer wieder: Papst Leo X. »Die Welt hat bald schon begriffen«, schreibt er ihm aus London, »daß sich mit der Wahl Papst Leos X. dieses Jahrhundert, das schlimmer als ein ehernes Jahrhundert war, sogleich in ein goldenes verwandelt hat. […] Mag fast die ganze, zum Kriege aufgepeitschte Welt Julius II. für den Größten erklärt haben, sicherlich bezeugt der Friede, den die Welt jetzt wieder bekommen hat, daß Leo noch größer ist.«[17] Erasmus schreibt diese Zeilen am 21. Mai, bevor Franz I. bei Marignano über die Schweizer siegt. Danach können nur unerschütterliche Optimisten noch an die guten Absichten des Siegers und an einen Frieden unter dem Zeichen des mediceischen Papsttums glauben. In dem Brief an Leo X. bleibt Erasmus seinem Ideal von Gerechtigkeit treu. Er zögert nicht, den befreundeten Hebraisten Johannes Reuchlin zu loben, der von borniertem Theologen der Ketzerei beschuldigt wird.

Auch Jean Le Sauvage, Großkanzler von Burgund, findet bei Erasmus wegen seiner auf Verständigung ausgerichteten Politik Anerkennung. Wie Leo X. schätzt und protegiert er den Humanisten, ohne ihm dafür zu viel abzuverlangen. Erasmus' Freund Urban Rieger[18] empfiehlt ihm dringend, er solle sich um die Protektion von Ernst von Bayern bemühen; aber das lehnt er ab: Der Fürst will ihn fest an die Universität Ingolstadt binden. Erasmus ist sich seiner Berufung zum freien Publizisten nun ganz sicher, auf keinen Fall will er seine Unabhängigkeit aufgeben. Er will seine gesellschaftspolitischen Betrachtungen und seine Gedanken als christlicher Gelehrter den Zeitgenossen in Form von Büchern darlegen.

Inzwischen gewinnt *Das Lob der Torheit* immer neue Leser, und der Autor erntet sowohl Lob als auch Kritik. Martin Dorp bedauert, daß Erasmus kein »Lob der Weisheit« geschrieben habe. In einem freundlichen Antwortbrief schildert Erasmus, wie das Werk zustande kam. »Mit dem *Lob der Torheit* habe ich mir kein anderes Ziel gesteckt als mit meinen übrigen Werken, auch wenn ich in ihm andere Wege gehe. Im *Handbüchlein* habe ich einfach die Umrisse eines christlichen Lebens gezeichnet. In der *Erziehung des christlichen Fürsten [das erst im folgenden Jahr erscheint] mache ich, ohne ein Blatt vor den Mund zu nehmen, auf die Dinge aufmerksam, über die ein Staatsoberhaupt Bescheid wissen muß. Im Panegyrikus* habe ich unter dem Schleier des Lobes indirekt das Thema behandelt, das meine *Erziehung* offen zur Sprache bringt. *Das Lob der Torheit* hat das gleiche Thema wie das *Handbüchlein,* aber es behandelt es in scherzhafter Form. Ich wollte aufmerksam machen, nicht verletzen, von Nutzen sein, nicht beleidigen, über die Moral wachen, sie nicht vor den Kopf stoßen.«

Mit einer Karikatur der scholastischen Theologie rückt sich Erasmus ins rechte Licht. »Ich frage Dich, welche Beziehung kann es zwischen Christus und Aristoteles schon geben? Zwischen den Spitzfindigkeiten der Sophisten und den Mysterien der ewigen Weisheit? Wozu der Irrgarten dieser ganzen Questionen? Wie viele dieser Fragen sind nicht nur müßig, sondern gefährlich, sei es auch nur der Streitereien und Zerwürfnisse wegen, die aus ihnen hervorgehen? Man wird wohl einwenden, daß es Punkte gibt, die man erhellen, und Probleme, die man lösen muß. Das mag sein, aber es gibt auch sehr viele andere, die man besser nicht streift, denn die ›nescientia‹ ist in gewissem Sinn Teil der Wissenschaft. Es gibt auch viele, bei denen man lieber zweifelt, als daß man sie zu Dogmen erhebt.

Wenn es dennoch notwendig ist, Schlüsse zu ziehen, so soll man es doch mit Bescheidenheit, nicht mit Arroganz tun und sich dabei auf die Heiligen Schriften, nicht auf Spitzfindigkeiten und Hirngespinste stützen. Heutzutage diskutiert man endlos über winzige Streitfragen, die allerlei Sekten und Glaubensfaktio-nen ins Leben rufen. Täglich werden neue Dekrete veröffentlicht. Kurz, wir sind an einem Punkt, an dem die ganze Religion weniger von den Grundsätzen Christi als von den Definitionen des erstbesten Bischofs abhängt. So ist in Glaubensdingen alles so sehr vernebelt, daß man kaum noch Hoffnung hat, die Welt zum wahren Christentum zurückzuführen. Diese und ähnliche Tatsachen machen den frömmsten und gelehrtesten Männern Kummer. Übereinstimmend klagen sie die starrsinnige und respektlose Haltung der neuen Theologen als wichtigste Quelle all dieser Mißstände an.«[19] Schließlich preist Erasmus das Studium der antiken Literaturen als »unerläßlich für die Wissenschaft der Heiligen Schriften«. Er halte es darum für »den Gipfel der Unverschämtheit, sich den Titel eines Theologen beizulegen, ohne sie zu kennen«.

Dorp läßt sich von den lauteren Absichten überzeugen, aber der Klüngel der »neuen« Theologen hält an seinen Vorwürfen fest und bleibt auf Distanz. Das religiöse Anliegen des Buches wollte keiner von ihnen verstehen.

Wenn Erasmus auch den größten Teil seiner Zeit damit verbringt, Bücher zu schreiben, so vernachlässigt er doch deshalb nicht seine Korrespondenz. Eine große Zahl zufälliger Reisebekanntschaften, treue Freunde in der Ferne, Bittsteller, gelegentlich Bewunderer und die Großen der Welt geben ihm Anlaß, Briefe zu schreiben, zu diktieren, aufzubewahren und zu korrigieren. Seine Briefe lesen nicht nur die Empfänger. Einige werden von gewissenlosen Boten heimlich abgeschrieben und gedruckt. Warum sollte er also nicht selbst einen Teil seiner Korrespondenz veröffentlichen? Im August ist er wieder in Basel und legt den Grundstein zu seinem umfangreichsten Werk: der Herausgabe seiner Korrespondenz.[20]

In der ersten Sammlung veröffentlicht er nur vier bedeutende Briefe. Er wählt sie jedoch geschickt im Sinne einer großangelegten Werbekampagne aus. Drei stammen aus London, wo er sich im Mai für kurze Zeit aufgehalten hat: Dazu gehört zunächst der berühmte Brief an Leo X. Der Lobpreis auf den Papst soll bei aller Aufrichtigkeit wohl auch ein günstiges Klima für Erasmus' Ausgabe des Neuen Testamentes schaffen, die demnächst erscheinen wird. Die beiden anderen sind an zwei einflußreiche Kardinäle gerichtet, die Erasmus einige Jahre zuvor in Rom freundlich empfangen haben: an Raffaello Riario und Domenico Grimani. Im ersten Brief drückt Erasmus seine unumschränkte Bewunderung für den Papst, für Rom und für England aus und preist die Erhaltung des Friedens. Der andere enthält Mitteilungen persönlicherer Art. Mit einer gewissen Selbstgefälligkeit spricht Erasmus von seinen Plänen und von seiner Arbeit. Er erzählt von sich, gerät fast ins Schwärmen. »Ohne Freiheit ist das Leben kein Leben!« schreibt er Riario.

Den vierten und letzten Brief hat Erasmus einige Wochen zuvor aus Antwerpen an Dorp geschrieben. Es ist der oben zitierte Brief, eine Verteidigungsrede, in der Erasmus sein Selbstverständnis darlegt. Die kleine Sammlung bildet eine Art Gesamtschau all dessen, was ihn im Frühjahr dieses Jahres bewegt. Neben seiner vielfältigen literarischen Tätigkeit kümmert er sich von nun an auch noch um die Veröffentlichung ausgewählter Briefe.

Erasmus verfolgt mit den Briefen bestimmte Ziele, darum überarbeitet er sie, und bisweilen ändert er das Datum. In anderen Sammlungen seiner Korrespondenz finden sich Beispiele dafür, im übrigen macht er auch keinen Hehl daraus. So schockiert es Erasmus denn auch nicht, wenn andere seine Briefe verändern – es sei denn, sie entstellen den Sinn oder schreiben fehlerhaftes Latein.

Johannes Sapidus, Lehrer an der Lateinschule in Schlettstadt, schickt Erasmus ein Gedicht auf den Basler Humanistenzirkel. Dem Kreis gehören Freunde und Mitarbeiter von Erasmus an. In seiner Antwort geht er herzlich auf den Adressaten ein: »Die Aufgabe des Schullehrers ist ein fast königliches Amt. Hältst Du es für eine niedrige Tätigkeit, den Geist Deiner jungen Mitbürger mit den schönen Werken der Literatur und mit der Lehre Christi zu tränken und für Dein Vaterland viele aufrechte und redliche Männer heranzubilden? Nach der Meinung der Einfältigen ist dies ein gemeiner Dienst, aber in Wahrheit ist es bei weitem der ruhmreichste. [...] Niemand dient dem Staate besser als der, welcher die unwissende Jugend formt, vorausgesetzt, er ist selbst gebildet und redlich. Du besitzt von beiden Eigenschaften so viel, daß ich nicht zu sagen vermag, durch welche Du Dich mehr auszeichnest.«[21]

Im gleichen Jahr erscheinen Erasmus' *Essays*.[22] Darin veröffentlicht er seinen ersten Kommentar zu den Psalmen (zum Psalm *Beatus vir*). Die Widmung an Beatus Rhenanus ist ein Wortspiel in immer neuen Varianten mit dem Namen des Angesprochenen.[23]

Als Karl von Österreich im gleichen Jahr 1515 seine Herrschaft über die Niederlande antritt, genießt Erasmus am Brüsseler Hof hohes Ansehen als Schriftsteller. Ähnliche politische Anschauungen und persönliche Wertschätzung verbinden den Humanisten mit Jean Le Sauvage, dem Freund und Günstling der erlauchten Familie Croy-Chièvre. Jean Le Sauvage ist kurz zuvor Großkanzler von Burgund geworden. Zweifellos ist es seinem Einfluß zu verdanken, daß Erasmus trotz seiner Abneigung gegen politische Ämter zum »Rat des Fürsten« ernannt und ihm eine Jahrespension zugesichert wird. Er antwortet 1516 mit seiner Schrift über *Die Erziehung des christlichen Fürsten*. Ein Exemplar schenkt er dem zukünftigen Karl V.[24] Karl hat das Werk gewiß nie gelesen…

Dieser Mann, der bald darauf zum König von Spanien und dann zum Kaiser avanciert, wird sich nicht als Vorbild des christlichen und friedliebenden Fürsten erweisen. Aber 1515 hat Erasmus noch berechtigte Hoffnung, daß sich der Erzherzog seine Ratschläge zu eigen macht. Er ist jung und von guten Ratgebern umgeben, wie einst im Jahre 1504 sein Vater. In der Widmung spricht ihn Erasmus mit dem Titel »Fürst der Burgunder« an. Darin liegt keine Anstiftung zum Aufruhr: Noch immer werden die Niederländer Burgunder genannt,[25] auch wenn ihr Heimatland ansonsten *Germania inferior* heißt. *In Wahrheit ist die ferne Zukunftsvision, die Erasmus in der Erziehung* entwirft, mehr kaiserlich als burgundisch oder spanisch geprägt. So wendet sich Erasmus in der Widmung zu dieser Anleitung für die ideale Erziehung des idealen Fürsten denn auch an Karl als »Enkel des Kaisers«. Erasmus beklagt, daß die Fürsten für ihre Aufgabe schlecht vorbereitet seien und von Schmeichlern in die Irre geleitet würden, und ebenso, daß sich Könige einreden ließen, sie seien stets im Recht. Der Fürst müsse durch die Ausbildung seiner Persönlichkeit gegen den Kult um seine Person gewappnet werden.

Schon in seinem Widmungsbrief weist Erasmus Karl den Weg zum Frieden. »Doch, edler Fürst Karl, wie Du Alexander an Glück übertriffst, so, hoffen wir, wirst Du ihn auch an Weisheit übertreffen. Er hatte ja zwar ein großes Reich erobert, jedoch nicht ohne Blutvergießen und nicht von langer Dauer. Du bist schon in ein wunderschönes Reich hineingeboren, bist für noch Größeres bestimmt; wie jener sich mühte, zu erobern, so wird es vielleicht Deine Aufgabe sein, freiwillig auf einen Teil des Reiches lieber zu verzichten, als ihn in Besitz zu halten. Du dankst es dem Himmlischen, daß Dir ohne Blutvergießen und ohne daß irgend jemand Schaden davon hatte, Dein Reich zufiel; es wird Aufgabe Deiner Weisheit sein, es ebenso unblutig und ruhig zu halten.«[26]

In diesem Leitfaden für einen Fürsten, der ganz im Sinne der christlichen Lehre handelt, gibt es keine Theorie der Eroberung, keine geschichtliche Rechtfertigung von Gebietsaneignungen, ja nicht einmal Überlegungen zur nationalen Verteidigung. Die ideale Monarchie mag wohl auf Wahlen beruhen, doch genügt es Erasmus schon, wenn sie fürs erste unter der Kontrolle von geeigneten staatlichen Institutionen[27] steht. Im Namen des Evangeliums lehnt er entschieden den Machiavellismus und die sogenannte Realpolitik ab.[28] Er empört sich gegen die Allmacht der Staatsraison und entwirft das Musterbild eines Fürsten, dem vor allem anderen der Frieden am Herzen liegt. Dieser Fürst muß sich den Gesetzen Christi unterwerfen; da Christus sein Blut für alle vergossen hat, sind an seine Gesetze nicht nur die Kleinen, sondern auch die Großen gebunden. Der König als »Abbild Gottes« muß ein Vorbild an Tugend sein. Da sich Erasmus ausschließlich an überzeugte Christen wendet, sind die staatsbürgerlichen Lehren der Antike für die Ausbildung des idealen Fürsten bedeutungslos. Der Humanist ist damit natürlich vertraut, aber er lehnt sie als überholt und heidnisch ab. Seinem geliebten Xenophon wirft er sogar vor, er führe den Königen denkbar schlechte Beispiele vor Augen. »Wenn Du Achill, Xerxes, Kyrus, Darius Julius hörst«, sagt er dem Fürsten, »dann sollst Du nicht dem Schein eines großen Namens verfallen, Du hörst nämlich von gräßlichen Räubern.«[29]

Das letzte Kapitel der *Erziehung des christlichen Fürsten* behandelt ausschließlich den Krieg. Erasmus mahnt, daß es leichter sei, Städte zu zerstören als aufzubauen, und empfiehlt, bei Streitigkeiten zwischen Staaten sollten die Parteien sich an einen Schiedsrichter wenden. Jeden Krieg, der nicht ausschließlich der Verteidigung dient, lehnt er kategorisch ab. Er beschließt seine Schrift mit einem eindringlichen Appell an den Fürsten. »Ich habe keinen Zweifel, Erhabenster der Herrscher, daß Du diese Einstellung hast. Mit ihr wurdest Du geboren, in diesem Sinne von den besten und untadeligsten Männern erzogen. Für das, was noch zu tun bleibt, bitte ich, daß Christus, der Beste und Größte, sich anschicke, Deine ausgezeichneten Bemühungen zu segnen. Er schenkte eine Herrschaft ohne Blutvergießen. Er möchte, daß sie immer ohne Blutvergießen bleibe. Er freut sich, wenn er Friedensfürst genannt wird. Er bewirke, daß sie durch Deine Güte und Deine Weisheit endlich von den wahnwitzigen Kriegen befreit werde.«[30]

Als christlicher Theoretiker des Friedens fühlt sich Erasmus seinem literarischen Schaffen verpflichtet. Am Brüsseler Hof wird er sich nie für längere Zeit aufhalten. Aus mehreren Gründen zieht es ihn nach Basel. Die Stadt, die für sein publizistisches Wirken bisher nur gelegentlich von Bedeutung war, wird nun zum Mittelpunkt seiner schöpferischen Tätigkeit.

KAPITEL XI

Das *Neue Testament*

1516 hält sich Erasmus für kurze Zeit in Basel auf, weil zwei wichtige Arbeiten bei Froben erscheinen: die mehrbändige Ausgabe des Hieronymus mit einer Widmung an den großzügigen Warham und die griechisch-lateinische Ausgabe des *Neuen Testaments*.[1] Das letzte Werk ist heute kaum noch bekannt, zu Erasmus' Zeit hatte es jedoch eine große Wirkung. Der riesige Band von ungefähr tausend Seiten entstand als Ergebnis einer regelrechten Pionierarbeit. Jahrelang sammelte Erasmus Manuskripte, verglich unterschiedliche Textversionen und korrigierte die Vulgata an einigen Stellen. Die neue lateinische Bibelübersetzung soll durchaus nicht die Vulgata verdrängen. Es geht Erasmus vielmehr darum, dem interessierten Leser einen philologisch korrekten Bibeltext an die Hand zu geben. Nach der Widmung an Leo X. legt Erasmus in mehreren methodologischen Vorbemerkungen seine Absichten dar.

Die philologische Exegese ist Teil einer Strategie, mit der Erasmus das Interesse an der christlich orientierten Philosophie wecken und zur Verbreitung eines gleichermaßen kritischen wie strenggläubigen Christentums beitragen möchte. Wenn die Gläubigen die Worte Jesu lesen und in sich aufnehmen sollen, dann muß man ihnen den Zugang dadurch erleichtern, daß man in geduldiger propädeutischer Arbeit zunächst eine exakte Übersetzung erstellt, die interessant geschrieben und mit Genuß zu lesen ist und den Wortlaut des Evangeliums richtig wiedergibt. Erasmus glaubt an die ansteckende Wirkung der Frohen Botschaft. Das Evangelium und die Episteln offenbaren das göttliche Denken in seiner ganzen Tiefe und Vielfalt, und so gilt es, den Wortlaut der Heiligen Schrift von den Entstellungen zu befreien, die in mehr als tausend Jahren erfolgt sind.

Erasmus hat die ältesten Manuskripte kollationiert. Allerdings hat er sich zuweilen über den Zeitpunkt der Entstehung getäuscht und sie großzügig zurückdatiert.[2] Wie es in dieser Zeit üblich ist, nimmt er einen Text als Grundlage und versieht ihn im Verlauf seiner herausgeberischen Tätigkeit mit immer mehr Korrekturen und Anmerkungen. Für die Aufgabe steht ihm ein ganzer Stab von bestens eingespielten Mitarbeitern zur Seite, allen voran Wolfgang Fabritius Capito und Johannes Oekolampad. »Alle können Latein, alle Griechisch und die meisten sogar Hebräisch. Der eine glänzt in Geschichte, der andere in Theologie. Dieser ist Spezialist in der Mathematik, jener in den Rechten und der nächste in den alten Literaturen [...] Und welche Begeisterung, welche Fröhlichkeit, welch vollkommenes Einvernehmen! Man meint gar, in all diesen Männern wohne die gleiche Seele«, sagt Erasmus voller Dankbarkeit und Freude.

Der Band erregt großes Aufsehen. Ungeachtet mancher Schwächen wird der lateinische Text über zweihundert Mal neu aufgelegt und dient bis zum Ende des 18. Jahrhunderts als Grundlage für alle wichtigen Übersetzungen in die Volkssprachen. Der griechische Text wird gleichsam nur als Textbeleg mit abgedruckt. Bei den weiteren Auflagen berücksichtigt Erasmus die zahlreichen kritischen Anmerkungen und Korrekturen zur ersten Auflage. Dazu einige Beispiele:

Der berühmte Anfang des Johannesevangeliums *In principio erat verbum* wird von Erasmus abgeändert zu *In principio erat sermo*. Die Änderung ist vertretbar, Thomas Morus verteidigt sie. Später macht Erasmus sie aber wieder rückgängig, weil sich der Ausdruck *verbum* bereits so fest eingeprägt hat.[3]

Erasmus hat das sogenannte Komma Johanneum (1.Joh. 5,7–8) über die drei Zeugnisse Gottes in seiner Ausgabe herausgestrichen. Als man ihn daraufhin des Arianismus beschuldigt, weil er die Belegstelle der Trinitätslehre weggelassen habe, erklärt er sich bereit, die Stelle wieder aufzunehmen, wenn man sie ihm in einem alten Manuskript zeige.[4] In der dritten Auflage fügt er sie tatsächlich wieder ein, aber die Nachwelt gibt seinem Zweifel an der Echtheit der Bibelpassage recht.

Weiterhin bestreitet Erasmus, daß der Hebräerbrief von Paulus stammt. Wenn die Kirche mit Entschiedenheit an dieser Auffassung festhalte,[5] dann werde er dies zwar akzeptieren, aber dennoch glaube er nicht, daß man gegen seine Meinung zu diesem Punkt überzeugende Argumente ins Feld führen könne.

Während Erasmus die eigentliche Textkritik mit methodischer Strenge und vorsichtigen Schlußfolgerungen betreibt, gibt er im Vorwort und in seinen Anmerkungen – die späteren *Paraphrasen*[6] bilden eine Ergänzung dazu – eine persönliche Interpretation der Heiligen Schrift.

Ausgehend von dem Vers »daß ihr nicht widerstreben sollt dem Übel« (Matth. 5,39), erörtert er das Gebot der Gewaltlosigkeit: »Christus verbietet unter allen Umständen, dem Übel zu widerstreben [...] und den Krieg mit Krieg zu beantworten.« Nie zuvor hat Erasmus die Bibel so radikal im Sinne der Ablehnung jeder Form von Gewalt interpretiert.[7]

In seinem Kommentar zum Gleichnis vom Unkraut unter dem Weizen (Matth.

13,24–30) spricht er sich für religiöse Toleranz aus. Der Kommentar zum Wort Christi »denn mein Joch ist sanft« (Matth. 11,30) endet mit einer für Erasmus sehr typischen Polemik gegen die Überbewertung der christlichen Zeremonien. Eine seiner längsten Anmerkungen gilt der vielzitierten Stelle aus dem Ersten Brief des Paulus an die Korinther (1.Kor. 7,39). Erasmus tritt hier dafür ein, bei Ehebruch die Scheidung zu ermöglichen. In einer anderen Anmerkung kritisiert er die vielen Feiertage, die zu allgemeiner Untätigkeit zwingen, und setzt sich im öffentlichen Interesse dafür ein, einige Feiertage zu streichen. Vom Standpunkt der Marienverehrung aus nimmt Erasmus schließlich auch noch Anstoß an einigen unangemessenen Auslegungen des Evangelientextes. So wandelt er im Magnifikat den Ausdruck *respexit humilitatem* geringfügig ab zu *respexit ad humilitatem*, weil es seiner Auffassung nach an dieser Stelle nicht um die Tugend der Demut geht, sondern vielmehr Marias Stand als bescheidene Dienerin des Herrn hervorgehoben werden soll.

Bei Gelegenheit betont Erasmus den Vorrang der Heiligen Schrift vor den Reliquien. Selbst die Reliquien Christi seien von geringerem Wert als das Wort des Erlösers.[8] Die angeblichen Bruchstücke des Kreuzes hätten inzwischen auf keinem Schiff mehr Platz! Er spottet über allzu offensichtliche Reliquienfälschungen: Da wird die Muttermilch der Maria ausgestellt, ein Schuh des heiligen Joseph, ein Kamm der heiligen Anna, die Mönchskapuze des heiligen Franziskus und dergleichen mehr. »Wer diese Reliquien zeigt«, so sagt Erasmus, »der hofft nur auf Gewinn.«[9] Geld beschmutzt alles, was damit in Berührung kommt, und die Gewinnsucht der Geschäftemacher treibt Schindluder mit der Frömmigkeit.

Erasmus will den Wortlaut der Heiligen Schrift in seiner Bedeutung richtig einschätzen, ihn weder über- noch unterbewerten. Er stellt alle rationalen Zweifel bewußt hintan und geht in der Exegese zwar kritisch, aber nicht radikal vor. Niemals leugnet er, daß die Bibel auf göttlicher Inspiration beruht. Seine Auslegung hat das große Verdienst, daß sie auf die Intuition des Christen baut. Der Leser soll sich ganz vom Heiligen Geist leiten lassen, dann wird sich die Schrift aus sich selbst heraus erklären.[10] Für Erasmus ist niemand ein wahrer Christ oder Theologe, der zwar das Evangelium studiert, aber sich nicht auch bemüht, sein Leben der Lehre gemäß zu führen.

In der *Paraclesis,* einem Aufruf an den Leser, den Erasmus seiner Ausgabe des *Neuen Testamentes* voranstellt, entwickelt er den Begriff der Philosophie Christi; zeit seines Lebens, ist das eines seiner Lieblingsthemen. Christus selbst nenne diese Philosophie eine Wiedergeburt und die Erneuerung der gut geschaffenen Natur. »Warum«, so fragt Erasmus, »wollen wir die Weisheit Christi sogleich lieber aus den Schriften der Menschen als von Christus selbst lernen? Wenn dieser uns versprochen hat, daß er immer bei uns bleiben wird bis ans Ende der Zeiten, so leistet er das vor allem in seinen Schriften, in denen er auch jetzt noch für uns lebt, atmet, spricht, fast möchte ich sagen, noch wirksamer, als da er unter den Menschen weilte. [...] Leidenschaftlich rücke ich von denen ab, die nicht wollen, daß die heiligen Schriften in die Volkssprachen übertragen und auch von Laien gelesen werden, als ob Christus so verwickelt gelehrt hätte, daß er kaum von einer Handvoll Theologen verstanden werden könne, und als ob man die christliche Religion dadurch schützen könne, daß sie unbekannt bleibt.«[11]

Erasmus will, daß alle Gläubigen Zugang zur Heiligen Schrift finden. Unter diesem Aspekt gewinnen die Volkssprachen, von deren Möglichkeiten er lange Zeit nichts wissen wollte, plötzlich Bedeutung. Er formuliert dieses Zugeständnis so, daß man nicht recht weiß, ob es großzügig oder zurückhaltend gemeint ist: »Wenn man barmherzig ist, darf man keine Sprache barbarisch nennen, wenn sie nur dazu dient, den Menschen Christus zu predigen.« In der *Paraclesis* gelingt Erasmus eine enge Synthese von Theologie und inniger Frömmigkeit. Erneut meldet sich sein kritischer Geist zu Wort, und er ruft aus: »Gott wird durch Grammatikfehler nicht beleidigt, aber er findet auch keinen Gefallen daran.« Oder ähnlich: »Es gibt nur sehr wenige Gelehrte, aber es ist niemandem verboten, Christ zu sein, im Besitz des Glaubens zu sein. Ich erkühne mich sogar zu sagen: niemandem verboten, Theologe zu sein.«[12]

Leider gerät das Evangelium nur allzu leicht in Vergessenheit, und Erasmus bemüht sich unermüdlich, es ins Gedächtnis zurückzurufen. Er prangert die Verweltlichung der Kirche und ihre politischen Ambitionen an, er verspottet die Prälaten, die schamlos Geld und Würden hinterherjagen, und das heuchlerische Pharisäertum der Mönche. Er beklagt die Verwässerung der Frömmigkeit durch kindliche Andachtsformen, mit denen sich die Gläubigen in trügerischer Sicherheit wiegen. Er geißelt den Verfall der Predigt und die Aufgabe des missionarischen Ideals. Er brandmarkt die oberflächliche Moral der Kirche in juristischen, militärischen und bürokratischen Fragen, die Überbetonung kleinlich befolgter Regeln und schließlich einen Glauben, der in Äußerlichkeiten steckenbleibe und allzu siegesgewiß auftrete.

Erasmus verdammt die Mißstände in der Kirche, nicht die Institution der Kirche. Er greift das erstarrte Zeremonienwesen an, nicht die Frömmigkeit; er verurteilt die gedankenlos verrichtete Andacht, nicht die Sakramente oder die Liturgie. Seine Theologie des Herzens will eine Bekehrung aus Liebe und in freier Wahl. Aus dieser Überzeugung heraus ist sein Ruf zu verstehen: »Es ist weniger übel, ein offener Türke oder Jude zu sein als ein heuchlerischer Christ!«[13]

Unerschrocken kritisiert er das im Niedergang befindliche Mönchtum.[14] Über Mönche, welche die Gelübde der Keuschheit, der Armut und des Gehorsams ablegen und sich allein deshalb in einem »Zustand der Vollkommenheit« wähnen, der sich mit einem achten Sakrament gleichsetzen läßt, kann Erasmus nur lachen: Er kennt das Klosterleben aus eigener Erfahrung.

Da die Glaubensregel nicht über dem Evangelium steht, verspottet er selbst-

126

zufriedene, von ihrer Demut überzeugte Klosterbrüder und führt den Lesern um so anschaulicher das Ideal des wahren Christentums vor Augen. Seinen Namen gegen einen Mönchsnamen einzutauschen ist noch keine Ruhmestat. Erasmus warnt davor, die Bedeutung der Taufe zu unterschätzen. Nur zu oft entsprächen die realen Verhältnisse im Kloster nicht dem Ideal: Ungeachtet aller Gelübde herrschten dort Sinnenlust, Habgier und Herrschsucht.

Für die Mönche, die in ihrer abgeschlossenen Welt ganz auf sich selbst bezogen leben, ist die Versuchung groß, die Ordensregeln zu verabsolutieren. Es besteht die Gefahr, daß sie allmählich den Sinn für die christliche Gemeinschaft verlieren und sich zu einer Kirche innerhalb der Kirche entwickeln. Es ist gleichermaßen verwerflich, die Regel über alles zu stellen, wie sich darüber hinwegzusetzen. In beiden Fällen verraten die Anhänger ihre Ordensgründer. Ebensowenig billigt es Erasmus, wenn gewissenlose Kleriker ohne eine genaue Prüfung des Einzelfalls zu junge und unerfahrene Menschen als Novizen anwerben.

Der Christ, sei er Laie oder Geistlicher, muß den Mönch nicht um sein Dasein beneiden, denn dieser erfüllt nur Gelübde, die von Menschen erdacht wurden; jeder Christ muß die göttlichen Gebote respektieren, an die er kraft seiner Taufe gebunden ist. Für wahre Frömmigkeit ist das Leben im Kloster weder hinreichend noch notwendig.

Solche radikalen Äußerungen erklären sich aus dem beklagenswerten Zustand der Kirche in der Renaissance. Wie viele Regulare, vor allem in den Bettelorden, hatten die sittlichen Forderungen ihrer heiligen Gründer vergessen? Viele Weltpriester waren unfähig, das Evangelium zu predigen, ohne dabei leere Phrasen zu dreschen und ins Deklamieren zu verfallen. Zahlreiche Bischöfe – und selbst Päpste – lebten in Luxus und Ausschweifung. Und da die Laien vom Evangelium wenig wußten, saßen sie oft dem finstersten Aberglauben auf.

Bereits im *Lob der Torheit* beschrieb Erasmus mit bissigen Worten, was skrupellose Päpste und nachlässige Bischöfe zu den himmelschreienden Mißständen in der Kirche beitrugen. Doch die Empörung an den theologischen Fakultäten richtet sich weniger gegen diese Schrift als gegen die Ausgabe des *Neuen Testamentes*. Die textkritische Arbeit des Erasmus schreckt so manche Theologen auf, weil sie darin eine Unterminierung und Erschütterung des Glaubens sehen. Schon bald wirft man ihm Anmaßung, Irrtum und Heterodoxie vor.

In einer Anmerkung zum *Neuen Testament* kritisiert Erasmus eine Stelle aus dem Hebräerbrief (2,7), die Jacques Lefèvre d'Étaples übersetzt hatte. Aus der Korrektur entwickelt sich eine philologische Debatte und daraus bald eine heftige theologische Polemik über die Bedeutung der Fleischwerdung Christi. Lefèvre greift zur Feder und rechtfertigt seine Version, Erasmus beschimpft er als »gottlos«. Keine schlimmere Beleidigung hätte den umstrittenen Exegeten treffen können! Er setzt sich nach Kräften zur Wehr, denn ihm erscheint es als »die schlimmste Gottlosigkeit«,[15] sich nicht gegen den Vorwurf der Gottlosigkeit zu verteidigen. Trotz seiner Erläuterungen zu der betreffenden Stelle bezichtigt ihn ein Dominikaner aus Löwen öffentlich der Ungläubigkeit. Bei der hartnäckigen Verleumdungskampagne dürfte auch der Neid eine Rolle spielen.

Der bekannte Theologe Johannes Eck kritisiert Erasmus' Anmerkung, die Apostel hätten ihr Griechisch nicht aus den Schriften des Demosthenes, sondern in Gesprächen mit Ungebildeten erlernt. Eck hält Erasmus vor, er hätte an dieser Stelle auf die besondere Sprachbegabung der Apostel hinweisen müssen. »Ich leugne ihre Begabung nicht«, antwortet Erasmus, »aber das besagt nicht, daß die Apostel ihr Griechisch nicht im Gespräch mit den Armen erlernt haben.« Erasmus ist die christliche Botschaft wichtiger als die Worte, in denen sie verkündet wird.

Andere Männer der Kirche haben das philologische Talent des Erasmus dagegen erkannt und seine Verdienste gewürdigt. »Der Name Erasmus wird niemals untergehen«, schreibt John Colet begeistert.[16] Erasmus selbst verteidigt sich mit Humor gegen die Verleumder. »Sie meinen, es sei ihrer unwürdig«, bemerkt er, »in die Niederungen der spitzfindigen ›Grammatiker‹ hinabzusteigen: So pflegen sie jene zu nennen, die sich mit der Literatur beschäftigt haben; das halten sie dann für eine Beschimpfung. Wahrscheinlich verdient der Theologe nur dann ein Lob, wenn er von Grammatik nichts versteht! Die Kenntnis der Grammatik allein macht noch keinen Theologen, aber die Unkenntnis der Grammatik macht ihn noch weniger.«[17]

Im Namen des Evangeliums fordert Erasmus innige Frömmigkeit. Zwar erspart er dem Laien das Fasten, die Entsagungen und die klösterliche Strenge, aber darum wird das Christsein nicht einfacher.[18] Es gilt, neben der Befolgung der Zehn Gebote auch den Geist der Bergpredigt in sich aufzunehmen. »Die wahre Vollkommenheit liegt nicht in der Art des Daseins, in Nahrung und Kleidung, sondern in den Regungen der Seele.«[19]

Erasmus ist umstritten, aber er wird gelesen. Man ruft ihn nach Frankreich und nach Spanien, doch seine Bewunderer laden ihn vergeblich ein: Er will sich von seinen großen Vorhaben nicht ablenken lassen.

Erasmus ist nun ein berühmter Mann, aber in finanziellen Nöten steckt er nach wie vor. Als der Winter vor der Tür steht, muß er seine Pferde verkaufen, damit er sich neu einkleiden kann. An Thomas Morus, der ihm das Manuskript der *Utopia* geschickt hat, schreibt er: »Gut gekleidet muß ich jetzt den Hungertod fürchten.«[20] Sicher übertreibt er, denn er will ja die Herzen von Freunden und Gönnern rühren. Bei allen Entbehrungen ist sein Drang nach Unabhängigkeit ungebrochen, und bald gewinnt sein Humor wieder die Oberhand. Als er erfährt, daß ihm der katholische König ein Bistum auf Sizilien übertragen will, ruft er aus: »Meine Freiheit würde ich nicht gegen das herrlichste Bistum eintauschen.«[21]

Im *Lob der Torheit* wird eine kleine Zeichnung von Holbein veröffentlicht –

ein Porträt kann man es kaum nennen –, die Erasmus im Jahre 1516 an seinem Schreibtisch zeigt. Als er die Zeichnung zu Gesicht bekommt, scherzt er: »Wenn Erasmus so gut aussähe, dann könnte er ans Heiraten denken!«

Seine erste Briefsammlung wird von der Öffentlichkeit wohlwollend aufgenommen. Daraufhin zögert er nicht länger mit der Herausgabe einer zweiten Sammlung, sie erscheint im Oktober 1516 unter dem Titel: *Briefe einiger bedeutender Männer an den Erasmus*. Anders als die erste Sammlung wird sie nicht bei Froben gedruckt, sondern bei Dirk Martens.[22]

Im Vorwort erklärt sich Peter Gilles für die Zusammenstellung verantwortlich. Er habe, so sagt er, aus der gewaltigen Korrespondenz seines Freundes die schönsten Briefe ausgewählt. Von den zwanzig Briefen der Sammlung sind elf an Erasmus gerichtet, sieben stammen aus seiner eigenen Feder, zwei sind ein Lob auf seine geniale Arbeit als Bibelexeget. Der ganze Band hebt geschickt die Bedeutung der jüngst erschienenen Ausgabe des *Neuen Testamentes* und die rechtgläubige Haltung ihres Verfassers hervor.

Mit sechs Briefen sind die Engländer in diesem Band gut vertreten. Einer stammt von Warham, einer von Colet und einer von Morus. Aus Frankreich kommen ein Brief von Lefèvre d'Étaples und einer von Budé sowie zwei Antwortbriefe des Erasmus an den zuletzt genannten Freund. Der einzige Niederländer in der Sammlung ist der Verfasser des Vorwortes.

Dem Franzosen Budé vertraut Erasmus seine Hoffnungen und Sorgen an. Karl von Spanien sei wohl ein großer König, aber in den Niederlanden halte man nicht viel von den Gelehrten. »Man setzt sich beim Fürsten dafür ein«, sagt er, »daß er mich mit Gold überschüttet. Aber ich weiß nicht, woher das kommt: Nirgends verachtet man die Wissenschaft mehr als hier. Die Männer an der Spitze haben nicht einen Deut Bildung. Immerhin kann man auf Jean Le Sauvage hoffen, den Kanzler von Burgund: Er ist nicht nur sehr bedeutend, überaus klug und gebildet; er unterstützt auch tüchtig diejenigen, die sich durch Gelehrtheit auszeichnen. Wenn uns dieser Heroe durch das Wohlwollen der Götter bei guter Gesundheit bleibt, dann haben wir in unserem Lande Grund zur Hoffnung; vielleicht fördert man dann die erfolgreichen Männer, die durch das Wirken ihres Genius die Regierung ihres Fürsten verherrlichen und schmücken – im übrigen eine der glücklichsten Regierungen.«[23]

Eine kleine Streitigkeit, die nicht die letzte sein wird, überschattet vorübergehend die Freundschaft zwischen Budé und Erasmus. Budé hält ihm vor, er verschwende seine Zeit mit Bagatellen und verzettle sich zu sehr. Verstimmt verteidigt sich Erasmus. Er ist verärgert, daß Budé Vielseitigkeit mit Oberflächlichkeit verwechselt. Budé entschuldigt sich und beschwichtigt ihn. Beiderseitige Überempfindlichkeit, wenn nicht sogar Streitsucht scheint zu dem Zwischenfall geführt zu haben.[24]

In seinem Widmungsbrief an Leo X. erinnert Erasmus den Papst daran, daß das *Neue Testament* unter seiner Schirmherrschaft erschienen ist. Das Werk verdiene seine Gunst. »Unter den glücklichen Auspizien Deines Namens ist das *Neue Testament* in einer griechischen und lateinischen Ausgabe erschienen, die ich durchgesehen und mit Kommentaren bedacht habe. Ob dieses Werk von aller Welt geschätzt wird, weiß ich nicht. Dennoch stelle ich fest, daß es von den gelehrtesten und berühmtesten Theologen die Approbation erhielt, besonders von dem vortrefflichen Prälaten Christoph von Utenheim, dem Bischof von Basel, dank dessen Unterstützung das Buch gedruckt wurde. Mit dieser Arbeit mache ich nicht die allgemein anerkannte alte Ausgabe zunichte; ich berichtige nur, was von anderen verderbt wurde, und erkläre einige dunkle Stellen. Ich habe die Ausgabe nicht Hirngespinsten folgend und, wie man so sagt, mit schmutzigen Händen erstellt, sondern nach den Zeugnissen der ältesten Manuskripte oder anhand der Versionen von Autoren, deren Lehre von der kirchlichen Autorität gutgeheißen wird, wie Hieronymus, Hilarius, Ambrosius, Augustinus, Chrysostomos und Cyrill. Ich bin stets bereit, in aller Bescheidenheit die Gründe für meine genauen Hinweise darzulegen, und ich berichtige mich gerne, wenn mir in menschlicher Unkenntnis einige Fehler unterlaufen sein sollten.«[25]

Als Erasmus wieder in Brüssel ist, schreibt er an Andreas Ammonius, daß sich die Kluft zwischen ihm und der Löwener Theologischen Fakultät beständig vertiefe. Engstirnige Professoren wollen seine Bücher einem Gremium von noch engstirnigeren Experten zur Begutachtung vorlegen. Der Vorschlag wird nicht in die Tat umgesetzt, aber die Widersacher strecken nicht so bald die Waffen.[26]

In dieser Zeit ist Erasmus besonders eng mit Peter Gilles befreundet, und es entsteht auch das Diptychon, das sie ihrem gemeinsamen Freund Morus schicken. Wie so oft erteilt Erasmus dem Freund gute Ratschläge. »Glaube mir, die Gesundheit ist ein Ding, das zu einem großen Teil in Deiner Hand liegt. Die meisten Krankheiten rühren von unseren seelischen Zuständen her. Deine geistige Arbeit würde Dich nicht so sehr belasten, wenn Du sie Dir mit Methode einteiltest. Lege Deine Bücher, Briefe und Manuskripte in verschiedene Ablagefächer. Laß Dich nicht vom Zufall leiten, wenn Du diesen oder jenen Autor liest. Du mußt die wichtigsten Autoren heranziehen und nicht lockerlassen, bis Du ins tiefste Innere ihrer Werke vorgedrungen bist. Notiere Dir beim Lesen die Stellen, die Dir wür-dig scheinen, daß man sie sich merkt. Erstelle Dir einen genauen Plan: Was willst Du zu welchem Zeitpunkt tun? Nimm Dir nicht gleichzeitig mehrere Aufgaben vor, sondern erledige eins nach dem anderen: Auf diese Art kannst Du Deinen Tag verlängern, der Dir im Augenblick zerrinnt. Und da Du Dich über Dein Gedächtnis beklagst, dünkt es mich nützlich, daß Du nach jedem Jahr eine kurze Zusammenfassung alles Wichtigen erstellst. Das verlangt keine große Mühe. Auch solltest Du Dir jeden Tag eine Anmerkung machen, wenn Du auf etwas gestoßen bist, das Du vor dem Vergessen bewahren willst. [...]

Vor allem lege ich Dir immer wieder nahe, Dich in Deinen Angelegenheiten mehr von vernünftigen Erwägungen als von Gefühlen leiten zu lassen. Wenn Du Dich an etwas stößt, prüfe sogleich, wie Du Abhilfe schaffen oder das Übel mildern kannst. Deine Urteilskraft ist schärfer, wenn Du ruhig bist, als wenn Du Dich erregst. Wenn es ein Heilmittel gibt, dann wende es an. Wenn nicht, was nutzen dann Wut und Klagen? So verschlimmerst Du das Übel nur, und das durch eigene Schuld!

Ich beschwöre Dich im Namen unserer Freundschaft: Es soll Dir nichts mehr am Herzen liegen als Dein Leben und Deine Gesundheit. Wenn Du eine Sache gefahrlos verteidigen kannst, dann tue es. Wenn nicht, dann meide die ruinöse Knauserei, auf Kosten Deiner Gesundheit und Ruhe einer verlorenen Sache abhelfen zu wollen. Wenn Du Dich schon nicht um Deine eigene Person sorgst, dann denk an meine, deren bester Teil Du doch bist. Hüte Dich davor, gleich zwei Männer ins Verderben zu stürzen. Wenn ich, so Gott will, gesund bleibe, dann mußt Du es auch sein. Widme zweitrangigen Fragen nicht zuviel Arbeit. Das Leben verfliegt schnell, und die Gesundheit ist zerbrechlich wie Glas: Für Geringfügigkeiten darf man sie nicht aufs Spiel setzen. Es gibt Dinge, die man vernachlässigen muß; der Geist soll sich dem Großen zuwenden. Mach Dir Seneca und Platon zu Vertrauten. Wenn diese beiden Autoren oft mit Dir plaudern, dann wird Dein Eifer nicht nachlassen. Ja, es ist ein Zeichen großer Tapferkeit, über einige Ungerechtigkeiten mit Verachtung hinwegzusehen und für die Beschimpfungen einiger weder Ohren noch Zunge zu haben. Lasse von Zeit zu Zeit Geduld walten, und übe Dich in einer sanften Sprache: Diese Dinge sind stärker als Kampfeslust und ohnmächtige Wut.«[27]

KAPITEL XII

Das Goldene Zeitalter

Der Erfolg des *Neuen Testamentes* versetzt Erasmus in euphorische Stimmung. Er glaubt, ein neues goldenes Zeitalter stehe bevor. Begeistert schreibt er dem Theologen Wolfgang Capito: »Ein Goldenes Zeitalter wird geboren.« »Das Studium der Literatur«, vertraut er Afinius an, »blüht allerorts prächtig. Wir verdanken das vor allem der Humanität und Frömmigkeit der Fürsten. Sie beginnen, die besten Geister zu schätzen und zu ehren. Wie unter göttlichem Einfluß hat sich ihre Haltung gewandelt. Sie sind tatsächlich entschlossen, sich untereinander zu verständigen, damit die Welt in ewigem Frieden leben kann.«

In einem Brief an Leo X. führt er das Thema weiter aus: »Unser Zeitalter wird, wie ich hoffe, ein goldenes Zeitalter, wenn es ein solches je gab. Unter Deiner Schirmherrschaft und dank Deiner Anstöße sehe ich drei der wichtigsten Güter der Menschheit erblühen: die Frömmigkeit, die Wissenschaft und den Frieden.« Für Erasmus bedeutet das Goldene Zeitalter die glücklichste der Epochen, eine gesegnete Zeit.[1]

Seine Situation hat sich gebessert, seit ihn der Papst von den Gelübden entbunden hat; er kann nun eine Pfründe in Courtrai annehmen.[2] Er söhnt sich mit Dorp aus, und Dorp setzt alles daran, die Theologen in Löwen zu beschwichtigen. Nach einem mehrwöchigen Aufenthalt bei Peter Gilles in Antwerpen verbringt Erasmus den Rest des Jahres in Löwen. Obwohl er sich mit seinen fünfzig Jahren alt fühlt, geht es ihm gesundheitlich besser. Er genießt seine Erfolge in vollen Zügen. Er ist der Mittelpunkt eines intellektuellen Kreises, in dem rege über Kultur, Theologie und Frieden diskutiert wird.

Als überzeugter Pazifist lehnt Erasmus jede Form des Nationalismus entschieden ab, aber seinem Patriotismus tut das keinen Abbruch. Obwohl König Karl von Spanien »sein Fürst« ist, bezeichnet er Frankreich als »sein Land«. Er sagt es allerdings in Latein. Der Ausdruck *Gallia nostra* umfaßt die französische Welt mit den nordgallischen Grenzen und der Rheingrenze wie zu Cäsars Zeiten. Dank eines solch großzügigen Umgangs mit geographischen Gegebenheiten könne man, so meint Erasmus, Germane und Gallier zugleich sein.[3]

Zweifellos liebt er Frankreich, das Land, in dem er einen Teil seiner Jugend verbracht hat. Er bewundert das Volk und die Gelehrten, die Hauptstadt und den König.[4] Nur sehr selten beschreibt er Landschaften, aber er gerät geradezu ins Schwärmen, wenn er die Seine in Paris schildert oder auf die Weine aus Burgund ·zu sprechen kommt. Zwar nennt er das Französische in einer sonderbaren Einschätzung »eine barbarische und abnorme Sprache, die man anders schreibt, als man sie spricht, und die wegen ihrer schrillen Laute und ihrer Betonung fast nichts Menschliches an sich« habe.[5] Aber er beherrscht alltagssprachliche Wendungen und sagt aus eigener Erfahrung, man könne Französisch innerhalb eines Jahres lernen – vorausgesetzt, man teile das Leben der Franzosen.

Etliche Jahre später schreibt Erasmus seinem Famulus, dem jungen Franken Daniel Stibarus, aus Basel einen in persönlichem Ton gehaltenen Brief nach Paris und empfiehlt ihm eine noch schnellere Lernmethode. »Wenn Du Französisch lernen möchtest, so tust Du gut daran, Dich in der Plauderschule eines Barbiers niederzulassen. Dort wahrst Du für einige Zeit Stillschweigen, wie es Pythagoras gefiel. Was solltest Du an einem solchen Ort anderes tun als die Ohren spitzen? Doch merke wohl, daß Dir eine einzige Französin beim Erlernen ihrer Landessprache nicht weniger nützlich ist als dreißig Männer. Für weitere Fortschritte machst Du Dich dann mit der Beugung der Nomen und Verben vertraut. Das ist die sicherste Methode. Greif dabei auch zu Büchern, die in gutem Französisch geschrieben sind. Vor allem aber nimm Dir einen Lehrer oder, wenn Dir das lieber ist, eine Lehrerin.«[6]

Franz I. hegt bereits seit seinem Regierungsantritt den Plan, eine von der alten Sorbonne unabhängige Bildungsanstalt einzurichten. Dieses aufgeschlossenere Collège du Roi für höhere Studien sollte mit seinem erneuerten Lehrplan den geistigen Umwälzungen – die wir heute als »Renaissance« bezeichnen – angemessen Rechnung tragen. Guillaume Budé, in Paris eine Autorität in Sachen Literaturstudium, will Erasmus fest in die Arbeit an dieser Einrichtung einbinden, einer Vorläuferinstitution des heutigen Collège de France. »Der König«, schreibt Budé an Erasmus, »beabsichtigt, als großzügiger Gönner Männer von hoher Begabung in sein Königreich zu ziehen, damit sie in Frankreich eine Bildungsstätte für Gelehrte einrichten. [...] Er würde sich verpflichten, Dir eine Pfründe mit einem Ertrag von über tausend Pfund zu verleihen, falls Du bereit bist, die Niederlande zu verlassen und der Wissenschaft lieber hier zu dienen. [...] Was für einen Glanz und was für eine Gunst bedeutet es doch in den Augen aller Gelehrten, daß Du allein wegen des Ruhms Deiner Wissenschaft vom bedeutendsten und erlauchtesten König in ein fremdes Land gerufen wirst! Dieser Fürst ist nicht nur Franzose, was allein schon ein glanzvoller Titel ist, er nennt sich zudem Franz – ein Name, den zum ersten Mal ein König trägt –, und es ist ihm ein glanzvolles Geschick verheißen. Er ist nicht belesen, was bei unseren Königen leider nur allzu häufig vorkommt, aber er besitzt eine natürliche Beredsamkeit. Er hat Geist, Takt, Wendigkeit und ist im Verkehr umgänglich und liebenswürdig. Die Natur hat ihn an Geist und Körper mit außergewöhnlichen Gaben beschenkt. [...] Fügen wir hinzu, daß er über Mittel verfügt, die seiner Großzügigkeit entsprechen; mehr als jeder König auf der Welt.«[7]

Budé zweifelt nicht daran, daß sich Erasmus bewußt ist, welche Ehre man ihm anträgt. Entsprechend direkt, wenn nicht gar plump, will er ihn überzeugen. Der ebenso besonnene wie impulsive Erasmus ist zwar gerührt, zögert aber. Er kann und will seine Entscheidung nicht in wenigen Tagen fällen. Er schlägt zunächst vor, statt seiner den Schweizer Humanisten Heinrich Glarean (Glareanus) zu berufen. Schließlich schreibt er Franz I. Er dankt ihm in überschwenglichem Ton, sagt ihm aber weder zu noch ab. Er versucht, Zeit zu gewinnen, und nutzt die Gelegenheit, an den Allerchristlichsten König eine Mahnung zu richten. Er solle nicht nach Vergrößerung seines Territoriums streben, sondern seine Untertanen glücklicher machen. Budé gegenüber ist er kaum offener: »Sosehr ich auch bekenne, wie dankbar ich Euch allen und besonders Eurem überaus großzügigen und gütigen König bin, so kann ich doch keine sichere Antwort geben, bevor ich nicht den Kanzler von Burgund, der derzeit abwesend ist, zu Rate gezogen habe. [...] Sobald ich seine Meinung kenne, teile ich Dir mit, was ich vorhabe. Im Augenblick sage ich Dir nur, daß mir Frankreich in vielerlei Hinsicht stets lieb gewesen ist, daß es für mich zum gegenwärtigen Zeitpunkt jedoch keinen besonderen Vorzug hat als den, einen Budé zu besitzen!«

Budé ist mit dieser Antwort nicht zufrieden. Franz I. noch weniger! Es hat Erasmus noch nie verlockt, sich fest an eine Institution zu binden, mag das Angebot auch noch so ehrenhaft sein. Zudem fürchtet er Paris trotz seiner Titel und Gönner nicht weniger als Löwen. An den dortigen theologischen Fakultäten ist man seinem Denken und seinen Schriften ebenso feindlich gesinnt. Wäre er ein bedingungsloser Verfechter der französischen Politik, könnte er die Gelegenheit nutzen, sich in Paris niederlassen und der Sorbonne die Stirn bieten. Aber das ist nicht der Fall.

Erasmus' Ausflüchte haben einen tieferen Grund. Im selben Jahr 1517 soll er an der Gründung des Dreisprachenkollegs in Löwen mitarbeiten. Der befreundete Humanist Hieronymus von Busleiden, der noch 1517 stirbt, hat die künftige Bildungsanstalt üppig mit Finanzmitteln ausgestattet. Durch ein merkwürdiges Zusammentreffen, das sich aus den geistigen Bestrebungen der Epoche erklärt, wollte Busleiden ebenfalls eine Bildungsanstalt schaffen, die dem Bildungsideal der Renaissance Rechnung tragen sollte. Da Erasmus alle namhaften Philologen kennt, eignet sich niemand besser zur Gründung dieses Kollegs, das neben der niederländischen Universität entstehen soll. Er unterrichtet zwar nicht selbst, aber er wirbt die besten Lehrmeister für Latein, Griechisch und Hebräisch an. Diese Aufgabe sagt ihm sehr zu. Seinen Gegnern von der Theologischen Fakultät gefällt das weniger: Erasmus setzt ihnen seine Schüler vor die Nase, Anhänger einer Theologie, die neuerdings auf das Studium der drei heiligen Sprachen baut. In Löwen schafft Erasmus genau das, was er nach Budé in Paris hätte zustande bringen sollen: Das Collège du Roi orientiert sich am Dreisprachenkolleg.[8]

Erasmus widmet sich seiner Aufgabe bis ins Jahr 1521. Dann läßt er sich in Basel nieder, aber Busleidens Werk, das ebenso sein Werk ist, verliert er zeit seines Lebens nicht aus den Augen.

Mit seinem vorsichtigen Taktieren hat er Budés Geduld allerdings zu sehr beansprucht. So wird das Collège du Roi ohne seine Mitwirkung gegründet. Die Niederlage Franz' I. gegen Karl V. bei der Kaiserwahl, die sich anschließende blutige Rivalität beider Herrscher und der Bruch zwischen den Niederlanden und Frankreich werden schließlich auch die beiden Humanisten entzweien.[9]

Ende 1517 erscheint in Basel *Die Klage des Friedens*. Wie *Das Lob der Torheit* ist die Schrift eine gewagte Prosopopöie,[10] in der als personifizierte Titelgestalt diesmal der Friede spricht. Er schildert die Kämpfe der Menschen, seien sie Gelehrte, Mönche oder Christen. Aber während die Torheit siegesgewiß auftritt und sich einer großen Anzahl von Anhängern erfreut, klagt der Friede von seinen Niederlagen, zeigt seine Wunden, jammert über seine Einsamkeit und ruft alle heilkräftigen Mittel der Moral zu Hilfe: Vernunft, Menschlichkeit, Brüderlichkeit und Nächstenliebe.

Der Zeitpunkt ist günstig, um die Anhänger des Friedens zusammenzuschmieden. Die Brüsseler Regierung verfolgt gegenüber Frankreich eine Politik der ausgestreckten Hand, das heißt eine Friedenspolitik, die zwar eher von nationalen Interessen als von den Geboten des Evangeliums diktiert wird, aber jedem Freund des Friedens erfolgversprechend erscheinen muß – vor allem, wenn ihm, wie Erasmus, der Reichsgedanke gleichgültig ist. *Die Klage des Friedens* ist keine Propagandaschrift. Obwohl ihre Entstehung auf eine Anregung des Kanzlers von Burgund zurückgeht und ihr Anliegen sich mit seinen Absichten deckt, gibt es an der Aufrichtigkeit des Verfassers keinen Zweifel: Erasmus war schon immer ein überzeugter Pazifist.

Bereits im Vorwort weist er darauf hin, daß der Friede mit Frankreich, von jeher wünschenswert, jetzt notwendiger denn je sei. Obwohl ein Konflikt droht, glaubt er noch an den guten Willen Franz' I. Am 21. Februar des Jahres 1517 schreibt er ihm: »Nach Deinem Sieg über die Schweizer hast Du all Deine Kräfte darauf konzentriert, die Zwistigkeiten aus der Welt zu schaffen, die aus dem Krieg erwachsen sind. Du wolltest die ersten Fürsten der Christenheit in ewigem Frieden vereinen.«[11] Erasmus' Zuversicht scheint gerechtfertigt: Am 11. März 1517 wird der Vertrag von Cambrai geschlossen, der allgemeine Versöhnung proklamiert. Frankreich und die Niederlande sind sich damit vorübergehend wieder etwas nähergekommen.

Obwohl die Situation weiterhin angespannt bleibt, was Erasmus durchaus bewußt ist, entsteht *Die Klage des Friedens* in einer relativ optimistischen Atmosphäre. So kann der Humanist den Krieg als Geißel anprangern und vom Standpunkt der christlichen Moral aus verdammen. Der Krieg ist für ihn immer ein Bruderkrieg, deshalb muß er geächtet werden. Von allen Seiten verraten und verleugnet, tritt der Friede auf. Er weiß nicht, zu wem er sich flüchten soll, da selbst die Christen ihn verstoßen haben; so die Soldaten, die Christus auf ihre Fahnen schreiben und Schindluder mit dem Glauben treiben, ja sich eines Sakrilegs schuldig machen. »Die Fahnen tragen das Kreuz [...] und das, wodurch allein man den Krieg verlernen könnte, ist ein Symbol des Krieges«, klagt der Frieden. Die Jünger Christi haben die Lehren ihres Meisters vergessen, während doch derjenige, »der Christus verkündet, den Frieden verkündet, und derjenige, der den Krieg predigt, die Gegenseite wählt«. Der Frieden fordert die Christen auf, »endlich die Lehre Christi zu befolgen und in Frieden zu leben, wie er es lehrt. Tun sie das nicht, dann dürfen sie sich nicht länger Christen nennen!«

Da zu Erasmus' Zeit die Monarchie als Staatsform die Regel ist, wendet sich der Friede an die Fürsten. Anlaß zum Krieg geben ihre dynastischen Heiraten,[12] eine seiner Ursachen ist ihr Neid. »Heutzutage ist die Nachbarschaft eines allzu blühenden Landes fast schon ein Grund, der einen Krieg rechtfertigt. Seien wir ehrlich: Welche Gründe haben so viele Völker bewogen, die Waffen gegen Frankreich zu erheben, wenn nicht die Tatsache, daß dieses Land das blühendste von allen ist?« Und der Friede fährt fort: »Einst trennte der Rhein die Franzosen von dem Deutschen, aber der Rhein trennt nicht Christen von Christen.«[13]

Zwar zetteln die Fürsten die Kriege an, aber die Soldaten tun bereitwillig mit. Die Soldaten, von denen Erasmus spricht, sind gedungene Söldner und haben mit den Wehrpflichtigen unserer Tage wenig gemein. Die Söldner sind verrohtes Diebsgesindel, Mörder im Frieden, Schlächter im Krieg, der Schrecken der Zivilisation und der Abschaum der Menschheit.

Fast ebenso wie vor den Söldnern graut Erasmus vor den Soldatenpriestern, die die Soldaten aus der Eigenverantwortung entlassen und ihr Gewissen beruhigen. Aber aus Gehorsam töten heißt mitschuldig sein am Verbrechen. Und wenn die Krieger das Vaterunser beten, dann ist das eine Schamlosigkeit.

»›Vater unser‹? Du harter Mund, Du wagst Vater zu sagen, der Du Deinem Bruder an die Gurgel springen willst? ›Geheiligt werde Dein Name‹ – wodurch könnte der Name Gottes mehr entehrt werden als durch ein solches Ringen zwischen euch? ›Es komme Dein Reich‹ – so betest Du, der Du durch viel Blutvergießen Deine Gewaltherrschaft begründest? ›Es geschehe Dein Wille, wie im Himmel, so auch auf Erden‹ – jener will den Frieden, und Du rüstest zum Krieg? Du bittest den gemeinsamen Vater um das tägliche Brot, der Du die Getreidefelder des Bruders verbrennst und lieber willst, daß sie auch für Dich nutzlos seien, als daß sie ihm nützen? Mit welcher Frechheit sprichst Du das aus? ›Und vergib uns unsere Schuld, wie auch wir vergeben unseren Schuldigern‹, der Du zum Mord eilst? Du suchst durch Bitten die Gefahr der Versuchung abzuwenden, der Du durch diese für Dich bestehende Gefahr den Bruder in sie hineinziehst? Du verlangst, vom Übel befreit zu werden, das Dich treibt, dem Bruder das größte Übel zu bereiten?«[14] Zum Abschluß richtet der Friede an die Mächtigen der Welt und an die Christen einen feierlichen, ergreifenden Appell. »Ich wende mich an euch, ihr Herrscher, von deren Walten meistens das Los der Menschen abhängt, die ihr das Bild Christi, des Herrn, unter den Menschen darstellt, erkennt die Stimme eures Königs, der zum Frieden ruft, bedenkt, daß die ganze Welt, die durch die lange Dauer des Elends erschöpft ist, das von euch fordert. Wenn einer auch jetzt noch immer beleidigt ist, ist es angemessen, das dem gemeinsamen Glück aller zu opfern. Die Sache ist zu nichtig, als daß man sie aus nichtigen Gründen verzögern könnte. Ich wende mich an euch, ihr Priester, ihr Gottgeweihten, damit ihr mit aller Anstrengung das darstellt, von dem ihr wißt, daß es Gott am willkommensten ist, damit ihr das vertreibt, was er am meisten haßt. Ich wende mich an euch, ihr Theologen, verkündet das Evangelium des Friedens, predigt es immer den Ohren des Volkes! Ich wende mich an euch, ihr Bischöfe, und an andere kirchliche Würdenträger, möge euere Autorität imstande sein, den Frieden mit ewigen Banden zu festigen. Ich wende mich an euch, ihr Obrigkeiten und ihr Beamten, daß euere Willfährigkeit die Weisheit der Könige und die Frömmigkeit der Priester unterstütze. Ich wende mich ohne Unterschied an euch, die ihr für Christen gehalten werdet, verschwört euch einmütig auf dieses Ziel! Zeigt, wieviel die Eintracht der Menge gegen die Tyrannei der Mächtigen vermag! Alle mögen gleicherweise alle ihre Vorschläge vorbringen. Eintracht möge die verbinden, die schon die Natur durch vieles verbunden hat, Christus aber noch durch mehr. In gemeinsamem Bemühen mögen alle auf das hinarbeiten, was zum Glücke aller beiträgt.«[15]

Erasmus kommt in seinen Schriften gegen den Krieg stets zu den gleichen oder ähnlichen Schlußfolgerungen. Will man den Frieden sichern, muß man die Könige miteinander aussöhnen. Man darf sie nicht allein über Krieg und Frieden entscheiden lassen. Man muß das in den Menschen tief verwurzelte Solidaritätsgefühl aufrütteln und die politischen Grenzen befestigen. Schließlich muß man – darin liegt die Neuheit seiner Gedanken – eine Schiedsgerichtsbarkeit schaffen. Erasmus hat diese Idee zwar nicht ausgearbeitet, aber immerhin aufgeworfen. Sie wird sich sehr langsam durchsetzen. Erasmus urteilt durchaus realistisch und erkennt die Notwendigkeit eines Verteidigungskriegs an. Aber weitere Zugeständnisse macht er nicht.

1517 geht Erasmus einen Schritt weiter und bezieht Stellung gegen das monarchische Prinzip. Wichtig ist in diesem Zusammenhang das Vorwort zu seiner

Ausgabe des Sueton. Darin entrüstet er sich über die Eroberer in früheren Zeiten und die Eroberungslust der gegenwärtigen Fürsten. Der Begriff Kaiserreich sei nichts »als der vergängliche Schatten eines großen Rufs«. Wer das Kaiserreich wieder auferstehen lassen wolle, stürze die Völker in die furchtbarsten Kriege. »Der wahre und einzige Monarch der Welt ist Christus: Wenn sich die Fürsten einigen könnten, seine Gesetze zu befolgen, dann lebte die Welt glücklich unter seinem Regiment. Das höchste Amt bedeutet eine zu große Verantwortung, als daß ein Mensch es ausüben kann.«

Hören die Fürsten auf Erasmus, auf die Stimme des Friedens? Verstehen sie die Botschaft? Da seine Bücher Erfolg haben, kann er darauf hoffen. Die Königshäuser von Frankreich und Spanien sind vorübergehend ausgesöhnt. Er will an das Einvernehmen der Fürsten, an die Verbreitung des Literaturstudiums und an die Erneuerung der Theologie glauben. Seine Hoffnung währt nur kurz, die Enttäuschung desto länger.

Am Jahresende fährt Karl nach Spanien ab; dort betreibt er eine völlig andere Politik als in den Niederlanden: Er folgt dynastischen Interessen und macht Front gegen Frankreich. Wenige Monate später stirbt Kanzler Jean Le Sauvage. Damit schwinden die Aussichten auf einen dauerhaften Frieden. Durch Luthers Auftreten ist die Einheit der abendländischen Kirche in Gefahr. Am Himmel über Europa ziehen Gewitterwolken auf. Der Traum vom Goldenen Zeitalter ist zerplatzt!

Erasmus geht auch den brisantesten theologischen Fragen nicht aus dem Weg. Wolfgang Capito steht er entschlossen Rede und Antwort auf die Frage nach seinem Glauben und seiner Haltung zur Kirche. Er erinnert daran, daß »die menschliche Rede über göttliche Dinge nur ein Stammeln ist, was auch immer man sagt«. »Ludwig Ber«, fügt er hinzu, »empfiehlt mir freundlichst, der Kirche allzeit zu zeigen, daß ich bereit bin, meine Schriften ihrem Urteil zu unterwerfen. Ich tue das gewiß, aber wer zu vorsichtig ist, ist nicht mehr aufrichtig. Ich glaube, kein aufrichtiger Mensch schreibt etwas, ohne daß er bereit ist, sich dem Urteil der Kirche zu unterwerfen – aber wer ist die Kirche? Das liegt nicht immer klar auf der Hand. Ich mühe mich redlich, nichts zu schreiben, was Christus unwürdig wäre. Ich glaube jedoch nicht, daß christlicher Glaube von dornigen Fragen und Spitzfindigkeiten abhängt. Ich kann mich nicht dafür verbürgen, daß ich niemals etwas schreibe, das nicht bei irgend jemandem doch Kritik hervorruft. Kein Theologe, sei es ein alter oder ein neuer, war je gegen diese Gefahr gefeit.«[16] Deutlicher und direkter kann man nicht sein.

Im April fährt Erasmus für kurze Zeit nach England – sein letzter Aufenthalt in London! –, um von Ammonius die päpstliche Absolution zu empfangen, die ihn von vergangenen Verfehlungen losspricht. Ammonius hält für ihn zudem eine Dispens bereit, die ihn von der Verpflichtung entbindet, das Ordensgewand zu tragen, und es ihm ermöglicht, in den Genuß kirchlicher Benefizien zu kommen.

Immer noch träumt Erasmus von einem festen Heim. Bei seiner Rückkehr nach

Löwen im August findet er Unterkunft bei seinem Freund Desmarais. Aber die Bücher fehlen ihm. Gezwungenermaßen siedelt er für vier Jahre ins Löwener Lilienkolleg über. Rektor des Kollegs ist sein Freund Johannes Nevius. Erasmus bewohnt dort ein geräumiges Zimmer, das er ebenso schätzt wie die gute Kost und den großen Garten. Besonders lieb ist ihm die Gesellschaft seiner Freunde. Er ist glücklich und überarbeitet eifrig seine Ausgabe des *Neuen Testaments*. Kritikern, die ihm publizistischen Übereifer vorwerfen, antwortet er mit Horaz, er schreibe deshalb soviel, weil er schlecht schlafe. Er wird in die Liste der Theologieprofessoren eingetragen, was ihn zur spöttischen Bemerkung veranlaßt, er habe nun Anspruch auf die Anrede »Unser Magister«. Über diesen Titel hat er sich stets lustig gemacht, weil er, wie er meint, dem Geist des Evangeliums so gar nicht entspricht.

In Löwen arbeitet Erasmus auch noch fieberhaft an seinen Paraphrasen zum *Neuen Testament*. Nur die Apokalypse klammert er aus, weil ihm dazu nichts einfallen will. Die Paraphrasen sind als fromme Schriften konzipiert, die den Leser mit den Evangelisten, der Apostelgeschichte und den Episteln vertraut machen sollen. Immer geht es darin um die zentrale Bedeutung Christi im Glauben. Sie preisen häufig das Mysterium Jesu, der für das Heil der Welt aus freien Stücken so viel Leid auf sich genommen hat.[17] Die Schriften werden nicht gleichzeitig gedruckt. Als erstes erscheint 1517 die Paraphrase zum Römerbrief bei Dirk Martens.

Erasmus hatte bislang auf seinem Lebensweg viele Hindernisse zu überwinden. Er bleibt bei seiner Arbeit stets auf die finanzielle Unterstützung verschiedener Gönner angewiesen. Zum Kreis der Mäzene zählen Heinrich von Bergen, Lord Mountjoy, William Warham und Jean Le Sauvage. Nicht immer hatte Erasmus Grund zur Dankbarkeit, und bei allem Entgegenkommen gab es oft genug auch Ärger. Die Einbeziehung ins Hofleben oder die Bindung an eine Institution ist ihm nach wie vor zuwider. Das belegt seine ausweichende Antwort, als man ihn für das Collège de France gewinnen will.

Die Beziehung zu Erhard von der Marck, dem Fürstbischof von Lüttich, ist ein weiteres Kapitel im heiklen Verhältnis des Erasmus zu seinen Gönnern – ein reserviertes Verhältnis, bei dem Mißverständnisse an der Tagesordnung sind.[18] Erhard von der Marck ist ein einflußreicher und hochgeschätzter Fürst. In Löwen lebt Erasmus im seinem bischöflichen Amtsbereich. Im Jahr 1517 versucht Erasmus bei ihm sein Glück. Er schickt dem Prälaten ein ehrerbietiges Schreiben und kündigt ihm an, er werde ihm ein Exemplar seiner soeben erschienenen Paraphrase zum Römerbrief übersenden.

Auf diese Avancen antwortet Erhard sehr liebenswürdig. »Ich bin Dir überaus dankbar, daß Du mir geschrieben hast und so viel Gutes über mich zu berichten wußtest. Ich fühle mich geschmeichelt, in einem so vielbewunderten Manne wie Dir einen Bewunderer zu finden. Zwar bin ich Dir noch nicht begegnet, doch sind mir Dein Name und Dein Ruf seit zehn Jahren wohl bekannt; ich habe Dich wegen Deiner außerordentlichen Gelehrsamkeit und Deiner Tugenden loben hören. Wenn Du mich mit einem Besuch beehren willst, bereitest Du mir eine grenzenlose Freude. Wenn Du unabkömmlich bist, dann komme ich zu Dir, um Deine Gegenwart und ein Gespräch mit Dir zu genießen. [...] Betrachte mich als Deinen besten Freund.«

Erasmus ist gerührt, überstürzt jedoch nichts. Eile kennt er nur bei seiner Arbeit. Er antwortet vorsichtig und diplomatisch, im Bewußtsein, daß die Etikette bei Hof eine heikle Angelegenheit ist. Er hat sich inzwischen zu einem Meister der Hinhaltetaktik entwickelt, der geschickt zu lavieren weiß. »Sei gegrüßt«, schreibt er an den Bischof, »hervorragender Prälat und erlauchtester Fürst. Ich möchte kurz und ohne einleitende Worte auf den wohlwollenden Brief Deiner Hoheit antworten. Du möchtest mit eigenen Augen den Mann sehen, dessen Ruf Du seit langem kennst. [...] Nichts an mir wäre würdig, daß man es sich ansieht. Alles, was ich bin, findet Ihr in meinen Büchern. Dort ist der beste Teil meiner selbst niedergelegt. Das übrige ist keinen Heller wert. Dennoch wäre ich gerne zu Deiner Hoheit geflogen, hat sie mich doch so herzlich eingeladen. Aber zunächst hindert mich die winterliche Witterung, dann meine schwache Gesundheit; im Augenblick setzt ihr eine Überfülle an Arbeit so sehr zu, daß ich mich, um sie zu schonen, bei mir zu Hause verkrieche. Meine Arbeit zur Verjüngung des *Neuen Testamentes* hat mir so große Anstrengungen abverlangt, daß ich sie gealtert abschließe. Während ich das Werk von seiner Gebrechlichkeit und seinem Staube befreite, habe ich mir beides selbst zugezogen. Entweder muß ich an der Aufgabe, die ich mir gestellt habe, zugrunde gehen oder sie so zu Ende bringen, daß sie eines Leo X. und der Nachwelt würdig ist.

Obwohl ich noch immer inmitten der Fluten kämpfe, bin ich genaugenommen an einem Punkte angelangt, von dem aus man in der Ferne den Hafen erblickt. Wenn Christus mir günstige Winde sendet, gehe ich noch vor der Fastenzeit an Land. Wenn der Himmel dann milder und mein Geist erleichtert ist, eile ich, den Schwalben und den Schwänen zuvorkommend, zu Dir, mein ehrwürdiger Vater. Wenn Du mir indes diesen Aufschub nicht gewährst, dann lasse ich alles stehen und liegen, um eilends zu Dir zu kommen.«

Auf den ersten Blick befremdet Erasmus' Haltung. Er läßt sich umwerben, als wolle er damit seinen Wert heraufsetzen. Es kümmert ihn wenig, ob er einen Verehrer enttäuscht, der mit seinem Besuch rechnet. Wieder denkt er nur an sein Werk und erwartet Unterstützung und Protektion von den Gönnern, ohne sich in seiner Freiheit einschränken zu lassen. Er fühlt sich nur dann wohl, wenn er ungestört seinem eigenen Tagesrhythmus folgen kann. Wir müssen uns Erasmus als kränklichen Priester vorstellen, der sich weder zum strengen Klosterleben noch zur seelsorgerischen Aufgabe eignet. Er ist Schriftsteller mit Leib und Seele, aber ohne Vermögen, und ihn lockt weder die Professorenlaufbahn noch die eines Beamten oder gar Höflings. Was er will? Nur von seiner Feder leben! Dieser Lebensweg war zu keiner Zeit in keinem Land leicht. Die Unabhängigkeit ist immer gefährdet, wenn man aus kleinem Hause stammt und ohne Vermögen dasteht – eine bittere Erfahrung, die Erasmus nicht erspart bleibt. Nach etlichen Jahren erst sichern ihm seine Bücher wirklich die materielle Unabhängigkeit.

Erhard von der Marck kann sich Erasmus' Zögern nicht erklären. Er möchte eine klare Antwort und versteht diesen Mann nicht, der so ganz anders ist als er selbst. Erasmus wird ihn erst in der Fastenzeit 1518 besuchen. Als er zuvor geschäftlich nach Basel unterwegs ist, kommt ein Besuch nicht zustande. Auf der Hinreise umgeht er Lüttich und den wartenden Fürstbischof, und auf der Rückreise will er ihn zwar besuchen, wird aber durch eine ernste Erkrankung zur vorzeitigen Rückkehr nach Löwen gezwungen. Er trifft dort mehr tot als lebendig ein.[19] Zwar bedeutet das nur einen Aufschub, aber der Fürstbischof ist verstimmt. Trotzdem hofft Erasmus noch immer auf finanzielle Unterstützung. Um sich Erhard zu verpflichten und ihn gleichzeitig zu ehren, veröffentlicht er sein Einladungsschreiben in einer weiteren Briefsammlung.[20] Nichts geschieht. Der Fürst erachtet offenbar allein seine Protektion für so wertvoll wie jedes Geschenk. Erasmus schätzt diese Protektion, wartet aber auch auf materielle Leistungen.

Einige Monate später kommen die beiden Männer schließlich in Brüssel zusammen. Erasmus liebt diese Stadt, die nach seinen Worten von *Galli* [21] bevölkert ist. Er spricht begeistert von der Zusammenkunft und lobt den Fürstbischof überschwenglich als Freund der Literatur. Schließlich widmet er ihm seine Paraphrase zu den beiden Korintherbriefen des Paulus. Die Paraphrase wird bei Dirk Martens in Löwen gedruckt.

Sie ist einer der schönsten Kommentare des Erasmus zum Thema der mystischen Verzückung bei Paulus. Doch nicht Erasmus, sondern Peter Gilles bringt den Band mit einem lobenden Begleitschreiben an den Fürstbischof nach Lüttich. Immerhin muß sich Erhard durch diese Geste und den Brief, in dem er als hervorragender Gönner, vorbildlicher Bischof und friedliebender Fürst gepriesen wird, geehrt gefühlt haben.

Kurz darauf schenkt Erasmus dem Fürsten ein Exemplar der zweiten Ausgabe des *Neuen Testamentes*. Das Werk erscheint in zwei Bänden, auf Pergament gedruckt und in prachtvoller Ausstattung. Erhard von der Marck hat auf diese höfliche und ehrende Geste sicher geantwortet, aber sein Brief ist verlorengegangen. Wahrscheinlich hat er seine Einladung wiederholt, Erasmus' Hoffnungen auf eine großzügige Geste aber wieder enttäuscht. Aus Lüttich kommt nichts! Erasmus beschließt daraufhin, nichts zu beschließen. Er läßt die Dinge treiben und wartet auf eine Gelegenheit, das Erhoffte zu erhalten, ohne das Mißliebige tun zu müssen.

Später setzt er den Fürstbischof neben zwei anderen geizigen und reichen Prälaten auf die Liste der Gönner, die ihn enttäuscht haben.

Peter Gilles betraut er mit der Aufgabe, der Öffentlichkeit eine neue Sammlung seiner Korrespondenz vorzustellen, die zu einer fesselnden Gesamtschau seines literarischen Schaffens wird. Der Band erscheint Ende April bei Dirk Martens unter dem Titel: *Aliquot epistolae sanequam elegantes* (Einige besonders elegante Briefe).[22] Am eleganten Latein der Briefe sollen sich die Studenten ein Vorbild nehmen. 1517 ist im übrigen das Jahr, in dem Erasmus die meisten Briefe schreibt. Mehr als 250 sind uns aus dieser Zeit überliefert, und sicher hat er noch sehr viel mehr geschrieben und bekommen. Die Briefe der Sammlung sind in ernstem, zuweilen strengem, ja fast polemischem Ton verfaßt. Hie und da taucht eine unerwartete Pointe auf, ein Beispiel für Erasmus' Ironie. Ansonsten ist für den Humanisten Klarheit die oberste Tugend beim Abfassen von Briefen. Er nimmt kein Blatt vor den Mund und schreibt Budé: »Der Leser hat mit Deinen Briefen mehr Mühe, als Du Dir beim Schreiben gegeben hast.«[23] Dann wundert er sich, daß Budé pikiert ist…

John Watson, ein Freund aus Cambridge, lobt Erasmus für seine gelungenen Veröffentlichungen, vor allem für die Ausgabe des *Neuen Testamentes*. Erasmus antwortet, er habe sich bemüht, in seinen Lesern die Liebe zur Philosophie Christi zu wecken.[24]

Leider kommt aus England auch eine schlechte Nachricht. Andreas Ammonius, der Erasmus im April in einem offiziellen Akt in der Westminsterabtei die sehnsüchtig erhofften Dispensen überreicht hat, wird im August von einem bösartigen Fieber hinweggerafft. In Ammonius verliert Erasmus einen Wegbegleiter aus der Jugend. Morus und er sind tief erschüttert und trösten sich gegenseitig. Erst das Doppelporträt, das Morus von Erasmus und Peter Gilles erhält, heitert die Beteiligten wieder etwas auf.

Der Basler Theologe und Hebraist Wolfgang Capito ist Erasmus eng verbunden; er bedankt sich in geistreichen Wendungen für seine Ratschläge: »Ich danke Dir für Deinen Brief. Er ist bestens geschrieben; um seine ganzen Vorzüge in einem Wort zusammenzufassen, sage ich nur, daß er in höchstem Maße erasmisch ist. Ich freue mich weniger über das Lob, das Du Deinem Freund im Übermaß spendest, als vielmehr über die Ermutigung und den überraschenden Ansporn, mit dem Du ihn dazu bringen willst, daß er dem aufgezeigten Vorbild nacheifert.«[25]

Ende 1517 sieht Erasmus mit begründetem Optimismus in die Zukunft. Noch glaubt er an einen dauerhaften Frieden, an den unaufhaltsamen Siegeszug des Literaturstudiums und an die Erneuerung der Theologie. Doch er ist darum nicht blind für die Realität. Die blutigen Auseinandersetzungen der Rivalen Franz I. und Karl V. stehen erst noch bevor, und zu diesem Zeitpunkt scheinen weder Luther noch Heinrich VIII. eine Bedrohung für die Einheit der Kirche.

Der Traum vom Goldenen Zeitalter wird sich als zerbrechlich erweisen. Dennoch versucht Erasmus mit ungetrübter Hoffnung, seiner Aufgabe gerecht zu werden.

KAPITEL XIII

Von Löwen nach Antwerpen
über Basel und Köln

Die Jahre 1518 und 1519 sind für Erasmus ebenso unstet wie arbeitsam. Er reist viel, hält sich jedoch gewöhnlich in den Niederlanden und dort meistens in Löwen auf.[1] Überall empfängt er seine Freunde und hat für jeden einen guten Ratschlag. Ist er deshalb so viel unterwegs, weil man ihm so argwöhnisch begegnet? Diese Vermutung ist naheliegend, auch wenn es für seine Reisen viele andere Gründe gibt: Er fährt Dienstherren hinterher, besucht Freunde und forscht nach wertvollen Manuskripten.

Er scheut das Reisen nicht, und es behindert ihn kaum in seinem Schaffen. Er arbeitet auf Reisen und reist bei der Arbeit. Selbst im Sattel gelingt es ihm noch, sich einigermaßen leserliche Notizen zu machen. In der Kutsche liest er seine Lieblingsautoren. Er verfügt über ein außerordentliches Konzentrationsvermögen, läßt sich durch nichts ablenken und durch keinen Zwischenfall stören. Deshalb bleibt er wohl so gleichgültig gegenüber den Schönheiten der Natur und den Gefahren der Landstraße. Und doch ist er ein guter, ebenso genauer wie scharfsinniger Beobachter. Von seinen Eindrücken ist in die Briefe wenig eingegangen. Das meiste verarbeitet er in den *Colloquia,* den »Vertrauten Gesprächen«, die Alltägliches zum Inhalt haben.

Die Professoren der Universität von Brabant, allen voran Jean Desmarais, Johannes Nevius und Martin Dorp, empfangen Erasmus freundlich. Die Arbeit an seinen Büchern und die Gründung des Dreisprachenkollegs beanspruchen seine Zeit und seine Kräfte.[2] Er träumt davon, sich wieder der Poesie widmen zu können, aber dazu wird er keine Muße mehr finden.

Im März verläßt das *Encomium matrimonii* (Das Lob der Ehe)[3] die Druckerpressen bei Martens. Es handelt sich um eine lebendig geschriebene *declamatio,* deren erster Entwurf in die Pariser Zeit zurückreicht. In der Schrift geht

Erasmus in seinem Feminismus freilich nicht so weit, die Lehre des heiligen Paulus anzuzweifeln, wonach die Frau sich ihrem Gatten unterzuordnen habe; er preist »die reine und keusche Ehe« als »überaus fromme Lebensform«.[4] Es ist fraglich, ob Erasmus in dieser *declamatio* die christliche Ehe mit dem Klosterzölibat ohne Weihesakrament vergleichen will. Was er von der angeblichen Vollkommenheit der Mönche hält, ist uns zur Genüge bekannt. Wenn er sich in dieser Abhandlung ebenso ausführlich mit dem Zölibat wie mit der Ehe befaßt, dann deshalb, weil in der damaligen Diskussion beide Begriffe stets als Gegensatzpaar in einem Atemzug genannt wurden. Er möchte in seiner Schrift aufzeigen, daß Tugend durchaus in der Ehe möglich ist, auch wenn einige Theologen ihren sittlichen Wert unterschätzen und das Keuschheitsgelübde im Kloster, gegen das nur allzu häufig verstoßen wird, mit der Aura der Frömmigkeit umgeben.

Nachdem er die Vorzüge der Ehe im allgemeinen gepriesen hat, ergreift Erasmus sogar Partei für die Priesterehe. »Es erscheint klug«, sagt er, »dem tatsächlichen Zustand der Sitten dadurch abzuhelfen, daß wir den Priestern und den Mönchen nach Möglichkeit das Recht auf die Ehe zubilligen, denn allerorts ist die Zahl der Priester groß, aber nur sehr wenige leben in Keuschheit. Es ist wünschenswert, aus den Konkubinen Ehefrauen zu machen. So könnten die Priester in aller Offenheit und Ehrbarkeit das Leben mit diesen Frauen teilen, die ihnen heute einen schlechten Ruf und ein schlechtes Gewissen einbringen. Sie hätten dann Kinder, die sie lieben und untadelig aufziehen könnten wie legitime Kinder, deren sie sich nicht zu schämen brauchten und von denen sie geachtet würden. Ich glaube sogar, die Offizialen hätten schon für eine Änderung gesorgt, wenn die Konkubinen nicht bequemer wären als Ehegattinnen.«[5]

Am Ende der Schrift empört sich Erasmus über den doppelten Skandal: Auf der einen Seite gebe es hurende Priester, auf der anderen Seite Offiziale und Bischöfe, die aus ihrer Hurerei auch noch Gewinn zögen. Was Erasmus hier anprangert, entspricht unbestreitbar den Tatsachen, auch wenn sich die Mißstände nicht statistisch genau erfassen lassen. Sittliche Verfehlungen von Geistlichen sind zuhauf belegt: Etliche Priester leben ganz ungeniert mit Frauen zusammen. Daß Kirchenrichter eine Art Steuer als Strafgebühr auf Konkubinen erheben, zeigt, wie weit der Mißstand gediehen ist. Erasmus ist nicht der erste, der diese Steuer anprangert. Er findet sie fast schlimmer als die moralische Verfehlung, da sie durch die Besteuerung geradezu sanktioniert werde. Es ist absehbar, daß seine Haltung in dieser Frage bei Theologen und Mönchen Entrüstung auslöst. Die Empörung schlägt noch höhere Wellen, weil er kurz darauf Stellung gegen den Ablaßhandel bezieht und sich damit als Anhänger Luthers verdächtig macht. »Die römische Kurie ist schamlos«, schreibt er. »Was kann schändlicher sein als immer wieder dieser Ablaß.«[6]

Die private Sorge um einen Freund lenkt ihn vorübergehend von den Problemen der Christenheit ab. Im April schreibt er Peter Gilles einen herzlichen

Brief. »Im Namen unserer Freundschaft, die nicht enger sein könnte, und im Namen Deiner Gesundheit, die mir am Herzen liegt wie meine eigene: Lieber Petrus, komm wieder zu Kräften, und laß mich Dich bei meiner Rückkehr fröhlich und zufrieden antreffen. Nur so fühle ich mich selbst gesund und unversehrt. Zügle Deinen Appetit bis zur Rückkehr Deines geliebten Hadrian, auf den ich fest zähle. Es ist immer von großem Vorteil, einen Arzt zum Freunde zu haben. Einstweilen achte darauf, daß Du nicht zuviel Arznei einnimmst, denn das könnte Dich schwächen. Vor allem halte zu große Aufregungen und übermäßige Freude von Dir fern, zügle das Lachen, und meide allzu lange Spaziergänge, verbissene Studien und besonders jede Aufwallung des Zorns. Mein lieber Petrus, es ist ganz wichtig, daß man das Leben zu nehmen weiß, wie es kommt. Sind meine Ratschläge gar fehl am Platz? Sie sind jedenfalls aufrichtig gemeint, mögen sie ebenso erfolgreich sein. Ich selbst trotze allen Gefahren, wenn Du nur zu neuem Leben erwachst, das heißt, wieder zu Kräften kommst und fröhlich wirst. Möge es Dir gutgehen und ebenso Deiner reizenden Frau und Deinen geliebten Kindern.«[7]

An anderer Stelle zählt Erasmus selbstgefällig seine Gönner auf, ohne allerdings seine Schwierigkeiten mit ihnen zu verschweigen. Im Grunde ist dieser unstete Mann von Natur aus eher häuslich. »Ich bin dort zu Hause, wo ich meine Bibliothek und einige Möbel finde«, schreibt er Peter Gilles.

Im Mai 1518 kehrt Erasmus für einige Monate nach Basel zurück. Er ist krank, aber deshalb ruht seine Arbeit nicht. Im Juli oder August druckt Froben eine überarbeitete Ausgabe des *Handbüchleins eines christlichen Streiters*. Der Band wird von einem langen Brief an den deutschen Mönch Paul Volz eingeleitet. Erasmus erklärt und rechtfertigt darin sein Anliegen. Er wiederholt seine Kritik und seine Mahnungen. Er erinnert an einen früheren Freund, der im Scherz gesagt habe, daß »in dem Büchlein mehr Unschuld festzustellen sei als an seinem Verfasser«. Er bereue die Arbeit an dem Buch nicht, »wenn sie so viele zum Studium der wahren Frömmigkeit anstachelt«.

Kritiker haben dem *Handbüchlein* vorgeworfen, es fehle ihm an scholastischer Gelehrtheit. Der Verfasser antwortet auf den Vorwurf, er habe nur ein kurzes und praktisches Lehrbuch zur Philosophie Christi schreiben wollen, das den gläubigen Lesern zum Seelenfrieden verhelfen solle. »Es soll die Leser nicht für Auseinandersetzungen an der Sorbonne vorbereiten, sondern ihnen lediglich die christliche Ruhe wiedergeben. [...] Welchen Sinn hat es denn, Dinge zu erörtern, die alle Welt erörtert? [...] Was ist Ziel und Beweggrund jener Kompilatoren, die aus einem Gemisch ein anderes machen und nach Art der Quacksalber aus neuen Dingen alte und aus alten neue, aus mehreren eines und gleich darauf aus einem mehrere brauen?«[8]

Die große Masse der Christen stört sich an dem unwürdigen Verhalten der Geistlichkeit und den Streitereien der Doktoren. Es gilt, entschlossen gegen den weltlichen Geist vorzugehen, der sich in der Kirche breitgemacht hat, und zu Christus zurückzukehren als zu dem Fels, aus dem die Quelle entspringt. Um diesen festen Mittelpunkt drehen sich drei Kreise. Den ersten stellt die kirchliche Hierarchie dar, den zweiten die Könige und Fürsten und den dritten das gewöhnliche Volk der Christen. Jeder Christ, gleichgültig, wo er lebt, muß seinen Glauben möglichst vertiefen und weiterentwickeln und nach Erkenntnis der tieferen Wahrheit streben.

Dem Verfasser des *Handbüchleins* wurde auch angekreidet, er lege nicht ausreichend Gewicht auf das kirchliche Zeremonienwesen. Erasmus verurteilt die kirchlichen Riten zwar nicht, aber er hält es für »Judentum«, wenn man sich nur deshalb im rechten Glauben wähnt, weil man sie pflegt, während man zugleich seinen Nächsten zutiefst beleidigt. Zu oft sehen Mönche den Weg zum Heil in der stumpfen Befolgung der Rituale. Die Frömmigkeit, die Erasmus dem Leser nahelegt, ist dagegen eine fromme Gelehrsamkeit und gelehrte Frömmigkeit, die *pia doctrina et docta pietas*.[9] Die antithetische Formel mit ihrer doppelten Forderung bringt den Kern der Philosophie Christi zum Ausdruck. Nichts steht der wahren Frömmigkeit mehr entgegen als die »Maske der Frömmigkeit«, eine Frömmigkeit, die nicht aufrichtig ist, nicht aus dem Innersten kommt und sich nicht auf die wahre Quelle stützt: Der Christ muß die Heilige Schrift in frommem Geist studieren.

Im Vorwort behandelt Erasmus die Frage, welches Leitbild man dem Priester an die Hand geben soll. Er verwahrt sich dagegen, daß die Ausschweifung das schlimmste Laster sei. »Wir unterstreichen pathetisch jene eine drei- und vierfach zu verabscheuende Untat, mit den gleichen Händen den Leib Christi zu berühren, mit denen man den Leib der Hure betastet hat. [...] Ist der Priester ein Spieler, ein Streithahn oder ein Bandit, ist er völlig ungebildet, ganz von weltlichen Dingen erfüllt und ganz auf schlechte Dienstbeflissenheit gegenüber schlechten Machthabern bedacht, so erhebt man gegen ihn, der verweltlicht den heiligen Mysterien gegenübertritt, nicht ebenso die Stimmen. Ist er ein verleumderischer Priester, der mit giftigen Worten, Lügen und Märchengeschichten den Ruf eines Menschen befleckt, der sich nichts hat zuschulden kommen lassen, ja im Gegenteil Verdienste hat, warum rufen wir da nicht: ›Welch scheußliches Vergehen! Du willst mit einer Zunge, die mit höllischem Gift getränkt ist, Du willst mit einem Mund, mit dem Du einen Unschuldigen vernichtest, den Leib dessen nehmen und verzehren, der auch für die Bösen gestorben ist?‹ Doch diese Übeltat übersehen wir in einer Weise, daß es denen fast zum Lob gereicht, die die allerscheinheiligste Frömmigkeit vortäuschen.«[10]

Diese Themen sind für Erasmus ganz typisch, und er hat sie bereits in früheren Schriften behandelt. Neu ist nun die Art, wie er seine Thesen vorträgt, der Kampfgeist, mit dem er sein Werk und Denken verteidigt. Die Neuausgabe des *Handbüchleins* findet bei den Lesern, die sehnlichst die sittliche Erneuerung der Kirche wünschen, ein positives Echo. Die anderen nehmen die Ausgabe höflich und gleichgültig oder aber mit tiefem Mißtrauen auf.

Im August oder September veröffentlicht Erasmus eine weitere Briefsammlung, die ein schönes Frontispiz von Holbein schmückt. Der Band trägt den bescheidenen Titel *Auctarium selectarum aliquot epistolarum* (Ergänzung zu den ausgewählten Briefen).[11] Vor allem die neueren unter diesen Briefen sind sehr interessant und erfrischend vielfältig, wie beispielsweise der Brief an Peter Gilles vom April. In anderen zeigt sich Erasmus wieder als polemischer Schriftsteller oder als Pazifist. Einen Brief an Ernst von Bayern veröffentlicht er zum zweiten Mal, weil er das Thema der *Klage des Friedens* behandelt und Kritik an den Eroberern übt.

Diese »Ergänzung« ist eine gelungene Sammlung hübscher Kostproben von Erasmus' Talent als Briefeschreiber, eine Blütenlese und kein Lehrbuch. Der Polemiker ist darin gut vertreten, aber auch der Humanist, der Dichter, der Pazifist und der Mensch. Einige Stücke sind persönliche Höflichkeitsbriefe oder Empfehlungsschreiben für Schüler. Manchmal empfiehlt sich der Verfasser auch selbst den Großen. Zumeist atmen die Briefe den Geist offener und inniger Freundschaft. Ansonsten zeichnet sich diese Sammlung mehr als andere durch stilistische Sorgfalt aus. Lehrmeister lesen die Briefe gerne mit ihren Schülern, weil sie Vorbilder für eine reine Sprache abgeben und erhabene Gefühle zum Ausdruck bringen. Aber auch außerhalb der Schule finden Leser Gefallen an den reizvoll und natürlich geschriebenen Briefen der Sammlung *Auctarium*.

Am 4. September 1518 verläßt Erasmus Basel und kehrt nach Löwen zurück. Das Dreisprachenkolleg ruft. Die beschwerliche Reise wird für den Humanisten zu einer harten Prüfung.[12] Wahrscheinlich hat er sich unterwegs mit der Pest angesteckt, woran er aber nicht so recht glauben mag. »Wenn es Pest war«, sagt er »so habe ich sie durch Energie, Nichtbeachten und seelische Stärke vertrieben.« Halb tot kommt er in Löwen an, dort nimmt ihn der Drucker Dirk Martens auf. Ausführlich berichtet er Beatus Rhenanus von seinen Mißgeschicken, die seinem Gottvertrauen keinen Abbruch tun. Solange er krank in Köln oder in Löwen liegt, verläßt er das Haus nur, um zur Messe zu gehen. »Ich erinnere mich«, fügt er hinzu, »als Jüngling pflegte ich einst schon beim Worte ›Tod‹ zu erschrecken. Da habe ich mit dem Älterwerden doch sicher etwas gelernt, den Tod fürchte ich kaum noch, und Menschenglück messe ich nicht an langem Leben. Ich bin über fünfzig Jahre hinaus; da von vielen nur wenige so alt werden, kann ich mit Recht nicht klagen, ich hätte nicht lange genug gelebt.«

Schon seit langem betrachtet Erasmus sich als alt – dabei hat er noch achtzehn Jahre vor sich! Der Gedanke an den Tod beschäftigt ihn zeit seines Lebens, im Laufe der Jahre wird er immer gleichmütiger und gelassener. Der Gedanke an die Eltern, die an der Pest starben, als er dem Kindesalter kaum entwachsen war, hat seinen Schrecken langsam verloren. Der Tod ist für ihn ein schwieriger Übergang zur ewigen Glückseligkeit. Trotz aller Leiden und Ängste ist sein Glaube nicht ins Wanken geraten: »Meine ganze Hoffnung stand auf Christus allein, ich erbat mir von ihm nichts anderes, als er solle mir geben, was für mich nach seinem Urteil das Heilsamste wäre.«

Nach seiner Genesung überarbeitet er die Ausgabe des *Neuen Testamentes*. Er fügt eine weitere methodische Vorrede hinzu, die im November 1518 bei Dirk Martens gesondert erscheint unter dem Titel *Theologische Methodenlehre oder Verfahren, wie man zur wahren Gottesgelehrsamkeit gelangen könne*.[13] Die Vorrede wird später, mit Zusätzen versehen, mehrfach neu aufgelegt. Der Text ist durchaus keine Darstellung der Glaubenswahrheiten und noch weniger eine Apologie! Der Autor geht von vornherein davon aus, daß der Leser wie er die Schriften des Neuen Testamentes als Heilsbotschaft Christi und als exemplarische Geschichte der kirchlichen Anfänge diskussionslos anerkennt. Wie der Titel besagt, handelt es sich bei der Schrift um eine Einführung in die Methodik der Theologie. Die Exegese des Erasmus findet darin ihre endgültige Ausprägung.

Im ersten Teil wird beschrieben, welche geistige Haltung der wahre Theologe einnehmen muß, um nicht den Gefahren des Rationalismus zu verfallen. Der zweite Teil empfiehlt das Studium der drei heiligen Sprachen und die richtige Nutzanwendung der freien Künste. Der dritte stellt eine Einführung in die Lehre und das Mysterium Christi dar, während der vierte und der fünfte die Rolle der Bibelauslegung behandeln. Im letzten Teil hebt Erasmus schließlich hervor, daß die Methode, wenngleich sie ganz und gar nicht in der Tradition der Scholastik steht, zur wahren Theologie führt. »Man mag in den Büchern Platons oder Senecas Dinge finden«, sagt er, »die der Lehre Christi nicht widersprechen. Im Leben des Sokrates findet man sogar einige Lehren, die denen Christi ähnlich sind. Aber nur in Christus selbst findet man die Gesamtheit und Harmonie all dieser Lehren.«

Immer wieder lobt Erasmus die Theologie der Kirchenväter. Diese »alte« Theologie im Gegensatz zur »neuen« scholastischen definiert er als Einweihung in die Mysterien und Speisung der frommen Seele. Man kann sich leicht vorstellen, wie empört die etablierten Theologen reagieren, als ein »Grammatiker« ihr Lehrmonopol in Frage stellt und über ihre allzu menschliche Neugier spottet. Nach Erasmus stellen sie sinn- und zwecklose Fragen mit dem Anspruch, die Mysterien des Glaubens zu untersuchen und zu beweisen. Sie geben vor, das Geheimnis der Dreieinigkeit zu kennen, beschreiben die unbefleckte Empfängnis und die Wiederauferstehung des Fleisches. Wenn sie könnten, würden sie noch Jesus das Evangelium erläutern!

Erasmus lobt den heiligen Johannes Chrysostomus, der sagte, daß man die Einheit der Erscheinungsformen von Gottvater, Sohn und Heiligem Geist wohl lehren, nicht aber erklären könne. »Wahrhaftig«, schreibt Erasmus, »wir können von Gott nur unvollkommen sprechen.«[14] Die Worte der Menschen besitzen nicht die Kraft, das Wort Gottes vollkommen wiederzugeben.

Wieder ist Erasmus unvorsichtig! In seinen Anmerkungen zu dieser zweiten Ausgabe des *Neuen Testamentes* geht er erneut auf die Frage nach dem kirchlichen Zölibat ein, das für viele eine übergroße Bürde darstelle. »Gewiß wird man es für besser halten«, schreibt er, »wenn man denjenigen, die unmöglich Enthaltsamkeit üben können, das Recht zur Ehe einräumt. So könnten sie rein, fromm und untadelig leben, anstatt sich zu ihrem Unglück und ihrer Schande der Ausschweifung hinzugeben.«[15]

Erasmus' Bücher verkaufen sich immer besser. Das regt zwar den Arbeitseifer der Drucker an, fordert zuweilen aber auch ihre Habgier heraus. Jedes seiner Manuskripte findet inzwischen sofort einen Verleger, oftmals bieten sich gleich mehrere an.

Im November 1518 erscheint bei Froben in Basel die Erstausgabe der *Colloquia familiaria,* der »Vertrauten Gespräche«.[16] Der Druck dieser kleinen pädagogischen Schrift erfolgt ohne Einwilligung des Verfassers, der sie zwanzig Jahre zuvor während seines Studiums in Paris geschrieben hatte. In einem kurzen Vorwort empfiehlt der Verleger Froben das Werk all denen zur Lektüre, die in kurzer Zeit Latein als gesprochene Sprache erlernen wollen. Im Anschluß daran schildert Beatus Rhenanus, der mit Erasmus und Froben befreundet ist, die Entstehungsgeschichte des Werkes.

»Dank Lambert Hollonius, einem jungen und gelehrten Lütticher, fand ich diese Formeln aus dem zwanglosen Gespräch wieder. Erasmus hatte sie spielerisch vor zwanzig oder mehr Jahren in Paris niedergeschrieben – wenn ich nicht irre, für Augustinus Caminadus, der einige junge Seeländer unterrichtete. Unverzüglich gab ich sie bei Froben in Druck. Ich wollte sie euch schenken, aber es sollten auch andere Studenten Nutzen aus diesem Schatz ziehen können. Bis jetzt wurde es von einigen Knausern gehütet wie das Goldene Vlies von einem wachsamen Drachen, und Caminadus hat es mehrfach sehr teuer verkauft. […] Obwohl der Text in meinem Besitz an mehreren Stellen verderbt ist, habe ich mich damit begnügt, nur einige Fehler zu berichtigen. Ich überließ es dem Verfasser, der das Büchlein endgültig verloren glaubte, die weiteren Korrekturen zu besorgen.«

Erasmus ist überrascht, als ihm das Bändchen in die Hände kommt. Zitternd schlägt er es auf, und verärgert liest er es zu Ende. Ein Buch ohne Einwilligung des Verfassers zu drucken, ist damals nichts Außergewöhnliches: Das Werk sollte aber halten, was es verspricht! Glaubten Froben und Rhenanus ernsthaft, daß Erasmus ihre Initiative begrüßen würde? Der Autor ist von ihnen ebenso sehr enttäuscht, wie er sich über die groben Lateinfehler in einem Text ärgert, der unter seinem Namen erscheint. Die Dialoge, die er sich einst für seine Schüler ausgedacht hat, sind ihm natürlich noch gut in Erinnerung. Es handelt sich um Wendungen für ein Gespräch im vertrauten Kreis: wie man Freunde begrüßt, sich nach ihrer Gesundheit erkundigt, was man beim Essen sagt und wie man den gleichen Gedanken mit mehreren synonymen Ausdrücken umschreiben kann.

Ein Erasmus zerbricht sich nicht den Kopf darüber, wie lange es dauert, um etwas zu lernen. Wenn Froben den Lesern in Aussicht stellt, sie würden mit diesem Lehrbuch rasche Fortschritte im Latein machen, so entspricht das keineswegs der Auffassung des Autors. Für Erasmus braucht gut Ding Weile. Sein Unmut wächst, als der Band mit all seinen Fehlern in Paris, Antwerpen, Wien, Leipzig und Krakau nachgedruckt wird. Aber zugleich schmeichelt ihm auch der große Erfolg. Und was bleibt ihm schon übrig, als dem Wunsch von Beatus Rhenanus nachzukommen und den Text zu korrigieren? Widerwillig entschließt er sich dazu: Er ist nicht mehr der arme Pariser Student, und es kostet ihn Überwindung, die Rücksichtslosigkeit seiner Freunde mit diesem Gefallen zu beantworten.

Im März 1519 veröffentlicht er bei Martens in Löwen eine überarbeitete Ausgabe der *Colloquia,* verwahrt sich darin aber gegen die Behauptung, er sei der Verfasser. Die Richtigstellung wirkt seltsam und recht ungeschickt. Er kann damit niemanden täuschen. Der Erfolg des Buches wird zum Siegeszug; immer mehr offizielle Ausgaben und Raubdrucke kommen in Umlauf.[17] Erasmus fügt den Gesprächen stets weitere mit neuer Thematik hinzu, so daß der Umfang des Buches in fünfzehn Jahren schließlich auf das Zehnfache anwächst.

Bei alldem beschwert er sich, daß er immer unter Zeitmangel gelitten habe. Halb selbstironisch und halb verärgert, klagt er bei Johannes Borsalus, einem befreundeten Pädagogen und Humanisten. »Nachdem es mir eine Zeitlang sehr schlechtging, hätte ich an meine Genesung denken sollen. Ich habe mich zuwenig geschont und mir für die Krankheit keine Zeit genommen. Die letzte Fastenzeit hätte mich fast ins Grab gebracht, wenn ich nicht zur Luftveränderung und wegen einer anderen Diät nach Antwerpen gefahren wäre. Im übrigen mußte ich nach Mecheln, um dort für meine Dienstherren, den Bischof von Lüttich, den von Utrecht und andere Adelige wie Deinen lieben Adolf [van Veere] meine Pflichten als Hofmann zu erfüllen. Das waren weitere verlorene Tage. Schließlich gehe ich in einer Flut von Briefen unter; sie kommen von überall her. Ich habe den größten Teil meiner Zeit damit verbracht, sie zu beantworten – Zeit, die man meinen Studien stiehlt.«

Trotzdem zeigt er Wilhelm von Croy, dem jungen Kardinal-Erzbischof von Toledo, der sich als sein Schüler bezeichnet, bereitwillig seine Bibliothek.

Ungefähr zur gleichen Zeit trägt der Hof Erasmus an, die Erziehung des jungen Prinzen Ferdinand zu übernehmen. Ferdinand ist der Bruder und spätere Nachfolger Karls V. Erasmus lehnt die Ehre ab, da er anderes im Sinn hat. Er schlägt für das Amt statt dessen seinen Freund, den großen spanischen Humanisten Juan Luis Vives, vor, der in den Niederlanden lebt.

1519 eröffnen die Löwener Theologen ihre Offensive gegen Erasmus. Als Jakob Latomus in seinem *Dialogus* Busleidens Stiftung angreift, verteidigt Erasmus das Studium der drei Sprachen und damit indirekt die »wahre Theologie«. Im März veröffentlicht er in Antwerpen eine Apologie auf das Dreisprachenkolleg und begegnet darin Latomus' Einwänden, ohne ihn beim Namen zu nennen. Die Philologie sei für den Theologen notwendig, aber die Theologie gehe über die Philologie hinaus, weil sie untrennbar mit der Frömmigkeit und der Seelsorge verknüpft sei.[18]

Im Mai antwortet er Jean Briard, der in einer Vorlesung sein *Encomium matrimonii* mit dem Vorwurf kritisiert hatte, Erasmus setze darin die Jungfräulichkeit herab. Eine weitere Apologie erscheint in Basel. Sie ist vorsichtig, ja zaghaft formuliert.[19]

Im August unternimmt Erasmus eine kleine Reise nach Brabant. Unterwegs liest er Cicero wieder.

Bei einem kurzen Besuch in Antwerpen besucht er zusammen mit seinem Freund Peter Gilles einen Gottesdienst. Als der Prediger ihn unter den Besuchern erkennt, will er ihm eine Lehre erteilen und greift ihn heftig an. »Ich hörte einen Karmeliter«, erzählt Erasmus, »der viel Ausdauer und den Doktorentitel mitsamt dem violetten Käppchen hatte. Als er mich bemerkte – ich stand nicht weit von ihm –, beschuldigte er mich, ich hätte mich mehrfach gegen den Heiligen Geist versündigt, anmaßend alle alten Bücher verurteilt und sei nicht einmal davor zurückgeschreckt, das Vaterunser und das Magnifikat zu verbessern. […] Dann hätte ich eine allgemein anerkannte Tatsache angegriffen. […] Peter Gilles neben mir war ganz aufgebracht. Was mich betrifft, ich konnte das Lachen nicht unterdrücken.«[20]

Erasmus läßt sich von der Anfeindung des ignoranten und neidischen Amtsbruders offenbar nicht erschüttern. Er weiß aber auch, daß die boshaften Angriffe mit der größten Wirkung nicht völlig aus der Luft gegriffen sind. Meist geht der Streit um textkritische Feinheiten, bei denen eindeutige Entscheidungen nur schwer zu treffen sind. Einer muß nur den Stein ins Rollen bringen… Manchmal schaden Halbwahrheiten der Wahrheit mehr als Lügen.

Im Jahre 1519 erscheint Erasmus' Sammlung *Farrago nova epistolarum* (Mischung von Briefen).[21] Wie der Titel bescheiden andeutet, ist diese umfangreiche Zusammenstellung von über dreihundert Briefen erstaunlich vielfältig. Sie enthält auch zahlreiche thematisch ebenso breit gefächerte wie reizvolle Briefe an Erasmus. Der Italiener Ambrosius Leo, den der Humanist in Venedig kennengelernt hat, kommentiert beispielsweise auf geistreiche Art Erasmus' rastloses Leben, der überall und zugleich nirgends ist. »Bisher, mein lieber Erasmus, war ich überzeugt, daß die Erzählungen der Alten über Pythagoras und Proteus nur Märchen seien. Der erste soll mehrmals auf die Erde zurückgekehrt sein, jedesmal, um dem Tod entgegenzutreten. Der andere soll die Fähigkeit besessen haben, je nach Wunsch tausend verschiedene Gestalten anzunehmen. Das eine wie das andere liegt, wie Du weißt, sehr nah beieinander. Gegenwärtig spotte ich nicht mehr über Fabeln oder Märchen; ich betrachte sie als wahre Geschichten, muß ich doch feststellen, daß Du in Deiner Person beide Seinsarten verwirklichst.

Tatsächlich bist Du in sehr kurzer Zeit mehrmals gestorben und dann wieder zu den Lebenden zurückgekehrt, und das in immer neuer Gestalt. Zunächst hörte ich bei Aldus, Du seist in Frankreich gestorben; zwei Jahre später bist Du in Deutschland wiederauferstanden. Dann erzählte man mir, man beklage Dich in Deutschland, während man Dich schon kurz darauf nach Italien kommen sah. Schließlich hörte ich, Du seist in England gestorben, dann, daß Du von der Arvernia aus wieder nach Frankreich unterwegs seist. Von dort aus hast Du uns allen einen Armvoll Briefe mit vielen liebenswerten Grüßen geschickt. Darum hatte ich den Eindruck, einen neuen Pythagoras vor mir zu haben. Doch damit nicht genug. Aus dem Italiener sah man den Franzosen, aus dem Franzosen den Deutschen werden, fast so, als sähe man aus einem Kalb einen Vogel hervorgehen und aus einem Vogel eine Art Korn, dem Plinius irrtümlich den Namen ›Saat‹ gibt. Aus dem Dichter hast Du Dich in den Theologen verwandelt, um dann schließlich in die Gestalt eines Kynikers zu schlüpfen. Als letzte Wandlung ist aus dem kynischen Philosophen der Rhetor geworden. Derlei wunderliche Wandlungen vollbringt nur ein Proteus. Ich habe zahllose gedruckte Bücher vor Augen, in denen Du Deine äußere Erscheinung und die bekannten Formen Deiner Persönlichkeit und Deines Talentes auf vielfache Weise veränderst. Und bei alldem sicherst Du Dir das Lob, die Bewunderung und die Treue Deiner Leser, die immer wieder zu Deinen Schriften greifen und Dich häufig zitieren. Und schließlich dünkt sie, daß Deine bewundernswerten Leitsätze nicht von einem, sondern von drei oder vier verschiedenen Autoren stammen.« Erasmus antwortet im gleichen Tonfall. »Nichts von diesen Veränderungen darfst Du auf natürliche Unbeständigkeit zurückführen! Inmitten all dieser Wandlungen ist sich Erasmus gleichgeblieben, vollkommen eins mit sich selbst. Nie war ich ein anderer als der, welcher ich bin. Aber der Vergleich mit dem Schauspiel drängte sich auf: Ich mußte stets eine andere Person spielen. Und den Pythagoras oder Proteus dürftest Du mir vorwerfen, wenn Dir alle Szenen unserer Geschichte bekannt wären. Wie oft haben mich meine Widersacher nicht totgesagt? Wie oft habe ich mich nicht selbst überlebt? Die Feinde der Literaturstudien tragen mich zu Grabe und verscharren mich fast jedes Jahr! Wie oft mußte ich nicht nach Basel reisen, trotz der Räuberbanden und Seuchen? Mit welchen Ungeheuern hatte ich nicht zu kämpfen? Wieviel Schweiß hat mich das alles nicht gekostet? Früher hättest Du behaupten können, Erasmus sei aus Glas: Heute würdest Du erkennen, daß er aus Stahl ist! Wie kann man daran etwas ändern? Das ist mein Schicksal…« Aber bei all dem ist sich Erasmus bewußt, daß er trotz widriger Umstände ein dauerhaftes Werk geschaffen hat: »Schon jetzt ist das Monument errichtet, das die Nachwelt an meinen Namen gemahnt.«

In dieser Sammlung veröffentlicht Erasmus Briefe aus den Jahren 1499 bis 1519. Da ein Viertel auf die beiden letzten Jahre zurückgeht, fällt der ganze Band übertrieben polemisch aus: Gemeinplätze, Anspielungen und Beschimpfungen. Die beiden Briefe, die Erasmus noch in letzter Minute zum Drucker schickt, sind die bissigsten in der gesamten Sammlung. Der erste ist an den Engländer Edward Lee gerichtet, einen erbitterten Verleumder des *Neuen Testamentes,* der andere an den Inquisitor Jakob von Hochstraten, den Erasmus als persönlichen Feind betrachtet. Eine betrübliche Lektüre! Die unterschwellige Drohung an Lee, er werde es mit seinen Freunden in Deutschland zu tun bekommen, ist schon ein starkes Stück.[22]

Im übrigen taucht in der Sammlung *Farrago* – vielleicht unüberlegt – auch einiges aus dem Briefwechsel zwischen Erasmus und Luther auf.

Ebenso kühn und unvorsichtig gibt sich Erasmus nun auch in politischer Hinsicht. Er stichelt gegen den Kriegspapst Julius II. und deutet an, daß er am Pamphlet *Julius vor der verschlossenen Himmelstür* nicht ganz unbeteiligt war. Über Franz I., der ihn mit dem Versprechen einer üppigen Pension nach Paris eingeladen hat, schreibt er mehr spöttisch als höflich: »Ich habe ihm ohne eine richtige Antwort geantwortet.« Auch seinen Herrscher Karl von Spanien schont er in den Epigrammen nicht und beklagt sich über seinen schwerfälligen Geist. »Fürst Karl«, schreibt er weiter, »ist berufen, über neun oder zehn Königreiche zu herrschen. Wundersames Schicksal! Möge es unserem Lande ebenso wohlgesonnen sein wie seinem Fürsten.« Kein Herrscher entgeht seinen Seitenhieben. Sie erklären sich zum Teil daraus, daß Erasmus nationalem Denken gegenüber völlig gleichgültig ist. Sollen sich die Nationen um ihn schlagen; Erasmus gehört allen, und keine darf ihn für sich beanspruchen. »Bei denjenigen«, verkündet er, »die sich der Wissenschaft widmen, ist es bedeutungslos, welchem Lande sie angehören. Jeder Mensch, der in den Kult der Musen eingeweiht wurde, ist mein Landsmann.«

Unter seinen »Landsmännern« jenseits der Grenze schätzt Erasmus besonders die Deutschen Ulrich von Hutten und Philipp Melanchthon, die Spanier Luis Vives und Francisco Vergara, die Franzosen Germain de Brie und Nicolas Bérauld, die Italiener Andrea Alciati und Bembo, den Böhmen Slechta und natürlich den Engländer Thomas Morus, seinen lebenslangen Freund, den er Hutten gegenüber preist und mit dem er einen herzlichen und fröhlichen Briefwechsel unterhält.

Erasmus veröffentlicht auch seinen Brief vom November 1519 an den gebildeten Adeligen Johannes Slechta, einen Anhänger der böhmischen Utraquisten. Er tut dies, weil er die Grundpositionen seiner Glaubensauffassung verbreiten möchte. »Das Wesentliche der Philosophie Christi besteht in der Erkenntnis, daß all unsere Hoffnung in Gott ruht, der durch die Mittlerschaft seines Sohnes großzügig seine Gaben spendet. Der Tod Jesu erlöst uns, die Taufe vereinigt uns mit seinem Körper. Wir müssen die Begierden dieser Welt in uns abtöten und nach seiner Lehre und seinem Beispiel leben, alles Gute tun und Widrigkeiten, wenn wir auf sie stoßen, tapfer ertragen, hoffend, daß wir in der Zukunft, wenn Jesus zurückkehrt, die Belohnung erhalten, die zweifellos nur den Frommen winkt. Wir müssen auf dem Wege der Tugend vorankommen, ohne uns ihrer zu rühmen, denn der Spender allen Heils ist Gott. Das sind die Gedanken, die man als erste in den Köpfen verankern muß.«

In vertrauterem Tonfall schreibt Erasmus an Nicolas Bérauld, der sich darüber beklagt hatte, daß er immer so lange auf eine Antwort warten müsse: »Die Last der Arbeit drückt mich nieder! Wenn Du die Zeit einrechnest, die man für die Andacht benötigt, für den Schlaf – dem ich mich deshalb so lange hingebe, weil ich erst im Morgengrauen zu Bett gehe –, für die Sorge um die Gesundheit und für die Bücher, die ich verfasse und überarbeite, dann begreifst Du, wie wenig Zeit mir bleibt, jedem zu antworten.« Es mag als Trost für Bérauld gedacht sein, daß Erasmus den Brief in seinen Sammlungen veröffentlicht.

Die Sammlung *Farrago* dürfte die Öffentlichkeit ziemlich schockiert haben. Ohnehin erregt in dieser Zeit des spärlichen Informationsflusses die Herausgabe von mehreren hundert Briefen, die aktuelle Fragen behandeln, großes Aufsehen. Es ist die Absicht des Verfassers, der Nachwelt mit dem Band ein Selbstporträt als humanistischer Schriftsteller und Theologe zu hinterlassen. Der Leser soll in seinem Werk das Zeugnis eines gläubigen Christen und die Worte eines offenen Theologen entdecken und beides nicht als Widerspruch, sondern als Einheit begreifen. Hat sich Erasmus' Wunsch erfüllt? Man kann mit Recht daran zweifeln, denn schwere Jahre stehen ihm bevor.

In die gleiche Zeit fällt eine Episode, die nur wenig bekannt ist und mit den ökumenischen Beziehungen des Erasmus zu tun hat. 1519 trifft er mit böhmischen Hussiten zusammen, mit jenen Christen, die sich von Rom losgesagt haben und auch untereinander gespalten sind.[23] Ihre Führer sind mit seinen Gedanken bestens vertraut, da zwei seiner Werke bereits in ihre Sprache übersetzt wurden: Das *Handbüchlein eines christlichen Streiters* und *Das Lob der Torheit*. In Erasmus' Schriften haben sie verwandte Gedanken entdeckt. Den Hussiten gefällt das unabhängige Urteilsvermögen des Verfassers, der sich als scharfsinniger und kritischer Beobachter seiner Kirche zeigt. In der hochexplosiven religiösen Situation hoffen sie, in Erasmus einen Verbündeten zu finden.

Die Böhmischen Brüder schicken ihm eine Gesandtschaft mit der Bitte, er möge seine moralische Autorität in den Dienst ihres Kampfes stellen. Erasmus hält sich gerade in Antwerpen auf, als Nikolaus Claudianus und Laurentius Votik bei ihm vorstellig werden. Sie übergeben ihm eine Verteidigungsschrift ihres Glaubens, die einige Jahre zuvor in Latein gedruckt wurde. Erasmus nimmt den

Band entgegen und bittet darum, ihn in aller Ruhe lesen zu dürfen. Der zweite Besuch wird zu einer Enttäuschung für die Brüder. Wenn Erasmus die Hussiten auch nicht verurteilt, so lehnt er es doch ab, das Werk mit einer Approbation zu versehen. Seine Haltung ist verständlich: Die Gedanken in diesem Text übertreffen die fortschrittlichsten seiner eigenen Positionen bei weitem. Aus der Schrift spricht offene Feindschaft gegenüber der römischen Kirche, ihre Riten werden geradezu als Götzendienst abgetan.

Immerhin billigt Erasmus einige kleinere Forderungen. Zudem erklärt er, daß er persönlich der Kommunion unter beiderlei Gestalt den Vorzug gebe. Auch in der Frage der Feiertage ergreift er Partei für die Hussiten: Es gibt inzwischen so viele Feiertage, daß die Ärmsten, wenn sie sich an das Arbeitsverbot halten, zum Hungern verurteilt sind. Schließlich appelliert Erasmus an den guten Willen aller, sich gegenseitig Zugeständnisse zu machen und die Einheit der Kirche wiederherzustellen. Weiter kann er nicht gehen. Seine Vermittlungsbemühungen werden vergeblich bleiben.

KAPITEL XIV

Auseinandersetzungen in Löwen und Erholung in Anderlecht

Im Jahre 1519 stirbt Kaiser Maximilian. Damit beginnen die blutigen Rivalitätskämpfe zwischen seinem Enkel, König Karl von Spanien, und Franz I., dem König von Frankreich. Mit der Wahl Karls V. zum Kaiser erhält das Heilige Römische Reich, das zur rein deutschen Angelegenheit verkommen schien, einen Teil seiner ursprünglichen Geltung zurück. Karl präsentiert sich seinen Untertanen und Nachbarn gern als unbeschränkter Herrscher und Schiedsrichter über die Welt. Doch die wiederauflebende Idee vom Kaiserreich erweist sich als Illusion. Statt in die Zukunft voranzuschreiten, muß der neue Kaiser bald den Rückzug antreten. Nur scheinbar ist Karl Herrscher über die Welt. Das 16. Jahrhundert wird nicht vom Kaisertum geprägt, sondern von der spanischen Vorherrschaft, von Karls Sohn Philipp II. und dessen atlantischen Besitzungen.

Unter dem neuen Kaiser Karl V. findet der Mythos vom Kaiserreich Ausdruck in der Devise: »Plus ultra!« (»Darüber hinaus!«). Der Wahlspruch erklärt das kaiserliche Emblem, das die Säulen des Herkules – die Grenzen des Römischen Reiches – zeigt. In seiner vordergründigen Bedeutung besagt der Wahlspruch, daß Karls Reich größer ist als das der Römer. Darüber hinaus erinnert er auch daran, daß mit der Entdeckung der Neuen Welt wenige Jahre vor der Krönung des Königs von Spanien zum Kaiser eine neue Epoche begonnen hat.

Karl V. betrachtet das Heilige Römische Reich als notwendige, gottgewollte und gesegnete Institution. Er ist Kaiser der Christenheit! Er fühlt sich nicht als Nachfolger Karls des Kühnen; er wählt sich ein bedeutenderes Vorbild: Karl den Großen.

Mit seinen ehrgeizigen Ansprüchen fordert Karl V. die anderen Herrscher heraus. Im Juni 1520 trifft Heinrich VIII. im sogenannten »Camp du Drap d'Or« mit Franz I. zusammen, einen Monat später dann mit Karl V. in Calais. Am 14. Juli wird die Allianz des englischen Königs mit dem Kaiser gegen Franz I. im Vertrag von Calais besiegelt. Zum Gefolge Heinrichs VIII. gehört Thomas Morus, Erasmus begleitet Karl V.

Der Krieg beginnt; Tournai fällt an die Niederlande zurück.

»Zu meinem größten Leid muß ich sehen«, schreibt Erasmus, »wie der Krieg zwischen Deutschen und Franzosen von Tag zu Tag grausamer wütet. Welch ein Unheil für die ganze Christenheit, daß die zwei mächtigsten Herrscher der Welt in so tödlichem Zwist aneinandergeraten! Erträglich wäre das Übel, wenn es zwischen den Kontrahenten in Einzelkämpfen zu einer endgültigen Entscheidung käme. [...] Wie hartherzig sind doch die Herrscher, wenn sie dies planen und geschehen lassen, wie stumpfsinnig, wenn es ihnen nicht zu Bewußtsein kommt, wie gleichgültig, wenn es sie nicht kümmert! Einzige Hoffnung setzte man auf den neuen Papst [Leo X.], der nicht nur Theologe ist, sondern seit frühester Jugend allgemein den besten Leumund genießt. Doch auf rätselhafte Weise gilt die päpstliche Autorität stets dann weit mehr, wenn es darum geht, zwischen Herrschern einen Krieg zu entfachen, als dann, wenn einer beigelegt werden soll.«[1]

Auch private Sorgen quälen Erasmus. Seine Auseinandersetzung mit Edward Lee wird von Jahr zu Jahr erbitterter. Die kürzlich erschienene Ausgabe des *Neuen Testamentes* mit ihrem ausführlichen Kommentar löst eine Kettenreaktion aus. Im Februar 1520 veröffentlicht Lee seine *Annotationes ad annotationes* (Anmerkungen zu den Anmerkungen). Erasmus gerät über die Veröffentlichung in Rage und gibt zu seiner Verteidigung in rascher Folge drei Bände heraus. »Unsere Freunde«, schreibt er an Justus Jonas, »sollen Briefe gegen Lee schreiben und die englischen Gelehrten und jene Fürsten loben, die die Gelehrten unter ihren Schutz nehmen. Lee dagegen sollen sie heftig zusetzen. Verspotten soll man ihn wie einen Dummkopf, Prahlhans und heimtückischen Menschen. Man braucht ihn nicht zu verfolgen. Hoffentlich kommen sehr viele solcher Briefe zusammen, das trifft ihn dann um so schlimmer. Sie sollen von Gelehrten verfaßt sein, und man soll sie mir über zuverlässige Leute zukommen lassen. Ich korrigiere sie selbst und lasse sie dann veröffentlichen.«[2] Das unrühmliche Vorhaben wird ein durchschlagender Erfolg, obwohl auch andere Theologen die Ausgabe des *Neuen Testamentes* nach wie vor kritisieren.

Die Geschichte der *Antibarbari* illustriert das wechselhafte, oft gefahrvolle literarische Leben des Erasmus. Mit Leib und Seele setzt er sich für ein Ziel ein, das die Kräfte eines Menschen fast übersteigt: Durch sein Werk und durch sein Beispiel will er zeigen, wie antike Bildung und christliche Botschaft in Einklang gebracht werden können. Erasmus' Christentum ist keine realitätsfremde Religion. Sie stellt vielmehr den krönenden Höhepunkt einer glücklichen Entwicklung in der Geistesgeschichte dar, in der Athen, Rom und Jerusalem lebendig bleiben.

Die erste Fassung des Buches von 1489 wurde mehrfach überarbeitet, Teile gingen verloren und wurden ergänzt. 1520 erscheint es schließlich bei Froben – nach einer Reifezeit von dreißig Jahren! In dieser Zeit hat Erasmus unermüdlich gearbeitet und nachgedacht, er hat seine Ideen weiterentwickelt, sein Vokabular ausgeweitet und seinen Stil verbessert. Das Werk gewinnt dadurch an Prägnanz und Wirksamkeit.

Gleichzeitig bereitet er die Veröffentlichung einer neuen Briefsammlung vor. Er korrigiert Briefe, streicht einige Passagen, verbessert andere. Die undankbare Arbeit zehrt an seinen Kräften und ist ihm lästig; er nimmt gleichzeitig mehrere Bücher in Angriff, die ihm sehr viel wichtiger sind.

Seinen Famuli dankt er für ihre tatkräftige Unterstützung: »Wenn ich eine Liste mit all jenen zu erstellen hätte, die mir zur Herausgabe des *Neuen Testamentes* sehr nützliche Ratschläge erteilt haben, dann müßte ich meine Famuli mit einer Nennung im Vorwort ehren.«

Der Löwener Humanist und Pädagoge Adrian Barland, einer von Erasmus' treuen Verehrern, veröffentlicht eine Anthologie der Briefe des Humanisten. Damit entspricht er einer Bitte des Druckers Dirk Martens, der eine Sammlung kurzer und elegant geschriebener Briefe drucken will, an denen sich Lehrer und Schüler orientieren sollen. »Man könnte meinen«, kommentiert er, » Cicero selbst habe diese Briefe geschrieben.« Das 1520 veröffentlichte Büchlein wird denn auch ein Erfolg im pädagogischen Schrifttum.

Am 7. August 1520 verfaßt Erasmus ein Empfehlungsschreiben an Kardinal Wolsey. Erasmus, nach Luther der entschiedenste Gegner des Ablaßhandels, empfiehlt ihm darin einen armen griechischen Ablaßverkäufer, der Geld für sein Kloster auf dem Sinai sammelt, das von den Moslems zerstört wurde. Der Mönch spricht kein Latein, und mit seinem Griechisch kann er nur wenige Christen zu großzügigen Spenden überreden. Erasmus setzt sich feurig für diesen seltsamen Gesandten aus dem abtrünnigen Osten ein. »Der Überbringer dieses Briefes«, schreibt er, »heißt Christophorus Palaiologos. Nach glaubwürdigen Zeugnissen stammt er aus gutem Hause und ist ein aufrechter Christ. Wie ich selbst bemerkte, ist er ehrbar, bescheiden und seriös. Er möchte ein stattliches Sümmchen zusammenbringen, um seinem Kloster zu helfen. […] Bisher hatte er nur eine klägliche Ausbeute. Wahrscheinlich gehen wir mit unserem Geld zu sparsam um, oder sind wir dem Ablaß gegenüber gar gleichgültig?«[3] Der Gedankengang ist für Erasmus typisch: Er kann durchaus einen einzelnen hoch schätzen und zugleich das System verachten.

Das überschwengliche Lob des Dichters Richard Sbrulius weist er von sich. »Es ist nicht unangenehm«, sagt er zu seinem Bewunderer, »von einem Manne gelobt zu werden, der selbst des Lobes würdig ist; doch es gehört sich nicht, daß Du in aller Öffentlichkeit wiedergibst, was Dir die Zuneigung zu mir einflüstert – ganz abgesehen davon, daß ich die Komplimente nicht verdiene. Es mißfällt mir weniger, wenn mir jemand etwas abspricht, das mir zusteht, als wenn er mir etwas andichtet, was ich nicht verdiene. Du läßt Dich von der Freundschaft an-stacheln, an diejenigen zu appellieren, die mich unterstützen, und mit allen Waffen diejenigen zu bekämpfen, die Erasmus geringer schätzen, als Du ihn mit Deinem Wohlwollen sehen willst. Ich frage Dich, was tust Du da anderes, als diese Leute zu reizen, daß sie mich noch mehr beschimpfen und mit Vorwürfen traktieren, die sich zudem vielleicht bald gegen Dich richten werden? Beschimp-fungen bin ich seit langem gewohnt, aber nicht minder leid bin ich Lob und Ruhm. Wo ich kann, bemühe ich mich zu glänzen, gebe dabei aber ganz offen zu, daß ich nichts weiß. Scheitere ich an einem Vorhaben, muß man mir wenig-stens zubilligen, daß ich mich an schwierigen und rühmlichen Dingen versucht habe. Nach einer Niederlage tröstet mich der Gedanke, daß ich ein Mensch bin und diese Schwäche mit jedermann teile. Wenn mich jemand übertrifft, so spende ich seiner Tat Beifall, wenn sie allen Menschen nützt. Es schmälert meine Ehre nicht, wenn mich, der ich über andere so oft schon den Sieg davongetra-gen habe, ein Mensch übertrifft. Ich werde nicht gelehrter, wenn ich alles zu wissen behaupte. Ich werde nicht unwissender, wenn ich mit Sokrates eingeste-he, daß ich nichts weiß. Ist unsere Wissenschaft nicht ohnehin nur ein winziger Teil des Wissens? Von meinen persönlichen Kenntnissen spreche ich schon gar nicht.«[4]

Erasmus hat der Veröffentlichung dieses Briefes sicher gerne zugestimmt. Er ist ein Zeugnis seiner Bescheidenheit, das seinem Ansehen nicht den geringsten Abbruch tut.

Martin Lipsius empfiehlt er, »sich der Philosophie Christi zu verschreiben, weil Christus die Guten erquickt und die Bösen duldet«.

Seinem Freund Morus berichtet er von einer kurzen Begegnung mit dem Löwener Karmeliter Egmondanus. »Von welchen Einzelheiten soll ich Dir noch berichten? Alles, was gesprochen wurde, gleichgültig, zu welchem Thema, war Anlaß zu Schimpfreden, gerade wie unter bockigen Kindern oder zänkischen Waschweibern. Jedem meiner Worte mußte er widersprechen. Er hielt mir einen Brief vor, den ich an Luther geschrieben hatte. ›Ich habe ihn vor Dingen gewarnt‹, sagte ich, ›die er unterlassen sollte.‹ ›Natürlich‹, antwortete er mir, ›Du lehrst ihn schreiben!‹ Mir scheint, unser Mann findet sogar Schlimmes daran, wenn Luther Besseres schreibt, denn er sieht ihn lieber vernichtet als zum Heil geführt. Vor allem aber mißbilligte er folgenden Satz: ›So mahne ich nicht, damit Du nach meinen Grundsätzen handelst, vielmehr damit Du bei Deinem Handeln bestän-dig bleibst.‹ Ich entschuldigte mich mit einem rednerischen Kunstgriff: Man be-hauptet, man spreche keine Warnung aus, obwohl man es doch gerade sehr nachdrücklich tut. Sogleich geriet er wieder in Eifer. ›Das ist schön, was Du da sagst‹, versetzte er, ›genau so verhalten sich die Rhetoren: immer verdunkeln, er-finden und lügen!‹ Lächelnd gab ich zu, daß Redner bisweilen lügen, daß dies aber auch bei ›Unseren Magistern‹ vorkomme.«[5]

Das Jahr 1520 ist für Erasmus besonders erfolgreich. Als Ratgeber des neuen Kaisers zieht er in dessen Gefolge mit zur Krönung nach Aachen.[6] Das Zeremoniell beeindruckt ihn offenbar wenig, meist hält er sich abseits. Am Reichstag zu Worms nimmt er nicht teil. Das Hofleben langweilt ihn unbeschreiblich.[7]

Er veröffentlicht eine beträchtliche Anzahl von Werken: Ausgaben oder Neuausgaben, darunter die *Antibarbari,* Werke des heiligen Cyprian, des Irenaeus und verschiedene Apologie. Da er in Auseinandersetzungen verstrickt ist, wird er zurückhaltender, und von seinem Optimismus ist nur noch wenig zu spüren. Viele Briefe aus dieser Zeit sind Rechtfertigungen, Repliken und schwerfällige Apologien, in denen er vernichtend über Gegner urteilt oder Freunde aufmuntert. Seine einstige Heiterkeit ist zum Teil und manchmal sogar ganz verschwunden.

1520 malt Dürer ein unvergeßliches Porträt des Erasmus: Wir sehen ein Gesicht, das zu zittern scheint, halb geschlossene Augen mit einem nach innen gerichteten Blick; auf den Lippen ein rätselhaftes, fast abwesendes Lächeln. Der Mann, der für dieses Porträt Modell gestanden hat, wirkt alterslos, zugleich aber rege, als wolle er dem Alter die Stirn bieten. Erasmus hat die Schwelle zum fünfzigsten Lebensjahr überschritten und verändert sich in Zukunft kaum noch: Die Züge seines Gesichtes sind nun so endgültig wie die seines Charakters.

Man munkelt, Erasmus werde Löwen bald verlassen. In Paris erwartet ihn Budé. Erasmus sehnt sich nach dem Alleinsein, denkt aber auch an eine Rückkehr nach England oder Rom. Er nimmt regen Anteil an der Tragödie Luthers. Jede Form der Repression lehnt er ab, aber die Perspektive einer Glaubensspaltung erschreckt ihn.

Geht Erasmus' Haltung gegenüber den Juden auf den Einfluß des heiligen Johannes Chrysotomos, des Schutzpatrons der Antisemiten, zurück? Das ist sehr unwahrscheinlich. Erasmus hat für die Juden wenig übrig, aber noch weniger für »judaisierende« Christen, die sich wie Juden mit äußerlichen Formen der Frömmigkeit begnügen. Wenn er die Glaubensvorschriften einer Religion als Frucht des Pharisäertums und deren Theologen als Rabbiner bezeichnet, so ist er darum noch kein Antisemit.[8] In einem Brief an den Inquisitor Hochstraten legt er seine Position deutlich dar: »Warum«, fragt er ihn, »mit so viel Leidenschaft den Haß auf die Juden schüren? Gibt es unter uns jemanden, der dieses Volk nicht zur Genüge verabscheut? Wenn Christentum allein darin besteht, die Juden zu hassen, dann sind wir alle schon christlich genug!«[9] Aus dem Munde des Apostels der Toleranz ist die Äußerung als »versteckte, aber überzogene Mißbilligung« der Christen zu verstehen. Später wird Erasmus erneut einen Vergleich zwischen den jüdischen Glaubensregeln und der äußerlichen Frömmigkeit der Christen ziehen. »Judentum nenne ich nicht die Ungläubigkeit der Juden zu ihrer Zeit, sondern den furchtsamen Gehorsam der Christen gegenüber ihren eigenen Glaubensregeln.«[10]

In dem langen, aufschlußreichen Brief an Hochstraten erörtert Erasmus auch andere Fragen. Er rechtfertigt sich, daß er dafür eingetreten ist, die Situation unglücklich Verheirateter zu erleichtern. Die körperliche Trennung genüge nicht, will man ihnen den Seelenfrieden zurückgeben. Er verlangt von den Verantwortlichen in der Kirche, sie müßten sich Gedanken über die Mängel des Ehekonsenses machen.

»Ich bemitleide manche Menschen, die schlecht zusammenpassen und eine unglückliche Ehe führen. Wenn Du sie lediglich trennst, besteht keine Hoffnung, daß sie frei von Sünde bleiben. Man muß sich doch irgendwie um ihr Heil kümmern, wann immer dies möglich ist. Ich wünsche mir keine andere Lösung als eine solche, die die Kirche billigt. Ich stelle keine Regel auf. Ich beziehe mich in allen Punkten auf die Kirche. [...] Ich bin nicht für die Ehescheidung, aber ich habe Mitleid mit jenen, die sich verirren. Christliche Nächstenliebe verlangt so oft das Unmögliche, und manchmal ist es fromm, das nicht Machbare zu wünschen. Kurz, meine Bemerkung war als Kommentar gemeint, ich wollte kein Dogma aufstellen. Du aber willst es als Dogma sehen, um den Zorn gegen mich zu schüren. Und wie Du schreibst, bebst Du, wenn Du meine Worte hörst, am ganzen Körper und sinkst vor Entsetzen fast nieder – als sei meine einfache Bemerkung, die ich dem Urteil der Kirche unterworfen habe, eine Beleidigung für die gesamte Kirche.

Auf dieser Grundlage ziehst Du, der Du anderer Meinung bist als ich, den Streit in die Länge und bietest alles auf, um Deine Lehre zu untermauern, die besagt, daß es nach einer Scheidung keine Ehe mehr geben darf. Als wüßte ich nicht, was frühere Doktoren gedacht und was die Kirche dekretiert hat. Und doch ist es möglich, daß der Geist Christi der Kirche nicht alles auf einmal offenbarte. Die Kirche kann die Gebote Christi nicht aufheben, aber sie kann sie doch zum Heil der Menschen wohlwollend auslegen und je nach den Umständen und dem Augenblick die Zügel in einigen Fällen lockern, in anderen fest anziehen. Christus wollte, daß all die Seinen vollkommen seien, Scheidung sollte es unter ihnen nicht geben. Die Kirche hat versucht, den Forderungen des Evangeliums bei allen Menschen Achtung zu verschaffen. Woher weißt Du, daß sie, wenn sie sich um das Wohl der Schwachen bemüht, nicht einige Zugeständnisse als nützlich erachtet? Das ist keine Abkehr vom Evangelium; vielmehr wird es mit Hilfe derer, denen sein Schutz übertragen ist, dem Wohl aller angepaßt. Es wird schon deshalb nicht verworfen, weil es besser verstanden wird.«[11]

Erasmus' Argumente überzeugen Hochstraten keineswegs, und bei den Professoren der Theologischen Fakultät in Löwen findet er mit seinen Vorschlägen ebensowenig Anklang. Die Lage spitzt sich zu, und Erasmus macht seiner Empörung Luft. Er entrüstet sich über die Heucheleien des Dominikaners Vincentius Theodorici.

»Seitdem Du Dich in Löwen niedergelassen hast«, schreibt er ihm aufgebracht, »hattest Du nichts anderes im Sinn, als den Ruf des Erasmus in den Schmutz zu ziehen, und doch hast Du ihm nichts vorzuwerfen. Ich wollte es zunächst nicht wahrhaben, denn eines Mannes – eines Priesters, eines Herolds der Kirche oder eines Mönchs sage ich nicht – schien mir die Sache schlichtweg unwürdig. Vielmehr ist es ein Charakterzug der Weiber – und auch nur der zänkischen und törichten –, sich zu ereifern und mit giftigen Worten Rache zu nehmen. Aber mit der Zeit, als man mir immer wieder und von allen Seiten eine solche Masse an Auskünften gab – was Du hier bei den Tischgenossen, dort in den Klöstern, anderswo in den Kutschen oder im Schiff gesagt hast –, da mußte ich schließlich glauben, was man mir erzählte. Zunächst dachte ich, ich könne die Angelegenheit, sei sie wahr oder falsch, übergehen. Du jedoch bestürmst mich gleichzeitig mit schmeichlerischen Worten, rufst mich, wie man einen Freund ruft, und glaubst wahrscheinlich auch noch, ich wisse nichts von Deinen Verleumdungen; und doch gibt es keinen Ort, an dem Du sie nicht verbreitet hast.«[12]

Die Blüte des Dreisprachenkollegs erbittert die Löwener Professoren. Humanistischer Geist bedroht die alte Scholastik. Erasmus ist Berater des Kollegs und bestimmt über die Einstellung der Lehrkräfte. Er genießt großes Ansehen und beobachtet begeistert die Entwicklung des Kollegs. Seine finanzielle Situation bessert sich, so daß er mehrere Sekretäre, Kopisten und Boten als ständige Mitarbeiter einstellen kann. »Ich fühle mich«, schreibt er am 24. Mai 1521, »wie ein Satrap, der zwei Pferde ernährt, und die sind besser versorgt als ihr Herr. Meine beiden Famuli kommen eleganter daher als ihr Meister.«[13]

Erasmus führt einen Haushalt, der seinen Bedürfnissen kaum genügt. Seine Pferde tragen ihn bis nach Antwerpen und Brüssel. Die Sekretäre schreiben seine Arbeiten ab und gehen ihm bei seinen Forschungen zur Hand. Sie können kaum Schritt halten mit dem atemberaubenden Tempo, in dem ihr Herr ein Buch nach dem anderen veröffentlicht. 1521 erscheinen bei Dirk Martens zwei Jugendwerke: Die Gedichte[14] und die Abhandlung *De contemptu mundi* (Über die Weltverachtung).[15] Das zweite Werk hat Erasmus bereits 1489 begonnen und nun um ein Schlußkapitel vermehrt, das den gedanklichen Rahmen der Abhandlung ergänzt und erweitert. Für das Seelenheil sind weder das Leben im Kloster noch die Zahl der aufsehenerregenden Kasteiungen bedeutsam, sondern die vollständige Beachtung der Gelübde. Erasmus will damit allerdings nicht die Welt verherrlichen, auch wenn sein Ideal das »Kloster *in* der Welt« ist, das weltliche Alltagsleben, das man in Glaube und Demut auf sich nimmt.

Im September desselben Jahres druckt Martens eine Apologie,[16] in der sich Erasmus gegen die Vorwürfe des spanischen Theologen Diego Stunica (Zuniga) verteidigt; Stunica hatte die Ausgabe des *Neuen Testamentes* kritisiert. Der Streit zieht sich noch über Jahre hin.

Im November bringt Johann Froben in Basel eine Sammlung mehrerer Apologien des Erasmus heraus.[17] Die Apologien sind ein Nachhall seiner theologischen Auseinandersetzungen mit Jacques Lefèvre d'Étaples, Jakob Latomus,

Jean Briard und Edward Lee. Fügen wir zu diesen Veröffentlichungen noch einige Paraphrasen und zahllose Briefe hinzu, so haben wir eine ungefähre Vorstellung davon, welche schöpferischen Leistungen der Humanist im Jahre 1521 vollbringt.

In diesem Jahr – Erasmus' letztem in den Niederlanden – unternimmt er zudem noch zahlreiche Reisen und erlebt manche Überraschung. Er hält sich zunächst in Löwen und Antwerpen auf und zieht dann mitsamt seiner Bibliothek zu seinem Freund, dem Stiftsherren Peter Wychman nach Anderlecht bei Brüssel; von Ende Mai bis Oktober wohnt er in dem hübschen Haus »de Zwane«, nur einige Schritte von der Stiftskirche St. Guido entfernt.

Für einige glückliche Monate führt er dort das ersehnte einfache Leben. Er genießt die laue Frühlingsluft und berichtet humorvoll von diesen Freuden. »Sicher liebte ich schon früher das vergnügliche Landleben, das die Alten doch so schön besungen haben. Aus Erfahrung weiß ich nun, daß es mehr noch als Vergnügungen auch Heilung bringt. Erasmus wäre in der Stadt nämlich beinahe umgekommen; ich verspürte im Magen stets leichte Übelkeit und war deshalb einer Bande von Ärzten ausgeliefert: Arzneitränke, die nach ihren Angaben zubereitet werden mußten, Pillen, Klistiere, Pülverchen, Salben, Wickel und was weiß ich noch alles. Dabei hatte ich zum Kranksein keine Zeit, denn von allen Seiten riefen mich ständig unvorhergesehene Angelegenheiten. Da packe ich die Koffer und steige aufs Pferd. ›Wohin gehst Du?‹ fragt mein Famulus. ›Irgendwohin‹, antworte ich, ›wo mich ein sanfter und heilsamer Himmel anlächelt.‹ Ich wohnte kaum zwei Tage hier, da war das Fieber zum Teufel und mein Magen auf dem Wege der Besserung. Ich fühle mich gerade so, als würde ich hier auf dem Lande mit jedem Tag jünger werden.«[18]

Dieser sprühende Brief aus Anderlecht geht an Erasmus' Freund Justus Jonas. Erasmus schreibt mit der unbeschwerten Heiterkeit, die sich immer dann zeigt, wenn er seine Gesundheit und innere Ausgeglichenheit wiedergefunden hat. Zur Erbauung seines Freundes stellt er einen ausführlichen Vergleich zwischen seinen großen geistlichen Vorbildern an, dem Dekan John Colet und dem Franziskaner Jean Vitrier. Erasmus gelingen mit diesem Vergleich unvergeßliche Skizzen zweier ähnlicher Lebensläufe, und er arbeitet mehrere seiner Lieblingsthemen mit ein: ein Lob auf das einfache und gelehrsame Leben in christlicher Nächstenliebe, eine Absage an die falsche Frömmigkeit und schließlich eine Huldigung an die Philosophie Christi.

»Lieber Jonas, ich habe Dir kein vollendetes Bild, sondern lediglich einen skizzenhaften Versuch gegeben – denn das ist alles, was die engen Grenzen eines Briefs erlauben – über die beiden Männer unseres Zeitalters, die ich als wahre und aufrichtige Christen ansehe. Du mußt nun von jedem das auswählen, von dem Du denkst, daß es am meisten zur wahrhaftigen Frömmigkeit führt. Wenn

Du mich aber fragst, wem von den beiden ich den Vorzug gäbe, so meine ich, daß beide des Lobes gleich wert sind. Dabei bedenke ich, daß ihre Lebensumstände so ungleich waren. Einerseits war es etwas Großes für Colet, daß er in den weltlichen Verhältnissen, in denen er sich befand, nicht der natürlichen Neigung, sondern stetig dem Ruf Christi folgte. Andererseits gibt das Verdienst Vitriers unter solchen Lebensumständen ein noch schöneres Beispiel, in dem er so viel vom Geist des Evangeliums verwirklichte, als er zeigte: so wie ein Fisch, der keinen sumpfigen Geschmack annimmt, obwohl er stets in einem Sumpf lebte. Bei Colet gab es Charakterzüge, die ihn als menschlich erwiesen. An Vitrier sah ich niemals etwas, das irgendwie den Eindruck menschlicher Schwäche erweckt hätte. Wenn Du aber mein Wort als Zeugnis dafür annimmst, Jonas, dann wirst Du wohl nicht zögern, diese beiden in den Heiligenkalender aufzunehmen, obwohl kein Papst sie je heiligsprechen würde.

Selige Geister, denen ich soviel schulde, helft durch euer Gebet eurem Erasmus, der ich noch mit dem Elend dieses Lebens ringe, daß ich in eure Gesellschaft so wiederaufgenommen werde, daß mich dann nichts mehr von euch trennt.«[19]

Nicht weniger stürmisch lobt Erasmus Thomas Morus in einem Brief an Budé. Er stellt dem französischen Humanisten Morus als Beispiel vor Augen, weil Budé sich oft darüber beklagt, daß für einen Familienvater die Zeiten besonders schwierig seien. »Du hast allen Grund, Morus zu beglückwünschen. Denn während er nichts wollte und um nichts bat, hat ihn der König mit einem glanzvollen Amt geehrt und ihm eine Behandlung zuteil werden lassen, die man nicht geringschätzen darf: Gegenwärtig ist er Schatzmeister seines Fürsten. […] Aber ich habe einen weiteren Grund, Morus für diese königliche Gunst zu beglückwünschen. Ich glaube, daß jeder Nutzen, den er selbst hat, sei es durch seine Macht oder durch seinen Einfluß, auch ein Nutzen für die Wissenschaft sein wird. […] Morus ist nicht nur deshalb die Zierde der literarischen Welt, weil er, selbst ein hochgelehrter Mann, allen Gelehrten Unterstützung gewährte, sondern auch weil er sich bemüht, seine ganze Familie sehr ernsthaft in die Studien einzuweihen. So gibt er ein Beispiel, das bisher zwar neu ist, dem aber, wenn ich nicht irre, bald viele nacheifern werden, denn seine Bemühungen sind von großem Erfolg gekrönt. […]

Vor noch nicht ganz einem Jahr wollte mir Morus eine Kostprobe von den Fortschritten seiner Töchter im Literaturstudium geben. Er bat sie, mir zu schreiben, eine jede so, wie sie es vermochte. Er gab ihnen kein Thema vor und veränderte an ihren Ausführungen nichts. Als sie ihre Entwürfe dem Vater zur Korrektur vorlegten, tat er so, als ärgere er sich über ihre schlechte Handschrift, und hieß sie, die Sache nochmals und sorgfältiger ins Reine zu schreiben. Als sie dies getan hatten, versiegelte er die Briefe, ohne zuvor eine Silbe daran zu ändern, und schickte sie mir zu. Glaub mir, Budé, nichts hat mich mehr erstaunt.

Bei den Gedanken fand ich weder die Torheit noch die Einfalt kleiner Mädchen; ihren Stil würdest Du für den von Scholarinnen mit besten Fortschritten halten. Der Livius ist durch ihre Hände gegangen. Sie haben tatsächlich das Kunststück fertiggebracht, Autoren dieser Kategorie ohne Übersetzer zu lesen und zu verstehen, abgesehen vielleicht von einigen Wörtern, die einen Mann wie mich für einen Augenblick zum Innehalten zwingen.«[20]

Leider sind diese Kinderbriefe nicht erhalten. Wir würden viel dafür geben, wenn wir lesen könnten, was Morus' Töchter Erasmus mitzuteilen hatten...

Einige Wochen später vertraut der Humanist seinem Landsmann Nikolaus Everard an: »Bei uns [in Holland] ist der Sommer derart kurz, daß es ihn bisweilen nicht zu geben scheint. Wir merken, daß er schon wieder geht, noch ehe wir ihn kommen sahen. Niemals habe ich besser begriffen, daß unser Leben mehr vom Klima als von der Kost abhängt. Ich habe diesen ganzen Sommer auf dem Lande verbracht, und es ging mir nie besser.«[21]

Von Anderlecht reist der erfahrene Reiter Erasmus bequem nach Brüssel und Löwen. Im August ist er in Brügge; der Kaiser trifft dort mit Kardinal Wolsey, dem Botschafter Heinrichs VIII., zusammen – für Erasmus die letzte Gelegenheit zu einem Wiedersehen mit seinen Freunden Thomas Morus und Luis Vives. Am 28. Oktober 1521 verläßt er Löwen endgültig und siedelt nach Basel über, wo er erwartungsvoll einem neuen Abschnitt seiner Laufbahn entgegensieht.

.

KAPITEL XV

Erasmus und Luther
Zwei Reformer prallen aufeinander

Luthers Drama bedeutet für Erasmus neue Auseinandersetzungen.[1] Beide Männer kennen sich, obwohl sie sich nie begegnet sind und nicht in brieflichem Kontakt stehen. Der Ablaßhandel hätte sie zu Kampfgenossen machen können, denn in diesem Punkt sind sie sich einig, ohne daß sie sich abgesprochen haben: Den Himmel kann man nicht kaufen! Darüber hinaus gibt es wenig Gemeinsamkeiten. Erasmus' wie Luthers religiöse Entwicklung wurde vom eingehenden Studium der Heiligen Schrift bestimmt, auf die Einhaltung von Glaubensvorschriften legen beide wenig Wert. Der scholastischen Theologie und der Spiritualität des Klosterlebens stehen sie gleichermaßen skeptisch gegenüber. Doch die Gegensätze überwiegen manche Gemeinsamkeiten in den Lösungsvorschlägen. Luther steht dem Humanismus gleichgültig gegenüber, und Erasmus ist alles andere als ein Volkstribun. In Luthers Augen mangelt es Erasmus an Frömmigkeit, Erasmus wiederum reagiert überempfindlich, wenn Luther seiner persönlichen Erfahrung prophetischen Wert beimißt.

Im Jahre 1516 vertreten beide jedoch noch so ähnliche Positionen, daß Freunde und Feinde in ihren Anliegen Gemeinsames entdecken und bisweilen die Standpunkte verwechseln. Den ersten Schritt tut Luthers Freund Georg Spalatin, der Hofkaplan des Kurfürsten Friedrich von Sachsen. Er schreibt Erasmus einen Brief, in dem er sich für Luther einsetzt.[2] Dieser geschickte, vielleicht zu geschickte Brief faßt Luthers Ansichten zur Werkgerechtigkeit nach Paulus zuammen. Erasmus antwortet nicht. Einige Monate später vertraut der deutsche Reformator einem Anhänger an: »Ich lese gerade unseren Erasmus. Ich halte alle Tage weniger auf ihn. Ich fürchte, er stellt Christus zu sehr über die Gnade Got-tes. In diesem Punkt weiß er noch sehr viel weniger als Faber Stapulensis [= Jacques Lefèvre d'Étaples]. Denn er hält mehr auf menschliche als auf göttliche Zeugnisse.«[3]

Über den Ablaßhandel haben die Theologen bereits in früheren Zeiten gestritten, und viele nehmen immer noch daran Anstoß. Der Ablaßhandel ist zu einem florierenden Geschäft geworden. Das ruft zwangsläufig die Reformer auf den Plan, die eine gründliche Reinigung der Religion von Aberglauben und Magie wollen. Während die herkömmliche Lehre besagt, der Ablaß wirke bei Strafen für bereits vergebene Sünden, ist im Volk die Auffassung verbreitet, man könne mit einem Almosen unmittelbar die Vergebung der Sünden erreichen und die Seele vor der ewigen Verdammnis bewahren: Je großzügiger das Almosen, desto wirksamer der Ablaß! Mit tendenziösen Predigten werden die aufrichtigen Gefühle all der Christen mißbraucht, die sich um das Seelenheil verstorbener Verwandter sorgen.

Leo X. braucht Geld für die Arbeiten am Petersdom in Rom. Die Kassen des Heiligen Stuhls sind leer, aber mit dem Kirchenschatz kann man sie füllen. Der Papst folgt einer langen Tradition und schickt Prediger in die christlichen Länder aus. Dort verkünden sie den Ablaß und fordern Spenden von den Gläubigen.[4]

Luther ist empört über diese Predigten. In seinen Augen sind sie mißverständlich und daher gefährlich. Seine Gedanken faßt er in 95 Sätzen zusammen, die als der Wittenberger Thesenanschlag in die Geschichte eingehen werden. Die Thesen lösen Empörung aus. Die junge Buchdruckerkunst verbreitet die kühnen Gedanken innerhalb von wenigen Tagen, Luther ist über Nacht ein berühmter Mann.

Die scholastischen Theologen begegnen ihm mit Mißtrauen. Er spricht nicht ihre Sprache und kann sich schon deshalb bei ihnen kein Gehör verschaffen. Als die Unterschiede immer klarer zutage treten, nimmt Luther die radikale Reform der Theologie in Angriff.

Bei der Heidelberger Disputation im April 1518 hat der Reformer Gelegenheit, seinen Standpunkt deutlich zu machen. »Die Menschen«, so schreibt er, »haben die Erkenntnis Gottes aus seiner Schöpfung gezogen, doch Gott wollte in seinen Leiden erkannt werden. So ist es weder ausreichend noch nützlich, Gott in seinem Ruhm und seiner Herrlichkeit zu erkennen, wenn man ihn nicht auch in der Niedrigkeit und Schmach des Kreuzes erkennt.«[5] Der Theologie der Herrlichkeit, wie er sie nennt, stellt er seine Theologie des Kreuzes gegenüber, die in Christus nur den Gekreuzigten sieht, während die Theologie der Herrlichkeit möchte, daß er über alle Völker triumphiert.

Luthers Anklage gegen die Theologie der Herrlichkeit richtet sich gegen Erasmus, auch wenn er ihn nicht beim Namen nennt.[6] Zum Teil revidiert er seine Meinung, als er in einigen Zeilen des *Handbüchleins eines christlichen Streiters* eigene Gedanken wiederfindet. »Ebenso wie wenn jemand daran erinnert, daß es sicherer sei, auf Wohltaten sein Vertrauen zu setzen als auf päpstliche Ablässe, nicht um jeden Preis solche Nachlässe verdammt, sondern das vorzieht, was gemäß der Lehre Christi gewisser ist.«[7]

Luther nutzt den günstigen Augenblick und schreibt am 28. März 1519 seinen ersten Brief an Erasmus. Weil er weiß, welch großes Ansehen der Humanist in der Geisteswelt genießt, wirbt er um seine Unterstützung und ergeht sich in Komplimenten. »So oft plaudere ich mit Dir und Du mit mir, lieber Erasmus, unsere Zierde und unsere Hoffnung, und doch kennen wir uns gegenseitig noch nicht; ist dies nicht etwas ganz Seltsames? Doch nein, nicht etwas Seltsames, sondern etwas, was gewiß täglich vorkommt. Denn wen gibt es, dessen Herz Erasmus nicht ganz einnimmt, den Erasmus nicht belehrt, in dem Erasmus nicht herrscht? Ich rede von denen, welche die Wissenschaft recht lieben. Denn ich freue mich sehr, daß unter die übrigen Gaben Christi auch die gerechnet wird, daß Du vielen mißfällst. Durch dieses Kennzeichen pflege ich die Gaben des gnädigen Gottes von denen des zürnenden zu unterscheiden. Deshalb wünsche ich Dir Glück, daß, während Du allen edelen Menschen aufs höchste gefällst, Du denen nicht weniger mißfällst, welche allein von allen die angesehensten sein und aufs höchste gefallen wollen.«

Erasmus ahnt nicht, was für eine bedeutende Rolle Luther in der Zukunft spielen wird, und legt den Brief beiseite. Ihm ist bekannt, daß der Name Luther in Löwen verhaßt ist. Diese intolerante Haltung billigt er zwar nicht, aber er will und kann sich auch nicht zum Parteigänger des Deutschen machen. Nach reiflicher Überlegung antwortet er ihm am 30. Mai 1519 mit einem höflichen Schreiben. Es wirft ebensoviel Licht auf den Absender wie auf den Empfänger.

»Dein Brief war mir sehr willkommen, er verriet Schärfe des Geistes und ein christliches Herz. Mit Worten könnte ich nicht sagen, welchen Sturm Deine Bücher hier hervorgerufen haben. Noch immer läßt sich der vollkommen falsche Verdacht nicht ausrotten, daß man meint, Deine Schriften seien mit meiner Hilfe geschrieben, ich sei der Bannerträger dieser Partei, wie sie sagen. Sie glaubten eine Handhabe bekommen zu haben, die guten Wissenschaften zu unterdrücken, die sie von Grund aus hassen als Verdunkelung der theologischen Majestät, die sie viel höher schätzen als Christus, und zugleich mich zu unterdrücken, dem sie einige Bedeutung für die Belebung der Studien beimessen.

Soweit wie möglich halte ich mich neutral, um desto mehr dem Wiederaufblühen der Wissenschaft nützlich zu sein. Meines Erachtens kommt man mit bescheidenem Anstand weiter als mit Sturm und Drang. Auf diese Weise hat Christus sich die Welt unterworfen [und], so glaube ich, ist es dem Geiste Christi angenehm. Inzwischen muß man sich ein Herz bewahren, das durch Zorn oder Haß oder Ruhm nicht verdorben werden kann, denn mitten im Streben nach Frömmigkeit drohen Fußangeln.

So mahne ich nicht, damit Du nach meinen Grundsätzen handelst, vielmehr damit Du bei Deinem Handeln bleibst. Ich habe von Deinem Psalmenkommentar etwas gelesen; er gefällt mir sehr gut und wird hoffentlich großen Nutzen schaffen.«[8]

Als der Konflikt zwischen Luther und der Obrigkeit der römischen Kirche seinen Höhepunkt erreicht hat, formuliert Erasmus in einem Brief an den Mainzer Erzbischof Albrecht von Brandenburg seine Haltung gegenüber dem Reformator. Er bittet um Geduld und Verständnis für Luther. »Ich bin weder Ankläger, noch Schutzpatron, noch Angeklagter von Luther. Über Luthers geistiges Wollen möchte ich nicht zu urteilen wagen; [...] Schließlich ist es doch wohl christlich, Luther so wohlzuwollen, daß ich ihn nicht von den Parteien der Bösen unterdrückt sehen möchte, wenn er unschuldig ist; irrt er aber, so möchte ich ihn auf den rechten Weg gebracht, nicht vernichtet sehen, denn das paßt besser zum Beispiel Christi, der entsprechend dem Zeugnis des Propheten [Jes. 42, 3] den glimmenden Docht nicht auslöschte und das zerstoßene Rohr nicht zerbrach. [...] Menschen, für die sich Milde ziemt, scheint es nur nach Menschenblut zu dürsten; sie wollen Luther gefangen und vernichtet sehen: So handeln sie als Henker, nicht als Theologen. Wollen sie große Theologen sein, müssen sie die Juden bekehren, jene für Christus gewinnen, die nichts von ihm wissen, und die abscheulichen Sitten der Christen bessern, denn diese sind selbst bei den Türken nicht verderbter. [...]

Einst wurde ein Ketzer auch achtungsvoll verhört, und man absolvierte ihn, wenn er Genugtuung leistete; wurde er aber des Irrtums überführt und blieb bei seiner Meinung, so ließ man ihn – es war die äußerste Strafe – nicht zur katholischen kirchlichen Kommunion zu. Jetzt ist es um das Verbrechen der Ketzerei ein anderes Ding, und doch führen sie bei jeder geringfügigen Sache sofort das Wort: Ketzerei! Ketzerei! im Munde. Einst galt als Ketzer, wer von den Evangelien, den Glaubensartikeln oder ihnen an Autorität Gleichwertigem abwich. Heute wird, wer irgendwie von Thomas von Aquino abweicht, Ketzer genannt; ja, wenn er von einem erdichteten Argument abweicht, das gestern irgendein Sophist in den Schulen ersann. Was nicht beliebt, was man nicht versteht, ist Ketzerei. Griechisch zu können ist Ketzerei. Sich gewählt ausdrücken zu können ist Ketzerei. Was sie selbst nicht tun, ist Ketzerei! Ich gebe zu, Antastung des Glaubens ist ein schweres Verbrechen, aber es ist nicht nötig, jedes Beliebige zu einer Glaubensfrage zu machen.«[9]

Seinem Nürnberger Freund Willibald Pirckheimer gegenüber äußert sich Erasmus offener im Hinblick auf Luther. »Es tut mir sehr leid«, schreibt er ihm, »daß ein solches Talent, das sich zu einem hervorragenden Instrument zur Verkündigung der evangelischen Wahrheit zu entwickeln schien, von den wütenden Angriffen einiger so sehr erbittert wurde.« Aus Erasmus' Brief an Martin Lipsius spricht denn auch tiefe Enttäuschung: »Hinterher werden sie merken, daß ich nicht Luther, sondern die Ruhe der Christenheit begünstige.«[10]

In dieser Situation kommt die heimliche Veröffentlichung des Briefs an Albrecht von Brandenburg überaus ungelegen. Erasmus' Position in Löwen wird damit noch schwieriger. Er verteidigt Luther gegen den Starrsinn der Theologen, die seine Forderungen verständnislos abschmettern und damit auf das Schisma zusteuern. Die Ablaßfrage ist überholt, aber nicht gelöst.

Man kann der kirchlichen Obrigkeit mit einigem Recht vorwerfen, sie suche in dieser heiklen Situation nicht den Dialog mit Luther, sondern widersetze sich kompromißlos jeder Veränderung. Erasmus bleibt ruhig und erklärt sich seinem Freund, dem Erzbischof Warham: »Ich betrachte die ganze Sache mit Gelassenheit«, schreibt er. »So komme ich dem nach, was ich den Studien und dem Ruhme Christi schulde. An aufrührerischen Bewegungen nehme ich niemals teil.«[11] Im übrigen ist er vorsichtig. Er bittet sogar seinen Drucker Froben, keine Werke von Luther mehr zu veröffentlichen. Erneut versichert er, er schreibe nicht für, aber gewiß auch nicht gegen Luther.

In Wittenberg entwickelt der Professor für Bibelerklärung sein Programm. Er verkündet die Gottunmittelbarkeit der Gläubigen und verlangt die Wiedereinführung der Kommunion unter beiderlei Gestalt. Täglich wächst die Zahl seiner Anhänger. Wer immer in Deutschland den unumschränkten Autoritätsanspruch der Kurie bekämpft, ist auf seiner Seite.

Über einige Jahre hinweg veröffentlicht Luther verschiedene kleine Abhandlungen mit gewaltiger Wirkung und dauerhaftem Nachhall. Erneut wendet er sich gegen die Auffassung, daß der Papst über der Bibel stehe. Er prangert die Pfründenwirtschaft, den Zölibat der Priester, die klösterlichen Gelübde, die scholastische Theologie und das kanonische Recht an und zieht gegen das Auflisten der guten Werke und das Amtspriestertum zu Felde.

Rom geht erneut in die Offensive. Am 15. Juni 1520 fertigt die päpstliche Kanzlei die Bulle *Exsurge Domine* aus, in der Leo X. die ketzerischen Lehrsätze Luthers aufzählt und verdammt. Alle Bücher des Reformators sind dem Feuer zu übergeben. Wenn er nicht binnen sechzig Tagen widerruft, wird der Kirchenbann über ihn verhängt. Luther ist außer sich und beschimpft den Papst als Antichrist.

Da die Kirche offenkundig eine härtere Gangart einschlägt, um ihrer Lehrmeinung Geltung zu verschaffen, schwinden die Hoffnungen auf einen akzeptablen Kompromiß. Erasmus, der das Schisma ebensosehr fürchtet, wie er die Gewalt verabscheut, empfindet für Luther eine Mischung aus Sympathie und Abneigung.[12] Er verteidigt den Reformator gegen Widersacher, die ihn verurteilen, ohne seine Schriften gelesen zu haben, aber er wirft ihm unangemessene Entscheidungen und Maßlosigkeit in seiner Wortwahl vor. Luther gehe zu weit und wolle alles auf einmal. Damit falle er jenen Kräften in den Rücken, die sich um eine Erneuerung von Kirche und Theologie bemühten, aber keine Revolution im Glauben wollten. Erasmus' Äußerungen lassen erkennen, wie wenig sich die beiden Reformer zu sagen haben. Sie begegnen einander mit Mißtrauen, suchen aber keine offene Konfrontation.

Am 26. Mai 1521 unterzeichnet der junge Kaiser Karl V. das Wormser Edikt, das über Luther die Reichsacht verhängt. Erasmus, der entschiedene Gegner aller Gewaltmaßnahmen in Glaubensdingen, reagiert sehr betroffen auf diese Nachricht. Er erklärt sogar: »Wenn man seine Bücher verbrennt, verbannt man Luther vielleicht aus den Bibliotheken; ob man ihn aus den Herzen verbannen kann, bezweifle ich.«[13]

Luther wiederum kritisiert Erasmus, weil er »in allen Schriften seinen Frieden sucht und nicht nach dem Kreuz sieht«. Erasmus rückt daraufhin noch weiter von ihm ab. »Jene, die Luther zu begünstigen scheinen«, sagt er, »haben versucht, mich auf ihre Seite zu ziehen. Jene, die Luther angreifen, haben versucht, mich mit aller Gewalt an seine Seite zu stellen. Sie wettern in ihren Predigten zuweilen abscheulicher gegen mich als gegen Luther. Und doch hat sich an meiner Haltung im Geist nichts geändert. Christus kenne ich, Luther kenne ich nicht. Ich anerkenne die römische Kirche und glaube nicht, daß es zwischen ihr und der katholischen Kirche ein Zerwürfnis gibt: Der Tod wird mich nicht von ihr trennen, solange sie sich nicht offen von Christus abwendet.«[14]

Erasmus behagt es nicht, daß er zwischen die Fronten von Neuerern und Orthodoxen geraten ist, und er beklagt sich darüber.[15] Doch der neue Papst Hadrian VI., ein befreundeter Niederländer, verlangt 1522 von ihm, seine Neutralität aufzugeben. »Du fürchtest«, schreibt er, »daß gewisse Unterstellungen Dich bei mir verdächtig gemacht haben. Sei unbesorgt und vertraue mir weiterhin. Es ist möglich, daß einige Personen, die Dir nicht wohlwollen, Deinen Namen in meiner Gegenwart ausgesprochen haben. Aber weder mein Charakter noch meine Auffassung von der Hirtenpflicht lassen es zu, daß ich böswilligen Berichten über gelehrte und tugendhafte Personen Gehör schenke. [...] Dennoch beschwöre ich Dich um unserer Zuneigung willen und aus Sorge um Deinen Ruf, das glückliche Talent, das Du durch die Güte Gottes empfangen hast, im Kampf gegen die neuen Ketzereien einzusetzen; Du mußt zu Recht erkennen, daß gerade diese Aufgabe Dir von Gott vorbehalten ist. Du besitzt Geisteskraft, ein vielfältiges Wissen und einen eleganten Stil. Du genießt in höchstem Maße Einfluß und Gunst unter jenen Völkern, von denen das Unheil ausgegangen ist. [...] Dein Talent hat nichts an Kraft eingebüßt, Dein Urteilsvermögen ist schärfer geworden und Deine Lehre reicher. [...] Du hast keinen vernünftigen Grund, diese Aufgabe abzulehnen oder in Deiner tiefen Bescheidenheit zu glauben, sie übersteige Deine Kräfte.«

Erasmus antwortet ehrerbietig, aber ausweichend. Der unerbittliche Kampf gegen Luther ist ihm zuwider. Er mißbilligt das strenge Vorgehen gegen die Reform und klagt darüber, daß er von eifernden Predigern, die von der Sachlage nichts verstünden, der Ketzerei beschuldigt werde. Er kann dem Papst ohne Schwierigkeiten beweisen, daß er sich dem Schisma und der Faktionsbildung in der Kirche schon immer widersetzt hat. »Eure Heiligkeit nennt mir ein Heilmittel gegen das Übel: ›Begib Dich nach Rom, oder schreibe mit größtmöglicher Schärfe gegen Luther. Erkläre allen Lutheranern den Krieg.‹ Ich höre zunächst: ›Begib Dich nach Rom.‹ Was heißt das anderes als dem Krebs sagen: ›Fliege!‹ Der Krebs antwortet: ›Gib mir die Flügel!‹ Ich sage dagegen: ›Gebt mir die Jugend, gebt mir die Gesundheit zurück.‹ Gebe der Himmel, daß ich keinen Grund zu einer solchen Antwort haben möge! Es führte zu weit, wollte ich an dieser Stelle an all das erinnern, was mich bis jetzt in Basel festgehalten hat. Aber eines erkühne ich mich zu sagen, ein für allemal und auch unter Eid: Hätte ich eine Möglichkeit gesehen, irgend etwas zu tun, das der Christenheit mehr Nutzen gebracht hätte, so hätte ich es getan, auch unter Einsatz meines Lebens. Am Willen zum Handeln fehlte es mir nie, wohl aber an der Gewißheit, wirksam zu sein.«

Nachdem er sich verteidigt hat, äußert sich Erasmus zur Sache und formuliert eine mitreißende Apologie auf die Freiheit des Glaubens. »Ich sehe viele Menschen«, schreibt er, »die gerne mit dem Kopf nicken, wenn man ihnen sagt, Strenge allein könne diesem Übel abhelfen. Doch ich fürchte, die Dinge werden eines Tages einen Lauf nehmen, der zeigt, wie unklug diese Meinung war. [...] Wenn man die Entscheidung trifft, das Übel mit Kerker, Peitsche, Beschlagnahme und Hinrichtung auszurotten, so braucht man meine Rezeptur gewiß nicht. Und doch glaube ich, daß eine andere Lösung Eurem sanftmütigen Temperament besser gefällt, denn Ihr wollt Abhilfe schaffen, nicht strafen. Besäßen nur alle Menschen eine Geisteshaltung wie die Eure; dann wäre es nicht schwer, sich, wie Ihr schreibt, ganz für den Ruhm Christi und das Heil der Völker einzusetzen, wenn sich die Wogen der Leidenschaften erst einmal wieder geglättet haben. Doch wenn sich jeder im Herzen an die eigenen Interessen klammert, wenn die Theologen verlangen, daß ihre Autorität als unantastbares Heiligtum allerorten anerkannt werde, wenn die Mönche auch nicht auf eines ihrer Privilegien zu verzichten bereit sind, wenn die Fürsten ihre Vorrechte um jeden Preis behalten wollen, dann liegen, will man Maßnahmen für das Gemeinwohl ergreifen, unüberwindbare Hindernisse im Weg.

Als erste Maßnahme müßte man die Quellen aufspüren, aus denen das Übel so oft schon hervorgequollen ist. An diesen Quellen muß man mit dem Heilmittel zuerst ansetzen. Auch wäre es nicht ohne Nutzen, wenn man denjenigen, die durch Propaganda oder einen äußeren Anstoß in die Irre geleitet wurden, noch einmal Straffreiheit, genauer: eine Amnestie für alle früheren Vergehen gewährte. Sie scheinen diese Vergehen doch versehentlich, gleichsam durch verhängnisvolle Umstände begangen zu haben. Wenn Gott, wie wir denken, tagtäglich alle Verirrungen verzeiht, wenn der Sünder nur reuig über sie seufzt, was hält dann den Stellvertreter Gottes auf Erden davon ab, ein Gleiches zu tun? [...] Man gebe der Welt die Hoffnung, daß sich einige Dinge ändern, von denen sie nicht zu Unrecht klagt, sie werde von ihnen erdrückt. Beim süßen Wort Freiheit werden alle aufatmen.«[16]

Die Freiheit, die Erasmus so sehnsüchtig beschwört, ist nicht die Anarchie. Er verlangt Geduld, widersetzt sich der Repression und verurteilt die Intoleranz.[17] Der Glaube läßt sich nicht erzwingen. Erasmus folgt seinem Charakter und seiner Berufung, wenn er ausschließlich im Dienst der Versöhnung schreibt und die Auseinandersetzung um der Eintracht willen vermeiden möchte. Aber die Kluft zwischen den Faktionen ist schon zu weit aufgerissen, als daß der Brückenschlag noch möglich wäre. Hadrian VI. hat auf die ungewöhnliche Bittschrift offenbar nicht geantwortet. Die Furcht vor dem Henker ist in seinen Augen noch immer der beste Schutz für die Orthodoxie.

Die radikalen Katholiken werfen Erasmus vor, er untergrabe ihre Kampfmoral. Seine Zurückhaltung erregt nicht nur bei ihnen Anstoß. Capito, der sein Leben in den Reihen der Lutheraner beschließen wird, sagt ihm ohne Umschweife: »Man berichtet Widersprüchliches über Dich. Gib acht, daß Du Dir nicht, wenn Du Dir die Liebe der einen und der anderen Partei erhalten willst, den Haß beider zuziehst.«

Erasmus bleibt dennoch bei seiner gewohnten abwartenden Haltung. Er würdigt Luther als einen Mann, »der ein notwendiges Werk begonnen hat«. »Die Welt«, fährt er fort, »mußte wachgerüttelt und wieder aufs Evangelium gestoßen werden, denn sie war befangen in scholastischen Lehrmeinungen, von Menschen ersonnenen Regeln und päpstlichen Ablässen.«

Luther kommt nicht zu Ohren, was für ein gutes Zeugnis Erasmus ihm ausstellt; er urteilt hart über Erasmus' Vorsicht. Die tieferen Gründe sieht er nicht. Luthers Freund Ulrich von Hutten wirft den ersten Stein. Nach seinem heftigen Angriff auf Erasmus ist die Auseinandersetzung unvermeidlich und jede Hoffnung auf Versöhnung zunichte.

Erasmus antwortet zunächst Hutten. »Ich liebe die Freiheit«, erklärt er. »Ich kann und will mich nicht in den Dienst einer der beiden Faktionen stellen. […] Ich kann nicht anders, ich verabscheue den Zwist. Ich kann nicht anders, ich liebe den Frieden und die Eintracht. […] Wofür soll ich mich entscheiden? Ich verdamme Luther nicht ganz und sehe sehr wohl, welche Partei ich damit unterstütze und welches Unheil ich anrichte. Wenn ich ihm uneingeschränkt zustimmen würde, handelte ich unbesonnen; ich stimmte einer Sache zu, die ich nicht verstehe. Ich engagierte mich für eine Partei, deren meiste Anhänger mir mißfallen. […] Wenn ich mich bemühe, beiden Parteien gerecht zu werden, dieses anzuerkennen und jenes zu verwerfen, dann bin ich schutzlos allen Angriffen ausgeliefert, und mein einziges Verdienst besteht darin, daß ich neue Unruhe stifte. Darum scheint es mir vernünftig, mich bis zu dem Tag nicht mehr zu äußern, an dem Fürsten und Gelehrte ihre Vorurteile überwunden haben und nach den Mitteln suchen, wie man ohne Aufruhr der Wahrheit zum Sieg und Christus zum Ruhm verhelfen kann.«[18]

Nachdem Luther alle Hoffnung aufgegeben hat, Erasmus auf seine Seite zu ziehen, schreibt er ihm herablassend, von ihm sei nichts anderes zu erwarten als

Vorsicht und Mäßigung. »Ich werfe Dir nicht vor«, heißt es, »daß Du gegen uns diese böswillige Haltung einnimmst, um bei meinen papistischen Feinden Deine Interessen zu wahren. Ich habe keinen Anstoß daran genommen, daß Du in Deinen Büchern an einigen Stellen boshafte Anspielungen eingefügt hast, um Dein Ansehen zu erhalten. [Wir] sehen, daß Dir der Herr nicht genug Mut gegeben hat, um mit uns zusammen gegen den schrecklichen Feind zu ziehen. Wir sind die letzten, die von Dir etwas verlangen, was Deine Kräfte übersteigt. [...] Ich bitte Dich, nur Zuschauer unserer Tragödie zu sein, aber keineswegs Dich mit unseren Widersachern zu vereinigen und keine Schriften gegen mich herauszugeben.«

Erasmus antwortet in gemäßigtem Tonfall. Weder verspricht er etwas, noch zerschneidet er das Tischtuch endgültig. Er beklagt sich lediglich über Luthers sprachliche Entgleisungen. Erneut greift er zur Waffe der Ironie. »Daß Du gegen mich schreibst«, antwortet er schlagfertig, »kümmert mich nicht viel. Wenn ich einen Blick auf die Welt werfe, könnte mir nichts Glücklicheres begegnen.«[19]

Luther und Erasmus wissen inzwischen, was sie voneinander zu halten haben, beide geben sich keinen Illusionen mehr hin. Herzog Georg von Sachsen, ein unerbittlicher Verteidiger der römischen Kirche, will Erasmus in den Kampf verwickeln, notfalls auch gegen seinen Willen. Er wirft ihm vor, er drücke sich geschickt vor jeder klaren Stellungnahme. Er schone Luther, begünstige die Ketzerei und verrate die Kirche.

Treffen die Vorwürfe Erasmus? Der Humanist fürchtet, daß man das Kind mit dem Bad ausschüttet, wenn man gegen die Lutheraner zu streng vorgeht. Aber er kann nicht länger abwarten. Er erklärt sich bereit, ein Buch gegen die Lehre Luthers zu schreiben. Dabei setzt er einen seiner kühnen Kunstgriffe ein, die er so meisterlich beherrscht: Er veröffentlicht für seine *Colloquia* zunächst einen weiteren Dialog, die *Inquisitio de fide*[20] (»Das Glaubensgericht«). Der Titel ist irreführend. In der Unterhaltung tritt kein Inquisitor auf!

Erasmus schreibt einen Dialog zwischen Aulus und Barbatius. Aulus spricht die Gedanken des Verfassers aus. Er befragt Barbatius, einen Geistesverwandten Luthers, nach seinem Glauben. Und an Barbatius' Antworten ist nichts auszusetzen! Aulus muß schließlich feststellen, daß auch sein Gesprächspartner alle Glaubensartikel aufrichtig bejaht. Daß der Dialog in einem Scherz ausklingt, nimmt ihm nichts von seinem demonstrativen Charakter:

AULUS: Das geschehe unter günstigen Vogelzeichen!

BARBATIUS: Es wird aber eher mit schlechten Fischen sein, Du hättest denn vergessen, daß Freitag ist.

AULUS: Davon steht nichts in unserem Glaubensbekenntnis.

Es ist bemerkenswert, daß in diesem Gespräch über das Credo nicht vom freien Willen, vom Ablaß oder vom Papst die Rede ist. In seinem Dialog stellt

Erasmus ein Einverständis zwischen Lutheranern und Katholiken her – sein letzter Versuch, die Parteien auszusöhnen. Ohne jeden Erfolg.

Bei aller Treue und Loyalität gegenüber der Kirche hat er sich seinen Scharfsinn und seine Umsicht bewahrt. Wie nach ihm Montaigne – ein weiterer Schüler des Sokrates – hat Erasmus keinen Hang zum Sektierertum.

Je deutlicher er sich seiner Position im öffentlichen Leben bewußt wird, desto mehr fühlt er sich zur Stellungnahme verpflichtet. Er hat allen Grund, sich endlich zu erklären. Da er weder für einen Komplizen noch für einen Feigling gehalten werden will, greift er schließlich zur Feder und schreibt gegen Luther. Seine Abhandlung markiert einen bedeutenden Einschnitt im Verhältnis der beiden Männer. Mit der Schrift grenzt er sich in den Grundsatzfragen der Gnade und des Verdienstes gegen Luthers Lehre ab.

Das lang erwartete Buch erscheint im September 1524. Es trägt den Titel »Über den freien Willen« und handelt von der menschlichen Freiheit angesichts des göttlichen Wirkens.[21] Erasmus verteidigt darin den Freiheitsgedanken und hofft auf die Unterstützung anderer Humanisten. Er lehnt sich an Origines an, der dem Menschen mehr Freiheit einräumt als Augustinus. Er meidet das blinde Vertrauen in die guten Werke, erliegt aber auch nicht jenem Fatalismus, der dem Menschen rundweg die Freiheit abspricht, das Gute zu tun. Er glaubt nicht, daß der erste Anstoß vom Menschen ausgeht, aber daß es ein bescheidenes Zusammenwirken mit der göttlichen Gnade gibt.

Ausgehend von der Feststellung, daß Gott nicht Urheber des Bösen ist, verteidigt Erasmus souverän und schlüssig die traditionelle Lehrmeinung der Kirche, der freie Wille spiele zwar im menschlichen Tun eine gewisse Rolle, das meiste hänge jedoch vom göttlichen Wohlwollen ab. Verglichen mit Luthers Lehre ist seine Theologie optimistisch, denn der Reformator muß den freien Willen als leeres Wort leugnen, da er die Abhängigkeit der Kreatur von Gott betont. In Übereinstimmung mit dem ersten Brief an Timotheus (2, 4) hebt Erasmus hervor, Gott wolle, »daß allen Menschen geholfen werde«, und die Menschen seien fähig, zu Gott zu kommen.

Mit der Frage der Willensfreiheit greift Erasmus ein schwieriges Problem auf, das ihn unweigerlich zur Scholastik führt und zu dem seine Leser keinen Zugang haben. Immerhin hält er seine Ausführungen für gelungen, soweit das angesichts eines wenig ergiebigen Themas möglich ist. Das Thema gibt ihm Gelegenheit zur Auseinandersetzung mit Luther. »Unter den Schwierigkeiten, die in großer Zahl in der Heiligen Schrift auftauchen, ist kaum ein anderer Irrgarten schwerer zu durchdringen als der über den freien Willen. Die Frage hat schon im Altertum die Geister der Philosophen, hierauf auch der Theologen, sowohl der alten als auch der neuen, in erstaunlichem Maße beschäftigt, jedoch mit mehr Aufwand, wie ich glaube, als Ergebnis.«

Das Buch wendet sich zugleich gegen die scholastische Theologie, der

Luther letztlich verpflichtet ist, wenn er die Frage der Willensfreiheit aufgreift. »Wenn wir uns auf dem Weg der Frömmigkeit befinden«, schreibt Erasmus, »sollen wir mutig nach dem Besseren streben, indem wir vergessen, was hinter uns liegt; wenn wir in Sünden verstrickt sind, wollen wir uns mit allen Kräften herauszuarbeiten suchen, sollen wir das Heilmittel der Buße suchen und die Barmherzigkeit Gottes auf jede Weise zu erlangen trachten, ohne die weder der menschliche Wille noch seine Strebungen Erfolg haben; und wenn es etwas Böses ist, wollen wir es uns anrechnen, wenn aber etwas Gutes, wollen wir es zur Gänze der göttlichen Güte zuschreiben, der wir auch gerade das verdanken, was wir sind; im übrigen wollen wir glauben, daß alles, was uns in diesem Leben zustößt, sei es etwas Erfreuliches, sei es etwas Betrübliches, uns von jenem zu unserem Heil geschickt wird und daß keinem ein Unrecht von Gott geschehen kann, der von Natur aus gerecht ist, auch wenn uns etwas unverdient zuzustoßen scheint, darf doch niemand an der Verzeihung von seiten Gottes verzweifeln, der von Natur aus überaus gnädig ist: Das festzuhalten, sage ich, wäre meinem Urteil nach zur christlichen Frömmigkeit ausreichend, und man hätte nicht mit unfrommer Neugier in jene abgründigen Bereiche, um nicht zu sagen überflüssigen Fragen, eindringen dürfen, ob Gott etwas nicht-notwendig vorausweiß, ob unser Wille etwas vermag in den Dingen, die sich auf das ewige Heil beziehen, oder ob er nur unter dem Einfluß der wirkenden Gnade steht, ob wir, was immer wir Gutes oder Böses tun, aus reiner Notwendigkeit tun oder eher erleiden.«

Die Gnadenwahl und die Freiheit, die Gnade anzunehmen, sind für Erasmus zwei untrennbare Begriffe, Korrelate in theologischer Hinsicht. »Das gesunde Auge sieht nichts in der Finsternis«, sagt er, »und das blinde nicht einmal im Lichte. So kann auch der freie Wille nichts, wenn die Gnade sich ihm entzieht. Andererseits kann auch derjenige, der gesunde Augen besitzt, diese schließen, und dann nimmt er den Lichtstrahl nicht mehr wahr.«

Es ist bemerkenswert und aufschlußreich für seinen Charakter, daß Erasmus sich von der Furcht seiner Zeitgenossen, die sich von allen Seiten durch Ketzerei bedroht sehen, nicht beeindrucken läßt. Er steht dazu, daß Luther in einigen Punkten recht hat, und bemüht sich, aus seinen Irrtümern noch das Quentchen Wahrheit herauszufiltern, das es rechtfertigt, sich für die Irrtümer zu interessieren. Wer Neuheit und Ketzerei verwechselt, setzt für ihn Ignoranz mit Rechtgläubigkeit gleich.

Wenn Luther verkündet, die Bibel enthalte klare Aussagen zur Heilslehre,[22] so antwortet ihm Erasmus: »Wozu ist ein Ausleger notwendig, wo die Schrift ganz klar ist? Wenn sie so klar ist, warum haben Männer in so vielen Jahrhunderten, und dazu so ausgezeichnete, hier falsch gesehen, und das in einer Sache von so großer Bedeutung, wie jene wollen, daß man es ansehe? Wenn die Schrift keine Dunkelheit an sich hat, wozu war dann die Prophetengabe in den Zeiten der

Apostel notwendig? Das war ein Geschenk des Geistes. Aber ich weiß nicht, ob, wie Heilungen und Sprachengabe geschwunden sind, auch dieses Gnadengeschenk aufgehört hat. Wenn es nicht aufgehört hat, ist zu untersuchen, auf welche Leute es übertragen worden ist. Wenn auf irgendwelche beliebige, ist jede Auslegung unsicher. Wenn auf niemand, obwohl auch heute so viele Dunkelheiten die Gelehrten quälen, dann ist keine Auslegung sicher.«

Erasmus zufolge ist die Kirche demnach durchaus berechtigt, die Heilige Schrift zu erklären. Aber er stimmt Luther darin zu, daß sie ihr auch gehorchen muß.[23]

Die Katholiken nehmen die Abhandlung »Über den freien Willen« überwiegend positiv auf. Einige bedauern jedoch, daß Erasmus Luther nicht strenger verurteilt.

Am 10. Dezember 1524 schreibt der Humanist zwei Briefe, in denen er noch einmal zu Luther Stellung bezieht. Der eine geht an den Arzt Heinrich Stromer, der andere an den Theologen Philipp Melanchthon. Sie sollen wissen, daß er die lutherische Reformation nicht in allen Punkten pauschal verdammt.

»Da das Leben der Christen in jeder Hinsicht verderbt ist«, schreibt er Stromer ohne Umschweife, »glaube ich, daß Luther trotz des üblen Eindrucks, den ich von ihm habe, fast ein notwendiges Übel ist. Wer ihn vernichtet, würde auch etwas vernichten, das in der gegenwärtigen Situation für alle heilsam ist. [...] Als ich über den freien Willen schrieb, schrieb ich nicht gegen mein Gewissen. In vielen anderen Dingen war ich mit Luther uneins, aber ich wollte ihn nicht angreifen; ich fürchtete, der Nutzen, den wir dem Aufruhr um Luther verdanken, könnte durch meine Schuld verlorengehen.«

Die gleiche Mitteilung richtet er in ähnlichen Worten an Melanchthon,[24] der mit Luther und Erasmus befreundet ist. Erasmus will von seiner Linie unter keinen Umständen mehr abweichen.

Seit er in dem Konflikt seine Stimme erhoben hat, kann er trotz seiner zutiefst ökumenischen Gesinnung nicht mehr als Vermittler auftreten; diese Rolle hatte ihm bislang viele Sympathien auf beiden Seiten gekostet. Er hat nun keine Sonderstellung mehr inne, aber seine Position ist dafür klarer und für ihn vielleicht auch bequemer. Der Mischung aus Gelehrsamkeit, kritischem Geist und Respekt vor der Tradition verdankt er es, daß er sein inneres Gleichgewicht auch in dieser Situation nicht verliert.

Luther antwortet mit kraftvollen und leidenschaftlichen Worten in seiner Schrift *De servo arbitrio*[25] (»Vom geknechteten Willen«), die im Dezember 1525 die Druckerpressen verläßt. Der Titel der Abhandlung ist eine Anspielung auf Erasmus. Luther lehnt sich inhaltlich an die antipelagianischen Schriften des Augustinus an und schilt Erasmus einen Epikureer, Heuchler, Atheisten und Sophisten! Kompromißlos widerlegt er die Argumente seines Gegners. Selbst den Kirchenvätern, die die Theorie des freien Willens vertreten haben, wirft er vor, sie hielten sich ebensowenig an die Heilige Schrift wie Erasmus.

Mehrfach wendet sich Luther gegen den Skeptizismus des Humanisten: »Der Heilige Geist ist kein Skeptiker, er hat nichts Zweifelhaftes oder unsichere Meinungen in unsere Herzen geschrieben, sondern feste Gewißheiten, die gewisser und fester sind als das Leben selbst und alle Erfahrung.«

Die Auseinandersetzung wird sich noch über mehrere Jahre hinziehen. Die Kluft zwischen den beiden Männern, die einst der gemeinsame Wille zur Reform einander nähergebracht hatte, wird dabei unüberwindlich tief. Beide Seiten argumentieren sehr speziell, zum Teil spitzfindig und gehen bis ins kleinste Detail. Die Gläubigen beider Lager verfolgen aus der Ferne die schwierige und verworrene Debatte über die letztlich unlösbare Frage der doppelten Prädestination.[26] Luther vertritt weiterhin seine Theologie des Kreuzes gegenüber der Theologie der Herrlichkeit: Gott läßt sterben, um leben zu lassen; er verdammt, um zu befreien. Erasmus hingegen vertritt durchaus keine Theologie der Herrlichkeit, sondern eine Theologie der Freiheit. Den Gegensatz zwischen seinen Gedanken und Luthers Lehre drückt er in zwei treffenden Formeln aus:

Luther: »Der Mensch kann nichts ohne Gottes Gnade; also ist keines seiner Werke gut (ohne Gnade).« Da sich die Kirche an ihre Traditionen klammert, kann er ihr nicht folgen.

Erasmus: »Der Mensch vermag etwas mit Gottes Gnade; also können alle seine Werke gut sein (mit der Gnade).« Erasmus baut dementsprechend auf die innere Reform der Kirche. Er will den Fortschritt, aber er predigt auch Geduld. Wer an den freien Willen glaubt, muß deswegen nicht die Vorstellung der Gnade ablehnen.

Angesichts der Krise der Institutionen und der allgemeinen Verwirrung der Geister mahnt Erasmus, der unermüdliche Vermittler, zum Großmut und wendet sich gegen den ängstlichen Rückzug auf sich selbst. Er fordert einen offenen Dialog ohne Drohgebärden und Verstellungen. Im übrigen verurteilt er die gewaltsame Unterdrückung der Abweichler, weil sie grausam sei und katastrophale Folgen für die Kirche haben werde. Dieses Vorgehen sei eine unangemessene Antwort auf den Ernst der Lage und ein unwürdiges Mittel zur Verteidigung des Evangeliums. Erasmus setzt sich letztlich dafür ein, daß der lutherische Kult von Staats wegen geduldet wird, aber die Hoffnung auf die notwendige Wiedervereinigung aller Christen gibt er nicht auf.[27]

Seit Luther und Erasmus offen gegeneinander polemisieren, ist ihre Beziehung zur erbitterten Feindschaft zweier unvereinbarer Charaktere geworden. Luther wirft Erasmus mangelnde Frömmigkeit, ja Heuchelei vor und nennt ihn einen *doctor amphibolus*. Erasmus beschuldigt Luther der Maßlosigkeit und Unberechenbarkeit und bezeichnet ihn als einen *doctor hyperbolicus*. Für Luther ist Erasmus ein Glaubensschänder und kein Christ. Für Erasmus ist Luther ein übler Schimpfer, der sich zu Unrecht mit dem Evangelium schmückt.

Und doch sind beide zutiefst gläubige Christen. Luthers aufrichtige Religiosität steht außer Zweifel, und auch Erasmus schreibt aus vollster Überzeugung den Satz an seinen Gegner: »Ich gestehe Dir nicht zu, daß Du Dich um die Reinhaltung des Evangeliums mehr bemühst als ich, der ich ihretwegen jedes Leiden erdulde.«

Ist Erasmus ein Vorläufer der protestantischen Reform? Man hat es zu seinen Lebzeiten behauptet, und bis in unsere Tage wird er bisweilen so gesehen. »Erasmus hat die Eier gelegt, und Luther hat sie ausgebrütet.«[28] Tatsächlich hat Erasmus alle reformistischen Strömungen mehr oder minder stark mitgeprägt. Seine Kritik an Mißständen, seine Form der Bibelauslegung, sein Einsatz für eine Rückkehr zu den Quellen in Theologie und Glaubenspraxis haben Reformer wie Zwingli, Oekolampad, Pellikan, Butzer und Melanchthon nachhaltig beeinflußt. Mit ihrer Trennung von der offiziellen Kirche kehren sie auch Erasmus den Rücken.

Luthers Fall liegt anders. Die religiöse Entwicklung des Reformators ist ebenso stark vom Studium der Heiligen Schrift bestimmt wie die des Erasmus; beide finden, daß die Glaubensvorschriften überbewertet werden; beide lehnen die akademische Theologie und die klösterliche Frömmigkeit ihrer Zeit ab. Aber in fundamentalen Auffassungen unterscheiden sie sich.

Luther und Erasmus sind – trotz einiger gedanklicher Übereinstimmungen – zwei grundverschiedene Temperamente. Das wird deutlich in der Art, wie sie ihre Auseinandersetzungen austragen und welche Lösungen sie vorschlagen: Luthers Reformansatz ist radikal. Erasmus' Reformvorstellungen gehen schonend mit der mündlichen Überlieferung und den Traditionen um. Luther ist ein Prophet, dessen neue Ideen sich wie ein Gewitter entladen. Erasmus ist ein Mann der Wissenschaft mit kritischem, stets besonnenem Geist. Luther hat Sinn für Tragik, Erasmus hat Sinn für Humor. Propheten können mit Humor nichts anfangen, denn er würde sie nur lähmen, und kritische Geister sprechen lieber von ihren Forschungen als von ihren Gewißheiten. So steht die offene Theologie des Erasmus in scharfem Kontrast zu Luthers dogmatischer Lehre.

In der Frage der Kirchenreform treten die Unvereinbarkeiten und Gegensätze immer wieder in Erscheinung.[29] Für Luther ist der Glaube das Gesetz der Kirche. Für Erasmus ist auch die Kirche eine Glaubensvorschrift. Er glaubt an das Amtspriestertum, zugleich aber auch an das Priesteramt aller Gläubigen. Luther glaubt an die Kirche, sieht die Bedeutung der Institution aber in Abhängigkeit vom Heilsereignis. Für Erasmus besteht zwischen Kirche und Glaube eine wechselseitige Abhängigkeit, wie die Geschichte gezeigt habe. Erasmus möchte die Kirche reformieren, ohne sie in den Grundfesten zu erschüttern oder an ihrem göttlichen Auftrag zu rütteln.[30] In Luthers Augen verhält er sich damit viel zu zaghaft.

Auf der einen Seite steht Erasmus' unerschütterlicher Optimismus, auf der anderen Seite stehen der Konservatismus Roms und Luthers Pessimismus. Luther wird gänzlich beherrscht vom Gedanken an die Sündhaftigkeit des Menschen. Er beruhigt sich selbst und damit die anderen. An seiner Aufrichtigkeit ist nicht zu zweifeln, aber über seine Objektivität läßt sich streiten. Der Volkstribun schadet dem Propheten. Zu Recht wettert er gegen die Mißstände seiner Zeit, gegen die übermäßige Betonung von Äußerlichkeiten, gegen den Aberglauben und die Unkenntnis. Er geht noch sehr viel weiter. Er stellt eine Lehre auf, die den Anspruch auf ausschließliche Gültigkeit erhebt. Er betrachtet den Glauben aus einem anderen Blickwinkel und leitet damit eine religiöse Revolution ein. Er macht reinen Tisch in den Fragen des Verdienstes, der Demut, der Tradition und der Hierarchie.

Tabula rasa ist der angemessene Ausdruck für seine radikale Haltung: Luther wischt mit Ausnahme der Bibel und der Kirchenväter alles beiseite, was der Entfaltung und Verbreitung seiner Gedanken entgegensteht. Er leugnet den Primat des sichtbaren Oberhauptes der sichtbaren Kirche und widerspricht heftig einer Ekklesiologie, die das Erbe der Gregorianischen Reform weiterträgt.

Die Kirche kann sein Programm, soviel Befreiendes es auch enthält, nicht annehmen, weil sie sich als eine Mutter versteht, die jeden Schritt ihrer Kinder fürsorglich beobachten und mit geistlichen Hilfestellungen begleiten muß: Dazu gehören neben den sieben Sakramenten die Sakramentalien, die Feiertage, die Rosenkränze, die Kreuzwege, die Wallfahrten, die verschiedenen Zeremonien und Andachtsformen im Rahmen und außerhalb der Liturgie. In der heutigen katholischen Frömmigkeit haben diese Hilfestellungen an Bedeutung verloren, weil sie inzwischen stärker um die Beziehung des Menschen zu Gott durch die Vermittlung Christi zentriert ist. Aber wenn die katholische Reform im 16. Jahrhundert auch viele Andachtsformen vom Staub der Vergangenheit befreit hat, so widerstrebt es der Kirche doch noch immer, freiwillig mit ihrer mittelalterlichen oder tridentinischen Tradition zu brechen.

KAPITEL XVI

Der Umzug nach Basel

Erasmus erhält die Pension, die der Kaiser ihm in Aussicht gestellt hatte. Daraufhin verläßt er Löwen und die Niederlande, denn er will endlich den Angriffen seiner Widersacher an der Theologischen Fakultät entgehen. Er zieht sich nach Basel zurück, weil er dort seinem Drucker Johann Froben und dem Bischof Christoph von Utenheim, zwei zuverlässigen Freunden, näher ist.[1]

Wie damals, als er der bedrückenden Atmosphäre in Steyn entfloh, zieht er mit seiner Übersiedlung von Löwen nach Basel einen Schlußstrich unter eine unliebsame Situation und läßt sich auf ein neues Abenteuer ein. Erasmus hat eine anstrengende, fast zwanzig Tage dauernde Reise zu Pferd vor sich, die Reiseroute führt ihn über Tienen, Maastricht, Aachen, Düren, Koblenz, Worms, Speyer, Straßburg, Schlettstadt und Colmar. Am 15. November 1521 kommt er in Basel an.[2] Mehrfach unterbricht er die Reise, um zahlreiche alte Freundschaften aufzufrischen. In Basel steigt er erfreut und ermattet zunächst bei Froben ab und begibt sich dann auf die Suche nach einem eigenen Haus.[3]

Sein Gesundheitszustand ist schlecht, den Gestank der Öfen findet er unerträglich. Von einem seiner Freunde wissen wir, »daß er kaum die Feder in der Hand halten kann«.[4] Aber sobald er einen Anfall der Gicht und seines Steinleidens überstanden hat, geht er wieder entschlossen an die Arbeit.

Seine Freunde und Bewunderer sehen in ihm einen großen Schriftsteller, der sich im literarischen Ruhm sonnt. Mit seiner Ankunft wird Basel zum Zentrum des Humanismus: Überall hat Erasmus Freunde. Während der Meister seine Bücher veröffentlicht, nimmt er sich noch die Zeit, mit Gelehrten in ganz Europa brieflich Kontakt zu halten. Seine Korrespondenz umspannt ein Gebiet, das von London bis nach Krakau und von Antwerpen bis nach Alcalá reicht. Sein Heimatland wird er nie wieder betreten, auch wenn er immer wieder davon spricht.

Die lange Wanderschaft ist zu Ende. Er fühlt sich zu Hause im schönen, alten Basel, in dieser deutschsprachigen Stadt mit ihrem bunten Alltagsleben, ihren Bürgern, Handwerkern, Geistlichen und Reisenden. Erasmus verbringt hier acht fruchtbare Schaffensjahre. Danach siedelt er für sechs Jahre nach Freiburg im Breisgau über und kehrt von dort wieder nach Basel zurück, wo er ruhig und fast heiter sein Leben beschließt.

Erasmus teilt seinen Arbeitstag genau ein, ohne sich zu überfordern. Er liest und schreibt an seinen Werken. Seine Famuli erstatten ihm Bericht und nehmen seine Anweisungen entgegen. Der Meister spricht ausreichend Deutsch und kann seiner Haushaltshilfe Margarete selbst Aufträge erteilen. Über die Frau weiß er nicht viel Gutes zu berichten: Sie sei eine »Diebin, Spitzbübin, Trinkerin, Lügnerin und Klatschbase«.[5]

Zerstreuung findet er in der Vielfalt seiner Studien und Veröffentlichungen. Bei Gelegenheit zählt er stolz auf, welche Werke übers Jahr erschienen sind, welche beim Drucker liegen und an welchen er noch herumfeilt. In Basel führt er ein finanziell abgesichertes Leben – eine angenehme Begleiterscheinung des literarischen Erfolges.

Doch den großen Auseinandersetzungen entrinnt er nicht. Immer wieder muß er sich gegen Angriffe wehren; dabei unterstützen ihn, mit unterschiedlichem Engagement, Päpste, Bischöfe und Könige. Als sich die Gelegenheit bietet, geht er in die Offensive und veröffentlicht eine Sammlung von Apologien. Seine Hauptgegner sind Stunica in Spanien, Luther und Hutten in Deutschland, Alberto Pio in Italien, Beda und Clichtove in Frankreich.

Die meiste Zeit nimmt seine herausgeberische Tätigkeit in Anspruch, darunter vor allem die Veröffentlichung seiner Briefsammlungen. 1522 gibt Erasmus einem Band den letzten Schliff, der mehrfach ergänzt und dessen Erscheinen immer wieder hinausgeschoben wurde: den *Epistolae ad diversos* (Briefe an verschiedene Empfänger).[6] Die umfassende Ausgabe enthält alle bisher veröffentlichten Briefe und eine Fülle von weiteren aus der Zeit von 1489 bis 1521 – insgesamt 612 Briefe, darunter 158 Erstveröffentlichungen. Die Sammlung wäre interessanter ausgefallen, hätte Erasmus den Lesern nicht zahlreiche Briefe vorenthalten, die zum Glück aber nicht verlorengegangen sind. Den Briefwechsel mit Luther und einige bissige Schreiben an Theologen hat er wahrscheinlich aus Vorsicht nicht veröffentlicht. Auch der Brief Leos X. vom 15. Januar 1521 fehlt in der Sammlung. Wahrscheinlich war Erasmus gekränkt durch die reservierte Haltung des Papstes.

Die Briefe in dieser Sammlung sind an Freunde, Gönner und Drucker gerichtet, einige an die Mächtigen der Welt, andere an unbedeutende Schulmeister. Teils hat Erasmus sie für den Druck überarbeitet, teils als Musterbeispiele aufgenommen, teils auch den vertrauten Tonfall unverändert gelassen. Der Band enthält außerdem Dankes-, Beileids- und Empfehlungsschreiben, Huldigungen und Zurechtweisungen. Porträts von Personen kommen häufig vor. Die Sammlung eröffnet einen Rückblick auf Erasmus' geistige Entwicklung und seine Laufbahn als Humanist, sie markiert auch das Ende eines Lebensabschnitts. In sieben Jahren hat er sechs Bände mit Briefen veröffentlicht!

Der Vormarsch des Luthertums macht ihn betroffen und zwingt ihn zu immer größerer Vorsicht. Eine schwere Zeit bricht an: für die Kirche, die sich nach außen immer stärker abschottet, und für Erasmus, der nach einem dritten Weg zwischen Reformation und Gegenreformation sucht.

Fast gleichzeitig mit der Briefsammlung erscheint die Abhandlung *Opus de conscribendis epistolis*[7] (»Anleitung zum Briefeschreiben«). Die erste Fassung der Schrift entstand noch in den letzten Jahren des fünfzehnten Jahrhunderts. Mit dieser pädagogischen Arbeit wollte der junge Erasmus seinen Schülern zeigen, wie man Briefe in elegantem Latein verfaßt. Damals lebte er noch von den bescheidenen Einkünften seiner Privatstunden in Paris. Für seine Schüler trug er dieses wertvolle Rüstzeug zusammen, das bald als Lehrbuch weite Verbreitung fand.

Die Schrift »Anleitung zum Briefeschreiben« illustriert, wie Erasmus den Stil seiner Schüler verbessern und verfeinern will. Das Vorwort aus dem Jahre 1498 an Robert Fisher formuliert die Intentionen des Autors. Existierte die angekündigte Abhandlung bereits im Manuskript, als Erasmus das Vorwort schrieb? Sicher hat er mit seinen Schülern im Unterricht eine erste Fassung benutzt. Wir fragen uns, warum er ein so nützliches Lehrbuch nicht sofort veröffentlicht hat. Wahrscheinlich fand er zunächst keinen Verleger: 1498 war Erasmus als Schriftsteller noch ganz unbekannt und mußte seine Arbeiten von Kopisten vervielfältigen lassen.

Noch im selben Jahr gelangt ein handschriftliches Exemplar in die Hände seines Freundes Augustinus Caminadus. Als Erasmus es zurückerhält, korrigiert er den Text in der Absicht, ihn unter seinem Namen zu veröffentlichen. Er will ihn Adolf van Veere, dem Sohn seiner Gönnerin und Schüler seines Freundes Batt, widmen, da er Robert Fisher inzwischen aus den Augen verloren hat. Wegen einer Vielzahl anderer Arbeiten verfolgt er dieses Vorhaben jedoch nicht weiter. Im Jahre 1513 entdeckt er in der *Ars epistolica* des Johannes Despauterius zahlreiche Stellen aus seinem Manuskript, das er inzwischen fast vergessen hat. Erasmus ist verständlicherweise verärgert und beansprucht die Rechte an seinem geistigen Eigentum. Da er als Verfasser des *Lobs der Torheit* bekannt ist und entsprechendes Vertrauen genießt, bietet sich Froben als Verleger für die »Anleitung zum Briefeschreiben« an. Erasmus schlägt dieses Angebot jedoch aus: Ihm ist die Arbeit an der griechisch-lateinischen Ausgabe des *Neuen Testamentes* und an der Ausgabe des Hieronymus wichtiger, beide Werke beanspruchen fast seine gesamte Zeit. Er kommt erst später auf Frobens Angebot zurück, und zwar im Zusammenhang mit einem Ereignis, das man als Diebstahl geistigen Eigentums bezeichnen muß – das literarische Eigentum ist zu dieser Zeit allerdings nur unzureichend definiert und kaum geschützt. In Deutschland und England erscheinen zwei verschiedene Nachahmungen seiner Abhandlung. Erasmus ist über die Dreistigkeit der Verleger entrüstet. Weil die Fälschungen viele Leser finden, entschließt er sich, mit der Veröffentlichung einer korrigierten, vervollständigten und dem aktuellen Geschmack angepaßten Fassung seines Werkes darauf zu reagieren. Das ursprüngliche Vorwort ersetzt er durch einen Widmungsbrief an Nicolas Bérauld; darin rechnet er mit den Verlegern ab.

Nach so vielen Schwierigkeiten erscheint schließlich die »Anleitung zum Briefeschreiben« mit einem Stich als Titelblatt. Das Buch wird ein großer Erfolg und mehr als einhundert Mal neu aufgelegt. Die Abhandlung enthält eine Fülle von Anweisungen und Beispielen. Kein Schriftsteller hat je eine genauere Unterscheidung der einzelnen Briefarten vorgenommen und sie dem Leser mit so vielfältigen Beispielen veranschaulicht. Erasmus behandelt den Brief als bedeutsame literarische Gattung; im Plauderton schilderte er »Sitten, Schicksale, Gefühle und private Lebensumstände«.

»Gibt es ein Ding, das der Brief nicht auszudrücken vermag? Wir freuen uns, leiden, hoffen und fürchten. Wir sind entrüstet, wir erheben Ansprüche, schmeicheln, beklagen und streiten uns, wir erklären uns den Krieg, versöhnen uns wieder, trösten uns, geben Ratschläge, schmettern Warnungen und Drohungen hinaus, fordern uns heraus und beschwichtigen uns. Wir erzählen und schildern uns Dinge, loben und kritisieren uns. Wir bekunden unseren Haß, unsere Liebe, zeigen unsere Überraschung, grübeln nach und geben unser Einverständnis. Wir verlängern das Vergnügen der Zusammenkunft, wir scherzen zusammen, und schließlich träumen wir. Warum auch nicht?« Und Erasmus fügt hinzu: »Im Brief sprechen Freunde miteinander, wenn sie getrennt sind.«

Erasmus' Vorliebe gilt dem einfachen Ausdruck, dem ungezwungenen Stil im Plauderton, aber mit korrektem Satzbau. Konventionelle, gekünstelte und unpersönliche Formeln solle jeder Briefeschreiber unbedingt vermeiden. Sicher hat er seine klugen Ratschläge selbst nicht immer beherzigt. Dennoch trägt seine Abhandlung die unverwechselbare Handschrift eines Mannes, der die Kunst des Briefeschreibens meisterlich beherrscht.

Eines der liebsten Bücher des Erasmus wie seiner Leser sind die Paraphrasen zum Evangelium.[8] Während sich das *Neue Testament* an die Gelehrten richtet, wenden sich die Paraphrasen an alle Leser, die genügend Latein können.[9]

Das in seelsorgerischer Absicht verfaßte Werk wird zwischen Februar 1522 und Dezember 1523 in vier kleinen Bänden bei Froben veröffentlicht. Darin kommt Erasmus' tiefe Frömmigkeit zum Ausdruck: Er will das Wort seines Herrn verkünden. Jesus hat sich von den Schriftgelehrten und Pharisäern abgewandt, um für die Armen, Ausgestoßenen, Schwachen und Sünder einzutreten. Wichtiger als das Opfer ist ihm die Nächstenliebe. Jesus ist Herr über den Sabbat, weil er Herr über das Gesetz ist. Er bietet allen Menschen Vergebung an, sofern sie guten Willens sind. Besonderen Wert legt Erasmus auf die wunderbaren Gleichnisse der Bibel, weil sie überzeugender seien als jede ausführlich dargestellte Lehre. Er begeistert sich für die provokanten Aspekte des Evangeliums: In dieser Welt ist der Schwächste der Stärkste, genießen der verlorene Sohn und der Drückeberger besondere Vorzüge, ist das schwarze Schaf das liebste der ganzen Herde – kurzum, Erasmus erkennt darin die verkehrte und verrückte Welt aus dem Schlußteil des *Lobs der Torheit* wieder.

In seinem Bemühen um Eintracht widmet Erasmus die vier Paraphrasen Karl V., Ferdinand von Österreich, Heinrich VIII. und Franz I. In jeder Widmung mahnt er zum Frieden und verurteilt den Krieg. An Karl gerichtet schreibt er: »Kein Krieg, mag er noch so gerecht begründet sein und maßvoll geführt werden, der nicht einen endlosen Schwanz an Verbrechen und Unheil hinter sich herzieht!« Zu Franz I. sagt Erasmus: »Während ich die Paraphrase zu Matthäus meinem Kaiser Karl, die des Johannes seinem Bruder Ferdinand und jene des Lukas dem König von England gewidmet habe, kam es mir in den Sinn, Dir die des Markus zuzueignen, damit die Worte der vier Evangelisten den vier größten Fürsten der Erde gewidmet seien. Möge der Geist des Evangeliums eure Herzen in Einklang bringen gleich jener Harmonie, in der eure Namen in der Sammlung der Evangelisten zusammenklingen!«

Die Paraphrase zum Evangelium nach Matthäus[10] ist stark von Origines beeinflußt. Darin geht es nicht nur um die Frage des Krieges, sondern sie enthält auch deutliche Anspielungen auf aktuelle Probleme. Anhand des Gleichnisses vom Unkraut unter dem Weizen verficht Erasmus seine Lehre der Toleranz: Man darf Abtrünnige nicht verfolgen.

Der Humanist klagt über die verbreitete Unwissenheit in Glaubensdingen. Er preist die Heilige Schrift und spricht sich dann leidenschaftlich für die Erstellung einer kleinen Abhandlung nach Art eines Katechismus aus. Zudem setzt er sich für die Erneuerung der Taufgelübde ein.

»Man müßte dem Volk jedes Jahr das Wesentliche des Glaubens und der christlichen Lehre ebenso deutlich wie kurz und ebenso gelehrt wie einfach vortragen. Damit von den Predigern nichts entstellt werden kann, wünschte ich mir, daß ein Büchlein, von gelehrten und ehrbaren Männern verfaßt, vor den versammelten Gläubigen von einem Priester verlesen würde. Ich sähe es gerne, wenn die Worte dieses Büchleins nicht aus dem Sumpfe menschlicher Gedanken, sondern ganz und gar aus den Quellen des Evangeliums geschöpft wären, aus den Episteln und dem Symbolum. Ich weiß nicht, ob das Symbolum tatsächlich das Werk der Apostel ist, aber auf apostolische Autorität und Authentizität darf es sich doch allemal berufen. Diese Lesung könnte man ohne Schwierigkeiten anläßlich der Osterfeier veranstalten. Sie ist dort besser am Platze als die albernen und zuweilen anstößigen Spiele, die nur Gelächter hervorrufen – welcher niederträchtige Dämon diese in die Kirche hineingebracht hat, vermag ich nicht zu sagen. Ich gebe wohl zu, daß das Volk durch eine Lustbarkeit angezogen und sogar angeregt werden muß, aber derartige Spiele ziemen sich wohl für die Narren, nicht aber für die Theologen.

Mein Vorschlag erscheint mir sehr wirkungsvoll. Denn an dieser Lesung werden Getaufte, die das Kindesalter hinter sich gelassen haben, teilnehmen und klar über den Sinn ihrer Taufgelübde unterrichtet werden. Anschließend sollen ihnen einzeln ernsthafte Männer Fragen stellen, um ihre Kenntnisse zu prüfen und um in Erfahrung zu bringen, ob sie alles verstanden haben. Haben sie diese Prüfung bestanden, so sollen sie befragt werden, ob sie bereit sind, die Versprechen zu wiederholen, die ihre Taufpaten einst in ihrem Namen abgelegt haben. Wenn ihre Antworten befriedigend ausfallen, dann dürfen sie vor den anderen Gläubigen ihre Gelöbnisse bei einer feierlichen Zeremonie wiederholen, die angemessen, würdig, ernsthaft und großartig sein soll, wie es sich für das heiligste der Gelöbnisse ziemt. Was sind denn die menschlichen Gelöbnisse anderes als Nachahmungen jenes heiligsten Gelöbnisses, mit dem man einem von der Welt verderbten Christentum entsagt? […]

Heutzutage können wir in einigen Kirchen Schauspielen wie der Wiederauferstehung, der Himmelfahrt oder dem Pfingstwunder beiwohnen. Ich sage nichts Schlechtes darüber, doch wäre das Schauspiel, das ich mir wünsche, sehr viel herrlicher: die Stimmen jener jungen Menschen hören, die sich Jesus Christus hingeben, dieser jungen Ritter, die auf seinen Namen den Eid leisten, sich einer Welt voller Bosheit versagen, sich entsetzt vom Satan abwenden, von seinem Prunk und seinen Werken; neue Christen sehen, die, wenn sie die Taufkapelle wieder verlassen, das Zeichen ihres Herren auf der Stirn tragen; die Stimmen der Menge hören, wie sie diesen neuen Rittern Christi Beifall spendet. […]

Schließlich bitte ich darum, daß diese Abhandlung der Philosophie Christi, von der ich gesprochen habe, weit verbreitet wird. Die Leser werden darin das wahrhaftige Abbild Christi finden, das befreit ist von jüdischen Glaubensvorschriften, menschlichen Kommentaren und Dekreten, kurz, sie werden einen einnehmenden und liebenswerten Christus entdecken anstatt eines finster dreinblickenden und gestrengen. Wer in den Genuß dieser Unterweisung kam, der wird Zugang zur Heiligen Schrift haben. Heute wissen die Fünfzigjährigen nicht mehr, was sie bei der Taufe versprochen haben. Sie denken nicht einmal über die Wichtigkeit der Glaubensartikel nach, über das Gebet des Herrn oder über die Sakramente der Kirche. […] Wir sind mehr dem Namen nach, aus Gewohnheit und durch die Zeremonien Christen als aus persönlicher Überzeugung.«[11]

Dieses bedeutende Beispiel für die rhetorische Brillanz des Erasmus veranschaulicht den biblischen Reformgeist des Autors und sein Bemühen um eine spirituelle Exegese. Er will, daß das Volk das Wort Gottes kennt. Deshalb tritt er so nachdrücklich für die richtige religiöse Einweisung und für das persönliche

Gelübde ein.[12] Wer könnte ein solch hochherziges Programm, das mit so klarem Blick die aktuelle Situation erfaßt, nicht gutheißen?

Die Paraphrase zum Matthäusevangelium wird natürlich auch an der Theologischen Fakultät von Paris zur Kenntnis genommen. Sie hinterläßt bei den dortigen Zensoren einen rundum negativen Eindruck. Der Syndikus der Fakultät, Natalis Beda, der die Ketzer an der Sorbonne verfolgt, ist über Erasmus' Darlegungen empört. Er sieht nur das Unkonventionelle an dem Werk und verurteilt es als anstößig und umstürzlerisch. Die positiven Gedanken, die Erneuerung der Taufgelübde und die Erstellung eines Katechismus, entgehen ihm oder interessieren ihn nicht. Ebenso pauschal verwirft er Erasmus' Plädoyer für die Toleranz. »Nach dem katholischen Glauben darf man aufsässige Ketzer nicht nur mit dem Tod strafen, sondern man ist dazu sogar verpflichtet«, bekräftigt Beda.

Immerhin wurde Erasmus' Text gründlich gelesen, wenn auch nicht gerade mit Sympathie. Beda hat ihn eingehend studiert, jedes Wort mit der Feder in der Hand unter die Lupe genommen. Er zitiert sogar einige Formulierungen aus dem Vorwort, geht dann aber ohne Umschweife zum Angriff über. Den Wortlaut der Formel zur Erneuerung der Taufgelübde gibt Beda zwar korrekt wieder, aber er interpretiert die Passage offensichtlich falsch und unterstellt dem »neuen Evangelisten« einen verhängnisvollen Fehler. Erasmus lehre, so schreibt er, »daß man das Taufgelübde wiederholen muß, dieses Sakrament göttlichen Rechtes, das nicht wiederholt werden kann«. Die Behauptung ist klar, deutlich und unmißverständlich. Aber sie entbehrt jeder Grundlage, weil Erasmus gerade das Gegenteil sagt: »Eine zweite Taufe ist untersagt.«

In dieser Art fährt Beda fort. Er kümmert sich wenig um den Zusammenhang der Textstelle und erläutert, warum er im Einklang mit der gesamten kirchlichen Tradition für die Taufe im Kindesalter eintritt: Wenn ein Neugeborenes ungetauft sterbe, falle es der ewigen Verdammnis anheim. Da die Christen heutzutage den augustinischen Pessimismus kaum noch teilen, sind wir über Bedas Argumente eher verblüfft. Erasmus haben sie auch nicht überzeugt. Allerdings hütet er sich, eine Frage, die Anlaß zu Zweifeln an seiner Rechtgläubigkeit gab, ein weiteres Mal zu behandeln. Er hat nicht einmal die Vorhölle in die Diskussion eingebracht, und wahrscheinlich glaubte er auch nicht daran. Dennoch ist er erbittert, daß Beda ihm mangelnde Frömmigkeit, ja Ketzerei vorwirft. Entschlossen und entrüstet weist er die Kritik des Zensors zurück.

Erasmus' erste Begegnung mit den Wiedertäufern findet in der Anfangszeit der Bewegung statt, die später diesen Namen erhält. Im Juni 1522 kommt der Waldshuter Gemeindepfarrer Balthasar Hubmaier nach Basel, einer der zukünftigen Doktoren und Märtyrer der Sekte. Er trifft dort mit Hermann Busche und Heinrich Glarean zusammen und besucht später auch Erasmus, der mit beiden befreundet ist. Die Schilderung der kurzen Begegnung zeigt, daß Hubmaier ein scharfsinniger Beobachter war.

»Ich habe lange mit ihm über das Fegefeuer und die beiden Johannesverse ›noch von dem Willen des Fleisches, noch von dem Willen eines Mannes‹ diskutiert. Erasmus zögerte lange, bevor er sich zum Fegefeuer äußerte. Nachdem er mir schließlich eine ausweichende Antwort gegeben hatte, ging er hurtig zu anderen Themen über. Erasmus spricht freimütig, schreibt aber vorsichtig.«

Der im Fragment überlieferte Brief ist für uns heute ein unbezahlbares Dokument. Wir sehen beide Männer vor uns, wie sie einander gegenübersitzen und sich, die Bibel in der Hand, in einem höflichen Gespräch messen. Erasmus hat über seine Unterhaltung mit Hubmaier nie ein Wort verloren. Soweit ich weiß, erwähnt er den Namen nur an zwei Stellen unmittelbar nach der Begegnung; er bezeichnet Hubmaier als Gegner Luthers und vor allem als »Doktor der Wiedertäufer«.

Welches Werk hat Hubmaier im Auge, wenn er sagt, Erasmus schreibe vorsichtig? Wahrscheinlich kennt er das wunderbare Vorwort zur Paraphrase des Matthäusevangeliums, die kurz zuvor erschienen ist. Der Text mag einen Abweichler vielleicht begeistern, aber vollkommen zufriedenstellen wird er ihn nicht. Wenn der »Doktor der Wiedertäufer« das Vorwort gelesen hat, dann hat er wohl zugestimmt, aber er dürfte auch etwas darin vermißt haben. Die Forderung, das Taufgelöbnis zu erneuern, kommt seiner Haltung zwar entgegen, aber die Kindstaufe ist nun einmal nicht die wahre Taufe. Was die Katholiken beruhigen soll, kann die Wiedertäufer nur erzürnen. Ein unvoreingenommener Leser kann unmöglich zu dem Schluß kommen, Erasmus sympathisiere mit den Wiedertäufern. Nur Beda konnte auf eine solche Idee verfallen!

Seinem englischen Freund Cuthbert Tunstall vertraut Erasmus seine wahre Meinung über die Wiedertäufer an. »Diejenigen, welche man die Wiedertäufer nennt, hecken seit langem schon eine Art Anarchie aus. Zugleich entwerfen sie ungeheuerliche Dogmen, die, sollten sie sich verbreiten, Luther geradezu als Orthodoxen erscheinen lassen würden; sie munkeln, die Taufe sei weder für Erwachsene noch für Neugeborene notwendig. Wenn es ihnen gelingt, den Menschen einzureden – und manche von ihnen trachten danach –, daß die Eucharistie nichts als Brot und Wein sei, dann weiß ich nicht, was sie uns als kirchliche Sakramente noch lassen wollen. Sie legen eine andere Art von Torheit an den Tag: Sie wollen als Propheten gelten.« Erasmus weiß offenbar nicht viel über sie, und von Zugeständnissen an die neuen Propheten kann keine Rede sein.[13]

1522 veröffentlicht der Humanist einen kleinen Traktat, der großes Aufsehen erregt: *Epistola apologetica de interdictio esu carnium* (Verteidigung des Verbots, Fleisch zu essen).[14] Der offene Brief ist an Christoph von Utenheim, den Bischof von Basel, gerichtet. Erasmus legt seinem Freund darin seine Ansichten zu der kirchlichen Vorschrift dar, die den Verzehr von Fleisch an bestimmten Tagen verbietet. Er hält diese Vorschrift für nebensächlich und betont, daß man

Erasmus, von Quentin Metsys, 1517

Archiv für Kunst und Geschichte, Berlin

Blick auf Paris,
Holzschnitt aus der Nürnberger Weltchronik, 1492

Archiv für Kunst und Geschichte, Berlin

Erasmus, von Albrecht Dürer, 1520

Louvre, Paris. R.M.N.

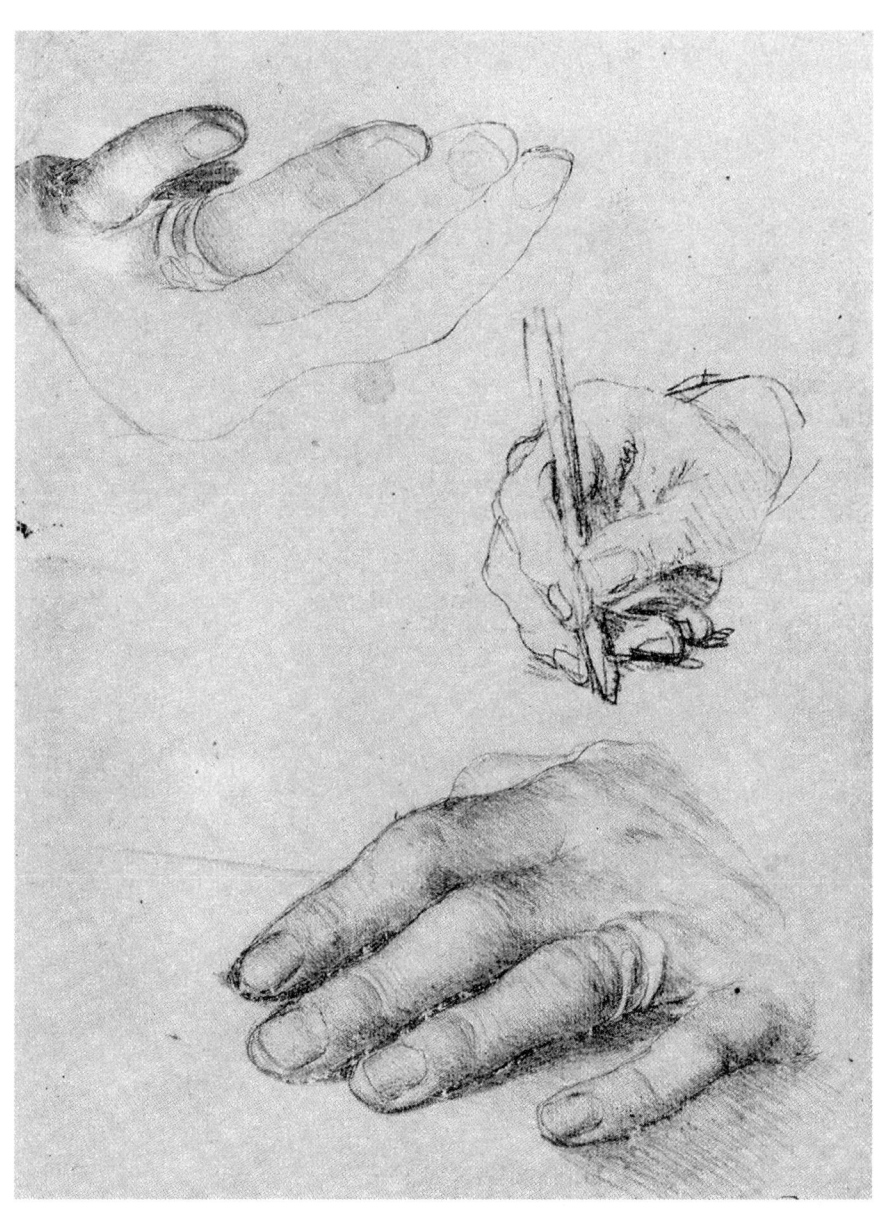

Erasmus' Hände, von Hans Holbein dem Jüngeren, 1523
Louvre, Paris. R.M.N.

Erasmus, von Hans Holbein dem Jüngeren, 1523

Archiv für Kunst und Geschichte, Berlin

Thomas Morus
von Hans Holbein dem Jüngeren

*Archiv für Kunst und Geschichte,
Berlin*

Martin Luther
von Hans Holbein dem Jüngeren

*Archiv für Kunst und Geschichte,
Berlin*

Bonifacius Amerbach
von Hans Holbein d. J., 1519

Kunstmuseum Basel,
Westermann-Foto/H. Buresch

Johannes Froben
von Hans Holbein d. J., um 1500

Kunstmuseum Basel,
Westermann-Foto/H. Buresch

Erasmus, von Hans Holbein dem Jüngeren, 1530/32

Kunstmuseum Basel, Westermann-Foto/H. Buresch

ihre Einhaltung nicht mit Strafen erzwingen dürfe, als sei die Zuwiderhandlung eine schwere Sünde. Solche Verbote seien in einer bestimmten Epoche entstanden und davon geprägt; es liege bei der Kirche, sie in eine zeitgemäße Form zu bringen.

Erasmus ist sich der Geschichte und Geschichtlichkeit bewußt. Unerschrocken bekämpft er den scheinbar monolithischen und unantastbaren Charakter der von Menschen formulierten kirchlichen Gebote. Er erkennt solche Vorschriften nur dann an, wenn sie im Einklang mit den Forderungen des Evangeliums stehen. Zu strenge Vorschriften sind in seinen Augen unmenschlich. Wir können seine Position noch genauer ausdrücken: Unmenschlichkeit ist unchristlich, und übertriebene Härte verursacht unnötiges Leid.

Obwohl er sich mehrfach zu den Gebräuchen bekennt, die von den Aposteln überliefert wurden, wirft er die Frage auf, ob es zweckmäßig sei, an den Geboten der Enthaltsamkeit, des Fastens und des Priesterzölibats festzuhalten. Wenn diese Vorschriften auch aus einem aufrechten Glaubenseifer hervorgegangen seien, so könnten sie doch auf lange Sicht der wahren Frömmigkeit, das heißt der von »jüdischen Zeremonien« befreiten Religiosität, schaden. Warum sollte sich nicht auch die Kirche weiterentwickeln? Mit dem Beistand des Heiligen Geistes könne sie ihre Erstarrung jedenfalls nicht rechtfertigen. Im Gegenteil: In diesem Beistand sei das Versprechen enthalten, daß der Heilige Geist weiterhin schöpferisch wirken werde.[15]

Erasmus betont, daß in der Lehre Christi von einem Zwang zum Zölibat nirgends die Rede ist. Er zeigt zudem, daß Enthaltsamkeit keine wesensmäßige Voraussetzung für das Priesteramt ist und daß sich die kirchlichen Vorschriften entsprechend den jeweiligen geschichtlichen Umständen verändert haben.

»Einst«, so führt er aus, »hat die Kirche die Sitte abgeschafft, an den Gräbern der Märtyrer Nachtwachen zu halten, obwohl diese doch schon seit Jahrhunderten ein allgemeiner Brauch bei den Christen war. Was das Fastengebot betrifft, das gewöhnlich bis zum Abend galt, so hat die Kirche seine Grenze auf den Mittag vorverlegt. Zahlreiche andere Bräuche hat sie verändert, weil äußere Umstände es verlangten. Warum sollten wir uns mit solcher Beharrlichkeit an einer unmenschlichen Einrichtung [wie dem Priesterzölibat] festklammern, vor allem, wenn uns so viele Gründe lehren, daß Änderung hier not tut? Zunächst einmal ist hervorzuheben, daß viele Priester in üblem Ruf leben und das Meßopfer mit unreinem Gewissen zelebrieren. Und wie sollen die Gläubigen ihrer Verkündigung Glauben schenken, wenn ihr ausschweifender Lebenswandel ihren Lehren hohnspricht? Wenn man diesen Geistlichen nun eine Eheschließung erlaubte, so würden sie nicht nur ein ehrenhaftes Leben führen, sondern könnten das Wort Gottes wieder mit rechtmäßiger Autorität verkünden. Außerdem könnten sie sich in aller Offenheit um die Erziehung irer Kinder kümmern, und schließlich müßten sie sich füreinander auch nicht mehr schämen.

Ich sage dies nicht, um mich zum Gewährsmann oder Fürsprecher jener Priester zu machen, die letzthin ohne Einwilligung des Papstes in den Ehestand getreten sind. Doch ich will die Kirchenfürsten bitten, über zweckmäßige Maßnahmen nachzudenken, mit denen man eine alte Vorschrift den Erfordernissen der Gegenwart anpassen könnte. Auf alle Fälle möchte ich auch die Bischöfe davor warnen, daß sie sorglos und ohne eingehende Prüfung dem erstbesten die Weihen erteilen.«

Erasmus verlangt, daß alle Anwärter für das Priesteramt von ihren Oberen sorgfältig auf ihre Eignung hin geprüft werden. Vor allem aber müßten sie sich selbst prüfen und ihr Gewissen erforschen, ob sie nicht etwa aus Gewinnstreben oder aus Leichtsinn in den Priesterstand treten wollten. Im übrigen legt Erasmus heiratswilligen Priestern nahe, ihren Schritt sehr genau zu bedenken, damit sie »nicht gleich von zwei Strafen getroffen werden, von der des Priesteramtes und von der der Ehe«.

Erasmus' Ansicht über den Priesterzölibat ist durchdacht und schlüssig. Er wird daran allen Widerständen zum Trotz festhalten. Nach dem Ausbruch der Reformation kann er seine Auffassungen den Katholiken gegenüber kaum noch rechtfertigen, denn sie empören sich über die Heiraten der Abtrünnigen. Es wäre ganz abwegig anzunehmen, daß Erasmus an den neuen Sitten Gefallen findet. Das ist nicht die Abmilderung der kanonischen Vorschriften, die er im Sinn hatte. Vielmehr kommt darin die offene Auflehnung der Reformierten gegen Rom zum Ausdruck.

Für den Humanisten müssen Neuerungen im Priesterstand von der Kirche ausgehen, nicht von Individuen. Erasmus kritisiert diese Ehen. Er erklärt sie zwar nicht für ungültig, bedauert aber die unglücklichen Umstände, unter denen sie geschlossen wurden. Gleichzeitig verteidigt er sich gegen den Vorwurf, er trage eine Mitschuld; daß einige der Abtrünnigen durch seine Schriften zu ihrem Schritt veranlaßt wurden, ist allerdings nicht von der Hand zu weisen. Für die Priester, die sich auf die Seite der Reformation geschlagen haben, ist die Heirat ein Zeichen dafür, daß sie mit dem System gebrochen und dem alten Klerus den Rücken gekehrt haben. Erasmus versteht das Zeichen nicht. Er wundert sich, wie schwer es den neuen Propheten fällt, den Verlockungen des Fleisches zu widerstehen. Sollte das neue Evangelium gar untrennbar mit diesen neuen Ehen verknüpft sein...?

Weil es so viele Feiertage gibt, an denen nicht gearbeitet werden darf, sind die Ärmsten der arbeitenden Bevölkerung vom Elend bedroht. Erasmus hat einen ausgeprägten Sinn für soziale Probleme.[16] Er setzt sich dafür ein, die Zahl der Feiertage zu verringern, und verlangt sogar, notfalls auch auf die Sonntagsruhe zu verzichten.

Auch wenn seine Widersacher das Gegenteil behaupten: Er wendet sich nicht gegen die Kirchengesetze, sondern gegen eine engstirnige Auslegung und

Durchsetzung. Er respektiert den Zölibat und hält die Fastenvorschriften ein; nur vom Verzicht auf den Fleischgenuß hat er sich dispensieren lassen.[17]

In Basel ist Erasmus vor dem Zorn der Inquisition sicher. Er lebt in einem komfortablen Haus im Kreise seiner Famuli, ganz in der Nähe seines Freundes und Verlegers Froben. Brieflich hält er Kontakt mit Gelehrten in ganz Europa und genießt großes Ansehen. In dieser Zeit entwickelt sich der spanische Erasmianismus, ein Erasmianismus ohne Erasmus.[18] Die Humanisten loben ihn, weil er profane und christliche Studien in Einklang gebracht habe.

Dennoch hat er im Frühjahr 1522 einigen Grund zur Sorge. »In diesem Winter«, vertraut Erasmus seinem Freund und Gönner Stanislaus Turzo an, dem Bischof von Olmütz, »hat mich ein schreckliches Erbrechen für mehrere Tage aufs Krankenlager geworfen. Die Anfälle kamen in Abständen wieder, jedesmal schlimmer und länger. Die Fastenzeit hatte schon begonnen, als sich bei mir ein Nierenstein bemerkbar machte. Nicht weiter verwunderlich: Mein armer Körper, dem es bald an diesem, bald an jenem fehlt, mahnt mich, daß sein Bewohner ihn bald verlassen muß. Mir erscheint diese Abreise fast wünschenswert, wenn ich die Tragödien unserer Zeit ansehe. Sie werden verursacht durch die Rivalität einiger weniger Individuen: Die einen, von denen ich nicht weiß, was sie vorhaben, versuchen, das Evangelium für sich in Beschlag zu nehmen, die anderen sichern sich ihre Macht mit immer stärkeren Armeen.

Ich glaube ein Mittel zu sehen, wie man der christlichen Religion zu Hilfe kommen kann, ohne einen Aufruhr zu verursachen. Für dieses wundersame Unternehmen bedürfte es Fürsten, denen wahrhaft am Gemeinwohl gelegen ist und am Ruhm des höchsten Königs Jesus Christus, vor dessen Gericht alle Monarchen, so mächtig sie auch sein mögen, erscheinen müssen. Was mich betrifft, so habe ich nie zugestimmt, mit den Anhängern Luthers irgendeine Übereinkunft zu schließen, ich habe sie stets zu maßvolleren Plänen gemahnt, so groß war meine Furcht, die Ereignisse könnten sich zum Aufruhr wenden. Und doch hat man mich als Lutheraner angeschwärzt, selbst am kaiserlichen Hof. Hier wettern die Lutheraner gegen mich, weil ich ihrem Anführer nicht beipflichte. Sie ziehen in ihren Reden meinen Namen in den Schmutz und bedrohen mich mit garstigen Pamphleten. So bin ich für beide Parteien ein Ketzer!«[19]

In Rom, Paris und Zürich erwarten ihn Freunde und drängen auf seinen Besuch. Aber das Reisen strengt ihn an. Im Herbst verläßt er gemeinsam mit Beatus Rhenanus Basel; er kommt nur bis Konstanz, wo ihn Johannes Botzheim liebevoll aufnimmt. Während des Aufenthaltes wird er krank und muß nach Basel zurückkehren. Von dort schildert er Marcus Laurin in einem Brief seine Reiseeindrücke. »Ich genieße in vollen Zügen die Reize dieses Landes. In Konstanz hat man Ausblick auf einen riesigen See. Er erstreckt sich in der Länge und Breite über Tausende von Fuß, ist darum aber nicht weniger anmutig. Auf allen Seiten erheben sich nah und fern bewaldete Berge und lassen ihn noch reizvoller erscheinen. Und dort findet der Rhein, als sei er erschöpft von seinem Weg durch Felsen und Schluchten, einen freundlichen Ruheort, an dem er sich erholen kann. Er durchfließt den See langsam in der Mitte und findet sein Bett bei Konstanz schließlich wieder. Es heißt, der See sei sehr fischreich und von unglaublicher Tiefe. [...] Der Rhein läßt den See zu seiner Rechten, zieht sich ein Stück an der Stadt entlang und umfließt eine Insel, auf der sich ein berühmtes Frauenkloster erhebt. Alsbald verbreitert er sich und formt einen kleinen See, den man aus mir unbekanntem Grund *Venetus* nennt.«

Im folgenden Jahr besucht Erasmus zwei Freunde: den Archidiakon Ferry Carondelet in Besançon und kurz darauf Ulrich Zasius in Freiburg im Breisgau. Er kommt weder nach Rom noch nach Paris. Als Zwingli ihm anbietet, Bürger der Stadt Zürich zu werden, antwortet er ihm, er wolle ein »Weltbürger« sein.[20]

KAPITEL XVII

Basel. Die tägliche Arbeit

In Basel richtet Erasmus sein Leben ganz nach seiner Arbeit aus. Selten geht er Vergnügungen nach, abgesehen von Besuchen bei Freunden. Es ist nicht bekannt, daß er ein Haustier gehabt hätte, und auch von einem Hobby oder einer Liebhaberei weiß man nichts. Nie macht er Ferien. Sein ganzes Streben gilt der Vollendung seiner Werke.

In seinem strengen und einfachen Leben gibt es weder Luxus noch Leichtsinn, aber immerhin Komfort[1] und gelegentlich Gaumenfreuden. Einem Freund schreibt er zwar: »Seit meiner Jugend nahm ich Essen und Trinken zu mir, als sei dies alles Gift«, aber gleichzeitig lobt er einem anderen Freund gegenüber in lyrischem Tonfall einen Burgunderwein: »Beim ersten Schluck war das Gefühl am Gaumen noch nicht so angenehm, aber plötzlich regte es sich in meinem Magen, und ich fühlte mich wie ein anderer Mensch. Ich hatte Burgunder schon früher getrunken, aber einen wärmeren und herberen. Dieser war von einem angenehmen, tiefen Rot, im Geschmack weder süß noch sauer, sondern lieblich. Er war so sanft im Magen, daß er, selbst in Mengen getrunken, nicht zu schaden vermochte. Glückliche burgundische Erde! Du verdienst es, Mutter der Menschen genannt zu werden, Du, deren Busen solche Milch hervorbringt.«[2]

Humorvoll spielt Erasmus auf die fleischlichen Vergnügungen an: »Ich war nie Sklave der Venus. Bei all der Geistesarbeit hätte ich keine Zeit gehabt, es zu werden. Wenn ich früher einmal die Versuchung kennenlernte, so hat mich inzwischen das Alter, das mir in dieser Hinsicht zu Hilfe eilte, von der Tyrannin befreit.«[3]

Um diese Zeit malt der große Holbein drei Porträts von Erasmus. Auf dem schönsten, das heute im Longford Castle[4] verwahrt wird, ist sein feingeschnittenes, ernsthaftes und ruhiges Gesicht von vorn zu sehen. Es wirkt wie von innen erleuchtet. Die Nase ist lang und groß, und auf den schmalen Lippen deutet sich ein Lächeln an. Ringe schmücken seine Hände, die zu zittern scheinen. Das ergraute Haar quillt unter einer schwarzen Mütze hervor, und ein schwarzer, pelzgefütterter Mantel umhüllt den leicht frierenden und gebrechlichen Körper des Humanisten, der zeit seines Lebens unermüdlich arbeitet.

Ulrich von Hutten hat sich auf die Seite Martin Luthers geschlagen und damit Erasmus' Gunst verspielt. Erasmus sorgt dafür, daß sein einstiger Freund aus Basel ausgewiesen wird. Im Juli 1523 beschuldigt Hutten Erasmus öffentlich der Eitelkeit: Er veröffentliche seinen Briefwechsel mit den Großen der Welt, um sich mehr Ansehen und Geltung zu verschaffen. Zutiefst empört antwortet Erasmus mit einer kleinen Schrift, die den merkwürdigen Titel trägt *Spongia adversus aspergines Ulrici Hutteni* (»Schwamm gegen die Bespritzungen Huttens«).[5] In der Schrift verteidigt Erasmus die Herausgabe seiner Korrespondenz. »Kaum den zehnten Teil der Briefe will ich hier zitieren, die Fürsten und Gelehrte an mich richteten. Manchmal erwähnte ich sie, um mich von der Schamlosigkeit meiner Neider zu schützen. Kann ich doch nicht mit anderen Mitteln gegen sie vorgehen, noch habe ich ein anderes Bollwerk bis heute gegen ihre Frechheit.« Erasmus erinnert bei der Gelegenheit an seine erlauchten Briefpartner: Karl V., Ferdinand, Franz I. und Heinrich VIII.! Hutten hätte leichtes Spiel, wenn er sich in eine Auseinandersetzung mit Erasmus einlassen wollte, aber er stirbt noch im selben Jahr.

Die *Spongia* ist Anklageschrift und Verteidigungsrede zugleich, bittere Enttäuschung spricht daraus.

»Ich sehe Lutheraner, ich sehe keine oder nur wenige Männer des Evangeliums. […] Doch Hutten behauptet, er wolle um der Wahrheit des Evangeliums willen den Tod erleiden. Auch ich werde mich nicht versagen, wenn es die Gelegenheit von mir verlangt. Aber für Luther und seine Paradoxa in den Tod gehen hat keinen Sinn. Es handelt sich nicht um Glaubenssätze, [wenn es darum geht,] ob der Papst seinen Vorrang von Christus erhalten hat, ob die hierarchische Stellung der Kardinäle in der Kirche notwendig ist, ob Christus die Beichte eingesetzt hat, ob die Bischöfe ihre Anordnungen unter Todsünde verpflichtend machen können, ob der freie Wille zum Heile führt oder ob der Glaube allein das Heil vermittelt, ob man den Menschen ein gutes Werk zuschreiben kann, ob man die Messe in gewisser Hinsicht ein Opfer nennen kann. Für diese Fragen, die gewöhnlich Streitthemen bei den Scholastikern sind, würde ich als Richter nicht wagen, jemanden ums Leben zu bringen, noch wollte ich selbst dafür meinen Kopf aufs Spiel setzen. Ich wünschte, ein Märtyrer Christi zu sein, wenn er mir dazu die Kraft verleiht, aber ein Märtyrer Luthers werden, das will ich nicht.«[6]

Die *Spongia* endet mit einem Appell an die Eintracht. Erasmus wünscht, daß die Auseinandersetzungen ein Ende finden und die Gemüter sich beruhigen.

Aber seine Hoffnung wird enttäuscht. Der Religionsstreit um Luther vergiftet das geistige Klima auch weiterhin. Bei allem Widerstreben beteiligt sich Erasmus doch leidenschaftlich an der Auseinandersetzung.

Der Erfolg der *Colloquia* und der polemischen Werke lenkt den Humanisten nicht von ehrgeizigen Vorhaben mit höher gesteckten Zielen ab: der Herausgabe der Kirchenväter und der großen klassischen Autoren. Erasmus hat mehr Schriften veröffentlicht, als ein Philologe heutzutage in seinem ganzen Leben liest.[7] Im Jahr 1516 erscheint seine Ausgabe des Hieronymus, 1520 eine Ausgabe des Cyprian und 1523 eine Ausgabe des heiligen Hilarius; eine Reihe weiterer Veröffentlichungen folgt: Werke des heiligen Johannes Chrysostomos, des Ambrosius, des Athanasius, des Arnobius, des heiligen Augustinus, des Basilius und schließlich die Ausgabe der lateinisch überlieferten Schriften des Origines, die erst nach Erasmus' Tod erscheinen wird. Erasmus ging an die einzelnen Autoren mit unterschiedlichem Interesse heran, und die dreißig Bände sind hinsichtlich der Auswahl der Manuskripte von ungleichem Wert. Man hat sogar mit bedenkenswerten Argumenten behauptet, der unechte Cyprian über das Martyrium sei eine Schöpfung des Erasmus.[8]

Als Humanist, der Gleichgesinnten einwandfreie Texte vorlegen will, betätigt Erasmus sich auch auf dem Gebiet der heidnischen Autoren. Nur in seltenen Fällen gibt er Schriften zum erstenmal heraus; die Italiener können zahlreiche Erstausgaben für sich beanspruchen. Erasmus veröffentlicht ausgewählte Schriften von Cicero, Seneca, Sueton, Quintus Curtius, Quintilian und Terenz. Darüber hinaus übersetzt er Lukian, Euripides und Plutarch aus dem Griechischen.

All diese Ausgaben, zu denen auch noch das *Neue Testament* hinzukommt, sind eine gewaltige philologische Leistung. Im Verlauf der Arbeit hat Erasmus gelernt, wie er die Jagd nach Manuskripten angehen muß.[9] Er mobilisiert seine Freunde und schickt seine Famuli auf die Suche. Eines Tages schreibt Rabelais ihm, er könne ein Manuskript des großen jüdischen Historikers Flavius Josephus herbeischaffen.[10]

Erasmus sagt einmal, die ältesten und zerschlissensten Handschriften seien ihm die liebsten.[11] Ein Manuskript ist in seinen Augen desto zuverlässiger, je älter es ist. Er weiß offenbar nichts von der goldenen Regel der Einstufung von Handschriften: Die Fehlerquote wächst proportional zur Anzahl der Abschriften, die zwischen dem ursprünglichen Text und dem zu bewertenden Manuskript liegen. Eine späte Abschrift vom ursprünglichen Text ist getreuer als eine ältere Kopie von einer Kopie.

Die gesammelten Handschriften werden kollationiert, korrigiert und mit Anmerkungen versehen. Anschließend gibt er den Text zum Drucker. Wenn der Verfasser die Korrekturabzüge durchgesehen hat, kann das Buch erscheinen. Es wird zunächst auf der Frankfurter Messe und dann im Buchhandel verkauft. Erasmus hat dieses anstrengende Verfahren mehr als hundert Mal mitgemacht und dabei sehr viel Zeit in Frobens Druckerei zugebracht. Mit seiner gewaltigen Produktion hätte sich ein ganzer Stab von Schriftstellern literarischen Ruhm sichern können. Erasmus' philologisches Talent und seine Kenntnis der Patristik wirken fruchtbar zusammen.

Der Humanist fühlt das Alter nahen und denkt daran, sein Testament zu machen. Wegen seines Steinleidens hat er sich vom Verbot des Fleischessens dispensieren lassen. Er glaubt den Tod näher denn je. »Es mag schlimm sein, daß man einmal sterben muß«, schreibt er dem Bischof Sadolet, »aber ist es nicht schlimmer, wenn man so oft stirbt, um dann doch weiterzuleben und zu leiden?« In dieser bedrückten und trüben Stimmung erreicht ihn die Nachricht vom Tod seines Freundes Johannes Nevius aus Löwen. Erasmus schreibt daraufhin einen ergreifenden Brief an den gemeinsamen Freund Jodocus Gaverius, der wenig später gedruckt und verbreitet wird.

Die kurze, in Briefform verfaßte Abhandlung über den Tod[12] erscheint im Jahre 1523. Erasmus verarbeitet in der Schrift seine persönlichen Erfahrungen. »Im allgemeinen sind die Menschen entsetzt über einen unerwarteten Tod, und sie bitten Gott in ihren Gebeten doch um nichts häufiger, als daß er ihnen einen plötzlichen und unerwarteten Tod ersparen möge. […] Diese Menschen, die den plötzlichen Tod so sehr fürchten, täten sehr viel besser daran, wenn sie die Mächte des Himmels um ein ehrbares Leben bäten! Was kann unsinniger sein, als das Geraderichten des eigenen Daseins bis zur Todesstunde hinauszuschieben? Wenn überhaupt, so gibt es doch nur wenige Menschen, die eine lange Krankheit bessert! […] Geboren werden alle gleich, doch der Tod kommt auf die vielfältigste Weise. Welche Todesart man sich auch wünscht: Wer gut gelebt hat, der nimmt kein schlechtes Ende. […]

›Wie ich meine, gibt es keinen, bei dem man die Hoffnung aufgeben muß ‹, sagt er, wenn von der Beichte auf dem Sterbebett die Rede ist. Da dieser Mann das Gelernte nicht in die Tat umzusetzen vermag und das Christentum nicht versteht, sucht er, kurz bevor er den letzten Seufzer tut, zu spät erst Zuflucht beim Heilmittel der Beichte.« An anderer Stelle antwortet Erasmus denjenigen, die sich darüber beklagen, daß man bei einem unerwarteten Tod ohne die üblichen kirchlichen Zeremonien aus dem Leben scheidet. »Aber, so sagen sie, diesem Toten fehlen die traditionellen Riten: das Weihwasser, die geweihten Kerzen, das Salböl, der Segen, die Schar der Betenden und Weinenden! […] Es sei erbärmlich, so heißt es, wenn man alleine stirbt. Doch ist es dem Sterbenden schon genug, wenn seine arme befreite Seele von einem Engel in den Himmel getragen wird.«

Erasmus wendet sich damit auch entschieden gegen die störende Anwesenheit von Außenstehenden am Sterbebett. Er wird auf diesen Kritikpunkt mehrfach zurückkommen, unter anderem – in besonders bissiger Form – in den *Colloquia*. Am Ende seines Briefs über den Tod spricht er dann eine tiefe Über-

200

zeugung aus, nach der er wohl selbst gelebt hat: »Nichts erscheint weiser, als Christus mit allen zur Verfügung stehenden Mitteln, durch unsere Gebete und guten Werke, bis zum letzten Tag um den Frieden der Seele zu bitten.« Die beiden Wesenszüge seiner Religiosität – innige Frömmigkeit und gesunder Menschenverstand – fließen in dieser Überzeugung zusammen.

1523 veröffentlicht Erasmus unter dem Titel *Precatio Dominica in septem partes distributa*[13] (Gebet des Herrn in sieben Teilen) eine Paraphrase zum Vaterunser. Dieses gemeinschaftliche Gebet spielt in seinem religiösen Denken eine große Rolle: Nur dieses Gebet hat Jesus seine Jünger gelehrt. Erasmus spricht oft davon, unter anderem in den *Colloquia* und in den Paraphrasen. »Wer das Vaterunser betet, betet mit der ganzen Kirche«, schreibt er. 1517 hatte er das »Vaterunser des Soldaten« verfaßt, um die Unvereinbarkeit von Gebet und Gewalttat zu veranschaulichen.

In seiner Meditation über das Vaterunser aus dem Jahre 1523 legt Erasmus nun in kühnem Gedankenflug die sieben Bitten des Gebets aus. »Worte der Liebe und der Frömmigkeit gefallen Dir mehr als Worte der Furcht«, sagt er zu Gott. »Du möchtest eher von Söhnen wiedergeliebt als von Knechten gefürchtet werden. Du hast uns zuerst geliebt. Deine Gnade ist es, daß wir Dich wiederlieben. [...] Wir können keine gehorsamen Söhne sein, wenn Du nicht Deine Kraft in unser Bemühen fügst, damit nicht unser, sondern Dein Wille in uns bewirke, was Du, Vater, in Deiner Weisheit für uns erwählt hast.«

Trotz oder gerade weil die *Precatio Dominica* ein solcher Erfolg ist, verdammt die Theologische Fakultät von Paris die französische Übersetzung der Paraphrase wenige Monate nach dem Erscheinen »wegen ihrer Gottlosigkeit«.

Erasmus geht den einmal eingeschlagenen Weg weiter und veröffentlicht die Paraphrasen zu den drei anderen Evangelisten[14] mit eleganten Widmungen an Ferdinand von Österreich, Heinrich VIII. und Franz I. Der König von Frankreich hat Erasmus kurz zuvor eine handgeschriebene Mitteilung zukommen lassen, die der Humanist ehrfürchtig aufbewahrt. »Ich setze Euch in Kenntnis darüber, daß Ihr, wenn Ihr nach Paris kommen wollt, dort willkommen seid.« Erasmus ist geschmeichelt, folgt dem Ruf aber nicht. Die Situation ist noch ungünstiger als 1517. »Es würde den Eindruck erwecken, als liefe ich zum Feind über«, schreibt er an Willibald Pirckheimer. Das Wort Feind ist nicht zu hart gewählt. Die erbitterte Rivalität zwischen Franz I. und Karl V., die, von kurzen Unterbrechungen abgesehen, bis 1559 andauern wird, hat einen neuen Höhepunkt erreicht.

Der Krieg schreckt Erasmus von einer Reise nach Frankreich ab und bestärkt ihn in seinem Engagement für den Frieden. Er beantwortet den Brief des Königs mit seiner Widmung der Paraphrase zum Markusevangelium. Im Vorwort preist er den Frieden zwischen den christlichen Fürsten und geißelt territoriale Machtansprüche als Ursache erbitterter Kriege.

»Es ist besser, den Frieden zu bewahren, und sei er auch ungerecht, als den gerechtesten Krieg fortzusetzen«, mahnt er Franz I. Erasmus schreckt auch nicht davor zurück, die Herrscher zu rügen. Aber er kann ihr Gewissen nicht wachrütteln und sie aus ihrer Gleichgültigkeit nicht aufstören. Die Großen sind sich nur darin einig, daß man dem Frieden den Krieg erklären muß. Ihr Vorbild ist der Heide Alexander, nicht der weise Salomon. Erasmus gibt die Hoffnung auf eine Versöhnung der verfeindeten Könige dennoch nicht auf und wendet sich mit der Bitte, den Frieden wiederherzustellen, an den Papst. Allerdings glaubt er weder daran, daß die Kirche die unwürdigen Könige zu stürzen vermag, noch erscheint ihm die Aussicht auf eine päpstliche Theokratie verlockend.

Franz I. hat auf den unwillkommenen Appell des Erasmus wahrscheinlich nicht geantwortet. Er blickt nach Italien, wo sich sein Schicksal entscheidet. Am 24. Februar 1525 wird er in der Schlacht bei Pavia geschlagen und von Charles de Lannoy, dem General Kaiser Karls V., gefangengenommen. Man bringt ihn nach Spanien und zwingt ihn dort am 14. Januar 1526 zur Unterzeichnung des Vertrags von Madrid, in dem er auf die französische Lehnsherrschaft über Artois und Flandern verzichtet. Der König verspricht alles, was von ihm gefordert wird, und ist zugleich fest entschlossen, nach seiner Entlassung in die Freiheit alle Versprechen zu ignorieren. Kurz nach der Unterzeichnung des Vertrages, der keine Grundlage für einen dauerhaften Frieden sein kann, gratuliert Erasmus dem König zu seiner Rückkehr nach Paris. Es spricht für seinen Mut, daß er hinzufügt: »Einige halten die Klauseln dieses Vertrages für streng, wenn nicht sogar für niederschmetternd.« Die Erklärung ruft bei Karls Untertanen in Spanien und in den Niederlanden nach ihrem Bekanntwerden sofort empörte Reaktionen hervor. Erasmus kümmert das wenig.

In der gespannten Atmosphäre zieht sich der Humanist in seine Studierstube in Basel zurück. Er ist inzwischen ein wohlhabender Mann, umgeben von den besten Mitarbeitern, wie den Brüdern Basilius und Bonifacius Amerbach. Bonifacius ist Professor der Rechte an der Universität. Erasmus genießt Ruhm und Sicherheit zu einer Zeit, da er am heftigsten umstritten ist. Eine nicht zu verachtende Einnahmequelle bilden die Widmungen seiner Bücher an hochgestellte Persönlichkeiten. Manchmal schickt er sogar einen Prachtband an einen Adressaten, von dem er beschenkt werden möchte. Im Laufe der Jahre kommt er auf diese Weise zu Gold- und Silbermünzen, zu Edelmetall, Ringen, Schalen, Bechern, Pferden, Wein, Pelzen und Seide. Zuweilen überreicht man ihm auch kandierte Früchte und anderes Zuckerwerk. Seine wichtigste Einnahmequelle ist inzwischen jedoch der Verkauf der Bücher. Er hat etwas erreicht, was fast unmöglich schien: Er kann von seiner Feder leben.[15]

Erasmus' Ruf ist nun so fest begründet, daß sich die Drucker – Froben in Basel, Martens in Löwen und Schürer in Straßburg – um seine Manuskripte reißen. Mitunter gehen Werke auch ohne seine Einwilligung in Druck wie im bereits erwähnten Fall der *Colloquia*. Seine Schriften werden zudem immer häufiger übersetzt und nachgedruckt.[16]

Angesichts dieser Entwicklung gibt Erasmus einen *Catalogus lucubrationum* heraus, ein provisorisches Verzeichnis seiner Veröffentlichungen.[17] Das Werkverzeichnis beeindruckt durch seine Reichhaltigkeit und Vielfalt. Erasmus plant die Herausgabe seiner Gesammelten Werke in neun Bänden.

Trotz mancher Vorbehalte veröffentlicht er weiterhin seine Korrespondenz. An dem Vorhaben hält er schon deshalb fest, weil es den meisten seiner Briefpartner gefällt, wenn sie ihren Namen in seinen Briefsammlungen lesen können.

Vor der Veröffentlichung einiger Briefe schreckt er zurück, weil sie ihm zu unvorsichtig erscheinen. Sie stammen aus der Anfangszeit der Auseinandersetzungen um Luther und sind an Freunde gerichtet, die inzwischen erbitterte Feinde sind. Er beschließt, sie nach einer eigenhändigen strengen Zensur später doch noch herauszubringen. Einstweilen schreibt er weiter unermüdlich und mit geschliffener Sprache. Im übrigen ist er überzeugt, daß neben seinen Briefen auch alle anderen Werke einer Überarbeitung bedürfen. »Ebenso, wie wir zeit unseres Lebens unermüdlich an unserer Vervollkommnung arbeiten«, schreibt er an Botzheim, »sind wir mit der Korrektur und Vervollständigung der Werke unseres Geistes erst dann am Ende, wenn unser Leben zu Ende ist. Kein Mensch ist so gut, als daß man ihn nicht bessern könnte. Ebenso ist kein Buch so ausgereift, als daß man es nicht mehr vervollkommnen könnte.«

Erasmus bezeichnet es in seinen Briefen mehrfach als gefährlich, wenn die Kirche immer neue dogmatische Definitionen verkündet. Er glaubt an die Weiterentwicklung des Dogmas.[18] Es sei ausreichend, wenn man die Wahrheiten der Heiligen Schrift definiere, ohne die es kein Heil geben könne.[19] Daraufhin faßt er zusammen, was er für die Kernpunkte des Glaubens hält.

»Das Wesentliche der Philosophie Christi besteht in der Erkenntnis, daß all unsere Hoffnung in Gott ruht, der durch die Mittlerschaft seines Sohnes großzügig seine Gaben spendet. Der Tod Jesu erlöst uns, die Taufe vereinigt uns mit seinem Körper. Wir müssen die Begierden dieser Welt in uns abtöten und nach seiner Lehre und seinem Beispiel leben, alles Gute tun und Widrigkeiten, wenn wir auf sie stoßen, tapfer ertragen, hoffend, daß wir in der Zukunft, wenn Jesus zurückkehrt, die Belohnung erhalten, die zweifellos nur den Frommen winkt. Wir müssen auf dem Wege der Tugend vorankommen, ohne uns ihrer zu rühmen, denn der Spender allen Heils ist Gott. Das sind die Gedanken, die man als erste in den Köpfen verankern muß. […] Wenn sich einige mit verworreneren Fragen beschäftigen wollen, die die Natur Gottes, die Person Christi oder die Sakramente berühren, um ihren Geist zu erbauen oder um Abstand von niederen Aufgaben zu gewinnen, so ist ihnen dies wohl erlaubt, doch soll die übrige Welt nicht gezwungen sein, sich sogleich zu dem zu bekennen, was sie im jeweiligen Falle für richtig befunden haben.«[20]

Wenn das Wesentliche des Glaubens festgelegt wird, ist das nützlich, aber es kann zum Übel werden, wenn man darüber hinausgeht. Verantwortlich für dieses Übel ist nach Erasmus die »gottlose Neugier« der Theologen, die glauben, sie könnten alles beweisen, und die den Gläubigen angebliche Erklärungen aufzwingen, die bestenfalls Vermutungen sind. »Wir legen so viele Dinge fest«, sagt er an anderer Stelle, »die ohne Schaden für den Glauben unbekannt oder unbestimmt bleiben können. Ist es denn unmöglich, eins mit der Heiligen Dreieinigkeit zu sein, wenn man die Unterschiede zwischen Vater und Sohn oder zwischen beiden und dem Heiligen Geist nicht erklären kann?«[21]

Erasmus geht in seinen Forderungen noch weiter: »Es ist wohl wichtig für unsere Religion, daß wir in Dingen des Glaubens alles respektieren, daß wir aber nur das behaupten, was wir klar der Heiligen Schrift entnehmen können.«[22] »Diese gefährliche Neugier entspringt einer Schwärmerei für die Philosophie. [...] Einst stützte sich der Glaube mehr auf das Leben als auf die Kenntnis von Glaubensartikeln. Bald wurde es notwendig, Lehrsätze aufzustellen, diese aber noch in kleiner Zahl und in aller apostolischen Nüchternheit. Angesichts des Unglaubens der Ketzer ging man sodann dazu über, die Heilige Schrift einer strengeren Untersuchung zu unterziehen; die Widerspenstigkeit der Ketzer hat dazu geführt, daß Konzile einige Glaubensartikel festlegten. Schließlich begann der Glaube mehr in den Schriften als in den Seelen heimisch zu werden: Es gab fast so viele religiöse Überzeugungen, wie es Gläubige gab! Die Zahl der Glaubensartikel ist gewachsen, der Glaubenseifer geschrumpft. Auseinandersetzungen sind entbrannt, unter denen die Nächstenliebe zu leiden begann. Die Lehre Christi, die das Wortgefecht zuvor nicht gekannt hatte, geriet in die Abhängigkeit von philosophischen Systemen: Damit wurde die Kirche erstmals in den Grundfesten erschüttert.«[23]

In dieser feurigen Anklagerede will Erasmus aufzeigen, daß die einfachen Glaubenswahrheiten in einer Flut immer komplizierterer scholastischer Formeln unterzugehen drohen. Denkt er dabei gar an die Lehre von der Transsubstantiation?

Als Schüler des Hieronymus sieht Erasmus im Einfluß der Philosophie auf die Theologie offensichtlich eine zersetzende Kraft am Werke, denn dieser Einfluß mache den Glauben nur zu oft unnötig kompliziert.[24] Die Religion ist einfach, wenn man sie nicht unüberlegt mit umständlichen Erklärungen überfrachtet, und die Philosophie Christi läßt sich nicht vom Standpunkt der menschlichen Philosophie aus messen. Kurz, Gott ist nicht der Gott der Philosophen, sondern der Gott Jesu Christi. Bereits ganz zu Beginn seiner Laufbahn hatte Erasmus jedem Theologen ans Herz gelegt: »Es sei Dein erstes und einziges Ziel und Wollen, daß Du zu dem wirst, was Du in Deinen Studien erfährst.«[25] Auch wenn Kritik und Ernüchterung daraus spricht, will er mit solchen Gedanken doch nicht blinden Glauben lehren: Zwar ist der Glaube nicht rational in dem Sinne, daß sich Glaubensinhalte beweisen lassen, aber er ist auch nicht unvernünftig. Der Glaube ist vernünftig und verlangt nach Reflexion, ja sogar nach tiefem Nachsinnen.

Erasmus' Haltung gegenüber der Theologie spiegelt sich in seinem Urteil über die Wissenschaft wider. Fragen aufwerfen, zweifeln, wissen, daß man nicht weiß – all dies ist Weisheit, denn »ein Teil des Wissens besteht darin, daß man nicht weiß«.[26]

Im übrigen warnt Erasmus davor, alles auf den Glauben zurückzuführen: Der Glaube gibt dem Christen nicht das, was er mit Hilfe seiner Verstandeskräfte erkennen kann. Erasmus' Position gegenüber der Philosophie und Wissenschaft ist kein Antiintellektualismus. Er leugnet weder die Berechtigung der Philosophie, noch spricht er den Verstandeskräften ihren Wert ab. Die Würde des Menschen beruht auf seiner Vernunft, und sein Gewissen bringt sie zum Ausdruck. Wie dem Verfasser der *Imitatio Christi* geht es Erasmus nur darum, die Christen vor der Illusion eines grenzenlosen und unfehlbaren Wissens zu warnen, wenn er das fruchtlose Erkenntnisstreben und die unangebrachte Neugier verurteilt.

Mit zunehmendem Alter wird Erasmus seßhafter. »Der letzte Akt des Stücks« hat für ihn begonnen. Er unternimmt keine langen Reisen mehr und läßt Glycion im Colloquium »Altmännergespräch, oder: Das Fuhrwerk« aus dem Jahre 1524 sagen: »Mir scheint es, daß ich den ganzen Erdkreis auf einer geographischen Karte sicherer bereise.«[27]

Immer seltener steigt er aufs Pferd,[28] und im Februar 1524 verkauft er zwei seiner Tiere. Im September schreibt er an seinen Freund Warham, sein einziges Pferd sei ein gutes, wenn auch kein schönes Tier! »Es begeht keine Todsünde außer der Völlerei und der Trägheit. Ihm sind alle Tugenden zu eigen, die ein guter *confessor* besitzt, denn es ist fromm, besonnen, demütig, reserviert, maßvoll, keusch und ruhig.« Dieser Scherz, mit dem Erasmus wieder einmal die Geistlichkeit aufs Korn nimmt, geht auf einen Hymnus aus dem Brevier zurück. Der Humanist benutzt das Wort *confessor* hier für den Bekenner: Gemeint ist der Heilige, der sich zu seinem Glauben bekannt hat, ohne dafür sterben zu müssen.[29]

Auf den *confessor* im anderen Wortsinn, auf den Beichtvater, kommt Erasmus ebenfalls zu sprechen: Im Jahr 1524 erscheint einige Monate nach einer Veröffentlichung über das Beten eine kleine Abhandlung zur Beichte. Beide Bücher sind beachtliche Erfolge, erregen aber auch Mißfallen bei einigen Zensoren.[30]

Erasmus steht treu zur Kirche, plädiert aber für die Abmilderung kirchlicher Vorschriften. Beide Anliegen kommen besonders deutlich in seiner Haltung zur Priesterehe zum Ausdruck. Wir haben gesehen, daß er selbst sich mit dem Zölibat bestens arrangiert hat: Entspringt seine Haltung also mehr seinem Mitgefühl als seinem Temperament? Jedenfalls zieht er aus der Beobachtung anderer Priester durchaus realistische Schlüsse. »Ich habe schon immer ganz offen erklärt«, schreibt er, »daß man den Priestern, die zukünftig die Weihen empfangen werden, die Ehe nicht um jeden Preis verwehren darf, wenn sie das Gebot der Enthaltsamkeit nicht befolgen können. Ich spräche auch keine andere Sprache, wenn ich mich an den Papst wenden würde. Nicht, daß mir Enthaltsamkeit nicht lieber wäre; aber ich kenne fast keinen Priester, der sich darin übt. Warum muß es denn im übrigen überhaupt so viele Priester geben? Ich habe keinem zur Ehe geraten, aber ich habe auch niemanden getadelt, der sich zu verheiraten wünschte.«

Wenn Erasmus auch mit nicht nachlassendem Engagement für die Möglichkeit der Priesterehe – innerhalb der Kirche und mit ihrem Segen – eintritt, so erzürnt es ihn andererseits, wenn Abtrünnige wie Luther oder Melanchthon heiraten und damit die katholische Kirche herausfordern. Er ist über die Zahl solcher Eheschließungen erschreckt und hat dafür weder Verständnis noch Nachsicht. Es ist, als ahne er, daß diese unpassenden Eheschließungen seine Gedanken in ein ungutes Licht rücken und zu böswilligen Fehlinterpretationen Anlaß geben. Die Emanzipation der Priesterschaft hat er sich jedenfalls anders vorgestellt. Von daher muß man seinen Verdruß und seine übertriebene Reaktion verstehen.

Anfang 1525 wendet sich Erasmus mit einem langen Brief an den Rat der Stadt Basel. Damit beantwortet er eine Bitte um Empfehlungen, wie man sich angesichts der gegenwärtigen religiösen Wirren verhalten solle.[31] Erasmus argumentiert in dem sorgfältig ausgearbeiteten Dokument sehr differenziert und erörtert in acht Punkten die Frage des Priesterzölibats. Jede Entschuldigung für Geistliche, die ohne Billigung der Kirche heiraten, wäre verfehlt. Die Oberen können mildernde Umstände in Betracht ziehen, wenn die betreffenden Priester die geistliche Laufbahn irrtümlich eingeschlagen haben; aber Priester, die andere zum Aufruhr anstacheln, sind streng zu maßregeln. Allerdings ist besonnenes Verhalten am Platz, wenn es um Priester geht, die bekanntermaßen Konkubinen unterhielten und dann geheiratet haben. Es gilt noch immer der Grundsatz: Ein verheirateter Priester ist besser als ein Priester im Konkubinat. Ungebildete Priester, die ihrer Aufgabe nicht würdig sind, sollen sich ebenfalls verheiraten dürfen, auf ihr Amt dann aber verzichten und als Laien leben. Die gebildeten Priester, die die Weihen als aufrichtige Gläubige empfangen haben, sollen heiraten und ihr Amt weiterhin ausfüllen, wenn sie der Kirche dank ihrer Tugenden nützlich sind, obwohl sie nicht enthaltsam leben. Die Kirche muß schließlich Sorge tragen, daß die Regelungen nicht von Böswilligen mißbraucht werden.

In Erasmus' Augen leben Priester im Konkubinat sündig, aber sie müssen deshalb nicht unbedingt schlechte Seelsorger sein – ein heikler, ja gefährlicher Standpunkt. Der Humanist wird von den Abweichlern links überholt, und auf der Rechten entwickeln sich die Dinge nicht besser. In Rom stößt er mit seinen Vorschlägen auf taube Ohren, und wenn Erasmus auch klar erklärt hat, daß er ein Gegner der radikalen Position Luthers sei, so streckt die Sorbonne doch keineswegs die Waffen. Natalis Beda, der von allen Pariser Theologen am starrsten an den Dogmen festhält, übernimmt die Anklage. Sein erster Vorwurf lautet, Erasmus habe den Priesterzölibat in den Schmutz gezogen. Erasmus antwortet spöttisch, er habe eine Apologie auf den Priesterzölibat verfaßt … Da er sich in die Enge getrieben fühlt, erklärt er den Zölibat für recht und billig, fügt jedoch hinzu, er neige in Anbetracht der gegenwärtigen Situation und der Entwicklungen in Deutschland zu der Ansicht, daß man die Priesterehe zulassen sollte.

Der Streit dauert an, und Beda gibt seine Argumente gesammelt in einem Band von *Annotationes* heraus. Erasmus veröffentlicht daraufhin seinerseits einen Band zur Verteidigung seines Standpunktes. Der Zölibat der Geistlichen, so behauptet er, leite sich nicht aus göttlichem Recht her, sonst hätte er sich nicht für Veränderungen eingesetzt. Der Papst oder ein Konzil seien also durchaus berechtigt, Priester vom Zölibat zu entbinden. Die Priesterehe sei in der gegenwärtigen Situation das geringere Übel und ein angemessenes Heilmittel. Auf Beda machen diese Argumente keinen Eindruck. Für ihn ist Erasmus ein gefährlicher Umstürzler und verkappter Lutheraner. Josse Clichtove, ein französischer Theologe flämischer Abstammung, fällt dasselbe Urteil. Als Verfechter strenger Regeln für das Priestertum sieht er den kirchlichen Zölibat im göttlichen Recht verankert. Enthaltsamkeit sei für den Priester so bindend wie die unwiderruflichen feierlichen Gelübde.

Nach einer langen Polemik versucht Erasmus, zu einem sachlichen Ton zurückzufinden. Er verweist darauf, daß die Ehe ein Sakrament ist, der Zustand der Jungfräulichkeit hingegen nicht. Andererseits dürfe man den Zölibat nicht mit der Jungfräulichkeit gleichsetzen; das eine sei eine juristische Kategorie, das andere eine moralische Option. Man halte Dirnen ja auch nicht für jungfräulich, nur weil sie nicht verheiratet seien…

Grundsätzlich erkennt Erasmus den sittlich höheren Wert der Jungfräulichkeit gegenüber der Ehe an, aber die Enthaltsamkeit erscheint ihm als ein Ideal, das ein gewöhnlicher Sterblicher nur schwer verwirklichen kann. Man müsse gerade jungen Anwärtern für das Priesteramt die Tragweite der Verpflichtung, die sie eingehen wollen, deutlich vor Augen führen. Erasmus verzichtet übrigens darauf, die Zulassung von verheirateten Männern zur Priesterweihe zu fordern; im 16. Jahrhundert gibt es ein Überangebot an Priestern, so daß sich die Frage nicht mehr – oder noch nicht – stellt. Ebensowenig macht er sich Gedanken darüber, ob man nicht auch Frauen zum Priesteramt zulassen sollte.

Alles in allem bemüht sich Erasmus in seinen Erklärungen zum Priesterzölibat kontinuierlich darum, eine Lösung für jene Priester zu finden, die unter ihren Lebensumständen leiden. Weil er mit all den unglücklichen Geistlichen mitfühlt, denen es an Berufung und der Fähigkeit zur Enthaltsamkeit fehlt, setzt er sich für eine Lockerung der Zölibatsgesetze ein. Ebenfalls aus humanitären Gründen hatte er sich für eine Abmilderung der Gesetze zur Unauflöslichkeit der Ehe stark gemacht. Dabei sind seine Gedanken keineswegs eine Vorwegnahme der Forderungen jener Theologen, die eine Säkularisierung und »Entklerikalisierung« des Christentums wollen.

Erasmus vertritt einen ganz eigenen Standpunkt. Verglichen mit der Position Luthers, der den Priesterzölibat ablehnt, sind Erasmus' Forderungen gemäßigt. Der Humanist hat niemals eine Eheschließung von Priestern gutgeheißen; man könne nicht einfach alle Konventionen ignorieren. Er bittet die Kirche um Verständnis und Milde für jene Priester, die das Versprechen, das sie bei der Ordination gegeben haben, nicht einhalten können. Für ihn sind Zölibat und Jungfräulichkeit zwar die Zeichen charismatischer Priester, die sich zu ihrem Amt aufrichtig und stark berufen fühlen. Aber gleichzeitig tritt er auch dafür ein, daß Priester, wenn sie sich nicht wirklich als unwürdig erweisen, von Rechts wegen heiraten dürfen, ohne auf ihr Amt als Seelsorger verzichten zu müssen. Bekanntlich blieb das Konzil von Trient der Tradition verhaftet und schlug Erasmus' Rat in den Wind. In dieser Hinsicht hat der Humanist in der Wüste gepredigt.

KAPITEL XVIII

Die *Colloquia*
Chronik einer Epoche

Wir wissen bereits vom phantastischen Erfolg der frühen Ausgaben der *Colloquia*[1] zwischen 1518 und 1521. Inzwischen ist unter Erasmus' Namen eine Flut betrügerischer Nachahmungen im Umlauf. Um ihr Herr zu werden, besorgt er innerhalb kurzer Zeit eine beträchtlich erweiterte und stark veränderte Ausgabe.[2] Sie erscheint im März 1522 bei Froben. Erasmus hat es dem Drucker verziehen, daß er das Werk 1518 ohne seine Einwilligung veröffentlicht hatte; immerhin verdankte er dieser Verfehlung einen erheblichen Teil seines Ruhmes. Zum Zeichen der Versöhnung widmet er die neue Ausgabe seinem Patenkind, Frobens Sohn Erasmius. »Das vorliegende Büchlein wird Dir zudem dabei helfen, Dich mit den grundsätzlichen Dingen der Frömmigkeit vertraut zu machen. Die große Schar der Kinder Deines Alters schuldet Dir viel; Dir verdanken sie es, wenn auch sie Nutzen daraus ziehen können.«[3]

Die erste formell anerkannte Fassung der *Colloquia* bietet zunächst eine Auflistung brauchbarer Formeln für eine zwanglose Unterhaltung. Erasmus führt den Gebrauch dieser Formeln dann in den einzelnen Gesprächen vor. Dabei schneidet er offen heikle moralische und religiöse Fragen an. Er läßt zudem eine Fülle von Redensarten, umgangssprachlichen Wendungen sowie ein ganzes Arsenal treffender und nuancenreicher Ausdrücke einfließen. In dem Dialog »Herrenbefehle« werden beispielsweise die zahlreichen Aufgaben eines Dieners aufgezählt, in einem anderen erfahren wir etwas über die Spiele der Schüler in der Renaissancezeit. In einem dritten prangert Erasmus das Pfründenwesen an, und in einem vierten warnt er davor, leichtfertig Gelübde abzulegen.

Im vollständigen Titel der Ausgabe kommt das neuartige und ehrgeizige Anliegen des Verfassers klar zum Ausdruck. Übersetzt lautet er ungefähr: »Formeln für das vertraute Gespräch, die jungen Menschen nicht nur zu einem geschliffenen Stil verhelfen, sondern ihnen auch eine Anleitung für das Leben sein sollen.« Jedes dieser Gespräche ist ein satirischer Einakter, Erasmus sprüht geradezu vor witzigen Einfällen.[4] Eine besonders lebendige Umsetzung findet sein Humor im Dialog »Die Soldatenbeichte«. Thema des Gesprächs ist der materielle Gewinn, den die Söldner – die Soldaten der damaligen Zeit – aus ihrem Handwerk ziehen. Für Erasmus ist das Söldnertum ein schmutziges Geschäft ausgebildeter Mordgesellen in einer widernatürlichen Lebenssituation, die weder Vernunft noch Religion oder Menschlichkeit kennt. Er glaubt nicht daran, daß diese Soldaten sich ernsthaft für eine Sache einsetzen oder tapfer sind. Nur der Sold und die Aussicht auf Beute trieben sie an. Drei Jahrhunderte vor Stendhal zeigt er in aller Schärfe, daß die Soldaten die politischen Vorgänge, in die sie verstrickt sind, überhaupt nicht zu durchschauen vermögen.

Söldner sind nichts als willenlose Werkzeuge im Machtkalkül der Großen. Die Fürsten mißbrauchen solchermaßen das Volk, und die Hofprediger leisten diesem Mißbrauch Vorschub, indem sie undifferenziert den gerechten Krieg predigen. Dieser Art von Theologen sagt Erasmus erbarmungslos den Kampf an. Schonungslos stellt er dar, daß die Klientel dieser Seelsorger, jene unglücklichen Söldner, in ihrem Glücksrittertum einer gottlosen Ideologie verfallen sind. Ihre Frömmigkeit ist nichts als Aberglauben, und ihre Priester haben sich einer Theologie verschrieben, die das Evangelium grob entstellt. Auf beiden Seiten ersetzen Äußerlichkeiten den Glauben. Erasmus will das nicht hinnehmen und bekämpft den Mißstand unerschrocken mit seiner Feder. Für sein Engagement wird er nichts als Ablehnung und Haß ernten.

Schon 1517 hat er in der kleinen Abhandlung *Die Klage des Friedens* den Pazifismus verteidigt. Etliche Jahre sind seither vergangen, ohne daß die Herren der Welt seine Mahnung zum Frieden in Politik umgesetzt hätten. Erasmus kann den Krieg nicht verhindern, aber er will ihn auf keinen Fall als Normalzustand akzeptieren. Da er die Verantwortlichen nicht überzeugen kann, greift er notgedrungen zur Waffe der Ironie.

HANNO: Woher kommst Du als Vulkan wieder zu uns, der Du als Merkur von hier weggezogen bist?

THRASYMACHUS: Was redest Du da von Leuten wie Vulkan oder Merkur?

HANNO: Weil Du Flügel zu haben schienest, als Du weggezogen bist. Jetzt aber hinkst Du.

THRASYMACHUS: So kommt man gewöhnlich aus dem Krieg zurück.

HANNO: Was hast Du mit dem Krieg zu schaffen gehabt, der Du rascher auf der Flucht bist als jedes Reh?

THRASYMACHUS: Die Hoffnung auf Beute hat mich mutig gemacht.

HANNO: Bringst Du großen Kriegsgewinn mit?

THRASYMACHUS: Im Gegenteil, einen leeren Beutel.

HANNO: Um so weniger drückt das Gepäck.

THRASYMACHUS: Statt dessen kehre ich mit Untaten beladen zurück.

HANNO: [...] Aber erkläre uns, wie es bei der Schlacht zugegangen ist und wohin sich der Sieg geneigt hat.

THRASYMACHUS: Das Getöse und das Durcheinander war so groß, der Schall der Kriegstrompeten, der Donner der Hörner, das Wiehern der Pferde, das Geschrei der Leute, daß ich nicht sehen konnte, was sich ereignete, ja daß ich kaum wußte, wo ich mich befand. [...] Was in meinem Zelt vorgegangen ist, weiß ich, was sich in der Schlacht getan hat, davon habe ich keine Ahnung.

HANNO: Weißt Du nicht einmal, woher Dein Hinken kommt?

THRASYMACHUS: Kaum, so wahr mir der Kriegsgott künftig seine Hilfe versage. Ich vermute, daß das Knie durch einen Stein oder einen Pferdetritt verletzt worden ist.

HANNO: Aber ich weiß es.

THRASYMACHUS: Du weißt es? Hat es Dir etwa jemand erzählt?

HANNO: Nein, aber ich ahne es.

THRASYMACHUS: So sag es!

HANNO: Als Du in Deiner Angst die Flucht ergriffen hast, bist Du niedergefallen und hast Dich an einem Stein verletzt.

THRASYMACHUS: Ich will des Todes sein, wenn Du nicht den Nagel auf den Kopf getroffen hast. Es ist sehr wahrscheinlich, was Du vermutet hast.

HANNO: [...] Aber des Kirchenraubes hat man sich wohl enthalten?

THRASYMACHUS: Nicht einmal hier war etwas heilig. Weder Weltliches noch Geistliches wurde verschont.

HANNO: Wie willst Du das wiedergutmachen?

THRASYMACHUS: Man sagt, daß es nicht nötig sei, wiedergutzumachen, was im Kriege begangen wurde: Was dort geschieht, geschieht mit Recht.

HANNO: Vielleicht mit Kriegsrecht.

THRASYMACHUS: Du hast es erraten.

HANNO: Dieses Recht ist aber das größte Unrecht. Dich hat nicht die Liebe zum Vaterland, sondern die Hoffnung auf Beute in den Krieg geführt.

THRASYMACHUS: Zugegeben. Ich glaube aber, daß wenige mit einer gottgefälligeren Absicht in den Krieg ziehen.

HANNO: Es ist etwas Großes, mit vielen unsinnig zu sein.

THRASYMACHUS: Der Prediger hat von der Kanzel verkündet, daß es ein gerechter Krieg sei.

HANNO: Jene Kanzel pflegt nicht zu lügen. Aber was für den Staatsmann billig ist, ist es darum nicht sofort für Dich. [...] Warst Du nicht besorgt, wohin Deine Seele fahren würde, wenn Du etwa im Kriege fallen solltest?

THRASYMACHUS: Überhaupt nicht. Mein Herz war voll guter Hoffnung; denn ich hatte mich ein für allemal der heiligen Barbara empfohlen.

HANNO: Hatte jene die Schutzherrschaft über Dich angenommen?

THRASYMACHUS: Ja, sie schien mir ein klein wenig mit dem Kopf zuzunicken.

HANNO: Wann schien Dir das? Am Morgen?

THRASYMACHUS: Nein, sondern unmittelbar nach der Mahlzeit.

HANNO: Damals schienen Dir aber vermutlich auch die Bäume zu gehen.

THRASYMACHUS: Wie der alles errät!

HANNO: [...] Doch Scherz beiseite, ich sehe nicht, wie Du von so vielen Schandtaten losgesprochen werden kannst, außer Du begibst Dich nach Rom.

THRASYMACHUS: O nein, ich weiß einen kürzeren Weg.

HANNO: Welchen?

THRASYMACHUS: Ich werde zu den Dominikanern gehen. Dort will ich mit den Beichtvätern ein wenig verhandeln.

HANNO: Auch wegen der Kirchenschändungen?

THRASYMACHUS: Auch wenn ich Christus selbst beraubt und ihn enthauptet hätte; sie haben derart bedeutende Ablässe und die Gewalt nachzulassen.

HANNO: Welchen Priester wirst Du Dir aussuchen?

THRASYMACHUS: Den, bei dem ich merke, daß er möglichst wenig Charakter und ein gutes Gewissen hat. [...] Mir genügt es, wenn ich glaube, losgesprochen zu sein.

HANNO: Doch Du glaubst daran mit Gefahr für Dich. Vielleicht wird es Gott, in dessen Schuld Du stehst, nicht genügen.

In seinen *Colloquia* wählt Erasmus, der Liebhaber des geselligen Beisammenseins, gleich mehrfach ein Gastmahl als äußeren Rahmen des Gesprächs.

Die Unterhaltung »Das geistliche Gastmahl« ist wohl das längste Gespräch in der Sammlung überhaupt. Dieses kleine Zehn-Personen-Stück veranschaulicht Erasmus' Bestreben, die Heilige Schrift mit der antiken Weisheit in Einklang zu bringen. Die besten Autoren des Altertums haben bewundernswerte natürliche Tugenden kultiviert und uns eine tiefgründige und dennoch leicht zugängliche Kultur hinterlassen. Die Christen sollen das Nachahmenswerte dieser Kultur aufnehmen und sich nicht wie geistige Emporkömmlinge verhalten!

Alles an dieser Unterhaltung ist vollkommene Ruhe: sowohl das äußere Geschehen wie auch das eigentliche Gespräch. Als Vorbild für das Haus und den Garten, die Erasmus darin beschreibt, mag der Besitz seines Freundes und Druckers Johann Froben gedient haben. Der herrliche, durch und durch idyllische Aufenthaltsort scheint wie geschaffen für einen offenen und heiteren Gedankenaustausch über die Vollkommenheit des Evangeliums. Eingebettet in diesen Rahmen, spinnt sich ein Gespräch von hohem geistigem Niveau an, dem Mythologie, Geschichte und Theologie immer wieder neue Nahrung geben. In einer kontinuierlichen Steigerung handelt das Gespräch von den Schönheiten der Natur und der Kunst, den Freuden der Freundschaft und der Meditation und schließlich von den Lehren Platons und der Philosophie Christi.

Erasmus zeigt sich im Gespräch »Das geistliche Gastmahl« als ein ebenso differenzierter wie unbestechlicher Kritiker der Welt. Darüber hinaus verarbeitet er die Ergebnisse seiner Bibelstudien, um sie für die Bekehrung der Seelen nutzbar zu machen. Der Herausgeber des Neuen Testamentes ist selbst ein Apostel, der allen Christen den direkten, täglichen Umgang mit der Frohen Botschaft ans Herz legt.

Doch hören wir Eusebius, die Hauptgestalt des Gesprächs. »Im Gegenteil, nicht was fromm ist und zu guten Sitten beiträgt, soll man heidnisch nennen. Der Heiligen Schrift gebührt zwar überall das höchste Ansehen, gleichwohl stoße ich bisweilen teils auf Aussprüche der Alten, teils auf Schriften der Heiden, auch von Dichtern, die so rein, so ehrwürdig und so vortrefflich sind, daß ich nicht glauben kann, daß ihren Verstand, als sie das schrieben, nicht irgendein gutes Wesen lenkte. Und vielleicht ergießt sich der Geist Christi weiter, als wir zu erkennen meinen. Auch in der Gemeinschaft der Heiligen gibt es viele, die bei uns in keinem Verzeichnis aufscheinen. Ich bekenne bei Freunden meine Neigung: Ich kann Ciceros Schriften über das Alter, über die Freundschaft, über die Pflichten oder die Tuskulanischen Disputationen nicht lesen, ohne daß ich das Buch mehr als einmal küßte und vor jenem ehrwürdigen, von einem himmlischen Wesen angehauchten Verstand Achtung hätte. Wenn ich dagegen einige der neueren Schriftsteller lese, die über den Staat, die Haushaltung, die Sitten Belehrungen erteilen – behüte Gott, wie sind die trocken im Vergleich zu jenen, fast als würden sie selbst nicht glauben, was sie schreiben, so daß ich es leichter ertrüge, wenn der ganze Scotus mit einigen seinesgleichen verlorenginge als allein die Schriften Ciceros oder Plutarchs.«[5] Und Nephalius antwortet ihm: »Wenn ich daher derartiges von solchen Männern lese, kann ich mich kaum enthalten zu sagen: Heiliger Sokrates, bitte für uns!«

Für Erasmus ist der vollendete Mensch der klassisch gebildete Christ, der das Evangelium ganz in sich aufgenommen hat. Das Wort Gottes ist süß und schrecklich zugleich, es ist Trost und Herausforderung.

Mitunter gibt Erasmus den Zensoren selbst die Waffe in die Hand. So erscheint mit der Ausgabe von 1522 unter dem Titel »Von leichtfertigen Gelübden« ein Dialog, in dem er das Pilgerwesen verspottet. Von einem verstorbenen Pilger heißt es, er trage einen ganzen Sack von Ablaßbriefen mit sich herum, die ihm das Tor zum Himmel öffnen sollen. Sollte der lateinische Wortlaut der Briefe von den Engeln nicht verstanden werden, müsse er nach Rom zurückkehren und sich dort andere Ablaßbriefe besorgen. Kein Wunder, daß der Karmeliter Nicolaus Egmondanus die *Colloquia* bald nach ihrer Veröffentlichung als ketzerische Schriften verdammt. Erasmus setzt sich energisch zur Wehr. Schon im Juli wendet er sich an Jodokus Laurens, den Präsidenten des Großen Rates von Mecheln, an den Kanzler Van der Noot und an die Theologische Fakultät von Löwen. Egmondanus' Vorwürfe weist er entschieden zurück: Daraus spreche nur Haß auf den Verfasser und auf das Studium der Literatur. In seinem Schreiben an die Theologische Fakultät erläutert er seine Haltung: »Ich verurteile die Ablässe nicht, obwohl man sie bisher zu nachsichtig betrachtet hat.« Seine Stellungnahme kann die orthodoxen Sittenwächter in Löwen und Paris nicht beschwichtigen. Bei ihnen stößt Erasmus auf Unverständnis, wenn er in satirischer Form das Wesentliche hervorhebt und das Nebensächliche verspottet.

Die Unterhaltung »Tugendspiegel der Jugend« verarbeitet pädagogische Grundsätze des John Colet und zeichnet das Porträt eines vorbildlichen Jungen. Der fromme Kaspar betet zu Hause, unterwegs und in der Kirche. Er empfängt die Sakramente und bemüht sich um ein gottgefälliges Leben, ohne dabei abergläubisch zu werden. Schon sein erster Gedanke nach dem Erwachen gilt Gott. »Ich danke ihm«, sagt er, »daß er mich in der vergangenen Nacht gnädig behütet hat, ich bitte ihn, daß er mich zu seiner Ehre und zu meiner Seele Seligkeit auch den Tag über unter seinen Schutz nehme. Er ist das wahre Licht, das nicht untergeht, und die ewige Sonne, er belebt, erhält und erfreut alles. Darum möge er meinen Verstand erleuchten, damit ich keine Sünde begehe, sondern unter seiner Leitung zum ewigen Leben gelange.«

Während der Messe gedenkt Kaspar des Erlösers, der für die Menschen den Opfertod gestorben ist. »Ich danke Jesus Christus dafür, daß er in seiner unaussprechlichen Liebe das Menschengeschlecht durch seinen Tod erlöst hat; ich bitte, daß er sein hochheiliges Blut auch an mir nicht vergeblich vergossen sein lasse, sondern daß er meine Seele mit seinem Leib speise und meinen Geist mit seinem Blut lebendig mache, damit ich mit zunehmendem Alter in der Tugend wachse und ein würdiges Glied am mystischen Leib der Kirche werde; daß ich nie abfalle von jenem heiligen Bund, den er beim letzten Abendmahl durch das Brotbrechen und das Darreichen des Kelches mit seinen auserwählten Jüngern stiftete, und durch sie mit allen, die durch die Taufe aufgenommen sind in die Gemeinschaft mit ihm.«

Wie man sieht, leiten sich die Bitten des Knaben geradlinig aus reinster christlicher Tradition her.

Die Ausgabe der *Colloquia* von 1522 ist im Hinblick auf spätere von grundlegender Bedeutung. An den Formeln wird sich nichts mehr ändern, während Erasmus die Unterhaltungen weiterentwickelt. Aus einem einfachen Schulbuch ist eine Sammlung von Reflexionen geworden, die sich vornehmlich an Erwachsene richten – darin liegt das Erfolgsgeheimnis der *Colloquia*. Erasmus überarbeitet jede Neuauflage hingebungsvoll. Bis zum Ende seines arbeitsreichen Lebens feilt er an den einzelnen Gesprächen und formuliert mit Witz und Ironie weitere. Letztlich ist die Geschichte der *Colloquia* die Lebensgeschichte ihres Verfassers, und sie besteht aus immer neuen Ausgaben, Übersetzungen, Nachahmungen, Zensierungen, Korrekturen und Apologien!

Aus einem pädagogischen Buch ist ein satirisches, ja polemisches Werk geworden. Alle bedeutenden Anliegen des Verfassers kommen darin zum Ausdruck, sogar die Philosophie und die Theologie bindet er sehr einfallsreich mit ein. Mit spielerischer Leichtigkeit stellt er anhand kleiner Alltagskonflikte die großen Probleme der Bildung, der Moral und der Religion dar: Das Buch lehrt die Kunst des Lebens und des Sterbens. Seine Themen bezieht er ebenso aus dem aktuellen Geschehen wie aus der Geschichte. Die *Colloquia* unterhalten die Leser, aber mit Realität, nicht mit Fiktion. Erasmus führt uns das Leben der einzelnen Figuren vor Augen, wir belauschen die Gespräche von Reisenden, Gastwirten, Soldaten, Bettlern, Bürgern, Mönchen, Frauen und Kindern. Holbein hat *Das Lob der Torheit* illustriert. Es wäre schön gewesen, wenn sich Bruegel, den man zu Recht oft mit Holbein verglichen hat, von den *Colloquia* zu einem Gemälde hätte anregen lassen.

Die Ausgabe der *Colloquia,* die im August 1523 erscheint, umfaßt zehn neue Gespräche. Im Dialog »Gasthäuser« verarbeitet Erasmus seine Erfahrungen als Reisender. Er hat die Alpen zu Pferd überquert und kennt die Unterschiede zwischen den Herbergen in Frankreich und Deutschland. Die vielen erfreulichen oder unangenehmen Erinnerungen an die Reisen schlagen sich in seinen Werken als amüsante Episoden nieder. Wir erinnern uns, daß er sein *Lob der Torheit* auf dem Rücken eines Pferdes entworfen hat. Dem wißbegierigen Menschen und aufmerksamen Beobachter Erasmus entgeht keine komische Situation. Sein Werk ist zugleich ein Dokument der Alltagsgeschichte. Wir erfahren von seinem Abscheu vor den deutschen Öfen und lernen die Speisenfolge in einem Wirtshaus des 16. Jahrhunderts kennen. Auffallend ist der Kontrast zwischen dem freundlichen Wesen der Franzosen und den bäuerlich-rüden Sitten der Deutschen. Diese Gegenüberstellung finden wir noch bei vielen Schriftstellern nach ihm.

BERTULF: Wie kommt es nur, daß die meisten Reisenden sich zwei oder drei Tage in Lyon aufhalten? […]

WILHELM: Weil das der Ort ist, von dem sich nicht einmal die Gefährten des Odysseus hätten losreißen können; dort gibt es in der Tat Sirenen. Niemand ist zu Hause besser versorgt als dort in den Gasthöfen.

BERTULF: Wieso?

WILHELM: Bei Tisch war immer ein weibliches Wesen zugegen, das die Tafel mit seiner Anmut und mit seinen kurzweiligen Reden erheiterte. Und man findet dort wundervoll gewachsene Frauen. Zuerst trat die Hausfrau herzu, begrüßte uns und hieß uns vergnügt sein und gut aufnehmen, was aufgetragen würde. Nach ihr kam die Tochter, ein entzückendes Mädchen, in Benehmen und Reden so holdselig, daß selbst der ernste Cato seine Freude an ihr gehabt hätte. Sie unterhielten sich mit uns nicht wie mit unbekannten Fremdlingen, sondern wie wenn wir längst mit ihnen bekannt und vertraut wären.

BERTULF: Daran erkennt man die feine Lebensart der Franzosen. […] Wie war denn die Tafel bestellt? Vom Plaudern allein wird der Magen nicht satt.

WILHELM: Geradezu erstklassig! Ich wundere mich nur, wie sie die Fremden so billig aufnehmen können. Nach Tisch unterhalten sie einen mit launigen Reden, daß schon gar keine schlechte Stimmung aufkommen kann. [...]

BERTULF: Wie sieht es mit den Schlafräumen dort aus?

WILHELM: Auch dort traf man stets auf einige lachende, schäkernde, übermütige Mädchen. Ungefragt erkundigten sie sich, ob wir schmutzige Wäsche hätten, wuschen sie und brachten sie rein zurück. Was soll ich mehr sagen? Überall sah man nur Mädchen und Frauen, ausgenommen im Stall, obschon diese Mädchen nicht selten auch dort auftauchten. Reist man ab, so umarmen sie einen und entlassen einen so herzlich, als wären es lauter Brüder oder nahe Verwandte.

BERTULF: Zu den Franzosen mag das passen; mir gefallen die deutschen Sitten besser, weil sie männlicher sind. [...] Ob es überall dasselbe ist, weiß ich nicht; ich kann nur erzählen, was ich selber erlebt habe. Wenn man ankommt, begrüßt einen kein Mensch, damit ja nicht der Eindruck erweckt werde, als ob ihnen an Gästen etwas gelegen sei. Das halten sie nämlich für schmutzig, kriecherisch und unvereinbar mit der deutschen Ernsthaftigkeit. Wenn du lange gerufen hast, streckt endlich einer den Kopf aus dem Fensterchen der Wärmestube heraus – denn in diesen Stuben hausen sie fast bis zur Sommerwende –, es ist, als schöbe eine Schildkröte ihren Kopf aus ihrem Panzer hervor. [...] Ist es ein besuchteres Gasthaus, so zeigt Dir ein Hausknecht den Stall und auch einen herzlich unbequemen Platz für Dein Pferd. [...] Machst Du Einwendungen, dann heißt es gleich: ›Wenn's Euch nicht paßt, sucht Euch was anderes.‹ [...] Triffst Du mittags um vier Uhr ein, so kommst Du doch nicht vor neun Uhr zum Nachtessen, mitunter wird's auch zehn Uhr.

WILHELM: Weshalb das?

BERTULF: Sie tischen nicht auf, bevor offensichtlich niemand mehr zu erwarten ist, damit alle auf einmal abgefertigt werden können.

WILHELM: Sie scheinen mir sehr auf ihren Vorteil aus.

[...]

BERTULF: Bei alledem gilt es für unschicklich, irgendeinen Wunsch zu äußern. Erst wenn es schon spät am Abend ist, erscheint ein alter Graubart, mit geschorenem Kopf, mürrischem Gesicht und in schmutzigen Kleidern. Er läßt die Augen herumgehen und zählt stillschweigend ab, wie viele Leute in der Wärmestube sind. Je mehr er vorfindet, um so kräftiger wird der Ofen geheizt, selbst wenn die Sonnenhitze schon lästig ist. Es gilt bei ihnen als Inbegriff guter Behandlung, wenn alle von Schweiß triefen.

WILHELM: Ich halte meinerseits nichts für gefährlicher, als wenn so viele Menschen dieselbe verbrauchte Luft einatmen und wenn sie an einem solchen Ort essen und mehrere Stunden zubringen. Von den Knoblauchrülpsern, Leibeswinden und übelriechenden Ausdünstungen will ich gar nicht reden; aber wie viele gibt es, die an geheimen Krankheiten leiden, und jede Krankheit ist irgendwie ansteckend. Gewiß haben viele die spanische, oder wie andere sie nennen, die französische Seuche, die ja freilich unter allen Nationen verbreitet ist. Von ihr droht meiner Meinung nach kaum eine geringere Gefahr als vom Aussatz. Welche Gefahren die Pest mit sich bringt, kannst Du Dir selbst ausmalen.

BERTULF: Die Deutschen sind tapfere Leute, die über all das lachen und sich nichts daraus machen.

WILHELM: Aber inzwischen bilden diese tapferen Leute für viele eine Gefahr.

BERTULF: Was willst Du machen? Sie sind es so gewohnt, und Starrköpfe weichen vom Herkommen nicht ab.

WILHELM: Vor fünfundzwanzig Jahren war in Brabant nichts so im Schwang wie die öffentlichen Bäder: heute stehen sie überall leer. Die neue Seuche hat uns nämlich gelehrt, auf sie zu verzichten.

Noch bissiger ist der Dialog »Der Schiffbruch«, in dem Erasmus uns Seeleute und Passagiere in einem schweren Sturm vorführt. Die Schiffbrüchigen versuchen, die Gefahr durch groteske Gelübde und Anrufungen der Muttergottes und der Heiligen abzuwenden. Sie versprechen reichen Schmuck für ihre Heiligtümer, wenn sie mit dem Leben davonkommen. Nur eine Frau schreit und weint nicht. Sie hält ihr Kind fest im Arm und betet still vor sich hin. Der Erzähler hebt hervor, daß er selbst sich zu keinem absurden Versprechen an die Heiligen habe hinreißen lassen. »Ich wandte mich geradewegs an den Vater selbst und betete ein Vaterunser. Von den Heiligen hört doch keiner so gut wie er, und keiner gewährt lieber, um was man bittet.«

Allein in dieser Ausgabe geht es in vier Dialogen um die Frauen und die Ehe. Die Frau hat in Erasmus' Denken einen bedeutenden Stellenwert, von der Dirne, dem Mädchen im heiratsfähigen Alter, der unglücklich Verheirateten, der vorbildlichen Gattin bis hin zur Nonne.[6] Unglückliche Verbindungen und heimlich geschlossene Ehen beklagt er ebenso wie den erzwungenen Eintritt ins Kloster.

Wer Erasmus kennt und die *Colloquia* liest, stellt fest, daß sich seine Haltung zur Ehe verändert hat. Der Humanist hat die platonische Trennung von Körper und Geist überwunden und zeigt mehr Aufgeschlossenheit für die Rolle der Sexualität im Leben seiner Zeitgenossen.

Die lebendigste Unterhaltung zum Thema Ehe ist unbestreitbar der Dialog »Der Freier und das Mädchen«. In dem Stück tritt ein verliebter Jüngling auf, der seine zögernde Angebetete zu einer raschen Heirat überreden will. Der Dialog ist allein schon deshalb interessant, weil er die Entwicklung in der Praxis der Eheschließung dokumentiert. Zu Erasmus' Zeit besitzt eine Ehe auch dann Gültigkeit, wenn sie ohne elterliches Einverständnis und kirchliches Aufgebot geschlossen wurde. Das Konzil von Trient ändert die Rechtslage, ohne daß dadurch die freie Entscheidung der Verlobten beeinträchtigt wird. Erasmus hält nicht viel von dem Argument, Liebe kenne kein Gesetz. Wie Rabelais lehnt er es ab, daß Menschen heiraten, die nicht zueinander passen, weil eine solche Verbindung eine Quelle beständiger Zwietracht sei. Das elterliche Einverständnis ist für ihn deshalb von Bedeutung, weil es vor der übereilten Entscheidung schützt. Die Ehe ist zu wichtig, als daß sie unüberlegt geschlossen werden darf! Der Dialog wurde von den Zensoren heftig kritisiert; Erasmus läßt darin nur allzu deutlich durchblicken, daß er von der Ehe mehr hält als vom Zölibat.

PAMPHILUS: Dann fordere die Rachegöttin nicht heraus und liebe den wieder, der Dich liebt.

MARIA: Wenn es damit getan ist, dann will ich Deine Liebe erwidern.

PAMPHILUS: Ich möchte aber, daß diese Liebe ewig währe; denn ich werbe ja um eine Gattin, nicht um eine Freundin.

MARIA: Das ist mir schon lange klar. Aber es gibt da noch viel zu überlegen; denn wenn es einmal geschehen ist, kann man es nicht wieder rückgängig machen.

PAMPHILUS: Von mir aus ist das alles eher schon zu lange überlegt.

MARIA: Hüte Dich davor, daß Dir die Liebe keinen Streich spielt; denn sie ist nicht die beste Ratgeberin. Man sagt ja, sie sei blind.

PAMPHILUS: Nein, sie ist sehend, wenn sie aus klarer Erkenntnis erwächst. Ich mache mir nicht irgendein Bild von Dir, das ich liebe, sondern ich liebe Dich, weil ich Dich durch und durch kenne.

MARIA: Dann sieh Dich nur vor, daß Du mich auch gründlich genug kennengelernt hast. Du mußt den Schuh erst anprobiert haben, um zu wissen, wo er drückt.

PAMPHILUS: Wer wagt, gewinnt. Zudem habe ich viele Anzeichen dafür, daß es gutgehen wird. [...] Das, mein Stern, sind die Vogelzeichen, die mir verheißen, daß wir eine glückliche, beständige, sonnige und ungetrübte Ehe miteinander führen werden, sofern nur Du nicht ein abweisendes Liedlein dagegen singst.

MARIA: Was für ein Liedlein möchtest Du denn hören?

PAMPHILUS: Ich will es Dir vorsingen: »Ich bin Dein.« Nun sing auch Du: »Ich bin Dein.«

MARIA: Das ist freilich ein kurzes Liedlein, es hat aber einen langen Nachklang.

Zum gleichen Themenkreis gehört auch der Dialog »Der Hausdrachen, oder: die Ehe«. Wie sein Freund Vives hat sich Erasmus oft mit den Problemen einer christlichen Ehe beschäftigt. Seine Doktrin ist einfach. Als Theologe, der den Laien zur Frömmigkeit aufruft, fühlt er sich auch dazu verpflichtet, die besondere Würde des Ehestandes hervorzuheben. Mit dieser Aufwertung und mit anderen Gedanken nimmt Erasmus die *Introduction à la vie dévote* (Einführung in das fromme Leben) des heiligen François de Sales vorweg. Erasmus ist Feminist, weil er Humanist und Christ ist.

Während seine kleine Abhandlung zur Ehe kein besonderes Echo fand, haben die *Colloquia* über dieses Thema rasch Erfolg. Belehrende Erzählungen in unterhaltsamer Einkleidung stehen eben höher in der Publikumsgunst als Abhandlungen ohne Unterhaltungswert. Erasmus ist natürlich kein Feminist im Sinne einer Anna Eleanor Roosevelt oder einer Simone de Beauvoir. Er untersucht weder systematisch die Stellung der Frau, noch entwickelt er eine Theorie des anderen Geschlechts. Er vertritt ein pädagogisches Konzept, in dem auch die Frau an den Errungenschaften der humanistischen Studien teilhat. Wenn das gewährleistet ist, werden sich weitere Fortschritte von selbst ergeben. Seine Sicht ist von der christlichen Moral bestimmt: Die Ehe ist ein Faktum, und sie gehört untrennbar zum gesellschaftlichen Aufstieg der Frau. Den unglücklich verheirateten Frauen rät Erasmus freilich nur, ihr Los auf diplomatischem Weg zu verbessern.

Für Erasmus ist die Ehe gleichsam die natürliche Rahmenbedingung für das Leben von Mann und Frau: Es hat keinen Sinn, wenn man sich über seine Ehe beklagt, man muß sich in sie fügen. Wir finden hier ein zentrales Anliegen der Sittenlehre des Erasmus wieder: die Eintracht. Erasmus fordert Eintracht zwischen den Nationen, den Kirchen, den theologischen Schulen und selbst zwischen den Eheleuten! Die Gatten müssen beide guten Willens sein und sich um gegenseitiges Verständnis bemühen. In der unglücklichen Ehe liegt die Schuld bei beiden Partnern, aber es ist die Aufgabe der Frau, ihren Mann für sich zu gewinnen oder zurückzuerobern!

Erasmus nennt die klagende Ehefrau im Dialog »Der Hausdrachen, oder: die Ehe«, dessen lateinischer Originaltitel die Heldin übrigens keineswegs so eindeutig qualifiziert, nach der nörgelnden Frau des Sokrates Xantippe. Vielleicht wollte er damit diesen berüchtigten Namen rehabilitieren, aber auf jeden Fall knüpft er an bekannte Vorurteile gegen das schwache Geschlecht an. Tatsächlich ist dieses *Colloquium* nicht ganz frei von den Klischees einer bürgerlichen Posse. Der eingefleischte Junggeselle Erasmus scheint mit Frauen wenig Erfahrung zu haben.

EULALIA: Sei vielmals gegrüßt, meine vielliebe Xantippe.

XANTIPPE: Ganz meinerseits, teuerste Eulalia. Du kommst mir hübscher vor als sonst.

EULALIA: Empfängst Du mich auf diese Weise mit einer Spitze?

XANTIPPE: Keineswegs, sondern das ist wirklich mein Eindruck.

EULALIA: Vielleicht schmeichelt das neue Kleid der Gestalt.

XANTIPPE: Du hast es erraten. Ich habe schon lange nichts Eleganteres gesehen. Ich vermute, daß es ein englisches Tuch ist.

EULALIA: Es ist englische Wolle, die in Venedig gefärbt wurde.

XANTIPPE: Sie ist weicher als Batist. Doch was für eine freundliche Purpurfarbe! Woher hast Du so ein herrliches Geschenk?

EULALIA: Ziemt es sich für ehrbare Frauen, anderswoher etwas anzunehmen als von ihren Männern?

XANTIPPE: O Du Glückliche, der so ein Gemahl zuteil geworden ist! Doch ich mußte einen Dummkopf nehmen, als ich meinen Nikolaus nahm.

EULALIA: Wieso das, ich bitte Dich? Vertragt ihr euch schon so schlecht?

XANTIPPE: Mit einem solchen Kerl wird man sich niemals vertragen. Schau, wie lumpig ich daherkomme. So läßt er seine Frau herumlaufen. Fürwahr, ich schäme mich auszugehen, wenn ich sehe, wie gepflegt andere sind, die viel ärmere Männer haben.

EULALIA: Der Schmuck der Frauen liegt […] nicht in den Kleidern […], sondern in einem züchtigen und sittsamen Benehmen und in den Vorzügen des Geistes. Den Huren erweisen die Blicke vieler die Ehre. Für uns ist es genug Ehre, wenn wir nur dem Gatten gefallen.

XANTIPPE: Doch unterdessen verjubelt jener gute Mann, der so sparsam gegenüber der Frau ist, tapfer die reichliche Mitgift, die er durch mich bekommen hat.

EULALIA: Womit denn?

XANTIPPE: Womit es ihm gerade gefällt: mit Saufen, Huren, Spielen.

EULALIA: Nur gemach!

XANTIPPE: Es ist aber so. Wenn ich lange auf ihn gewartet habe, kommt er spät in der Nacht mit einem Rausch heim, schnarcht die ganze Nacht und bespeit bisweilen das Bett, um von allem anderen zu schweigen.

EULALIA: Still, Du machst Dich selber schlecht, wenn Du Deinen Mann schlechtmachst.

XANTIPPE: Ich soll tot umfallen, wenn ich nicht lieber mit einer Sau schliefe als mit einem solchen Mann.

EULALIA: Empfängst Du ihn dann mit Vorwürfen?

XANTIPPE: So, wie er es verdient. Er merkt jedenfalls, daß ich nicht stumm bin.

EULALIA: Was tut er darauf?

XANTIPPE: Zunächst schreit er mich aufs wildeste an, im Glauben, er könne mich mit wilden Worten in die Flucht schlagen.

EULALIA: Ist das Gezänk niemals in Schlägereien ausgeartet?

XANTIPPE: Einmal bloß ist die Erbitterung auf beiden Seiten so heftig geworden, daß nur sehr wenig gefehlt hat, und es wäre zu Tätlichkeiten gekommen.

EULALIA: Was höre ich?

XANTIPPE: Er schwang einen Prügel, brüllte wild dabei und drohte schrecklich.

EULALIA: Hast Du Dich nicht gefürchtet?

XANTIPPE: Im Gegenteil, ich packte einen Stuhl. Wenn er mich nur mit dem Finger berührt hätte, hätte er gemerkt, daß auch ich Hände habe.

EULALIA: Ein neuartiger Schild. Hattest Du keinen Spinnrocken als Lanze?

XANTIPPE: Er hätte gemerkt, daß er es mit einer wehrhaften Frau zu tun hat.

EULALIA: Liebe Xantippe, gestattest Du, daß ich offen mit Dir rede?

XANTIPPE: Bitte schön.

EULALIA: Wie immer auch Dein Mann sein mag, denke daran, daß Du nicht das Recht hast, ihn zu wechseln. Früher gab es bei unheilbaren Zwistigkeiten als letztes Mittel die Scheidung. Heutzutage ist das völlig aufgehoben, und er muß bis zum letzten Tag des Lebens Dein Mann sein und Du seine Frau.

XANTIPPE: Der Himmel möge die strafen, die uns dieses Recht genommen haben.

EULALIA: Langsam: Christus gefiel es so.

XANTIPPE: Das kann ich nicht glauben.

EULALIA: Aber es ist so. Jetzt bleibt nichts anderes übrig, als daß sich jeder den Sitten und der Eigenart des anderen anpaßt und daß ihr euch um Eintracht bemüht.

XANTIPPE: Kann ich aus ihm einen anderen Menschen machen?

EULALIA: Es hängt nicht wenig von den Frauen ab, wie die Männer sind.

XANTIPPE: Verträgst Du Dich mit Deinem Mann gut?

EULALIA: Jetzt herrscht völlige Ruhe.

XANTIPPE: Gab es also anfangs auch Aufregungen?

EULALIA: Einen richtigen Sturm hat es niemals gegeben, aber bisweilen zogen doch, wie es unter Menschen vorkommt, manche kleine Wolken auf, aus denen ein Sturm hätte entstehen können, wenn dem nicht durch kluges Verhalten vorgebeugt worden wäre. Jeder hat seine Eigenart und seine persönlichen Ansichten. Und wenn wir die Wahrheit bekennen wollen: Jeder hat seine Fehler, die man, wenn irgendwo, dann sicherlich in der Ehe kennen soll, aber nicht hassen.

XANTIPPE: Der Hinweis ist richtig.

EULALIA: Es kommt aber häufig vor, daß das gegenseitige Wohlwollen unter Ehemann und Ehefrau dahin ist, bevor einer dem anderen hinreichend bekannt ist. Davor soll man sich in erster Linie hüten. Wenn nämlich einmal ein gespanntes Verhältnis entstanden ist, wird das gute Einvernehmen nur mühselig wiederhergestellt, besonders wenn es zu heftigen Vorwürfen gekommen ist. Was frisch geleimt ist, geht leicht auseinander, wenn man daran rüttelt, aber wenn der Leim einmal getrocknet ist, hält nichts fester. Deswegen soll man am Anfang alles tun, daß zwischen Mann und Frau das Wohlwollen Wurzel faßt und kräftig wird. Das geschieht am meisten durch Nachgiebigkeit und Anpassung, denn das Wohlwollen, das allein das angenehme Aussehen erwirbt, ist in der Regel von kurzer Dauer.

XANTIPPE: Aber sage mir doch bitte, mit welchen Mitteln Du Deinen Mann zu Deinen Auffassungen bekehrt hast.

EULALIA: Meine erste Sorge war, in allem dem Mann angenehm zu sein, damit es nichts gibt, woran er Anstoß nimmt. [Ich tat,] wie es die zu tun pflegen, die Elefanten und Löwen zähmen oder ähnliche Tiere, die man nicht mit Gewalt bändigen kann.

XANTIPPE: Ein solches Tier habe ich zu Hause.

EULALIA: Auch wer mit Pferden zu tun hat, hat Laute, ein Schnalzen, Streicheln und anderes, womit er sie, wenn sie ungebärdig sind, besänftigt. Um wieviel mehr steht es uns an, diese Mittel unseren Männern gegenüber anzuwenden, mit denen wir, ob wir wollen oder nicht, für das ganze Leben Dach und Bett gemeinsam haben? [So] ziemt es sich für die Hausfrau, sich nach der Stimmung des Mannes zu richten, und sie sei nicht ausgelassen, wenn jener betrübt ist, oder heiter, wenn er erregt ist. Wenn mein Mann einmal erregt war, so besänftigte ich ihn entweder durch ein freundliches Wort, oder ich fügte mich mit Stillschweigen in seinen Zorn, bis dieser abgekühlt war und sich die Gelegenheit zu einer Entschuldigung oder Ermahnung bot. Das gleiche machte ich, wenn er gelegentlich heimkam und über den Durst getrunken hatte. Auch bei einer solchen Gelegenheit sagte ich ihm nur Angenehmes und brachte ihn ausschließlich mit Liebkosungen ins Bett.

XANTIPPE: Das Los der Frauen ist aber unglückselig, wenn sie Zornigen, Betrunkenen oder Mutwilligen nur willfährig sein müssen.

EULALIA: Als ob es nicht ein gegenseitiges Willfahren wäre. Auch jene sind gezwungen, vieles an unserem Benehmen zu ertragen. Gleichwohl gibt es Augenblicke, wo die Frau das Recht hat, den Mann ernsthaft zu ermahnen, wenn es etwas Gewichtiges ist; bei etwas Geringfügigem ist es freilich besser, ein Auge zuzudrücken.

XANTIPPE: Was soll das heißen?

EULALIA: Wenn er frei von Sorgen ist, dann muß man ihn – ohne alle Zeugen – freundlich ermahnen oder vielmehr bitten, daß er in dem oder jenem besser auf seinen Besitz, seinen Ruf oder seine Gesundheit bedacht sei. Und sogar ein derartiges Mahnwort muß man mit humoristischen Bemerkungen und Scherzen garnieren. [...] Sobald ich ihm das vor Augen gestellt habe, was ich will, breche ich das Gespräch ab und gehe zu angenehmeren Dingen über. Es ist nämlich im allgemeinen unser Fehler, liebe Xantippe, daß wir, wenn wir einmal zu reden begonnen haben, kein Ende finden können.

XANTIPPE: Man sagt so. [...] Das muß eine Philosophin sein, die das zusammenbringt.

EULALIA: Schließlich sage mir, gibt es nicht Leute, die Dir schlecht gesinnt sind?

XANTIPPE: Ich habe eine Stiefmutter, wie sie im Buche steht, außerdem eine Schwiegermutter, die ihr sehr ähnlich ist.

EULALIA: Sie sind Dir so übel gesinnt?

XANTIPPE: Sie wünschen mir den Tod an den Hals.

EULALIA: So laß Dir auch diese in den Sinn kommen. Was könntest Du ihnen denn Angenehmeres tun, als daß sie Dich von Deinem Mann getrennt ein Leben als Witwe, ja als noch etwas Ärgeres führen sähen; denn eine Witwe kann ja heiraten.

XANTIPPE: Glaubst Du, daß ich Erfolg haben werde, wenn ich es versuche?

EULALIA: Garantiert! Schau, wie ich es gemacht habe! Ich will inzwischen zu Deinem Mann gehen und auch ihn an seine Pflicht erinnern.

222

XANTIPPE: Den Entschluß lobe ich, aber gib acht, daß er nichts merkt, sonst würde er das Oberste zuunterst kehren, Himmel und Hölle durcheinanderbringen.

EULALIA: Habe keine Sorge. Ich werde meine Rede durch Weitschweifigkeit so einrichten, daß er mir selbst erzählt, welche Unwetter es zwischen euch gibt. Wenn er das getan hat, werde ich ihn nach meiner Art aufs liebenswürdigste behandeln und ihn Dir, wie ich hoffe, angenehm übergeben. Von Dir will ich ihm, wenn sich die Gelegenheit bietet, vorflunkern, wie lieb Du über ihn gesprochen hast.

Der Dialog mit dem Titel »Der Jüngling und die Hure« lehnt sich an die alte Legende von der Bekehrung der Sünderin Thaïs an. Lange vor Anatole France und in einer ganz anderen Deutung hat Erasmus das aus dem Mittelalter stammende fromme Exemplum aktualisiert. In dem Dialog tritt der Jüngling Sophronius auf, der als Bekehrter zum Bekehrenden wird. Lucretia, ein gefallenes Mädchen, erkennt Sophronius als einen ihrer Lieblingskunden. Sie diskutiert mit ihm über den Glauben und läßt sich überzeugen. Kennzeichnend für diesen Dialog sind sein verhaltener Moralismus und die lebensechte Darstellung der auftretenden Personen. Wenn Sophronius der Lucretia von Erasmus' Übersetzung des *Neuen Testamentes* berichtet, so spiegelt sich darin die Auffassung des Autors wider, daß alle, auch die Dirnen, an der Frohen Botschaft teilhaben sollen.

SOPHRONIUS: Laß die Späße beiseite und prüfe ernstlich die Sache selbst. Glaube mir, Lucretia, wer so viele Freunde hat, hat keinen Freund, denn die, die bei Dir verkehren, halten Dich nicht für eine Freundin, sondern eher für ein Nachtgeschirr. [...] Wenn Dich die Ansteckung jenes Aussatzes noch nicht erreicht hat, den man die Spanischen Pocken nennt, so wirst Du ihm doch nicht lange entrinnen können. Wenn es soweit ist, was gibt es dann Unglücklicheres als Dich, auch wenn es um das übrige, nämlich den Besitz und Ruf, gut stünde? Was wirst Du dann anderes sein als ein lebendiger Leichnam? Es fiel Dir schwer, der Mutter gehorsam zu sein: Jetzt dienst Du der schändlichsten Kupplerin. Es erfüllte Dich mit Widerwillen, die Ermahnungen des Vaters anzuhören: Hier mußt Du Dich oftmals von betrunkenen und tobenden Hurenhengsten schlagen lassen. Es verdroß Dich, daheim etwas zu arbeiten, um den Lebensunterhalt zu verdienen: Welchen Wirbel und welche Nachtwachen mußt Du hier aushalten!

LUCRETIA: Woher kommt uns dieser neue Prediger?

SOPHRONIUS: Tu mir den Gefallen und bedenke auch folgendes. Diese Blüte der Schönheit, die Dir die Liebhaber gewinnt, wird in Kürze abfallen. Was wirst Du dann tun, Du Bedauernswerte? Welcher Misthaufen wird verächtlicher sein als Du? Aus einer Hure wirst Du zu einer Kupplerin werden. Diese Stellung erreicht dabei gar nicht jede. Und wenn sie sie erreicht: Was gibt es Frevelhafteres, oder was ist der teuflischen Bosheit näher?

LUCRETIA: Fast alles, was Du sagst, ist wahr, mein lieber Sophronius. Aber woher kommt Dir diese neue Heiligkeit, wo Du doch gewöhnlich von allen Windbeuteln der windigste warst? Niemand kam häufiger und zu unpassenderer Zeit hierher als Du. Ich höre, Du seist in Rom gewesen.

SOPHRONIUS: Ja, ich war.

LUCRETIA: Aber von dort pflegen sie ärger zurückzukommen. Warum ist es Dir anders ergangen?

SOPHRONIUS: Ich will es Dir sagen: Weil ich nicht mit der gleichen Gesinnung und der gleichen Art nach Rom gezogen bin. Die anderen ziehen im allgemeinen deswegen nach Rom, damit sie ärger wiederkommen. Gelegenheiten dazu gibt es in reichlicher Fülle. Ich bin mit einem tugendhaften Mann gereist, auf dessen Aufforderung hin ich statt einer Weinflasche ein kleines Buch mit mir geführt habe, das *Neue Testament,* von Erasmus übersetzt.

LUCRETIA: Von Erasmus? Man sagt, er sei ein anderthalbfacher Ketzer.

SOPHRONIUS: Ist denn der Name dieses Mannes auch hierher gedrungen?

LUCRETIA: Niemand ist berühmter bei uns.

SOPHRONIUS: Hast Du den Menschen gesehen?

LUCRETIA: Niemals, aber ich wünschte ihn zu sehen, über den ich so viel Böses gehört habe.

SOPHRONIUS: Vielleicht von bösen Leuten.

LUCRETIA: Im Gegenteil, von ehrwürdigen Männern. […] Ich verdiene an jenen Bettelmönchen mehr als an euch Reichen.

Im Jahr 1524 veröffentlicht der Dominikaner Lambert Campester in Paris eine seltsame Fälschung der *Colloquia,* die den Originaltext böswillig entstellt. Campester hat alle Stellen, die ihm nicht rechtgläubig erschienen, gestrichen und das Werk seinen hoffnungslos rückständigen theologischen Ansichten entsprechend umgearbeitet.

Erasmus protestiert energisch und empört. »Solange dieses Büchlein nur Kindereien enthielt, stand es in erstaunlicher Gunst. Als ich nützliche Dinge hinzufügte, zog es sich die giftigen Bemerkungen von Verleumdern zu. Ein Theologe aus Löwen, kurzsichtig an Auge und mehr noch an Verstand, hat darin vier häretische Passagen entdeckt. Und nun widerfährt dem Werk noch ein anderes, ganz und gar wunderliches Abenteuer. Es ist in Paris gedruckt worden, und man hat einige Stellen, die Mönche, Gelübde, Wallfahrten und Ablässe betrafen, korrigiert, daß heißt verpfuscht. Der Verfasser ist derart einfältig und mit so viel Unkenntnis vorgegangen, daß er ein dahergelaufener Possenreißer scheint. Er katzbuckelt vor Frankreich, Paris, den Theologen, der Sorbonne und den Kollegien in den schmierigsten Worten, wie ein Bettler es nicht hätte besser tun können. Wo ich die Franzosen ein wenig kritisiert hatte, nannte er an ihrer Stelle die Engländer. Wo ich etwas gegen Paris gesagt habe, spricht er von London. Er legt mir garstige Worte in den Mund, um mich bei Leuten verhaßt zu machen, die mir zugetan sind. Daß es solche gibt, verträgt er nämlich nicht. Er streicht, fügt hinzu, ändert ab und benimmt sich wie ein Schwein, das sich im Schlamm suhlt und dann in Nachbars Garten herumtollt, um alles zu besudeln und auf den Kopf zu stellen. [...] Und veröffentlicht hat er das Ganze in Paris, wo es schon ein Risiko ist, das Evangelium ohne ausdrückliche Billigung der Theologen zu drucken.«

Die Erklärung ist mehr als nur ein Zornesausbruch. Wenn Erasmus entschieden die »Verbesserungen« des Fälschers zurückweist, ist das eine offene Herausforderung an die Kritiker; er scheut die Auseinandersetzung nicht. Schon bald bekommt er ihren Haß zu spüren.[7]

Zwischen 1524 und 1533 vergrößern sich Anzahl und Umfang der *Colloquia* weiter. In allen Gesprächen zeigt der Verfasser sein Können und seine Originalität. Besonders interessant ist der Dialog »Das Glaubensgericht«, der zu Beginn des Religionsstreites um Luther in versöhnlicher Absicht entstanden ist. Wir haben bereits gesehen, daß Erasmus mit dieser Unterredung den Versuch unternommen hat, die religiöse Eintracht durch eine Rückbesinnung auf das Wesentliche des Christentums wiederherzustellen. Im *Colloquium* »Altmännergespräch, oder: Das Fuhrwerk« prangert er die krankhaften Verirrungen der Frömmigkeit an. In dem Gespräch ist die Rede von einem Greis, der wegen einer Pilgerfahrt nach Jerusalem Frau und Kinder verläßt; er glaubt, er könne ohne diese Wallfahrt nicht in Frieden sterben. »Ein unfrommer-frommer Greis!« empört sich einer der Gesprächspartner, als er davon erfährt. Im *Colloquium* »Die Reichen Bettler oder die Franziskaner« bringt der Mönch Konrad Erasmus' Meinung zur Heiligenverehrung auf die treffende Formel: »Der verehrt die Heiligen am andächtigsten, der ihnen nachfolgt.« Für Frömmler, die sich einen Platz im Himmel dadurch zu sichern glauben, daß sie sich im Mönchsgewand beerdigen lassen, hat Erasmus nur Spott übrig. »Gott kennt die Taugenichtse ebensogut in einer Franziskanerkutte wie im bunten Rock.«

Der reizvolle Dialog »Der Abt und die gebildete Frau« verarbeitet Denkanstöße von zwei Freunden des Erasmus. Thomas Morus, dem anspruchsvollen Erzieher seiner Töchter, verdankt er die Einsicht, daß die Bildung der Ehefrau für die Erziehung der Kinder von großer Bedeutung ist. Wie Vives sieht es Erasmus gerne, wenn auch die Frau eine umfassende Bildung genießt. Magdalia, die weibliche Hauptfigur, ist keine *femme savante,* wie sie Molière mehr als ein Jahrhundert später auf die Bühne bringen wird. Sie ist ebensowenig eine Adelige, sondern eine bürgerliche Frau mit Verstand, verfeinerten Sitten und Bildung. So besiegt sie in einem Rededuell denn auch mühelos ihren Kontrahenten: Der dicke und fröhliche Abt Antronius interessiert sich nur für gutes Essen und Trinken, und weder liest er selbst, noch gefällt es ihm, wenn seine Mönche ein Buch in die Hand nehmen. Hinter seiner fröhlichen Fassade erweist sich der Abt schließlich als traurige Gestalt. Er gehört zu jener Sorte von Geistlichen, die die

Erträge ihrer Pfründen einstreichen, ohne die Ämter auszufüllen. In diesem Dialog bricht Erasmus nicht nur eine Lanze für die Gleichheit der Geschlechter; darüber hinaus greift er heftig die niedergehende Klosterfrömmigkeit an, die zu einem der größten Mißstände in der Renaissancekirche geworden ist.[8]

ANTRONIUS: Du verbindest fälschlich Geistesbildung und angenehmes Leben. Bildung ist nicht Weibersache, Sache der großen Damen ist es, ein angenehmes Leben zu führen.

MAGDALIA: Soll denn nicht jeder gut leben?

ANTRONIUS: Das schon.

MAGDALIA: Wie kann man aber angenehm leben, wenn man nicht gut lebt?

ANTRONIUS: Ganz im Gegenteil: Wie kann der angenehm leben, der gut lebt?

MAGDALIA: Du billigst also die, welche zwar schlecht, aber angenehm leben?

ANTRONIUS: Ich bin der Meinung, wer angenehm lebt, lebt gut.

MAGDALIA: Aber woher stammt denn diese Annehmlichkeit? Aus äußeren Dingen oder aus dem Geist?

ANTRONIUS: Aus äußerlichen Dingen.

MAGDALIA: Du bist zwar ein feiner Abt, aber ein hausbackener Philosoph. Sag mir doch, wonach bemißt sich das Angenehme?

ANTRONIUS: Nach Schlafen, Essen und der Freiheit, zu tun, wozu man Lust hat, nach Geld und Würden.

MAGDALIA: Wenn aber Gott zu alledem noch Weisheit hinzutäte, würdest Du dann nicht angenehm leben?

ANTRONIUS: Was verstehst Du unter Weisheit?

MAGDALIA: Die Einsicht, daß der Mensch nur in geistigen Gütern sein Glück findet: Reichtum, Würden, Geburtsadel machen weder glücklich noch besser.

ANTRONIUS: Bleib mir vom Hals mit solcher Weisheit.

MAGDALIA: Wenn für mich die Beschäftigung mit einem guten Schriftsteller ebenso angenehm ist wie für Dich die Jagd, das Trinken und das Würfeln, meinst Du dann nicht, daß ich auch angenehm lebe?

ANTRONIUS: Mir läge nichts an einem solchen Leben.

MAGDALIA: Ich frage nicht, was Dir am angenehmsten ist, sondern angenehm sein sollte.

ANTRONIUS: Mir liegt nichts daran, daß meine Mönche ihre Köpfe übermäßig in die Bücher stecken.

MAGDALIA: Mein Mann schätzt das aber ganz besonders. Warum paßt Dir das denn bei Deinen Mönchen so wenig?

ANTRONIUS: Weil ich die Erfahrung gemacht habe, daß sie dann weniger gut parieren; sie kommen mir mit Antworten aus den Dekreten, den Dekretalien, aus Petrus und Paulus.

MAGDALIA: Machst Du ihnen denn Vorschriften, die zu Petrus und Paulus im Widerspruch stehen?

ANTRONIUS: Was die lehren, weiß ich nicht; ich wünsche aber nicht, daß einer meiner Mönche mehr weiß als ich.

MAGDALIA: Das ließe sich vermeiden, wenn Du Dich darum bemühtest, möglichst viel zu wissen.

ANTRONIUS: Dazu habe ich keine Zeit.

MAGDALIA: Warum nicht?

ANTRONIUS: Weil sie mir eben fehlt.

MAGDALIA: Du hast keine Zeit, etwas für Deine Bildung zu tun?

ANTRONIUS: Nein.

MAGDALIA: Was hindert Dich daran?

ANTRONIUS: Das ewige Brevierbeten, die Sorge für das Hauswesen, die Jagd, die Pferde, der Hofdienst.

MAGDALIA: Sind denn diese Dinge wichtiger als die Weisheit?

ANTRONIUS: Das ist nun einmal bei uns so Brauch. […] Ich will Bücher gelten lassen, aber bloß keine lateinischen.

MAGDALIA: Weshalb denn?

ANTRONIUS: Weil diese Sprache sich für Frauen nicht schickt.

MAGDALIA: Ich warte auf die Begründung.

ANTRONIUS: Weil sie wenig dazu geeignet ist, die Keuschheit zu bewahren.

MAGDALIA: Die französischen Bücher jedoch, die voll sind von anzüglichen Geschichten, fördern die die Keuschheit?

ANTRONIUS: Ich meine das ganz anders.

MAGDALIA: So sprich Dich offen aus.

ANTRONIUS: Sie sind sicherer vor den Priestern, wenn sie kein Latein verstehen.

MAGDALIA: Diese Gefahr ist allerdings mit Deiner Hilfe recht gering; Du gibst Dir ja die größte Mühe, kein Latein zu können.

ANTRONIUS: Der einfache Mann empfindet es so, weil es seltsam und ungewöhnlich ist, daß eine Frau Latein versteht.

MAGDALIA: Warum führst Du den einfachen Mann von der Straße ins Feld, den schlechtesten Anwalt für jede gute Sache? Weshalb die Gewohnheit, die Lehrmeisterin aller schlimmen Dinge? Man muß sich an das Beste gewöhnen, dann wird zur Gewohnheit, was ungewohnt war, angenehm, was unangenehm war, schicklich, was als ungeziemend galt.

ANTRONIUS: Ich höre und staune.

MAGDALIA: Ist es nicht ganz in der Ordnung, daß eine deutsche Frau Französisch lernt?

ANTRONIUS: Ganz gewiß.

MAGDALIA: Aus welchem Grund nur?

ANTRONIUS: Damit sie sich mit denen unterhalten kann, die Französisch sprechen.

MAGDALIA: Und für mich soll es unschicklich sein, Latein zu lernen, um täglich mit so vielen beredten und gelehrten Schriftstellern, mit so vielen weisen und zuverlässigen Ratgebern Zwiesprache zu pflegen?

ANTRONIUS: Die Bücher trocknen den Weibern das Gehirn aus, und sie haben ohnehin schon zu wenig davon.

MAGDALIA: Wieviel Ihr davon übrig habt, weiß ich nicht. Ich jedenfalls will das bißchen, das ich habe, lieber auf gute Studien verwenden als auf gedankenlos heruntergeleierte Gebete, auf nächtliche Gelage und auf das Leeren mächtiger Humpen.

ANTRONIUS: Der Umgang mit Büchern macht stumpfsinnig. [...] Ich habe einmal sagen hören, eine gescheite Frau sei doppelt töricht.

MAGDALIA: So etwas pflegen nur Toren zu sagen. Wenn ihr euch nicht vorseht, wird es noch soweit kommen, daß wir in den Theologischen Fakultäten den Vorsitz führen, auf die Kanzeln steigen und euch eure Bischofsmützen wegschnappen.

Wir haben bereits gesehen, daß Erasmus den schwierigen Status der Ehefrauen erkannt hat und sich offen an ihre Seite stellt. Im Dialog »Die glückliche Mutter« klagt die Heldin Fabulla die Männer der Trunksucht und Brutalität an. Eutrapelus, der Verteidiger des starken Geschlechtes, hält ihr vor, daß nur die Männer in der Lage seien, das Vaterland mit Waffen zu verteidigen. Fabulla kontert: »Sie lassen auch oft genug die Stellung im Stich und ergreifen schimpflich die Flucht. Es ist auch nicht immer das Vaterland, wofür ihr eure Frauen und Kinder verlaßt, sondern häufiger ist es ein lumpiger Sold, wofür ihr euch – nicht besser als Gladiatoren – freiwillig in die knechtische Zwangslage begebt, entweder zu sterben oder zu töten.«[9] Die Frauen geben das Leben, die Männer bringen den Tod.

Um das Sterben geht es in dem Dialog »Zweierlei Totenbett«. Georg Balearius, die unglückliche Hauptfigur, stirbt, wie er gelebt hat: in einem Durcheinander von pompösen Zeremonien. Man beerdigt ihn in einer Franziskanerkutte. Erasmus zeichnet als positives Gegenbild die Figur des Cornelius Montius, der in aller Ruhe und Würde dem Tod entgegensieht, betet, sich aus der Bibel vorlesen läßt und von seinem Pfarrer dann die Letzte Ölung und das Viatikum empfängt. Er muß nicht mehr auf dem Sterbebett beichten, weil er es bereits einige Tage zuvor getan und nun ein ruhiges Gewissen hat. Auch er stirbt, wie er gelebt hat – ein erbauliches Beispiel für seine Angehörigen.[10]

Anläßlich der Schlacht bei Pavia verarbeitet Erasmus in seinen *Colloquia* die Rivalität zwischen den Valois und den Habsburgern. Volkstümliche Einfachheit verbunden mit biblischer Weisheit spricht aus den bemerkenswerten Worten eines Fischhändlers, der die Ereignisse kommentiert: »Wenn ich Kaiser wäre, würde ich dem König der Franzosen unverzüglich folgendes unterbreiten: Bruder, irgendein böser Geist hat diesen Krieg zwischen uns entfacht. [...] Ich schenke Dir das Leben und die Freiheit.«

Drei Jahre nach der Veröffentlichung des Dialogs herrscht noch immer Krieg. Alle Verträge bedeuten nur eine kurze Unterbrechung des Kampfgeschehens. Erasmus verfaßt einen Dialog, dem er nach dem Fährmann der Unterwelt den Titel »Charon« gibt. Aus jeder Zeile spricht bittere Ironie. Wenn die mächtigsten Fürsten der Christenheit ihre Rivalität in einem schrecklichen Krieg austragen, kann Erasmus nicht schweigen.

»Innerhalb der nächsten vollen zehn Jahre brauchst Du keinen Frieden zu fürchten«, sagt der böse Geist Alastor zu Charon. Worte eines Propheten! Wo ein Schriftsteller zum Frieden mahnt, schüren hundert andere Neid und Haß. In beiden Lagern verkünden fanatische Prediger die Heiligkeit ihrer Sache.

»Es gibt gewisse Vögel in schwarzweißen Mänteln, aschfarbenen Kutten, die weichen nicht von den Höfen der Fürsten; sie träufeln ihnen die Liebe zum Krieg ins Ohr und stacheln die Großen wie das Volk dazu auf. In ihren evangelischen Predigten schreien sie, der Krieg sei gerecht, heilig und gottgefällig. Und damit Du Dich noch mehr über den starken Geist dieser Leute wundern kannst: sie schreien dasselbe bei beiden Parteien aus. In Frankreich predigen sie, Gott stehe auf seiten Frankreichs, wer Gott zum Schirmherr habe, könne nicht unterliegen. In England und Spanien sagen sie, dieser Krieg werde nicht vom Kaiser geführt, sondern von Gott selbst; man solle sich nur tapfer schlagen, der Sieg sei eine sichere Sache. Falle aber einer, so gehe er nicht zugrunde, sondern fahre stracks zum Himmel auf, bewaffnet, wie er sei.«

Der Friede wird in diesem Dialog nicht nur zum Verfolgten, sondern für tot erklärt!

Mit Recht berühmt ist der Dialog »Das Wallfahren«.[11] Erasmus geißelt darin nicht nur erbarmungslos dumme Pilger und geldgierige Betrüger, die Wallfahrten für ihre Zwecke mißbrauchen. Im ersten Teil erörtert er überdies die heikle Frage, welchen Einfluß die Jungfrau Maria auf Jesus hatte. Auf diese Passage kommen wir später noch zurück. Im zweiten Teil des Dialogs verarbeitet Erasmus eigene Erinnerungen an zwei Wallfahrten, die er einst in England unternommen hat: eine zur Muttergottes von Walsingham, die andere zum heiligen Thomas von Canterbury. Der Dialog enthält eine Fülle pittoresker Details. Er ist ganz darauf angelegt, Christen von einer Pilgerfahrt zu diesen Tempeln des Aberglaubens abzuschrecken.

Die beiden *Colloquia* »Das Fischessen« und »Zweierlei Totenbett« aus dem Jahre 1526 haben den gleichen Tenor. Sie zeigen mit treffenden Beispielen, daß Glaubensvorschriften und Andachtsformen, mögen sie noch so berechtigt sein, immer nur Hilfsmittel sein können. Wenn nicht aufrichtige Frömmigkeit dahinter steht, verfehlen sie ihren Zweck. Erasmus verteidigt sich gegen den Vorwurf, er ziehe die Anrufung von Heiligen im Gebet ins Lächerliche. Er verspottet lediglich jene Christen, die vom Himmel Dinge erflehen, um die sie keinen ehrbaren Menschen bitten würden. Die Gespräche, so beurteilt sie Erasmus, nützten der Sache Gottes. Seine *Colloquia* seien zwar kein Buch speziell über die Frömmigkeit, aber die Frömmigkeit komme darum an keiner Stelle zu kurz.

1533 veröffentlicht Erasmus eine weitere Ausgabe. Ihre Krönung ist der Dialog »Der Epikureer«. Ein frischer Geist weht in diesem Gespräch; es stellt eine Schlußfolgerung der Sammlung und eine Gesamtschau der religiösen und vor allem der moraltheologischen Auffassungen des Autors dar. Vallas Einfluß ist spürbar. Diesen Dialog prägt der gleiche sprühende Witz, mit dem Erasmus 22 Jahre zuvor das *Lob der Torheit* formuliert hatte.

Erasmus weiß durchaus, daß ein Paradox darin liegt, wenn er im wahren Epikureertum christliche Werte entdecken will. Er wendet sich gegen das weitverbreitete Vorurteil, Epikureertum bedeute lockere Sitten. Er preist Epikur, weil er den Seelenfrieden als höchstes Gut bewertet. Jeder Mensch strebe nach dem Glück, und niemand folge der Moral des Epikur besser als der gute Christ. Im übrigen seien sowohl die Lehre als auch das Leben des Philosophen durch strenge Sitten gekennzeichnet. Die Schüler des Epikur hätten seine Grundsätze entstellt, durch sie seien die Lehre und die Person in Verruf geraten. Wenn Erasmus den Epikureismus in seinem Dialog verteidigt, so ist das freilich ein didaktischer Kunstgriff. Es geht ihm darum, die Christen mit Hilfe eines ausdrucksstarken Bildes wachzurütteln und unermüdlich an das lebendige Christentum zu erinnern.

HEDONIUS: Sonst schwächen Krankheit, Hunger, Nachtwachen, Arbeiten und Blöße zwar den Zustand des Körpers. Dennoch triumphiert nicht nur über sie, sondern auch über den Tod selbst die Heiterkeit des Gemüts. Obwohl der Geist an den sterblichen Leib gebunden ist, verwandelt er ihn dennoch, weil er von Natur aus mächtiger ist, in gewisser Weise in sich, besonders wenn zu der gewaltigen Stärke der Natur die Kraft von oben kommt. Daher sehen wir oft, daß die wahrhaft Frommen im Sterben heiterer sind als andere beim Schmausen.

SPUDAEUS: Darüber habe ich mich in der Tat nicht selten gewundert.

HEDONIUS: Man darf sich gleichwohl nicht wundern, daß dort, wo Gott, die Quelle allen Frohsinns, ist, unüberwindliche Freude herrscht. Ist es denn erstaunlich, daß die Seele eines wahrhaft frommen Menschen sich im sterblichen Leib immerfort freut, da sie, würde er auch in die tiefste Hölle gestürzt, keinen Abbruch ihrer Seligkeit erlitte? Wo ein reines Herz ist, dort ist Gott; wo Gott ist, da ist das Paradies; wo der Himmel ist, da ist Seligkeit, da ist wahre Freude und echte Fröhlichkeit.

SPUDAEUS: Wären nur alle ebenso überzeugt!

HEDONIUS: Wenn der ein Epikureer ist, der angenehm lebt, so ist niemand ein echterer Epikureer, als wer heilig und fromm lebt. Und wenn uns am Namen gelegen ist, so verdiente niemand mehr den Beinamen des Epikureers als jener anbetungswürdige Fürst der christlichen Philosophie; bei den Griechen heißt nämlich Epikur soviel wie Helfer. Als das Gesetz der Natur durch die Sünden schon fast in Vergessenheit geraten war, als das Gesetz des Moses die Leidenschaften mehr anstachelte als heilte, als der Satan straflos in der Welt wie ein Tyrann herrschte, da brachte jener allein dem zugrundegehenden Menschengeschlecht wirksame Hilfe. Ferner täuschen sich die kräftig, die faseln, Christus sei von Natur aus traurig und melancholisch gewesen und habe uns zu einer reizlosen Art von Leben eingeladen. Im Gegenteil, er zeigt uns als einziger das allersüßeste und das am meisten von wahrem Genuß erfüllte Leben.

Erasmus veröffentlicht diesen Dialog drei Jahre vor seinem Tod. Offenbar will er ein weiteres Mal das Wesentliche am christlichen Humanismus und an der Philosophie Christi in Erinnerung rufen. So überrascht es denn auch nicht, wenn Hedonius das Gespräch mit den Worten beschließt: »Es dringt aber auch ein kurzes Gebet zum Himmel, wenn es nur in einem gewaltigen Verlangen des Geistes ausgestoßen wird. Von der Sünderin im Evangelium heißt es, sie habe ihr Leben lang Buße getan. Mit wie wenigen Worten erlangt aber der Schächer noch im Tode von Christus das Paradies!« Der christliche Humanist bekennt sich zum kirchlichen Glauben: Er anerkennt die Erbsünde, die Schwachheit des sündigen Menschen und die Notwendigkeit der Gnade und der Enthaltsamkeit. Aber bei all dem hebt er auch die wiederhergestellte Natur hervor und preist die allen zugängliche göttliche Gnade und das leichte Joch Christi. Im Dialog »Der Epikureer« legt Erasmus auf eindringliche und zuweilen spöttische Art einmal mehr seine Lieblingsgedanken dar: Antike und Christentum, die Philosophie Christi und der theologische Optimismus fließen darin zusammen.

Warum nimmt Erasmus Epikur zum Ausgangspunkt seiner Betrachtungen? Wahrscheinlich einfach deshalb, weil Luther ihn als Epikureer beschimpft hat. Es liegt ganz in der Art des Humanisten, daß er den auf ihn abgeschossenen Pfeil aufnimmt und sich damit gegen seinen Widersacher verteidigt. Luther empört sich denn auch in seinen Tischreden über die *Colloquia:* »Wenn ich sterbe, will ich verbieten meinen Kindern, daß sie seine Colloquia nicht lesen sollen, denn er [Erasmus] redet und lehret in denselbigen viel gottlos Ding unter fremden erdichteten Namen und Personen, fürsetziglich die Kirch und den christlichen Glauben anzufechten. [...] Lucianum lobe ich doch, der gehet frey heraus und verspottet Alles offentlich; Erasmus aber verfälscht Alles, was Gottes ist, und die ganze Gottseligkeit unterm Schein der Gottseligkeit, darum ist er viel ärger und schädlicher denn Lucianus.«[12]

Als ein Meisterwerk berechnender Kühnheit und »vorgetäuschter Unschuld«[13] sind die *Colloquia* ein anschauliches Beispiel für den aufs Universelle gerichteten Geist ihres Verfassers. Selbst dem Heidentum kann Erasmus noch Schönes und Heiliges abgewinnen. Die religiösen Auseinandersetzungen seiner Zeit verfolgt er zwar aufmerksam, aber er setzt sich immer wieder über sie hinweg und mahnt die Fürsten zum Frieden, die Theologen zur Frömmigkeit.

Erasmus preist die natürlichen oder christlichen Tugenden. Er trennt den Menschen nicht von seinen Wurzeln, auch wenn der Mensch nach seiner Meinung erst mit der Lehre des Evangeliums zur Vollendung gelangt. Nach Platon, Lukian und vielen anderen bringt er seinem Leser in aller Einfachheit, aber ohne von seinem Niveau abzugehen, seine Ideen nahe.

In den ungefähr sechzig Unterhaltungen der *Colloquia* treten sehr unterschiedliche Gedanken zutage und verschmelzen allmählich unmerklich zu einem Gesamtgefüge. Seine wichtigsten Themen hat Erasmus bereits in den ersten Traktaten behandelt: das Studium der Literatur, den Frieden und die Philosophie Christi. In den »Vertrauten Gesprächen« verarbeitet er sie nun auf ebenso originelle wie frische Art ein weiteres Mal. In der Form der Wechselrede kann er die Themen nach Für und Wider erörtern, ihnen dabei eine Vielfalt reizvoller Aspekte abgewinnen und die theoretischen Betrachtungen in konkrete Situationen und Handlungen einbinden.

So wäre es denn auch falsch, wollte man die *Colloquia* auf ein reines Unterhaltungswerk, eine Aneinanderreihung von Tischgesprächen oder köstlichen Anekdoten reduzieren. Das sind sie zwar auch, aber eben nicht ausschließlich. Hinter dem heiteren, oft spöttischen und zuweilen bissigen Ton entdeckt der Leser die tiefgründigsten Gedanken des Erasmus, unbequeme Gedanken, die an große, aktuelle Probleme rühren. Sie gehen Menschen in allen Altersstufen, Lebensumständen und Berufen an.

Neben den Hauptgedanken, die Erasmus immer wieder und ausführlich behandelt, kommen in den *Colloquia* auch die weniger bedeutenden Themen des Alltagslebens vor. Die Dialoge sind eine reichhaltige Dokumentation über das Leben seiner Zeitgenossen, sie handeln von den vielfältigen Fragen des Mensch- und Christseins. Erasmus' Personen sind lebensecht gezeichnet, die Situationen realistisch und das Geschehen stets kohärent. Er ist ein guter Erzähler, und dank seiner Beobachtungsgabe und seines darstellerischen Könnens versteht er es, uns seine Zeitgenossen in lebendigen Farben vor Augen zu führen. Mit Sinn für dramaturgische Effekte entwirft er komische Einakter, die bei allem Humor und aller Einfachheit ebenso ergreifend wie tiefgründig sind. Sein Stil wirkt niemals gekünstelt; er ist natürlich und ungezwungen.

All das beinhalten die *Colloquia*. In ihrer endgültigen Form sind sie nicht nur der Spiegel eines Schriftstellerlebens, die Geschichte eines bedeutenden Geistes und das Tagebuch einer Seele. Sie sind auch ein Spiegel der Zeitgenossen des Erasmus. Sie unterhalten den Leser, verunsichern ihn zuweilen, auf jeden Fall enttäuschen sie ihn nie. Es überrascht nicht, daß die *Colloquia* im 16. Jahrhundert ein großer literarischer Erfolg waren. Trotz der scharfen Angriffe von theologischer Seite haben sie immer wieder neue Leser gefunden. Selbst Erasmus' Gegner haben die *Colloquia* für ihre Zwecke eingespannt.[14] Das Publikum schätzte die »Vertrauten Gespräche« als Inbegriff für erlesenes Latein und als ein Werk, das Interesse für kritisches Gedankengut weckte.

Erasmus konfrontiert seine Leser immer wieder mit der entscheidenden Frage nach ihrer Eigenverantwortung: Das ist der Angelpunkt seiner Morallehre.

Jede neue Ausgabe der *Colloquia* wird von der Kirche kritisiert. Die Sorbonne verdammt das Buch 1526 und veröffentlicht ihr Urteil ihm Jahre 1531. Höchste Gefahr droht auch in den Niederlanden, in England und in Spanien. 1532 antwortet Erasmus auf das Urteil der Sorbonne mit einer Erklärung gegen die Zensur der Theologischen Fakultät von Paris. In der schwerfälligen Abhandlung greift er die Argumente der Zensoren Punkt für Punkt auf und weist sie zurück.[15]

Erasmus verteidigt seine *Colloquia*. Er möchte, daß sein Buch als ein Ganzes verstanden wird. Jeder einzelne Dialogpartner stellt Behauptungen auf, die von anderen widerlegt oder abgemildert werden. Erasmus zeigt die Menschen, wie sie sind, damit sie zu dem werden, was sie sein sollen. Das kleine Welttheater seiner Dialoge beruht auf dem dialektischen Wechselspiel von widersprüchlichen Gedanken, Verhaltensweisen und Haltungen. Und alle Szenen spielen sich vor dem Hintergrund des Alltagslebens im 16. Jahrhundert ab.

Einem Freund schreibt Erasmus, daß das Buch, das den Lesern so viel Freude und den Druckern Reichtum beschere, für den Autor eine Quelle von Ärgernissen sei. Er vergißt etwas Wichtiges hinzuzufügen: Die *Colloquia* leisten einen enormen Beitrag zur Befestigung seines Ruhms und zur Verbreitung seiner Gedanken.

Kapitel XIX

Von der Abhandlung über die Ehe zum *Ciceronianer*

Nach wie vor ist Erasmus Angriffen ausgesetzt, er kämpft an drei Fronten gleichzeitig: gegen die Theologen und Mönche, die das Literaturstudium attackieren, gegen die Lutheraner mit ihren radikalen und kompromißlosen Positionen und gegen die italienischen Humanisten, die auf Kosten des Christentums einen fanatischen Kult mit der heidnischen Literatur treiben.[1] Über all dem vergißt Erasmus nicht, Papst Clemens VII., den Nachfolger Hadrians VI., auf den beunruhigenden Zustand der Kirche hinzuweisen.[2]

In Paris wettert Beda noch immer gegen Erasmus' »Heterodoxie«. Er gibt sich nicht mit Angriffen auf die *Colloquia*[3] zufrieden, sondern schreibt Erasmus einen Brief, in dem er alle seine Irrtümer auflistet. »In meinem eifrigen Bemühen um Dein Seelenheil behaupte ich, daß Du über viele Gegenstände auf gefährliche Art und Weise geschrieben hast; unter dem Christenvolk könnte das helle Empörung hervorrufen: zum Beispiel über den Zölibat der Geistlichen, die Klostergelübde, über das Fasten und das Verbot, Fleisch zu essen, über die Beachtung der Feiertage, die evangelischen Räte und die Übersetzung der Heiligen Schrift in die Volkssprachen, über die menschlichen Gesetze und die vorschriftsmäßigen Stundengebete, über die Ehescheidung der Gläubigen, die Glaubensbekenntnisse der Kirche und über sehr viele andere Fragen dieser Art.«

Beda malt die Gefahren aus, die eine Übertragung der Heiligen Schrift in die Volkssprachen mit sich bringe. Er greift die Gruppe von Meaux um den Bischof Guillaume Briçonnet und seinen Generalvikar Jacques Lefèvre d'Étaples an. Erasmus antwortet im gleichen Tonfall. Er weist Bedas Angriffe als ungerechtfertigt zurück, wirft ihm Böswilligkeit vor und nimmt Briçonnet und Lefèvre in Schutz. Beide treten wie er für Reformen ein.[4] Erasmus hat denn auch sicher Beda im Auge, als er zur gleichen Zeit ein Buch mit dem Titel *Lingua* (Die

Sprache) veröffentlicht: Er geißelt darin üble Nachrede und Verleumdung als Ursache aller Übel in der Christenheit.[5]

Bald darauf besucht ihn sein alter Freund Jacques Lefèvre d'Étaples. Ihre Meinungsverschiedenheiten sind beigelegt, gemeinsam wehren sie sich gegen Bedas giftige Attacken. Der Humanist Polydorus Vergil schickt Erasmus »das Geld für ein kleines Pferd, das ihn tragen soll, wohin er will«.

Die Jahre 1526 und 1527 sind für Erasmus eine schwere Zeit. Man setzt ihm von allen Seiten zu. Fanatische Katholiken halten ihm vor, er habe sich in eine Stadt der Lutheraner zurückgezogen.[6] Gleichzeitig veröffentlichen Lutheraner unter Erasmus' Namen mehrere kurze Abhandlungen mit Gedanken des Reformators.[7] Erasmus gibt zwei Bände heraus, die gegen Luthers *De servo arbitrio* gerichtet sind[8], und kreuzt die Klinge mit Alberto Pio, einem seiner streitbarsten Gegner aus dem katholischen Lager.[9] Schließlich veröffentlicht er noch einen schmalen Band über die Realpräsenz des Leibes und des Blutes Christi in der Eucharistie.[10]

Ungeachtet der Auseinandersetzungen spricht Erasmus noch immer gerne über sein Reformprogramm. Er erläutert seine Gedanken Simon Pistorius, dem Kanzler des Herzogs Georg von Sachsen: »Wenn Du mit Deinem Fürsten über mich sprichst«, sagt er, »so kannst Du ihm versichern, daß ich noch nie einer Sekte angehört habe, noch jemals einer angehören werde. [...] Sag ihm nur, daß mein Werk kein anderes Ziel verfolgt, als das Studium der Sprachen und der Literatur in bedeutendere Disziplinen einzuführen, damit die scholastische Theologie zur Quelle der Heiligen Schrift zurückgeführt werde, damit es weniger Zeremonien und mehr Frömmigkeit gebe, damit sich Bischöfe und Priester ihrer Pflichten erinnern und die Mönche zu dem werden, was sie zu sein vorgeben.«[11]

1526 erscheint in Basel der Traktat *Cristiani matrimonii institutio*[12] (Über die christliche Ehe). Erasmus hat das Werk der englischen Königin Katharina von Aragón gewidmet. Die Schrift gibt Aufschluß darüber, wie Erasmus seine Gedanken inzwischen weiterentwickelt hat. Er bemüht sich darin um eine präzisere Fassung der Lehre, die er bereits in seinem Lob der Ehe dargelegt und in den amüsantesten Gesprächen der *Colloquia* veranschaulicht hat.

Die Ehe ist in seinen Augen unzweifelhaft eine sehr wichtige Einrichtung. Er rät, bei der Eheschließung nichts zu überstürzen und nur mit Einverständnis der Eltern eine Verbindung einzugehen. Er empfiehlt den Vermählten, nicht nur körperliches Vergnügen zu suchen, sondern auch und vor allem das seelische Wohlergehen: Das nennt er eine keusche Ehe.[13] Er preist die eheliche Fruchtbarkeit und die Familie. Wenn beide Partner diesen Richtlinien folgen, dann ist ihre Ehe fast ebenso wertvoll wie die gottgeweihte Jungfräulichkeit. Heimliche Vermählungen lehnt Erasmus ab, und die meisten dynastischen Heiraten, die ja per definitionem politische Heiraten sind, betrachtet er als Angriff auf die Würde des Ehesakramentes.[14]

Erasmus' Auffassung von der Ehe ist damit klar formuliert. Bei den Priestern findet er keinen Beifall, noch weniger bei den Mönchen, die für seine Kritik nur dann empfänglich sind, wenn sie sich nicht gegen ihre Orden richtet. Der Franziskaner Johann Gacy wirft Erasmus vor, er habe seinen Orden in den Schmutz gezogen. In seinem Antwortschreiben zeigt Erasmus die Gegensätze zwischen Franz von Assisi und den Franziskanern auf und mahnt die Mönche eindringlich an ihre Pflichten. »Das Evangelium lehrt uns, Gutes über jene zu sagen, die schlecht über uns sprechen. Und Ihr behandelt jene, die Euch Gutes tun, schlecht in Worten und Taten. Während Ihr gegen Erasmus wettert, schenkt er Euch unablässig Dinge, die mehr taugen als all Eure Käsesorten und Schafe.«[15] Dann listet er seine Werke zur Exegese und zur Patrologie auf!

Wir haben schon gesehen, daß Erasmus die Art nicht schätzt, wie gewöhnlich Observanzen, Verdienste und die ewige Belohnung miteinander in Verbindung gebracht werden. Zwar ist der Begriff des Verdienstes (wie der Begriff der Observanz) zweifellos christlich, aber er geht keineswegs auf das Evangelium zurück.[16] Allein die Gnade kann uns verwandeln, und die Vorstellung einer willkürlichen Wahl erschreckt die Christen. Es scheint ihnen sicherer, ihren Platz im Himmel zu erkaufen; sie können nur schwer verstehen, warum Maria, bevor sie »voll des Verdienstes« war, »voll der Gnade« gewesen sein soll.

In seiner Paraphrase zum Matthäusevangelium nach hatte Erasmus geschrieben: »Kein menschliches Werk ist gut genug, als daß man sich mit ihm das ewige Leben verdienen könnte.« Die Sorbonne schreibt ihm einen lutherischen Gedanken zu – den er nie geäußert hat – und verdammt ihn: »Es ist ketzerisch zu behaupten, ein Mensch könne sich *mit der Gnade Gottes* nicht den Himmel verdienen.«[17]

Erasmus vertraut Thomas Morus seine Sorgen an: »Wenn ich die Sache nach dem Gutdünken der Mönche und der Theologen behandelte, die dem Verdienst der Menschen, weil sie gut daran verdienen, eine viel größere Bedeutung einräumen, so spräche ich wider mein Gewissen und verdunkelte bewußt den Ruhm Christi.«[18] Erasmus leugnet mit diesen Worten durchaus nicht die Bedeutung des Verdienstes; es geht ihm vielmehr darum, die Verdienste richtig, und das heißt geringer, einzuschätzen.[19]

Im Jahr 1526 vollendet Albrecht Dürer sein letztes Porträt des Erasmus: Der Kupferstich zeigt den Humanisten, wie er vor seinem Lesepult steht. Er ist in seinen warmen Mantel gehüllt, trägt eine Haube auf dem Kopf und hält eine Feder in der Hand. Ein Strauß Maiglöckchen deutet darauf hin, daß der Stich im Frühling entstand. Auf griechisch gibt der Künstler einen Wahlspruch des Erasmus wieder: »Besser zeichnen ihn die Werke.« Obwohl Erasmus den Stich nicht für gelungen hielt, weil er ihm nicht ähnlich sei, gilt das Porträt der Nachwelt als eines der schönsten Werke Dürers.[20]

Zwar hat Erasmus die an der Reichsgrenze gelegene Stadt Basel zum Wohnort gewählt, doch nach wie vor ist er ein loyaler Untertan seines Kaisers. Bei aller

Treue bleibt er aber ein wachsamer Kritiker und ruft unermüdlich zur Wiederherstellung und Erhaltung des Friedens auf.

Als die Truppen Karls V. 1527 Rom plündern, ist er entsetzt. Er schätzt die Italiener zwar nicht besonders, aber er bedauert sie aus tiefstem Herzen, weil sie
unter den Schrecken einer Besatzung zu leiden haben. In einem offenen Brief
wendet er sich an den polnischen König Sigismund I. – der Brief ist ein wahres
Manifest für den Frieden. »Der Krieg«, schreibt er, »ist leicht für jene, die ihn nicht
zu spüren bekommen; wie hellsichtig ist doch der Mann, der inmitten der Finsternis dem gerechten Krieg den schlechten Frieden vorzieht. […] Ich möchte
eher einen Wunsch als eine Hoffnung zum Ausdruck bringen, obwohl es eine
Hoffnung gibt, die für den Erhalt von Frieden und Freundschaft unter den Fürsten
doch von höchster Bedeutung wäre: die Hoffnung, daß man die Fürsten überzeugen kann, auf ihre weit entlegenen Gebiete zu verzichten. […] Es liegt nicht
in meiner Absicht, die Macht jener zu schmälern, die Christus an die Spitze seiner
universellen Kirche stellen wollte. Dennoch bekenne ich frei heraus, daß der
Papst glücklicher handelte und die Herrscher seltener Krieg gegeneinander
führten, wenn er selbst von der Wichtigkeit des Friedens überzeugt wäre, wenn
er sich nicht mit einem Monarchen gegen einen anderen verbündete und sich
statt dessen als Vater aller zeigte.«[21]

Wir erinnern uns, daß Franz I. den Plan gefaßt hatte, in Paris ein von der Sorbonne unabhängiges Collège du Roi einzurichten. Erasmus und Budé können
diese Initiative nur begrüßen. Trotzdem schlägt Erasmus die Ehre aus, an dem
Vorhaben mitzuwirken.

Aus einem nichtigen Grund geraten die beiden Humanisten bald darauf aneinander. Budé kritisiert Erasmus' Kommentar zum Galaterbrief. Er führt darin
eine Stelle aus Hieronymus an, wo es heißt, die Galater hätten ihre geistige
Trägheit von den Galliern. Erasmus fühlt sich geschmeichelt, wenn man ihn
als »Stern Germaniens« bezeichnet, ärgert sich aber über Budés überzogenen
Nationalstolz. In ironischem Tonfall erwidert er auf die Kritik: »Es hat Dich verletzt, daß ich über die Franzosen etwas wenig Schmeichelhaftes gesagt habe:
Nichts lag weniger in meiner Absicht. Für mich gibt es zwischen den Nationen
fast keinen Unterschied. Wenn ich einer dennoch etwas mehr zugetan bin, so
ist es Frankreich. Das hat mir in meinem Land und in England allerlei üble
Nachrede eingetragen, vor allem damals, als Ihr auf schlechtem Fuß mit
Julius II. standet, während die Engländer den Papst unterstützten. Lies den *Panegyrikus,* in dem ich den Fürsten Philipp zu seiner Rückkehr aus Spanien beglückwünsche. Darin bekunde ich ganz spontan, nicht wohlüberlegt, meine
Sympathie. Tatsächlich war keine Nation mir gegenüber so undankbar wie
Frankreich, sieht man von dem großen Wohlwollen ab, das mir Freunde dort
entgegenbrachten. In meiner Einführung zum Galaterbrief komme ich ohne
schlechte Absicht auf die Franzosen zu sprechen. Der Beweis dafür ist, daß ich

die Worte des heiligen Hieronymus verkürzt und abgemildert wiedergebe. Ganz verschweigen konnte ich sie indes nicht, wollte ich doch gerade die Eigenart dieser Epistel herausstellen. Ich habe nicht erwartet, daß sich ein Franzose gekränkt fühlte, bei Dir weniger als bei anderen, da Du doch von zartester Kindheit an Umgang mit der Philosophie hattest und von solch gemeinen Empfindungen frei sein müßtest. Und sollte damit auch etwas für die Franzosen von heute Unangenehmes gesagt sein – welche Nation ist nicht durch eine Volksweisheit charakterisiert? Pindar und Plutarch scheinen sogar über den ›böotischen Ochsen‹ gespottet zu haben, und sie stammten doch beide aus Böotien. Es ist, wie ich glaube, schon über sechzehnhundert Jahre her, seit die Gallier nach Kleinasien ausgewandert sind, um dort Galatien zu gründen. Und man weiß nicht einmal, aus welcher Gegend Galliens sie kamen. Wenn man etwas gegen die Gallier jener Zeit sagt, zielt man dann etwa auf all das, was unter dem Namen Gallien zusammengefaßt wird? Sagt Ihr heute denn nicht auch häufig Schlechtes über die Leute aus der Normandie, aus Maine, über die Bretonen und über die Leute aus der Picardie?«[22]

Budé hat wenig Sinn für Humor und versteht nicht, was Erasmus ihm erklären will. Die briefliche Auseinandersetzung zieht sich bis ins nächste Jahr hin. Überdies kann Budé sich nicht vorstellen, daß ein Humanist die Ehre einfach ausschlägt, wenn er nach Paris gerufen wird. Erasmus enttäuscht ihn! 1530 wird das zukünftige Collège de France ohne ihn und seine Freunde gegründet. Der Name Budé bleibt untrennbar verknüpft mit der Gründungsgeschichte des Pariser Kollegs, wie der Name Erasmus mit dem Dreisprachenkolleg in Löwen verbunden ist.

Die Sorbonne stört sich inzwischen nicht mehr daran, wenn sie dem König mißfällt. 1531 verurteilt sie öffentlich Erasmus' religiöse Anschauungen. Über die Haltung und die Motive Franz' I. wissen wir so gut wie nichts, aber scheinbar hat er Erasmus nicht gegen die Sorbonne in Schutz genommen, nachdem er am Collège du Roi kein Interesse zeigte.

Zur gleichen Zeit streiten in Basel verschiedene religiöse Gruppen darum, sich öffentlich Gehör zu verschaffen: Es ist es ein Konflikt um die politische Macht. Die Situation spitzt sich zu. Am 29. Mai 1527 schreibt Erasmus an Warham: »Alles deutet auf einen Umsturz hin, und ich befürchte, es kommt zu blutigem Aufruhr.«

Erasmus war nie ein Verfechter des Reichsgedankens. Alles andere als das! Er verurteilt ihn als »Quelle aller Kriege«. Der Kanzler des Kaisers, Mercurino Gattinara, bittet ihn um ein Vorwort für eine lateinische Ausgabe von Dantes Schrift *De monarchia,* darin soll er die ehrgeizigen Pläne seines Dienstherrn befürworten.[23] Erasmus mag diese dunkle Schrift nicht, die nicht zu Dantes besten Werken zählt. Vor allem teilt er Dantes politische Ansicht nicht, nach der das Kaiserreich den Frieden sichere. Im Gegenteil: Für Erasmus ist das Streben nach universeller Macht ein höchst gefährliches Unterfangen und ein unausrottbares Übel. Er bleibt sich selbst treu und lehnt die Herausgabe des Werkes ab.

Die religiösen Probleme seiner Zeit versetzen Erasmus immer mehr in Aufruhr. Den Neuerern hält er wiederholt das kirchliche Einvernehmen in den wesentlichen Punkten der Glaubenslehre, den *consensus Ecclesiae,* entgegen. Einem Mönch, der durch den weltlichen Glanz in Versuchung gerät, teilt er mit, wie besorgt er den Vormarsch der Reformation beobachtet. Der Brief enthält einige übertriebene und ungerechte Anschuldigungen, aber vor allem sprechen Enttäuschung und Verbitterung aus jeder Zeile. »Ich fürchte, die Gaukeleien gewisser Leute haben es Dir angetan, die heute mit glänzenden Worten die evangelische Freiheit preisen. Glaube mir, wenn Du die Sache näher kenntest, würdest Du weniger des Mönchslebens überdrüssig sein. Ich sehe ein Menschengeschlecht entstehen, vor dem meine Seele großen Abscheu hat. Niemand sehe ich besser werden, alle, soweit ich sie kenne, schlechter; so daß ich lebhaft bedaure, einst in meinen Schriften die Freiheit des Geistes verkündet zu haben; ich habe es freilich in guten Treuen getan und ahnte alles andere eher, als daß ein derartiges Volk kommen würde. Ich hatte den Wunsch, die von Menschen geschaffenen Zeremonien möchten ein wenig zurücktreten, damit die wahre Frömmigkeit eine starke Zunahme erfahre. Jetzt kümmert man sich so wenig um sie, daß an die Stelle der Freiheit des Geistes eine zügellose Freiheit des Fleisches getreten ist. Einige deutsche Städte sind voll von Landstreichern, den Klöstern entlaufenen Mönchen, verheirateten Priestern, zumeist ausgehungerten und zerlumpten Menschen. Und man tut nichts anderes als tanzen, essen, trinken und ranzen; man lehrt nicht und lernt nicht [...].«[24]

An Martin Butzer schreibt er über die Reformierten in einem gemäßigteren Ton, aber ebenso leidenschaftlich und überzeugt. »Jetzt gefällt gewissen Leuten überhaupt nichts Überkommenes mehr, wie wenn man plötzlich eine neue Welt schaffen könnte! Es wird immer Dinge geben, die fromme Menschen ertragen müssen. Glaubt jemand, man müsse deshalb die Messe ganz abschaffen, weil mancher sie mißbraucht, so müßte man auch die Predigt im Gottesdienst beseitigen, an der Ihr allein nahezu noch festhaltet.«[25]

Seinem Freund Willibald Pirckheimer teilt Erasmus mit, was er angesichts der Glaubensrevolution empfindet. »Überall da, wo das Luthertum herrscht, stirbt das Studium der Literatur. [...] Wenn es die Lutheraner unterlassen hätten, die Eucharistielehre anzugreifen, die Messe abzuschaffen und die Bilder zu zertrümmern, wenn sie statt dessen begonnen hätten, ihre Anhänger zu reineren Sitten aufzurufen, dann hätte man sich von den Dingen einen glücklicheren Ausgang erhoffen dürfen. Jetzt schweigt Luther; Melanchthon bemüht sich um eine vernünftige Diskussion, aber für die Troyaner kommt, wie Du sagst, jede Einsicht zu spät.«[26]

Erasmus ist enttäuscht über den unvorhergesehenen Verlauf der Reformation und erteilt den Abtrünnigen eine entschiedene und endgültige Absage. Dennoch ist er unvermindert den Angriffen und Verdächtigungen der Theologen in Paris und Löwen ausgesetzt. Am 12. November 1527 richtet er zu seiner Rechtfertigung eine Erklärung an die Sorbonne. »Ich bekenne im Angesicht Gottes, der in die Tiefen des menschlichen Herzens blickt, daß ich jede Gottlosigkeit und alles, was die Eintracht der christlichen Familie zerstören kann, verabscheue. Mir sind all jene, die Anhänger um sich scharen, die aber von der Kirche, der Braut Christi, nicht anerkannt werden, zutiefst zuwider.«[27] Die Zensoren gönnen ihm keine Atempause. Mit feindseligem Mißtrauen prüft die spanische Inquisition seine Schriften.[28] Ähnliche Vorwürfe wie die Pariser Theologen erheben die spanischen Mönche auf der berühmten Konferenz von Valladolid, die allerdings ohne Verurteilung endet. Erasmus nimmt dennoch Stellung, er setzt sich mit einer Apologie vehement zur Wehr.[29]

»Solange man mir nichts Gottloses vorzuwerfen hat, erlaube ich niemandem, mich als gottlos zu beschimpfen«, wettert er gegen seine Widersacher von der Sorbonne. Offen drückt er seine Verbitterung aus: »Die Worte von einigen unter Euch sind mir nicht entgangen: ›Wenn wir erst Luther zugrunde gerichtet haben, greifen wir Erasmus an.‹ Dann richtet Luther zugrunde und greift Erasmus ruhig an! Doch als Luther ungestraft seine Gewalttaten beging, da verstecktet Ihr Euch und zogt den Kopf in den Panzer zurück. Und ich habe auf Anweisung des Kaisers, des Papstes und anderer Fürsten an den Grenzen zu jenem Land, über das er als Herr regiert, den Kampf gegen Luther eröffnet. Die Bemühungen, die ich unter Gefahren auf mich nahm, haben den Feind geschwächt. Und dann greift Ihr mich sogleich mitten im Gefecht hinterrücks an. Was also tut Ihr? Neidet Ihr der Kirche ihren Sieg? Wollt Ihr den Feinden zu Hilfe eilen?«[30]

Unter dem Schutz von Papst und Kaiser klagt Erasmus, daß ihm katholische Autoren bei seinem Kampf gegen Luther in den Rücken fielen. Wie besessen denkt er immer wieder an die Angriffe. So oft hat er seine Freunde und Gönner öffentlich aufgelistet, nun plant er, eine Liste seiner Feinde aufzustellen.[31] In einem langen Brief vertraut er Thomas Morus an, wie zuwider ihm die zermürbenden und fruchtlosen Auseinandersetzungen sind.[32] Er kommt nicht zur Ruhe, die Kämpfe zehren an seinen Kräften. Damit wenigstens seine Arbeit nicht leidet, schränkt er alle anderen Aktivitäten ein. »Meine Gesundheit«, schreibt er an Johannes Maldonatus, »ist so schwach und gibt so viel Anlaß zur Besorgnis, daß ich mit niemandem zusammenleben könnte, ohne ihm zur Last zu fallen. Schon eine Änderung meiner Lebensweise oder der Kost – wenn ich etwa einen anderen Wein als meinen gewohnten tränke –,[33] eine Reise, zu langes Sitzen oder eine unausgewogene Temperatur erschöpft mich oder gefährdet gar mein Leben. [...] So bleibe ich allein; dem Gespräch mit Freunden räume ich nur ein oder zwei kurze Stunden am Nachmittag ein, die ich im voraus festlege. Mit meinem empfindlichen Magen ertrage ich nur mit Mühe eine Unterhaltung nach dem Abendessen: So lasse ich mir etwas von einem Famulus vorlesen.«[34]

Erasmus rechnet damit, daß er nicht mehr lange zu leben hat, und verfaßt sein Testament.

»Im Namen des Herrn, amen. Anno Domini 1527, einen Tag nach dem Fest der heiligen Agnes habe ich, Erasmus von Rotterdam, Doktor der Theologie und Priester der Diözese Utrecht, durch Gottes Gnade im vollen Besitz meiner geistigen Kräfte in dieser von meiner Hand verfaßten Schrift meinen Letzten Willen niedergelegt, was mit den von mir hinterlassenen Gütern geschehen soll.

Zu ihrem Erben und Treuhänder erkläre ich den Doktor Bonifacius Amerbach; zu Testamentsvollstreckern bestelle ich Beatus Rhenanus aus Schlettstadt, Basilius Amerbach und Hieronymus Froben. Zunächst wünsche und ordne ich an, daß sich der Erbe alle Goldringe aus meinen Gütern nimmt, die er im Inventar aufgelistet findet, zudem einen Löffel aus massivem Gold und eine vergoldete Schale, ein Geschenk des Herzogs Georg, und zudem hundert Kronen in bar.

Heinrich Glarean soll er alle Wäsche aus Tuch zusammen mit meinen beiden besten Gewändern, dem violetten und dem schwarzen mit dem Futter aus Zobel (den man gewöhnlich Marder nennt), und fünfzig Kronen aushändigen.

Dem Ludwig Ber, der unserem Testament und unserem Treuhänder seine Hilfe nicht versagen wird, soll er als einem sehr treuen Freund meine Sanduhr aus massivem Gold übergeben.

Basilius Amerbach zwei Silberrahmen, einen kleinen Teller und ein silbernes Kännchen, dessen Deckel das Bildnis des heiligen Hieronymus schmückt.

Beatus Rhenanus zwei Gabeln, eine aus Gold und eine aus Silber.

Hieronymus Froben zwei Börsen, eine mit Silberbeschlägen, die andere mit Beschlägen aus vergoldetem Silber.

Johann Froben die Vorhänge meines Bettes und zwei Wandbehänge.

Frobens Korrektor Sigismund den Rest meiner Kleider und sechsundzwanzig einfache Dukaten und einen vergoldeten Löffel.

Johannes Botzheim, Domherrn zu Konstanz, soll er als Andenken einen silbernen Löffel mit dem Bildnis des heiligen Sebastian übergeben.

Konrad Goclenius alle meine Gold- und Silbermedaillen, die gegenwärtig in seinem Besitz sind.

Der Rest meines Geschirrs aus Silber oder vergoldetem Silber soll nach Gutdünken des Erben und auf den Rat der Testamentsvollstrecker für die Herausgabe meiner Werke eingesetzt werden.

Meine Bibliothek habe ich schon vor langer Zeit dem sehr erlauchten polnischen Baron Johannes a Lasco für die Summe von vierhundert Goldstücken verkauft; zweihundert hat er bereits bezahlt. Nicht dazu gehören die mit der Feder geschriebenen griechischen Werke auf Pergament oder Papier, für die er, wenn er sie möchte, getrennt bezahlen wird; der Preis ist auf den Quittungen vermerkt.

Was die Herausgabe meiner Werke betrifft, bitte ich meinen Erben und die Testamentsvollstrecker um folgendes: Sie sollen alle meine Werke veröffentlichen, wenn möglich bei Froben oder bei einem anderen, vorausgesetzt, er verrichtet seine Arbeit mit Geschmack; soweit man sie dazu für würdig befindet, soll man sie, wie in meinem *Catalogus* vermerkt, in einzelnen Bänden herausgeben.

Um den Drucker bei seiner Aufgabe zu unterstützen, soll man ihm bei Beginn der Arbeit dreihundert Florin ausbezahlen und zudem dreihundert jährlich, wenn er sie in vier Jahren vollendet. Nicht mit diesen Werken zusammen veröffentlicht werden die Ausgaben des Hieronymus, des Hilarius und andere, ebenfalls von mir durchgesehene, sofern sie dem Drucker nicht zusagen. Aber er soll sie drucken, wenn das zu einem angemessenen Preis möglich ist.

Ich möchte nicht, daß die Korrektoren meinen Werken Bemerkungen hinzufügen. Sie sollen sich darauf beschränken, die Fehler, die den Typographen oder auch mir aus Nachlässigkeit unterlaufen sind, auszumerzen, wenn es sich offensichtlich um Fehler handelt. Sie sollen das mit wenigen Worten tun, nachdem sie sich untereinander abgesprochen haben. Besonders aufmerksam sollen sie sein, wenn sie die Zitate der Autoren aus Büchern oder einzelnen Kapiteln drucken. Ich möchte, daß man eigens zu dieser Arbeit Heinrich Glarean, Konrad Goclenius, Beatus Rhenanus, Bonifacius und Basilius Amerbach und Sigismund hinzuziehe. Sollten sie die Aufgabe ablehnen, so hat mein Erbe das Recht, sie durch andere befähigte Korrektoren zu ersetzen. Sollte sich Konrad Goclenius bereit erklären, nach Basel zu kommen, um die Arbeit zu leiten, so soll man ihm vier Jahre lang jährlich hundert Kronen ausbezahlen, zuzüglich dem, was er nach eigenem Gutdünken dem Drucker gibt. Glarean soll man für dieselbe Anzahl von Jahren sechzig Goldflorin ausbezahlen und Sigismund vierzig. Wenn sich mein Erbe mit seinem Bruder an dieser Arbeit beteiligen möchte, soll er selbst bestimmen, was sie als Entlohnung bekommen.

Da sich nicht voraussehen läßt, welchen Anteil ein jeder an der Arbeit übernimmt, ermächtige ich meinen Erben zudem, daß er nach eigenem Entschluß oder auf Rat der Testamentsvollstrecker die Entlohnung eines jeden entsprechend der geleisteten Arbeit herauf- oder herabsetzt. Ich möchte jedoch nicht, daß man mehr als drei oder allerhöchstens vier Korrektoren einstellt. Wenn zwei alleine die Arbeit besorgen können, so sollen sie ihrem erhöhten Eifer entsprechend auch höher entlohnt werden. Darüber hinaus überlasse ich es dem Erben und den Testamentsvollstreckern, bei ihrer Übereinkunft mit der Druckerei die Bezahlung je nach den Erfordernissen der Ausgabe und der Anzahl der Bände anzupassen. Die Auflage soll nicht geringer als fünfzehnhundert Exemplare sein.

Froben oder seinem eventuellen Nachfolger in der Druckerei sollen sie sich recht großzügig zeigen. Wenn er jedoch Schwierigkeiten macht und sich der Sache nicht annehmen will, so soll man sich nach einem anderen Drucker umsehen. Sollten dem Erben oder den Testamentsvollstreckern dadurch zusätzliche Kosten entstehen, dann sollen ihnen die Auslagen mit dem verbleibenden Geld ersetzt werden, damit ihr Erbe unangetastet bleibt.

Sie sollen sich darum kümmern, daß man zwanzig Exemplare von jedem Band oder Teil sorgfältig bindet und sie dann, wenn der Druck abgeschlossen ist, versendet:

Eine vollständige Ausgabe an den Erzbischof [Warham] von Canterbury.

Eine weitere an Cuthbert Tunstall, den Bischof von London.

Eine dritte an den englischen Baron Thomas Morus.

Eine vierte an Johannes [Longlond], den Bischof von Lincoln.

Eine fünfte an die öffentliche Bibliothek des Queens' College in Cambridge.

Eine sechste an John [Fisher], den Bischof von Rochester.

Eine siebte nach Spanien für die Kaiserliche Bibliothek.

Eine achte für den Bischof von Toledo [Fonseca].

Eine neunte an Ferdinand, den Bruder Kaiser Karls.

Eine zehnte an Bernhard [von Cles], den Bischof von Trient.

Eine elfte an Baptista Egnatius.

Eine zwölfte an Busledens Kolleg in Löwen für die dortige Bibliothek.

Eine dreizehnte an das Lilienkolleg.

Eine vierzehnte nach Tournai an das von Petrus Coutrellus gegründete Kolleg für den Sprach- und Literaturunterricht.

Eine fünfzehnte an Franz Craneveld, Mitglied des Rates von Mecheln.

Eine sechzehnte nach Gent an den Abt von St. Bavo.

Eine siebzehnte an Marcus Laurin, den Dekan von St. Donatus, für die Bibliothek seines Kollegs.

Eine achtzehnte an Nikolaus Everard, den Präsidenten des Rates von Holland, oder an seinen Nachfolger.

Eine neunzehnte an den Theologen Herman Lethmanus.

Eine zwanzigste für die Bibliothek des Klosters von Egmond.

Sollten einige der Vermächtnisnehmer gestorben sein, so soll der Erbe nach seinem Gutdünken andere bestimmen.

Die Absprachen mit dem Drucker sollen geheim stattfinden, damit kein böser Geist dazwischentreten und den reibungslosen Ablauf der Arbeiten behindern kann.

Ich möchte, daß man, wenn man diese Bände verschickt, ihnen die von mir korrigierten Schriften des Hieronymus und des Hilarius beifügt.

Was an Geld nach der Bezahlung und Abrechnung verbleibt, soll für fromme Werke verwandt werden, vornehmlich für vielversprechende junge Leute oder als Mitgift für ehrbare junge Mädchen.

Der Erbe soll sich um mein Begräbnis kümmern und dabei weder geizen noch es prunkvoll gestalten. Es soll nach kirchlichem Brauch stattfinden, so daß sich niemand zu beklagen habe.

Ich schulde niemandem etwas, ich habe keinen natürlichen Erben, und der apostolische Stuhl hat mich mit einem ordnungsgemäß ausgestellten Dokument dazu ermächtigt, mein Testament zu machen, dies auch im Hinblick auf meine kirchlichen Güter.

Meinem Famulus Quirinus Talesius sollen, wenn er mir in der Todesstunde beisteht, als Anerkennung für seine langen und treuen Dienste zweihundert Goldflorin ausgehändigt werden.

Ich habe diese Wünsche bei körperlicher und geistiger Gesundheit in dem Jahr und an dem Tag, die oben angeführt sind, ausgesprochen. Zur Sicherheit habe ich dies Testament mit eigener Hand in zwei Exemplaren verfaßt und das Siegel meines Ringes, welches den Gott Terminus zeigt, auf das Dokument gesetzt. Ich behalte mir vor, gemäß dem öffentlichen Recht Klauseln hinzuzufügen, zu streichen oder es nach meinem Gutdünken vollständig zu ändern.«[35]

Die Sorge um sein Werk durchzieht das gesamte Testament. Darüber hinaus denkt er großzügig an seine Freunde und an die Armen.

Das Vermögen des Humanisten wird von einem Antwerpener Bankier namens Erasmus Schets verwaltet. Schets, ein gebildeter Mann mit Geschäftspartnern in vielen Ländern, kommt regelmäßig zur Frankfurter Messe. Erasmus schätzt seinen Rat. Ihr Briefwechsel dokumentiert die Sorgen des Gelehrten, der langsam zu einem reichen Mann wird und nichts vom Finanzgeschäft versteht. Seit Erasmus in Basel lebt, kennt er die Devisenbestimmungen auch nicht besser als damals im Jahr 1500, bei seiner unglücklichen Rückkehr aus England, als die Zöllner in Dover sein Geld beschlagnahmten. Am 14. August 1528 stellt Schets seinem Klienten und Freund in einem Brief aus Antwerpen die Nützlichkeit von Wechseln vor Augen. »Was die Kronen und die anderen Währungen angeht, mit denen man Dich in England bezahlt, so weiß ich nicht, auf welche Verluste Du Dich gefaßt machen mußt. Daß man den Wert der Summen hier höher veranschlagt, erklärt sich aus dem Wechselkurs. Du kannst jedoch, wie Du selbst sagst, Gewinne aus dem Geld ziehen, wenn Du es ausführst. Allerdings gibt es eine gesetzliche Hürde: Man kann das Geld nicht ohne das Risiko ausführen, daß es beschlagnahmt wird; ganz abgesehen davon, daß es unterwegs den Gefahren des Meeres und dem Zugriff von Banditen ausgeliefert ist. Es ist also sicherer, sich beim Geld an Wechsel zu halten.«[36]

Im Jahr 1527 trifft Erasmus mit dem berühmten Arzt Paracelsus zusammen; Paracelsus lehrt gerade für einige Monate an der Basler Universität. Er diagnostiziert Erasmus' Leiden mit einem Scharfblick, der den Kranken erstaunt. Erasmus schreibt ihm daraufhin einen Dankesbrief mit spöttischem Unterton. »Ich wundere mich, woher Du mich so gut kennst, wo Du mich doch nur einmal gesehen hast. Deine geheimnisvollen Worte erkenne ich [...] aufgrund eigenen Übelbefindens als sehr richtig an. [...] Ich habe, wie gesagt, in diesen Tagen keine Zeit für Arzt, Krankheit oder Tod, so sehr bin ich mit Arbeiten überhäuft. Gibt es jedoch etwas, das ohne Erschlaffung des Körperchens das Übel lindern kann, so teile es mir, bitte, mit. Bist Du so gütig, Deine mehr als lakonischen kurzen Bemerkungen etwas eingehender zu erklären und andere Heilmittel vorzuschreiben, die ich, wenn ich Zeit habe, nehmen könnte, so kann ich Dir freilich keinen Lohn versprechen, der Deiner Kunst und Deiner Bemühungen würdig ist, aber ganz sicher verspreche ich Dir ein dankbares Herz. Den Froben hast Du zum Leben zurückgerufen – das bin ich zur Hälfte. Wenn Du mich nun auch gesund machst, hast Du in jedem einzelnen von uns beide gesund gemacht. Möchte uns doch das Glück beschieden sein, daß Du in Basel bleibst!«[37] Leider konnten Paracelsus' Bemühungen Froben nicht retten. Er starb noch im selben Jahr.

Erasmus begeistert sich für die klassische Antike, aber nicht allein dafür. In seinem Bemühen um eine Rückkehr zu den wahren Quellen des Christentums hat er nach Griechisch und Latein auch Hebräisch gelernt. In der Schrift *Der Ciceronianer oder der beste Stil* erläutert er sein Anliegen.[38]

Von den Reformatoren wandte er sich ab, weil er befürchtete, sie würden die alte Kirche stürzen und eine neue schaffen. Nun rückt er von den radikalen Humanisten ab, weil sie mit der antiken Kultur auch das Gift des Heidentums in sich aufgesogen haben. Erasmus will den Humanismus, der nach seinem Ideal ein christlicher Humanismus ist, vor allen Auswüchsen bewahren. Überraschenderweise wählt er nicht den epikureischen Horazkult als Zielscheibe, sondern den Götzendienst an Cicero. Erasmus schätzt Cicero, er gibt seine Werke heraus, lobt seine Ethik und bewundert den großen Redner. Aber wer ist ein wahrer Schüler des Cicero?

Im Jahr 1527 hat Erasmus eine klare Konzeption seines Traktats vor Augen. Er schreibt an Francisco Vergara, der Professor an der Universität von Alcalá ist: »Seit einiger Zeit ist eine neue Art von Feinden aufgetaucht. Sie vertragen es schlecht, daß der Name Christi in den ›bonae literae‹ erklingt, als liege alle Eleganz im Heidentum. In ihren Ohren tönt der Name des erhabenen und gewaltigen Jupiter besser als der Jesu Christi, des Erlösers der Welt. Es ist ihnen angenehmer, von den römischen Senatoren als von den Aposteln zu sprechen. [...] Pontano heben sie in den Himmel, und Augustinus und Hieronymus sind ihnen unerträglich. Ich aber stelle eine einzige Ode des Prudentius, in der Jesus besungen wird, über eine ganze Schiffladung von Versen des Pontano, wenn ich auch seine Bildung und Beredsamkeit zu schätzen weiß. Bei diesen Leuten gilt es als größere Schande, wenn einer kein Ciceronianer ist, als wenn er kein Christ ist. Doch lebte Cicero in unserer Epoche, dann müßte er sich notgedrungen anders ausdrücken, wenn er über christliche Themen spricht. Er müßte auf die Ausdrücke verzichten, die zu seiner Zeit gebräuchlich waren, denn Ziel der Beredsamkeit ist der angemessene Ausdruck. Niemand leugnet, daß Cicero sich durch eine hohe Kunst des Wortes ausgezeichnet hat, wenngleich sich bekanntlich nicht jeder Stil für jeden Gegenstand und für jede Person eignet.

Doch was ist das für eine Sorte von Leuten, die mit so viel Hochmut von sich behaupten, sie seien Ciceronianer? Ich werde Euch ins Ohr flüstern, was ich von ihnen halte. Hinter ihnen verbirgt sich das Heidentum, das ihnen mehr am Herzen liegt als der Ruhm Christi. Was mich betrifft, so fürchte ich mich nicht davor, daß ich aus der Liste der Ciceronianer gestrichen werde, solange ich nur auf der Liste der Christen stehe.«[39]

Die Schrift *Der Ciceronianer oder der beste Stil* ist wie die *Colloquia* in Dialogform abgefaßt. Drei Personen treten auf: Bulephorus, Hypologus und Nosoponus. Bulephorus spricht Erasmus' Gedanken aus und argumentiert gegen Nosoponus. Unentschlossen und wankelmütig steht Hypologus zwischen den beiden. Ihm fällt die Rolle zu, dem Dialog immer wieder neue Nahrung zu geben und den Ton der Unterhaltung aufzulockern. Die Veröffentlichung des *Ciceronianers* 1528 ist ein Markstein in Erasmus' geistiger Entwicklung. Keineswegs bedeutet der Dialog eine Abkehr von seiner Begeisterung für Cicero oder gar vom christlichen Humanismus. Vielmehr prangert er das Neuheidentum an, das sich unter dem Deckmantel von Ciceros unantastbarem Ruf als Redner verbirgt und vor allem in Italien auf dem Vormarsch ist.

Zuweilen ungerecht und mit einigen Übertreibungen nimmt Erasmus die italienische Clique aufs Korn. Er unterscheidet zwischen dem reinen Ciceronianer und dem heidnischen, dem »Affen Ciceros«. Der wahre Schüler des Cicero handelt heutzutage wie ein christlicher Cicero. Bei allem Respekt vor dem großen Vertreter der heidnischen Weisheit muß für Erasmus die alte Beredsamkeit in den Dienst des christlichen Glaubens gestellt werden.

Erasmus nennt den einen Ciceronianer, der denselben Fehler begeht wie viele Franziskaner: Der Schüler verrät den Meister, wenn er ihn im Buchstaben und nicht im Geist nachahmt. Er spricht sich gegen den abergläubischen Purismus und für die Verwendung der christlichen Terminologie aus. »Soll er [der Ciceronianer] vielleicht Gott Vater Jupiter Optimus Maximus nennen, Gott Sohn Apoll oder Äskulap, die Königin der Jungfrauen Diana? Soll er statt Kirche ›heilige Gesellschaft‹, ›heilige Gemeinde‹ oder ›heiliger Staat‹ sagen?« An anderer Stelle fragt er ironisch, ob man nicht wie Christophe de Longueil das Wort Glauben ganz vermeiden und durch »Überzeugung« ersetzen sollte.[40]

In der weitschweifigen Wechselrede des *Ciceronianers* kommt hinter allen überspitzten Bemerkungen und persönlichen Angriffen ein maßvoller und interpretierender Klassizismus zum Vorschein. Maßvoll ist er insofern, als Erasmus alles Heidnische daraus fernhält; interpretierend, weil er argumentiert, daß Cicero sich heute auch im Sinne der Gegenwartsphilosophie äußern würde. Erasmus transformiert Ciceros römisches Gedankengut in ein christliches und schafft damit einen dem Christentum verpflichteten Humanismus.

Erasmus kanonisiert den vom Heidentum gereinigten Cicero und gibt damit dem Lateinunterricht die endgültige Prägung. Als Vorbild der Beredsamkeit,

Schiedsrichter des guten Geschmacks und Vorläufer des Christentums wird Cicero bald zum Lieblingsautor und zu einer Autorität für das humanistische Studium, wie es vor allem die Jesuiten hochhalten. Die Wirkungsgeschichte des *Ciceronianers* zeigt, wie wichtig Erasmus für die Pädagogik ist. Der Mann, der ungern unterrichtet, arbeitet für die Lehrer und folglich auch für die Schüler.

Leidenschaftlich bekämpft Erasmus die Ciceronianer und jene Schriftsteller, die sich zu einer Art neuem Heidentum bekennen. Die Mythen und Gleichnisse der griechisch-römischen Kultur sind ihm vertraut. Zu Beginn seiner Laufbahn hat er ihre Götter noch in seinen Briefen und geistlichen Gedichten aufmarschieren lassen. Er beschwor Diana und Venus und entlehnte mythologische Begriffe von den Alten. Er sagte »dem Vulkan überantworten« anstatt »ins Feuer werfen« oder schrieb »wenn es den Göttern gefällt«, wo man nach christlicher Tradition nur »so Gott will« sagen dürfte. Nach und nach hat er – seit den *Adagia* – auf diese literarischen Bezüge verzichtet und die Mythologie wieder in ihre geschichtlichen Schranken gewiesen. Er vergißt sie nicht, sondern überwindet sie und wirft den neuen Heiden in Italien vor, daß sie seinem Beispiel nicht folgen. Er schreibt sogar, in Rom seien zu viele Bildnisse heidnischer Gottheiten und zu wenige Darstellungen der christlichen Mysterien zu sehen.

Der Ciceronianer ist oft mißverstanden worden. Manche sahen darin nur ein Ablenkungsmanöver des Autors, der sich der religiösen Auseinandersetzung entziehen wolle. Die Italiener, denen Erasmus' Stil von jeher zu wenig klassisch war, sind über die Schrift empört. Andere lesen aus dem Werk eine Absage an den Humanismus heraus.

Das ist durchaus nicht der Fall. In dieser merkwürdigen *querelle des anciens et des modernes* ergreift Erasmus entschieden Partei für die Modernen, daß heißt für die Humanisten, die vor der Weiterentwicklung der Welt nicht die Augen verschließen. In seinem *Ciceronianer* urteilt er scharf. Er geht hart ins Gericht mit einigen – vor allem italienischen – Humanisten, schert aber keineswegs alle über einen Kamm und anerkennt durchaus auch die Leistungen des italienischen Humanismus. Zwar bedingt er sich das Recht auf einen persönlichen Stil aus, doch Cicero bleibt für ihn unbestritten der größte Meister und das bedeutendste Vorbild für gutes Latein.[41]

Die Bedeutung des Buches liegt in seiner Thematik. Ist Humanismus nur die Nachahmung antiker Vorbilder? Natürlich befürwortet Erasmus die Nachahmung – seine pädagogischen Schriften zeigen das zur Genüge. Aber die Nachahmung der Alten soll seiner Auffassung nach dahin führen, daß man in Abgrenzung zu ihnen den eigenen Standpunkt findet.

Seine Feinde schonen ihn nicht: Sie werfen ihm vor, er schreibe schlecht, sein Anliegen sei verfehlt und er kritisiere nur aus Neid![42] Erasmus reagiert gelassen auf die Urteile seiner beleidigten Kollegen. »Wie ich sehe«, schreibt er, »ist es das Sicherste, überhaupt nichts zu schreiben!« Dann spottet er über einen Nachahmer, der stümperhaft seinen Stil zu imitieren versucht. Er wird auch weiterhin schreiben und weder seine Meinung noch seinen Charakter ändern.

Die Frage nach dem guten Stil lenkt Erasmus nicht lange von seinem religiösen Anliegen ab. Im August 1528 veröffentlicht er einen Kommentar zum Psalm 85, eine Meditation über die Frömmigkeit. Anfang 1529 widmet er Maria von Ungarn eine Schrift mit dem Titel *Vidua christiana* [43] (Die christliche Witwe).

In seinen Meditationen kleidet Erasmus das Thema des Todes zuweilen in ein heiteres Gewand. So berichtet er von einem Traum: »Wie gewöhnlich verrichtete ich, vor meinem Bette kniend, die Andacht. Beim Gebet überfiel mich der Schlaf. Während ich betete, überkam mich eine unaussprechliche, übernatürliche Empfindung. Ich befand mich in einem mir völlig unbekannten Lande, in einer unbequemen Herberge. Da erschien vor meinen Augen ein sehr ansehnlicher junger Mann mit einem so strahlenden Antlitz, daß allein sein Anblick mich mit Wonne erfüllte. ›Erasmus‹, fragte er mich, ›was verweilst Du hier? Du bist hier zu unbequem untergebracht.‹ ›Ich bin auf Reisen und im Ausland‹, antwortete ich ihm. ›Warum also‹, entgegnete er mir, ›siehst Du nicht, daß Du eilends von hier fortkommst?‹ ›Nichts, das ich lieber täte‹, sagte ich, ›aber ich fürchte mich, ich könnte eine unbequeme Unterkunft gegen eine noch unbequemere eintauschen.‹

›Nun gut‹, erwiderte er, ›wenn Du mir folgst, so werde ich Dir einen vollkommen ruhigen Aufenthaltsort zeigen; dort quält Dich kein Rauch, der alles durchzieht, hängen keine Regentropfen an der Decke, zieht es nicht durch die Wände, künden keine Eidechsen vom Verfall, stören Dich keine zischenden Schlangen, krächzenden Eichelhäher, schreienden Elstern, brüllenden Esel oder bellenden Hunde.‹ ›Gerne begäbe ich mich an einen solchen Ort‹, antwortete ich. Daraufhin forderte er mich auf, ihm zu folgen, was ich tat. Er führte mich an eine Wiese, die so herrlich war, daß keine menschlichen Worte sie zu beschreiben vermögen, und auch möchte ich den Leser hier nicht mit einer Beschreibung aufhalten. Auf dieser Wiese erhoben sich überall Paläste; selbst Königsschlösser erschienen im Vergleich damit wie Schweineställe. Eine außergewöhnliche Unruhe überkam mich, und ich wollte sofort auf sie zulaufen.

Doch der junge Mann hielt mich am linken Arm zurück und sagte: ›Hüte Dich, denn jedem ist sein Tag bestimmt. Ich werde Dich bald abholen und hinführen. Suche einstweilen aus Deiner kleinen Habe zusammen, was Du für den Ort benötigst.‹ ›Welche braucht man für einen solchen Ort?‹ entgegnete ich. ›Es gibt doch keinen Kodros, der mehr Kodros ist als ich.‹ Daraufhin erwiderte er: ›Statt der Wegzehrung nimmst Du Dein Bedauern mit, daß Du keine Wegzehrung hast; denn Du kommst zu einem Gastgeber, der ebenso gütig wie reich ist.‹ Bei diesen Worten verschwand er.« [44]

Für Erasmus ist die Bedeutung des Traumes klar und tröstlich. Die »kleine

Habe« seines Gepäcks steht bereit. Er zählt sie mit Genugtuung auf: die Werke des heiligen Hieronymus, die Ausgabe des Neuen Testamentes und die Paraphrasen zum Evangelium. Ein plötzlicher Tod hat für ihn keinen Schrecken.

KAPITEL XX

Christus zuerst

Luthers Vorwurf an Erasmus ist zur Genüge bekannt: »Du bist nicht fromm!«[1] Lange Zeit stimmte die katholische Kirche diesem summarischen Urteil zu. Und doch beweisen Erasmus' religiöse Werke das Gegenteil: das *Handbüchlein eines christlichen Streiters,* seine Schrift über die Vorbereitung auf den Tod und vor allem seine Abhandlung *Modus orandi Deum* (Über die Art, zu Gott zu beten). Der Christ muß immer und zu jeder Gelegenheit beten, sei es, daß er Gott ein Lob darbringt, ihm Dank sagt, seine Hilfe erfleht oder ihn um Vergebung bittet; Gott liebt das Gebet seiner Kinder.[2]

Die Schrift *Modus orandi Deum*[3] erscheint 1524. Es handelt sich um ein kleines, von augustinischen Gedanken geprägtes Werk in pastoralem Geist über die Rolle des Gebets im Leben eines Gläubigen.

Erasmus führt darin verschiedene Modelle für das Gebet und vorbildliche Gebete an. Er stellt Betrachtungen über das Gebet Jesu, über das Vaterunser und über das Gebet der Jünger an. Die Bibel und die Liturgie zeigen dem Christen eine fast unerschöpfliche Auswahl von Möglichkeiten, wie er seine Seele zu Gott erheben kann. Besondere Bedeutung mißt Erasmus den Psalmengebeten zu. Er geht ausführlich auf sie ein und erläutert sie mit einer Vielzahl von Beispielen. Ebenso empfiehlt er die liturgischen Gebete, vor allem die volkssprachlichen, weil sie in der Messe einen besseren Einklang zwischen Priester und Laien herstellen. Weiterhin zählt er die verschiedenen Stundengebete aus dem Brevier auf und klassifiziert sie; er kennt jede Zeile des Breviers.

Das innige, persönliche Gebet, das auch stumm gebetet werden kann, nimmt Gott immer gut auf, wenn es nur von Herzen kommt. Der Vater stört sich nicht daran, wenn die improvisierten Formeln nicht ganz richtig sind! Ebenso wichtig sind Stoßgebete vor dem Gekreuzigten. Christus nimmt das Bittgebet an, die alltäglichste – und heikelste – Form des Betens, doch soll man Gott um nichts bitten, das nicht explizit oder implizit schon im Vaterunser enthalten ist. Erasmus wendet sich dagegen, daß man Gott eine Bitte nach der anderen vorträgt, aber er akzeptiert die Fürbitte für Verstorbene.

Auch um Heilung von einer Krankheit darf man bitten, solange man sich in den Willen Gottes fügt. Erasmus gibt ein ergreifendes Beispiel für ein solches Gebet: »Herr, Heil alles Lebendigen, wenn es möglich ist, so befreie mich von dem Leiden, das in mir steckt; doch geschehe Dein Wille, nicht der meine. Wenn Du, der alles weiß, diese Krankheit für mein Heil als notwendig erachtest, so verfüge über mich, wie es Deinem geheiligten Willen entspricht. Gib mir nur den Mut und die Kraft, die Prüfung zu ertragen und der Versuchung zu widerstehen.«

In Erasmus' Leben spielen Gebete eine große Rolle. Das Gebet muß als Ausdruck der Liebe zu Gott vom Gefühl bestimmt sein. Doch zugleich muß es theologisch sein, weil Beten auch Wissen ist. Ohne diese Ausgewogenheit ist das Gebet entweder zu kraftlos oder übersteigert. Erasmus, der Streiter wider den Aberglauben und die rein äußerliche Frömmigkeit, hat es sich mit vielen Katholiken verdorben, weil sie an den traditionellen Observanzen festhalten wollten. Man kann es ihm nicht verübeln, daß er kein Werk zum Lob der Liturgie verfaßt hat. Er ist ein Kind seiner Zeit, und sein Hauptanliegen bleibt die Frömmigkeit des Herzens.

Als die Abhandlung *Modus orandi Deum* erscheint, ist der Heiligenkult bereits Luthers Verdikt zum Opfer gefallen. Erasmus reagiert zwar sehr sensibel auf alle Auswüchse, aber den reinen Kult verteidigt er mit Scharfsinn und Entschlossenheit. Er differenziert: Da die Heiligenverehrung in der Schrift weder vorgeschrieben noch verboten ist, darf man sie weder als eine Notwendigkeit ansehen noch sie als gottlos abtun. Verglichen mit der Verehrung, die Gott gebührt, ist sie aber zweitrangig. Doch da sie auf eine lange, bis in die Zeit der Märtyrer zurückreichende Tradition zurückgeht, kann man sie nicht einfach abschaffen, ohne die religiösen Empfindungen der Gläubigen zu verletzen. Die Heiligen, die ganz in Gott aufgehen, verdienen Achtung, Bewunderung, vor allem aber Nachahmung, denn ihre Taten sind ja nichts anderes als ein Dialog mit Gott. Der Aberglaube jedoch muß entlarvt werden; die falsche Heiligenverehrung schmälert das Gottvertrauen. Unter der Oberfläche christlicher Bräuche erkennt Erasmus die Relikte des Heidentums: Der heilige Antonius tritt die Nachfolge des Asklepios an, und die Jungfrau Maria entthront die Persephone. Hier wie in anderen Bereichen geht es Erasmus nicht darum, die Tradition um jeden Preis zu pflegen; entscheidend ist die Frage, ob die Gläubigen sie in einem guten oder in einem schlechten Sinne pflegen. Bei guter Absicht ist selbst die einfältige Frömmigkeit noch fromm, und verfehlte Glaubenspraktiken müssen toleriert werden, wenn ihre Abschaffung Schlimmeres nach sich ziehen würde.[4]

Erasmus' Schrift zur Beichte erscheint bei Froben in Basel,[5] wahrscheinlich zur Messe im Frühjahr 1524. Sie wird mehrfach neu aufgelegt. Das Sakrament der Buße ist ein sehr umstrittenes Thema. Erasmus erörtert die Vor- und Nachteile der Ohrenbeichte, die das vierte Laterankonzil von 1215 zum Kirchengesetz erhoben hatte. Erasmus argumentiert, daß diese Form der Beichte, da sie nicht von Christus eingesetzt sei, von einem neuen Konzil zum Wohle der Kirche wieder abgeschafft werden könne. Solange eine Entscheidung aussteht, empfiehlt er allen Christen, sich bereitwillig der überkommenen Regel zu unterwerfen. Im übrigen bittet er die Kirche um eine Lockerung der Vorschriften, um die bußfertigen Gläubigen nicht durch Gewissensbisse oder Ängste zu belasten. Bußfertigkeit müsse der Liebe entspringen, nicht der Furcht.

Zusammen mit der Abhandlung veröffentlicht Erasmus einige wichtige Briefe. Diese kleine Briefsammlung enthält auch zwei Schreiben von Papst Hadrian VI. Damit stellt Erasmus sein schwieriges und für die Kirche unbequemes Werk gleichsam unter die posthume Schirmherrschaft des frömmsten der Renaissancepäpste.

Auch wenn Erasmus sich um die Seelsorge bemüht, bleibt er forschender Theologe; zwischen theologischer Forschung und Seelsorge gibt es keinen Widerspruch. Die Theologie ist Grundlage für die Seelsorge, die Seelsorge kann sich immer wieder auf die Theologie beziehen – beide Bereiche ergänzen sich, aber das ist nie auf den ersten Blick erkennbar gewesen. Das Spannungsverhältnis von Theologie und Seelsorge rührt aus methodischen Unterschieden her. Die theologische Forschung bemüht sich darum, das Heilsprogramm zu verstehen und entsprechend vorgebildeten Menschen zu erklären. Die Seelsorge soll die Gläubigen erbauen, ohne ihnen eine exegetische und theologische Bildungslast aufzubürden.

Erasmus kritisiert zum einen jene Theologen, die in sinnloser Neugier nutzlose Fragen aufwerfen; zum anderen jene Prediger und Mönche – es sind meistens die gleichen –, die blind ihre Position vertreten und ihm vorwerfen, er spotte über die Frömmigkeit. Erasmus legt es durchaus nicht darauf an, einen Streit vom Zaun zu brechen: Es genügt ihm, wenn er die christlichen Seelenführer zur Selbstkritik anregen kann.

Im Mittelpunkt von Erasmus' Frömmigkeit steht seine Lehre zur Marienverehrung. Die Mariologie ist ein Kernbereich seines Denkens und seiner religiösen Haltung, ein inniger Ausdruck seines Glaubens. Die Marienverehrung spiegelt nicht nur seine Verbundenheit mit der Bibel und seine Treue zur Kirche wider, sondern auch seine Theologie und sein kritisches Christentum.

Obwohl Erasmus so viele Bücher geschrieben hat, führt doch keines das Thema Marienverehrung im Titel. Dennoch ist in seinen Schriften von Maria so oft die Rede, daß man aus den betreffenden Stellen ohne weiteres ein ganzes Buch zusammenstellen könnte: keine systematisch strenge Abhandlung, aber ein einigermaßen geschlossenes Ideengebäude, eine Mischung aus Ernst, Glaubenseifer und Ironie.

Erasmus wendet sich gegen die Verirrungen einer zwiespältigen und verfehlten Marienverehrung. Er setzt sich für maßvolle Formen ein und warnt eindringlicher als viele seiner schreibenden Kollegen vor den Gefahren von Aberglauben und Marienfrömmelei. Da ihm jeder Radikalismus widerstrebt, bemüht er sich jedoch gleichzeitig, den Kern des katholischen Glaubens zu bewahren. Sein Verdienst liegt genau darin, daß er die Auswüchse der Marienfrömmigkeit anprangert, ohne die Marienverehrung anzugreifen. Die härteste Kritik gilt den Seelsorgern, Predigern und Theologen, die zu einem abwegigen, das heißt für Erasmus sentimentalen oder kommerzialisierten Marienkult aufrufen.

Wie jeder Christ seiner Zeit ist wohl auch Erasmus seit frühester Kindheit mit der Marienverehrung vertraut. Unter den wenigen Schriften, die aus seiner Zeit als Student und als Mönch erhalten geblieben sind, liegt nur ein Werk vor, in dem es um Maria geht: ein endloses lateinisches Gedicht mit über vierhundert Versen, das Meisterwerk eines Zwanzigjährigen.

1501 erinnert Erasmus seine augenblickliche Gönnerin Anna van Veere daran, daß er ihr einige Gebete geschickt hat: Diese könne sie »wie eine magische Formel verwenden, um – selbst gegen seinen Willen, wenn ich so sagen darf – nicht unseren Mond, sondern *den* Mond vom Himmel herabzuholen, der die Sonne der Gerechtigkeit empfangen hat«.[6] Auf den ersten Blick muten diese Zeilen seltsam an. Sie erklären sich aus der traditionellen Allegorie von Jesus und Maria in Gestalt von Sonne und Mond. Erasmus gibt dem Bild eine surreale Note und stellt den Mond – der in der romanischen Vorstellungswelt weiblich ist – als Gebärerin der – im Romanischen männlichen – Sonne dar… Es überrascht allerdings, daß Erasmus ein Gebet mit einer »magischen Formel« vergleicht; er verabscheut die Magie mehr als den Aberglauben und warnt immer wieder davor.[7]

In einem Päan preist er Maria in höchsten Tönen, bezeichnet sie mit Begriffen aus der frühchristlichen und mittelalterlichen Tradition und stellt mythologische Vergleiche an: Maria als Diana und Jesus als Jupiter! Zur gleichen Zeit wie dieser Hymnus entsteht ein Bittgebet an die Jungfrau, das nicht so stark von der gelehrten Rhetorik des Humanismus geprägt ist. Erasmus setzt persönliche Akzente, er spricht von Maria als »mein Heil« und »meine Zuflucht«. Wenn er sie auch mit der »wunderschönen Luna, der Schwester und Mutter der ewigen Sonne« vergleicht, so lobt er in ihr doch vor allem die »unberührte Jungfrau«, die weder die Leidenschaft der geschlechtlichen Liebe noch die Schmerzen der Geburt erfahren habe.[8] Vom glühenden Lob auf Maria leitet Erasmus über zum einzigen Erlöser; ein geschickter Kunstgriff, denn damit stellt er Maria an seine Seite, aber nicht auf eine Stufe mit ihm. Hier liegt die Grenze von Erasmus Marienverehrung.[9]

Neben den beiden Gebeten an Maria formuliert er ein wortgewaltiges »Gebet an Jesus, den Sohn Gottes und Mariä«. Darin bezeichnet er Jesus in einer gewagten Formulierung als »Magier und Zauberer«.

Auch in Erasmus' großen Werken schimmert immer wieder die Marienfrömmigkeit durch. Im *Lob der Torheit* kritisiert er beispielsweise die Christen, die Maria »eine fast ebenso große Macht zuschreiben wie Jesus«, anstatt daß sie ihrem tugendhaften Leben nacheifern.

Im Jahr 1512 pilgert Erasmus zu dem berühmten Wallfahrtsort Walsingham in der Grafschaft Norfolk. Enttäuscht kehrt er von der Reise zurück.

Lukas 2, Vers 51, stellt den Herausgeber des *Neuen Testamentes* vor ein Interpretationsproblem. Dort heißt es, Jesus sei seinen Eltern »untertan« gewesen. Erasmus widerspricht der Auslegung mancher Exegeten, die schreiben, in seinen jungen Jahren sei Jesus seiner Mutter noch zu Gehorsam verpflichtet gewesen. Seine in diesem Punkt durch und durch orthodoxe Ansicht löst bei all jenen, die die Allmacht Marias predigen, Empörung aus. Diese seltsamen Theologen stützen sich in der Hauptsache auf das *Ave maris stella...*

Auch in den *Colloquia* erscheint Maria an mehreren Stellen. Im Dialog »Der Schiffbruch« zitiert Erasmus wenig ehrerbietig das *Salve Regina*, jenen merkwürdigen Wechselgesang aus Seufzern, Wehklagen und Anrufungen. Für die Schönheiten dieses vollendetsten Werkes der lateinischen Mystik scheint Erasmus keinen Sinn zu haben. Im übrigen verurteilt er nicht das Gebet, sondern die Haltung der Schiffbrüchigen, die das *Salve Regina* singen, als sei Jesus für den Himmel zuständig und Maria für das Meer.

»Die Schiffer«, weiß der Dialogpartner Anton zu berichten, »nannten sie Meerstern, Königin des Himmels, Herrin der Welt, Pforte des Heils.« Erasmus entlarvt den plötzlichen Anflug von Frömmigkeit als Relikt des Heidentums. »Einst nahm sich Venus der Schiffer an, von der man glaubte, sie sei aus dem Meer geboren. Da sie ihr Schutzamt nicht mehr ausübt, ist an die Stelle dieser nicht jungfräulichen Mutter die jungfräuliche Mutter getreten.«[10]

Der Dialog »Das Wallfahren« ist eine bissige Satire auf den Mißbrauch, den viele Gläubige mit dem Marienkult treiben. Die amüsanteste und interessanteste Stelle des Zwiegesprächs ist zweifellos der Brief, in dem Maria die Auswüchse des Marienkultes beschreibt. »Denn zuvor«, klagt Maria, »wurde ich durch die unverschämten Anrufungen der Menschen beinahe getötet. Von mir allein wurde alles verlangt, als sei mein Sohn, weil er so auf meinem Schoß gemalt und abgebildet wird, noch immer ein kleines Kind, daß er sich nach jedem Wink seiner Mutter richten müsse und es nicht wagen dürfte, meiner Bitte etwas abzuschlagen, er hätte denn zu fürchten, ich würde ihm, dem Dürstenden, meine Brust verweigern, wenn er mir eine Bitte versage.«

Allerdings bedeutet die Vorrangstellung Christi nicht, daß seine Mutter verleugnet wird. So setzt sich die Jungfrau in ihrem Brief an einen Anhänger Luthers gegen den Bildersturm zur Wehr: »Und mich, die ich ohne Waffen bin, wirst Du doch nicht hinauswerfen, Du müßtest zugleich auch meinen Sohn hinauswerfen, den ich auf dem Schoß trage. Von ihm lasse ich mich nicht wegreißen: Du mußt ihn also mit mir zusammen hinausstoßen oder uns beide da lassen, es sei denn, Du wolltest eine Kirche ohne Christus.«[11]

Erasmus muß harte Auseinandersetzungen mit ignoranten Widersachern durchstehen. Entweder sehen sie philologische Sorgfalt als Häresie an, oder sie mißverstehen seine klarsten theologischen Gedanken. So empören sich spanische Mönche über seine Feststellung, in der Bibel sei von der ewigen Jungfräulichkeit Mariä nirgends die Rede. Tatsächlich hat sich Erasmus deutlich ausgedrückt: »Wir glauben an die ewige Jungfräulichkeit der Maria, auch wenn davon in der Heiligen Schrift nicht die Rede ist.« Er geht sogar noch weiter und bekennt sich wie Thomas Morus zu der Auffassung, Maria sei ihr ganzes Leben Jungfrau geblieben. Die Behauptung, die Jungfrau habe die drei Klostergelübde abgelegt, lehnt er dagegen als Ammenmärchen ab.

Erasmus untersucht die verschiedenen Mariengebete. Das *Kleine marianische Offizium* leidet seiner Ansicht nach darunter, daß einige Bibelstellen, die eher von der Kirche handeln, zu Unrecht auf Maria bezogen werden; ebenso verfahre man bei einigen Gebeten, die sich allein an Jesus richten dürften. Andererseits spricht er sich dafür aus, einfachen Geistern den Rosenkranz zu lassen, vorausgesetzt, sie erwarteten sich davon keine Wunder. Als gelehriger Schüler der *Devotia moderna* verurteilt Erasmus kein Gebet, solange es nur von Herzen kommt.

Eine nach dem Essen gesprochene Gebetsformel erregt Erasmus' Mißfallen: »Durch den gebenedeiten Leib, der es verdient, den Sohn des ewigen Vaters zu tragen.« Gegen das Gebet hat er nichts einzuwenden, aber ein solcher Anlaß erscheint ihm denkbar unpassend. Erasmus spottet öffentlich darüber und handelt sich damit entrüstete Vorwürfe von Natalis Beda ein.[12]

Empört reagiert Erasmus auch auf den übertriebenen Pomp, mit dem Maria in den Kirchen verehrt wird. Er will eine unverfälschte Liturgie und prangert den Brauch an, bei der Wandlung, anders als früher üblich, Lobgesänge auf die Jungfrau anzustimmen.

Im Einklang mit der katholischen Tradition glaubt Erasmus, daß Maria Jesus als Jungfrau empfangen hat. Verficht er auch die Lehre der unbefleckten Empfängnis Mariä? Damals hat man sie noch nicht zum offiziellen Dogma erhoben, aber sie ist weit verbreitet und wird von den meisten Humanisten vertreten. In der Auseinandersetzung mit Lefèvre d'Étaples spottet Erasmus über die Haltung seiner Erzfeinde, der Scotisten, die sagen, es sei eine Beleidigung für Maria, wenn man – wie die Kirchenväter – die Lehre von der unbefleckten Empfängnis ablehne.[13] Etwas später beschwert er sich über den Vorwurf eines Dominikaners, der ihn als Feind des heiligen Thomas und als Verfechter der Lehre von der unbefleckten Empfängnis verdächtigt; die Dominikaner vertreten die gegensätzliche Auffassung.

Erasmus ist wie Thomas von Aquin sicher kein Anhänger dieser Lehre, aber sie erscheint ihm »günstiger« und »wahrscheinlicher«. Günstiger ist sie, weil sie Marias besondere Auszeichnung unterstreicht, und wahrscheinlicher, weil sie mit dem Urteil der Kirche besser übereinstimmt. Das kirchliche Urteil, auf das er sich bezieht, ist eine Definition des Konzils zu Basel aus dem Jahr 1439. Das Konzil hatte sich für diese Lehre ausgesprochen und damit eine Tradition anerkannt und bestätigt, die in der Liturgie bereits fest verankert war.

Doch einige Punkte dieser Lehre widerstreben Erasmus. Er widerspricht der Behauptung, Jesus »mußte« um ihrer Ehre willen die unbefleckte Empfängnis seiner Mutter wünschen. Im Grunde hält er diese Frage wie so viele andere für zweitrangig. Am Ende seines Lebens schreibt er dazu: »Es gibt niemanden, der nicht in Sünde empfangen wäre: Was die Heilige Jungfrau angeht, so äußere ich mich nicht.«[14]

Erasmus schließt daraus nicht, daß man die Jungfrau nicht anrufen dürfe; seine Schriften beweisen das.[15] Auf Bitten seines Freundes Theobald Bietricius, des Pfarrers von Pruntrut, schreibt er eine Votivmesse für Unsere Liebe Frau von Loreto.[16] Das ist die kürzeste Schrift, die er in einem eigenen Band herausgegeben hat. Die Wahl des Themas überrascht, denn die *Santa Casa* ist inzwischen ein beliebter Wallfahrtsort. Wer will nicht Marias Haus sehen und mit den eigenen Händen berühren? Damals zweifelte niemand daran, daß es von Engeln nach Loreto getragen wurde; das Betrugsmanöver wird erst Anfang unseres Jahrhunderts durch den Stiftsherrn Chevalier entlarvt.

Man darf annehmen, daß Erasmus Loreto mit jener Mischung aus Ehrfurcht und Distanz betrachtet hat, die seine Haltung zu Wallfahrtsorten bestimmt. Er pilgert nicht nach Loreto, aber er glaubt an die Wunder der Madonna. Daß das Haus von Engeln versetzt wurde, ist in seinen Augen nur eine Legende mit einer langen Tradition, deren Ursprung er nicht kennt. Immerhin kann er der Legende eine gewisse Überzeugungskraft nicht absprechen.

Huldigte er deshalb der Muttergottes eines Wallfahrtsortes, weil er seine Rechtgläubigkeit unter Beweis stellen wollte? Manche seiner Kritiker haben das behauptet. Ganz ausgeschlossen ist es nicht, aber wahrscheinlich reagierte Erasmus nur auf das Drängen eines Freundes. Vielleicht wollte er überdies zeigen, daß er auch eine so ungewöhnliche Gattung wie die liturgische Abhandlung beherrschte. Welch eine Aufgabe für einen Autor, der unzählige religiöse Schriften verfaßt hat: Ein einfacher Priester bittet ihn, eine Messe zusammenzustellen! Erasmus ergreift die Gelegenheit und zeigt an einem Beispiel, wie ein wahrhaft katholischer Gottesdienst auszusehen hat und welcher Platz der Jungfrau-Mutter in der Heilsökonomie gebührt. Eigentlich ist es unmöglich, ernsthaft und ohne Provokation etwas Gutes über Loreto zu sagen! So verzichtet Erasmus denn auch auf eine Huldigung an die *Santa Casa*. Für ihn ist die Messe, auch die Votivmesse, immer und vor allem ein Gedenken an den Herrn, und jede noch so achtenswerte Privatoffenbarung ist stets unbedeutend angesichts der Offenbarung Jesu Christi. Hier zeigt sich seine theologische Ausrichtung, die von natürlichen Vorbehalten gegenüber der Marienverehrung geprägt ist. Erasmus hat in einer für ihn ganz untypischen Gelegenheitsschrift eine Mariologie entwickelt, die seiner innersten Überzeugung entspringt. Kein Zugeständnis an die äußerliche und oberflächliche Frömmigkeit! Maria wird verehrt, weil sie Jesus geboren hat.

Erasmus formuliert sein Anliegen auch im Gebet der Messe: »Wir verehren die Mutter um ihres Sohnes willen.« Das Evangelium bringt die Hochzeit zu Kana, eine Stelle, die uns die Güte und Demut der Jungfrau vor Augen führt. Ganz von Erasmus' Überzeugungen geprägt ist auch die Predigt, die er in der zweiten Auflage des Werkes einfügt: Sie handelt von Maria als Dienerin des Herrn und als Vorbild für Verfügbarkeit. Höhepunkt der Predigt ist eine Aufzählung der vier Aspekte der Marienverehrung: Lobpreisung, Ehrerweisung, Anrufung und Nachahmung. »Der letzte dieser Aspekte [die Nachahmung] ist gegenüber den anderen von so großer Bedeutung, daß diese ohne jenen fruchtlos sind und daß er allein alle anderen enthält.« Maria ist Königin des Himmels, weil sie voll der Gnade ist, und sie ist voll des Verdienstes, weil sie Dienerin des Herrn ist.

An einer Stelle der Predigt wird das heikle Problem der Leiden Mariä behandelt – eine seit Jahrhunderten diskutierte Frage. Die Ohnmacht der Jungfrau unter dem Kreuz taucht immer wieder in Predigten auf, vor allem bei Wallfahrten. Erasmus spricht mit folgenden Worten vom Kalvarienberg: »Sie litt die Leiden um ihren Sohn, aber dank ihrer Charakterstärke beherrschte sie ihre Gefühle und hielt die Tränen zurück. Als die Jünger voller Furcht auseinandergegangen waren, blieb sie allein mit Johannes unter dem Kreuz zurück. Lästerlich sind die Gemälde, auf denen sie nach einem Zusammenbruch bewußtlos dargestellt ist; Maria klagte nicht, raufte sich nicht das Haar, schlug sich nicht auf die Brust und schrie ihr Unglück nicht hinaus. Der Trost, den sie aus der Erlösung des Menschengeschlechtes schöpfte, war größer als der Schmerz über den Tod des Sohnes.«Der letzte Satz des Zitates ist von herausragender Bedeutung. Erasmus übernimmt die Lehrmeinung und wendet sich gegen eine sentimentale Frömmigkeit.[17]

Die Messe für die Muttergottes von Loreto findet Beifall bei den Katholiken. Der Erzbischof von Besançon erteilt ihr mit schmeichelhaften Worten die Approbation. Nur Ulrich Zasius kann sich ungeachtet seiner Freundschaft zu Erasmus nicht dafür erwärmen. In einem vertraulichen Brief teilt er Bonifacius Amerbach mit, daß ihm die Predigt gefalle, er aber Vorbehalte gegen das übrige habe. »Loreto überlasse ich den Italienern, und Maria verehre ich im Himmel«, schreibt er. Erasmus wäre über die Bemerkung sicher verärgert gewesen, wenn er von dem Brief erfahren hätte; vermutlich hätte ihn aber das begeisterte Lob auf seine Predigt, den persönlichen Kern dieser Messe, schnell wieder besänftigt. Obwohl Erasmus in seinen letzten Jahren ein Buch über die Predigt verfaßte, hat er uns nur wenige Predigten hinterlassen. Die Votivmesse für Unsere Liebe Frau von Loreto ist ein Vorbild an Vernunft und Tiefsinn und ein bemerkenswertes Zeugnis für sein Pastoralverständnis.

Je älter er wird, desto besser kann Erasmus sich in den guten Willen der einfachen Gemüter einfühlen. Aberglauben toleriert er zwar immer noch nicht, aber er akzeptiert inzwischen manches, was nur um den Preis eines gefährlichen Aufruhrs abgeschafft werden könnte.

Erasmus weiß, daß die Heiligenverehrung erst relativ spät in Erscheinung getreten ist, dann aber einen wundersamen Aufschwung erlebt hat. In einem Brief an Sadolet erläutert er seine Haltung: »Nichts liegt mir ferner, als in meinen Büchern den Kult oder die Darstellung der Heiligen zu verurteilen. Hie und da habe ich die Art der Heiligenverehrung als abergläubisch und unangebracht bezeichnet. Zum einen empfinde ich es als abergläubisch, wenn ein Soldat, der auf Beute ausgeht, sich eine glückliche Rückkehr verspricht, wenn er zuvor nur das Knie vor dem Bildnis der heiligen Barbara gebeugt und ihr zu Ehren Stoßgebete wie magische Formeln zum Himmel geschickt hat. Zum anderen empfinde ich es als unanständig, wenn Frömmler Heilige mit Gaben von Kerzen und Bildern ehren, während doch ihr ganzes Leben den Tugenden der Heiligen Hohn spricht. Die Heiligen schätzen am meisten die Frömmigkeit, die in der Nachahmung ihres erbaulichen Vorbildes besteht. Niemals wollte ich, daß man Bilder und Statuen zertrümmert, wenngleich ich der Meinung bin, daß in einer Kirche nichts aufgestellt werden darf, das ihrer nicht würdig ist. […] Es gibt große Diskussionen um das Gebet, das sich an die Heiligen richtet und die Ehrungen, die man ihren Bildnissen erweist. Man muß zugeben, daß keine Stelle der Heiligen Schrift die Anrufung rechtfertigt, außer vielleicht, biegt man den Sinn etwas zurecht, das evangelische Gleichnis vom Reichen, der bei Abraham um Fürsprache bittet. Es könnte unvorsichtig erscheinen, wollte man auf einem Gebiet von solcher Wichtigkeit Neuerungen einführen, obgleich die Heilige Schrift dazu schweigt. Indes verurteile ich nirgends die Anrufung der Heiligen und glaube nicht, daß sie verboten werden muß, solange sie frei ist von jenem Aberglauben, den ich aus gutem Grunde angreife. Es ist Aberglaube, wenn man die Heiligen um alles bittet, gerade so, als gäbe es Christus nicht mehr oder als erbarmten sie sich schneller als Gott! Es ist auch Aberglaube, wenn man sich, um eine bestimmte Gnade zu erhalten, an diesen oder jenen Heiligen wendet und dabei meint, die heilige Katharina könne etwas gewähren, wozu die heilige Barbara nicht befugt ist! Es ist auch Aberglaube, wenn man die Heiligen nicht in ihrer Eigenschaft als Fürbitter anruft, sondern so, als seien sie die Urheber des Guten, das Gott uns gibt!«[18]

»Unser Heil hängt von Christus ab, und selbst die Jungfrau verdankt ihm das ihre.«[19] In dieser treffenden Formulierung faßt Erasmus seinen Standpunkt zur Heiligenverehrung zusammen.

In einem Punkt ändert er seine Meinung – unbewußt vielleicht, auf jeden Fall ohne explizite Erklärung. In seinem Päan hat er Maria als »wahrhaftige Diana« angesprochen, und nun spottet er im *Ciceronianer* über die Schriftsteller, die mit dem Heidentum liebäugeln und Jesus Apoll und seine Mutter Diana nennen. Erasmus ist inzwischen kein junger Dichter mehr, der in seiner Begeisterung für die Mythologie dem Christentum die heidnische Antike überstülpt.

Vorbehaltlos greift er die traditionellsten Formen der Heiligenanrufungen auf, die Litaneien. Sehr häufig bezeichnet er Maria als Jungfrau-Mutter oder Mutter Jesu, als Muttergottes, Gattin Gottes, Mutter der Barmherzigkeit, Königin aller, Neue Eva, Königin des Himmels und der Erde. Er vergleicht sie mit dem Morgenstern, der Morgendämmerung, mit dem Regenbogen, der Taube, dem Lebensbaum, dem Turm Davids, dem Thron Salomons, der Zeder des Libanon und der Rose von Jericho.

Maria als Fürsprecherin spielt in Erasmus' Denken nur eine geringe Rolle; als Mittlerin, Miterlöserin, Mutter der Kirche, Mutter der Schmerzen und als Quelle aller Gnaden kommt sie überhaupt nicht vor. Er beklagt, daß man allzu sprechende Ausdrücke aus dem Hohenlied oder dem Buch Jesus Sirach auf Maria bezieht: »Ich bin erschaffen vor allen Zeiten.« Wo in der Genesis von der Bundeslade die Rede sei, dürfe man, vom wörtlichen Sinn ausgehend, Maria nichts zusprechen, was sich auf die Kirche beziehe, während sich in anderen Fällen eine großzügige Auslegung rechtfertigen lasse und man die Jungfrau unter dem Namen »Pforte des Himmels« anrufen dürfe.

Erasmus' Mariologie ist sehr vielschichtig, aber kohärent, eigenständig und bisweilen gegen andere Formen der Marienverehrung gerichtet. Doch ohne Zweifel steht sie im Einklang mit der Bibel, den Kirchenvätern und dem Urteil der Kirche. Erasmus erkennt ohne lange Diskussion auch Überlieferungen an, die nicht der Heiligen Schrift entstammen, solange sie nur Maria den richtigen Platz zuweisen. Die falsche Marienfrömmigkeit hingegen greift er an. Er brandmarkt ihre Auswüchse und verwirft bedingungslos jede Lehre, die Maria auf eine Stufe mit ihrem Sohn oder gar über ihn stellt.[20]Erasmus' Theologie jedoch ist auf Christus zentriert. Daraus ergeben sich bestimmte Grenzen, die er niemals überschreiten wird. »Christus«, so schreibt er, »ist der Anker unseres Heils, Maria ist es nicht.« Aber dieser Christozentrismus richtet sich nicht gegen Maria, denn Erasmus wünscht »das Heil durch Jesus, aber nicht ohne seine Mutter«.[21]

In seinen verschiedenen Betrachtungen zur Frömmigkeit lenkt Erasmus das Augenmerk des Lesers immer wieder auf die Kernpunkte des christlichen Glaubens. Der wahrhaft Gläubige duldet weder die Überheblichkeit des Intellektualismus noch die Schwäche des Aberglaubens. Er verwirft eitle Oberflächlichkeit und Routine. Sein Glaube ist keine Errungenschaft des Verstandes und keine Belohnung für das Verdienst. Letztlich ist die Frömmigkeit das Werk des Menschen und der Glaube eine Gabe Gottes, die das Bewußtsein erleuchtet.

KAPITEL XXI

Freiburg. Ein freiwilliges Exil

In Basel genießt Erasmus eine fragwürdige Sicherheit. Mit dem raschen Vormarsch der Reformation wird seine Situation schwierig. Er ist verärgert, weil zudringliche Abweichler Druck auf ihn ausüben. Der Bildersturm in den Kirchen schockiert ihn, und er empört sich darüber, daß die Geistlichen schikaniert werden. Da es verboten ist, die Messe zu zelebrieren, kann er seine religiösen Pflichten nicht offen erfüllen. Soll er Basel verlassen…? Langsam löst sich Erasmus von der Stadt. Er verkauft dem Polen Johannes a Lasco seine Bibliothek, behält sich aber das Nutzungsrecht auf Lebenszeit vor.[1]

Unter den Neuerern fürchtet er vor allem die Schüler des Oekolampad, der bis vor kurzem noch sein Freund war. Auf der anderen Seite können sich die Wiedertäufer behaupten, obwohl sie allgemein angefeindet werden. Das Basler Domkapitel emigriert nach Freiburg im Breisgau, und der Bischof Christoph von Utenheim zieht sich in den Jura zurück.

Erasmus glaubt sich in Gefahr und erwägt, eine der Einladungen aus dem Ausland anzunehmen. Er will nicht in Verdacht geraten, er unterstütze die Reformation. Vorübergehend sucht er Zuflucht in einer nahegelegenene katholischen Universitätsstadt, wo sein alter Freund, der Jurist Zasius, lebt und lehrt: in Freiburg im Breisgau.[2]

Am 17. März 1529 schildert Erasmus Francisco Vergara, warum er sich in Basel unbehaglich fühlt. »Ich stelle mich darauf ein auszuwandern«, vertraut er ihm an. »Ich sehe mich gezwungen, aus dem Nest zu fliegen, in dem ich mich jahrelang heimisch fühlte. Ich fürchte, die Behandlung, die man den Heiligen angedeihen läßt, ist Vorbote meines Schicksals. Außerdem verdächtigen mich einige [Katholiken] fälschlich, aber seltsam halsstarrig, ich hätte mich heimlich mit den Sekten verbündet; und deren glühendste Anhänger hassen mich. Ich muß also vor der Todesgefahr fliehen, und dies unter einer anderen Todesgefahr.«[3]

Am 25. März 1529 schreibt er dem Erzbischof von Toledo, Alfons von Fonseca, was ihn aus Basel forttreibt. »Ich habe mich in Basel niedergelassen, um ein Werk zu vollenden, das dem Volk als Anreiz zur Frömmigkeit und zum Studium der Literatur dienen kann. Wie die Tatsachen zeigen, habe ich mich nicht dem Schlummer hingegeben! Außerdem bin ich kein schweigender Zuschauer in dem Stück geblieben, das gespielt wurde. In Unterredungen, durch Briefe und ebenso durch meine Bücher habe ich viele Geister zurückgeholt oder zu Zurückhaltung oder wenigstens zur Mäßigung bewogen. Dann habe ich mich dem offenen Kampf mit Luther gestellt. Seine Giftpfeile haben sich in meine Brust gebohrt, und soweit ich konnte, habe ich sie abgewehrt oder sie ihm zurückgeschossen. [...]

Ich muß fortziehen und weiß, daß dies nur unter Todesgefahren möglich ist. Ich bin dieses Nest seit etlichen Jahren gewohnt. Doch Christus wird über den Ausgang der Sache wachen. Ich werde tun, was ein gläubiger Mensch tun muß: Ich stelle die Frömmigkeit über mein Leben. Zu bleiben, wo man weder die Messe feiern noch das Abendmahl empfangen darf, das hieße ja sich zum Bekenntnis dieser Leute bekennen. Oekolampad hat alle Kirchen in seiner Hand, die Mönche und Nonnen müssen laut Befehl auswandern oder das heilige Gewand ablegen. In den Kirchen wird nicht mehr gebetet, wie es die Tradition will. Nur noch manchmal hält ein Pfarrer eine Predigt, dann singen Kinder und Frauen einen Psalm, der in einer deutschen Melodie erklingt. Das ist nur das Vorspiel. Ich fürchte sehr, auf das Pharisäertum folgt ein Heidentum. Luther hat einige Städte auf seiner Seite, die über das Abendmahl nahezu so denken wie die [katholische] Kirche; aber die Richtung, die offenbar geradewegs darauf hinaus will, das ganze Priestertum und Mönchtum radikal abzuschaffen, hat die Majorität. Die Wiedertäufer sind zwar allenthalben zahlenmäßig stark, haben aber nirgends eine eigene Kirche in die Hand bekommen. Sie empfehlen sich vor den anderen durch einen tadellosen Lebenswandel, werden aber auch von den übrigen Abtrünnigen von der alten Kirche unterdrückt, nicht nur von den Altgläubigen.«[4]

Am 30. März, dem Dienstag nach Ostern, vertraut Erasmus seine Sorgen Ludwig Ber an. Ber hat Basel bereits verlassen und ist nach Freiburg geflohen. »Ich beglückwünsche Dich von ganzem Herzen, daß Du die Auferstehung des Herrn mit allen geistlichen Freuden gebührend feiern kannst. Hier feiern wir Ostern ohne das Halleluja, ohne Siegesbankett, aber nicht ohne bitteres Kraut! Ich glaube mich an den Flüssen Babylons. Auch ist mir nicht danach, den Herrn auf dieser fremden Erde zu besingen. Hier bin ich nur noch mit meinem Leib; mein Geist ist bei Dir. Ich hoffte, vor Ostern in Freiburg zu sein, damit man denen, die hier nach mir fragten, die Antwort hätte geben können, die die Engel den frommen Frauen gaben: ›Er hat sich von hinnen begeben, er ist nicht hier.‹ Aber um Mitte März packte mich ohne erkennbare Ursache ein sehr hartnäckiger, von Fieber begleiteter Schnupfen; einige Nächte war ich in schwerer Gefahr, an dem zähen Schleim zu ersticken. Noch immer bin ich nicht ganz gesund. Jetzt erwarte ich täglich die Rückkehr des Hieronymus Froben aus Frankfurt, und deshalb schien es mir geraten, noch etwas hierzubleiben. Denn mit seiner Hilfe komme ich sicherer von hier fort, und möglicherweise bringt er Briefe vom kaiserlichen Hofe in Brabant oder vom Speyrer Reichstag, die mich nötigen könnten, anderswo als nach Freiburg zu gehen. Man zieht aber meines Erachtens besser einmal als zweimal um. Schon längst jedoch habe ich die Wertgegenstände, wonach vor allem Diebe und Räuber gelüstet, voraufgeschickt und werde bei nächster Gelegenheit mit dem übrigen Hausrat folgen. Inzwischen ist meine Kammer mein Tempel, bis ich wie die befreit wieder in die Wüste ziehenden Juden dem Herrn anderweitig opfern darf – ich hoffe, das wird nächstens geschehen.«[5]

Erasmus betreibt seine Reisevorbereitungen und verabschiedet sich von verschiedenen Freunden. Einige Stunden vor seiner Abreise schreibt er erneut an Ludwig Ber und berichtet ihm mehr geistreich als betroffen vom tragischen Schicksal des anabaptistischen Priesters Philipp Schwitzer; Erasmus will damit wohl die verwirrenden religiösen Auseinandersetzungen in Basel veranschaulichen.

»Ich weiß nicht, ob das, was hier in Basel geschehen ist, eher das Lachen Demokrits oder die Tränen Heraklits herausfordert. Urteile Du. Ein Priester auf der Durchreise bezahlt seinem Wirt die Heller, die er ihm schuldet, und sagt ihm dann: ›Gehab Dich wohl und tu Buße.‹ Dann kommt er auf uns zu, stellt sich als zweiter Vorläufer Jesu vor und ruft mit ernstem Gesicht laut und vernehmlich: ›Tut Buße, tut Buße, tut Buße. Die Hand des Herrn ist ausgestreckt über Euren Häuptern!‹ Er lief mehrere Tage durch die Straßen und wiederholte diese Mahnung. In der Kathedrale wetterte er gegen das verderbte Leben der Stiftsherren. Die meisten der Anwesenden lachten darüber, die anderen achteten nicht auf ihn. Schließlich, so heißt es, sei er in die Kirche der Anhänger Oekolampads eingedrungen und habe sie beschimpft; er hielt sich nicht zurück und mäßigte sich nicht. Immer wieder nannte er sie ›Seelentöter‹. Jemand fragte ihn: ›He Du, der Du uns zur Buße aufrufst, sag uns, was wir tun sollen und durch welche Mittel wir Gott besänftigen können.‹ Daraufhin sah er denjenigen, der ihn angesprochen hatte, aus den Augen eines Gorgonenhauptes an und sprach wie aus himmlischer Eingebung: ›Pharisäer, warum führst Du mich in Versuchung? Weiteres zu sagen, hat mir der Heilige Geist nicht aufgetragen.‹

Es heißt auch, er habe die Rolle des Vorläufers Jesu bereits in Montbéliard gespielt. Er hatte dort niemanden gefunden, der zur Buße aufgelegt war, und er selbst hatte drei Monate lang für alle im Gefängnis gebüßt. Nach seiner Freilassung kam er also hierher, als er sich nach dem Grundsatz des Evangeliums den Staub von den Füßen geschüttelt hatte. Da das Wort Buße in Basel noch weniger Erfolg hat, warf man ihn auch dort ins Gefängnis. Während man ihn dorthin führte, schrie er unaufhörlich weiter: ›Tut Buße!‹ Eine der Wachen sagte ihm daraufhin: ›Wenn Du nicht schweigst, Nichtsnutz, dann bekommst Du meine Faust aufs Maul.‹ Ich weiß nicht, was im Gefängnis geschehen ist. Sicher ist indes, daß man ihn unter der Bedingung freigelassen hat, daß er nicht wieder zu uns zurückkehrt.

Wie man hörte, zog er dann nach Luzern, in eine Stadt, die neuen Sekten denkbar feindlich gesinnt ist. Einige Tage lang hat er dort die Rolle des Vorläufers gespielt. Wie diesem hat man auch ihm die Eisen angelegt. Dann hat er den Scheiterhaufen bestiegen, obwohl Johannes der Täufer doch enthauptet wurde; ein Wiedertäufer ist wohl doch nur eine schlechte Nachahmung des Johannes.«[6]

Vor seiner Abreise hat Erasmus eine Unterredung mit Oekolampad. Einige Mißverständnisse können ausgeräumt werden, aber Erasmus geht doch, obwohl er zum Bleiben gedrängt wird. Seine Wertgegenstände, seine Bücher und seine Möbel sind bereits in Freiburg.

Am 13. April nimmt Erasmus mittags das Schiff nach Neuenburg. Von dort aus geht es über den Landweg nach Freiburg. Einige Freunde, darunter Bonifacius Amerbach, begleiten ihn bis zum Zielort und kehren dann nach Basel zurück.

Erasmus wird herzlich empfangen und ehrenvoll in einem städtischen Haus untergebracht. Der Himmel strahlt, Optimismus scheint gerechtfertigt. Aber Erasmus ist mit seinen sechzig Jahren gebrechlich, verbraucht und krank. Seine alte Dienerin Margarete begleitet ihn, doch das ist nur ein dürftiger Trost. Er behält sie allein deshalb in seinem Dienst, weil er fürchtet, eine Nachfolgerin könnte noch schlimmer sein. Für Erasmus ist sie ein unerträgliches, verknöchertes Weib.

Kaum hat Erasmus das Haus *Zum Walfisch* bezogen, gießt er seine Abschiedsworte an Basel in lateinische Verse. »Doch nun ade, Basel, das Du mir von allen Städten lange Jahre die süßeste Gastfreundschaft gewährtest. Deshalb bitte ich in meinen Gebeten, daß Dir alles günstig sei. Daß Du niemals einen unangenehmeren Gast aufnimmst, als Erasmus war!«[7]

Wird der Reisende in Freiburg für immer Fuß fassen, oder ist die Stadt nur eine kurze Zwischenstation? Er ist offenbar unschlüssig. »Ich habe entschieden, diesen Winter hier zu bleiben«, erklärt er einem Freund, »bevor ich dann mit den Schwalben in die Stadt ziehe, die Gott mir zeigt.« Er denkt an eine Weiterreise, aber Freiburg hält ihn fest. Die Monate vergehen. Die Schwalben kommen und ziehen wieder fort. Erasmus bleibt. An seinem neuen Asylort wird er mehrere arbeitsreiche Jahre verbringen.

Wie viele Menschen seiner Art fürchtet Erasmus die Ärzte. Er konsultiert sie zwar manchmal, aber seine Diät verordnet er sich selbst. Er verabscheut Fisch, und sein liebstes Getränk ist Burgunderwein, den er für das beste Mittel gegen die Gicht hält! Er sieht das Damoklesschwert des Todes über seinem Haupt schweben und will unverzüglich sein Werk zu Ende bringen. Noch im Jahr seines Umzugs nach Freiburg verläßt eine Abhandlung zur Kindererziehung die Druckerpresse. In der lange gereiften Schrift faßt Erasmus auf gelehrte Art Erfahrungen zusammen; ausnahmsweise fühlt sich diesmal niemand verletzt.

Bei der Kindererziehung ist keine Überlegung zu viel oder unbedeutend. Allerdings muß man schon über die Sorgen um richtiges Benehmen und Anstand hinausblicken, will man zur eigentlichen Erziehung vorstoßen. Erasmus ist ein bemerkenswerter pädagogischer Berater. Immer wieder erinnert er daran, daß die Erzieher an die Vernunft des Kindes appellieren sollen und regelmäßig Übungen mit den Kindern machen müssen. Er wünscht sich, daß man Kinder schon in jungen Jahren an die Literatur und die göttlichen Gebote heranführt. »Der Mensch wird nicht als Mensch geboren, er wird dazu gemacht.«

Erasmus' Bildung ist breit gefächert. Er handelt medizinische, geschichtliche und naturwissenschaftliche Fragen ab, aber er ist auf diesen Gebieten nicht zu Hause. Sein Reich liegt anderswo. Er beschränkt sich denn auch meist darauf, aus diesen Wissenschaften moralische Anekdoten, bedeutsame Beispiele und Anschauungsmaterial zu schöpfen, vor allem aber griechische und lateinische Vokabeln. Betrachten wir eine reizvolle und ungewöhnliche Passage, in der er auf einfallsreiche Weise die visuelle Lehrmethode anwendet.

»Das Bild zeigt beispielsweise einen Elefanten von einer Riesenschlange umwunden, der seinen Schwanz um seine Vorderfüße geschlungen hat. Dem Knaben gefällt die ihm bislang unbekannte Gestalt auf dem Bilde. Was wird da der Lehrer tun? Er wird bemerken, daß das gewaltige Tier bei den Griechen *elephas* genannt wird und bei den Lateinern ähnlich, nur daß man da der lateinischen Abwandlungsform gemäß *elephantus, elephanti* sagt. Er wird darauf hinweisen, daß das, was die Griechen mit *proboskida* bezeichnen, im Lateinischen *manus* heißt, weil das Tier sich damit die Nahrung zuführt. Er wird erwähnen, daß dasselbe nicht durch den Mund atmet wie wir, sondern durch den Rüssel; er wird auf die zu beiden Seiten hervorstehenden Stoßzähne aufmerksam machen, welche das Elfenbein liefern, das bei den Reichen im Preise steht, und zugleich wird er einen elfenbeinernen Kamm vorzeigen. Weiterhin wird er sagen, daß es bei den Indern Schlangen von solch gewaltiger Größe gebe. [...] Er wird daran erinnern, daß zwischen diesen Schlangen und Elefanten von Natur aus ein sehr heftiger Krieg herrsche. Wenn nun der Knabe erst wißbegieriger ist, dann wird der Lehrer noch vieles andere über die Natur der Elefanten und Schlangen erwähnen können.«[8]

Gehen wir nicht voreilig mit einem Lächeln darüber hinweg! Erasmus setzt sich hier durchaus nicht in literarische Pose. Er erfindet nichts, aber er hat keine Informationen aus erster Hand. Er hat in seinem ganzen Leben weder eine Riesenschlange noch einen Elefanten gesehen, seine gesamten naturwissenschaftlichen Kenntnisse stammen aus Büchern. Seine Vorstellungen über Riesenschlangen bezieht er aus dem Volksgut, und was er hier sachlich richtig über Elefanten sagt, geht auf Plinius zurück.

Erasmus vertritt eine liberale Pädagogik, die sich auf den Glauben an das Gute in der menschlichen Natur gründet und an das Vertrauen des Lehrmeisters in seinen Schüler appelliert. Dieses Vertrauen äußert sich in allen seinen Werken zur Erziehung, von der Abhandlung *De ratione studii* (Von der Art und Weise des Lehrens und Lernens) aus dem Jahre 1511 bis zur Schrift *De civilitate morum puerilium* (Von der kindlichen Höflichkeit) aus dem Jahre 1530.[9] In der letztgenannten Abhandlung, die als regelrechtes Lehrbuch zur Lebensart zu betrachten ist, erteilt Erasmus Ratschläge zu Fragen der Höflichkeit und selbst der Hygiene; dabei geht er vielleicht ein bißchen zu sehr ins Detail. Er vermischt die Gattungen nicht und macht keine fromme Schrift daraus, sondern weist darauf hin, daß Selbstbeherrschung keine speziell christliche Tugend ist. Die Erziehung zur Höflichkeit beeinflußt das Verhalten positiv, ihren tiefen Sinn erhält sie jedoch erst dann, wenn die Achtung vor der Person hinzukommt.

»Wenn einer eine Rotznase hat, ist er ein unreinlicher Mensch: Man hat dem Philosophen Sokrates dieses Laster vorgeworfen. Wer sich in seine Mütze oder in einen Zipfel seines Gewandes schneuzt, benimmt sich wie ein Bauer, wer auf den Arm oder auf den Ellenbogen wie ein Pökelhändler. Es ist auch nicht reinlicher, sich in die Hand zu schneuzen und sie dann an den Kleidern abzuwischen. Da ist es anständiger, sich eines Taschentuchs zu bedienen und sich umzudrehen, wenn eine ehrenwerte Person dabei steht.

Man muß seine Zähne sorgfältig rein halten. Sie mit Hilfe von Pulvern zu bleichen ist eine ganz weibische Art. Sie mit Salz oder Alaun zu scheuern schadet dem Zahnfleisch. Sie mit Urin zu putzen ist eine spanische Mode. Wenn Speisereste zwischen den Zähnen steckenbleiben, so soll man sie nicht mit einer Messerspitze, nicht nach Art der Katzen mit den Fingernägeln und auch nicht mit Hilfe einer Serviette entfernen. Bediene Dich eines Sprosses vom Mastixstrauch, eines Federkiels oder eines jener kleinen Knochen, die man aus Hähnchen oder Suppenhühnern herausziehen kann.

Man vernachlässigt sich, wenn man sich nicht kämmt. Doch ordentlich sein heißt nicht, daß man sich wie ein Mädchen herausputzt. Achte darauf, daß Du keine Läuse oder Nissen hast: Das ist abscheulich. Es gehört sich nicht, wenn man sich in Gegenwart eines anderen ständig im Haar wühlt. Ebenso ist es ungehörig, sich mit den Fingernägeln zu kratzen, vor allem, wenn es zur Gewohnheit wird und unnötig geschieht. Das Haar soll weder in die Stirn fallen noch bis auf die Schultern herabhängen. Man soll es auch nicht aus dem Gesicht schütteln, denn das wirkt wie bei einem Pferd, das seine Mähne schüttelt. Es ist unelegant, sich das Haar von der linken Seite zur Mitte des Kopfes hin aus der Stirn zu streichen: Besser teilt man es mit den Händen.«

In der oben erwähnten Abhandlung zur Kindererziehung gibt Erasmus persönliche Erfahrungen wieder und nennt beiläufig Beispiele für eine zu harte Erziehung, die er anderen ersparen möchte.

»Wenn Du auf mich oder vielmehr auf den geistreichen Chrysippus hörst, so wirst Du für die sofortige wissenschaftliche Unterweisung Deines Kindes Sorge tragen, solange sein Herz noch frei ist von Sorgen und Untugenden, solange seine Jugend noch weich und lenksam, sein Geist noch für alles empfänglich und fähig ist und dabei das einmal Aufgenommene mit Zähigkeit festhält. Denn an nichts erinnern wir uns im Alter so gut als an das, was wir in frühen Jahren unserem Geiste eingeprägt haben. […]

Dieses Ergebnis wird teils durch die Sanftmut und das Wohlwollen des Lehrers erzielt, teils auch durch seinen Erfindungsreichtum und seine Geschicklichkeit; er muß nämlich verschiedene Mittel finden, wie er dem Kind das Studium angenehm und mühelos macht. Tatsächlich ist nichts verhängnisvoller als ein Privatlehrer, der wegen seines Charakters die Kinder das Lernen hassen lehrt, noch bevor sie begreifen können, warum sie es lieben müssen. Der erste Schritt zum Wissen ist die Liebe zu seinem Lehrmeister. Mit der Zeit liebt das Kind, das die Studien anfänglich aus Liebe zu seinem Lehrmeister geliebt hatte, den Lehrmeister aus Liebe zu den Studien. […]

Manche könnte man eher totschlagen als durch Schläge bessern; gleichwohl kann man dieselben Naturen durch Wohlwollen und freundliches Zureden dahin bringen, wohin man nur will. Einen solchen Sinn, ich will es gestehen, hatte ich selbst in meiner Jugend. Als nämlich ein Lehrer, der mich vor allen übrigen Schülern lieb hatte, weil er versicherte, er gäbe sich in bezug auf mich Gott weiß welch großen Erwartungen hin, mich schärfer beobachtete und schließlich versuchen wollte, inwieweit ich die Rute vertrüge, warf er mir ein Vergehen vor, woran ich nicht einmal im Traume gedacht hatte, und schlug zu. Dieser Vorfall erstickte in mir alle Lust zum Lernen und drückte den jugendlichen Geist so nieder, daß ich beinahe vor Gram vergangen wäre; zumindest hatte dieser Kummer ein viertägiges Fieber zur Folge. Als jener schließlich seinen Irrtum einsah, sprach er klagend zu seinen Amtsgenossen: ›Beinahe hätte ich jenes Genie früher verloren, als ich es erkannt hatte.‹ Er war nämlich weder ein stumpfsinniger noch ungelehrter, noch, wie ich glaube, böser Mann. Er kam wieder zur Einsicht, jedoch für mich zu spät.«

Kinder haben eine bewundernswerte Aufnahmebereitschaft und lernen Fremdsprachen deshalb besonders leicht. »Was nämlich die Sprachen betrifft«, bemerkt Erasmus, »so ist die Fähigkeit, sie zu erlernen, in jugendlichem Alter sehr groß, so daß ein deutscher Knabe unbewußt und nebenher in wenigen Monaten Französisch lernt, und zwar besser in den Jahren, wo er noch ungebildet ist.«

Mit ihren tausend Briefen auf tausend Seiten ist die Briefsammlung *Opus epistolarum* aus dem Jahre 1529 die bemerkenswerteste, die Erasmus je veröffentlicht hat.[10] Lange und oft mühselige Vorbereitungen gingen ihr voran. Erasmus möchte darin widersprüchliche Anliegen in Einklang bringen. Zum einen will er dem Publikum eine Gesamtschau seiner Briefe bieten, aber das erscheint ihm andererseits dann doch als zuviel. Der zusammenfassende Band soll eine Anthologie, aber gleichzeitig auch eine Dokumentation sein. Und er will neben den bereits veröffentlichten Briefen die Ausbeute aus den letzten Jahren unterbringen: nochmals Hunderte von Briefen! Es bleibt nur der Mittelweg, eine Lösung, die klug sein mag, auf alle Fälle aber typisch für Erasmus ist. Allerdings ergeben sich daraus Inkonsequenzen, ja sogar einige Ungereimtheiten. Das Ergebnis ist ein gewaltiger, aber unvollständiger Band. Er umfaßt Musterbriefe, alle bereits veröffentlichten Briefe und dazu vierhundert unveröffentlichte aus den letzten Jahren. Nur in wenigen Fällen ist Erasmus der Empfänger dieser neu hinzugekommenen Korrespondenz. Die meisten Schreiben stammen aus seiner Feder und richten sich an über zweihundert Adressaten in den verschiedensten Ländern.

Erasmus stellt seine Sammlung den Lesern im Plauderton vor, und seine Gefühle und Absichten sind leicht erkennbar. »Ich habe Dir schon einmal versichert«, sagt er, »daß ich mich für keine meiner Schriften weniger interessiere als für meine Briefe. Ich habe noch einmal alle Argumente in dieser Sache an mir vorüberziehen lassen. Meine Meinung hat sich nicht geändert. Da Hieronymus Froben mir versichert hat, daß die Gelehrten seit zwei Jahren bereits eine vollständige Sammlung meiner Briefe verlangen, bin ich das bereits Gedruckte noch einmal durchgegangen und habe es mit beträchtlichen Zusätzen versehen. [...]

Die Reihenfolge der Briefe zu ändern, befand ich nicht für notwendig: Ich habe das Ganze lediglich in Bücher unterteilt, damit der Leser leichter findet, was er sucht. Freunde haben mir geschrieben, meine Korrespondenz müsse chronologisch geordnet werden. Selbst wenn dies einfach gewesen wäre, hätte ich es aus verschiedenen Gründen dennoch nicht getan. Aus einem noch gewichtigeren Grund hat es mir auch nicht zugesagt, eine Einteilung nach Sachgruppen vorzunehmen, denn es ist doch gerade die Vielfalt, die an so einer Art Buch besonders geschätzt wird. Im übrigen habe ich, um den Durst der ganz Ordnungsliebenden zu löschen, am Ende jedes Briefes den Tag und das Jahr seiner Entstehung angegeben. Zudem findet man auf den ersten Seiten des Bandes ein Verzeichnis mit Personennamen und Seitenzahlen, dem man entnehmen kann, wer an wen wievielmal geschrieben hat. Ich hätte diesen Briefen eine bestimmte Anzahl anderer hinzugefügt, wenn ich sie zur Hand gehabt hätte, aber bei meinem Umzug sind mir nicht wenige Schriftstücke, die ich gerne behalten hätte, abhanden gekommen. Bei der herrschenden Unordnung fand ich einen Teil meiner Briefe nicht wieder. Ich halte es für meine Pflicht, dies zu sagen, denn wenn jemand hier Briefe an geringere Freunde abgedruckt findet und die an ihn gerichteten vermißt, so soll er darin keine böse Absicht von mir vermuten. Ich weiß nicht, ob man heutzutage noch etwas schreiben kann, das nicht irgend jemanden verletzt. Was mich betrifft, so habe ich mich stets nach Kräften bemüht, verletzende Bemerkungen zu vermeiden oder zumindest abzumildern. Auf Namensnennungen habe ich zumeist verzichtet. Ach, hätte ich dies nur immer tun können! Doch Briefe kann man so nicht veröffentlichen. […]

Ich habe feierliche Titel, die nicht nur eitel, sondern auch schwerfällig und langweilig sind, beiseite gelassen. Ich dringe darauf, daß man mir deshalb nichts nachträgt. Wer wüßte nicht selbst, daß die Könige unbesiegbar und durchlauchtigst, die Äbte ehrwürdig, die Bischöfe ehrwürdigst, die Kardinäle hochwürdigst und die Päpste heiligst sind? Diese und andere Titel wie ›Unbesiegbare Majestät‹, ›Durchlauchtigster Herrscher‹, ›Allergnädigste Hoheit‹ oder ›Ehrwürdiger Vater‹ untergraben nicht nur die Reinheit der lateinischen Sprache, sie verärgern auch den Leser, denn es ist überflüssig und ermüdend, wenn man sie erwähnt.«[11]

Erasmus gibt selten Erläuterungen zu seinen Briefsammlungen. Darum ist dieses Vorwort, das letzte in seiner Art, besonders interessant. Daß er auf die Briefe mit rhetorischen Mitteln vorbereitet – als bewußte Vorsichtsmaßnahme oder in einer Mischung aus Spott und Naivität –, zeigt, daß ihre Veröffentlichung ein Risiko darstellt. Er geht dieses Risiko bewußt ein und läßt seine Briefe zum erstenmal oder erneut drucken, ohne sie in eine chronologische Ordnung zu bringen.

Ein Vergleich zwischen den Briefen neueren Datums mit denen aus früheren Jahren zeigt, daß Erasmus inzwischen oft unter einem Gefühl der Erfolglosigkeit, der Machtlosigkeit, ja der Bestürzung leidet. Hoffnungen sind zerplatzt, Enttäuschung ist an ihre Stelle getreten. Er sieht, wie um ihn herum alles zusammenstürzt, was ihm so wichtig war. Für das Literaturstudium und die christliche Eintracht ist das Goldene Zeitalter in weite Ferne gerückt. Pessimistische Gedanken beherrschen ihn. Er sieht das Literaturstudium durch die protestantische Reformation vernichtet und vergißt dabei, daß Melanchthon doch auf diesem Gebiet eine wichtige Rolle spielt. Er kann sich nicht vorstellen, daß gewaltige Anstrengungen für eine katholische Reform unternommen werden, und er erwartet sich wenig von einem Konzil, das zu spät einberufen wird. Diese Fehleinschätzungen werden ihm bis zu seinem Lebensende Kummer bereiten, aber weder seine Geisteskräfte schwächen noch seine christliche Überzeugung erschüttern.

Zudem treten die Auseinandersetzungen wieder in aller Schärfe zutage. Erasmus verfaßt Apologien und setzt sich darin heftig gegen Pio, Clichtove, Eppendorf und Geldenhouwer zur Wehr.[12] Solche fruchtlosen Unternehmungen reiben ihn auf und zehren an seiner Gesundheit. Täglich erreichen ihn mit der Post entmutigende Neuigkeiten. Die Tage des spanischen Erasmianismus sind gezählt. Bei der Inquisition sind Erasmus' Anhänger ebenso verpönt wie die Lutheraner. In Paris endet ein Verehrer und Übersetzer des Erasmus, der Chevalier de Berquin, auf dem Scheiterhaufen.[13] In Lüttich läßt der Inquisitor Theodoricus Hezius bei einer regelrechten Razzia Erasmus' Bücher in der Schule der Brüder vom Gemeinsamen Leben beschlagnahmen.[14] Und bei alldem fürchtet Erasmus, daß in Freiburg ein Aufstand der Abtrünnigen ausbrechen könnte. »Kommt es irgendwie zu Unruhen, so werde ich unter den ersten Opfern der Zwinglianer und Lutheraner sein; immerhin will ich das bereitwilliger erleiden, als daß man mich vom Lager der katholischen Kirche losreißt.«[15] Es erbittert ihn deshalb besonders, wenn ihn Verleumder noch immer als gottlos hinstellen. Empört zitiert er die Beschimpfungen spanischer Theologen: »Er verspottet die selige Jungfrau, er verwirft die Heiligenverehrung, er denkt unfromm über die Trinität.«[16]

Nach einer Krise, in der er sehr mutlos ist, gewinnt sein Optimismus wieder die Oberhand. Der zähe Arbeitswille siegt über die Ängste, wie er früher in einer schwierigen Phase seines Gefühlslebens gesiegt hatte. Er denkt gern an die Bilanz seiner Werke und antwortet all denen, die sich von einem alten Mann nichts mehr erwarten, mit siegessicherem Humor.

»Inwiefern bin ich für jene ›der alte Mann‹? Budaeus [= Budé] ist nur zwei Jahre jünger als ich, Beda vielleicht fünf oder vier, Latomus drei. Bis in meine jetzigen alten Tage stecke ich ganz in Arbeit; daher rührt zum größten Teil mein schlechtes Befinden und die Altersschwäche. Ich, der eine Greis, habe den Packen von vier jungen, starken Leuten zu tragen. Gott sei Dank sind meine Augen noch scharfsichtig, während viele sich wundern, daß ich nicht längst blind bin. Bis jetzt habe ich nie eine Brille gebraucht, weder bei Tage noch bei Licht. Einen Stock habe ich niemals angerührt, ich gehe festen Schrittes und rasch, meine Hände zittern weniger als bei manchem Jüngling. Mein Steinleiden mildert sich beständig, und wenn ich im Arbeiten etwas Maß halte, kann ich wohl im ungeschwächten Besitz meiner Sinne mit Gottes Hilfe noch vierzehn Jahre leben. Aber unser Leben steht in Gottes Hand. Meine Umgebung merkt weder ein starkes Nachlassen der Geisteskraft noch des Gedächtnisses. Und wo bleibt der Verkalkte, reif, daß man ihm den Leichenschmaus hält?! Er hat den Hieronymus, den Cyprian, den Augustinus herausgegeben. Jetzt wartet er mit dem Chrysostomos auf, von dem er mehrere Auszüge übersetzt hat. Dasselbe hat er mit Athanasius getan. Er hat viele Stellen aus dem Neuen Testament erhellt, indem er auf die griechischen Autoren zurückgegriffen hat. Meine Feinde sollen das Inhaltsverzeichnis zu meiner Ausgabe des Neuen Testamentes lesen, dann verstehen sie, was der alterschwache Greis für die Entfaltung des Literaturstudiums und für den Fortschritt der Frömmigkeit vollbracht hat.«[17]

Alles an diesem Bravourstück entspricht der Wahrheit, abgesehen von Erasmus' Behauptungen über seine Gesundheit. Er hat Nierenbeschwerden und wird von den Ärzten schlecht versorgt. Das drückt zuweilen auf seine Stimmung. Die Menschen in seiner Umgebung leiden darunter, aber seine Arbeit kommt nie zum Erliegen.

KAPITEL XXII

Freiburg. Die letzte Ernte

Erasmus' Bemühen um Verständigung geht nicht so weit, daß er 1530 am Reichstag in Augsburg teilnimmt. Er zieht es vor, durch seine Schriften zu überzeugen. Vielleicht, so hofft er, kann der Bruch dank Melanchthons intensiver Bemühungen abgewendet werden. Aber er muß machtlos mit ansehen, wie das Schisma heraufzieht.

Erasmus wirft den Neuerern vor, daß sich ihre Lehren widersprechen, und beklagt, daß sie die römische Kirche beschimpfen. »Euer Protest gilt nicht der Reinigung der Institutionen, sondern ihrer Zerstörung. […] Ihr schüttet das Kind mit dem Bade aus: Genaugenommen werft Ihr das Kind hinaus und laßt das Bad stehen.«[1]

In diesem Lebensabschnitt wechseln sich bei Erasmus Zufriedenheit und Verbitterung ab. Er ist nun wohlhabend. In einem Brief an seinen spanischen Freund Christoph Mexia rühmt er sich mit einer gewissen Eitelkeit seiner Reichtümer. »Mein Zimmer ist vollgepfropft mit Briefen, von Gelehrten, Prominenten, Fürsten, Königen, Kardinälen, Bischöfen. Ich besitze einen Schrein voll von Ehrengaben, Becher, Krüge, Löffel, Uhren, zum Teil aus reinem Gold. Eine große Zahl von Ringen habe ich – das alles würde noch viel mehr sein, wenn ich nicht sehr viele Geschenke an andere Jünger der Wissenschaft weiterverschenkte. Unter den Geschenkgebern sind viele nicht nur durch ihre Gelehrsamkeit, sondern auch durch ihr heiliggemäßes Leben berühmt, wie der Erzbischof von Canterbury, der Bischof von London, von Augsburg, ganz besonders John Fisher, der Bischof von Rochester; […] und der Bischof von Breslau, Johannes Turzo. […] Von Tag zu Tag wächst die Zahl solcher Leute, während ich doch niemand zu derartigen Beweisen der Güte aufgefordert habe, da ich mich offen dazu bekenne, daß ich mir am täglichen Brot genügen lasse; dieser Grundsatz reut mich so wenig, daß ich mir lieber einmal etwas abziehe, als etwas hinzunehme. Und doch ist die Freigebigkeit jener so ungezwungen spendefreudig, daß, selbst wenn ich keine Einkünfte hätte (ich habe freilich einige, selbst abgesehen von der kaiserlichen Pension), allein diese Gaben für die Bestreitung meiner Studien genügen würden. Gaben von Durchschnittsmenschen habe ich immer zurückgewiesen, und zwar nach Möglichkeit unbeschadet der Freundschaft; oder ich nahm sie aus Höflichkeit gegen reiche Entschädigung an.«[2]

Verbittert stellt er fest, daß seine Bemühungen zur Wiederherstellung des Friedens vergeblich bleiben. Er zählt seine Feinde auf und beschwert sich über die Freunde, die ihn vergessen oder verraten haben. Der Sommer 1530 sei für ihn »fast fruchtlos« gewesen, schreibt er – eine Klage, die wir nicht allzu ernst nehmen dürfen: Er hat soeben erst die Ausgabe seines geliebten Chrysostomos vollendet, und kurz darauf wird er die *Apophthegmata* veröffentlichen, eine herrliche Sammlung antiker Spruchweisheit mit einer Widmung an den jungen Herzog Wilhelm von Clèves.

Trotz Rheumatismus, Steinleiden und Gicht findet Erasmus Kraft und Zeit, den Gegnern von rechts und links zu antworten. Ihre unversöhnlichen Schriften erregen seinen Zorn. Zuweilen überläßt er sich der blinden Wut, dann wird sein Leben bestimmt von Ängsten, Verdächtigungen, Mißverständnissen und Taktlosigkeiten. Nach einiger Zeit faßt er sich meist wieder, und die gute Laune gewinnt die Oberhand.

Rücksichtslose Freunde veröffentlichen Auszüge seiner Werke in tendenziösen Pamphleten, und er hat den Ärger damit, die Angelegenheit dann richtigzustellen. In eine solche Situation bringt ihn sein Jugendfreund Gerhard Geldenhouwer, der sich auf die Seite der Reformation geschlagen hat. Bestimmt, aber in ironischem Tonfall rückt Erasmus in seinem »Brief gegen die, welche sich die Evangelischen nennen« die Sache gerade. Er richtet den Brief im November 1529 an Geldenhouwer und veröffentlicht ihn im Januar 1530. Erasmus kommt darin zunächst auf persönliche Fragen und auf Geldenhouwers Armut zu sprechen. Obwohl er sich augenblicklich selbst in einer finanziellen Verlegenheit befindet, schickt er Geldenhouwer einige Goldstücke.

»Dieser mein armer Leib verlangt viele Ausgaben; das Alter hat ihn, der schon in der Blüte seiner Jahre schwächlich war, deutlich anspruchsvoller gemacht, und mehr noch der schlechte Zustand meiner Gesundheit, die von zwei unheilbaren Krankheiten bedroht ist. Denn die Ärzte erklären, daß sie gegen die Steinleiden der Greise ebensowenig etwas tun können wie gegen das Alter selbst. Ich verwende einen guten Teil meines Geldes darauf, die Diener, die ich noch bei mir habe oder die schon entlassen sind, meine Boten und meine Famuli zu bezahlen; deren Tätigkeit erleichtert meine Aufgabe erheblich, sei es, daß sie alten Dokumenten nachjagen, sei es, daß sie sie vergleichen, mit Anmerkungen versehen oder meine eigenen Manuskripte zur Korrektur lesen und abschreiben.

Zudem wärst du erstaunt, wie sehr mein Vermögen seit meiner Abreise aus Basel zusammengeschmolzen ist. Solange ich dort lebte, hatte ich – von anderen Vorteilen ganz zu schweigen – ein Haus, bei dem ich weder für die Kosten der Einrichtung noch für seinen Unterhalt aufkommen mußte. Hier muß ich alles aus eigener Tasche bezahlen. Und schließlich wird auch mein Einkommen geringer, während die Preise für die Lebensmittel steigen. Der Kaiser kämpft gegenwärtig in einer sehr stürmischen Partie, und nicht einmal die Gläubiger wagen, ihn im Augenblick zu belästigen. Das bedeutet, daß ich meine Pension bei weitem nicht regelmäßig erhalte, ich, der nutzlose Ratgeber, der ebenso schüchtern wie träge ist, wenn es ums Bittstellern geht. […]

Jedenfalls, mein lieber Vulturius, erstaunt es mich, daß Dir, der Du Dich doch für das evangelische Leben entschieden hast, die Armut eine Quelle des Ärgers ist, während doch der heilige Hilarion, als er eines Tages in die Lage kam, seine Überfahrt auf einem Schiff nicht bezahlen zu können, sich glücklich schätzte, daß er ohne sein Zutun zu solch großer evangelischer Vollkommenheit gelangte. […] Doch lassen wir das. Du fürchtest, mir zu mißfallen? Ich könnte über einen solchen Freund wie Dich nicht verärgert sein, selbst wenn ich es wollte; ich gebe zu, daß es mich schmerzt, Dich in dieser Sackgasse zu sehen, in die Du selbst gelaufen bist; gerne würde ich Dich da herausziehen!«

Erasmus möchte sich mit diesem Brief klar gegen die lutherische Strömung abgrenzen. Er stellt klar, daß er die Justiz des Fürsten und sein Recht, einen Ketzer zu bestrafen, nicht in Frage stellt, »wenn er wirklich ein Ketzer ist«. Allerdings rät er den Geistlichen eher zur Milde. Sie sollen Überzeugungsarbeit leisten und nicht die Abtrünnigen einfach dem weltlichen Arm überantworten. Schließlich kommt er auf das Wesentliche und legt dar, worin der glückliche Einklang zwischen dem Glauben und den Werken besteht.

»Stellen wir uns eine Diskussion vor, in der man gefragt wird, ob die guten Werke zum Glauben führten oder ob nicht vielmehr der Glaube die guten Werke hervorbringe; ob die guten Werke eine Rechtfertigung seien oder nicht. Jedenfalls sind zwei Dinge unbestreitbar: Ohne Glauben gibt es für niemanden Hoffnung auf das Heil, und unter Mitwirkung der Barmherzigkeit führt der Glaube notwendig zu guten Werken. Es ist also eine Dreistigkeit, wenn man sich ständig des Glaubens rühmt und sich dabei nicht für die guten Werke interessiert, und es sind nichts als schöne Worte, wenn man verspricht, daß man das Heil allein durch den Glauben erlangt, ohne daß gute Werke ihn begleiten. Ich fürchte sogar, daß sich unter dem Deckmantel der evangelischen Lehre viele Heiden verbergen, die sich noch freier fühlen werden, wenn sie weder an den Himmel noch an die Hölle, noch an die Unsterblichkeit der Seele glauben. Jedenfalls rühmen sich diese Leute, ihre Gewissen seien befreit. Die vollkommene Frömmigkeit hat ein reines Gewissen, aber die größte Gottlosigkeit auch. Mir ist ein stets rastloses Gewissen lieber, ein Gewissen, dessen Ruhe immerfort durch das

Gären des Glaubens bedroht ist. Man kann von keinem Übel geheilt werden, dessen man sich nicht bewußt ist.«[3] Es folgt über mehrere Seiten hinweg eine bissige Erläuterung seines Standpunktes.

Kurz darauf antwortet er Martin Butzer, der die Diskussion erneut angeheizt hat, mit ebensoviel Entschlossenheit: »Man kann unmöglich mit Euch allen einverstanden sein, denn Ihr seid Euch in grundlegenden Punkten uneins.«

In einer Antwort auf ein lutherisches Pamphlet zeigt Erasmus etwas mehr von sich selbst: »Weder mein Alter noch meine schlechte Gesundheit können mich zu einem müßigen Leben zwingen. Ich lebe von meiner Hände Arbeit, damit ich niemandem zur Last falle und denen helfen kann, die in Not sind.«

Man hat Erasmus nach seiner Ankunft in Freiburg einen Teil des Hauses *Zum Walfisch* zur Verfügung gestellt. Er fühlt sich dort jedoch nicht wohl. Freunde laden ihn nach Rom, nach Besançon und nach Brabant ein. Wird er in Freiburg bleiben oder den Rufen folgen und weiterziehen? Aus Antwerpen rufen ihn unabhängig voneinander Peter Gilles und Erasmus Schets in die Heimat zurück, wo ihn angeblich Freunde erwarten. Erasmus bleibt skeptisch. Er weiß, daß er am Hof Karls V. mit Ausnahme von Konrad Goclenius keinen wirklichen Freund mehr hat.[4] »Wer sind all diese Leute«, antwortet er Schets, »und wo sind all jene, die mir ein Haus, Wein und Freunde versprechen? Auf wen kann ich vertrauen?« Er gibt den Gedanken an eine Rückkehr deshalb fürs erste auf und trifft eine überraschende Entscheidung.

»Ich habe Dir etwas mitzuteilen«, schreibt er an Johannes Rinck aus Köln, »das Dich zum Lachen reizen wird. Wenn Dir jemand verkünden würde, daß der fast siebzigjährige Erasmus geheiratet hat, würdest Du da nicht drei oder vier Kreuze schlagen? Ich weiß, daß Du dies tun würdest, und gewiß auch mit gutem Recht. Ich habe etwas getan, das ebenso mühsam und anstrengend ist und meinem Charakter und meinen Tätigkeiten ebensowenig entspricht. Ich habe ein Haus mit ehrenwertem Namen, aber zu kaum erschwinglichem Preis gekauft. Wer verzweifelt nun, wenn er die Flüsse, nachdem sie ihren Lauf geändert haben, zu ihren Quellen zurückfließen sieht, während Erasmus, der sein ganzes Leben seine Arbeit als Schriftsteller über alles andere gestellt hat, zu einem Steigerer und Käufer geworden ist, der handelt, Garantien gibt, baut und dabei statt mit den Musen mit Zimmerleuten, Schmieden, Maurern und Glasern verkehrt?

Diese Sorgen, mein lieber Rinck, die meiner Natur stets widerstrebten, haben mich vor Abscheu fast umgebracht. Und ich wandle noch als Fremder durch mein eigenes Haus, weil es, wenn es auch geräumig ist, kein Nest hat, dem ich in aller Sicherheit mein Körperchen anvertrauen könnte. Ich habe ein einziges Zimmer darin eingerichtet, dort einen offenen Kamin einbauen und den Boden und die Wände täfeln lassen; wegen des Kalkgestanks wage ich allerdings noch nicht, mich dort aufzuhalten. Aber ich will in Bälde einziehen; möge das glücklich und günstig vonstatten gehen.«

Als Erasmus dieses Haus *Zum Kind Jesu* schließlich bezogen hat, empfängt er dort seine Freiburger Freunde Ulrich Zasius, Heinrich Glarean, Ludwig Ber und andere von auswärts. In diesem Haus schreibt er weiter an seinen Werken.

Ein Aspekt des Themas Krieg beschäftigt Erasmus zeit seines Lebens: der Krieg gegen die Türken. Wenn die muslimische Bedrohung fern ist, spricht er mit bissigen Worten über den Kreuzzug. Sobald Gefahr im Verzug ist und es nicht mehr darum geht, die Gebiete der Ungläubigen zu erobern, sondern Europa gegen einen Einfall zu verteidigen, ändert sich sein Ton. 1526 wird der böhmisch-ungarische König Ludwig II. in der Schlacht bei Mohács getötet. 1529 stehen die Türken vor Wien. 1530 veröffentlicht Erasmus seine Schrift zur Türkenfrage, eine kurze Meditation über die Angst in der augenblicklichen Situation.[5]

Er bleibt seiner bisherigen Lehre treu, stimmt aber dem Gedanken zu, daß Europa verteidigt werden muß. Den Türken ist der Krieg erklärt worden. Der Krieg ist eine Tatsache, keine Möglichkeit mehr. Erasmus begreift, daß es unvermeidbar werden kann, den Angreifern Widerstand zu leisten. Widerstrebend akzeptiert er die Notwendigkeit des Verteidigungskrieges, lehnt es jedoch ab, ihn »Kreuzzug« zu nennen. Er gehört nicht zu jenen, die jeder Verteidigung die Legitimität absprechen; er gibt genau die Bedingungen an, unter denen ein Verteidigungskrieg legitim ist. Er muß nach humanen Gesichtspunkten geführt werden und in eine friedfertige Evangelisierung münden. Erasmus scheint sich der Schwachstellen in seinem Konzept durchaus bewußt zu sein, und es muß ihn einiges an Überwindung gekostet haben, dem Krieg so viele Zugeständnisse zu machen. Es sei, sagt er, zum Wohle Europas und »für die Aufrechterhaltung des Friedens in der Christenheit«. Aber er erwägt auch die Risiken seiner Parteinahme. »Ich fürchte, daß wir, wenn wir die Türken bekämpfen müssen, gezwungen sind, selbst Türken zu werden.«

Seine Zeitgenossen täuschen sich nicht in ihm. Bei ihnen galt Erasmus schon immer als Verfechter des Friedens. Julius Pflug formuliert die allgemeine Ansicht so: »Auf Dich sind die Blicke all jener gerichtet, die den Frieden suchen.«[6]

In einem Brief an seinen alten Freund Johannes Botzheim kommentiert Erasmus die jüngsten politischen Nachrichten, die er noch immer mit Interesse verfolgt. »Was der Kaiser treibt, war niemals stärkerer Geheimhaltung unterworfen und wurde nie länger verborgen als heute, da er in Brabant lebt. Einige meiner Freunde haben sich mit dem Vorsatz, Informationen zu ergattern, unter die Würdenträger gemischt. Sie haben nichts aufschnappen können. Als einziges brachten sie nur in Erfahrung, daß er sich mit Leidenschaft der Jagd hingibt. Ich glaube, er tut dies seiner Gesundheit wegen, die unter den weiten Reisen und den vielen Widrigkeiten mehr oder minder stark gelitten hat. Es ist ein langer Weg von Spanien nach Bologna. Dort hat er nach prunkvollen Zeremonien im persönlichen Gespräch mit Clemens VII. recht ungewöhnliche Angelegenheiten verhandelt. Auf diese Gespräche folgte der Reichstag zu Augsburg mit einem gewaltigen

Zustrom an Fürsten. Von dort aus begab sich der Kaiser nach Aachen, wo König Ferdinand zum römischen König gewählt wurde. Nachdem er so viele Aufgaben glücklich zu Ende gebracht hat, erholt er sich also ein wenig bei den Flamen, bei denen er geboren ist. Im übrigen verlangt man eine phantastische Summe Geld als Abgabe, doch wie ich höre, haben ihr noch nicht alle Provinzen seines Reiches zugestimmt. Wozu wird diese Summe verwendet? Man stellt Vermutungen zuhauf an, doch nichts ist gewiß. Manche sehen den Kaiser schon im Herbst im Triumph durch Frankreich ziehen und dann nach Spanien zurückkehren. Andere glauben, das Geld solle für den Krieg gegen die Türken dienen. Noch andere mutmaßen, daß ein Blitzangriff auf die Anhänger der Sekten stattfinden soll. Gott weiß, was geschieht!«[7]

Mehr von seinen Gedanken gibt Erasmus preis in einem Brief an Bernhard von Cles, den Bischof von Trient. Er schreibt über die Einsamkeit des Alters, über seine schwache Gesundheit und seinen eisernen Arbeitseifer. »Mit welchem Vergnügen habe ich nicht Deinem Brief entnommen, daß der erlauchteste römische König Ferdinand vor zahlreichen Zuhörern meinen Namen mit einer so rühmlichen Erwähnung geehrt hat, daß ich bei ihm keiner weiteren Empfehlung bedarf! [...] Ich weiß nicht recht, worum ich König Ferdinand bitten könnte, abgesehen von dem, was er mir in seiner außerordentlichen Güte aus freien Stücken bietet. Mit Ausnahme der Studien, in deren Dienst ich gerne stürbe, tauge ich zu keiner Tätigkeit im Leben. Ein offizielles Amt wäre für mich von nun an wie die Last auf einer klapprigen Mähre, die darunter zusammenbricht. Am Ende des Lebens Güter anzuhäufen wäre ebenso sinnlos, wie seine Wegzehrung am Ende des Weges zu vermehren. Die Genügsamkeit war mir stets angenehm und ist heute für mich notwendig. Dennoch wünschte ich mir ein ruhiges Alter. [...] Die Gebrechlichkeit verjagen und die Krankheit heilen, das können weder der Papst noch die größten Fürsten oder der Kaiser. Weil sie mir beide gewogen sind, ist es mein einziger Wunsch, daß sie den Kläffern gegen mich den Maulkorb anzulegen vermögen. Doch selbst das steht nicht in ihrer Macht.«[8]

Im Jahre 1531 sterben die beiden Reformatoren Zwingli und Oekolampad, zwei alte Freunde des Erasmus, die zu seinen Feinden geworden sind. Erasmus macht aus seiner Erleichterung keinen Hehl und scheint sich seiner Gefühle nicht zu schämen. Er kann aufatmen, reagiert aber ungewöhnlich heftig, als Sebastian Franck im gleichen Jahr in Straßburg seine »Chronik« veröffentlicht. Wie andere vor ihm benutzt der Verfasser dieser Streitschrift Erasmus' Werke im Zusammenhang mit Angriffen auf den Kaiser und den Papst. Erasmus ist wütend und verlangt Francks Bestrafung. Der Rat der Stadt Straßburg ordnet an, daß die »Chronik« eingestampft wird; Erasmus beruhigt sich wieder.

Terenz, seinen großen Jugendschwarm, hat er nie vergessen. Als er mehrere Monate lang die jungen Polen Johannes Boner und Stanislaus Aichler mit ihrem Erzieher Anselm Ephorinus in seinem Haus aufnimmt, bereitet er gerade eine

Ausgabe der Komödien des großen lateinischen Dichters vor. Er veröffentlicht das Werk 1532 und widmet es Johannes und Stanislaus Boner. Ihr Vater, ein Bankier des Königs Sigismund und treuer Bewunderer des Erasmus, schickt ihm zum Dank zwei prächtige Goldmedaillen.

In einem Brief an den Bischof Jakob Sadolet kommt Erasmus auf religiöse Fragen zu sprechen. Er kann sein Bedauern über das Vergangene nicht verbergen. Man hätte Luther und seinen Schriften über den Ablaßhandel nicht so großes Interesse schenken dürfen. Damit habe man nur Öl ins Feuer gegossen. Dann hätte man auf die Dienste der Mönche verzichten müssen, die fast durchweg abscheuliche Menschen seien. Außerdem habe man die schrecklichen Ausschreitungen des Pöbels provoziert, und es sei ein Fehler gewesen, Bücher und Menschen zu verbrennen.[9]

Obgleich Erasmus weiterhin mit Freunden und manchmal auch mit Feinden korrespondiert, sieht es nicht danach aus, als wolle er noch einmal eine umfangreiche Briefsammlung für eine Veröffentlichung zusammenstellen. Dennoch holt er sich von verschiedenen Empfängern seine Briefe zurück.[10] Er läßt sie von seinen Famuli abschreiben und überarbeitet sie gelegentlich, wenn ihm die Vorsicht dazu rät. Andrea Alciati, ein mutiger Freund, der ihn wieder besänftigen wollte, hat ihm frei heraus gesagt: »Unter den Briefen, die Du in den letzten vier Jahren veröffentlicht hast, sind wenige, die nicht den Geist der Rache atmen.«[11]

Im März 1531 schickt Erasmus dem Basler Drucker Herwagen ein Schreiben, das einer weiteren Briefsammlung als Vorwort dient. Diese Sammlung trägt den Titel »Briefblumen«. »Nimm, was ich Dir schicke; es entspricht nicht meinen Wünschen, sondern meinen Möglichkeiten. Ich konnte Dir nichts anderes schicken als dies. Nimm also diese Briefblumen. Wie ich ahne, fragst Du Dich, was diese Bezeichnung zu bedeuten habe. Nichts Wichtiges, täusche Dich nicht! Wegen meiner Übersiedlung und meines Einzugs habe ich aus dem riesigen Haufen meiner Briefe gerade einige, die gedruckt zu werden verdienen, mit einer kleinen Blume versehen können; obwohl ich doch nur sehr selten welche mit dieser Absicht geschrieben habe.«[12]

Briefblumen! Erasmus treibt hier offenbar ein Wortspiel: Handelt es sich um kleine, auf die Briefe gezeichnete Blumen, oder ist jeder Brief vom Stil her eine Blume? Jedenfalls erscheint diese Auswahl aus seiner Korrespondenz, die der Drucker von ihm erbeten hat, im September 1531. Die Sammlung umfaßt hundertzwölf Briefe. Sie sind zumeist in einem natürlichen Plauderton geschrieben, alle werden zum ersten Mal veröffentlicht. Freunde aus einfachen Verhältnissen und berühmte Köpfe finden darin zu ihrer Freude ihre Briefe an Erasmus wieder; einige andere müssen verärgert oder verbittert feststellen, daß der Humanist in der Sammlung öffentlich wenig Schmeichelhaftes über sie sagt.

Erasmus selbst hält von dieser Sammlung wenig. Seine Enttäuschung drückt er in einem Schreiben an Karl von Utenhove aus. »Ich habe meine sogenannten

Briefblumen nochmals angesehen und finde sie ziemlich abgewelkt.« Er bearbeitet sie daraufhin und gibt sie im folgenden Jahr erneut in Freiburg heraus. Der Titel dieser Sammlung läßt sich mit »Alte und neue Briefe« übersetzen.[13] Der Band umfaßt hunderteinunddreißig Briefe und ist die letzte größere Sammlung, die Erasmus veröffentlicht.

Gleichzeitig fordern ihn Freunde zur Rückkehr nach Brabant auf. Er zögert, findet Ausflüchte und schiebt die Entscheidung hinaus. »Ich fürchte zu vieles«, vertraut er seinem Bankier an. »Zunächst, daß mein armes Körperchen das kalte und windige Klima nicht verträgt, dann daß mich die Gunst der Königin Maria von Ungarn nicht vor der Angriffslust der Mönche schützen kann, und schließlich, daß mich der Hof verschlingt, während ich mich hier, in mein Zimmer eingeschlossen, einigermaßen am Leben erhalte.« Am 2. März 1532 macht er Butzer ein seltsames Geständnis. »Mir scheint, Greise werden mißtrauisch, nicht aus Altersgründen, sondern weil sie Übel erfahren haben, die sie für unmöglich gehalten hatten. Manchmal täuschen sie sich und vermuten unter jedem Stein gleich einen schlafenden Skorpion.«

Bei aller Angst, daß man ihn als verkappten Lutheraner verdächtigen könnte, streckt Erasmus nicht die Waffen. Der Ablaß, eine beständige Quelle von Mißbrauch und Mißverständnissen, ist ihm nach wie vor ein Ärgernis. Dazu muß er Stellung beziehen. 1532 verdeutlicht er der Sorbonne erneut seinen Standpunkt. »Niemand stellt die Macht des Papstes oder der Bischöfe in Frage, die von Menschen auferlegte Buße aus ernsten Gründen und mit Augenmaß abzumildern, damit die kirchliche Disziplin ihre Wirksamkeit nicht verliert. Doch geht diese Vergebung bis ins Fegefeuer? Viele zweifeln daran, selbst gläubige Katholiken. Es scheint mir nicht offenkundig, daß die Konzile solchen Ablässen zugestimmt haben. Ich halte das kaum für wahrscheinlich.«

Erasmus zeigt hier ein weiteres Mal sein großes Talent, eine Frage beredt, sachkundig und scharfsinnig zugleich abzuhandeln, wenn auch vielleicht mit etwas zuviel Ironie. Er akzeptiert den Ablaß, weil er die Autorität der Kirche akzeptiert, und anerkennt ihn als Hilfsmittel, um die schwachen Sünder zu entlasten. Allerdings bedauert er, daß der Ablaß nicht auf biblischer oder patristischer Grundlage steht und daß sich seine Verfechter auf haltlose und spitzfindige Argumente stützen. Ebenso beklagt er das Mißverständnis, Sterbenden zur Sicherheit den Ablaß zu spenden, als garantiere er das ewige Leben. Schließlich prangert er die Auffassung an, daß zwischen der Höhe des Almosens und dem Nachlaß von Strafen ein Zusammenhang bestehe. Für ihn bedeutet die Praxis des Ablaßhandels eine Vernebelung der evangelischen Lehre von Buße und Sündenvergebung. Man müsse daher zur Predigt der »Liebe, die eine Menge der Sünden zudeckt« zurückkehren, wenn man die Sünder zur wahren Bußfertigkeit zurückbringen wolle. Man kann sagen, daß Erasmus den Ablaß grundsätzlich bejaht, weil er den Schatz der Verdienste Christi, die Gemeinschaft der Heiligen und die

Schlüsselgewalt nicht anzweifelt. Er verkündet die Barmherzigkeit Gottes und die Mittlerrolle der Kirche, fürchtet aber alles, was die wahre Frömmigkeit bedroht. Aus ähnlichen Gründen wie Luther, allerdings nicht in Anlehnung an dessen Thesen von 1517, widersetzt sich Erasmus einem Lehrgebäude, das oft nur dazu dient, die Gewinnsucht der Großen und die Ausbeutung der Schwachen zu rechtfertigen.

Die Freundschaft zwischen Thomas Morus und Erasmus ist ungetrübt, wenngleich aus diesem Zeitabschnitt nur wenige Briefe erhalten sind.[14] Morus ist zum Großkanzler des englischen Königreichs aufgerückt. Als die Kirchenhierarchie dem König weitgehende Rechte über kirchliche Belange einräumt, erklärt er mutig seinen Rücktritt. Obwohl er sich in einer kritischen Situation befindet, die mit einer Tragödie enden wird, vergißt Morus Erasmus nicht. Die Treue zu seinem Freund stellt er unter anderem in seiner »Antwort auf Tyndale« unter Beweis. »Tyndale hat mich gefragt, ob ich Erasmus – den er ›meinen Liebling‹ nennt – deshalb nicht angegriffen habe, weil er das Wort *Ecclesia* durch das Wort *Congregatio* ersetzt habe. Und mit der ihm eigenen Bosheit fährt er dann fort, ich schone Erasmus offensichtlich, weil er bei mir sein *Lob der Torheit* geschrieben habe. Ich habe meinen Liebling Erasmus dehalb nicht angegriffen, weil ich bei meinem Liebling Erasmus, anders als bei Tyndale, keine verderblichen Absichten fand. Wenn ich bei meinem Liebling Erasmus so üble Vorsätze gefunden hätte wie bei Tyndale, dann wäre mein Liebling Erasmus nicht mehr mein Liebling. Doch zeigt sich bei meinem Liebling Erasmus, daß er die Irrtümer und Ketzereien verachtet, die Tyndale lehrt und an denen er festhält. Darum bleibt mein Liebling Erasmus mein Liebling. Und gewiß wäre auch Tyndale, wenn er sie nicht gelehrt oder sie glücklicherweise doch noch verworfen hätte, mein Liebling. Aber er klammert sich an seine Ketzereien, und ich kann niemanden als meinen Liebling betrachten, den der Teufel als seinen betrachtet.«[15]

Am 30. November 1532 formuliert Rabelais seine Bewunderung für Erasmus; früher hatte er ihm bereits einmal ein Manuskript beschafft. »O Du, der Du mich auferzogen hast, Du kennst mein Gesicht nicht, Du weißt meinen Namen nicht. Du hast mich an der ganz makellosen Brust Deiner göttlichen Lehre genährt, so daß ich, wenn ich nicht anerkennte, daß ich all mein Sein und meinen Wert Dir allein verdanke, heute und immerdar der undankbarste Mensch wäre. Sei also gegrüßt, der Du noch immer und für immer mein teuerster Vater, der Vater und die Zier des Vaterlandes, Verteidiger der Literatur und der unbesiegbare Verfechter der Wahrheit bist.«[16] Der euphorische Tenor dieser Huldigung mag überraschen, aber er kommt nicht von ungefähr. In der Satire ist Rabelais ein Schüler des Erasmus, und sein theologisch gefärbter »Katechismus der Riesen« ist im gleichen Geist geschrieben wie die *Colloquia*.

Zwischen 1530 und 1532 fertigt Holbein, der auf dem Kontinent unterwegs ist, mehrere Porträts von Erasmus an. Ein großes Porträt kopiert der Künstler. Es zeigt Erasmus an seinem Pult sitzend mit einem nur angedeuteten Lächeln auf den Lippen. Sein Gesicht ist von der Krankheit gezeichnet. Er blickt friedlich, aber wie abwesend in die Welt. Das kleine Medaillonporträt ist ein Pendant zum Porträt Luthers und zeigt den Humanisten als alten Mann, wenngleich seine Augen unter den hohen Augenbrauen überraschend jung wirken.[17]

Die achte Ausgabe der *Adagia* verläßt im März 1533 die Druckerpresse bei Froben. Den Band schmückt als Frontispiz ein in Holz geschnittenes Porträt des Erasmus. Die sehr viel umfangreichere Ausgabe ist Charles Mountjoy gewidmet, dem Sohn seines alten Freundes und Gönners aus England. Humorvoll klagt der Verfasser darüber, daß sich seine Arbeit so lange hingezogen hat. »Ich bekenne, daß es bequem ist, Adagien zu schreiben, aber es ist schwierig, Chiliaden zu schreiben!«

In den drei Jahren zwischen 1533 und 1535 wird Erasmus mehrere geistliche Werke veröffentlichen. Er lebt in einer tiefen inneren Ruhe, die ihm bis zum Tod erhalten bleibt.

Erasmus' Katechismus ist eine Erläuterung in Form von Frage und Antwort zum Apostolischen Glaubensbekenntnis, zu den Zehn Geboten und dem Vater-unser.[18] Er verwirft mit vernünftigen Argumenten die Auffassung, das Apostolische Glaubensbekenntnis sei von den zwölf Aposteln verfaßt, aber die apostolische Autorität der darin enthaltenen Lehre erkennt er an. Wie besessen von dem Gedanken, daß es in altchristlicher Zeit eine Zusammenfassung der Glaubensgrundsätze gegeben und sich diese in der Folgezeit weiterentwickelt habe, verkennt Erasmus, daß es sich beim Apostolischen und beim Nizäischen Glaubensbekenntnis um zwei verschiedene Texte handelt. Er deutet an, daß das Credo im Laufe der Jahrhunderte allmählich und schrittweise erweitert wurde, weil dies durch die Ketzerbekämpfung notwendig geworden sei.

Manche der Leser, die lediglich Erasmus' satirische Werke überflogen haben, zweifeln an seiner Frömmigkeit. In diesem Werk kommt sie ganz unzweideutig zum Ausdruck. »Wer vor dem Kreuz seine Augen auf den gekreuzigten Christus heftet und fürchtet, ihn aufs neue zu kreuzigen, wer bedenkt, wieviel Christus, der ohne Fehl war, für uns gelitten hat, der wird gewiß mit größerer Geduld die Leiden dieses Lebens tragen. Wer wäre so unmenschlich und undankbar, daß er den nicht wiederliebt, der ihn zuerst liebte und ihn durch solche Güte zu einem Leben der Liebe bewegte?«[19]

Der Katechismus hat sofort Erfolg. Auf der Frankfurter Buchmesse sind alle Exemplare innerhalb von drei Stunden verkauft, und Froben legt das Werk noch im gleichen Jahr ein weiteres Mal auf.

Die Abhandlung über die wünschenswerte Eintracht der Kirche ist das gelungenste Dokument für Erasmus' ökumenisches Denken und ein Plädoyer für die Wiedervereinigung der gespaltenen Christenheit.[20] Er widmet die Schrift seinem langjährigen deutschen Freund Julius Pflug. Aus Frömmigkeit beschwört er die

Christen, auf die *Unam sanctam* hinzuwirken, bevor es zu spät ist. In diesem Büchlein findet sich auch ein bemerkenswertes Glaubensbekenntnis: »Es gibt keinen anderen Gott als Gott, aber man wendet ihm verschiedene Blicke zu.« Bereits in seiner Paraphrase zum Evangelium nach Markus hatte Erasmus geschrieben:»Es gibt nur eine katholische Kirche, während es so zahlreiche Kirchen gibt: Christus ist in allen gegenwärtig.«[21]

Erasmus beschreibt den Kampf zwischen »jenen, die sich jeder Neuerung widersetzen« und »jenen, die nichts an ihrem Platz lassen wollen«. Als Beispiel greift er die Heiligenverehrung heraus. »Man bekundet«, schreibt er, »einen religiösen Geist, wenn man behauptet, daß die Heiligen eine gewisse Macht bei Gott besäßen; sie standen doch bereits zu jener Zeit, als sie noch die Last des sterblichen Körpers trugen, bei ihm in solchem Ansehen, daß sie mit ihrem Gebet böse Geister vertreiben oder Tote ins Leben zurückholen konnten. Was die Christen angeht, die sich der entgegengesetzten Meinung angeschlossen haben, so sollen sie doch den Vater, den Sohn oder den Heiligen Geist mit reinem Herzen und aufrichtigem Glauben anrufen. Sie sollen es unterlassen, jene auf abscheuliche Weise zu belästigen, die, ohne darum abergläubisch zu sein, die Fürsprache der Heiligen erflehen. Der Aberglaube muß gescholten werden, und ich sehe ein, daß er in der Anrufung und dem Kult der Heiligen eine große Rolle spielt. Die einfältige Frömmigkeit mancher verdient dagegen Toleranz, wenngleich auch sie einige Irrtümer begleiten. Angenommen, die Heiligen hören unsere Gebete nicht, so hört sie doch Christus, der die einfachen Seelen liebt. Wenn es nicht die Fürsprache der Heiligen ist, so gewährt er an ihrer Stelle, worum wir bitten.«

In diesem Werk bringt Erasmus seine christliche Philosophie und sein kritisches Christentum zur Synthese und formuliert noch einmal die wesentlichen Punkte seines religiösen Programms: den Primat des Evangeliums, den kirchlichen Auftrag, die Reinigung der Institutionen und Andachtsformen. Er erweitert das Programm um einen Aufruf zu gegenseitiger Toleranz. Die Katholiken sollen die Lutheraner nicht bis zum äußersten reizen und als Ketzer beschimpfen! Die Neuerer sollen dagegen die Volksfrömmigkeit tolerieren! Auf beiden Seiten soll man sich mit Glauben und Nächstenliebe an das Wesentliche halten und Zwietracht vermeiden!

»Die meisten der Mißbräuche«, erinnert Erasmus, »haben sich langsam und durch die äußeren Umstände in die Welt eingeschlichen. So muß man sie langsam und je nach den Umständen wieder ausmerzen. Ist dies ohne schwere Unruhen nicht möglich, so muß man die Augen so lange zudrücken, bis sich eine günstigere Gelegenheit bietet.«

In dogmatischen Fragen verlangt Erasmus zwar Fingerspitzengefühl, macht aber keine Zugeständnisse. Er kommt kurz auf die Willensfreiheit, die Werkgerechtigkeit und die Abendmahlslehre zu sprechen. »Was das Problem des freien Willens angeht«, erklärt er, »so erntet man, wollte man darüber diskutieren, sehr viel mehr Dornen als Früchte. Wenn man sich tatsächlich Fragen zu diesem Gegenstand stellen will, so muß man dies in einer theologischen Diskussion ohne jede Leidenschaft tun. [...] Stimmen wir auch darin überein, daß der Glaube rechtfertigt, das heißt die Herzen der Gläubigen läutert, so bekennen wir doch zugleich, daß wir zur Erlangung des Heils barmherziger Werke bedürfen. [...]

Was die Messe betrifft, so ist es selbstverständlich, daß Aberglaube oder unwürdige Praktiken daraus entfernt werden müssen, wenn sich solche in sie eingeschlichen haben, doch sehe ich keinen Grund für den Abscheu, den ihr heute so mancher entgegenbringt. Die Messe besteht aus dem Singen eines Psalmes, was man den Introitus nennt, einer Lobpreisung, einem Gebet und einem Choral. Anschließend wird aus den Schriften der Propheten oder Apostel gelesen, das ist die Epistel. Man liest aus dem Evangelium und spricht das katholische Glaubensbekenntnis. Es folgt schließlich ein Dankgebet, das Eucharistie genannt wird, und ein frommes Gedenken an den Tod des Herrn, dann erneut Gebete, darunter das Gebet, das der Herr uns gelehrt hat. Dann der Friedensgruß, auf den bald die Kommunion, folgt und daraufhin ein frommer Choral und ein Gebet. Das Ganze geht damit zu Ende, daß der Priester das Volk gleichsam unter seinen Schutz nimmt, es Gott wieder überantwortet, es ihm durch seinen Segen empfiehlt und die Gläubigen dazu ermahnt, an ihrer frommen Einstellung festzuhalten und weiterhin gegenseitig Nächstenliebe walten zu lassen. Was ist an alldem nicht fromm oder verdient keine Achtung?«

Schließlich stellt Erasmus seine Überlegungen dem Urteil der Kirche anheim, von der er sich großzügige und wirksame Schritte erwartet. »Ich möchte mit all dem, was ich sagte, niemandem meine Meinung als unfehlbar aufdrängen, und ich möchte auch der Kirche nicht diktieren, welche Entscheidungen sie zu fällen habe. Bis zu einem Konzil müssen wir unser möglichstes tun, damit wir die Ursachen der Zwistigkeiten ausräumen und dabei nichts unternehmen, was zu Gewalt und Aufruhr führt. Wir dürfen niemandem eine Behandlung widerfahren lassen, die uns, hätten wir sie selbst zu erleiden, Schreie zum Himmel, zur Erde und zum Meer entreißen würde; und schließlich dürfen wir niemanden durch Druck zu einer neuen Religion bekehren, die ihm nur Abscheu einflößt.«

Erasmus beschließt den Band im selben Geist mit einem »Gebet für den Frieden in der Kirche«, das sich wie die gesamte Abhandlung an das Hauptthema von Psalm 83 anlehnt.

Außer bei treu ergebenen Freunden wie Pflug und Witzel findet diese Abhandlung zur wünschenswerten Einheit der Kirche nicht den erhofften Erfolg. Bei den Katholiken und Protestanten überwiegt der Eindruck, Erasmus vermeide eine klare Stellungnahme, was man ihm denn auch vorwirft. Luther wiederholt, er könne sich nicht mit einem Mann verständigen, der nicht ganz auf der Seite der Heiligen Schrift stehe. Später wird die Abhandlung für verderblich befunden und auf den Index gesetzt. Erasmus kann das nicht erschüttern. Für ihn ist die *Con-*

cordia eine Glaubenswahrheit der Kirche, denn Friede und Eintracht sind ein Zeichen der Anwesenheit Gottes unter den Christen.[22]

In seiner maßvollen und vorsichtigen Haltung erinnert Erasmus an die Notwendigkeit, kirchliche Reformen schrittweise und geduldig durchzuführen. »Jede der Parteien zieht an einem anderen Ende des Stricks, bis er zum Unglück aller auseinanderreißt; daher der allgemeine Aufruhr, dem wir beiwohnen. Man entfernt alle Bilder, obwohl sie doch nützlich und schmückend sind. Lieber soll man die abergläubischen Praktiken ausmerzen. Man kann aus den Kirchen unpassenden und lächerlichen Schmuck entfernen, aber man muß das schrittweise und ohne Aufsehen tun! Man will die Priester verjagen? Man sollte lieber für ihre Bildung und Frömmigkeit sorgen und darauf achten, daß sie nicht ohne reifliche Überlegung zu dieser Würde zugelassen werden und auch nicht ohne Prüfung, ob sie sich dafür eignen. Gäbe es dann weniger? Und wenn schon. Besser drei gute als dreihundert unnötige! Gefällt ihnen die Glaubenspraxis in der Kirche nicht? Man singt und begeht allerhand Irrtümer in den Kirchen. So richte man die Irrtümer gerade, doch tue man dies schrittweise. [...] Diejenigen, welche überzeugt sind, daß die Heiligen keinerlei Einfluß auf Christus haben, sollen in gutem Glauben den Vater, den Sohn und den Heiligen Geist anrufen. Sie sollen die Heiligen hochhalten und verehren, indem sie sie nachahmen, doch sollen sie nicht gegen die anderen loswettern, die sie fromm loben und verehren. Laßt uns den Aberglauben kritisieren, die Liebe aber gutheißen, denn Liebe hat, wie ich glaube, Christus nie mißfallen, mag sie sich auch an den falschen Adressaten richten.«[23]

Die gleiche Gesinnung offenbart sich in Erasmus' Sorge um die Missionierung in der Welt. Wenn er die Situation der kolonisierten Völker betrachtet, kommt er zu dem Schluß, daß sie von christlichen Eroberern ausgebeutet werden, in deren Kalkül der Glaube nur selten eine Rolle spielt. »Du beklagst mitleidiglich«, schreibt er seinem portugiesischen Freund Damian van Goes, »die unglückliche Situation der Pilapier [Lappen], die von christlichen Fürsten ihrer materiellen Güter beraubt werden, ohne dabei in den Genuß geistlicher Schätze zu kommen. Sie haben unter dem harten Joch von Menschen zu leiden und lernen nicht, ihren Nacken unter das leichte Joch Christi zu beugen. Tatsächlich befehlen diese großen Persönlichkeiten, die ihre Siege an der Beute ermessen, lieber wilden Tieren als Menschen. Deshalb schließen sich zu wenige unchristliche Völker der Gemeinschaft der Kirche an. Sie sehen, daß man sie nicht aufsucht, um sie zu bekehren, sondern um sie auszuplündern und aus ihnen elende Sklaven zu machen. Sie sehen ebenso, daß bei den Christen häufig verderbte Sitten herrschen. Geschäfte machen ist eine Sache, die Interessen des Glaubens vertreten eine andere. Auch hat es mir – um ohne Umschweife die Wahrheit zu sagen – Schmerzen bereitet, als ich den Bericht über die Siege dieses berühmten und vom Glück so begünstigten Heerführers las, der so viele Küstenstädte geplündert und alles ins Meer geworfen hat, was seine

Schiffe nicht fortzutragen vermochten. Doch gebe ich meine Meinung zu militärischen Angelegenheiten besser nicht preis, vor allem, wenn mir deren Natur und Begleitumstände nur allzu bekannt sind. Ganz allgemein würde ich folgendes dazu sagen: Habgier und Wille zur Macht sind kein geringer Grund dafür, daß sich der christliche Glaube im Augenblick in einer Sackgasse befindet. Wilde Tiere zähmt man mit Sanftmut und Güte, dann fressen sie einem aus der Hand. Doch diejenigen, welche von Natur aus sanftmütig sind, machen Grausamkeit und Bosheit nur blutrünstig.«[24]

In einem Brief an Justus Decius beklagt sich Erasmus, daß sich Schwindler Vorteile damit erschleichen, daß sie sich als seine Famuli ausgeben und behaupten, sie besäßen Empfehlungsschreiben von ihm. »Nur möchte ich Dich ermahnen: Hüte Dich Deinerseits vor solchen Menschen, und rede auch mit den Freunden in diesem Sinne. Wie Du es machen sollst? Du darfst ihren Erzählungen nicht glauben, es sei denn, daß sie einen von mir eigenhändig ausgefertigten Brief vorweisen, in dem sie ganz persönlich empfohlen werden.«

Erasmus' Haltung zu den Wiedertäufern wird von zwei Prinzipien bestimmt, die bei ihm grundlegend sind: Was Glaube und Glaubenspraxis angeht, muß man sich an das Wesentliche halten. Bei der Lösung aller Probleme, seien sie religiöser oder anderer Natur, darf niemals auf Gewalt zurückgegriffen werden. Er erklärt dies in seinem Brief an einen unbekannten Empfänger: »Was die Taufe angeht, so wünsche ich mir, daß man den Brauch beibehält, den die Kirche seit Jahrhunderten beibehalten hat.« Friedliebenden Anabaptisten kommt er weit entgegen: »Dennoch könnte man [d. h. die Kirche] es den Eltern überlassen, ob sie ihre Kinder sogleich nach der Geburt taufen oder die Taufe lieber auf das Jünglingsalter verschieben wollen, vorausgesetzt, sie unterweisen ihr Kind einstweilen im rechten Glauben und in reinen Sitten.«[25] Der ungewöhnliche Vorschlag verhallt ungehört – Erasmus verzichtet darauf, ihn publik zu machen.

Die Taufe ist für ihn wesentlich, insofern sie im Evangelium erwähnt wird; dagegen ist das Taufalter nicht durch das Evangelium festgelegt und daher zweitrangig. Da die Taufe das erste Sakrament ist, tritt er für eine Wiederholung der Taufgelöbnisse in einem Alter ein, in dem der junge Mensch sich über deren Bedeutung im klaren ist. Es hätte ihn sehr gefreut, wenn die Kirche eine Politik der Öffnung in seinem Sinne betrieben hätte, aber Rom hält an der gängigen Praxis der Kindstaufe fest und macht Versöhnung und Wiederversöhnung unmöglich.

Die Wiedertäufer, die ihre Ziele mit Gewalt verfolgen und deren Schicksal bald in Münster besiegelt wird, kann Erasmus nur verurteilen, obwohl er das grausame Vorgehen gegen die Sekte bedauert. »Man darf die Wiedertäufer auf keinen Fall dulden. Die Apostel gebieten uns, den Obrigkeiten zu gehorchen: Sie aber ertragen es nicht, auch nur den christlichen Fürsten zu gehorchen! Wenn man Güter zusammenlegt, muß das aus Nächstenliebe geschehen; der Besitz und das Recht, sie zu verteilen, muß in Händen der Eigentümer bleiben!«

Ein weiteres Mal bemüht er sich um Eintracht. »Wenn sich die Wiedertäufer über die Eucharistie so wenig einig sind, daß täglich neue abwegige Meinungen auftauchen, dann ist es doch sehr viel klüger, sich an die alten Ansichten zu halten, bis ein ökumenisches Konzil oder eine göttliche Offenbarung deutlichere Gewißheit schafften.«

1534 greift Erasmus zur Feder und schreibt ein letztes Mal gegen die »Irrtümer« Martin Luthers.[26] Darin bringt er seine Gedanken zu Fragen des Friedens und der christlichen Einheit noch einmal auf den Punkt. Eintracht ist ein Zeichen für Wahrheit, besonders für die Wahrheit der Kirche.

Ist der rebellische Theologe Erasmus zu einem Konservativen geworden? Mit seiner wachsenden Feindseligkeit gegenüber der Reformation und seiner entschlossenen Verteidigungsrede auf die bedrohten katholischen Institutionen erweckt er zumindest diesen Eindruck. Tatsächlich hat er aber den Gedanken an einen Dialog zwischen den Parteien nicht aufgegeben, und wenn er sich auch weniger scharf ausdrückt und die Auseinandersetzung weniger aggressiv führt, so gibt er doch keine seiner Forderungen zur inneren Reform der Kirche auf.

Das Alter ist eine unheilbare Krankheit. Das Leben rinnt vorüber, und der Tod erwartet uns. Erasmus wird sich dessen mit jedem Tag mehr bewußt. Ostern 1534 muß er die Messe in seinem Zimmer feiern. Die Krankheit verschlimmert sich und wird bisweilen unerträglich. Die Umstände legen es nahe, eine Abhandlung *De praeparatione ad mortem*[27] (Vorbereitung auf den Tod) zu schreiben. Die Schrift ist gleichsam das geistige Vermächtnis des Erasmus. Er kleidet die Meditation über das Sterben in das Gewand einer Meditation über das rechte Leben. Darin wechseln sich ganz nach seiner Art allgemeine Betrachtungen und praktische Ratschläge ab.

Die Lehre des Buchs bleibt in der Tradition. Erasmus ruft zur Überwindung der ureigenen Angst vor dem Tod auf, setzt auf das Unsichtbare und sagt mit dem Apostel: »Tod, wo ist Dein Sieg?« Da mit dem Tod die Seele aus dem Gefängnis des Körpers entweicht, muß man ihn, wenngleich man sein Leben so lange wie möglich erhalten soll, tapfer, ja freudig annehmen. Erasmus hatte diese Gedanken und Haltungen bereits im *Handbüchlein eines christlichen Streiters* ausgeführt. Doch hier erscheinen sie in einem anderen Licht. Die Meditation des Greises wirkt heiterer, und dies wohl deshalb, weil Erasmus im Alter mehr Gelassenheit gewonnen und sich stärker vergeistigt hat.

Das Vorwort des Werkes richtet sich an den langjährigen Freund Thomas Boleyn, der vom Schicksal seiner Tochter Anne noch nichts ahnt. Schon in den ersten Zeilen verkündet Erasmus, ein guter Tod sei »die Krönung der Philosophie Christi«. »Der Tod ist die Pforte zum Himmel, vorausgesetzt, es ist ihm ein frommes Leben vorangegangen. Wir müssen unser ganzes Leben hindurch immer wieder über den Tod nachsinnen und den Funken des Glaubens erneut anfachen, damit er wächst und gefestigt wird. Wenn Barmherzigkeit hinzukommt, dann erwächst aus diesem Nachsinnen eine Hoffnung, deren wir uns nicht zu schämen brauchen. Dies sind göttliche Gaben, und wir erhalten sie nicht aus eigenen Kräften. Wir müssen in unseren Gebeten unablässig um sie bitten und flehen. […]

Manch einer denkt vielleicht: Eines Tages werde ich Mönch, dann beklage ich mein schlechtes Leben; einstweilen genieße ich die Welt. Doch was ist, wenn Du lebst und Dich fähig glaubst, eines Tages Bußfertigkeit an die Stelle der Sinnenlust zu setzen? Kann sich irgend jemand in dieser Sicherheit wiegen? Nur mit seiner Gnade kehrt der Sünder zu Christus zurück. Sicher gehört es sich für einen guten Christen, daß er auf die Sterbesakramente nicht verzichten will: Sie sind unserer Seele ein guter Trost und unserem Glauben eine Hilfe. Auch ist es christlich, den Vorschriften Genüge zu tun, wenn man es kann. Doch ist es christlicher, sich den Glauben und die Barmherzigkeit Gottes zu wünschen, ohne die alles vergebens ist.«

Erasmus analysiert in dem Buch die Gebete, die sich für den Christen am besten eignen, wenn er über die letzten Dinge nachsinnt. Er zitiert die Allerheiligenlitanei, hält aber wenig von der Anrufung der Heiligen: »Befreie uns, Herr, von dem schlechten Leben.« Gelegentlich gibt Erasmus Beispiele einer falsch verstandenen Frömmigkeit, wie das einer Engländerin. Die Frau hatte teuer für einen Priester – einen schlechten zudem – bezahlt, damit er in Rom ein Jahr lang Messen für sie las, »als seien die römischen Messen besser als die britischen«!

Er findet es beunruhigend, wenn man Kranken trügerische Sicherheiten verspricht: Sie machen sich dann nur lächerliche Illusionen und müssen bittere Enttäuschungen erleben. Er bedauert jene, die auf ominöse Bräuche vertrauen und beispielsweise im Mönchsgewand beerdigt werden wollen oder verwegene Gelübde ablegen. Schließlich verurteilt er die leichtsinnigen Worte, die man – wahrscheinlich unter dem Einfluß der neuen Lehren – an Sterbende richtet: »Jene, die sagen: ›Glaube, daß Du gerettet wirst, so wirst Du gerettet‹, die sind gleich zweimal im Irrtum.«

Trotz aller Zeremonien vor, während und nach dem Tod eines Gläubigen versteht Erasmus das Christentum als eine Religion des Lebens, die niemals zu einer Religion des Todes herabsinken dürfe. Wichtig ist das Leben, der Mensch existiert für das Leben, und das tugendhafte Leben ist die beste Versicherung gegen den ewigen Tod.

Vorbereitung auf den Tod heißt nicht, die Todesart zu wählen, sondern den Tod anzunehmen, wie er uns erwartet. Im Glauben besitzen wir bereits eine Hoffnung, die nicht Verzicht, sondern Erfüllung bedeutet. Der Sterbende muß seinen Feinden verzeihen, die Prüfung des Leidens auf sich nehmen, fest auf den Beistand der Kirche, des mystischen Leibes Christi, zählen und seine Seele hoffnungsvoll Gott hingeben. Man muß sich natürlich beizeiten, wenn die Geisteskräfte noch nicht nachlassen, auf den Tod vorbereiten und das Bußsakrament und das Abendmahl noch bei klarem Verstand empfangen.

Was die Bedeutung der Sterbesakramente angeht, so bringt Erasmus in der Schrift *De praeparatione* eine Ansicht zum Ausdruck, die er oft geäußert hat und die, obwohl orthodox, doch ungewöhnlich ist. »Ich glaube«, sagt er, »daß viele Menschen gerettet werden, auch wenn sie weder die Absolution durch die Beichte erhalten noch den Trost des Viatikums und die Letzte Ölung empfangen, ja selbst dann, wenn sie kein kirchliches Begräbnis erhalten haben. Andere werden dagegen nicht gerettet werden, obwohl sie die Sakramente empfangen haben und am Fuße des Hochaltars bestattet sind. […] In Wahrheit sind die einzigen unerläßlichen Vorbedingungen für einen guten Tod der feurige Glaube und der feste Vorsatz.«

Gegen das Sakrament der Beichte hat Erasmus gewiß nichts einzuwenden. Wir wissen nicht, ob er je einem Menschen die Beichte abgenommen hat, aber er selbst beichtete regelmäßig und vermachte Johannes Brisgo, der ihm gelegentlich die Beichte abnahm, ein Schmuckstück. 1529 hatte er seinem Freund Ludwig Ber gesagt, daß er Achtung vor dem Bußsakrament habe. »Ich habe es nie gewagt und werde es nie wagen, mich der Tafel Christi zu nähern oder aus diesem Leben zu scheiden, ohne einem Priester gebeichtet zu haben, was mir auf der Seele lastet.« Er verwahrt sich lediglich dagegen, wenn man im Volk dem Aberglauben anhängt, daß den Sakramenten eine fast magische Kraft innewohne; dies bedeute eine Schmälerung der Würde des Menschen und der Freiheit des Christen.

Erasmus wünscht sich die Beichte kurz und aufrichtig, vor allem aber ohne Zeremonien! Wenn man eine Verfehlung einmal aufrichtig gebeichtet hat, dann erübrigt sich eine Wiederholung, Gewissensbisse und Angst sind fehl am Platz. Und dies ist für ihn ein weiteres Argument für ein tugendhaftes Leben. »Es muß unser wesentliches Bestreben sein, die gebeichteten Verfehlungen zu verabscheuen und die Einstellung wiederzufinden, in der wir uns befanden, bevor wir ihnen erlagen. Wir müssen vor allem unser Leben so einrichten, daß wir niemals eine ernsthafte Sünde begehen. Wer auf diese Art zu handeln versteht, dem bleibt die Bürde der Beichte erspart.«

Erasmus ist überzeugt, daß zwar der Priester die Absolution erteilt, aber Gott verzeiht. Deshalb empfiehlt er die Beichte für Kranke in Lebensgefahr; er spricht sich allerdings dagegen aus, daß Sterbenden eine qualvolle Generalbeichte vorgeschlagen oder aufgezwungen wird. Sie ist für den Seelenfrieden eines aufrichtig Gläubigen nicht notwendig.

Auch wenn die Ausführungen ein wenig langatmig geraten sind, werden darin tiefe religiöse Wahrheiten ausgesprochen. Diese Schrift ist eines der populärsten und am meisten verbreiteten Werke des Erasmus. Aus einer Meditation über den Tod ist eine Anleitung für das geistliche Leben des frommen Christen geworden.

KAPITEL XXIII

Rückkehr nach Basel. Der Abschied.

Die Jahre vergehen. Erasmus fühlt, daß er die Jugend und die Zeit der ersten literarischen Erfolge weit hinter sich gelassen hat. Die Arbeit fällt ihm mit jedem Tag schwerer, und die Kräfte schwinden schnell. Jetzt setzt er seinen ganzen Ehrgeiz nur noch daran, Werk und Leben würdig zu beenden. Er ist oft krank, stets erschöpft, und die Gebrechen machen ihm zu schaffen. Er leidet darunter, daß er sich wegen seines Alters in einer demütigenden Abhängigkeit befindet.

Ende 1530 stirbt Pirckheimer. Warham, sein Freund und Gönner aus den glücklichen Jahren in England, stirbt 1532. Peter Gilles folgt ihm 1533 ins Grab, er war ein Bindeglied zwischen Erasmus und Morus. 1534 stirbt Mountjoy, einer der ersten Schüler aus der Pariser Zeit. Er hatte Erasmus nach England geholt.

Die Wahl von Alessandro Farnese als Papst Paul III. am 13. Oktober 1534 ist für Erasmus ein Trost. Er beglückwünscht den neuen Papst mit folgenden Worten: »Jener Greis des Evangeliums [Simeon, Luk. 2, 25–35], Heiliger Vater, der, fast kalt schon vor Alter, doch in Frömmigkeit erglühte, nahm es nur darum auf sich, im Leben auszuharren, weil er Christus den Herrn noch sehen wollte; mich aber erfüllt, obgleich ich nichts als die Altersschwäche mit jenem gemein habe, doch ein Verlangen, das dem seinigen nicht unähnlich ist. Ich würde nämlich mit gleichmütigem Herzen von hier scheiden, wenn ich gesehen hätte, daß nach so großen Ungewittern der menschlichen Angelegenheiten und nach Wirbeln der Uneinigkeit durch göttliche Fügung der Kirche die Ruhe zurückgegeben sei.«

In der Stille des Alters durchlebt Erasmus noch einmal vergangene Tage, seine triste Kindheit, den jähen Tod der Eltern und die glühende Leidenschaft im Knabenalter. Er denkt an die Entdeckung der profanen und der christlichen Literatur zurück, an die großen Freundschaften und seine gefahrvollen Reisen. Er blättert in den Seiten, die das Buch seines Lebens füllen, und läßt noch einmal *Das Lob der Torheit* an sich vorüberziehen, als sei es das Werk eines Fremden. Er liest darin die Mahnung, daß alles vergänglich ist. Wo sind die Freunde von einst? Etliche sind nicht mehr auf der Welt. Viele Schatten umgeben ihn! Märtyrer wie Thomas Morus und John Fisher oder Gefallene im Kampf wie Alexander Stuart und Ulrich Zwingli. Einige Jugendgefährten sind Bischöfe oder Kardinäle geworden, andere haben sich der Reformation angeschlossen. Schwermütig liest Erasmus die Briefe seiner wenigen treuen Freunde wieder.

Eine Obsession – die Anfechtung der Unvernunft – bedroht sein inneres Gleichgewicht, das von jeher labil war. In Gedanken stellt Erasmus jene, die sich seinen Plänen widersetzt haben, vor ein Tribunal. Sie alle werden ein weiteres Mal verurteilt. Erasmus ist ein enttäuschter, klagender und reizbarer Mann geworden. Aber noch immer denkt er klar, bemüht sich redlich um Vernunft und findet sich im reinen Glauben damit ab, daß sein Geist schwächer wird, das Gedächtnis ihn zuweilen im Stich läßt und das Alter ihm hart zusetzt. Schließlich bejaht er Entsagung und Tod. Und doch reicht seine Lebenskraft noch aus, um alle Prüfungen zu meistern. Seine Tapferkeit erstaunt alle, die ihn in den letzten Jahren erleben. Mehr als je zuvor lebt er für und durch den Geist, ja allein der Geist hält seinen verbrauchten Körper noch am Leben. Seine intellektuelle Beweglichkeit läßt kaum nach, und noch immer ist sein Verstand unglaublich rege! Er schreibt bis zum letzten Atemzug an Freunde, an die Welt und an Gott.

In den letzten Lebensjahren verschlimmern sich die körperlichen Leiden. Die Krankheit ist sein ständiger Begleiter. In Freiburg, einer Stadt, die für seinen Geschmack zu klein ist, fühlt er sich nicht recht wohl. Er sehnt sich nach Basel zurück, wo sich die politisch-religiösen Unruhen gelegt haben. Inzwischen hat sich dort die Reformation etabliert: eine Reformation ohne extreme Züge. Er sehnt sich um so mehr nach den Niederlanden, als er an die Rückkehr nicht glauben kann.

Erasmus weiß alles, was man aus den Werken antiker und moderner Philosophen und Theologen über den Tod erfahren kann: alles in allem sehr wenig und nichts über *seinen* Tod, außer daß er als unabwendbare Drohung im Raume steht.

Er arbeitet zwar so beharrlich wie immer, aber er kommt langsamer und mühseliger voran. Er schläft schlecht, und seine Briefe werden weniger und kürzer denn je. Oft muß er seine Korrespondenz diktieren, und zuweilen kann er sie nicht einmal mehr unterschreiben. Wie besessen von dem Gedanken, daß ihm die Zeit zwischen den Fingern zerrinnt, arbeitet er fieberhaft an der Vollendung seines Werkes. Er schont sich, um sich besser verausgaben zu können. Er spart Kräfte und gibt sich dabei die größte Mühe.

Freiburg war für Erasmus ein Hafen und ein Exil. Ende Mai 1535 beschließt er, ein letztes Mal in See zu stechen und erneut in Basel, der Stadt seines Herzens, den Anker zu werfen.[1] Inzwischen kann er sicher sein, daß er dort wirklich toleriert wird und ungehindert selbst durch und durch katholische Schriften drucken lassen kann. So sagt er denn auch einem Freund: »Glaube mir, die Sekten bedrohen mich in keiner Weise.« Er stößt wieder zu seinen alten Freunden und läßt sich im Haus *Zum Luft* nieder. Von dort überwacht er den Druck seines neuen Werkes.

Allen Widrigkeiten zum Trotz hat sich Erasmus schon kurz nach Vollendung seiner Schrift über den Tod mit Eifer an ein großes – und immer wieder hinausgeschobenes – Projekt aus seiner Jugendzeit gemacht. »Mich plagt oft und schmerzhaft die Gicht an Händen und Füßen«, schreibt er einem Freund. »Ich habe viele Tage verbracht, an denen ich kein Wort schreiben konnte. Gegenwärtig bemühe ich mich, meinen *Prediger* zu vollenden. Ich muß ihn, nachdem ich ihn spielerisch begonnen hatte, auf ernsthafte Weise hinter mich bringen. Das Werk wächst i dem Maße, in dem ich daran arbeite.«

Der Band erscheint im August. Die schwer und umständlich geschriebene Schrift ist das Werk eines ganzen Lebens.[2] Die Abhandlung ist im Stil der christlichen Rhetorik verfaßt, sie enthält treffende Ratschläge und anschauliche Anekdoten. Erasmus, der die schlechten Prediger oft mit boshaftem Spott übergossen hatte, bringt darin sein seelsorgerisches Anliegen zum Ausdruck und entfaltet seinen missionarischen Eifer.[3]

Er wendet sich gegen die Reformatoren, die glauben, sie besäßen ein Monopol auf die Predigt. Er ruft alle verantwortlichen Priester auf zu lernen, wie man eine gute Predigt hält; er entwickelt Regeln dafür und sagt, welche Rolle das Predigen im Leben eines Priesters spielen soll. Bei Gelegenheit kommt er auf die sakrale Kunst zu sprechen: Das Konzil von Trient wird seine Gedanken aufgreifen. Die Kirchenmusik verdammt er zwar nicht, aber nach seiner Meinung darf sie nicht so ergreifend sein, daß sie von der Predigt ablenkt. Ein weiteres Mal tritt er für die Übersetzung der Heiligen Schrift in die Volkssprachen ein – das Trientiner Konzil wird ihm darin nicht folgen –, damit die Pfarrer das Wort Gottes verständlich verkünden können. Wenn die Gemeindekirche wirklich zu einem Haus des Volkes werden soll, dann muß der Priester die Sprache des Volkes sprechen. Die Meditation über das Evangelium muß über das reine Verlesen des Textes hinausgehen und den Charakter einer Mahnung an die Christen annehmen. Erasmus glaubt zwar, daß es die Kirche geben wird, solange es Menschen geben wird, aber er mahnt die Kirche, darauf zu achten, daß sie in ihrer Rolle als Treuhänderin des Evangeliums nicht einschläft. Das Wort Gottes ist dazu da, daß man es verkündet, damit es Licht, Wärme und Nahrung spendet.

Zuweilen scheint es leichter, bemerkt Erasmus, zu den Heiden zu sprechen als zu den Christen, wenn sich die Christen in ihrer unerschütterlichen Sicherheit einmauern und jede religiöse Sorge ignorieren. Die Predigt ist kein rhetorischer Höhenflug, sondern eine Lehre, ein Zeugnis und ein Akt der Evangelisation, denn der Priester hat die Aufgabe, beim Meßopfer als Prophet zu den Gläubigen zu sprechen.

Obwohl das Thema trocken ist, findet Erasmus Gelegenheit für einige witzige Bemerkungen. »Wenn man den Elefanten das Tanzen, den Löwen das Spielen und den Leoparden das Jagen beibringen kann, so können sicher auch die Priester auf das Predigen vorbereitet werden.«

In Basel erhält Erasmus eine Antwort auf seinen Brief an den Papst. Paul III. schreibt ihm mit Wohlwollen. Er lädt Erasmus zu einem späteren Konzil nach Rom ein und überträgt ihm die Propstei von Deventer. Der Papst plant sogar, ihn ins Kardinalskollegium aufzunehmen. Erasmus ist geschmeichelt, aber er schlägt die spät angetragene Würde aus. Für ihn wäre sie nur ein purpurnes Leichentuch. Seinem Freund Bartholomaeus Latomus legt er die Gründe für den Verzicht dar.

»Noch etwas, was mich betrifft, Du wirst lachen: Auf Anregung des berühmten Theologen Ludwig Ber hatte ich an Paul III. geschrieben. Bevor er den Brief entsiegelte, sprach er sehr anerkennend über mich. Und da er für das kommende Konzil einige Gebildete zu Kardinälen zu machen entschlossen war, kam auch Erasmus in Vorschlag. Aber man machte Hindernisse geltend, die schlechte Gesundheit und das geringe Einkommen. [...] Jetzt gehen sie darauf aus, mir Pfründen zu geben, damit ich dadurch das richtige Einkommen gewinne, um den Purpurhut zu bekommen – die Katze soll in Gala gesteckt werden, wie man sagt. Ich habe in Rom einen Freund, der sich besonders in dieser Angelegenheit bemüht; vergeblich rief ich ihm brieflich wiederholt ins Gedächtnis, daß ich mir aus Pfründen und Pensionen nichts mache; mein Leben zählte nach Tagen, von Tag zu Tag erwarte ich den Tod, manchmal ersehne ich ihn auch – so schwer habe ich mitunter zu leiden. Kaum wage ich es, den Fuß aus dem Zimmer zu setzen, und selbst die größte Vorsicht nützt nichts. Mein liebes, zartes Körperchen verträgt nur ganz warme Luft – und solch einen Menschen will man dazu bringen, sich um Pfründen und den Kardinalshut zu bewerben?! Doch ist mir immerhin dieser päpstliche Irrtum, meine Person betreffend, und die Gesinnung des Papstes mir gegenüber sehr willkommen.«

Erasmus schreibt im gleichen Brief, er halte es für ungeschickt, »bei dieser Unstimmigkeit unter Fürsten und Ländern« ein Konzil einzuberufen. In einer abschließenden Frage zeigt er sich so fürsorglich, wie es typisch für ihn ist. »Ich möchte wissen, wo der Junge lebt, den ich Dir empfohlen habe. Es wäre mir lieb, wenn Du ihm von Zeit zu Zeit ein freundschaftliches Zeichen zukommen ließest. Sein Vater ist ein vortrefflicher Mann, und er selbst hat einen guten Charakter.«

Im übrigen gibt es schlechte Nachrichten. Die Intoleranz fordert zahlreiche Opfer: Protestanten in Frankreich und den Niederlanden und Katholiken in England. Fisher und Morus werden 1535 enthauptet, weil sie nicht Komplizen des schismatischen Königs Heinrich VIII., des Oberhauptes der anglikanischen

Kirche, sein wollen. »Thomas Morus«, klagt Erasmus, »war der beste Freund, den ich je hatte! Mit seinem Tod ist mir, als sei ich selbst gestorben.«

1535 veröffentlicht Erasmus eine Sammlung von Gebeten für alle Lebenslagen.[4] Man findet darin ein erstaunliches Gebet für einen gegen seinen Willen eingezogenen Soldaten vor der Schlacht. »Allmächtiger König der Heerscharen, Du bestimmst Deine Engel dazu, in den Ländern Krieg und Frieden zu besorgen. Du hast dem jungen David Mut und Kraft geschenkt, obwohl er klein, unbewaffnet und unerfahren im Kampf war, den Riesen Goliath mit der Schleuder anzugreifen und zu Boden zu werfen. Ich bitte Dich, falls wir aus einem gerechten Grund und gezwungen diesen Kriegsdienst leisten, um das eine: Wende die Herzen der Feinde zum Verlangen nach Frieden, damit kein Christenblut auf der Erde vergossen werde. Oder jage ihnen den sogenannten panischen Schrecken ein. Laß den Sieg unter möglichst wenig Blutvergießen und möglichst geringen Schäden denen zukommen, deren Sache in Deinen Augen die bessere ist. So möge der Krieg bald beendet werden, und Dir möge aus geeinten Herzen unser Lobgesang erklingen.«

Für sich selbst bittet Erasmus um die Kraft, die Krankheit gut zu ertragen, und um einen christlichen Tod. »Herr Jesus, einziges Heil der Lebenden, ewiges Leben der Sterbenden, Deinem heiligsten Willen unterwerfe ich mich ganz und überlasse ich mich, ob Du diese geringe Seele in diesem leiblichen Heim noch länger weilen läßt zu Deinem Dienst oder ob Du sie aus dieser Zeitlichkeit abrufst. [...] Wo das Unheil wächst, mehre Deine Gnade, daß der Glaube nicht wankt, die Hoffnung nicht schwankt, die Liebe nicht erkaltet und die menschliche Schwäche vor dem Schrecken des Todes nicht zu Fall kommt, sondern wenn die Augen des Körpers vom Tode belegt werden, mögen die des Geistes sich auf Dich richten; und wenn die Zunge ihren Dienst nicht mehr tut, das Herz dennoch innig zu Dir ruft: In Deine Hände, Herr, empfehle ich meinen Geist!«

Dieses sehr am klassischen Stil orientierte Buch, in dem einige Kritiker nur Stilübungen sehen wollten, enthält im ersten Teil kurze Gebete an den Vater, den Sohn und den Heiligen Geist und an Maria, Gebete für bestimmte Jahreszeiten und für bestimmte Gelegenheiten im geistlichen Leben: gegen Anfechtungen und Niedergeschlagenheit, vor dem Empfang des Herrenleibes, um eine glückliche Ehe und so fort.

Der zweite Teil ist eine ganz im Zeichen der *Devotio moderna* stehende Sammlung von Stoßgebeten, die der Heiligen Schrift entlehnt sind. Es sind kurze Gebete und inbrünstige Anrufungen Gottes. Erasmus bevorzugt sie, weil sie zu jeder Zeit gesprochen werden können. Diese kurzen Formeln eignen sich für einen vielbeschäftigten Mann, für den selbst die Arbeit Gebet ist.

Schließlich findet der Leser in diesem Buch auch zwei bereits veröffentlichte lange Gebete an Christus und die Paraphrase des Vaterunser. Erasmus' Gebete haben zwar nicht den lyrischen Tonfall von Luthers Gebeten oder den Humor der Gebete des Thomas Morus, aber sie sind allesamt klar aufgebaut und leicht lesbar. In dieser spirituellen Blütenlese, die ganz in der Tradition seiner Werke bleibt, fließen Eleganz und Beredsamkeit zusammen. Stilübungen? Ihr Verfasser bringt darin auf bewundernswerte Art seine religiösen Gedanken und seine pädagogischen Anliegen zum Ausdruck. Die Sammlung findet in zahlreichen Auflagen und Übersetzungen rasch und dauerhaft Verbreitung.

Mehr noch als um seine Gesundheit sorgt sich Erasmus um die Vollendung seines Werkes, bekümmert ihn der Tod seiner alten Freunde und nicht zuletzt die Misere in der Kirche und in der Welt. Das betrübt ihn sehr, aber er ist noch immer derselbe. Einem kranken Schüler erteilt er Ratschläge, die aus eigener langjähriger Erfahrung stammen. »Ich wundere mich«, schreibt er an Damian van Goes, »daß ein junger Mann solche Kopfschmerzen hat. In Italien gibt es ausgezeichnete Ärzte, mit deren Hilfe Du das Leiden loswerden kannst. Hüte Dich vor anstrengender Lektüre, vor allem nach dem Frühstück und nach dem Abendessen. Unterhalte Dich statt dessen mit gebildeten Menschen. Du fürchtest den Winter in diesem Land, das doch ein so mildes Klima hat: Was tätest Du bei den Lappen? Wenn Deine Furcht vor der Kälte begründet ist, dann heize den Ofen an; da hast Du es nach Belieben warm.«

Dann kommt Erasmus auf die jüngsten politischen Ereignisse zu sprechen. »Es ist hier viel von Afrika die Rede. Ich erwarte schlechte Neuigkeiten. Aber all das erschüttert mich kaum. Inzwischen wird Niederdeutschland ganz von den Wiedertäufern zugrunde gerichtet. Münster ist erobert. Kann man den Gerüchten trauen, so sind alle getötet worden, die über zwölf Jahre alt waren.«[5]

Erasmus denkt nicht weiter an das glanzvolle Amt, das man ihm in Rom angetragen hat. Viel mehr beschäftigt ihn eine rein freundschaftliche Geste: Einige Jahre zuvor hatte er in dem Zollbeamten Christoph Eschenfelder aus Boppard einen treuen Leser seiner Werke gefunden. Dies war der Beginn einer neuen Freundschaft. Eschenfelder bittet Erasmus, ihm einen seiner Psalmenkommentare zu widmen. Damit fällt die Ehre auf den geringsten der Freunde, die treu an ihn glauben: Erasmus widmet ihm den Kommentar zu Psalm 14, den er unter schlimmsten Schmerzen verfaßt hat. Seine Schrift über die Reinheit der christlichen Kirche[6] erscheint im Februar 1536 in Basel.

Das Buch ist eine Illustration der wahren, daß heißt der innigen Frömmigkeit. Neben dem Kommentar enthält es einige Briefe. Damit bildet das dünne Bändchen zugleich auch eine letzte Briefsammlung. Der Lobesbrief Pauls III. zählt zu ihren besten Stücken. Den unversöhnlichen Gegnern des Humanisten ist er ein Dorn im Auge. Der Inquisitor Theodoricus Hezius schreibt dem späteren Kardinal Hieronymus Aleander aus Lüttich: »In den letzten Tagen habe ich in Löwen den hochgelehrten Doktor Jakob Latomus getroffen, der in seinen vielfältigen und bedeutenden Schriften gegen die Ketzer und ihren Freund Erasmus zahlreiche Male seinen Verstand, seine Wissenschaft und seine Frömmigkeit unter Beweis gestellt hat. Er hat mir berichtet, daß man in Löwen ein neues Buch des Erasmus verkaufe, das unter anderem ein an Erasmus persönlich gerichtetes Breve Seiner Heiligkeit Pauls III. enthalte. Dieser beglückwünsche ihn darin nicht nur auf außergewöhnliche Weise für seine solide Lehre und seine Beredsamkeit, sondern auch für seine seltene Frömmigkeit und sein redliches Verhalten. Der Papst ermahnt Erasmus zudem, mit ihm bis zum nächsten allgemeinen Konzil und sogar auf diesem Konzil den katholischen Glauben zu verteidigen.«[7]

Aleander antwortet Hezius im gleichen Tenor und sichert ihm seine volle Unterstützung zu.[8] Die Entrüstung von Hezius und Aleander zeigt deutlich genug, daß Erasmus' Feinde die Waffen noch nicht gestreckt haben und seinen Einfluß in Rom nach wie vor fürchten.

Erasmus' Situation ist sicher ungewöhnlich, schwierig, wenn nicht gefährlich: ein Geistlicher isoliert inmitten der Abtrünnigen. Er erklärt dies mehrfach gegenüber verschiedenen Freunden, und man kann nicht behaupten – wie Luther es unter anderem getan hat –, er habe diese Situation absichtlich herbeigeführt. Er hat sie allerdings akzeptiert, und noch heute staunen all jene, die von seinen Problemen nichts wissen, wie gelassen er sie ertragen hat.

Eustache de Chapuys, der Botschafter Karls V. in London, schreibt Erasmus einen langen, vertraulichen Brief. Er berichtet ihm vom Tod der Katharina von Aragon; seine Schrift zur Vorbereitung auf den Tod habe der unglücklichen Königin in den letzten Augenblicken viel Trost gespendet.[9]

Im Februar verfaßt Erasmus ein neues Testament – das Testament eines reichen und großzügigen Mannes.

»Ich, Desiderius Erasmus von Rotterdam, erneuere – gestützt auf die Urkunden des Kaisers, des Papstes und des hohen Magistrats der ruhmreichen Stadt Basel – durch diese meine Handschrift meinen letzten Willen. Ich will, daß dieser unter allen Umständen für unumstößlich und gültig gehalten wird; ungültig dagegen soll sein, was ich sonst zugesagt habe.

Zu Beginn: In der Gewißheit, keinen gesetzlichen Erben zu haben, setze ich den hochansehnlichen Herrn Bonifacius Amerbach als Erben aller meiner Vermögensverhältnisse ein; zu Testamentsvollstreckern bestelle ich Hieronymus Froben und Nikolaus Episcopius.

Meine Bibliothek habe ich schon früher Herrn Johannes a Lasco aus Polen verkauft, und zwar gemäß einem schriftlichen Vertrag, den wir darüber untereinander ausgefertigt haben: die Übergabe der Bücher erfolgt erst, wenn er dem Erben zweihundert Florentinische Gulden zahlt. Wenn jener von diesem Vertrag zurücktritt oder früher stirbt als ich, so soll es meinem Erben freistehen, über die Bücher zu verfügen, wie er will.

Herrn Ludwig Ber vermache ich eine goldene Uhr,

Beatus Rhenanus einen goldenen Löffel und eine kleine goldene Gabel,

Markus Peter Viterius einhundertfünfzig Kronen in Gold, ebensoviel Philipp Montan,

meinem Famulus Lambert, wenn er mir beim Tode beisteht, zweihundert Florentinische Goldgulden, falls ich ihm nicht bei Lebzeiten diese Summe ausgezahlt habe,

Herrn Johannes Brisgo einen silbernen Weinkrug,

Herrn Paul Volz hundert Florentinische Goldgulden,

Sigismund Gelensky einhundertfünfzig Dukaten,

Johannes Erasmius Froben zwei Ringe, von welchen der eine keinen Stein, der andere einen grünlichen Stein hat, den die Franzosen Türkis nennen.

Hieronymus Froben vermache ich alle meine Kleider und den gesamten Hausstand aus Wolle, Leinen und Holz; außerdem einen Becher, welcher die Insignien des Kardinals von Mainz trägt,

seiner Gattin einen Ring, der das Bildnis einer sich umschauenden Frau zeigt,

Nikolaus Episcopius einen Becher mit Deckel, in dessen Fuß Verse eingeritzt sind,

seiner Gattin Justina zwei Ringe, von denen einer einen Diamanten, der andere einen kleineren Türkis trägt.

Markus Konrad Goclenius einen silbernen Becher, der am Rande das Bildnis Fortunas zeigt.

Sollte einer der von mir Bedachten gestorben sein, so sei, was verfügt war, dem Gutdünken meines Erben anheimgestellt.

Mein Erbe soll sich außer den Dingen, die ich ihm schon früher schriftlich vermacht habe, nehmen, was an Bechern, Ringen oder ähnlichen Dingen übrig sein wird, dazu an besonderen Münzen die portugiesischen, die mit dem Bild des Königs von Polen und mit dem des Severin Boner, und was sonst noch ähnliches da ist; außerdem alle Dukaten, die doppelten und die vierfachen. Das bei Konrad Goclenius deponierte Geld soll er jenem zur Verfügung in Brabant lassen, so wie ich es ihm übergeben habe. Wenn noch irgend etwas bei Erasmus Schets vorhanden ist, so soll er es von ihm zurückfordern. Dieses Geld und alles, was sonst noch übrig ist, soll er nach eigenem Gutdünken und dem Rat der Testamentsvollstrecker zum Nutzen der Armen, der Alten und Kranken verteilen, desgleichen an Mädchen, die heiraten wollen, und an vielversprechende junge Männer; kurz an alle, die sie der Hilfe für würdig befinden.

Diesen meinen letzten Willen habe ich, damit seine Glaubwürdigkeit desto überzeugender sei, mit eigener Hand niedergeschrieben und das Siegel meines Ringes, welches den Gott Terminus zeigt, dazugesetzt, zu Basel im Haus des Hieronymus Froben am 12. Februar des Jahres 1536 nach der Geburt des Herrn.«[10]

Vergleicht man das Testament mit der ersten Fassung, so stellt man einige Abweichungen fest: Beatus Rhenanus zählt nicht mehr zu den Testamentsvollstreckern. Wollte er sich von dieser Aufgabe lieber entbunden sehen? Erasmus läßt außerdem alles weg, was die Herausgabe seines Gesamtwerkes betrifft. In diesem Punkt war er sich scheinbar lange unschlüssig. Seine Freunde einschließlich Rhenanus glaubten dennoch, das große Vorhaben des verstorbenen Meisters erfüllen zu müssen, der sich, als seine Kräfte schon schwanden, eine wirklich vollständige Ausgabe seiner Werke aus ganzem Herzen gewünscht hatte. Diese Ausgabe sollte nach Erasmus' Willen weder zensiert noch tendenziös sein, weder ein *Erasmus Romanus* noch ein *Erasmus Wittenbergensis* oder gar ein *Erasmus grammaticus*. Sie sollte unbequem für die Parteien und unerschöpflich für die kommenden Generationen sein, kurzum das Werk des unsterblichen Erasmus.

Das Alter bedeutet nicht Schiffbruch, wenn der Mensch sein Werk noch vollendet. Erasmus kann die Feder niederlegen und gelassen in die Zukunft blicken. Der gewünschte rasche Tod ist ihm nicht vergönnt. Unaufhaltsam verschlechtert sich sein Gesundheitszustand von Monat zu Monat, ja von Tag zu Tag. Mehrmals in seinem Leben glaubte er sich dem Tod nahe. Diese Empfindung zieht sich wie ein Leitmotiv durch seine wenigen persönlichen Bekenntnisse. Diesmal täuscht er sich nicht. Er beschreibt seine Leiden mit schonungsloser Klarsicht. »Es gibt nun keine Hoffnung mehr, daß mein Körperchen, das von der Mühsal und dem Alter zerbrochen ist, solchen Martern noch lange standhält.«[11] Pessimismus und Resignation breiten sich in seiner Seele aus, während das Steinleiden und die Ruhr seinem Körper zusetzen. Sein Kopf ist schwer, und die Augen fallen ihm zu. Er muß auf seine großen Pläne verzichten und die Geschütze einziehen, die er mit so viel Sorgfalt aufgefahren hatte. Das Stück neigt sich dem Ende zu, und der alte Schauspieler möchte mit Würde abtreten.[12]

Der letzte Winter ist der bitterste und kälteste. Die Gicht hindert ihn an jeder Bewegung. Besuche überanstrengen ihn schnell. Er verläßt kaum noch das Bett, kann nur noch mit Mühe Nahrung zu sich nehmen, und das Schreiben, wenn er schreiben will, verlangt ihm große Anstrengungen ab. Durch sein Zimmer spuken die Phantome verstorbener Freunde. Störenfriede bedrängen ihn. »Da kam nach dem Essen mein Freund N. zu mir, um mich zu begrüßen, und hielt mich drei Stunden am Kaminfeuer sitzend fest bei einer Disputation über die Glaubenslehren. Diese Anspannung und das Sitzen am Feuer – beides ist für mich der schlimmste Verderb – haben mir alles Übel wiedergebracht. Dabei hätte jener nicht vor Einbruch der Nacht Schluß gemacht! Da habe ich das Gespräch abgebrochen und ihn gehen heißen. [...] Jetzt sind zwar diese argen Qualen fort, doch bleibe ich zu Bett, nur je drei Stunden um die Essenszeit mittags und abends stehe ich auf.«

Erasmus konnte zwischen dem 16. März und dem 17. Mai 1536 offenbar überhaupt nicht mehr schreiben. Die Ostermesse am 16. April hat er in seinem Zimmer gefeiert. Im Mai lassen seine Schmerzen etwas nach. Obwohl er noch immer sehr leidet, träumt er von einem Aufenthalt in Besançon und verlangt nach seinem Famulus Gilbert Cognatus. Die Besserung hält nur kurz an, und schon im Juni muß Erasmus erneut das Bett hüten und die Arbeit unterbrechen. »Und dabei«, sagt er, »ist mir das Leben ohne diese Arbeit unerträglich.«

Am 28. Juni schreibt Erasmus seinem Freund Konrad Goclenius, dem Professor am Dreisprachenkolleg in Löwen, einen Brief – den letzten, der uns von ihm erhalten ist. »Ach, wäre Brabant doch nicht so fern!«[13]

Erasmus hat nur noch fünfzehn Tage zu leben, und die sind trist und düster. Er leidet mit der Seele ebensosehr wie mit dem Körper, wenn er an seinen Verfall denkt und sich verloren weiß. Zeitweise kann er nicht einmal mehr lesen, aber er denkt unablässig an seine Bücher und vor allem an seinen geliebten Origines, dessen Erscheinen er nicht mehr miterleben wird. Sein gewaltiges geistiges Schaffen ist endgültig zum Erliegen gekommen.

Freunde verabschieden sich im Hause *Zum Luft* von dem Kranken; zunächst Konrad Pellikan, dann Hieronymus Froben, Bonifacius Amerbach und Nikolaus Episcopius. Die drei letzten versammeln sich am Bett des Sterbenden. Als er für einige Zeit bei Bewußtsein ist, vergleicht er sie mit den Freunden des armen Hiob, dem Musterbild für unverbrüchliche Treue.[14]

Für Erasmus geht es nicht mehr um den abstrakten und fernen Tod, über den er so gewandt geschrieben hat: Der reale Tod tritt immer näher. Er bereitet sich auf das Sterben vor, seine einzige noch verbleibende Aufgabe. Er zeigt sich friedlich und geduldig. Die Zeit der großen Pläne und der endlosen Auseinandersetzungen ist zu Ende, und die Anwandlungen von Groll und Rachsucht sind vorüber. Von nun an muß sich vor seiner Feder niemand mehr fürchten.

Den Tod zu erwarten heißt, unausgefüllte Tage und schlaflose Nächte hinzunehmen, sich jeden Tag etwas mehr von der Welt zu lösen, jede Nacht ein Stück von sich selbst aufzugeben. Erasmus empfindet die Einsamkeit und Mattigkeit bis zum Überdruß und erleidet die Wechselfälle des letzten Kampfes. Während ihm in seiner relativen Isolation die Demütigung erspart bleibt, seinen Todeskampf in ein Schauspiel verwandelt zu sehen, bekennt er sich als Sünder und gläubiger Christ. Er versenkt sich ins Gebet, das die Phantasiegebilde verscheucht und seine Hoffnung stärkt. »Wenn ich in den Schatten des Todes getreten bin, fürchte ich nichts mehr, denn Du bist bei mir.«

In der Nacht vom 11. auf den 12. Juli 1536 tut er seinen letzten Atemzug mit den Worten: *O Iesu, misericordia! Domine, libera me! Domine fac finem! Domine miserere mei! Lieve God!*[15] Erasmus stirbt im Beisein eines Famulus, wie er gelebt hat: mit Gott auf den Lippen.

Die Beerdigung des Humanisten wird in ökumenischem Geist begangen. Studenten tragen seine sterbliche Hülle, Freunde, Vertreter der Stadt und der Universität begleiten sie. In der Marienkapelle der Kathedrale wird er beigesetzt. Noch heute erinnert dort ein Grabstein mit einem langen Epitaph von Bonifacius Amerbach an sein unvergleichliches Werk.[16]

KAPITEL XXIV

Die Persönlichkeit des Erasmus

Nach außen hin verläuft Erasmus' Leben ereignislos. Seine Betätigungen sind geistiger Natur, stehen ganz im Zeichen der Forschung und kommen in seinen Büchern und Briefen zum Ausdruck. Ist Erasmus darum ein weltabgeschiedener Träumer, der in seinem Elfenbeinturm Bücher wälzt? Das Reich der Bücher ist seine vertraute Umgebung, aber deshalb lebt er nicht nur in Büchern. Die Welt ist in seinem Denken gegenwärtig, und für sie schreibt er unablässig. Er erinnert sie daran, auf welchem Weg das Glück zu finden ist.

In jeder einzelnen Phase ist Erasmus' Leben bewegt und von Wechselfällen gekennzeichnet. Nichts vom geschichtslosen Leben des egozentrischen Intellektuellen!

Wenn wir uns ein Urteil bilden wollen, müssen wir uns die wichtigsten Etappen seiner Laufbahn noch einmal vor Augen führen. Im Kloster ist Erasmus zum Humanisten gereift, und in der Welt hat ihn die Leidenschaft zur Philosophie Christi ergriffen. In den Niederlanden lernt er die klassische Bildung kennen und erwirbt die theologischen Grundkenntnisse. Dort erwacht auch sein Interesse für internationale Probleme. In Frankreich erhält er seine Universitätsausbildung und knüpft Kontakte zu den Kreisen der Vorreformation. In England entdeckt er den Florentiner Platonismus, und in Italien verbessert er seine Griechischkenntnisse. Die Politik Julius' II. bestärkt Erasmus durch ihr abschreckendes Beispiel in seinem Pazifismus und seinem Reformwillen, während die Erfahrungen an den theologischen Fakultäten einen Feind der Scholastik aus ihm machen. Das sind die entscheidenden Momente in Erasmus' Ausbildung als Humanist und Theologe.

Wie alle schöpferisch begabten Menschen hat Erasmus seine Sehnsüchte, seine Gedanken und seine Arbeiten aufs engste miteinander verknüpft. Von

Jugend an arbeitet er an einem harmonischen geistigen Universum, in dem Theologie und Philosophie, Kunst und Gelehrsamkeit, Pazifismus und Loyalität, Glaubenseifer und Toleranz eine Verbindung eingehen. Wenn wir sein Leben und sein Werk überblicken, sehen wir Erasmus als Kämpfer für und wider Philosophie und Theologie, für und wider Universität und Mönchtum.[1] Er ist ein Kind seiner Zeit, der Renaissance, aber seine Bestrebungen reichen weiter als die der Zeitgenossen.

Vor jeder anderen Überlegung kommt es Erasmus darauf an, daß von den Dingen der richtige Gebrauch gemacht wird; er beurteilt den Baum nach seinen Früchten. Ihm geht es um die richtige Philosophie, um die richtige Theologie und so fort.[2] Umgekehrt haßt er nichts mehr als die, wie er sie nennt, schlechte Theologie, die schlechte Philosophie, den Verfall des Studiums und die verfehlte Frömmigkeit, vor allem eine Frömmigkeit, die zur Rechtfertigung des Krieges mißbraucht wird.

Ein anspruchsvolles Programm für einen so schwachen und verwundbaren Mann! Aber er ist auch mutig und geht keinem Risiko aus dem Weg. Nie gewinnt Verbitterung die Oberhand; er übersteht alle Stürme, überwindet alle Gemütskrisen und entmutigenden Augenblicke. In Erasmus' Leben folgt Windstille auf das Gewitter und Hoffnung auf die Enttäuschung.

Mehrfach erläutert Erasmus in seinen Briefen und Apologien sein methodisches Vorgehen und die Konzeption seiner Werke. »Ich sehe«, schreibt er 1519 an Thomas Lupset, »daß die hochheiligen Doktoren der Kirche für überholt und unmodern gelten, daß ihre Texte verderbt sind, entstellt werden und besudelt sind. Ich sehe, wie die Lehre des Evangeliums fast unter den Kommentaren der Menschen erstickt und wie ihre Bücher vom Dornengestrüpp und dem Unkraut der Fehler überwuchert werden. Meine Frömmigkeit, nicht mein Wesen bringt mich dazu, heftig zu werden. Eine sanfte und ruhige Stimme könnte die Welt nicht aus ihrer tiefen Lethargie erwecken.«

1526 findet er die Formel, die am besten auf ihn paßt. »Was mich betrifft, so kann man nicht leugnen, daß ich das Studium der alten Sprachen und der schönen Literatur gefördert habe. Ich habe die scholastische Theologie, die durch die Spitzfindigkeiten der Sophisten verkommen war, auf die Quellen der Heiligen Schrift und auf das Studium der besten Theologen der alten Kirche zurückgeführt. Ich habe mich bemüht, die Welt aus ihrem Schlummer pharisäischer Zeremonien zu erwecken und wieder auf den Weg der wahrhaften Frömmigkeit zu bringen.« Fügen wir noch den Kampf um den Frieden hinzu, dann haben wir ein Gesamtbild dessen, was Erasmus am Herzen lag.

Wer ein solches Projekt verwirklichen will, braucht ungewöhnliche Begabungen und zähen Fleiß. Erasmus übt zwar von Jugend an beträchtliche Anziehungskraft auf die Menschen seiner Umgebung aus, aber neben seiner bemerkenswerten Begabung spielen doch auch Einflüsse von außen eine große

Rolle. Am fruchtbarsten haben hier vor allem die geistige Strömung des Humanismus und die *Devotio moderna* mit ihrer Begeisterung für die Spiritualität gewirkt, außerdem die Exegese der Kirchenväter und schließlich die Anregungen von Vorbildern und Freunden wie Jean Vitrier und John Colet. Bereits in den Anfängen des Jahrhunderts der Renaissance und Reformation steht Erasmus' Programm fest: Er wird sich dem Studium der Literatur, der Verteidigung des Friedens und der Erneuerung der Kirche widmen.

Natürlich kennen wir Erasmus' Werk besser als ihn selbst. Nur über dieses gewaltige Werk stoßen wir zu dem Menschen vor. Ich bin weder so unverfroren noch so naiv zu behaupten, man könne eine so lange Lebensgeschichte auf einigen Seiten zusammenfassen. Trotz intensiver Forschungen ist manches im dunkeln geblieben. Die Psyche eines Menschen ist ein undurchdringliches Geheimnis, und wir dürfen uns nicht einbilden, wir könnten über Erasmus mehr wissen als über uns selbst; wir kennen uns selbst doch schlecht genug. Auch kann noch das gelungenste Porträt das verstorbene Modell nicht mehr lebendig machen, und eine noch so eingehende Analyse kann nur einzelne Aspekte der Persönlichkeit ans Tageslicht bringen.

Über Erasmus' geistige Fähigkeiten sind sich die Historiker offenkundig einig. Er ist ein origineller Denker und ein brillanter Schriftsteller mit einer außerordentlich fruchtbaren Schaffenskraft. In seinen Büchern mischen sich Einfachheit und Eleganz: die Eleganz und die Einfachheit des Schriftstellers, der sein Handwerk beherrscht und überdies Talent zur Improvisation besitzt. Er glänzt in allen Gattungen: in seinen Briefen im Plauderton, in den polemischen Verteidigungsschriften, den frommen Gedichten, pädagogischen Dialogen, religiösen Pamphleten und moralischen Abhandlungen. Er leistet Außergewöhnliches als Übersetzer und Herausgeber von Klassikern.

Während er im *Lob der Torheit* provozieren will, zeigt er sich in den *Adagia* als liebevoller Sammler von Spruchweisheiten, pflegt er in den *Colloquia* einen natürlichen und doch gelehrten Stil, entfaltet er in den Paraphrasen zum Evangelium seinen Glaubenseifer.

Auch Erasmus erlebt die Wechselfälle des menschlichen Schicksals, er entwickelt und verändert sich. Bisweilen verändert er sich von einem Tag zum anderen, und mit dem Älterwerden entwickelt er sich. Im Laufe der Jahre wird er milder, aber seine Briefe werden spröder und bissiger, vor allem wenn er schlechte Nachrichten kommentiert. Der zwanzigjährige Erasmus ist ein anderer als der sechzigjährige. Briefe wie die an Servatius Roger hätte er in den letzten Jahren seines Lebens nicht mehr geschrieben, und seine großen Werke wären nie entstanden, wenn er in seinem holländischen Kloster geblieben wäre.

Wer die Briefe aus Steyn zum ersten Mal liest, ist verwirrt. Sie passen nicht zu dem herkömmlichen Bild von Erasmus: zu dem satirischen Autor, dem geschickten Erzähler, dem religiösen Schriftsteller und gefährlichen Polemiker. Überrascht sehen wir einen sentimentalen, gepeinigten und anrührenden Erasmus vor uns. Welcher ist der wahre Erasmus? Beide natürlich. Es ist derselbe Mann, der da in verschiedenen Abschnitten seines Lebens lacht oder weint, erzählt oder von sich berichtet, belehrt oder wettert.

Erasmus wandelt sich, aber nicht von Grund auf. Zunächst prägt ihn die Herkunft. Er ist außerehelich geboren, verwaist und ohne Vermögen. Dann kommt der Ruhm, der berauschender ist als der beste Burgunder in seinem Keller. Schließlich folgen der Wohlstand, in gewisser Weise das Scheitern seiner Pläne und die Verbitterung, bis er in den letzten Jahren doch wieder seinen Frieden findet. Dennoch gibt es ein festes Fundament, einen Grundstock an Merkmalen im Denken und Fühlen, die jeder berücksichtigen muß, der ein Bild seiner Psyche zeichnen will. Seine geniale Begabung können wir weder analysieren noch klassifizieren; aber daß er ein Genie war, hat die Nachwelt vom 16. Jahrhundert bis in unsere Tage hinein fraglos anerkannt.

Erasmus zeigt sich im Laufe seines Lebens abwechselnd ernst und heiter, geduldig und ungeduldig, mäßigend und dreist, stark und empfindlich, einfach und kunstvoll, tief religiös und feurig antiklerikal. Er ist ein offener Geist, ein entschiedener Reformer, tritt bei Gelegenheit als Apostel auf, bald leidenschaftlich, bald gelassen, bald verschwiegen und bald redselig. In seinem Leben droht ständig Gefahr, und sein Schicksal hat eine tragische Seite. In Auseinandersetzungen kann er nachtragend sein; sein Scharfsinn ist gefürchtet, und seine Angriffe sind schmerzhaft. Er hat das Temperament des Künstlers, die Begabung des Schriftstellers, die Strenge des Philologen und einen Anflug von Mystizismus. Er ist in einem Atemzug ironisch und versöhnlich, was unweigerlich zu schlimmen Mißverständnissen führt. Erasmus kann mit seiner Spottlust nicht hinter dem Berge halten, und er stößt deshalb diejenigen vor den Kopf, die er doch zusammenbringen will.

Dieser Mann hinterläßt einen tiefen Eindruck bei seinen Zeitgenossen; gleichgültig steht ihm niemand gegenüber. Wer ihn kennt, ist entweder sein Freund oder sein Feind. Seine Intelligenz macht ihn anziehend, sein scharfer Verstand beunruhigt und sein Spott verärgert. Er ist hin- und hergerissen zwischen Umsicht und Dreistigkeit, ja Verschlagenheit. Meist schweigt er sich über sein persönliches Leben aus, bisweilen verrennt er sich in sinnlose Auseinandersetzungen. Der schwache und kränkliche Mann gesteht ein, daß sein Gesundheitszustand eng mit seiner psychischen Verfassung zusammenhängt. Weil er vorsichtig ist, tritt er oft auf der Stelle, doch sein Spott verleiht ihm Flügel und Klauen. Er hat das Format des Denkers und die Schwächen eines Literaten, der lernen mußte, den Schlägen des Gegners mit Bravour auszuweichen.

Diese Gegensätze erscheinen all jenen unversöhnlich, die Erasmus' Charakter mit Hilfe der Psychoanalyse von einer neuen Seite her beleuchten wollen.[3]

Die psychoanalytische Deutung hat gewiß ihre Berechtigung. Da es aber an geeigneten Dokumenten fehlt, ist es bei der Untersuchung der Lebensgeschichte mit Mitteln der Psychoanalyse – der Psycho-Pathographie – bis jetzt nicht gelungen, ein scharfumrissenes Bild der unbewußten Strukturen in Erasmus' Persönlichkeit nachzuzeichnen. In Anbetracht seiner strengen Arbeitsdisziplin, an der er sein ganzes Leben über festhielt, kann man ihm unmöglich eine Psychose unterstellen, ebensowenig einen Verfolgungswahn. Erasmus hat sich seine Feinde nicht eingebildet. Sie waren sehr real und setzten ihm übel zu. Er ging schlagfertig zum Gegenangriff über und verteidigte seinen Ruf, wenn man auch zugeben muß, daß er dabei zuweilen überzogen scharf reagierte. Ich sehe ebensowenig Grund zu der Vermutung, Erasmus habe sich in der Rolle des Rächers gefallen oder sich als Opfer gefühlt; das sind nicht belegbare Spekulationen. Wenn einige Biographen ein paranoides Verhalten bei ihm zu erkennen glauben, so erscheint mir das ebensowenig fundiert wie die Behauptung, er habe homosexuelle Neigungen gehabt; uns ist der Teil seiner Seele, der ihm selbst dunkel und verborgen blieb, noch viel weniger zugänglich. Es ist immer bequem, eine Handvoll Fakten beliebig zu interpretieren; eine Hypothese ist aber erst dann gesichert, wenn alle denkbaren Gegenargumente widerlegt sind.[4]

Innerhalb enger Grenzen können einige Punkte der Biographie noch immer besser mit den Mitteln der klassischen Psychologie erhellt werden. Ihre Ergebnisse sind zwar bescheidener, aber auch solider. Erasmus' Persönlichkeit ist komplex und darum so reichhaltig und faszinierend. Sie tritt uns entgegen, wenn wir uns eingehend mit ihm befassen, daß heißt, wenn wir ihn zu Wort kommen lassen und ihm geduldig zuhören. Die Porträts von Metsys, Dürer und Holbein helfen uns, ihn so zu sehen, wie ihn seine Zeitgenossen sahen. Wer sich ein Bild seines Charakters machen will, studiert natürlich am besten seine Briefe.

Erasmus hat sich in der Einsamkeit wohler gefühlt als in der Gemeinschaft. Sein Lebenswandel erscheint untadelig. Der Zölibat hat ihn nicht verbittert. Er weiß die Vorteile dieses Lebens zu schätzen, die Nachteile wiegen für ihn nicht allzu schwer. Freunde, Bücher, sein Werk und die Frömmigkeit erfüllen sein Leben.

Das Leben führt ihn in verschiedene Städte und mehrere Länder. Ein Junggeselle verfügt frei über sich und ist sehr mobil, auch dann, wenn er wie Erasmus mit der ganzen Bibliothek herumreist. Seine vielen Ortswechsel haben bei den Briefpartnern Erstaunen oder auch Neid hervorgerufen. Thomas Morus antwortet den Neidern, die Erasmus ein Vagabundenleben nachsagen. »Stets am gleichen Ort zu bleiben, am gleichen Fels zu kleben wie die Auster oder der Schwamm, ist das der Frömmigkeit letztes Wort?« Als Erasmus finanziell unabhängig ist, läßt er sich in Basel und dann in Freiburg nieder. Sein Nomadendasein war eine Notwendigkeit, und Ruhelosigkeit kann man ihm nicht ernsthaft vorwerfen.

Aus seinen Schriften tritt uns Erasmus als leidenschaftlicher, sensibler und empfindlicher Individualist entgegen, der sich eine vollkommene geistige Unabhängigkeit bewahrt hat. »Ohne Freiheit ist das Leben kein Leben«, erklärt er. Oder auch: »Ehe ich meine Freiheit aufs Spiel setze, verzichte ich auf alles.« Er ist gegenüber den Oberen kein Jasager. Der Wunsch von Papst oder Kaiser ist ihm keineswegs Befehl. Gehorsam hebt für ihn die eigene Verantwortung nicht auf, denn das Gebot der Vernunft bleibt bestehen. Er hat niemals etwas gesagt, was er nicht auch so meinte. Ein freier Mensch weiß, wann er gehorchen und wann er nein sagen muß.

Erasmus verdankt sein geistiges Gleichgewicht einer wohlabgewogenen Mischung aus kritischem Geist und Respekt vor der Tradition. Euphorisch ist er selten, aber er durchlebt Perioden der Niedergeschlagenheit und der Begeisterung. Über alle Stimmungsschwankungen hinweg hat er sich dann doch selbst fest in der Hand.

Nach den Jahren der Entwicklung besitzt er das Temperament eines Pioniers, nicht eines Eroberers. Er meidet Exzesse und Extreme. Man hat ihm vorgeworfen, er habe zu geschickt versucht, sich mit allen Parteien zu arrangieren. Er ist sicher nicht ungeschickt, vor allem aber bleibt er in seinen Äußerungen bedächtig und maßvoll. Er neigt zur Zurückhaltung und unternimmt nur wohlüberlegte Schritte. Zaghaftigkeit kann ihm nur vorwerfen, wer seine spitze Feder und die bewußten oder unbewußten Provokationen in seinen bedeutendsten Schriften übersieht.

Der Wunsch nach Freundschaft ist bei Erasmus Stärke und Schwäche zugleich. Da er die Geborgenheit in einer Familie entbehren mußte, ist er immer auf der Suche nach Menschen, die ihn mögen. Die Liebe gehört zu seiner Natur. Er hält treu zu den Freunden und gibt ihnen reichlich Ratschläge, selbst wenn sie ihn nicht darum bitten. In schweren Zeiten sind ihm die Freunde eine tapfere Leibgarde. Als im Laufe der Jahre einer nach dem anderen stirbt, leidet Erasmus und empfindet schmerzlich die Leere, die der Tod eines jeden hinterläßt. Er hat genausoviel Herz wie Geist.

Man sagt über ihn, er sei »zur Freundschaft geboren«, aber ein »Mann mit wenigen Freunden«. Wenn er sich nur wenigen Auserwählten öffnet, so ist das nicht Arroganz; er betrachtet Freundschaft als ein ernstes und tiefes Gefühl, das mit oberflächlicher Kameradschaft nichts gemein hat. Er will sich nicht anbiedern, er ist auch kein prinzipieller Menschenfreund. Er folgt weder einem Herdentrieb, noch ist er ein Sektierer.

Man kann nicht umhin, seinen Sinn für den Dialog, seine Treue zum humanistischen Bildungsideal, sein beharrliches religiöses Engagement und schließlich auch seinen eisernen Arbeitseifer zu bewundern. Nichts kann seine Freude an einer Aufgabe trüben, die er sich gestellt hat. Vielleicht sind Beharrlichkeit und Unerschütterlichkeit die beeindruckendsten Züge von Erasmus' Persönlichkeit.

Er gehört zu den zerbrechlichen Menschen, die mit unbezwingbarer Entschlossenheit die Arbeit von vier Männern verrichten. Er investiert sein ganzes Wissen, seinen gesamten Besitz und sein ganzes Sein in sein Werk. Für uns bleibt er ein Mensch mit erstaunlicher Energie.

Einige Biographen argumentierten, er habe einen Großteil seiner Energie beim Streben nach materiellem Gewinn verausgabt. Tatsächlich ist Erasmus als Waise in früher Jugend ohne eigenes Vermögen in die Welt getreten. Seine Vormünder haben ihn dazu gedrängt, in den geistlichen Stand zu treten, den sie für einen mittellosen Intellektuellen ohne Beziehungen als die einzig mögliche Lebensform ansahen. Als Erasmus das Kloster verläßt, ist er bettelarm. Der Dienst als Sekretär und Privatlehrer bringt ihm unregelmäßige Einnahmen. Schließlich sorgen Gönner und Drucker für seinen Lebensunterhalt. Allmählich und unter Schwierigkeiten kommt er so weit, daß er von seiner Feder leben kann. Mit fünfundvierzig Jahren hat er ein bequemes Auskommen, aber die Angst vor einer schwierigen Zukunft ist noch nicht gebannt. Reich wird er erst im Alter.

Über sein Innenleben spricht Erasmus selten – er ist zu verschlossen, um etwas von sich preiszugeben –, aber seine Frömmigkeit ist über jeden Zweifel erhaben. Aus jedem seiner Gebete spricht der zutiefst religiöse Mensch und »Wunschmystiker«.[5] Er mag eitel sein, wenn er seine Erfolge als Schriftsteller schildert; sobald es um seine Beziehung zu Gott geht, wird er demütig. Das Erleuchtungserlebnis, die Krönung des mystischen Lebens, scheint ihm nicht vergönnt gewesen zu sein. Er äußert sich als sachverständiger Theologe, der die Religion aus dem alltäglichen Einerlei herausheben möchte.

Sein Priesteramt hat er niemals verleugnet, auch wenn er dem Klosterleben den Rücken gekehrt hat. Er hat sein Leben als freier Priester zugebracht und keinen Anlaß zu Kritik gegeben. Er ist verheiratet mit dem Wort Gottes und verlangt für sich selbst nichts. Er hat nicht die mindeste Sehnsucht nach der Ehe und bleibt seiner Verpflichtung als Priester treu.

Ist damit auch schon seine orthodoxe Haltung bewiesen? Diese Frage läßt sich schwer entscheiden. Ich zweifle nicht an Erasmus' Orthodoxie in Glaubensdingen, weil er sich oft und nachdrücklich dazu bekannt hat. Einige seiner Feinde und manche Biographen zweifelten an der Aufrichtigkeit des Bekenntnisses und sahen hinter seinem Glauben einen tiefen Skeptizismus. Erasmus gebe nur vor, er respektiere das Christentum, in Wahrheit greife er es an.

Man hat oft betont, daß »die Beweislast in der Geschichte wie vor dem Gesetz bei demjenigen liegt, der etwas beweisen will, das im Gegensatz zur Evidenz steht«.[6] Bei methodisch einwandfreiem Vorgehen sind die Aussagen eines normalen Menschen über sich selbst so lange als wahr anzusehen, wie das Gegenteil nicht bewiesen ist. Für Erasmus ist mir ein solcher Beweis bislang nicht begegnet, und willkürliche Annahmen und gewagte Interpretationen sind nur ein mehr als unzulänglicher Ersatz.

Zudem halte ich die Behauptung für leichtsinnig, Erasmus habe sich nur Christus verbunden gefühlt und es für unwichtig erachtet, die kirchliche Hierarchie anzuerkennen. Diese These ist genausowenig bewiesen wie die weiter oben zitierte. Außerdem ist sie höchst unwahrscheinlich, weil auch für Erasmus »Christus und die Kirche vollkommen eins sind«.

Ist Erasmus gar ein Heiliger? Diese Frage wurde oft gestellt und stürzt uns in erhebliche Verwirrung. Wir sehen immer nur die äußere Schale eines Menschen, das heißt das sichtbare Verhalten, manchmal auch nur das Bild, das die Nachwelt überliefert hat. Wie soll man der Versuchung entgehen, eine Apologie zu verfassen? Wie soll man Täuschung von bewußter Verleumdung unterscheiden? Wo sind die geheimen Tugenden und die verborgenen Laster?

Die einzige erlaubte Antwort lautet, daß Erasmus kaum dem frommen Bild entspricht, wie es die traditionelle Hagiographie zeichnet. Um sein Haupt schwebt kein Heiligenschein. Immerhin gibt es zwei Parallelen zu Paulus und Hieronymus, die er so glühend bewunderte: Paulus war ungeduldig, und Hieronymus war als Schriftsteller eitel. Beide Laster teilt Erasmus mit ihnen, aber besitzt er darüber hinaus auch das asketische Wesen des Hieronymus und die heldenhafte Tugend des Paulus...? Wie sein Lehrmeister Origines hat Erasmus eher den Stil eines Gelehrten, aber ebensowenig wie Origines ähnelt er einem Bilderbuchheiligen. Wenn er sich auch mit Feuereifer um das Evangelium bemüht und mit gefestigtem Glauben das Leiden auf sich nimmt, so ist er doch kein Heiliger.

Er hat seine Schwächen. Seine Formulierungen sind ironisch und verletzend, er ist wenig umgänglich, ja egoistisch, und gelegentlich stellt er sein Können gezielt in den Dienst seiner Eitelkeit. Seine Empfindlichkeit ist der Preis, den er für die Empfindsamkeit zahlen muß. Er ist durchaus kein Höfling und läßt sich weder mit Amtsketten noch mit Ordensbändern an die Leine legen. Der kleine Priester ist nicht für Kniefälle geboren, und man muß ihm viel Mut in seiner schriftstellerischen Arbeit, seinem Feldzug für die Reformen und seiner Geringschätzung für Ehrungen zugestehen. Schließlich hat er sich auch in seinen Lebensumständen als kranker und gebrechlicher alter Mann gut geschlagen. Erasmus ist halb ein Ödipus und halb ein Don Quijote, aber ein Ödipus ohne Antigone und ein Don Quijote ohne Sancho Pansa.

Erasmus hat seine Größe und seine Grenzen. Er weiß sich als Sünder, glaubt aber, daß in einem Sünder, solange er Gott liebt, auch immer ein Christ – ein armer Christ – steckt. Auch in der Stunde seines Todes hält er an dieser Überzeugung fest. Er gehört zu jenen Theologen, die es sich – wie er es nennt – schuldig sind, ihre Lehre durch ihr Verhalten zu beweisen. »Wenn jemand Erasmus nicht als einen armen Christenmenschen lieben kann«, sagt er auch, »dann soll er ihm gegenüber die Gefühle haben, die er mag. Ich kann jedenfalls kein anderer sein, als der ich bin.«[7]

Er hat die Prüfungen, Niederlagen und Enttäuschungen bestens überstanden. Er ist kein Menschenfeind geworden und nicht von dem einmal eingeschlagenen Weg abgewichen. Dank seines unerschütterlichen Glaubens kann er über seine Enttäuschungen als Denker und seine Schwäche als Mann der Tat triumphieren. Die Gnade hat er, der Pascal ähnlicher ist als Voltaire, reichlich erfahren. Er ist optimistisch, aber nicht verblendet. Er weiß um das schwere Erbe der Geschichte: Der Bildungsnotstand ist chronisch, ständig toben Kriege, und in gewisser Weise erlebt das Christentum einen Niedergang. Bis zum letzten Atemzug kämpft er gegen die Übel einer schwindelerregenden Welt an und setzt dabei seine Liebe zur Literatur, seinen Pazifismus und sein anspruchsvolles Christentum ein.

Erasmus' Schriften über den Tod sind die Vorboten seines Endes. Er sieht dem Ende bewußt ins Auge und bereitet sich sorgfältig darauf vor. Er stirbt einsam, sein Tod entspricht nicht den konventionellen Vorstellungen. Doch die Umstände seines Todes schockieren nur diejenigen, für die Andersartigkeit immer gleichbedeutend ist mit Verfall der Sitten. Trotz des äußeren Anscheins hat sich Erasmus in seinem Leben und in seinem Sterben von einem reifen und verantwortlichen Christentum leiten lassen, das frei von Angst und stets von der Suche geprägt war. In seiner Vorstellung vom Tod liegt zugleich heidnische Weisheit und christliche Hoffnung. Sokrates ist zwar sein Vorbild, und die Stoiker sind seine Lehrmeister, aber er vergißt nie, daß ein Leben im Dienste Gottes angesichts des Todes die beste Sicherheit ist. Die antike Philosophie hat ihn gelehrt, daß man mit Würde sterben soll; die Philosophie Christi hat ihn überzeugt, daß man in Hoffnung sterben muß.

KAPITEL XXV

Bilanz eines Werkes.
Die schöne Literatur, der Frieden
und die Philosophie Christi

Die Liebe zur schönen Literatur tritt bei Erasmus außerordentlich früh in Erscheinung. Er bemüht sich um die Sprachen und beherrscht das Latein bald meisterlich, im Griechischen verfügt er über gute Kenntnisse. Wenn er sich auf Basilius, Augustinus, Hieronymus und Cyprian beruft, so huldigt er der Antike, ohne damit die verderbten Sitten der Heiden gutzuheißen. Er lobt die *bonae litterae,* die schöne Literatur. Sie ist gut, weil sie schön ist, und auf dem Weg über die Literatur will er seinen Schülern *boni mores,* gute Sitten, einschärfen. Für ihn steht es außer Frage, daß die klassische Bildung eine propädeutische Funktion und einen sittlichen Wert besitzt, solange die Texte mit der Feder in der Hand untersucht, von Lehrmeistern erklärt und zuweilen mit Sachverstand gereinigt werden.[1]

Keine wissenschaftliche oder künstlerische Errungenschaft läßt ihn gleichgültig. Nichts in seinem friedfertigen Waffenarsenal ist überflüssig, obwohl er nicht das Leben eines Universalgelehrten nach dem Vorbild eines Paracelsus oder Kopernikus anstrebt.

Erasmus ist durchdrungen vom Leitgedanken der Renaissance: der Rückkehr zu den Quellen. Er betont immer wieder wortreich, wie wichtig es ist, Texte im Original zu studieren. »Die Frucht, die Du mit Deinen Händen gepflückt hast, ist köstlicher als der Baum, der sie trug. Süßer als die Quelle ist das Wasser, das Du dort geschöpft, und angenehmer als das Faß ist der gezapfte Wein. Ebenso haben die sakralen Schriften eine Art natürlichen Duft, und sie verströmen einen vertrauten Geruch, wenn man sie in der Sprache liest, in der sie einst geschrieben wurden.«[2]

Erasmus' Konzeption des christlichen Humanismus hat sich schrittweise entwickelt. Wer die Herrlichkeit Gottes besingen will, braucht den Musenkuß und alle Stilmittel, mit denen man bezaubern kann. Niemand hat so gekonnt wie Erasmus das innige Bündnis zwischen dem antiken und dem christlichen Ideal gepriesen. Zwischen Antike und Christentum gibt es keine Kluft, sondern im Gegenteil historische Kontinuität. Die christliche Religion verwirklicht die erhabensten sittlichen Ansprüche der Alten: Für den Christen bedeutet dies, daß er in einem Geist von Optimismus, Mäßigung und Anpassung leben muß, mit dem Willen, ein vollkommener Mensch zu werden. Erasmus lobt den Einklang von Natur und Gnade und bewundert die Einheit von antiker Kultur und christlicher Philosophie.

Er verteidigt die Textkritik gegen die »Barbaren« und wendet diese Methode auf die Bibel und die klassischen Autoren an.[3] Warum soll man das Evangelium nur in der Vulgata studieren, wo sie doch fehlerhaft ist und ältere und reinere griechische Texte zur Verfügung stehen? Der Theologe muß vor allem gebildet und Humanist sein. Die Philologie ist keine Bedrohung für die Exegese, sondern ermöglicht erst die richtige Exegese. Der Humanismus verlangt das Studium des Lateinischen und Griechischen an den besten – den antiken – Autoren und an deren besten Schriften, und zwar ohne die Kommentare in Prosa oder Versen. Das sind die *humaniores litterae,* der Kern des Literaturstudiums.

Erasmus hat besser als jeder andere begriffen, daß die Wurzeln der europäischen Kultur in Athen, Rom und Jerusalem liegen. Wer diese Wurzeln abtrennen wollte, würde den Humanismus abtöten und das Erbe Europas unterhöhlen.

Erasmus, der Verfechter des Literaturstudiums, hat selbst nur selten unterrichtet. Er schätzt die Lehrtätigkeit und lobt sie häufig, aber er fühlt sich nicht dazu berufen: Er will seine Forschungen als Gelehrter nicht aufgeben, um sich statt dessen der allgemeinverständlichen Darstellung der Fakten im Unterricht zu widmen. So begnügt er sich zumeist mit der Rolle des pädagogischen Beraters, er ist ein Lehrer der Lehrer. Seiner Meinung nach kann die Ausbildung der Kinder nicht früh genug beginnen. Er arbeitet sorgfältig Bücher aus, die den Schülern eine erste Bildung vermitteln. Er veröffentlicht Muster für Briefe und Gespräche, kurze Grammatiken. Er bemüht sich, das lateinische und griechische Vokabular der zukünftigen Humanisten zu erweitern und ihre Aussprache zu verbessern. Sein »Studienprogramm« ist ein Manifest moderner Pädagogik, das von den Wörtern zu den Dingen voranschreitet und zu einem tieferen Verständnis der besten griechischen und lateinischen Autoren anleitet. »Es gibt zwei Arten des Wissens«, schreibt er, »das von den Dingen und das von den Wörtern. Das von den Wörtern muß zuerst erworben werden, obwohl das Wissen um die Dinge wichtiger ist. Wenn man eine wenngleich nicht üppige, so doch korrekte Rede erlernt hat, muß man zur Erkenntnis der Dinge vorstoßen.«

Bei den klassischen Autoren hat Erasmus keine Wissenslücken. Schon in seinen ersten Briefen nehmen die großen Schriftsteller der Antike einen hervorragenden Platz ein. Er wird sie nie vergessen. Ihnen verdankt er seine perfekten

Lateinkenntnisse, mit denen er sich einen eigenen, lebendigen, farbigen, geschmeidigen und eindringlichen Stil schuf. Erasmus macht sich den raschen Fortschritt des Buchdrucks, den er »ein fast göttliches Werkzeug« nennt, vollauf zunutze – sei es als Philologe, Theologe oder Pädagoge. Seine zahlreichen und immer wieder neu aufgelegten Bücher verbreiten seine Gedanken in kürzester Zeit über ganz Europa.

Er schreibt Latein und zuweilen Griechisch. Auch Hebräisch hätte er gerne beherrscht, aber er hat mit dem Studium dieser Sprache zu spät begonnen. Was ihm selbst versagt blieb, möchte er anderen ermöglichen: Er baut das Dreisprachenkolleg in Löwen auf, in dem die drei heiligen Sprachen unterrichtet werden. Von den modernen Literaturen hat er im Gegensatz zur antiken keine Ahnung. Er kennt Machiavelli nicht und liest Luther nicht in Deutsch. Nichts deutet darauf hin, daß er den *Pantagruel* des Rabelais gelesen hat, obwohl Rabelais sich als sein Schüler bezeichnet. Als Gaguin sein französisches Geschichtswerk veröffentlicht, beglückwünscht Erasmus ihn, weil er es in Latein verfaßt hat. Die modernen Sprachen sind in seinen Augen nicht für die Literatur, sondern nur für den täglichen Gebrauch geeignet. Zwar versteht er Französisch und Deutsch und findet in seiner Todesstunde wieder zur Sprache seiner Kindheit, dem Niederländischen, zurück, aber er ist nicht polyglott. Nach seinem Urteil verdienen es nur das Hebräische, das Griechische und das Lateinische, daß man sie Muttersprachen des Abendlandes nennt.

Auf diesem Gebiet teilt Erasmus die Bestrebungen der Renaissance nicht. Er hat den phantastischen Aufschwung der Volkssprachen nicht vorausgesehen und ihren literarischen Wert verkannt. Er hat ihre nationale Bedeutung nicht erahnt oder sie vielleicht gerade deshalb vernachlässigt, weil sie national war. Er träumt noch immer vom Latein als Universalsprache, von einem eleganten und lebendigen Latein, das vom Latein Ciceros ebenso weit entfernt ist wie vom Latein der Scholastik. In seiner geschichtlichen Stellung bleibt er der bedeutendste Verfechter des klassisch-humanistischen Bildungsideals und der letzte große lateinische Schriftsteller.[4]

Als Verseschmied und Prosadichter ist Erasmus in erster Linie ein Humanist, der glanzvolle Vorbilder nachahmt. Daher rührt das sichtliche Bemühen um Schmuck und Wirksamkeit im Ausdruck, das seine frühen Schriften kennzeichnet. Wenn er auch Cicero wegen seiner Sittenlehre bewundert, so hat er seinen Stil mit den weitausschwingenden Satzperioden doch nie sklavisch imitiert und sich von rhetorischen Kunstgriffen allmählich frei gemacht. Sein Stil wird dadurch feiner und persönlicher. Er gewinnt einen unnachahmlichen Charme.

Erasmus greift konkrete Einzelheiten und Bilder aus dem Alltagsleben geschickt auf; er ist empfänglich für die Magie des Wortes, vor allem wenn es prachtvoll gedruckt erscheint. Zitate sind bei ihm zumeist nur Vorwand oder Beiwerk, dabei aber stets sorgfältig ausgewählt. Sie illustrieren das Gesagte und verleihen ihm mehr Nachdruck. Seine Prosa ist schwungvoll und wohlklingend. Er spielt mit Assonanzen und Alliterationen und erzielt überraschende Effekte mit Worthäufungen, Antithesen und der Verwendung von Diminutiven. Seine Satzperioden sind ausgewogen und abwechslungsreich.

Die Schriften dieses gelehrten Priesters haben nichts vom salbungsvollen Ton des Kirchenstils oder von der Schwerfälligkeit der pädagogischen Abhandlung. Erasmus vereint die »Anmut der Rede« mit »der universellen Kenntnis der Dinge«, wie er es in einem Brief formuliert.[5] Er schreibt gerne, mühelos und offensichtlich auch ziellos in einem friedlichen Sichtreibenlassen. Seine Exkurse sind mit künstlerischer Sicherheit eingefügt. Er weiß um den Effekt der Wörter und kokettiert bisweilen mit rhetorischen Mitteln. Er nähert sich seinem Gegenstand schrittweise, setzt gezielt Anspielungen ein, schweift zuweilen auch ab oder macht gar Gedankensprünge. Er kleidet seine scharfsinnigen Analysen zumeist in das Gewand vorgeblicher Naivität oder feinsinniger Ironie, er formuliert gewagte Bilder und brillante Paradoxa.

Erasmus schreibt flink und gelegentlich zu rasch. Selten liest er das Geschriebene noch einmal gründlich durch. »Ich bekenne mich dazu, daß ich fast alle meine Werke mehr hinausgeworfen als veröffentlicht habe. Oft behalte ich etwas von meiner Hand nicht eine Stunde bei mir und gebe es den Typographen, solange die Tinte noch feucht ist.« Wenn er seine Manuskripte zur Korrektur liest, fügt er eher noch etwas hinzu, als daß er Passagen streicht. Er schreibt aus seiner augenblicklichen Stimmung und Geistesverfassung heraus, weil er sich ganz in das Geschriebene einbringt.

Er ist mit allen Gattungen vertraut, von der religiösen Versdichtung bis zur satirischen Prosa. Besonders glänzt er in der Abhandlung, dem Dialog und dem Brief. In der Prosa legt er die vollkommene Beherrschung des schriftstellerischen Handwerks und einen persönlichen, nie versiegenden Einfallsreichtum an den Tag.[6] Auch in bissigen Angriffen bewahrt er sich einen natürlichen Ton. Er ist ein guter Erzähler[7], aber er zeichnet lieber Charaktere als Landschaften: Weder Rotterdam noch Basel beschreibt er, und wenn er vom Meer spricht, dann beschwört er nur seine Gefahren.

Erasmus ist ein Meister in der Verwendung der Litotes und der Paralipse, aber er beherrscht virtuos alle Register der Stilistik. Dabei ist seine Prosa in den subtilsten Anspielungen immer verständlich, weil sein Denken klar ist. Dunkel ist er nur dann, wenn er es sein will.[8] Obwohl er oft abschweift, ist er nie zerfahren.

In seinen Briefen ist er uns ganz nah. Sie laden alle zum Lesen ein. Es gibt rührende, erbauliche, amüsante, bissige und solche mit einem drohenden Unterton. Andere sind lyrisch, emphatisch, lakonisch oder humorvoll. Keiner ist lächerlich, albern oder ungereimt. Die schönsten von ihnen hat er selbst herausgegeben.

Erasmus hat die Leser gelehrt, Briefe nach ihren einzelnen Arten zu unterscheiden und die Gattung in ihrer Vielfalt zu sehen. Seine Vorbilder sind Cicero,

Plinius der Jüngere, Petrarca, Aeneas Sylvius und Angelo Poliziano. Er liebt vor allem den Brief an einen Freund mit all seinen Schilderungen; er verfügt über einen unvergleichlichen Erfahrungsschatz in diesem Genre, das »wie in einem Bild die Sitten, das Glück, die Gefühle und die Situation im politischen und privaten Leben nachzeichnet«,[9] und dies alles im Tonfall einer Unterhaltung. Mit einem Wort: Erasmus besitzt alle guten Eigenschaften eines brillanten Journalisten! Aber er schreibt selten unter dem unmittelbaren Eindruck eines Ereignisses oder aus einer begeisterten, spontanen Reaktion heraus. Er zügelt seine Gefühle besser als seinen Spott.

Insgesamt gesehen sind Erasmus' Briefe kühn und vorsichtig zugleich. Zuweilen tritt ein brisantes Gemisch aus Naivität und Spott hinzu, zum Beispiel, wenn er in einem Brief an Hadrian VI. den »süßen Namen der Freiheit« preist. Er tut dies im Jahre 1523, dem Jahr der ersten Märtyrer der Reformation...!

Auch in sehr ernste Briefe flicht er bissige Bemerkungen und feinsinnige Anspielungen ein. Er bleibt darin seinem Prinzip treu: Ernsthaftes mit einem Lächeln sagen und Leichtes mit ernster Miene. Es ist besser, kleine Dinge mit Ernst zu behandeln, als zu ernsthaften Gegenständen nur Nichtigkeiten auszutauschen.[10]

Erasmus schreibt von Jugend an gerne Briefe. Hier kann er seinem brennenden Mitteilungsbedürfnis freien Lauf lassen und sich ganz entfalten. Er wird sein gesamtes Leben mit dieser Leichtigkeit und glücklichen Begeisterung schreiben, mit der man eine selbst gewählte Aufgabe erfüllt. Wenn er die Feder in der Hand hält, hat er vor niemandem Angst; seine Feinde wissen das und fürchten ihn darum. Mit seiner Feder verteilt er seine Gunst; das wissen die Freunde, und sie warten darauf. Mehr noch als in seinen anderen Schriften steht Erasmus in seinen Briefen lebendig vor uns. Wir lesen von seinen großen Hoffnungen und seinen kleinen Erwartungen, von seinen Enttäuschungen und Sehnsüchten, von seinen Leiden und Freuden, und nicht zuletzt lauschen wir seinem Genie.

***

Einer der ureigensten Aspekte im Werk des Erasmus ist sein Pazifismus. Auf den Traum vom Frieden – der zuweilen zum Alptraum wird – kommt er immer wieder zu sprechen.[11]

Meines Erachtens kann man die tieferen Beweggründe von Erasmus' Engagement für den Frieden nur verstehen, wenn man sich immer wieder vor Augen hält, daß das Evangelium brüderliche Nächstenliebe lehrt. Dieser Imperativ, der sich an das ganze Abendland, von den Staatsoberhäuptern bis hin zu den geringsten Untertanen, richtet, war das einzige Bollwerk gegen den Nationalismus. Daß man der Doktrin von der Nächstenliebe seit Jahrhunderten überwiegend gleichgültig gegenüberstand, war zweifellos die größte Niederlage des Christentums mit den blutigsten Folgen. Für Erasmus und ihm gleichgesinnte Menschen ist das Evangelium demgegenüber eine lebendige und lebenspendende Realität geblieben. Die Forderungen des Evangeliums müssen bei den Christen immer wieder angemahnt werden.

Erasmus hat sich immer gegen den Krieg aufgelehnt, die politischen Gegebenheiten aber differenziert einzuschätzen gewußt. Seine einzelnen Erklärungen gegen den Krieg sind gedanklich kohärent und zeugen von einer eingehenden Auseinandersetzung mit dem Problem. Bereits seit den Jugendjahren bemüht er sich um den Frieden, und als sein Name allmählich bekannt wird, mißt er vor allem die niederländische Politik immer wieder öffentlich am Ideal des Friedens. Seine letzten Schriften zum Krieg sind vor dem Hintergrund der großen Schlachten zwischen Franz I. und Karl V. entstanden.

Erasmus reist viel und schreibt häufig über die Länder Europas. Seine Jugend und Reifezeit verbringt er in den Niederlanden, das Alter in Basel und in Freiburg. Er hat sich drei Jahre in Italien, sechs Jahre in England und noch länger in Frankreich aufgehalten. Er beobachtet die Menschen und entdeckt bei jedem Volk Qualitäten und Fehler.

In der Regel bezeichnet sich Erasmus Holländern gegenüber als Holländer und Deutschen gegenüber als Deutscher. Er lobt bei Engländern England und bei Franzosen Frankreich. Es versteht sich deshalb von selbst, daß er nationalen Rivalitäten keinerlei Beachtung schenkt. In seinen Augen zählt vor allem das Land der Geburt. Er fühlt sich den gesamten Niederlanden eng verbunden, wenngleich er mit Bitterkeit die Fehler seiner Landsleute im Süden und im Norden hervorhebt. Er fühlt sich zudem als Bürger des Reiches, daß heißt sowohl der deutschen Welt als auch des Heiligen Römischen Reiches. Basel nennt er ebenso seine Heimat. Obwohl er im Reich geboren ist und sein Leben in Basel beschließt, sieht Erasmus zuweilen in England und zuweilen in Frankreich seine Heimat. Er kritisiert die Franzosen und mehr noch die Italiener, aber die Engländer kommen fast immer mit einem günstigen Urteil weg.

Gelegentlich räumt Erasmus Rom eine Sonderstellung innerhalb Italiens ein. Wenn er von Rom als dem »gemeinsamen Vaterland« spricht, meint er damit die Ewige Stadt, das antike und das christliche Rom. In diesem Sinne ist Rom seine Heimat. Der Ausdruck »gemeinsames Vaterland« spiegelt eine tiefe Überzeugung wieder, und wer ihn benutzt, kann die Heimat nicht im Nationalstaat sehen. Erasmus' Heimat ist dort, wo er sich wohl fühlt, und er fühlt sich überall wohl, wo man ihn liebt. *Ubi bene ibi patria!*

Erasmus fühlt sich mit den Menschen verbunden, Institutionen gegenüber ist er gleichgültig. Die Nationen reißen sich um ihn, aber er gehört allen und keiner. Dies scheinbare Paradox ist für ihn kennzeichnend. Er lehnt patriotische Grundsätze keineswegs rundweg ab. Wenn er von Karl V. spricht, dann im Tonfall der Loyalität gegenüber seinem Kaiser. Aber die Grenzen seiner Loyalität werden dann spürbar, wenn er die Bedingungen des Vertrags von Madrid als zu hart beurteilt oder wenn er es ablehnt, in seinen Schriften den Gedanken der Universalmonarchie zu verbreiten.

Erasmus lobt gewöhnlich die Länder, in denen er sich aufgehalten hat; aber er bleibt sich selbst treu und erstellt keine Rangordnung, welches ihm das liebste ist. Gerne spricht er mehreren Nationen die gleiche Bewunderung aus. Er lobt den Vertrag zwischen Karl V. und Heinrich VIII. aus dem Jahre 1529 und den Damenfrieden, mit dem sich der Kaiser und der König von Frankreich aussöhnen. Unparteiisch widmet er seine Paraphrasen zu den vier Evangelien den vier großen Herrschern seiner Zeit, Karl V., seinem Bruder Ferdinand, Franz I. und Heinrich VIII.

Mit zunehmendem Alter wird Erasmus empfänglicher für den Gedanken einer kulturellen Einheit Europas, »dieses kleinen Zipfels der Welt, der uns überlassen ist«. Er geht noch sehr viel weiter und lehnt sich mit ruhiger Entschiedenheit gegen den Mißbrauch auf, der mit nationalen Bezeichnungen getrieben wird. Es sind »ganz einfältige Bezeichnungen«, denn sie sind zu Namen für Faktionen geworden. Sie trennen und teilen, während der Gelehrte, der Christ und der Mensch keine Grenzen kennen. Erasmus zeigt den Zeitgenossen das Vorbild jener Menschen, die durch die Studien im Geist der Brüderlichkeit vereint sind. »Bei denjenigen«, schreibt er, »die sich der Wissenschaft widmen, ist es bedeutungslos, welchem Lande sie angehören. Jeder Mensch, der in den Kult der Musen eingeweiht wurde, ist mein Landsmann.«[12]

Heimat ist für Erasmus zunächst das Land der Geburt, dann das Land, in dem man aufgenommen wird, vor allem aber die christliche Welt, Europa, die »Republik der Literatur« und die ganze Menschheit – eine vorübergehende Heimat, denn die endgültige Heimat ist das Himmelreich. Bei Erasmus liegen diese Begriffe eng beieinander und ergänzen sich. Er hat sich freiwillig von seinen Wurzeln getrennt. Für diesen Apostel des Friedens ist Nationalismus unvereinbar mit Humanismus und Christentum.

»Ich wünsche, Weltbürger zu sein, allen zu gehören, oder besser noch Nichtbürger bei allen zu sein. Möchte ich doch das Glück haben, in die Bürgerliste der himmlischen Stadt eingetragen zu werden!«[13] Die volle Bedeutung dieses berühmt gewordenen Ausspruchs geht uns auf, wenn wir uns daran erinnern, daß für Erasmus wie für den heiligen Augustinus »der Christ derjenige ist, der sich auch in seinem Haus und in seinem Land als Fremder fühlt« – als Fremder, weil er hier unten keine dauernde Bleibe hat.

Die »gemeinsame Heimat«, an der Erasmus so viel liegt, ist nicht von dieser Welt, und auf dem Weg dorthin findet er den Krieg. Den Krieg verurteilt er unablässig und uneingeschränkt. In seinen Erklärungen kehren einige unantastbare Grundsätze immer wieder: Die Rechnung mit dem Krieg ist immer eine falsche Rechnung; er bringt die schrecklichsten Übel mit sich, ist eine Perversion der menschlichen Natur und ein Verrat am Evangelium. Von diesen zentralen Überzeugungen rückt Erasmus niemals ab. Er kämpft entschlossen für die Wiederherstellung und den Erhalt des Friedens, und seine wenigen Zugeständnisse an den Krieg gehen nicht über eine grundsätzliche Anerkennung der Verteidigung hinaus. Frieden ist mehr als die Abwesenheit von Krieg; Frieden beinhaltet einen pädagogischen Auftrag, eine religiöse Ethik und eine positive Politik.

Wir finden in seinen Schriften kein Rezept zur Wahrung des Friedens. Erasmus will das Herz der Menschen verändern und appelliert an ihr Gewissen. Wenn er die unvermeidlichen Schrecken des Krieges und die unwiderstehliche Anziehungskraft des Friedens beschwört, schlägt er lyrische Töne an. Der Krieg hinterläßt nur Ruin und Tod, zerschlagene Existenzen und gemarterte Seelen. Wenn Erasmus über den Krieg nachsinnt, dann scheint er die Last der Welt zu tragen, einer erschütterten Welt, in der das Leben verachtet ist und in der es nur Mörder und Opfer gibt. Ihn berührt das Elend der namenlosen Massen. Sein Mitleid entlädt sich in einem langen Schmerzensschrei, und sein Appell richtet sich an die verantwortlichen Fürsten: Sie müssen ihre Fehler einsehen und entschlossen wiedergutmachen.

Als versierter Moraltheologe stellt er Krieg und Frieden beredt und kontrastreich gegenüber. Wo es um die Heilmittel geht, mit denen man den Mißständen in der Gesellschaft abhelfen soll, wird er wortkarg: Er, der soviel schrieb, hat uns keine einzige Abhandlung zur politischen Philosophie hinterlassen. Abgesehen von seiner Mahnung, sich zum Evangelium zu bekehren, bleibt ihm nur der Appell an die Erfahrung und an den gesunden Menschenverstand. Die Gesetze und ihre Einhaltung sind eine Aufgabe der Staatsmänner und Juristen; ihm ist es genug, wenn er die Herzen rührt und die Gewissen wachrüttelt. Es liegt an den Menschen, den Frieden zu schaffen, den Gott ihnen eingibt.

Erasmus richtet seine Ratschläge an die Könige und ihre Minister, für die er einen Verhaltenskodex erstellt hat. Leider werden aus Fürsten zuweilen Tyrannen, die Blut in Strömen vergießen und gegen die elementarsten Gebote der Menschlichkeit verstoßen. Sie umgeben sich mit pompösen Zeremonien, sind um die Verherrlichung ihres Ruhmes besorgt und fördern den Kult um ihre Person. Gerade sie will Erasmus verändern, indem er sie eindringlich an das Wort Gottes mahnt, das zum ewigen Leben führt. Er wendet sich an die Könige, als seien sie für die Sache des Friedens bereits gewonnen. Er nimmt die Großen der Welt beim Wort, wenn sie sich gegenseitig ihre Freundschaft beteuern und sich zum christlichen Glauben bekennen. Ist dies in seiner Situation nicht die beste und die einzig mögliche Taktik…?

Erasmus ist es ein Dorn im Auge, daß die Waffen, das Hofleben und das Königtum in der Welt ein so hohes Ansehen genießen. Er glänzt darin, dem Militär den Glorienschein zu nehmen. Er verlangt nicht vom Himmel, daß er das Heerwesen mit Feuer und Schwert vernichte, aber er betet eindringlich um die Bekehrung der Führer, damit sie sich auf das Wagnis des Friedens – und damit das des Glaubens – einlassen. Der Krieg ist für ihn keine Strafe der Vorsehung. Vielmehr verurteilt er ihn im Namen aller Verfechter der christlichen Moral. Nationale Rivalitäten sind die Ursache für den Wahnsinn des Krieges, der das Land ausblutet, die Städte zerstört, die Finanzquellen erschöpft und den Staat zerrüttet. Wie soll man den christlichen Fürsten beibringen, daß Gott die Menschen nicht geschaffen hat, daß sie wie eine Schafherde zur Schlachtbank geführt werden?

Die Herrscher haben Erasmus mit Respekt behandelt, aber sie maßen seiner Lehre keine praktische und dauerhafte Bedeutung zu. Sie haben den Frieden verraten. Erasmus bleibt nur das wachsende Gefühl der Ohnmacht. »Ich kann nur Wünsche aussprechen, mehr nicht!«[14] Er fürchtet, daß diese Könige, vom Kriegswahn gepackt, von ihren ursprünglichen Idealen abkommen und zu teuflischen Ungeheuern werden. Diese Christen, die nicht christlich handeln, sind weder ein Geschenk des Himmels noch das Salz der Erde. Sie enttäuschen Erasmus desto mehr, je größer ihre Macht ist. Sie enttäuschen ihn durch ihre Kriegsgelüste, ihre Intoleranz und letztlich durch ihren Mangel an einer wirklichen und tiefen persönlichen Frömmigkeit.

Erasmus mahnt den Papst, daß er sich als Vater aller nicht mit einem Herrscher gegen einen anderen verbünden darf. Seine einzige politische Aufgabe besteht im Dienst am Frieden. Er muß die Menschen mit schwachem Glauben maßregeln, wenn sie sich in ihrer Angst verschließen und aus Angst gnadenlos werden.

Erasmus wendet sich nicht nur an die Könige, an die Großen, an die Päpste und Theologen. Er will auch die öffentliche Meinung in seiner Zeit und in den kommenden Jahrhunderten erreichen. Der Krieg nimmt seinen verhängnisvollen Lauf, und der Widerstand gegen die Gewalt wird zur Notwendigkeit. Erasmus weiß das. Den Verteidigungskrieg toleriert er zwar, aber er erinnert doch immer an das Gewissen und die Kraft der Milde. Das christliche Europa darf sich nicht damit zufrieden geben, daß es in Furcht vereint ist. Es ist mehr als ein Europa einzelner Völker. Europa ist es sich schuldig, im Geiste der Brüderlichkeit eins zu werden.

Ein geeintes und friedliches Europa hat Erasmus nie gesehen oder kennengelernt. Ebensowenig wie die Könige hat er die Theologen überzeugt. Die Schüler Machiavellis sind zahlreicher als seine Schüler. Muß man daraus schließen, daß seine Appelle nur »die Stimme des Rufers in der Wüste« waren? Man könnte diesem Einwand mit dem Hinweis begegnen, daß Erasmus' Pazifismus eine Utopie war, eine Utopie im höheren Sinne, insofern er sich auf das Evangelium stützte: Da das Christentum die Aufopferung fordert, ist es eine Utopie, und zwar eine wirksame Utopie. Erasmus hat die Tugenden, die Christus für die Beziehungen zwischen den Menschen gefordert hat, auf die Beziehungen zwischen den

Völkern übertragen: Von daher erklärt sich seine Liebe zur Gewaltlosigkeit und sein Aufruf zum Frieden. Von seinen moralischen Maximalforderungen ist er nie abgerückt, aber er mußte sehr wohl das Gewicht menschlicher Realität erkennen, und er zeigt Sinn für die Realität, wenn er die Verteidigung mit allen bekannten Einschränkungen doch als legitim anerkennt.[15]

Erasmus schöpft aus sich selbst die notwendige Kraft, um trotz allem an die Klugheit der Menschen zu glauben, wenn er auch nicht an die Klugheit der Nationen glauben kann; er zählt eher auf die Menschen als auf die Nationen. Der tief verwurzelte Pessimismus eines Machiavelli ist ihm fremd. Als teilnahmsvoller Zuschauer eines Dramas, für das es keine Lösung gibt, lehnt er das Prestige der Uniform ab und wendet sich gegen eine falsch verstandene Staatsraison, die den Krieg ermöglicht und schlimmstes Unrecht zum Recht erhebt.

Erasmus wollte auf biblischem – und vor allem auf neutestamentarischem – Fundament eine neue und in sich geschlossene Theologie des Friedens errichten. Der Kult des Friedens ist nie überflüssig. Wer den Frieden nicht respektiert und nicht im Frieden lebt, der verkennt das Evangelium, denn Frieden folgt logisch aus dem Gebot der Nächstenliebe. Der »Friedensfürst« Jesus vermacht den Menschen, die guten Willens sind, diesen Frieden als Gabe des Heiligen Geistes, und Freunde wie Feinde sollen in ihren Genuß kommen. Paulus nennt die apostolische Predigt das »Evangelium des Friedens«. »Friede auf Erden« ist ein Wort Gottes, dessen Nachhall über den Waffenlärm hinweg bis zu uns vorgedrungen ist.

Die Theologie des Friedens lehrt das Ende von Haß und Angst zugunsten von Liebe und Vertrauen. »Wo sonst liegt das Reich Satans, wenn nicht im Krieg?« »Wer Christus verkündet, verkündet den Frieden«, dieses großartige »Geschenk Gottes« an uns. Erasmus hat seinen Standpunkt zum Kreuzzug unmißverständlich geäußert: ein schamlos mit religiösen Motiven bemäntelter Krieg. Davon rückt er nicht ab. Dem Krieg darf man kein Zugeständnis machen, und wer kriegslüstern ist, der verleugnet das Christentum. Christus verspricht Seligkeit den Friedliebenden, nicht den Gewalttätern.

Die Theologie des Friedens hat darüber hinaus eine eschatologische Dimension, insofern sie Forderungen erhebt, die in dieser Welt nicht zu verwirklichen sind. Sie gibt dem Menschen ein Ideal, durch das er über sich selbst hinauswächst. Die Theologie des Friedens hat auch eine gesellschaftliche Dimension: So wie aus der Sicht der Bibel soziale und theologische Fragen zusammengehören, so erfaßt Erasmus auf einen Blick in seiner Theologie des Friedens die Kluft zwischen dem menschlichen Elend und dem göttlichen Plan. Von daher läßt sich Erasmus' Theologie des Friedens in ihrer Konsequenz als Befreiungstheologie auffassen, denn Frieden verlangt gelebte Brüderlichkeit, ja solidarisches Heldentum. Freiheit ist ein Grundwert des Christentums. Ohne Gerechtigkeit gibt es keinen dauerhaften Frieden, wie es ohne Liebe keine wahre Gerechtigkeit gibt.

Für Erasmus ist der »christliche Streiter« zugleich ein engagierter Friedenskämpfer und ein Verfechter der Freiheit.

Als Moraltheologe ist Erasmus das schlechte Gewissen Europas. Er kann als Vorläufer der neueren politischen Philosophie gelten, wenngleich er seinen Gedankenreichtum nicht der Konzeption staatlicher Institutionen widmet. Er ist ein engagierter Pazifist, der in geeigneter Weise und auf unbequeme Art im Namen eines christlichen Universalismus den Frieden verteidigt. Seiner Meinung nach kann nur die Moral die Welt vor der Selbstzerstörung bewahren. Seine Gedanken haben nichts von ihrer Brisanz und Aktualität verloren, und alle, die heute eine Unterordnung der Politik unter die Moral verlangen, sind seine Schüler.

***

Die Philosophie Christi ist in Erasmus' Denken und Werken von zentraler Bedeutung. Sie steht im Einklang mit der Konzeption vom Geheimnis Christi, das im Leben der Jünger aufblühte. Man versteht Erasmus' Bemühen um die schöne Literatur und den Frieden nicht, wenn man nicht begreift, was für eine wesentliche Rolle die Philosophie Christi dabei spielt.[16] Philosophie Christi nennt er das Bündnis zwischen Theologie und Spiritualität, ein Bündnis von Wissen und Liebe, das aus der Meditation, dem Gebet und der Entsagung hervorgeht und von der Vereinigung mit Gott gekrönt wird. Die Philosophie Christi verlangt nach einer persönlichen Auseinandersetzung mit dem Evangelium und einer innigen Vertrautheit mit seiner Botschaft. Sie bedeutet eine Rückbesinnung auf die Quellen.

Erasmus hat die Bezeichnung »Philosophie Christi« von den griechischen Kirchenvätern, seinen Lieblingsautoren, entlehnt. Bei ihnen und bei ihm beinhaltet der Begriff ein gewolltes Paradox. Es handelt sich tatsächlich um eine Philosophie, also um eine Weisheitslehre und um ein System aufeinander bezogener Grundsätze, nicht um eine irrationale Botschaft für wirklichkeitsfremde Schwärmer. Dennoch unterscheidet sich die Philosophie Christi vollkommen von anderen Formen der Philosophie. Sie ist nicht von den Menschen gemacht, sondern kommt von Gott. Sie wendet sich nicht ausschließlich an den Intellekt, sondern bleibt trotz ihres Namens auch den einfachsten Christen zugänglich. Dank ihr wird Gott im Herzen spürbar. Sie fordert Innerlichkeit und Brüderlichkeit, und sie erfüllt das Leben mit Leben.

Erasmus benutzt gleichbedeutend die Begriffe Philosophie Christi, christliche Philosophie, himmlische Philosophie oder Philosophie des Evangeliums. Das Evangelium ist denn auch die Quelle dieser transzendenten und alles einenden Lehre, deren Kernstück der lebensspendende Geist und die auferbauende Liebe sind. »Es gibt nichts Einfacheres«, sagt Erasmus, »als diese Philosophie, die weit entfernt von den Verordnungen der Philosophen und den Gedanken dieser Welt ist; sie allein erreicht das Ziel, nach dem alle streben: die Glückseligkeit.« »Die Philosophie Christi«, sagt er auch, »nimmt Zuflucht zu den Regungen des Herzens und nicht zu Syllogismen; sie ist eine Lebensart, kein Gegenstand gelehrter Diskussionen.« Die Philosophie Christi hat Erasmus' Leben verändert. Sie kennzeichnet seine Frömmigkeit, sein Verhalten und seine Sicht von Kirche und Welt. Zwischen all dem stellt sie eine tiefe Harmonie her.

Erasmus hebt offenbar besonders gerne die Glaubenswahrheiten hervor, die er als die heitersten, fröhlichsten und menschlichsten ansieht. Er glaubt, was die Kirche glaubt. Er anerkennt die Schwäche des sündigen Menschen, die Notwendigkeit von Gnade und Buße, aber er betont die Erlösung und die wiederhergestellte Natur. Er glaubt an ein geheimnisvolles Wirken des Heiligen Geistes in jedem Getauften und preist die allen offenstehende Gnade und das leichte Joch Christi. Wie viele glaubt er, daß sich mit der Fleischwerdung radikal alles in der Menschheitsgeschichte verändert hat.

Erasmus' Religion »geht im wesentlichen im persönlichen Handeln eines Christen auf, der dem Wink seines Herrn nachfolgt«.[17] Sein Glaube ist der eines Suchers – was nichts mit dem Köhlerglauben zu tun hat –, ein feuriger Glaube, der sich im alltäglichen Kampf bewähren muß und auf seinem Weg immer wieder an Hindernisse stößt.

Erasmus ist weder fanatisch noch übertrieben siegessicher. In den religiösen Auseinandersetzungen will er stets vermitteln. Er will keine neue Kirche zwischen Rom und der Reformation, er erkundet vielmehr den dritten Weg zwischen Reformation und Gegenreformation. Er setzt sich zwischen die Stühle und ist den Radikalen beider Lager verdächtig. Beide Seiten werfen ihm vor, er zaudere, während er in Wahrheit für Dialog und Öffnung eintritt. Er wünscht sich andere Reformen als die Reformation, katholische Reformen, aber nicht die Reformen der Gegenreformation.

Er will nicht eine einfachere Religion, sondern einen weniger verkrampften, persönlicheren, weniger formalen und fröhlicheren Glauben. Es geht ihm darum, daß die Gläubigen nicht nur die Zehn Gebote beachten, sondern darüber hinaus auch im Geist der Bergpredigt leben. In diesem Sinne widersetzt er sich der bequemen Frömmigkeit resignierter oder träger Christen. Ihm ist bei Laien eine Askese lieber, die nicht um Frömmigkeitsleistungen wetteifert, sondern darin besteht, daß der Mensch die Prüfungen des Alltags tapfer auf sich nimmt.

Außerdem betrachtet Erasmus die Kirche nicht als eine Pyramide von Ämtern und Rängen: Sie ist die Gemeinschaft der Getauften, das Volk Gottes und der mystische Leib Christi. Für ihn muß das Wort Gottes im Sinne einer neutestamentarischen Kirchenlehre verstanden werden, in der der Dienst besonderes Gewicht hat.

Daß Christus im Zentrum der Frömmigkeit zu stehen hat, ist die goldene Regel der Spiritualität und Theologie des Erasmus. Diese Spiritualität hat sein gesamtes Erwachsenenleben bestimmt. Danach strebt er, und sie legt er allen Christen nahe. Diese Spiritualität ist weder Volksfrömmigkeit noch Klosterfrömmigkeit, sondern das leidenschaftliche Streben nach einem Christentum, das aus der Sackgasse befreit, freudig zu seinen Ursprüngen zurückfindet. Einerseits bezieht Erasmus' Frömmigkeit ihr Licht und Leben aus dem Glauben. Andererseits entfaltet sie sich nach den veränderlichen Erfordernissen der Liebe, welche die Unterschiede respektiert. Erasmus beschwört gerne die Beispiele John Colets, Jean Vitriers und Thomas Morus', dieser faszinierenden Vorbilder und unvergeßlichen Verfechter der Philosophie Christi aus dem hohen und niederen Klerus und aus dem Laienstand.

Bei Erasmus ist die Philosophie Christi in allen Entscheidungen gegenwärtig. Ihr ist es zu verdanken, daß sein Humanismus gegen die Krankheit des Heidentums gefeit ist. Erasmus sieht in den Schriften der Antike nicht der Weisheit letzten Schluß, sondern lediglich einen ersten und vorbereitenden Schritt zu einem besseren Verständnis der Offenbarung. Er liebt die antiken Autoren, mißt ihnen aber keinen absoluten Wert bei. Zwar hat er ihre Schule durchlaufen, aber er ist doch nicht eins mit ihnen geworden. Vielmehr hat er in Abgrenzung von ihnen seinen eigenen Platz bestimmt.

Mit seinen Schriften hat Erasmus eine Kathedrale errichtet, und ihr Schlußstein ist das Gebet. Dieser große Forscher hat sich auf allen Gebieten der Literatur betätigt. Er glaubt reinen Herzens, daß in den menschlichen Angelegenheiten alles Gute von Gott kommt und Gott zu verdanken ist.

Wenn Erasmus die schöne Literatur in den Dienst Gottes stellt, so bedeutet das weder eine Erniedrigung noch eine Geringschätzung: Er erhellt sie und wertet sie auf. Er läßt sich nicht von einem apologetischen Bemühen leiten, sondern folgt einer regelrechten Theologie des Wissens, die das Literaturstudium auf ihren Ursprung und Endzweck zurückführt. Für ihn ist der Humanismus so lange nicht vollendet, wie er kein christlicher Humanismus ist.

Erasmus befürwortet das Studium der drei heiligen Sprachen und verschließt sich bewußt den Möglichkeiten der modernen Sprachen und Literaturen, weil ihm Glaube und Religion stets wichtiger sind als Politik und Nationen. Als Philologe interessiert er sich dennoch auch für die modernen Sprachen, vor allem aber sieht er in ihnen ein Vehikel zur Verkündung von Gottes Wort. »Ich möchte«, schreibt er, »daß die Bibel in alle Sprachen übertragen wird, damit sie nicht nur die Schotten und die Iren verstehen, sondern auch die Türken und die Araber. Ich hätte es gerne, daß der Bauer hinter seinem Pflug das Wort Gottes singt, daß es der Weber zur Melodie seines Webschiffchens summt und der Reisende seine Erschöpfung vergißt, wenn er sich an biblische Geschichten erinnert.« Hier wird der Einfluß der *Devotio moderna* erkennbar.

Erasmus ist Pazifist und Internationalist nicht aus den Gründen, wie sie ein natürliches Sittengesetz oder die politischen Wissenschaften vorgeben. Er respektiert diese Gründe zwar auch, geht aber noch weiter. Für den wahren Christen kann es ungeachtet aller nationalen Schranken nur den Weg des Friedens geben. Dank der Philosophie Christi steht sein Pazifismus auf dem Fundament des Evangeliums. »Ich behaupte«, sagt er, »daß die gesamte christliche Philosophie – die des Evangeliums und der Apostelbriefe – sich dem Krieg widersetzt. Darin liegt nichts Erstaunliches, da ihre Schriften uns unablässig zur Eintracht und zur Feindesliebe aufrufen. Wenn alle Christen so wären, wie Christus sie gewollt hat, dann gäbe es unter ihnen weder Krieg noch Hader.«[18]

Schließlich entspringt auch Erasmus' ökumenisches Bemühen seiner Auffassung vom Glauben. Zwietracht unter Christen ist empörend, und für ihre Wiedervereinigung ist kein Preis zu hoch. Wenn ökumenischer Geist über die Christen kommt, dann wandeln sich ihre Beziehungen grundlegend. Dem Konzil von Trient hat dieser Geist gefehlt. Das Konzil hat das Anathem dem Dialog vorgezogen und ist Erasmus' Bemühen um Eintracht nicht gefolgt. Aus Furcht vor Gleichgültigkeit und einer Ausweitung der Reformation wurde der Graben zwischen den Katholiken und den Abtrünnigen noch weiter aufgerissen.

Das ökumenische Anliegen ist die Krönung und das Kernstück der Theologie des Friedens und der Kontinuität. Erasmus hat einen tief verwurzelten Abscheu vor dem Sektierertum,[19] dieser Abscheu prägt seine religiöse Sicht der Welt. Aufruhr führt in die Katastrophe, und am schlimmsten ist der geistige Aufruhr, weil er den Frieden in den Herzen und unter den Völkern bedroht. Frieden und Eintracht sind Zeichen der Gegenwart Gottes in der Kirche.

In den Konfrontationen und Konflikten hat Erasmus von seiner Position zuweilen etwas zurückgenommen, bei den Grundsätzen aber nie nachgegeben. Er hat dazugelernt und gelitten, aber er ist sich selbst und seinem Selbstverständnis, wie es im *Handbüchlein eines christlichen Streiters* und im *Lob der Torheit* zum Ausdruck kommt, stets treu geblieben. Als das Luthertum sich immer weiter ausbreitete, hat er seinen Ton in mancher Hinsicht dämpfen müssen; aber den Kurs hat er nicht geändert. Erasmus ist nicht zwischen den Klippen einer dubiosen Volksfrömmigkeit und den starren Zwängen der kirchlichen Autorität zerschellt. Er ist seinem Jugendglauben treu geblieben und hat sein Talent bis zum letzten Atemzug in den Dienst eigener Überzeugungen gestellt. Sein Glauben hat ihm geholfen, mit den Prüfungen, der Einsamkeit und dem Unverständnis fertig zu werden. Wenn man betont, Erasmus sei vor allem anderen Christ gewesen, dann ist das keine Vereinnahmung, sondern eine Wiedergutmachung.

Auf pädagogischem Gebiet hatte Erasmus zwar ohne jeden Zweifel Erfolg, aber in anderen Bereichen erlitt er manche Niederlage. Es ist ihm nicht gelungen, ein kulturell geeinigtes Europa mit Latein als Universalsprache zu schaffen. Er konnte den Krieg, den er im Namen Christi verdammte, nicht aufhalten. Martin Luther und Ignatius von Loyola waren beide gleichermaßen schockiert von seinen freizügigen Äußerungen und zweifelten an seiner Frömmigkeit. »Ich bin«, bekennt Erasmus » ein Ghibelline für die Guelfen und ein Guelfe für die Ghibellinen.« Seine religiösen Reformpläne sind am konservativen Widerstand Roms gescheitert: Seine Gedanken über Wallfahrten, Reliquien, den Ablaß, die Ehe, die Lesung der Bibel in den Volkssprachen oder zur Erneuerung der Taufgelöbnisse sind zumeist unbeachtet geblieben. Vergeblich hat er sich für die Rechte des Menschen, des Christen und des Theologen eingesetzt. Sollte Erasmus, wie er selbst sagte, »ein Vielschreiber« gewesen sein, »der tauben Ohren predigte«?

Gewiß nicht! Er ist gescheitert, weil er mit seinen richtigen Gedanken zu früh kam. Seine Zeitgenossen hat er bei aller Leidenschaft, mit der er seine Politik der Öffnung verfocht, nicht richtig erreicht; aber er erreicht uns heute.

KAPITEL XXVI

Die Botschaft des Erasmus
Von der Kritik am Christentum
zum kritischen Christentum

Wer Erasmus richtig versteht, liest aus seinen Schriften mehr als nur die Aufforderung zum Überdenken der Traditionen. Er verlangt eine Veränderung im Geist, die Rückbesinnung auf ein »reines und einfaches« Christentum, auf eine Religion aus Liebe und nicht aus Druck. Dieses Christentum bemüht sich nicht zwanghaft um Definitionen und kommt ohne den Bannfluch aus. Es ist keine neue Religion, keine »evangelische Lehre ohne Dogmen«, die nur den Eingeweihten vorbehalten ist.[1] Es ist auch keine spiritualisierte Morallehre und keine Flucht ins Schwärmertum. Erasmus will kritischen Geist und zugleich unerschütterlichen Glauben.

Wie kam es, daß dieser Verfechter der kirchlichen Einheit seine Kirche so oft und so scharf kritisiert hat? Die Antwort liegt in den geschichtlichen Gegebenheiten: Die Renaissancekirche hatte vom Mittelalter eine gewaltige Hierarchie, eine erdrückende Autorität und eine in Äußerlichkeiten erstarrte Frömmigkeit geerbt. Erasmus zieht heftig gegen die zahllosen Mißstände und unerträglichen Zwänge dieses geschichtlichen Erbes zu Felde.

Er prangert eine selbstgenügsame Religiosität an, die nur aus Routinepraktiken und sinnentleerten Werken besteht, die Religion der Heuchler und der betrogenen Christen. Gegen die Zeremonien als solche hat er nichts einzuwenden, aber er kritisiert die Einstellung, die darin einen Selbstzweck und nicht ein Mittel zum Zweck sieht. Er verurteilt nicht einmal den Ablaß, sondern die Auffassung der meisten Gläubigen, die ihn als Garantie für das ewige Leben verstehen: als hätten Glaubenspraktiken und Andachtsübungen für sich allein irgendeinen Wert, während ihnen doch erst die göttliche Gnade einen Wert gibt! Viele Christen haben eine entstellte Auffassung vom Glauben, wenn sie ihr Heil darin suchen, daß sie möglichst viele Observanzen befolgen, aber nicht den Zusammenhang zwischen Observanz und Umkehr des Herzens begreifen. Erasmus kämpft stets um das Wesentliche am Glauben, um innige Frömmigkeit und um das Evangelium. Der Glaube ist kein Herbarium mit vertrockneten Blättern ohne Saft und Farbe.

Der religiöse Erasmianismus ist weder eine schismatische Bewegung noch eine Sekte. Er ist eine teils gebilligte, teils umstrittene oder ignorierte Strömung innerhalb des Katholizismus, ein Erwachen der Frömmigkeit, eine neue Art des Engagements und eine Vorläuferbewegung für die katholische Reform.

Erasmus respektiert die überlieferten Andachtsformen und Dogmen, die sich in fünfzehn Jahrhunderten herausgebildet haben. Dagegen verwirft er den Aberglauben und die lächerlichen Auswüchse eines unwürdigen Glaubenseifers. Er lehnt eine kindliche oder naive Religiosität ab, die sich an beruhigende Formeln klammert. Sie ist verhängnisvoll für das spirituelle Leben, das sich auf den wiederauferstandenen Christus gründen muß. Wenn Glaubenspraktiken überhandnehmen, stehlen sie dem Christen die Zeit und hindern die Kirche an ihrer eigentlichen Mission: der Verkündigung des Evangeliums. In diesem Sinne muß man Erasmus' Aufruf zum persönlichen Gebet und seinen beißenden Spott auf kommerzialisierte Wallfahrten, dubiose Reliquien und unbedachte Gelübde verstehen. Den rührenden oder absonderlichen Formen der volkstümlichen Privatfrömmigkeit setzt er das bewundernswerte Geschehen der liturgischen Feste entgegen, die er in seinen Versen besungen hat.

Wenn Erasmus eine verfehlte Frömmigkeit kritisiert, trifft sein Spott in erster Linie geschäftstüchtige Geistliche, die zwielichtigen Andachtsformen Vorschub leisten. Mit Abscheu beobachtet er, wie die Leichtgläubigkeit und die Angst einfacher Menschen ausgenutzt werden; wenn er darauf zu sprechen kommt, nimmt er kein Blatt vor den Mund. Erasmus weiß um die relativ späte Entstehung der Heiligenverehrung und um ihren phantastischen Aufschwung. Doch mag der Gläubige die Jungfrau oder die Heiligen anrufen, es ist immer Gott, der die Bitte erhört. Das Gebet ist seinem Wesen nach eine Anrufung Gottes: Wer mit ganzem Herzen betet, spricht mit Gott. Erasmus' Kritik an der gängigen Glaubenspraxis ist eine Konsequenz seiner Theologie.

Er leidet unter der Kluft zwischen Anspruch und Wirklichkeit, überläßt sich aber nicht der Verbitterung: Die Liebe zur Kirche hält ihn aufrecht. Er wünscht sich ein schönes, sanftes, liebliches und ewig junges Gesicht der Kirche. Er sucht nach Lösungen und Heilmitteln für den Aufruhr in den Gemütern und Institutionen. Aus tiefstem Herzen wünscht er eine Reinigung des Christentums und damit einen Wandel in der Theologie, der Frömmigkeit und der kirchlichen Disziplin. Wenn er einfache Gemüter, Theologen oder Prediger rügt, so tut er das nicht aus Freude an der Opposition. Seine Kritik kann schmerzhaft sein, aber sie ist immer konstruktiv.

Erasmus verausgabt seine Kräfte vor – und später gegen – Luther im ständigen Kampf für Reformen der religiösen Institutionen.[2] Um dieses Ziel zu erreichen, erneuert er zunächst die theologischen Wissenschaften und führt sie auf ihre Quellen zurück. Darüber hinaus blickt er auf die Seelsorge und unternimmt auch deren Erneuerung. Der Theologe, wie er ihn sich vorstellt, beherrscht die drei heiligen Sprachen und studiert eingehend die Bibel und die Kirchenväter.

Es gibt keine Theologie ohne Bibelexegese und keine Exegese ohne Kenntnis von Wortschatz und Grammatik der profanen antiken Literatur. Nur mit Hilfe dieser Propädeutik gelingt die Synthese zwischen antiker Kultur und christlichem Denken, die wir als christlichen Humanismus bezeichnen.

Erasmus hat eine sehr lebensnahe und existentielle Sichtweise der Religion und damit auch der Theologie. Deshalb reagiert er so heftig auf die Auswüchse der spekulativen Schultheologie, auf die Scholastik, deren Niedergang unübersehbar geworden ist. Er mag den Heiden Aristoteles nicht, weil seinetwegen die patristische Theologie von dialektischen Spitzfindigkeiten überwuchert wird.

Einen weiteren verhängnisvollen Einfluß der Scholastik sieht er im kanonischen Recht, das zu einer Art christlichem Talmud geworden ist. Hier wie dort gehen die einfachen Grundsätze des Evangeliums unter in einer Masse von Lehrsätzen, Beschlüssen und Unterscheidungen, den Orakelsprüchen der Theologen und Geistlichen, die sich selbst zu Richtern über die Welt ernannt haben.

Bei dem Bemühen, diese Überzeugungen zu verbreiten, begegnet Erasmus Gleichgültigkeit oder offene Feindschaft. Einerseits haben zufriedene Christen kein Verständnis für seinen Reformwillen und reagieren verärgert, wenn er ihre Schwächen kritisiert. Andererseits stößt er mit seinem provozierenden Ton viele Theologen vor den Kopf. Er erntet deshalb gehässige und undifferenzierte Angriffe, wenn er auch bei Päpsten und Bischöfen recht hoch in der Gunst steht.

Obwohl Erasmus stets betont, daß die Kirche bei der Beseitigung von Mißständen und bei der Reform der kirchlichen Disziplin den richtigen Zeitpunkt abwarten und Aufruhr vermeiden muß, reagieren die Doktoren erschreckt auf seine Forderungen. Er erlebt Theologen und Bettelmönche, die alles Gelernte zu vergessen scheinen, sobald sie Katheder oder Kanzel besteigen. Diese Führer und Vermittler der Volksfrömmigkeit verwechseln Tradition mit Starrsinn und Eintracht der Herzen mit dem Schlaf der Geister. Erasmus verachtet diese selbsternannten »Spezialisten Gottes«, und vor allem die Bettelmönche werden zur Zielscheibe seines Spottes. Sie glauben sich im Zustand der Heiligkeit, weil sie die drei Gelübde abgelegt haben, leben aber keineswegs immer im Geiste Jesu. Die Ordensregel ist ihnen zuweilen wichtiger als das Evangelium! Die Profeß – darauf besteht Erasmus – ist kein Allheilmittel. Die Gelübde sind eine redliche Sache, aber mit der Taufe wird jeder Mensch ein gottgeweihter Christ.

Außerdem sind diese konservativen Geistlichen – konservativ, weil sie weder ihre Schulmeinung noch ihre Privilegien aufgeben wollen – häufig Ketzerjäger, die der Inquisition in die Hände arbeiten. Das macht sie dem hellsichtigen Beobachter Erasmus nicht sympathischer. Er kämpft für ein Christentum mit menschlichem Gesicht.

Anstelle des schwerfälligen und gefährlichen Gedankengutes der Scholastik wünscht er eine offene Theologie, die, von der kirchlichen Autorität unbehelligt, in einer loyalen Haltung zur Kirche forschen darf. Wenn das Wort Gottes ewig jung bleiben soll, muß man den Staub der Jahrhunderte von ihm entfernen.

Erasmus predigt den Theologen eine andere Demut als die, zu der er Naturwissenschaftlern oder Mathematikern geraten hätte: Es gibt eine der Theologie eigene Demut, und die ist ein Mysterium, das Mysterium schlechthin. Da dieses Mysterium in der Offenbarung liegt, ist die Theologie zunächst etwas Biblisches; sie ist auch etwas Patristisches und hängt mit Geschichte und Tradition zusammen. Die Theologie ist das sich beständig weiter entwickelnde Gewissen der Kirche. Sie ist schließlich auch etwas Mystisches, weil sie zum spirituellen Sinn der Heiligen Schrift aufsteigen muß, um ihn zugleich im Herzen und mit dem Geist zu durchdringen. Bei dieser Methode müssen die Irrtümer der Vergangenheit und insbesondere der gewaltige Ballast an dogmatischen Definitionen zwangsläufig ins Auge fallen.

Lange genug hat die Theologie das Sagen gehabt! Die Kirche leidet unter ihrem krankhaften Redefluß. Für diesen Mißstand macht Erasmus die »gottlose Neugier« der Theologen verantwortlich, die glauben, sie müßten und könnten alles erklären – die Heilige Dreieinigkeit, die Transsubstantiation und die Wiederauferstehung des Fleisches –, und die den Gläubigen Erklärungen aufdrängen, die bestenfalls Mutmaßungen sind. Es ist gefährlich, die Theologie zu einer Spielerei des Verstandes zu machen, die von Begrifflichkeiten und Formeln lebt.

Erasmus verabscheut das Kastendenken, sei es bei Theologen, Mönchen oder Höflingen. Das Kastendenken verhindert die Selbstkritik, die für ein gesundes Gemeinschaftsleben unerläßlich ist. Er will die Aufwertung des Laienstandes und die Emanzipation der Frau. Er vertritt das universelle Christentum von Laien und Geistlichen. Es entspricht diesem Anliegen, daß er der Ehe einen höheren Wert beimißt und sich dafür einsetzt, daß jeder Getaufte die Heilige Schrift in seiner Muttersprache lesen kann.

Erasmus lenkt die Aufmerksamkeit auf zwei Problemfälle unter den Christen und empfiehlt der Kirche, sich der Betroffenen besonders anzunehmen: Priester ohne wahre Berufung und unglücklich Verheiratete. Für beide verlangt er Erleichterungen der kirchlichen Vorschriften.

Priester, die den Zölibat nicht einhalten können, sollen heiraten dürfen. Erasmus ist indes nicht so naiv zu glauben, mit einer Eheschließung seien alle Schwierigkeiten im Leben eines Priesters ausgeräumt. Immerhin hat er die Hoffnung, daß damit einige Schwierigkeiten beseitigt werden und die Priester den Laien näherkommen: Die Ehe ist etwas Alltägliches und das gewöhnliche Schicksal der meisten Menschen.

Besonders leidenschaftlich setzt sich Erasmus für Ehegatten ein, die nicht zueinander passen. Auch dieses Plädoyer gegen die Überbetonung von Äußerlichkeiten und die erdrückende Last von Verboten verhallt ungehört. Überall geht es Erasmus um die Befreiung der Christen aus den Ketten einer überholten Tradition. Was die Kirche verordnet hat, das kann sie auch wieder zurücknehmen oder wenigstens abmildern.

Oft decken sich Erasmus' Forderungen mit denen Luthers. Aber er ist bei weitem kein Lutheraner. Im Gegensatz zu den Reformatoren ist er ein Erneuerer. Bei aller Kritik an den Renaissancepäpsten hat er ihnen die Treue gehalten. Er hat sich hinter die Messe und die Sakramente gestellt, ist aber dafür eingetreten, daß man sie in ihrer ursprünglichen Reinheit wiederherstellt. Er hat die Christenheit gegeißelt, um die Seelen aufzurütteln. Er ist durchaus kein »Christ ohne Kirche«; er hat die Mißstände der römischen Kirche angeprangert, aber er hat ihr nicht den Rücken gekehrt. »Weder das Leben noch der Tod«, schreibt er, »können mich von der Kirche trennen.« Er bleibt bis zum letzten Atemzug ein unermüdlicher und tapferer Kritiker der Kirche innerhalb der Kirche, die er als seine Mutter und sein Kreuz liebt.

Erasmus setzt auf die Reform der Kirche durch die Kirche. Diese unerschöpfliche Aufgabe erfordert Mut, Geduld, Glaube und Hoffnung. Er weiß sich einer Kirche gegenüber, die krank, ein bißchen kurzsichtig und ein wenig stumm ist; trotzdem schreibt er vielsagend: »Ich ertrage diese Kirche, bis ich sehe, daß sie besser geworden ist, und die Kirche muß mich ertragen, bis ich mich gebessert habe.«[3]

Hinter Erasmus' Abrechnung mit einer bestimmten Art Christentum steckt ein erkennbarer Vorsatz: Er will ein »kritisches Christentum«; dabei werden seine Vorstellungen unter anderem von Valla beeinflußt. Der Begriff stammt nicht von dem Humanisten selbst,[4] aber der Gedanke zieht sich durch sein gesamtes Werk. Der Ausdruck »Christentum« bezeichnet eine religiöse Haltung, die auch dadurch nicht schwächer wird, daß man sie untersucht. Dieses Christentum ist »kritisch«, aber Kritik bedeutet nicht Skeptizismus, sondern eine geistig unabhängige Art des Denkens und Handelns, bei der man ohne destruktive Absicht Dinge hinterfragt, sich auf Ursprünge zurückbesinnt und auf hellsichtige Weise beim Glauben bleibt. Das Christentum wird im Lichte seiner Geschichte betrachtet, der christliche Glaube wird auf eine Weise analysiert, die sich gerade nicht gegen den Glaubenseifer richtet, sondern gegen die Gedankenlosigkeit. Das kritische Christentum hat mit Hilfe der Kritik am Christentum Reinheit, Kraft und Tiefe erlangt.[5] Es ist ein geistig reges, klarsichtiges und aufgeklärtes Christentum. Es ist das letzte Wort des Erasmischen Denkens.

Der christliche Humanismus hat der Kritik am Christentum und dem kritischen Christentum den Weg gebahnt. Das kritische Christentum entfaltet sich in der

Philosophie Christi, von der Erasmus so oft in lyrischen Tönen spricht. Tatsächlich sind kritisches Christentum und Philosophie Christi zwei ineinandergreifende und einander ergänzende Aspekte von Erasmus' Religionsphilosophie; der erste ist eher intellektuell, der zweite eher mystisch bestimmt. Das harmonische Bündnis beider Aspekte wird die Christen christlicher machen.

***

Von den Kollegen in den theologischen Fakultäten geschmäht, von der Sorbonne zensiert, von der Inquisition bedroht, aber von den Päpsten beschützt, erlebt Erasmus im Alter Ruhm und bittere Enttäuschung. Er genießt Ruhm als Humanistenfürst, muß als Mann der Versöhnung aber machtlos und erschüttert die furchtbaren Glaubenskämpfe und den Krieg zwischen den Völkern mit ansehen. Er muß miterleben, wie Luther Rom den Fehdehandschuh hinwirft und Rom die berechtigten Forderungen der Reformation abschmettert.

Nicht nur mit seinem anspruchsvollen Reformprogramm, sondern auch mit seiner Toleranz verärgert Erasmus Fürsten und Geistliche. In Zeiten des Krieges gelten Gemäßigte als Verräter oder Illusionisten. Gegen diese Vorwürfe kann er sich nur unzureichend zur Wehr setzen. Er ist kein Volkstribun wie Luther, kein Kirchenführer wie Calvin und kein Ordensgründer wie Ignatius von Loyola. Er hat mehr Freunde als Parteigänger und Schüler, und er begnügt sich mit der Rolle des Wegbereiters. Was er gesät hat, ernten andere.

Auf dem Konzil von Trient haben Erasmus' Reformgeist und sein Bemühen um Ausgleich fast keine Rolle gespielt. Dennoch scheint sich die Versammlung in einigen Punkten seinen Gedanken angeschlossen zu haben, auch wenn er nicht namentlich genannt wird: in dem Entwurf für eine zugleich gelehrte und fromme Predigt und im Kampf gegen den volkstümlichen Aberglauben und die Unkenntnis in der Geistlichkeit. Im Jahr 1559 wurde sein gesamtes Werk auf den Index gesetzt – die posthume Rache gedemütigter Theologen –, und damit erlitt die Verbreitung seines befreienden Gedankengutes einen schweren Schlag: Für drei Jahrhunderte verschwanden seine Bücher in den Giftschränken der kirchlichen Bibliotheken. Viele Katholiken unter den Zeitgenossen und in späteren Generationen betrachteten Erasmus als Bedrohung für die Kirche. Tatsächlich hat er sich jedoch tapfer für die Kirche eingesetzt. Die gesamte katholische Meinung hat die rüden Angriffe Luthers gegen ihn übernommen.

Erasmus ist ein Kind seines Werkes. Allzulange hat man in ihm nur den Verfasser des *Lobs der Torheit* sehen wollen oder vielmehr das, was man aus diesem schwierigen Buch herauslas. Man hat seine Botschaft nicht in vollem Umfang begriffen und ihm Gleichgültigkeit in Glaubensdingen vorgeworfen. Es ist eine Ironie des Schicksals, wenn ausgerechnet dieser Vorwurf Erasmus im Zeitalter der Aufklärung zum Erfolg verhalf. Bis seine Schriften im 20. Jahrhundert wieder

Gegenstand von Forschungen werden, triumphiert er offenbar als Skeptiker im kollektiven Gedächtnis.

Die katholische Reform hat ohne ihn stattgefunden.[6] Schon 1543 werden Erasmus' Werke in Mailand öffentlich verbrannt. Trotz der Repression können seine Gedanken doch nie ganz unterdrückt werden und leben im Untergrund fort. Trotz Luther lösen die protestantischen Länder die katholischen ab und treten das geistige Erbe des Erasmus an. Auch die schismatische anglikanische Kirche nimmt sein religiöses Schrifttum auf.[7] Melanchthon und Castellio loben ihn.[8] In Basel verteidigt sein treuer Schüler Bonifacius Amerbach die Toleranz. Die Jesuiten schöpfen aus seinem pädagogischen Werk. Allerdings gilt er den Propheten des Unglücks und den übertrieben siegesgewissen Fanatikern unter ihren Anhängern noch immer als Enfant terrible und Ärgernis. Erst im 17. Jahrhundert wird er aus dem Fegefeuer mißliebiger Schriftsteller entlassen. Seine Gedanken finden dann erneut ein aufnahmebereites und stets wachsendes Publikum.[9]

Erasmus' Kritik an den Zeitgenossen hat nichts von ihrer Aktualität verloren. Trotz der großartigen Leistungen der katholischen Reform und des Zweiten Vatikanischen Konzils – ein Konzil im Geiste des Erasmus, wenn es ein solches je gab[10] – bleibt der Katholizismus doch noch zum Teil den Traditionen der Volksfrömmigkeit mit allen positiven und negativen Aspekten verhaftet. Kaum verkündet ein Geisterseher eine Botschaft der Heiligen Jungfrau, setzen sich Massen in Bewegung, und mit kleineren oder größeren Vorbehalten folgt ihnen die Geistlichkeit. Die wallfahrenden Massen sind besser geführt denn je, aber sie machen kaum weniger Lärm als früher. In unseren Kathedralen wird noch immer der Ablaß verkündet… Schließlich hat der Köhlerglaube von seiner Anziehungskraft nichts verloren, während die Bibel immer noch nicht an ihrem gebührenden Platz in der religiösen Kultur unserer Epoche steht.

Verkörperte Erasmus in seiner Zeit den Widerspruchsgeist, so wird er nun nach und nach zum einigenden Faktor. Seine Gedanken gehen um die Welt, wenn man auch zuweilen nicht weiß, daß sie von ihm stammen. Zu Lebzeiten war er umstritten, in der zweiten Hälfte des 16. Jahrhunderts geriet er in Vergessenheit. Heute ist er uns wieder näher gerückt, seitdem man sich nicht nur mit einigen plakativen Sätzen auf ihn bezieht, sondern sein Gesamtwerk liest und zu würdigen weiß. Gegenwärtig werden seine Schriften studiert und erforscht, wie er das bei seinen verehrten griechischen und lateinischen, heidnischen und christlichen Autoren gefordert hat.

Erasmus gilt nicht nur als Fürst des Humanismus, sondern als einer der originellsten Geister der Renaissance, als einer der ersten Denker der Moderne und als Wegbereiter einer neuen Geistesfreiheit. Er lebt in seinen Werken weiter – *Das Lob der Torheit* und die *Colloquia* wurden in alle erdenklichen Sprachen übersetzt –, und sein vielfältiges Genie wirkt in der Nachwelt auf spiritueller

Ebene in unterschiedlichster Weise fort. Seine Gedanken gehören zum gemeinsamen Erbe der Menschheit.

Der Christ und Theologe Erasmus tritt aus dem Dunkel hervor, in das ihn die Jahrhunderte der Reformation und der Aufklärung verwiesen haben: Noch immer verunsichert er einige Leser, die einen Widerspruch zwischen dem Künstler und dem Theologen sehen wollen. Was immer man auch behaupten mag: Es gibt nicht den Erasmus des *Lobs der Torheit* und den Erasmus der Paraphrasen, den Erasmus der Satire und den Erasmus der Seelsorge, Erasmus als Vorläufer von Voltaire und Erasmus als Vorläufer von Fénelon. Vielmehr hat Erasmus Dutzende verschiedener Gesichter, auf denen ein und dieselbe Leidenschaft zu lesen ist. Vielleicht war sein Antiklerikalismus, an dem so viele seiner Leser Anstoß genommen haben, ein stehendes Paradox und eine heilsame Abreaktion.

Die religiöse Leidenschaft zieht sich wie ein roter Faden durch sein Leben und durch all seine Bücher: Sein zuweilen widersprüchliches Verhalten erklärt sich aus seinem einheitlichen Glauben. Manchmal schimmert Lukian in seinen theologischen Werken durch, immer ist das Evangelium in seinen profanen Büchern präsent. Die Lehre im *Lob der Torheit* widerspricht nicht dem Geist seiner Paraphrasen zum Evangelium, und seine Aussagen als gläubiger Christ stehen nicht im Gegensatz zu den Dreistigkeiten, die er sich als Theologe herausnimmt.

Obwohl Erasmus kein leichter Autor ist, versteht man seine Botschaft heute besser denn je. Abgesehen von einigen abwegigen Interpretationen[11] fühlt man sich in unserem Jahrhundert in mehreren Punkten mit ihm im Einklang: im Gespür für die Bedrohungen der Kultur, dem Streben nach Frieden im Geiste der Brüderlichkeit, in der Schaffung eines europäischen Geistes, im Bemühen um die richtige Erziehung und die klassische Kultur, im ökumenischen Geist, in den konziliären und nachkonziliären Reformen, und schließlich im christlichen Humanismus und im kritischen Christentum.

Es gibt nur einen Erasmus, und der ist überraschend, vielfältig und unnachahmlich. Er ist noch immer unter uns.

Anhang

Zeittafel

Um 1469	Erasmus kommt in Rotterdam zur Welt.
1478	Besuch der Schule in Deventer.
1484	Erasmus, inzwischen Waise, tritt in die Schule von Herzogenbusch ein.
1487-1492	Erasmus im Kloster Steyn. Beginn seiner humanistischen Studien. Briefe an Servatius Roger.
1492	Erasmus erhält die Priesterweihe.
1493	Erasmus verläßt mit Erlaubnis der Oberen Steyn und tritt als Sekretär in die Dienste Heinrichs von Bergen, des Bischofs von Cambrai.
1495	Eintritt ins Pariser Collège Montaigu. Besuch von Vorlesungen an der Sorbonne.
1496	Erasmus verläßt krank Montaigu und lebt von Einkünften als Privatlehrer.
1499-1500	Auf Einladung seines Schülers Mountjoy verbringt Erasmus einen herrlichen einjährigen Aufenthalt in England. Freundschaft mit Thomas Morus und John Colet.
1500	Erste Ausgabe der *Adagia*.
1501	Erasmus begegnet in St. Omer Jean Vitrier. Er beginnt seine Laufbahn als Philologe und Herausgeber klassischer Texte mit der Veröffentlichung von Ciceros *De officiis*.
1502	Tod Heinrichs von Bergen. Erasmus hält sich in Löwen auf.
1504	Der *Panegyrikus* auf Philipp den Schönen entsteht. *Handbüchlein eines christlichen Streiters*.
1505	Zweiter Aufenthalt in England.

1506-1509	Italienreise: Turin, Bologna, Venedig, Rom.
1509-1514	Erneuter langer Aufenthalt in England, unterbrochen von Reisen auf den Kontinent.
1511	*Das Lob der Torheit.*
1512	*De duplici copia.*
1515	Basel. Der erste Band seiner Korrespondenz erscheint.
1516	Ausgabe des Neuen Testamentes in Griechisch und Latein. *Erziehung des christlichen Fürsten.*
1517	*Die Klage des Friedens.* Letzter Aufenthalt in England.
1518	Erasmus lebt hauptsächlich in den Niederlanden. *Encomium matrimonii* (Das Lob der Ehe).
1519	Luther. Beginn der großen Auseinandersetzungen.
1520	Die *Antibarbari.*
1521	Erholsamer Arbeitsaufenthalt in Anderlecht. Erasmus verläßt die Niederlande für immer. Übersiedlung nach Basel.
1522	*Colloquia. Anleitung zum Briefeschreiben.*
1524	*Über den freien Willen.* Bruch mit Luther. Ausgabe der Kirchenväter.
1526	Abhandlung zur christlichen Ehe.
1528	*Der Ciceronianer.*
1529	Schrift zur Kindererziehung.
1529-1535	Erasmus lebt in Freiburg.
1533	Erasmus mahnt die Kirche mit einer Schrift zur Eintracht.
1535	Rückkehr nach Basel. *Der Prediger.*
1536	Erasmus stirbt in der Nacht vom 11. auf den 12. Juli in Basel.

Anmerkungen

Abkürzungen

Die Abkürzungen *LB* und *ASD* bezeichnen Erasmus' *Opera omnia,* Leidener Ausgabe 1703-1706 beziehungsweise die Amsterdamer Ausgabe, die seit 1969 besorgt wird.

Auszüge aus der Korrespondenz entstammen der kritischen Ausgabe von P. S. ALLEN, *Opus epistolarum Des. Erasmi Roterodami,* 11 Bde., Oxford 1906-1947 *(EE).* Soweit möglich, wurde bei der Übersetzung der Zitate auf deutsche Übersetzungen zurückgegriffen. Eine Auswahl aus den Briefen des Erasmus findet sich in: *Erasmus von Rotterdam. Briefe,* verdeutscht und herausgegeben von Walter Köhler, 3. Aufl., Bremen 1956 *(ERB),* eine Auswahl der anderen Schriften bietet *Erasmus von Rotterdam. Ausgewählte Schriften,* Ausgabe in acht Bänden, Lateinisch und Deutsch, Hrsg. Werner Welzig, Darmstadt 1968-1980 *(EAS).*

Kapitel I: Kindheit und Jugend

1. ALLEN *(EE,* Bd. 1, S. 578, Oxford 1906) setzt das Jahr 1466 als Geburtsdatum an. Andere Forscher folgten ihm lange Zeit wie auch noch E. W. KOHLS, »Das Geburtsjahr des Erasmus« in: *Theologische Zeitschrift,* Bd. 22, S. 96-121 und 347-359, Basel 1966, und J. B. GLEASON, »The Birth Dates of John Colet and Erasmus« in: *Renaissance Quarterly,* Bd. 32, S. 73-76, New York 1979. – Für das Geburtsjahr 1467 sprechen sich aus: A. C. F. KOCH, *The Year of Erasmus' Birth,* Utrecht 1969, und N. VAN DER BLOM, »Une nouvelle vision sur l'année de naissance d'Erasme«, in: *Humanistica Lovaniensia,* Bd. 20, S. 69-79, Löwen 1971. – Seit den beiden Veröffentlichungen von R. R. POST, »Quelques précisions sur l'année de la naissance d'Erasme«, in: *Bibliothèque d'Humanisme et Renaissance,* Bd. 26, S. 489-509, Genf 1964, und »Nochmals Erasmus' Geburtsjahr«, in: *Theologische Zeitschrift,* Bd. 22, S. 319-333, Basel 1966, wird allgemein das Jahr 1469 als Geburtsdatum akzeptiert. – Es sei noch daran erinnert, daß J. HUIZINGA, *Erasmus,* dt. von WERNER KAEGI, Hamburg 1958, S. 11, die beiden Jahre 1466 und 1469 als mögliche Geburtsdaten in Betracht zieht.
2. Erasmus ist, geschichtlich betrachtet, ein gelehrter Mann aus bürgerlichem Stand. Er trägt den Beinamen »von Rotterdam«, wie Leonardo nach seiner Herkunft den Beinamen »da Vinci« getra-

gen hat. – Peter ist drei Jahre älter als Erasmus. Vgl. *EE*, Bd. 5, S. 428, Z. 38, (Nr. 1436), an Gerard Geldenhouwer, ungefähr im April 1524. – Über Erasmus' Vater, der 1458 als Kopist in Italien tätig war, siehe einen Hinweis von A. SOTTILI, in: *Wolfenbütteler Renaissance Mitteilungen* vom August 1982, S. 86-88. Dieser Hinweis bestätigt teilweise die Angaben aus dem weiter unten erwähnten *Compendium vitae*. Siehe hierzu auch J. IJSEWIJN in derselben Zeitschrift, Ausgabe vom Dezember 1985, S. 127-129. – Über Erasmus' Verhältnis zu seinem Bruder ist wenig bekannt; es scheint problematisch gewesen zu sein.

3. Im *Altmännergespräch* erklärt Glycion, durch den Erasmus spricht, ihn ängstige der Tod nicht mehr als der Tag seiner Geburt. Vgl. *EAS*, Bd. VI, S. 225 und 227. – Beatus Rhenanus, ein Freund des Erasmus, schreibt Hermann von Wied, er kenne Erasmus' Geburtstag (Gedächtnistag des Simon und Judas Jakobi, 28. Oktober), nicht jedoch das Geburtsjahr. Vgl. *EE*, Bd. 1, S. 55, Z. 77-79 (Nr. III.), 1536.

4. Die Schrift *Compendium vitae* ist abgedruckt in: *EE*, Bd. 1, S. 47-52 (Nr. II). Trotz ihrer apologetischen Ausrichtung hat sie großen dokumentarischen Wert, wenn auch nicht im Hinblick auf die Herkunft des Erasmus. Vgl. R. CRAHAY, »Recherches sur le *Compendium vitae*«, in: *Humanisme et Renaissance*, Bd. 6, S. 7-19, 135-153, Genf 1939.

5. *EE*, Bd. 3, S. XXIX, Z. 5 (Nr. 187[A]), 4. Januar 1506. Erasmus der Sohn eines Priesters! Diese unbegründete, aber dennoch immer wieder zitierte Behauptung stellt J. J. MANGAN auf in seinem Werk *Character and Influence of Desiderius Erasmus of Rotterdam*, Bd. 1, S. 4-5, New York 1927; Widerlegung in: *The Correspondance of Erasmus*, Bd. 4, S. 189-190, Toronto 1977. Daß Gerard nach der Geburt seiner Söhne Priester wurde, ist wahrscheinlich, aber das rechtfertigt nicht die kategorische Feststellung, Erasmus sei der Sohn eines Priesters gewesen.

6. 1495 finden wir: *Herasmus Roterdam*. Vgl. *EE*, Bd. 1, S. 149 (Nr. 45), Überschrift des Briefs an Gaguin. – 1496: *Herasmus Rotterdammensis* und *Desyderius Herasmus*. Vgl. *EE*, Bd. 1, S. 155 und 161 (Überschrift zu beiden Vorworten). Vgl. M. O'R. BOYLE, »The eponyms of Desiderius Erasmus«, in: *Renaissance Quarterly*, Bd. 30, S. 12-23, New York 1977.

7. N. VAN DER BLOM, *Erasmus en Rotterdam*, Rotterdam 1969. – Erasmus kann sein Niederländisch nicht verlernt haben. Das beweist sein Traktat *De recta latini graecique sermonis pronuntiatione* von 1528, Hrsg. M. CYTOWSKA, in: *ASD*, Bd. 1-4, Amsterdam 1981. – In seiner Sprichwörtersammlung *Adagia* schreibt Erasmus: »Holland ist das Land, dem ich auf immer Lob und Ehre schulde: Es hat mich zur Welt gebracht.« Vgl. *LB*, Bd. 2, Sp. 1048 B.

8. P. MESTWERDT, *Die Anfänge des Erasmus*, Leipzig, 1917. – R. L. DE MOLEN, »Erasmus as adolescent«, in: *Bibliothèque d'Humanisme et Renaissance*, Bd. 38, S. 7-25, 1976. – S. CANAZZA, »La formazione culturale di Erasmo«, in: *La Cultura*, Bd. 13. S. 20-47, Rom 1975. – J. D. TRACY, »Bemerkungen zur Jugend des Erasmus«, in: *Basler Zeitschrift für Geschichte und Altertumskunde*, Bd. 2, S. 221-230, Basel 1972. – Im *Carmen alpestre* erwähnt Erasmus beiläufig, er habe in der Kindheit mit Nüssen gespielt. Vgl. C. REEDIJK, *The poems of Desiderius Erasmus*, S. 286, Z. 89 (Nr. 83), Leiden 1956. – Siehe auch J. HOYOUX, »Un jeu d'Érasme«, in: *Bibliothèque d'Humanisme et Renaissance*, Bd. 4, S. 78-80, Genf 1937. – Bekanntlich ist ein Abschnitt der *Colloquia* dem Spiel gewidmet.

9. Ausschließlich mit der Devotio moderna befaßt sich eine Ausgabe der *Ons geestelijk erf*, Bd. 59, Antwerpen 1985. Siehe auch L.-E. HALKIN, »La *Devotio Moderna* et l'Humanisme«, in: *Actes du IVe Colloque de Montpellier 1975*, S. 103-112, Montpellier 1977. – Zu den Beziehungen zwischen der Devotio moderna und Johannes Gerson vgl. J. P. MASSAUT, *Josse Clichtove*, Bd. 1, S. 114-127, Paris 1968.

10. R. L. DE MOLEN, »Interior Erasmus«, in: *Leaders of Reformation*, S. 11-42, Toronto 1984. – Siehe auch meinen Aufsatz »La jeunesse d'Érasme«, in: *Moreana*, Bd. 22, S. 109-123, Angers 1985.

Kapitel II: Ein Humanist im Kloster

1. Erasmus dürfte mit der pessimistischen Tendenz des Buches, das doch für die Lektüre im Kloster bestimmt war, kaum einverstanden gewesen sein. Davon abgesehen, ist die Übereinstimmung bemerkenswert. Siehe hierzu P. MESTWERDT, *op. cit.*, S. 78. – Etwas vorschnell macht J. B. PINEAU (Érasme, sa pensée religieuse, S. 68-70, Paris, 1923) Erasmus zu einem Gegner der *Imitatio*.
2. *EE*, Bd. 5, S. 429, Z. 71-73 (Nr. 1436), an Gerard Geldenhouwer (?), Basel, um den 2. April 1524.
3. Über Erasmus' Freunde siehe des Y. CHARLIER, *Érasme et l'Amitié*, Paris 1977. – Über seine Studien in Steyn: Ch. BÉNÉ, *Érasme et Saint Augustin*, S. 28-58, Paris 1969. – Wo sich Erasmus zu welchem Zeitpunkt aufgehalten hat, bleibt gerade für diese entscheidenden Jahre unklar. Siehe J. D. TRACY, *Erasmus. The Growth of a Mind*, S. 29 und 31, Genf 1972.
4. Wie Erasmus selbst schreibt, »pflegt man in der Jugend glühende Freundschaft für die Gefährten zu empfinden«. *EE*, Bd. 2, S. 301, Z. 320-321 (Nr. 447). – Der Brief erscheint auszugsweise bei W. KÖHLER, *Erasmus von Rotterdam: Briefe (ERB)*, 3. Aufl., Bremen 1956, S. 1ff. Manche Forscher vermuteten bei Erasmus sogar eine »latente Homosexualität«. Siehe dazu N. H. MINNICH und W. W. MEISSNER, »The Character of Erasmus«, in: *The American Historical Review*, Bd. 38, S. 589-624, Washington 1978. – Ich habe mich mit dieser Frage befaßt, Briefe analysiert und in einem Artikel aufgezeigt, wie wenig überzeugend die Argumentation der beiden genannten Autoren ist: »La psychohistoire et le caractère d'Érasme«, in: *Storia della storiografia*, Bd. 6, S. 75-90, Mailand 1985.
5. D. F. S. THOMSON, »Erasmus as a Poet«, in: *Commémoration nationale d'Érasme*, S. 187-210, Brüssel 1970.
6. L.-E. HALKIN, »La piété d'Érasme«, in: *Revue d'histoire ecclésiastique*, Bd. 79, S. 671-708, Löwen 1984. Siehe ebenfalls E. F. RICE jr., *Saint Jerome in the Renaissance*, S. 113-136, Baltimore 1985.
7. Die Devise ist dem heiligen Hieronymus entlehnt.
8. Zum Dichterkreis von Gouda siehe J. IJSEWIJN, »Erasmus ex poeta theologus«, in: *Scrinium Erasmianum*, Bd. 1, S. 382. – REEDIJK, *Poems*, S. 170 (Nr. 15).
9. Über die klösterliche Frömmigkeit des Erasmus siehe R. BULTOT, »Érasme et Épicure«, in: *Scrinium Erasmianum*, Bd. 2, S. 224-225.
10. *EE*, Bd. 1, S. 233, Z. 6 und 18 (Nr. 95), an Jakob Batt, 1499. – Über Erasmus und den Gregorianischen Choral siehe J.-Cl. MARGOLIN, *Recherches érasmiennes*, S. 94, Genf 1969. – Ungefähr im März 1502 bittet Erasmus in einem Brief um einen Psalter. Vgl. *EE*, Bd. 1, S. 379, Z. 4 (Nr. 169), an Peter von Courtebourne.

Kapitel III: Die harte Schule der Freiheit

1. Wahrscheinlich 1493. *EE*, Bd. 1, S. 128, Vorbemerkung zum Brief von Wilhelm Hermann (Nr. 33), 1493 (?). – Man kann annehmen, daß Erasmus Heinrich von Bergen zunächst begleitet. Über die Reisen des Dienstherren ist sehr wenig bekannt. – M. SCHERPENBERGHS rekonstruiert Erasmus' Reiseroute in einer unveröffentlichten Abhandlung: *Les Voyages d'Érasme*, Universität Lüttich 1986.
2. 1512 schreibt Aleander an Erasmus: »Du bist niemals für längere Zeit an einem Ort geblieben.« *EE*, Bd. 1, S. 503, Z. 10 (Nr. 256). – Thomas Morus verteidigt Erasmus' unstetes Leben. Siehe hierzu H. GIBAUD, »Thomas More. Réponse à un moine«, in: *Moreana*, Nr. 27-28, S. 77, Angers 1970.
3. *EE*, Bd. 1, S. 381-384 (Nr. 173), Vorwort, Löwen, 13. Februar 1503.
4. M. MANN PHILLIPS, »Erasmus and the Classics«, in: *Erasmus*, Hrsg. T. A. DOREY, S. 1-30, London 1970. – M. CYTOWSKA, »Érasme et les auteurs classiques«, in: *Eos*, Bd. 72, S. 179-187, Wroclaw 1984. – P. P. GEROSA, *Umanesimo cristiano del Petrarca*, Turin 1966. – M. O'R. BOYLE, *Christening pagan Mysteries. Erasmus in Pursuit of Wisdom*, Toronto 1981.
5. BÉNÉ, *op. cit.*, S. 64-73.

6. *EE*, Bd. 1, S. 136, Z. 9-18 (Nr. 37). – Allen datiert diesen Brief auf 1494, Ch. BÉNÉ *(op. cit.,* S. 61) auf 1493.

7. *ASD*, Bd. I-1, S. 1-138, Hrsg. K. KUMANIECKI. – Siehe J. D. TRACY, »The 1489 and 1494 versions of Erasmus' *Antibarbarorum Liber*«, in: *Humanistica Lovaniensia*, Bd. 20, S. 81-120, Löwen 1971. – S. CAVAZZA, »La cronologia degli *Antibarbari*«, in: *Rinascimento*, Bd. 25, S. 141-179, Florenz 1975. – C. CHRIST-VON WEDEL, *Das Nichtwissen bei Erasmus*, Basel 1981.

8. *ASD*, Bd. I-1, S. 83, Z. 17-18; S. 110, Z. 14-16; S. 112, Z. 17-23.

9. CHARLIER, *op. cit.,* S. 88.

10. *EE*, Bd. 1, S. 144, Z. 4-11 (Nr. 42), 1495.

11. *ASD*, Bd. I-1, S. 98, Z. 17-18. Man findet diesen Gedanken auch in einem Brief von 1529 an Karl von Utenhove: *EE*, Bd. 8, S. 268, Z. 193-194 (Nr. 2209). Wahrscheinlich hat Erasmus das Kapitel »De meditatione mortis« in der *Imitatio Christi* (I, 23) gelesen, allerdings zitiert er nicht daraus.

12. Zum sokratischen Sinn des Nicht-Wissens vgl. *ASD*, Bd. I-1, S. 78, Z. 9-10; S. 88, Z. 26.

13. *ASD*, Bd. I-1, S. 130, Z. 36.

14. *EE*, Bd. 1, S. 142, Z. 130-131 und 138-141 (Nr. 39), ungefähr Oktober 1494.

15. *EE*, Bd. 1, S. 160, Z. 23-24 (Nr. 48), an Nikolaus Werner, Paris, 13. September 1496. – Der Einfachheit halber verwende ich den ungenauen Ausdruck »Sorbonne«.

16. *EE*, Bd. 1, S. 50, Z. 103-105 (Nr. II); S. 285, Z. 6-8 (Nr. 124), an Batt, 12. April 1500; S. 565, Z. 17-19 (Nr. 296), an S. Roger, 1514; Bd. 2, S. 302, Z. 371-373, 388-391, 399-407 (Nr. 447), an Lambertus Grunnius, 1516. – *ASD*, Bd. I-3, S. 531-532, Z. 1320-1378. – J. D. TRACY, *Erasmus. The Growth of a Mind,* S. 27-28, Genf 1972. – A. RABIL, *Erasmus and the New Testament,* S. 33, San Antonio 1972.

17. *EE*, Bd. 1. S. 37, Z. 15 (Nr. I); S. 146, Einleitung; Bd. 7, S. 400, Z. 15-19 (Nr. 1966) Hector Boesce an Erasmus, 26. Mai 1528.

18. *EE*, Bd. 1, S. 148-152, (Nr. 45), ungefähr Anfang Oktober 1495. Siehe L.-E. HALKIN, *Erasmus ex Erasmo,* S. 19. – J. HUIZINGA, *op. cit.,* S. 28. – Zu Gaguin siehe MASSAUT, *op. cit.,* S. 144-146. E

19. *EE*, Bd. 1, S. 153-154 (Nr. 146), Paris, um den 7. Oktober 1495.

20. *EE*, Bd. 1, S. 287, Z. 48-50 (Nr. 124), an Batt, Paris, 12. April 1500.

21. *EE*, Bd. 1, S.19, Z.34-36 (Nr. I).

22. Über den Gestank in den Pariser Straßen zu dieser Zeit siehe M. REULOS, »Paris au temps d'Érasme«, in: *Colloquia Erasmiana Turonensia,* Bd. 1, S. 82, Paris 1972.

Kapitel IV: Glanz und Elend des Privatlehrerdaseins

1. *EE*, Bd. 1, S. 160, Z. 29 (Nr. 48), an Nikolaus Werner, Paris, 13. September 1498. – Über die Bestände von Erasmus' erster Bibliothek wissen wir nichts Näheres.

2. CHOMARAT, *op. cit.,* Bd. 1, S. 184-192.

3. *EE*, Bd. 3, S. 465, Z. 17-20 (Nr. 909), Löwen 1519. Es handelt sich um das Vorwort zu den *Familiarum Colloquiorum formulae;* siehe *ASD*, Bd., I-3, S. 73-74, Z. 14-17.

4. E. F. RICE, »Erasmus and the Religious Tradition. 1495-1499«, in: *Journal of the History of Ideas,* Bd. 11, S. 387-411, Lancaster 1950.

5. *De Casa natalicia Iesu,* Paris, Antoine Denidel, Januar 1496. – Der Text ist abgedruckt in REEDIJK, *Poems,* S. 224 (Nr. 33).

6. *EE*, Bd. 1, S. 155-156, Z. 2-15 (Nr. 47), 8. November 1495.

7. *EE*, Bd. 1, S. 163, Z. 85-90 (Nr. 49), an Heinrich von Bergen, Paris, 7. November 1496.

8. *EE*, Bd. 1, S. 159-160, Z. 22-24 (Nr. 48), Paris, 13. September 1496.

9. *EE*, Bd. 1, S. 192, Z. 74-82 (Nr. 64), an Thomas Grey, Paris, ungefähr August 1497. Übers. *ERB*, S. 27. – J. TRACY, *op. cit.,* S. 23. – Schweinhuber ist natürlich ein fiktiver Name.

10. *EE*, Bd. 1, S. 166, Z. 15-17 (Nr. 51), an Heinrich von Bergen, 1497. – Siehe L.-E. HALKIN, »Érasme docteur«, in: *Mélanges André Latreille*, S. 42, Lyon 1972. – *EE*, Bd. 1, S. 591. – Die Frage scheint unlösbar. – Siehe R. STUPPERICH, »Zur Biographie des Erasmus«, in: *Archiv für Reformationsgeschichte*, Bd. 65, S. 70 und 30, Gütersloh 1974.

11. *ASD*, Bd. V-1, S. 339, Z. 1-3 *(De preparatione*, Hrsg. A. VAN HECK.) – Siehe ebenso *EE*, Bd. 6, S. 478, Z. 31-32 (Nr. 1794), an Guillaume Budé, 1527. – *Adagia* (Hrsg. S. SEIDEL MENCHI), S. 70 und 240, Turin 1980.

12. *ASD*, Bd. IV-3, S. 156, Z. 498 *(Moria*, Hrsg. Cl. H. MILLER). – Siehe J.P. MASSAUT, »Érasme et saint Thomas«, in: *Colloquia Erasmiana Turonensia*, Bd. 2, S. 581-611, Paris 1972. – Siehe ebenso *EE*, Bd. 1, S. 246-247, Z. 30-37 (Nr. 108), an Colet, 1499.

13. *ASD*, Bd. I-3, S. 455. – HOLBORN, *Desiderius Erasmus: Ausgewählte Werke*, S. 69, Z. 8 *(Enchiridion)*.

14. *ASD*, Bd. IV-3, S. 190, Z. 159 *(Moria)*. – Ch. BÉNÉ, »Les Pères de l'Église et la réception des auteurs classiques«, in: *Die Rezeption der Antike* (Hrsg. A. BUCK), S. 48, Hamburg 1981. – M. CYTOWSKA, »Érasme et la philosophie antique«, in: *Antiquité vivante*, Bd. 26, S. 457, Skoplje 1976. – M. O'R. BOYLE, *op. cit.*

15. *EE*, Bd. 4, S. 33, Z. 8-12 (Nr. 1002), an Nicolas Bérauld, 1519; Bd. 5, S. 319, Z. 302-304 (Nr. 1381), Vorwort von 1523; Bd. 8, S. 379, Z. 33-37 (Nr. 2284), an Balthasar Mercklin, 1530.

16. *EE*, Bd. 1, S. 246-247, Z. 19-36 (Nr. 108), an Colet, 1499. – TRACY, *op. cit.*, S. 109.

17. M. CYTOWSKA, Érasme grammairien«, in: *Eos*, Bd. 64, S. 228-229, Wroclaw 1976. – M. MANN PHILLIPS, »Erasmus and the Classics«, in: *Erasmus* (Hrsg. T. A. DOREY), S. 1-30, London 1971. – Zur Bedeutung der Begriffe »grammaticus« und »grammatice« bei Erasmus siehe CHOMARAT, op. cit., Bd. 1, S. 109.

18. *EE*, Bd. 1, S. 172-173, Z. 1-27, 35-65 (Nr. 56), Paris 1497; Auszug übers. *ERB*, S. 20-21.

19. *EE*, Bd. 1, S. 176, Z. 42-43 (Nr. 58), Paris, 1497; S. 182, Z. 41-49 (Nr. 61), Paris, 1497; Bd. 6, S. 404, Z. 1-10 (Nr. 1745), Basel, 1526.

20. *EE*, Bd. 1, S. 189, Z. 13-23 (Nr. 63), Paris 1497.

21. *EE*, Bd. 1, S. 188, Z. 8-10 (Nr. 62), Paris 1497.

22. *EE*, Bd. 1, S. 170, Z. 8-50. Übers. *ERB*, S. 18-21. In den Briefen Nr. 59 und 60 kommt Erasmus auf den Streit zurück. Sie könnten meines Erachtens ebensogut an Christian Northoff, Robert Fisher oder Jan Mombaer gerichtet sein.

23. *EE*, Bd. 1, S. 57, Z. 29-47 (Nr. IV).

24. An Nikolaus Werner, Übers. *ERB*, S. 17. – L.-E. HALKIN, »Érasme pèlerin«, in: *Scrinium Erasmianum*, Bd. 2, S. 249, Löwen 1969. – Als er drei Jahre später wieder erkrankt, vertraut er wieder auf die Hilfe der Heiligen.

25. *EE*, Bd. 1, S. 184, Z. 117-130 (Nr. 61), Paris, August 1497. Übers. *ERB*, S. 23-24.

26. *EE*, Bd. 1, S. 202, Z. 5-8 (Nr. 75), an Arnold Bosch, Paris, ungefähr April 1498.

27. *EE*, Bd. 1, S. 7, Z. 22 (Nr. I). – A. JAKOB, »L'édition érasmienne de la Liturgie de saint Jean Chrysostome«, in: *Italia medievale e umanistica*, Bd. 19, S. 291-324, Padua 1976.

28. *EE*, Bd. 1, S. 235-236 (Nr. 96-100), ungefähr 1499.

29. *EE*, Bd. 1, S. 202, Z. 13-21 (Nr. 75), an Arnold Bosch, Paris, ungefähr April 1498. Übers. *ERB*, S. 28.

30. *EE*, Bd. 1, S. 214, Z. 68-69 (Nr. 81), an Wilhelm Herman, Paris, ungefähr Dezember 1498.

31. *EE*, Bd. 1, S. 228, Z. 6-8 (Nr. 92), Wilhelm Herman an Servatius Roger, Februar 1499.

32. *EE*, Bd. 1, S. 219, Z. 80-98 (Nr. 83), an Wilhelm Herman, Paris, 14. Dezember 1498. – Bereits 1497 mußte sich Erasmus gegen die verleumderischen Angriffe des Vormunds von Thomas Grey verteidigen: *EE*, Bd. 1, S. 177, Z. 89-95 (Nr. 58).

33. *EE*, Bd. 1, S. 218, Z. 51-52 (Nr. 53), an Wilhelm Herman, 14. Dezember 1498.

34. Zwischen Calais und St. Omer. – J. HADOT, »Érasme à Tournehem et à Courtebourne«, in: *Colloquia Erasmiana Turonensia*, Bd. 1, S. 321, Z. 100 (Nr. 93).

35. *EE*, Bd. 1, S. 232, Z. 100-106 (Nr. 93). – J. TRACY, *op. cit.*, S. 96.

Kapitel V: Die zweite Heimat: England

1. M. POLLET, »Érasme en Angleterre«, in: *Colloquia Erasmiana Turonensia,* Bd. 1, S. 163. Ich werde mich noch öfter auf diesen Artikel beziehen. – Siehe auch R. MARCEL, »Les découvertes d'Érasme en Angleterre«, in: *Bibliothèque d'Humanisme et Renaissance,* Bd. 14, S. 117-124, Genf 1952. – Eine akribische Übersetzung des Erasmus mit Kommentar findet sich bei G. MARC' HADOUR und R. GALIBOIS, *Erasme de Rotterdam et Thomas More,* Sherbrooke 1985.

2. *EE,* Bd. 1, S. 238-239, Z. 17-22 (Nr. 103), an Fausto Andrelini aus England, Sommer 1499; Übers. *ERB,* S. 37.

3. Erasmus beschreibt die Szene 1523 in seinem vielzitierten Brief an Botzheim: *EE,* Bd. 1, S. 6, Z. 4-28 (Nr. I). – Der Brief vom Herbst 1499: *EE,* Bd. 1, S. 239 (Nr. 104). Das Gedicht *Prosopopeia Britanniae,* in: REEDIJK, *Poems,* S. 248 (Nr. 45). – Erasmus beurteilt seine Werke mit einer gewissen Strenge, hebt dabei aber auch ihre Stärken hervor: *EE,* Bd. 1, S. 261f., (Nr. 113), an Johann Sixtin, Oxford, 28. Oktober 1499.

4. *EE,* Bd. 1, S. 273, Z. 15-27 (Nr. 118), Dezember 1499; Übers. *ERB,* S. 47.

5. P. I. KAUFMAN, »John Colet and Erasmus' Enchiridion«, in: *Church History,* Bd. 46, S. 296-312, New York 1977.

6. *EE,* Bd. 1, S. 244, Z. 40-48 (Nr. 107), Oxford, Oktober 1499; Übers. *ERB,* S. 38; *EE,* Bd. 1, S. 248, Z. 95-97 (Nr. 108), Oktober 1499. – Siehe BÉNÉ, *op. cit.,* S. 110.

7. Der »Disput« von 1499 wird 1504 von Erasmus in den *Lucubratiunculae* unter dem Titel *Disputatiuncula de tedio, pavore, tristicia Iesu, instante crucis hora* (Antwerpen 1504) veröffentlicht. Vorwort und Auszüge in: *EE,* Bd. 1, S. 245-253 , (Nr. 108-111). Vollständiger Text in: *LB,* Bd. 5, Sp. 1265-1294. – Untersuchung von G. FOKKE, *Christus verae pacis auctor et unicus scopus. Erasmus and Origen,* S. 61-177, Löwen 1977. – Zum Verhältnis von Erasmus und Colet siehe A. GODIN, *Érasme. Vies de Jean Vitrier et de John Colet,* Angers 1982. – Zu Colets orthodoxer Haltung siehe C. BÉNÉ, *op. cit.,* S. 105f. – CHANTRAINE, *op. cit.,* S. 53f. – TRACY, *op. cit.,* S. 84.

8. J.-P. MASSAUT, *Critique et tradition,* S. 62, Paris 1974. – Wir werden später noch sehen, daß Erasmus dieser theologischen Linie in der Auseinandersetzung mit Lefèvre d'Étaples treu bleibt. – Trotzdem verwahrt er sich gegen allzu anschauliche Darstellungen der Passionsgeschichte. Siehe M. BATAILLON, *Érasme et l'Espagne,* S. 202, Paris 1937. – Erasmus kommt immer wieder auf das Leiden Christi zurück. *ASD,* Bd. V-1, S. 256, Z. 486-495 *(Explanatio Symboli).*

9. *EE,* Bd. 1, S. 252, Z. 116 (Nr. 109). Denselben Gedanken formuliert Erasmus im Vorwort zur *Paraphrase des Matthäusevangeliums,* in: *LB,* Bd. 7, Sp. xx 3 V^0. – Zweites Zitat nach PINEAU, *op. cit.,* S. 264.

10. *EE,* Bd. 1, S. 269, Z. 46-93 (Nr. 116), an Johann Sixtin, Oxford, November 1499. – Übers. *ERB,* S. 43-46.

11. *EE,* Bd. 1, S. 265, Z. 148-152 (Nr. 113), an Johann Sixtin, Oxford, 28. Oktober 1499. Erasmus vermerkt an der betreffenden Stelle, seine Muse sei seit zehn Jahren verstummt.

12. CHANTRAINE, *op. cit.,* S. 356. GODIN, *Érasme lecteur d'Origène,* S. 14, Genf 1982. – J. IJSEWIJN, »Erasmus ex poeta theologus«, in: *Scrinium Erasmianum,* Bd. 1, S. 380f. vertritt mit Entschiedenheit die entgegengesetzte These.

13. Erasmus bezeichnet sich später nicht mehr als Dichter. Die Qualität seiner Lyrik bleibt im übrigen deutlich hinter seiner Prosa zurück. Sie ist mehr durch Einfallsreichtum als durch dichterisches Genie gekennzeichnet, und seine Vorbilder, unter anderem Spagnuoli und Andrelini, haben ihm darin nicht viel voraus. – Siehe *EE,* Bd. 1, S. 100, Z. 524-528 (Nr. 1581), an Beda, 1525.

14. *EE,* Bd. 1, S. 282, Z. 1-30 (Nr. 120), Tournehem, Februar 1500.

15. *EE,* Bd. 1, S. 591 – Siehe D. F. S. THOMSON und H. C. PORTER, *Erasmus and Cambridge,* Toronto 1963. – E. RUMMEL, »The Use of Greek in Erasmus' Letters« in: *Humanistica Lovaniensia,* Bd. 30, S. 55-92, Löwen 1981.

16. *EE,* Bd. 3, S. XXIX. Erst 1517 wird ihm erlaubt, aus dem Orden auszutreten, in dem er die Gelübde abgelegt hat.

17. *EE,* Bd. 1, S. 450, Z. 11-27 (Nr. 215), 27. Mai 1509; Auszug übers. R. NEWALD, *Erasmus Roteroda-mus,* Freiburg i. Br. S. 92f.

18. Y. CHARLIER, *op. cit.,* S. 41.

19. *EE,* Bd. 1, S. 478, Z. 50-60 (Nr. 237), 29. Oktober 1511.

2O. *EE,* Bd. 1, S. 480, Z. 2-4 (Nr. 238), 2. November 1511.

21. *EE,* Bd. 1, S. 513, Z. 5-10 (Nr. 262). – Das Weihegedicht wird 1515 in den *Lucubrationes* veröffentlicht. Text in REEDIJK, *Poems,* S. 303 (Nr. 92).

22. *ASD,* Bd. I-3, S. 483, Z. 468-477.

23. Zwischen 1512 und 1514. Siehe K. BAUER, »John Colet und Erasmus von Rotterdam« in: *Archiv für Reformationsgeschichte,* Ergänzungsband 5, S. 173-175, Leipzig 1929. – Siehe auch *ASD,* Bd. V-1, S. 154, Z. 155-157 *(Modus orandi).*

24. *ASD,* Bd. I-3, S. 257, Z. 790-795 *(Convivium religiosum);* S. 486-489, Z. 590-703 *(Peregrinatio).*

25. Die gleiche Haltung findet man bei Morus und Colet. Siehe M. MARC' HADOUR, *Thomas More et la Bible,* S. 421, Paris 1969.

26. *De ratione studii,* Hrsg. J.-Cl. MARGOLIN, *ASD,* Bd. I-2, S. 111-151, Amsterdam 1971. – Erstausgabe Paris 1511.

27. *De copia verborum,* Erstausgabe bei Badius, Paris 1515. – *LB,* Bd. 1, Sp. 3-110. – Siehe M. MANN PHILLIPS, »Erasmus and the Art of Writing«, in: *Scrinium Erasmianum,* Bd. 1, S. 335-350, Leiden 1969.

28. *EE,* Bd. 1, S. 516, Z. 35-45 (Nr. 263), Paris, 19. Mai 1512. – Auszug übers. W. P. ECKERT, *Erasmus von Rotterdam. Werk und Wirkung,* Bd. 2, S. 514.

29. THOMSON und PORTER, *op. cit.,* S. 14.

30. *EE,* Bd. 2, S. 331, Z. 58-59 (Nr. 457), 27. August 1516.

31. *EE,* Bd. 1, S. 542, Z. 42-53 (Nr. 282), 28. November 1513.

32. *EE,* Bd. 1, S. 501, (Einführung zu Nr. 255). – G.LAWARRÉE, *Érasme et l'argent,* S. 194, unveröffentlichte Abhandlung, Universität Lüttich 1973. – 1535 bringt er Warham eine Huldigung dar: *LB,* Bd. 5, Sp. 810 E.

33. Thomas Morus, *Utopia,* übers. v. Gerhard Ritter, mit einer Einleitung von Hermann Oncken, 1922, reprogr. Nachdr. Essen 1979.

34. A. GERLO, *Érasme et ses portraitistes,* S. 9-17, Nieuwkoop 1969.

35. MARC' HARDOUR und GALIBOIS, *op. cit.,* S. 78f.

36. M. DELCOURT, *Érasme,* 2. Aufl., S. 107, Brüssel 1986.

37. *EE,* Bd. 4, S. 16, Z. 131-186 (Nr. 999), an Hutten 1519; Übers. *ERB,* S. 253-255.

38. R. J. SCHOECK, »Telling More from Erasmus«, in: *Moreana,* Bd. 23, S. 11-20, Angers 1986.

39. 1516 wiederholt Erasmus seine Liebeserklärung an England: *EE,* Bd. 2, S. 264, Z. 20 (Nr. 392), an Rieger.

Kapitel VI: Paris und Löwen. Von den frühen *Adagia* zum *Panegyrikus*

1. Paris, im Juni 1500. Erasmus erweitert die *Adagia* mit jeder Auflage. 1536 ist die Sammlung schließlich auf die stattliche Anzahl von über viertausend Sprichwörtern angewachsen. – Eine kritische Ausgabe wird derzeit von F. HEINIMANN und E. KIENZLE besorgt: *ASD,* Bd. II-5; Bd. II-6 ff. – Siehe M. MANN PHILLIPS, *The Adages of Erasmus,* Cambridge 1964.

2. Chr. B. BEUERMANN, »Le renouvellement de l'ésprit par l'adage« in: *Bibliothèque d'Humanisme et Renaissance,* Bd. 47, S. 347-355, Genf 1985.

3. *EE,* Bd. 1, S. 290-294, Z. 15-19, 110-138, 143-162 (Nr. 126), Paris, ungefähr Juni 1500; Auszug übers. W. P. ECKERT, *op. cit.,* Bd. I, S. 89.

4. *EE,* Bd. 1, S. 236, Z. 1-16 (Nr. 101), Paris, Mai 1499.

5. *EE,* Bd. 1, S. 285, Z. 22-25 (Nr. 123), Paris, ungefähr März 1500; S. 286, Z. 61-64 (Nr. 124), Paris, 12. April 1500; Auszug übers. *ERB,* S. 58.

6. L.-E. HALKIN, »Érasme et les langues«, in: *Revue des langues vivantes,* Bd. 35, S. 570-571, Brüssel 1969. – CHOMARAT, *op. cit.,* Bd. 1, S. 306-311. – E. RUMMEL, »The use of Greek in Erasmus' Letters«, in: *Humanistica Lovaniensia,* Bd. 30, S. 55-92, Löwen 1981.

7. *EE,* Bd. 1, S. 288-289, Z. 11-35 (Nr. 125), Frühjahr 1500. – Erasmus nimmt hier ein altes Thema von Petrarca wieder auf. Vgl. P. DE NOLHAC, *Petrarca,* S. 43. – Der Brief gibt Aufschluß darüber, wie Erasmus seine Bibliothek zusammengetragen hat. Siehe hierzu F. HUSNER, »Die Bibliothek des Erasmus«, in: *Gedenkschrift zum 400. Todestage des Erasmus,* S. 228-259, Basel 1936.

8. *EE,* Bd. 1, S. 321, Z. 36-86 Nr. 138), Orléans, 11. Dezember 1500; Auszug übers. *ERB,* S. 63.

9. *EE,* Bd. 1, S. 326, Z. 34-39 (Nr. 139), Orléans, um den 12. Dezember 1500; Übers. *ERB,* S. 64.

10. *EE,* Bd. 1, S. 353, Z. 56-65 (Nr. 149), um den 16. März 1501.

11. *EE,* Bd. 1, S. 298, Z. 10-11 (Nr. 128), an Batt, Paris, Juli 1500.

12. *EE,* Bd. 1, S. 317, Z. 49-50 (Nr. 1367), 9. Dezember 1500.

13. *EE,* Bd. 1, S. 344, Z. 95-116 (Nr. 145), Paris, 27. Januar 1501. – Siehe L.-E. HALKIN, »Érasme docteur«, in: *Mélanges André Latreille,* S. 39-47, Lyon 1972.

14. Zu den Beziehungen zwischen Erasmus und Vitrier siehe A. GODIN, *op. cit.,* S. 24-45. – Erasmus dürfte Vitrier spätestens 1501 kennengelernt haben.

15. *EE,* Bd. 1, S. 341 Z. 1-17 (Nr. 144), Paris, 26. Januar 1501. – Erasmus hat hundert Exemplare der *Adagia* zum Verkauf nach England geschickt. Bis Ende 1504 haben sie ihm noch nichts eingebracht. Siehe hierzu *EE,* Bd. 1, S. 405, Z. 61-72 (Nr. 181), an John Colet, Paris, ungefähr im Dezember 1504.

16. *EE,* Bd. 1, S. 380, Z. 10-15 (Nr. 171), an Nikolaus Werner, Löwen, September 1502. – Wahrscheinlich ging es bei dem Angebot um einige Vorlesungen in Griechisch. – Siehe auch R. GIESE, »Erasmus' Knowledge of the Vernacular languages« in: *Romanic Review,* Bd. 28, S. 5, New York 1937. – Zu Erasmus' Studien in Löwen siehe *EE,* Bd. 1, S. 403, (Nr. 181), Einleitung.

17. Herausgegeben von O. HERDING, in: *ASD,* Bd. IV-1, S. 23-93, Amsterdam 1974. – Siehe auch V. DE CAPRARIIS, »Il Panegyricus di Erasmo a Filippo di Borgogna«, in: *Rivista storica Italiana,* Bd. 65, S. 199-211, Neapel 1953. – J. D. TRACY, *The Politics of Erasmus,* S. 17-22, Toronto 1978. – *EE,* Bd. 1, S. 397, Z. 39-43 (Nr. 179), an Nicolaus Ruistre, ungefähr im Februar 1504.

18. *ASD,* Bd. IV-1, S. 72, Z. 500-501.

19. *ASD,* Bd. IV-1, S. 56, Z. 935-947. – Daß Erasmus Frankreich nicht immer zugetan war, beweist seine *Prosopopeia Britanniae* von 1499. Siehe REEDIJK, *Poems,* S. 248 (Nr.45). – Die gleichen Gefühle kommen in seinem *In fugam Gallorum* von 1513 zum Ausdruck, das die französische Niederlage bei Guinegate behandelt. REEDIJK, *Poems,* S. 304, (Nr. 93).

20. *ADS,* Bd. IV-1, S. 75, Z. 596.

Kapitel VII: Einführung in das fromme Leben: Das *Handbüchlein eines christlichen Streiters*

1. Die Erstausgabe des *Enchiridion* erscheint in den *Lucubratiunculae,* Antwerpen 1503. – Text in H. HOLBORN, *Desiderius Erasmus Ausgewählte Werke,* S. 1-136, München 1933. – Übersetzung von W. WELZIG, *EAS,* Bd. I., Darmstadt 1968. – Siehe auch R. STUPPERICH, »Das Enchiridion des Erasmus…«, in: *Archiv für Reformationsgeschichte* Bd. 69, S. 5-23, Gütersloh 1978. – M.-M. DE LA GARANDERIE, *Christianisme et lettres profanes,* Bd. 1, S. 153f., Lille/Paris 1976. – BÉNÉ, *op. cit.,* S. 181f. – GODIN, *op. cit.,* S. 21f. – H. DE LUBAC, *Pic de la Mirandole,* S. 209f., S. 395f., Paris 1974. – Über die Religiosität des Erasmus: J.-P. MASSAUT, in: *Dictionnaire de spiritualité,* Bd. 7, Sp. 1006-

1028, Paris 1969. – Über die Zensierung des *Enchiridion* und anderer Bücher des Erasmus an der Sorbonne siehe F. HIGMAN, *Censorship and the Sorbonne (1520-1551)*, Genf 1979.

2. Im *Handbüchlein* kommt eine eher voluntaristische Haltung zum Ausdruck.

3. HOLBORN, *op. cit.*, S. 32, Z. 32.

4. HOLBORN, *op. cit.*, S. 63, Z. 10-64, Z. 26. Übers. *EAS*, Bd. I, S. 169-171 und S. 173. – Siehe auch *EE*, Bd. 11, S. 183, Z. 467-468 (Nr. 3032), an Johann Choler, Basel 1535.

5. HOLBORN, *op. cit.*, S. 29, Z. 23; S. 30, Z. 13-14; S. 67, Z. 5; S. 38, Z. 25-26; S. 83, Z. 25-85. Übers. *EAS*, Bd. I, S. 77/79, S. 101, S. 227/9, S. 225, S. 231. – E. W. KOHLS, *Die Theologie des Erasmus*, S. 78 und 102, Basel 1966.

6. HOLBORN, *op. cit.*, S. 87, Z. 2-3; S. 66, Z. 7-10; S. 74, Z. 25-27; S. 75, Z. 35-37; S. 74, Z. 33-34; S. 66, Z. 26-32. Übers. *EAS*, Bd. I, S. 235, S. 177, S. 205, S. 203, S. 179; *LB*, Bd. 5, Sp. 167 A-B *(Exomologesis)*. – L.-E. HALKIN, *Érasme pèlerin*, S. 239-258. – HALKIN, »La place des indulgences dans la pensée religieuse d'Érasme«, in: *Bulletin de la Société de l'histoire du protestantisme français*, Bd. 129, S. 143-154. – L. BOUYER, *Autour d'Érasme*, S. 149, Paris 1955. – Trotz unbestreitbarer Auswüchse kann von einem Verfall des Volksglaubens keine Rede sein. Vgl. B. MOELLER, »Frömmigkeit in Deutschland um 1500«, in: *Archiv für Reformationsgeschichte*, Bd. 56, S. 5-30, Gütersloh 1965. – Ohne der Volksfrömmigkeit im Mittelalter ihre wichtige Funktion absprechen zu wollen, drängen sich zwei Fragen auf: Die stattliche Anzahl von Kapellen könnte als Beweis für die Präsenz der Kirche angesehen werden; aber kann man daraus auch folgern, daß das Evangelium immer im korrekten Wortlaut gepredigt wurde? Spielten nicht die Heiligen in der Frömmigkeit oft eine größere Rolle als Jesus?

7. HOLBORN, *op. cit.*, S. 120, Z. 7-13. Übers. *EAS*, Bd. I, S. 329. – Die damals weit verbreitete Furcht vor dem Satan teilt Erasmus übrigens nicht.

8. *LB*, Bd. 9, Sp. 945 D-E *(Declarationes ad censuras)*. – HOLBORN, *op. cit.*, S. 146, Z. 6-12 *(Paraclesis)*. – *LB*, Bd. 7, Sp. 1046 C-E *(Paraphrasis in epistolas duas Pauli ad Timotheum)*.

9. So der vielzitierte Satz aus dem *Enchiridion:* »Monachatus non est pietas«. Vgl. HOLBORN, *op. cit.*, S. 135, Z. 8-9. Übers. *EAS*, Bd. I, S. 371.

10. HOLBORN, *op. cit.*, S. 76, Z. 29-35; S. 70, Z. 11-28; S. 26, Z. 27 bis S. 27, Z. 11. Übers. *EAS*, Bd. I, S. 207/209, S. 69, S. 71.

11. HOLBORN, *op. cit.*, S. 88, Z. 21-32. Übers. *EAS*, Bd. I, S. 239/41.

12. J. ÉTIENNE, *Spiritualisme érasmien et théologiens louvanistes*, S. 16, Löwen 1956. – M. BATAILLON, *op. cit.*, S. 211. – R. H. BAINTON, *Erasmus. Reformer zwischen den Fronten*, übers. v. E. Langerbeck, S. 67, Göttingen 1972.

13. G. MARC'HADOUR, *Thomas More ou la sage folie*, S. 21, Paris 1971.

14. Nach J. Dagens.

15. Die Formulierung stammt von P. Mesnard.

16. Ignatius von Loyola meinte später allerdings, das *Enchiridion* leiste der Frömmigkeit keinen Dienst. Vgl. M. ROTSAERT, »Les premiers contacts de saint Ignace avec l'érasmisme espagnol«, in: *Revue d'histoire de la spiritualité*, Bd. 9, S. 443-463, Paris 1973. – J.-C. OLIN, *Luther, Erasmus and the Reformation*, S. 114-133, New York 1969.

17. *EE*, Bd. 1, S. 404, Z. 30-31 (Nr. 181), Paris 1504; S. 406-412 (Nr. 182). Auszug übers. W. P. ECKERT, *op. cit.*, Bd. 1, S. 219. – Der Band erscheint bei Jodocus Badius. – CHOMARAT, »Les Annotations de Valla …«, im Sammelband *Histoire de l'exégèse au* XVIe *siècle*, S. 202-228, Genf 1978. – J. H. BENTLEY, »Lorenzo Valla and Erasmus …«, in: *Sixteenth century Journal*, Bd. 8, S. 9-27, Kirksville 1977.

18. CHOMARAT, *Grammaire et rhétorique*, Bd. 1, S. 321f.

Kapitel VIII: Italien und die Rückkehr zu den Quellen

1. Brief Übers. *ERB*, S. 191. – L.-E. HALKIN, »Érasme en Italie«, in: *Colloquia Erasmiana Turonensia*, Bd. 1, S. 38-53, Paris 1972. – Zu Erasmus' Italienaufenthalt siehe auch P. O. KRISTELLER, »Erasmus from an Italian perspective« in: *Renaissance Quarterly*, Bd. 23, S. 1-14, New York 1970. – E. GARIN, »Erasmo e l'Umanesimo italiano«, in: *Bibliothèque d'Humanisme et Renaissance*, Bd. 33, S. 7-17, Genf 1971. – S. SEIDEL MENCHI, »La cultura italiana di fronte a Erasmo«, in: *Eresia e Riforma nell'Italia del Cinquecento. Miscellanea*, Bd. 1, S. 71f., Florenz 1974. – M. P. GILMORE, »Italian reaction to Erasmian Humanism«, in: *Itinerarium Italicum* (Hrsg. H. A. OBERMAN und Th. A. BRADY), S. 61-115, Leiden 1975. – J. W. O'MALLEY, »Preaching for the popes«, in: *The pursuit of Holiness* (Hrsg. Ch. TRINKAUS und H. A. OBERMAN), S. 408-440, Leiden 1974. – W. J. KOSTER, »Een brief van Arsenius aan Erasmus«, in: *Hermeneus*, Bd. 11, S. 17-20, Zwolle 1939.
2. *EE*, Bd. 1, S. 433, Z. 2-3 (Nr. 203), an Servatius Roger, Bologna, 16. November 1506; S. 273, Z. 3-4 (Nr. 118), an Robert Fisher, 5. Dezember 1499. – CHOMARAT, *op. cit.*, Bd. 2, S. 840.
3. J.-Cl. MARGOLIN, »Le chant alpestre d'Érasme«, in: *Érasme dans son miroir et dans son sillage*, S. 37-79, London 1987. – D. F. S. THOMSON, *Erasmus as a poet*, S. 201-205.
4. L.-E. HALKIN, »Érasme docteur«, in: *Mélanges André Latreille*, S. 39-47, Lyon 1972.
5. *EE*, Bd. 1, S. 435, Z. 38-39 (Nr. 205), an Hieronymus Busleiden, Bologna, 17. November 1506.
6. Das scharfe Pamphlet *Julius vor der verschlossenen Himmelstür* wird 1518 ohne Nennung des Verfassers veröffentlicht, wahrscheinlich weil es sich Erasmus mit Leo X., dem Nachfolger Julius' II. nicht verderben will. Ausgabe W. K. FERGUSON, *Erasmi opuscula*, S. 65-124, Den Haag 1933; Übers. *EAS*, Bd. V.
7. Siehe hierzu die bereits erwähnte kritische Ausgabe der *Adagia*. Zum Sprichwort »Der Mensch ist eine Wasserblase«, das auf Epikur zurückkeht, siehe H.-D. SAFFREY, »Homo bulla«, in: *Epectasis. Mélanges Daniélou*, S. 533-544, Paris 1972. – Über die griechischen Gelehrten in Venedig und ihre Beziehungen zu Erasmus siehe D. J. GEANAKOPLOS, *Greek scholars in Venice*, S. 256-278, Cambridge (Mass.) 1962.
8. *ASD*, Bd. I-1, S. 637-639, (*Ciceronianus*). – J. W. O'MALLEY, »Preaching for the Popes«, S. 408-430, meint, man dürfe Erasmus' hartes Urteil nicht verallgemeinern. – J. GUALDO ROSA, »Ciceroniano o cristiano? A proposito di Tommaso Fedra Inghirami«, in: *Humanistica Lovaniensia*, Bd. 34, S. 52-64, Löwen 1985.
9. *EE*, Bd. 11, S. 182, Z. 417-433 (Nr. 3032), an Johann Choler, ungefähr August 1535.
10. *ASD*, Bd. II-6, S. 184, Z. 490 (*Adagia*).
11. *EE*, Bd. 1, S. 37, Z. 7-12 (Nr. I). – Die beiden nicht erhaltenen Texte waren ein Beispiel für die Rede »in genere suasorio«, von der Erasmus weitere verfaßt hat.
12. *EE*, Bd. 6, S. 45, Z. 21-26 (Nr. 1558), an Pirckheimer 1525; Bd. 7, S. 431, Z. 54-57 (Nr. 2018), an Alfonso Valdes 1528.
13. *EE*, Bd. 9, S. 206-207, Z. 10-35 (Nr. 2465), An Augustin Steuchus, 27. März 1531. – Kein einziger Brief aus Rom ist erhalten! – Siehe G. J. HOOGEWERFF, »Erasmus te Rom«, in: *De Gids*, Bd. 2, S. 22-30, Amsterdam 1959.
14. *EE*, Bd. 2, S. 74, Z. 34-38 (Nr. 334), an Kardinal Grimani 1515. – Siehe auch *EE*, Bd. 2, S. 486, Z. 48-50 (Nr. 540), an Wilhelm Latimer 1517; Bd. 8, S. 264, Z. 30-31 (Nr. 2209), an Carolus Utenhove 1529; Bd. 11, S. 177, Z. 210-232 (Nr. 3032), an Johann Choler 1535.

Kapitel IX: Ein religiöses Pamphlet: *Das Lob der Torheit*

1. Der griechisch-lateinische Titel *Encomium Moriae* beruht auf einem Wortspiel mit dem Namen »Morus« und dem Begriff »Moria«, Torheit. – Die erste bekannte Ausgabe des *Lobs der Torheit* wird

1511 in Paris bei Gilles de Gourmont gedruckt. – Kritische Ausabe von Cl. H. MILLER, in: *ASD,* Bd. IV-3, S. 71-195; Übers. *EAS,* Bd. II. – Ich weise nur auf einige der zahlreichen Veröffentlichungen zu dem Werk hin: S. DRESDEN, »Sagesse et folie d'après Érasme«, in: *Colloquia Erasmiana Turonensia,* Bd. 1, S. 285-299, Paris 1972; M. A. SCREECH, *Ecstasy and the Praise of Folly,* London 1980; J.-Cl. MARGOLIN, »Parodie et Paradoxe dans l'Éloge de la Folie«, in: *Érasme, le prix des mots et de l'homme,* Nr. V, S. 27-57; D. G. WATSON, »Erasmus' Praise of Folly and the Spirit of Carnival«, in: *Renaissance Quarterly,* Bd. 32, S. 333-353, New York 1979; Z. PAVLOVSKIS, *The Praise of Folly. Structure and Irony,* Leiden 1983; L.-E. HALKIN, Un Pamphlet religieux aux XVIe (im Druck).

2. Screech verweist darauf, daß Erasmus die Ausgabe von 1514 um zahlreiche Passagen erweitert hat, die noch stärker den religiösen Charakter des Werkes unterstreichen. Im übrigen zeigt sein letzter Herausgeber Miller in seinen kritischen Anmerkungen, daß Erasmus die verschrobenen Verhaltensweisen, die er im *Lob der Torheit* anprangert, nicht erfunden hat. Tatsächlich hat er davon gelesen oder gehört.

3. *ASD,* Bd. IV-3, S. 67-70, Z. 1-25, 42-67; Übers. *EAS,* Bd. II, S. 3-7.

4. *ASD,* Bd. IV-3, S. 72, Z. 23-29; S. 74, Z. 62-73; Übers. *EAS,* Bd. II, S. 11 und 13.

5. *ASD,* Bd. IV-3, S. 172-174, Z. 788-797, 802-811; Übers. *EAS,* Bd. II, S. 165-169.

6. *ASD,* Bd. IV-3, S. 168, Z. 675-686; Übers. *EAS,* Bd. 1, S. 157-159.

7. *ASD,* Bd. IV-3, S. 144-146, Z. 361-375, 381-389; S. 148-150, Z. 408-423; S. 185-186, Z. 48-56; Übers. *EAS,* Bd. II, S. 129, 131-135, 191-193. – Das Pauluszitat stammt aus Tit. 3,10.

8. *ASD,* Bd. IV-3, S. 158-160, Z. 524-537; Übers. *EAS,* Bd. II, S. 143-145.

9. *ASD,* Bd. IV-3, S. 140-142, Z. 304-312; Übers. *EAS,* Bd. II, S. 149-151, 155-157, 123.

10. *ASD,* Bd. IV-3, S. 96, Z. 464-471; Übers. *EAS,* Bd. II, S. 51.

11. *ASD,* Bd. IV-3, S. 122, Z. 961-969; Übers. *EAS,* Bd. II, S. 93-95.

12. *ASD,* Bd. IV-3, S. 122-124, Z. 970-973; Übers. *EAS,* Bd. II, S. 95.

13. *ASD,* Bd. IV-3, S. 126, Z. 23-27; Übers. *EAS,* Bd. II, S. 99.

14. *ASD,* Bd. IV-3, S. 189-193, Z. 141-143, 159-181, 226-257; Übers. *EAS,* Bd. II, S. 201-203, 207-211. – Der Prophet ist Jesaja (64,4). – Die »göttliche Torheit« könnte Erasmus Marsilio Ficino entlehnt haben; siehe P. O. KRISTELLER, »Erasmus from an Italian Perspective«, in: *Renaissance Quarterly,* Bd. 23, S. 11, New York 1970. – M. A. SCREECH, »L'*Éloge de la Folie* et les études bibliques d'Érasme«, in: *Réforme et Humanisme,* Actes du IVe Colloque, S. 149-165, Montpellier 1977.

15. G. CHANTRAINE, *Mystère et philosophie du Christ selon Érasme,* S. 212-213, Namur 1971.

16. Erasmus kennt vielleicht Olivier Maillard; vgl. J. CHOMARAT, *Grammaire et rhétorique chez Érasme,* Bd. 1, S. 132, Paris 1981.

17. 1. Kor. 1,18 und 26; 3,18 und 19. – Siehe *ASD,* Bd. IV-3, S. 186-188, Z. 67-140. – Nicht anders der Verfasser der *Imitatio Christi* (I, XVII, 2): »Ein Tor mußt Du werden für Gott«; ähnliches bei Luther: »Wer gerettet werden will, der sei ein Tor«. Vgl. LIENHARD, *Martin Luther,* S. 339, 1983. – Schon im *Enchiridion* wendet sich Erasmus gegen die »sapientia carnis quae inimica est Deo«. Vgl. H. HOLBORN, *Erasmus ausgewählte Werke,* S. 78, Z. 33-34, München 1933.

18. Die bei Froben verlegte Ausgabe von 1515 erschien in 1800 Exemplaren. Schon am 17. April 1515 sind bis auf 60 Stück alle verkauft. Siehe hierzu *EE,* Bd. 2, S. 64, Z. 47-48 (Nr. 328).

19. G. MARC'HADOUR, *Thomas More ou la sage Folie,* S. 28.

20. *ASD,* Bd. IV-3, S. 178, Z. 907-910.

21. *EE,* Bd. 2, S. 93, Z. 91-92 (Nr. 337). – *ASD,* Bd. IV-3, S. 193, Z. 257. Siehe auch S. 190, Z. 158: »Habt keine Furcht vor den Worten. Denkt lieber an die Wirklichkeit.«

22. *EE,* Bd. 2, S. 103, Z. 468-469 (Nr. 337). – Zu den verschiedenen Interpretationen zum *Lob der Torheit* siehe J. HUIZINGA, *Erasmus,* dt. von Werner Kaegi, S. 83-95; – R. H. BAINTON, *Erasmus. Reformer zwischen den Fronten,* dt. von E. Langerbeck, S. 91-98. – J. CHOMARAT, op. cit., S. 970-1001. – Paul Volz verfaßt 1515 eine Lobrede auf *Das Lob der Torheit,* in: *EE,* Bd. 2, S. 159, Z. 1-10 (Nr. 368).

Kapitel X: Vom *Reichtum der Wörter*
zur *Erziehung des christlichen Fürsten*

1. *EE*, Bd. 1, S. 518, Z. 6-9 (Nr. 265), 1512.

2. *EE*, Bd. 2, S. 38, Z. 11-18 (Nr. 315), 1514. – Y. CHARLIER, *Érasme et l'Amitié*, S. 240.

3. *EE*, Bd. 1, S. 552-553, Z. 21-59 (Nr. 288), 1514; Auszug Übers. *ERB*, S. 97.

4. *EE*, Bd. 1, S. 565, Z. 12-22 (Nr. 296), 1514. – Erasmus hat den Brief nie veröffentlicht, aber er war schon 1515 heimlich gedruckt im Umlauf. Siehe L.-E. HALKIN, *Erasmus ex Erasmo*, S. 78, Anm. 46.

5. *EE*, Bd. 2, S. 6, Z. 14-32 (Nr. 301), an Mountjoy, Basel, 30. August 1514. – Die versprochene *Paraphrase* erscheint 1517. Erasmus' Verehrung des heiligen Paulus kommt darin wortreich zum Ausdruck: *EE*, Bd. 3, S. 138-139, Z. 49-87 (Nr. 710), Vorwort.

6. M. MANN PHILLIPS, *The Adages of Erasmus*, Cambridge 1964.

7. *ASD*, Bd. II-5, S. 160f., (Hrsg. S. SEIDEL MENCHI). – Den *Silen* verdankt Erasmus Pico. Vgl. H. DE LUBAC, *Pic de la Mirandole*, S. 24, Paris 1974.

8. S. SEIDEL MENCHI, *Erasmo, Adagia. Sei Saggi politici*, S. 196-285, Turin 1980. – Vgl. J. MULRYAN, »Erasmus and War«, in: *Moreana*, Bd. 23, S. 15-28, Angers 1986. – Die Erfahrungen mit Julius II. haben Erasmus zum Pazifisten gemacht. Vgl. M. MANN PHILLIPS, *op. cit.*, S. 308. – Erasmus entwikkelt die Gedankengänge aus der *Erziehung des christlichen Fürsten* weiter: *ASD*, Bd. IV-5, S. 213, Z. 460-462. – Zu dem gesamten Themenkomplex siehe meine Studie »Érasme, la guerre et la paix«, in: *Krieg und Frieden im Horizont des Renaissancehumanismus*, S. 13-44, Weinheim 1986.

9. SEIDEL MENCHI, *op. cit.*, S. 222; Übers. *Erasmus von Rotterdam. Süß scheint der Krieg den Unerfahrenen*, übersetzt, kommentiert und herausgegeben von B. HANNEMANN, München 1987, S.51-52

10. SEIDEL MENCHI, *op. cit.*, S. 254-256; Übers. HANNEMANN, *op. cit.*, S. 70.

11. SEIDEL MENCHI, *op. cit.*, S. 228, 242, 252; Übers. HANNEMANN, *op. cit.*, S. 63, 56.

12. SEIDEL MENCHI, *op. cit.*, S. 266-274; Übers. HANNEMANN, *op. cit.*, S. 76-77, 79-81.

13. SEIDEL MENCHI, *op. cit.*, S. 2-27.

14. SEIDEL MENCHI, *op. cit.*, S. 120-195.

15. *LB*, Bd. 2, Sp. 637 D.

16. SEIDEL MENCHI, *op. cit.*, S. 40-59.

17. *EE*, Bd. 2, S. 82, Z. 76-77, S. 83, Z. 109-110, 133 (Nr. 335); Auszug Übers. *ERB*, S. 122.

18. *EE*, Bd. 2, S. 189-192, (Nr. 386).

19. *EE*, Bd. 2, S. 93, Z. 86-94 (Nr. 337). – Zu den Beziehungen zwischen Dorp und Erasmus siehe O. HENDRIX, *Erasmus en Leuven*, Bussum 1946.

20. HALKIN, *Erasmus ex Erasmo*, S. 27.

21. *EE*, Bd. 2, S. 154, Z. 22-30 (Nr. 364), 1515.

22. So übersetze ich mehr schlecht als recht den lateinischen Titel *Lucubrationes*.

23. *ASD*, Bd. V-2, S. 30-80, Hrsg. A. GODIN. – Zu den verschiedenen Psalmenkommentaren siehe BÉNÉ, *ASD*, Bd. V-2, Einführung. – CHOMARAT, *op. cit.*, Bd. 1, S. 665-710.

24. *ASD*, Bd. IV-1, S. 136-219, Hrsg. O. HERDING.

25. Im Vorwort zur Ausgabe des Neuen Testamentes nennt Erasmus Karl »princeps Burgundionum«. Vgl. L.-E. HALKIN, »Érasme entre François Ier et Charles Quint«, in: *Bulletin de l'Institut historique belge de Rome*, Bd. 44, S. 309, Brüssel-Rom 1974. – Siehe auch PASQUIER DE LA BARRE, *Journal d'un bourgeois de Tournai* (Hrsg. G. MOREAU), S. 193, Brüssel 1975.

26. *EE*, Bd. 2, S. 206, Z. 41-49 (Nr. 393), ungefähr März 1516; Übers. ECKERT, *op. cit.*, Bd. I, S. 169. – Erasmus scheut sich nicht, Alexander als den »Helden des internationalen Banditentums« zu bezeichen. Vgl. *EE*, Bd. 3, S. 129, Z. 24-25 (Nr. 704), 4. November 1517.

27. *ASD*, Bd. IV-1, S. 163, Z. 845-848.

28. Erstaunlicherweise zitieren sich Machiavelli und Erasmus nie gegenseitig. Vgl. TELLE, *op. cit.*, S. 43.

– Zu den Bezügen zwischen der *Erziehung des christlichen Fürsten* und der *Utopia* von Morus siehe HERDING, *ASD*, Bd. IV-1, S. 129, Anm. 103.

29. *ASD*, Bd. IV-1, S. 180, Z. 460-462; Übers. *EAS*, Bd. V, S. 245.

30. *ASD*, Bd. IV-1, S. 219, Z. 643-648; Übers. *EAS*, Bd. V, S. 355f.

Kapitel XI: Das *Neue Testament*

1. *Erasmus Roterodamus. Novum instrumentum,* Nachdruck der Basler Ausgabe von 1516 mit einer Einführung und kritischen Anmerkungen von Heinz HOLECZEK, Stuttgart 1983. – H. GIBAUD, *Un inédit d'Érasme. La première version du Nouveau Testament copiée par Pierre Meghen (1506-1509)*, Angers 1982. – A. RABIL, *Erasmus and the New Testament,* San Antonio 1972. – H. J. DE JONGE, »Novum Testamentum a nobis versum. The Essence of Erasmus' Edition«, in: *Journal of Theological Studies*, Bd. 35, S. 394-413, Oxford 1984. – Zu den Anmerkungen siehe CHOMARAT, *op. cit.*, Bd. 1, S. 541-586. – GODIN, *op. cit.*, S. 127-131. – A. REEVE, *Erasmus' Annotations on the New Testament. The Gospels*, London 1986. – Siehe auch J. H. BENTLEY, *Humanists and Holy Writ*, Princeton 1983. – J. ALDRIDGE, *The Hermeneutic of Erasmus*, Richmond 1966. – A. BROWN, »The Date of Erasmus' Latin Translation of the New Testament«, in: *Transactions of the Cambridge Bibliographical Society*, Bd. 8, S. 351-380, Cambridge 1984. – E. W. KOHLS, *Die Theologie des Erasmus*, Bd. 1, S. 126-143, Bd. 2, S. 116-118.

2. Erasmus benutzt ein Manuskript der Apokalypse, das er sich von Reuchlin ausgeliehen hat. Er schätzt es als sehr alt ein, als könnte es sogar aus der Zeit der Apostel stammen. Moderne Forscher nehmen als Entstehungszeit dagegen das 12. Jahrhundert an. Vgl. *EE*, Bd. 2, S. 165, (Nr. 373), Einführung.

3. M. O'R. BOYLE, *Erasmus on Language and Method in Theology*, S. 3-31, Toronto 1977. – G. MARC'HADOUR, Thomas More et la Bible, S. 124-136. – CHOMARAT, *op. cit.*, Bd. 1, S. 41.

4. Man konnte ihm ein solches Manuskript tatsächlich vorweisen. Erasmus fügte sich, während spätere Gelehrte dann doch wieder seine Korrektur übernahmen. Vgl. J. H. BENTLEY, »Erasmus, Jean Le Clerc and the Principle of the Harder Reading«, in: *Renaissance Quarterly*, Bd. 31, S. 314f., New York 1978.

5. *LB*, Bd. 6, Sp. 1024 F. – Das Trientiner Konzil hält bekanntlich daran fest, daß Paulus der Verfasser der Epistel ist.

6. Siehe Anmerkung 17 zu Kapitel XII.

7. *LB*, Bd. 6, Sp. 30 C. – REEVE, *op. cit.*, S. 30. – Erasmus weist in seiner Anmerkung allerdings darauf hin, daß der zweite Teil des Verses (»sondern, wenn Dir jemand einen Streich gibt auf Deine rechte Backe, dem biete die andere auch dar«) nicht wörtlich zu nehmen sei. Zwar werde unerschöpfliche Geduld von einem Christen verlangt, aber das bedeute nicht, daß jedes Unrecht geduldet werden müsse.

8. *EE*, Bd. 2, S. 170, Z. 175-180 (Nr. 373), Vorwort zur Ausgabe von 1515. – Calvin vertritt später in seiner Abhandlung *Traité des reliques* die gleiche Auffassung.

9. *LB*, Bd. 6, Sp. 118 E. – Siehe auch *LB*, Bd. 9, Sp. 1161 C-F *(Responsio ad Albertum Pium)*.

10. HOLBORN, *op. cit.*, S. 159 *(Methodus)*.

11. P. MESNARD, »La Paraclesis d'Érasme«, in: *Bibliothèque d'Humanisme et Renaissance*, Bd. 13, S. 7-42, Genf 1951; Übers. *EAS*, Bd. III, S. 29, 15. – Als Ergänzung zu dieser Lehre siehe einen Brief über die Philosophie des Evangeliums: *LB*, Bd. 6, f⁰ X 4⁰. – Siehe auch S. CAVAZZA, »Erasmo e la philosophia Christi«, in: *Ragione e Civilitas*, Hrsg. D. BIGALLI, S. 47-58, Mailand 1986.

12. HOLBORN, *op. cit.*, S. 173, Z. 30-31; S. 115, Z. 1-3.

13. SEIDEL MENCHI, *op. cit.*, S. 274, Z. 1213-1214; Übers. HANNEMANN, *op. cit.*, S. 80. – Vgl. R. H. BAINTON, »Erasmus and the persecuted«, in: *Scrinium Erasmianum*, Bd. 2, S. 197-202, Leiden 1969.

14. C. LABEYE, *Érasme et les ordres mendiants,* unveröffentlichte Abhandlung, Universität Lüttich

1979.

15. *EE*, Bd. 3, S. 225, Z. 149-152 (Nr. 778), an Guillaume Budé, Löwen, 22. Februar 1518. – Zu der Angelegenheit und ihren Auswirkungen siehe J.-P. MASSAUT, *Critique et Tradition*, S. 61-66, Paris 1974. – M. MANN, *Érasme et les débuts de la Réforme française*, S. 24.

16. *EE*, Bd. 2, S. 258, Z. 47 (Nr. 423). – Siehe auch Erasmus' Brief an Fisher: Bd. 2, S. 244 (Nr. 413).

17. *EE*, Bd. 2, S. 325, Z. 130-135 (Nr. 456), an Heinrich Bullock, 22. August 1516.

18. Siehe hierzu E. W. KOHLS, *Die Theologie des Erasmus*, Basel 1966. – R. PADBERG, *Erasmus als Katechet*, S. 115-116, Freiburg i. Br. 1959. – L. BOUYER, *Autour d'Érasme*, Paris 1955. – J.-P. MASSAUT, »Humanisme et spiritualité chez Érasme«, in: *Dictionnaire de spiritualité*, Bd. 7, Sp. 518-539, Paris 1969. – G. CHANTRAINE, *op. cit.*, S. 370. – M. HOFFMANN, *Erkenntnis und Verwirklichunng der wahren Theologie nach Erasmus*, S. 100 und 227, Tübingen 1971.

19. CHANTRAINE, *op. cit.*,263. – Siehe auch *LB*, Bd. 7, Sp. 23 A-27 B *(Paraphrasis in Matthaeum)*.

20. *EE*, Bd. 2, S. 354, Z. 15 (Nr. 474), Antwerpen, 2. Oktober 1516.

21. *EE*, Bd. 2, S. 357, Z. 23-24 (Nr. 476), an Peter Gilles, Brüssel, 6. Oktober 1516.

22. *Epistolae aliquot illustrium virorum ad Erasmum Roterodamum et huius ad illos.*

23. *EE*, Bd. 2, S. 255-256, Z. 136-144 (Nr. 421), Antwerpen, um den 19. Juni 1516.

24. M.-M. DE LA GARANDERIE, *La Correspondance d'Érasme et de Guillaume Budé*, S. 57, 60, 67, 82, Paris 1967.

25. *EE*, Bd. 2, S. 290, Z. 53-59 (Nr. 446), London, 9. August 1516.

26. *EE*, Bd. 2, S. 355, Z. 14 (Nr. 475), 6. Oktober 1516; S. 423, Z. 8-16 (Nr. 503), an Ammonius, 29. Dezember 1516.

27. *EE*, Bd. 2, S. 357, Z. 37-71 (Nr. 476), Brüssel, 6. Oktober 1516.

Kapitel XII: Das Goldene Zeitalter

1. P. G. BIETENHOLZ, *History and Biography ... of Erasmus*, S. 31-34, Genf 1966. – Die drei oben zitierten Briefe: *EE*, Bd. 2, S. 487, Z. 8-9 (Nr. 541); S. 492, Z. 1-6 (Nr. 542); S. 527, Z. 33-40 (Nr. 566).

2. *EE*, Bd. 2, S. 433-438, (Nr. 517-519). – Zur Pfründe von Courtrai: G. LAWARRÉE, *Érasme et l'Argent*, S. 248, unveröffentlichte Abhandlung, Universität Lüttich 1973.

3. *LB*, Bd. 10, Sp. 1662 B-C *(Spongia)*. – *ASD*, Bd. IV-2, S. 80, Z. 445 *(Querela)*. – *EE*, Bd. 8, S. 392, Z. 55-57 (Nr. 2291), 1530.

4. M.-M. DE LA GARANDERIE, *op. cit.*, S. 259.

5. *ASD*, Bd. I-2, S. 49, Z. 18-19 *(De pueris)*, Hrsg. J.-Cl. MARGOLIN. – *EE*, Bd. 7, S. 543, Z. 13-20 (Nr. 2079), 1528. Der Brief bildet eine anschauliche Ergänzung zu dem kleinen Dialog in den *Colloquia* zwischen Claudius und Balbus über die nach Erasmus' Meinung fehlerhafte Aussprache des Lateinischen durch die Franzosen (*ASD*, Bd. I-3, S. 137). Das Erlernen des Französischen hat Erasmus sicher einige Mühe bereitet. Im Jahre 1500 spricht er mit Anna Borsselen van Veere noch, wie er sagt, »in schlechtem Französisch«. Vgl. *EE*, Bd. 1, S. 287, Z. 50, an Jakob Batt. – Ein Brief aus dem Jahre 1517 oder 1519 zeigt dagegen, daß er Französisch auch in Feinheiten beherrscht. *EE*, Bd. 3, S. 83, Z. 6-8 (Nr. 660).

6. L.-E. HALKIN, »Érasme et les langues«, in: *Révue des langues vivantes*, Bd. 25, S. 576-577, Brüssel 1969. – *EE*, Bd. 7, S. 543, Z. 13-20 (Nr. 2079), 1528.

7. M.-M. DE LA GARANDERIE, *op. cit.*, S. 98f.

8. H. DE VOCHT, *The Foundation and the Rise of the Collegium Trilingue Lovaniense*, Bd. 1, S. 60, Löwen 1951.

9. 1523 wiederholt Franz I. sein Angebot, auch diesmal ohne Erfolg. Siehe *EE*, Bd. 5, S. 307, Z. 8-9 (Nr. 1375).

10. *ASD*, Bd. IV-2, S. 59-100, Hrsg. O. HERDING.

11. *EE*, Bd. 2, S. 476, Z. 6-12 (Nr. 533).

12. Im Jahre 1501 wird der zukünftige Karl V. mit Claude, einer Tochter Ludwigs XII., verlobt, im Jahre 1504 mit Maria von England. 1513 heiratet Ludwig XII. Maria von England. 1515 wird eine Heirat zwischen Karl und Renée, einer anderen Tochter Ludwigs XII., geplant. 1526 heiratet Karl schließlich Isabella von Portugal. Vgl. É. V. TELLE, »Érasme et les mariages dynastiques«, in: *Bibliothèque d'Humanisme et Renaissance*, Bd. 12, S. 7-13, Genf 1950. – TRACY, *op. cit.*, S. 90f.

13. *ASD*, Bd. IV-2, S. 92, Z. 706-708; Übers. *EAS*, Bd. V, S. 431.

14. Das *Vaterunser* des Soldaten: S. 84, Z. 540-550; Übers. *EAS*, Bd. V, S. 413/415.

15. *ASD*, Bd. IV-2, S. 98, Z. 872-888; Übers. *EAS*, Bd. V, S. 447.

16. *EE*, Bd. 3, S. 164, Z. 24-25, 42-50 (Nr. 734), an Capito, 1517.

17. A. MOTTE, *Le Christ dans les Paraphrases d'Érasme sur les Évangiles*, unveröffentlichte Abhandlung, Universität Lüttich 1985.

18. Einzelheiten zum Verhältnis der beiden siehe L.-E. HALKIN, »Érasme de Rotterdam et Érard de la Marck«, in: *Hommages à la Wallonie*, S. 237-252, Brüssel 1981.

19. Zu dieser unglücklichen Reise siehe H. GIBAUD, »Les tribulations d'Érasme, de Bâle à Louvain«, in: *La correspondance d'Érasme et l'épistolographie humaniste*, S. 25-36, Brüssel 1985.

20. *Auctarium selectarum aliquot epistolarum Erasmi Roterodami ad eruditos*, Basel 1518.

21. *LB*, Bd. 10, Sp. 1662 B-C *(Spongia)*.

22. Vgl. HALKIN, *Erasmus ex Erasmo*, S. 45, 48. – BIETENHOLZ, »Érasme et le public allemand«, in: *L'Humanisme allemand*, S. 81-98, Paris 1979.

23. *EE*, Bd. 2, S. 369, Z. 238-239 (Nr. 480), 1516.

24. *EE*, Bd. 2, S. 429, Z. 11-15 (Nr. 512).

25. *EE*, Bd. 3, S. 10, Z. 32-33 (Nr. 600).

Kapitel XIII: Von Löwen nach Antwerpen über Basel und Köln

1. M. A. NAUWELAERTS, Érasme à Louvain«, in: *Scrinium Erasmianum*, Bd. 1, S. 3-24, Leiden 1969.

2. H. DE VOCHT, *History of the Fondation and the Rise of the Collegium Trilingue Lovaniense*, 4 Bde., Löwen 1951-1955. – *EE*, Bd. 2, S. 463, Z. 147 (Nr. 531), an Budé, Antwerpen 1517.

3. Ausgabe von J.-Cl. MARGOLIN, in: *ASD*, Bd. I-5, S. 385-416. – Der Text wird in veränderter Form in der Schrift *De conscribendis epistolis* (1522) aufgenommen: *ASD*, Bd. I-2, S. 400-429. – Die französische Übersetzung des *Encomium matrimonii* von Berquin wird 1525 von der Sorbonne verurteilt. Vgl. E. V. TELLE, *Érasme et le septième sacrement*, Genf 1954. – Siehe auch TELLE, *Le chevalier de Berquin. Déclamation des louenges de mariage (1525)*, S. 153ff., kommentierte Ausgabe, Genf 1976. – PAYNE, *op. cit.*, S. 109-125. – Fr. FOCCROULLE, *Érasme et l'ideal du mariage*, unveröffentlichte Abhandlung, Universität Lüttich 1986.

4. *ASD*, Bd. I-5, S. 402, Z. 217-218.

5. *ASD*, Bd. I-2, S. 418, Z. 3-10. – Der Text ist mit einem Zusatz aus dem Jahre 1522 versehen. – Vgl. L.-E. HALKIN, »Érasme et le célibat sacerdotal«, in: *Revue d'histoire et de philosophie religieuses*, Bd. 57, S. 497-511, Straßburg 1977. – REEVE, *op. cit.*, S. 53-54.

6. *EE*, Bd. 3, S. 240-241, Z. 23-24 (Nr. 786), an John Colet.

7. *EE*, Bd. 3, S. 287, (Nr. 818).

8. *EE*, Bd. 3, S. 363, Z. 39-42 (Nr. 858); Übers. *EAS*, Bd. I, S. 5. – Siehe CHANTRAINE, *Mystère* … ,S. 99.

9. *EE*, Bd. 3, S. 362, Z. 4-5 (Nr. 858).

10. *EE*, Bd. 3, S. 373, Z. 420-436 (Nr. 858); Übers. *EAS*, Bd. I, S. 37-39. – Das Thema liegt Erasmus so sehr am Herzen, daß er im Jahre 1527 noch einmal darauf zurückkommt. Er erklärt, es sei ebenso abscheulich, in einer Predigt seinen Nächsten zu verleumden, wie mit der Eucharistie Gift zu verabreichen: *EE*, Bd. 7, S. 210, Z. 292-294, (Nr. 1891), an Johann Gacy.

11. Der Band wird mehrfach neu aufgelegt.

12. H. GIBAUD, *loc. cit.*

13. Diese zweite Ausgabe des *Novum Testamentum* erscheint Anfang 1519 in Basel. – Die Schrift *Ratio seu methodus compendio perveniendi ad veram theologiam* ist abgedruckt bei HOLBORN, *op. cit.*, S. 177-305. – Die folgenden Ausführungen stützen sich auf den Kommentar von G. CHANTRAINE, *op. cit.*, S. 155-210. – Einen Entwurf der Schrift hat Erasmus unter dem Titel *Methodus* mit der ersten Ausgabe des *Novum Testamentum* (1516) herausgegeben: HOLBORN, *op. cit.*, S. 150.

14. *ASD*, Bd. I-3, S. 751, Z. 379-380 (Colloquia). Erasmus' Werk ist für die Reform der Theologie von zentraler Bedeutung. Siehe R. GUELLUY, »L'évolution des méthodes théologiques«, in: *Revue d'histoire ecclésiastique*, Bd. 37, S. 31, Löwen 1941.

15. *LB*, Bd. 6, Sp. 934 C.

16. *Familiarium colloquiorum formulae.* – Der schmale, immer wieder überarbeitete und erweiterte Band wird gewöhnlich unter dem Titel *Colloquia* zitiert. – Ausgabe von L.-E. HALKIN, F. BIERLAIRE und R. HOVEN, in: *ASD*, Bd. I-3, S. 29-714.

17. Über die Entstehungsgeschichte dieser Ausgaben siehe F. BIERLAIRE, *Érasme et ses colloques. Le livre d'une vie*, Genf 1977. – E. GUTMANN, *Die colloquia familiaria des Erasmus*, Basel 1968.

18. G. CHANTRAINE, »L'Apologia ad Latomum«, in: *Scrinium Erasmianum*, Bd. 2, S. 51-75. – Der Text der *Apologia* in: *LB*, Bd. 9, Sp. 79-104. – Siehe auch J. ÉTIENNE, *Spiritualisme érasmien et théologiens louvanistes*, S. 163ff., Löwen 1956.

19. *Apologia pro declamatione de laude matrimonii*, in: *LB*, Bd. 9, Sp. 105-112.

20. *EE*, Bd. 3, S. 544, Z. 110-133 (Nr. 948), an Petrus Mosellanus, 1519.

21. Die Sammlung erscheint bei Froben in Basel.

22. P. G. BIETENHOLZ, »Érasme et le public allemand«, in: *L'humanisme allemand*, S. 79-86, Paris 1979.

23. Ich folge hier der Studie von P. DE VOOGHT, »Un épisode peu connu de la vie d'Érasme: sa rencontre avec les hussites bohèmes en 1519-1521«, in: *Irenikon*, Bd. 47, S. 27-47, Chevetogne 1974. – Der Brief an Slechta: *EE*, Bd. 4, S. 118, Z. 228-238 (Nr. 1039).

Kapitel XIV: Auseinandersetzungen in Löwen und Erholung in Anderlecht

1. *EE*, Bd. 5, S. 64, Z. 38-49 (Nr. 1284), an Nicolas Bérauld, Basel, 25. Mai 1522; Übers. in: *EAS*, Bd. VIII, S. 5/7. – Zur Devise »Plus ultra« siehe *EE*, Bd. 5, S. 434, Z. 108-111 (Nr. 1437), 1530.

2. *EE*, Bd. 4, S. 233, Z. 4-9 (Nr. 1089), Löwen, 9. April 1520. – Chr. CHARLIER, *Érasme et Lee*, unveröffentlichte Abhandlung, Universität Lüttich 1980.

3. *EE*, Bd. 4, S. 325, Z. 19-30 (Nr. 1132), Löwen, 7. August 1520. – Siehe auch *EE*, Bd. 3, S. 1, (Nr. 6).

4. *EE*, Bd. 4, S. 378, Z. 14-34 (Nr. 1159), 13. November 1520.

5. *EE*, Bd. 4, S. 388, Z. 171-184 (Nr. 1162), ungefähr November 1520. – »Unsere Magister« ist der Titel der Theologieprofessoren.

6. Vgl. S. 121.

7. *EE*, Bd. 5, S. 7, Z. 113-116 (Nr. 1255); Bd. 8, S. 108, Z. 89-91 (Nr. 2133); Bd. 10, S. 19, Z. 38-39 (Nr. 2645).

8. CHANTRAINE, *op. cit.*, S. 301f. – G. KISCH, *Erasmus' Stellung zu Juden und Judentum*, Basel 1969. – C. AUGUSTIJN, »Erasmus und die Juden«, in: *Nederlands Archief voor Kerkgeschiedenis*, Bd. 60, S. 22-38, Leiden 1980. – S. MARKISH, *Érasme et les juifs*, Lausanne 1979. – A. GODIN, »L'antijudaïsm d'Érasme«, in: *Bibliothèque d'Humanisme et Renaissance*, Bd. 47, S. 537-553, Genf 1985.

9. *EE*, Bd. 4, S. 46, Z. 139-143 (Nr. 1006), Antwerpen, 11. August 1519. – Im folgenden beziehe ich mich auf den Kommentar von J. CHOMARAT, *op. cit.*, Bd. 2, S. 1147. Für den Talmud, die Kabbala und dergleichen hat Erasmus wenig übrig. Vgl. *EE*, Bd. 3, S. 253, Z. 20-23 (Nr. 798), an Capito, 1518.

10. *ASD*, Bd. IX-1, S. 74, Z. 245-246 *(Scholia)*, Hrsg. C. AUGUSTIJN.

11. *EE*, Bd. 4, S. 47-48, Z. 171-202. – Siehe auch HOLBORN, *op. cit.*, S. 207-208 *(Ratio)*.

12. *EE*, Bd. 4, S. 463-464, Z. 8-20 (Nr. 1198), Löwen, ungefähr März 1521.

13. *EE,* Bd. 4, S. 407, Z. 40-42 (Nr. 1205), Antwerpen, 24. Mai 1521. – Vgl. F. BIERLAIRE, *La Familia d'Érasme,* S. 45, Paris 1969.

14. *Progymnasmata quaedam primae adolescentiae Erasmi.*

15. *ASD,* Bd. V-1, S. 1-86, Hrsg. S. DRESDEN. – Siehe CHOMARAT, *op. cit.,* Bd. 2, S. 941ff. – Dresden zeigt sehr schön, wie sich Kapitel XII ohne inhaltlichen Bruch an die vorangehenden anschließt, obwohl es viel später entstanden ist.

16. *Apologia respondens ad ea quae in Novo Testamento taxaverat Iacobus Lopis Stunica,* Hrsg. H. J. DE JONGE. – Zu der Affäre siehe auch BATAILLON, *op. cit.,* S. 123ff.

17. *Apologiae Erasmi Roterodami.* Vgl. L.-E. HALKIN, »Une édition rarissime des Apologies d'Érasme en 1521«, in: *Bibliothèque d'Humanisme et Renaissance,* Bd. 45, S. 343-348, Genf 1982. – Merkwürdigerweise fehlt in dem Band die im September erschienene Apologie gegen Stunica. Sie erscheint in der zweiten Ausgabe der *Apologiae* im Februar 1522.

18. *EE,* Bd. 4, S. 552, Z. 1-11 (Nr. 1223), an Goclenius, Brügge, 12. August 1521. Von den verschiedenen Wohnstätten des Erasmus ist fast nichts mehr erhalten. Um so mehr beeindruckt das prachtvolle Haus in Anderlecht.

19. *EE,* Bd. 4, S. 526, Z. 617-633 (Nr. 1211); Übersetzung ECKERT, *op. cit.,* Bd. II, S. 535-436. – Der Brief vom 13. Juni 1521 liegt in der kommentierten Ausgabe von A. GODIN, vor: *Érasme. Vies de Jean Vitrier et de John Colet,* Angers 1982.

20. *EE,* Bd. 4, S. 577, Z. 63-77, Anderlecht, ungefähr September 1521.

21. *EE,* Bd. 4, S. 591, Z. 6-11 (Nr. 1238), Anderlecht, ungefähr Oktober 1521.

Kapitel XV: Erasmus und Luther. Zwei Reformer prallen aufeinander

1. Über das Verhältnis zwischen Erasmus und Luther gibt es eine Fülle von Veröffentlichungen. Ich zitiere lediglich G. CHANTRAINE, *Érasme et Luther,* Paris 1981. – M. LIENHARD, *Martin Luther,* S. 149-161, Paris 1983. – C. AUGUSTIJN, *Erasmus von Rotterdam,* S. 108-142, München 1986. – E. W. KOHLS, *Luther oder Erasmus,* Basel 1978. – M. O'R. BOYLE, *Rhetoric and Reform. Erasmus' Civil Dispute with Luther,* New Haven 1983. – Ders., »Erasmus and the Modern Question: Was he Semipelagian?«, in: *Archiv für Reformationsgeschichte* Bd. 75, S. 59-77, Göttingen 1984. – J. W. O'MALLEY, »Erasmus and Luther. Continuity and Discontinuity as Key to their Conflict«, in: *The Sixteenth Century Journal,* Bd. 5, S. 47-65, Kirksville 1974. – J. C. OLIN, *Luther, Erasmus, and the Reformation,* New York 1969.

2. A. GODIN, »Érasme et Luther d'après leur correspondance«, in: *Mélanges de la Bibliothèque de la Sorbonne,* Nr. 5, S. 7-9, Paris 1985. – Der Brief von Spalatin trägt das Datum des 11. Dezember 1516.

3. *Martin Luthers Briefwechsel,* Bd. 1, S. 90, Z. 19-20, Weimar 1930; Bd. 2, S. 387, Z. 5-6. – Auf welche von Erasmus' Schriften das Zitat gemünzt ist, ist unklar, vielleicht auf die Abhandlung *Ratio sive methodus.* Erasmus hat die Theologie des Kreuzes allerdings nie abgelehnt. Siehe hierzu unter anderem *ASD,* Bd. V-3, S. 256, Z. 486-491 *(Explanatio Symboli).*

4. L.-E. HALKIN, »La place des indulgences dans la pensée religieuse d'Érasme«, in: *Bulletin de la Société de l'histoire du protestantisme français,* Bd. 129, S. 143-154, Paris 1983.

5. LIENHARD, *op. cit.,* S. 57. – Nach der Disputation glaubt Butzer sagen zu können, zwischen Erasmus und Luther herrsche in allen grundlegenden Fragen Einigkeit. Vgl. N. PEREMANS, *Érasme et Bucer,* S. 32, Paris 1970.

6. Luthers Einschätzung der Theologen der Herrlichkeit deckt sich mit der des Erasmus. Vgl. *Martin Luthers Werke,* Bd. 1, S. 614, Z. 1727, Weimar 1883.

7. *EE,* Bd. 3, S. 372, Z. 405-408 (Nr. 858), an Paul Volz, 1518; Übers. *EAS,* Bd. I, S. 35; *EE,* Bd. 3, S. 518, Z. 18-22 (Nr. 933), Brief von Luther vom 28. März 1519; Übers. *Luther deutsch, Die Werke Martin*

Luthers, Hrsg. K. ALAND, Bd. 10, S. 58, 2., durchgesehene Aufl. Göttingen 1983.

8. *EE*, Bd. 3, S. 517, Z. 1-10 (Nr. 993), von Luther; S. 605, Z. 1-10, 52-55 (Nr. 980), an Luther; Übers. *ERB*, S. 245-247.

9. *EE*, Bd. 4, S. 101, Z. 57-58, 64-68; S. 102, Z. 102-118; S. 105, Z. 229-241 (Nr. 1033); Auszug übers. *ERB*, S. 261-268. – Erasmus rechtfertigt diesen und einen anderen, an Luther gerichteten Brief ausführlich in einem Schreiben an Kardinal Lorenzo Campeggio: *EE*, Bd. 4, S. 400-411, (Nr. 1167), 1520.

10. *EE*, Bd. 4, S. 337, Z. 86-89 (Nr. 1139), 1520; S. 193, Z. 4-5 (Nr. 1070); Übers. *ERB*, S. 269.

11. *EE*, Bd. 4, S. 497, Z. 32-34 (Nr. 1205), 1521.

12. Siehe seinen Brief an Peter Barbier: *EE*, Bd. 4, S. 563-564, Z. 342-346 (Nr. 1225), 1521.

13. *EE*, Bd. 4, S. 366, Z. 157-158 (Nr. 1153), 1520. Siehe auch S. 398, Z. 53-56 (Nr. 1166), 1520.

14. *EE*, Bd. 4, S. 459, Z. 23-30 (Nr. 1195), an Aloisius Marlianus, 1521.

15. *EE*, Bd. 5, S. 32, Z. 21-28 (Nr. 1267), an Stanislaus Turzo, 1522.

16. *EE*, Bd. 5, S. 145-146, Z. 12-67 (Nr. 1324), von Hadrian VI., 1522; S. 260-261, Z. 118-127, 158-182 (Nr. 1352), an Hadrian VI., 22. März 1523.

17. RENAUDET, *op. cit.*, S. 209.

18. *ASD*, Bd. IX-1, S. 164, Z. 14-24, *Spongia*, Hrsg. C. AUGUSTIJN.

19. *EE*, Bd. 5, S. 445, Z. 4-28 (Nr. 1443), 1524; Auszug übers. ECKERT, Bd. II, S. 370. – Erasmus antwortet am 8. Mai (Nr. 1445); Übers. NEWALD, *op. cit.*, S. 237.

20. Zu diesem Dialog siehe F. BIELAIRE, *op. cit.*, S. 254. – CHANTRAINE, *op. cit.*, S. 54.

21. Die Abhandlung *De libero arbitrio* ist abgedruckt in: *LB*, Bd. 9, Sp. 1215-1248. Dt. Übersetzung: *EAS*, Bd. IV. – *EE*, Bd. 5, S. 358, Z. 48-49 (Nr. 1489), an John Fisher; Bd. 6, S. 201, Z. 31 (Nr. 1634), an Pio. – Siehe unter anderem E. W. KOHLS, »La position théologique d'Érasme et la Tradition dans le *De libero arbitrio*«, in: *Colloquium Erasmianum*, S. 69-88, Mons 1968. – RABIL, *op. cit.*, S. 163-166. – Zum gottgewollten Heil aller: *LB*, Bd. 9, Sp. 1117 F. Vgl. AUGUSTIJN, *Erasmus von Rotterdam*, S. 129.

22. J. M. MC CONICA, »Erasmus and the Grammar of Consent«, in: *Scrinium Erasmianum*, Bd. 2, S. 77-99, Leiden 1969. – CHRIST-VON WEDEL, *Das Nichtwissen bei Erasmus*, S. 101, Basel 1981. – C. AUGUSTIJN, »Hyperaspistes I: la doctrine d'Érasme et de Luther sur la claritas Scripturae«, in: *Colloquia Erasmiana Turonensia*, Bd. 2, S. 737-748, Paris 1972.

23. *LB*, Bd. 9, Sp. 1219 B *(De libero arbitrio)*.

24. *EE*, Bd. 5, S. 590, (Nr. 1522); S. 594 (Nr. 1523), 1524.

25. *De servo arbitrio*, in: Martin Luthers Werke, Weimarer Ausgabe, Bd. 18, S. 551-587. – Übers. ALAND, *op. cit.*, Bd. 3, zitierte Stelle: S. 160.

26. Melanchthon, der die Schrift *De libero arbitrio* in ihrer Bedeutung richtig eingeschätzt hat, hält die Theorie von der doppelten Prädestination für gefährlich, weil der Mensch daran verzweifeln könnte. Calvin wird ihm heftig widersprechen. Vgl. F. WENDEL, *Calvin. Ursprung und Entwicklung seiner Theologie*, S. 237, Übers. W. KICKEL, Neukirchen 1968.

27. Erasmus akzeptiert die staatliche Duldung des lutherischen Kultes, gibt die Hoffnung auf eine Rückkehr zur kirchlichen Einheit aber nicht auf. Vgl. LECLER, *Geschichte der Religionsfreiheit*, Bd. 1, S. 196, Übers. E. SCHNEIDER, Stuttgart 1965.

28. *EE*, Bd. 5, S. 609, Z. 11-12 (Nr. 1258); Bd. 10, S. 258, Z. 62-69 (Nr. 2900); Bd. 11, S. 21, Z. 39-40 (Nr. 2956). – Problematisch erscheint es dagegen, Erasmus ins Umfeld des liberalen Protestantismus zu rücken, wie bei J. LINDEBOOM, *Erasmus van Rotterdam*, S. 44, Utrecht 1936.

29. J.-P. MASSAUT, »L'ecclésiologie d'Érasme entre la Réforme protestante et la Réforme catholique«, in: *Bulletin de la Société d'histoire moderne*, Bd. 78, S. 2-8, Paris 1979.

30. Die heftige Konflikt zwischen Erasmus und Luther setzt sich unter ihren Schülern fort. Mehrere von Erasmus' Anhängern (unter anderem Hutten, Volz und Jonas) wechseln ins andere Lager über. Er hält den Kontakt zu ihnen dennoch so lange wie möglich aufrecht.

1. Erasmus sagt später, er habe die Niederlande verlassen, weil er befürchtete, man würde ihn mit einer Untersuchung über die Lutheraner beauftragen. Vgl. *EE,* Bd. 10, S. 199, Z. 17-23 (Nr. 1792), an Nikolaus Olah, Freiburg i. Br., 19. April 1533. – 1523 sagt er, er sei nach Basel gegangen, um Froben näher zu sein: *EE,* Bd. 5, S. 205, Z. 86 (Nr. 1342), an Laurin.

2. *EE,* Bd. 4, S. 598-599, (Nr. 1242), an Marcus Laurin, Basel, 1. Februar 1523. Der lange Brief enthält viele kuriose Einzelheiten über Erasmus' Freunde sowie über die Einladungen und Geschenke, die ihn erreichen.

3. P. ROTH, »Die Wohnstätten des Erasmus in Basel«, in: *Gedenkschrift zum 400. Todestage des Erasmus,* S. 270-280, Basel 1936.

4. A. HORAWITZ, »Briefe des Claudius Cantiuncula …«, in: *Sitzungsberichte der philosophisch-historischen Classe der Kaiserlichen Akademie der Wissenschaften,* Bd. 93, S.441, Wien 1879. – Zu Erasmus' Abscheu vor Öfen: *EE,* Bd. 4, S. 609, Z. 8-12 (Nr. 1248).

5. *EE,* Bd. 10, S. 124, Z. 50-51 (Nr. 2735), an Quirinus Talesius, Freiburg i. Br., 31. Oktober 1532.

6. Der Band erscheint mit dem Datum 1521. Vgl. HALKIN, *Erasmus ex Erasmo,* S. 104.

7. Hrsg. J.-Cl. MARGOLIN, in: *ASD,* Bd. I-2, S. 205-579. Vgl. L.-E. HALKIN, »Le Traité d'art épistolaire d'Érasme«, in: *Moreana,* Bd. 21, S. 25-32, Angers 1984.

8. J. COPPENS, »Les idées réformistes d'Érasme dans les préfaces aux *Paraphrases du Nouveau Testament,*« in: *Scrinium Lovaniense,* S. 344-371, Löwen 1961.

9. Zum Erfolg der Paraphrasen siehe A. GODIN, *Érasme, lecteur d'Origène,* S. 354f., Genf 1982.

10. Die Paraphrase wird 1522 veröffentlicht. *LB,* Bd. 10, Sp. 1833 A.

11. Auszug aus dem Vorwort der Paraphrase. Siehe hierzu meinen Artikel »Érasme et l'anabaptisme«, in: *Les Dissidents du XVIe siècle,* S. 62-64, Baden-Baden 1983. – Der Plan einer Zusammenfassung der christlichen Lehre taucht bereits in dem vielzitierten Brief an Paul Volz auf. Vgl. *EE,* Bd. 3, S. 365, Z. 139-148 (Nr. 858). Erasmus erfüllt seinen Wunsch mit der Schrift *Explanatio Symboli* aus dem Jahre 1533.

12. Im Hinblick auf die Erneuerung der Taufgelöbnisse vertritt Butzer ab 1539 Erasmus' Gedanken. Vgl. KOHLS, »Érasme et la Réforme«, in: *Colloquia Erasmiana Turonensia,* Bd. 2, S. 843. Von katholischer Seite wird er erst später aufgegriffen. 1582 befürwortet der heilige Karl Borromäus eine Erneuerung der Taufgelöbnisse. Pius X. führt sie Anfang des 20. Jahrhunderts für die gesamte Kirche ein, bezieht sich dabei jedoch nicht auf Erasmus.

13. Er verurteilt die Sekte ein weiteres Mal 1533 in der Schrift *Ecclesiastes. LB,* Bd. 5, Sp. 934 D-E. – C. AUGUSTIJN hat in einem Aufsatz gezeigt, daß Menno Simons einen Teil seiner Gedanken Erasmus verdankt: »Erasmus and Menno Simons«, in: *The Mennonite Quarterly Review,* 1986, S. 497-508.

14. Erschienen in Basel bei Froben 1522, in: *ASD,* Bd. IX-1, S. 19-69, Hrsg. C. AUGUSTIJN. – Erasmus hat bereits in seinem Brief an Volz darauf hingewiesen, daß Christus diesbezüglich keinerlei Vorschriften macht. *EE,* Bd. 3, S. 373, Z. 413 (Nr. 858).

15. Eine bemerkenswerte Geistesverwandtschaft mit Erasmus zeigt ein mexikanischer Bischof in einem Beitrag auf dem Zweiten Vatikanischen Konzil am 27. Oktober 1964: »Man kommt dem Geist der Freiheit und Liebe, von dem der heilige Paulus und der heilige Thomas sprechen, nicht entgegen, wenn man die rein kirchlichen Vorschriften vermehrt. Die Gesetze der Kirche dürfen auf nichts anderes als darauf abzielen, die Liebe zu befördern und zu lenken, nicht zu regieren und von außen her zu befestigen, weil sonst die Liebe schwindet und die Sünde prächtig gedeiht.« Zitiert bei R. LAURENTIN, *L'Enjeu du concile,* Bd. 4, S. 187, Paris 1965.

16. Über Erasmus' Sinn für soziale Probleme siehe MARGOLIN, *Le Prix des mots et de l'homme,* Nr. IX, S. 85-112, London 1986. – Siehe auch *ASD,* Bd. V-3, S. 310, Z. 851-865 *(De sarcienda).*

17. *EE,* Bd. 4, S. 206, Z. 5 (Nr. 1079), an Silvestro Gigli, 1520; Bd. 5, S. 263, Z. 55-56 (Nr. 1533), an Zasius, 1523. – Erasmus mag Fisch nicht; er ist damals auch nur selten frisch zu bekommen:

J. Hoyoux, »Le carême et l'hygiène au temps d'Érasme«, in: *Bulletin de l'Institut archéologique liégeois*, Bd. 67, S. 111-120, Lüttich 1950.

18. Bataillon, *Érasme et l'Espagne*, S. 167.

19. *EE*, Bd. 5, S. 32, Z. 7-28 (Nr. 1267), 21. März 1522.

20. *EE*, Bd. 5, S. 129, Z. 2 (Nr. 1314). – *ASD*, Bd. IV-1, S. 75, Z. 596 *(Panegyricus)*.

Kapitel XVII: Basel. Die tägliche Arbeit

1. G. Lawarrée, *Érasme et l'Argent*, unveröffentlichte Abhandlung, Universität Lüttich 1973.

2. *EE*, Bd. 5, S. 213, Z. 381-408 (Nr. 1342), an Marcus Laurin, 1523.

3. *EE*, Bd. 5, S. 249, Z. 349-353 (Nr. 1347), an Gaverius, Basel, 1. März 1523.

4. A. Gerlo, *Érasme et ses portraitistes*, S. 48. – C. Reedijk, »Hercules, Holbein, Heckscher«, in: *Mededelingen van de koninklijke Academie voor wetenschappen, letteren en schone kunsten van Belgie*, Klasse der letteren, Bd. 47, S. 93-106, Brüssel 1985.

5. Die Schrift erscheint 1523 bei Froben in Basel: *ASD*, Bd. IX-1, S. 91-210, Hrsg. Augustijn.

6. *ASD*, Bd. IX-1, S. 188, Z. 587-596; S. 190, Z. 635-646; Auszug Übers. Eckert, *op. cit.*, Bd. II, S. 460; S. 465.

7. P. Petitmangin, »Érasme éditeur de textes«, in: *Colloquia Erasmiana Turonensia*, Bd. 1, S. 218. – Chomarat, *op. cit.*, Bd. 1, S. 452-472.

8. S. Seidel Menchi, »Il trattato pseudo-ciprianico *De duplici martyrio*«, in: *Rivista storica italiana*, Bd. 90, S. 709-743, Neapel 1978.

9. Chomarat, *op. cit.*, Bd. 1, S. 480. – L. D. Reynolds/N. G. Wilson, *D'Homère à Érasme*, S.107-110, Paris 1984.

10. *EE*, Bd. 10, S. 130, Z. 1-3 (Nr. 2743), Lyon, 30. November 1532.

11. *EE*, Bd. 4, S. 9, Z. 15-18 (Nr. 997), an das Domkapitel von Metz, Löwen, 14. Juli 1519.

12. Der Brief an Jodocus Gaverius wird zusammen mit der Schrift *Exomologesis* veröffentlicht. Abgedruckt in: *EE*, Bd. 5, S. 237-250, (Nr. 1347), 1. März 1523.

13. Die Schrift erscheint bei Froben in Basel 1523. Abgedruckt in: *LB*, Bd. 9, Sp. 1219-1228; die zitierte Stelle ist auszugsweise übersetzt bei Eckert, *op. cit.*, Bd. II, S. 469-470. – Es sei darauf hingewiesen, daß Morus' älteste Tochter Margaret die *Precatio* schon 1524 ins Englische übersetzt. – Das Vaterunser des Soldaten in: *ASD*, Bd. IV-2, S. 84, Z. 540-550 *(Querela Pacis)*.

14. A. Rabil, »Erasmus' Paraphrase of the Gospel of John«, in: *Church History*, Bd. 48, S. 142-155, Chicago 1979.

15. Lawarrée, *op. cit.*, S. 84f. – J. Hoyoux, »Les moyens d'existence d'Érasme«, in: *Humanisme et Renaissance*, Bd. 5, S. 7-59, Paris 1945. – E. Bernstein, »The Antwerp Banker Erasmus Schets and Erasmus of Rotterdam«, in: *Erasmus in English*, Nr. 14, S. 2-10, Toronto 1985-1986.

16. Ein Beispiel von vielen: Zu Erasmus' Lebzeiten erschienen einundzwanzig Raubdrucke seiner *Paraphrasis Elegantiarum Laurentii Vallae*. *ASD*, Bd. I-4, S. 203, Hrsg. Heesakkers und Waszink.

17. Zwei Ausgaben erscheinen 1523 und 1524. Der Text ist abgedruckt in: *EE*, Bd. 1, S. 1-46 (Nr. 1). – C. Reedijk, *Tandem bona causa triumphat*, S. 12-14, Basel 1980. – Der *Catalogus* wird 1530 mit einen Brief von Hector Boesce vervollständigt: *EE*, Bd. 8, S. 372-377, (Nr. 2283).

18. *EE*, Bd. 4, S. 48, Z. 192-193 (Nr. 1006), an Jakob Hochstraten, 1519: »Sed fieri potest ut non omnia semel aperuerit Christi spiritus Ecclesiae.« – L. Bouyer, *Autour d'Érasme*, S. 130.

19. J. Lecler, *Geschichte der Religionsfreiheit*, Bd. 1, S. 204.

20. J. Lecler, *op. cit.*, Bd. 1, S. 143-144.

21. *EE*, Bd. 5, S. 176, Z. 166-170 (Nr. 1334), an Johann Carondelet, 1523. – *ASD*, Bd. IV-3, S. 151, Fußnoten 431-432 von Cl. H. Miller.

356

22. *ASD*, Bd. V-1, S. 146, Z. 867-868 *(Modus orandi)*.
23. *EE*, Bd. 5, S. 176, Z. 172-174; S. 180, Z. 362-372 (Nr. 1334), an Carondelet, 1523. – Siehe auch J. Pineau, *Érasme. Sa pensée religieuse*, S. 262.
24. J.-P. Massaut, »Érasme et saint Thomas«, in: *Colloquia Erasmiana Turonensia*, Bd. 2, S. 584. – *EE*, Bd. 4, S. 574, Z. 81-82 (Nr. 1232), an Nikolaus von Hertogenbosch, 1531; Bd. 9, S. 339, Z. 109-112 (Nr. 2933), an Severin Boner, 1531; Bd. 10, S. 15, Z. 121-142 (Nr. 2643), an Johannes Dantiscus. – *LB*, Bd. 10, Sp. 1392 F. – Erasmus glaubt an die Wesensverwandlung, hält die scholastische Theorie der Transsubstantiation jedoch für überflüssig.
25. Holborn, *op. cit.*, S. 180, Z. 22-24 *(Ratio)*.
26. *EE*, Bd. 2, S. 101, Z. 419 (Nr. 337), an Martin Dorp, 1515. – In diesem bereits zitierten Brief aus früherer Zeit finden sich zahlreiche bissige Bemerkungen über die unangebrachte Neugier in Glaubensdingen.
27. *ASD*, Bd. I-3, S. 380, Z. 166 *(Colloquia)*; Übers. *EAS*, Bd. VI, S. 227.
28. *EE*, Bd. 8, S. 224, Z. 61 (Nr. 2192), an Anton Fugger, 7. Juli 1529.
29. Ich beziehe mich hier auf G. Marchadour, »Le Nouveau Testament dans la correspondance d'Érasme«, in: *La correspondance d'Érasme et l'épistolographie humaniste*, S. 68, Brüssel 1985.
30. Siehe S. 269.
31. *EE*, Bd. 6, S. 10, Z. 116-150 (Nr. 1539).

Kapitel XVIII: Die *Colloquia*. Chronik einer Epoche

1. *Colloquia*, in: *ASD*, Bd. I-3, Hrsg. L.-E. Halkin, F. Bierlaire und R. Hoven. Deutsche Übersetzungen: *EAS*, Bd. VI; Erasmus von Rotterdam, *Vertraute Gespräche*, übertragen und eingeleitet von H. Schiel, Köln 1947.
2. Im Jahr 1534 rühmt sich Erasmus, daß er die Ausgabe in sehr kurzer Zeit besorgt habe. Siehe *ASD*, Bd. IX-1, S. 478, Z. 986-989 *(Purgatio)*. Möglicherweise übertreibt er ein wenig. – Über die Geschichte des Buchs und die einzelnen Ausgaben siehe F. Bierlaire, *Érasme et ses Colloques: le livre d'une vie*, Genf 1977.
3. *EE*, Bd. 5, S. 16, Z. 11-14 (Nr. 1262), Basel, 18. Februar 1522. – Erasmius Froben ist mehr als den Musen dem Geschäft mit den Musen zugetan ist; er wird seinem Paten keine Ehre machen.
4. Erasmus' Heiterkeit macht sich nicht nur in den *Colloquia* bemerkbar. Siehe *ASD*, Bd. IX-1, S. 478, Z. 991-993 *(Purgatio)*. – Zum Themenkreis der *Colloquia* siehe F. Bierlaire, *Les Colloques d'Érasme: réforme des études, réformes des mœurs et réforme de l'Église au XVIe siècle*, Paris 1978. – E. Gutmann, *Die Colloquia familiaria des Erasmus*, Basel 1968.
5. Übersetzung des Gesprächs »Das geistliche Gastmahl« nach *EAS*.
6. Zu den Gesprächen mit dem Thema Ehe siehe É. V. Telle, *Érasme et le septième sacrement*, Genf 1954.
7. Siehe hierzu Delcourt, *Érasme*, S. 49-51.
8. Besonders eindringlich kommt das in einem Brief an Johannes Vergara zum Ausdruck: *EE*, Bd. 8, S. 108, Z. 110-111 (Nr. 2133), Basel 1529.
9. Übersetzung der Dialoge »Der Abt und die gebildete Frau« und »Die glückliche Mutter« nach Schiel. – Über Erasmus' Einstellung zu den Frauen siehe E. Schneider, *Das Bild der Frau im Werke des Erasmus von Rotterdam*, Basel 1935. – E. H. Waterbolk, »Erasmus kiest de Vrouw«, in: *Genie en Wereld. Erasmus*, S. 197-212, Hasselt 1971.
10. Der Dialog »Das seraphische Begräbnis« hat den gleichen Tenor. – Siehe Chomarat, *op. cit.*, Bd. 1, S. 626.
11. L.-E. Halkin, »Le thème du pèlerinage dans les Colloques d'Érasme«, in: *Actes du Congrès Erasme*, S. 88-98, Amsterdam 1971. – Lefèvre d'Étaples teilt die Meinung, die in diesem Dialog anklingt. Siehe hierzu M. Mann, *Érasme et les débuts de la Réforme française*, S. 50.

12. *Luthers Tischreden,* Bd. 1, S. 397 (Nr. 817); S. 573 (Nr. 4899). Ebenso gottlos findet Luther die theologischen Werke des Erasmus. Siehe hierzu *Luthers Briefwechsel,* Bd. 7, S. 32. – C. AUGUSTIJN, *Erasmus von Rotterdam,* S. 143, München 1986.

13. *ASD,* Bd. 1-3, S. 9.

14. BIERLAIRE, »Des Colloques d'Érasme aux Dialogues du Père Antoine Van Torre«, in: *Les Études classiques,* Bd. 41, S. 50-51, Namur 1973. – R. CRAHAY, »Une utilisation d'Érasme dans la pédagogie protestante«, in: *D'Érasme à Campanella,* S. 40-74, Brüssel 1985.

15. BIERLAIRE, *Les Colloques d'Érasme,* S. 201-303.

Kapitel XIX: Von der Abhandlung über die Ehe zum *Ciceronianer*

1. *EE,* Bd. 5, S. 519, Z. 118-122 (Nr. 1479), an Haio Hermann, 31. August 1524; S. 534, Z. 1014 (Nr. 1488), an Warham, 4. September 1524.

2. *EE,* Bd. 5, S. 391, Z. 59-73 (Nr. 1414), 31. Januar 1524.

3. BIERLAIRE, *op. cit.,* S. 217.

4. *EE,* Bd. 6, S. 83, Z. 89-96; S. 85, Z. 154-156 (Nr. 1579), Paris, 21. Mai 1525; S. 87-107 (Nr. 1581), Basel, 15. Juni 1525. – M.-M. DE LA GARANDERIE, *Christianisme et lettres profanes,* Bd. 1, S. 241-253. – M. VEISSIÈRE, *L'Évêque Guillaume Briçonnet,* S. 352, Provins 1986.

5. Die Schrift erscheint im August 1525 bei Froben in Basel. *ASD,* Bd. IV-1, S. 233-370, Hrsg. F. SCHALK.

6. *EE,* Bd. 6, S. 330, Z. 15 (Nr. 1702), 1526.

7. S. SEIDEL MENCHI, »Le traduzione italiane di Lutero nella prima metà del Cinquecento«, in: *Rinascimento,* Bd. 17, S. 56, Florenz 1977.

8. *Hyperaspistes,* 2 Bde. Froben, Basel 1526 und 1527: *LB,* Bd. 10, Sp. 1249-1536. – Vgl. CHANTRAINE, *Érasme et Luther,* S. 65.

9. M. P. GILMORE, »Erasmus and Alberto Pio«, in: *Action and Conviction in Early Modern Europe,* S. 299-318, Princeton 1969. – RENAUDET, *op. cit.,* S. 52. – BIERLAIRE, *op. cit.,* S. 283-285.

10. *Detectio praestigiarum,* bei Froben, Basel, Juni 1526, in: *ASD,* Bd. IX-1, S. 232-262, Hrsg. C. AUGUSTIJN. – Vgl. RENAUDET, *op. cit.,* S. 54, 345.

11. *EE,* Bd. 6, S. 404, Z. 148-159 (Nr. 1744), ungefähr September 1526.

12. Die Schrift erscheint bei Froben im August 1526. *LB,* Bd. 5, Sp. 615-714. – Siehe É. TELLE, *Érasme et le septième sacrement,* Genf 1956.

13. *LB,* Bd. 5, Sp. 697 F-698 A; Bd. 9, Sp. 1085 F-1086 A. – *ASD,* Bd. I-2, S. 420, Z. 13-22; S. 422, Z. 10-13.

14. TELLE, »Érasme et les mariages dynastiques«, in: *Bibliothèque d'Humanisme et Renaissance,* Bd. 12, S. 7-13, Genf 1950.

15. *EE,* Bd. 7, S. 207, Z. 156-159 (Nr. 1891), 16. Oktober 1527. – Über den Fortgang der Auseinandersetzung siehe *EE,* Bd. 7, S. 480, Z. 191-199 (Nr. 2045). – Siehe auch C. LABEYE, *Érasme et les ordres mendiants,* unveröffentlichte Abhandlung, Universität Lüttich 1974.

16. Das Wort »Verdienst« taucht im Neuen Testament nicht auf, aber der Gedanke findet sich mehrfach.

17. *LB,* Bd. 7, Sp. 105 A; Bd. 9, Sp. 885 F *(Responsiones).*

18. *EE,* Bd. 7, S. 8, Z. 75-78 (Nr. 1804).

19. *LB,* Bd. 9, Sp. 883 C, 888 B-F *(Responsiones ad censuras).* – *LB,* Bd. 6, Sp. 226 C *(Novum Testamentum).* – HOLBORN, *op. cit.,* S. 61 *(Enchiridion).* – *LB,* Bd. 9, Sp. 465 D *(Prologus).* – *LB,* Bd. 5, Sp. 500 D *(De amabili)* – *ASD,* Bd. V-2, S. 376, Z. 609-616 *(Enarratio).*

20. GERLO, *op. cit.,* S. 35-39. – Er arbeite häufig im Stehen, schreibt Erasmus im gleichen Jahr an Johann Francis: *EE,* Bd. 6, S. 423, Z. 50-51 (Nr. 1759).

21. *EE,* Bd. 7, S. 63-64, Z. 151-177 (Nr. 1819), 15. Mai 1527.

22. *EE*, Bd. 7, S. 93-94, Z. 11-44 (Nr. 1840), 22. Juni 1527. – TRACY *op. cit.*, S. 323-326.

23. *EE*, Bd. 6, S. 470, Z. 1-8 (Nr. 1790 A), März 1527. – J.-M. HEADLEY, »Gattinara, Erasmus, and the Imperial Configuration of Humanism«, in: *Archiv für Reformationsgeschichte*, Bd. 71, S. 64-98, Gütersloh 1980.

24. *EE*, Bd. 7, S. 199, Z. 6-20 (Nr. 1887), 15. Oktober 1527; Übers. *ERB*, S. 407. TRACY, *op. cit.*, S. 323-326.

25. *EE*, Bd. 7, S. 233, Z. 96-101 (Nr. 1901); Übers. *ERB*, S. 421. – Zum Verhältnis zwischen Butzer und Erasmus siehe N. PEREMANS, *Érasme et Bucer*, Paris 1970.

26. *EE*, Bd. 7, S. 366, Z. 40-70 (Nr. 1977), 20. März 1528.

27. *EE*, Bd. 7, S. 235, Z. 15-18 (Nr. 1902), 12. November 1527.

28. BATAILLON, *op. cit.*, S. 250-265.

29. *Apologia adversus monachos quosdam Hispanos*, bei Froben, Basel 1528. *LB*, Bd. 9, Sp. 1015-1094.

30. *EE*, Bd. 7, S. 211, Z. 350-359 (Nr. 1891), an Johann Gacy, um den 17. Oktober 1527. – Die Antwort an die Sorbonne: *EE*, Bd. 7, S. 236, Z. 63 (Nr. 1902), 12. November 1527.

31. *EE*, Bd. 7, S. 137, Z. 366 (Nr. 1858), an Robert Aldridge, 23. August 1527. – Zu dem Vorhaben siehe *EE*, Bd. 7, S. 475-483 (Nr. 2045), an Martin Lipsius, 5. Dezember 1528.

32. *EE*, Bd. 7, S. 5-14 (Nr. 1804), 30. März 1527. – Siehe Fr. RASTIER, »Les métamorphoses de l'ennemi«, in: *Orpheus*, Bd. 16, S. 129-146, Catania 1969.

33. Erasmus sagt später, er trinke seit 1527 keinen Wein mehr, allenfalls stark verdünnt. *EE*, Bd. 8, S. 224, Z. 67-71 (Nr. 2192), an Anton Fugger, 7. Juli 1529.

34. *EE*, Bd. 7, S. 20, Z. 274-286 (Nr. 1805), an Johannes Maldonatus, 30. März 1527.

35. *EE*, Bd. 6, S. 503-506 – Siehe LAWARRÉ, *op. cit.*, S. 366f. – REEDIJK, *Tandem*, S. 17-20.

36. *EE*, Bd. 7, S. 442, Z. 20-22 (Nr. 2084). – E. BERNSTEIN, »Erasmus' Money Connection«, in: *Erasmus in English*, Nr. 14, Toronto 1986.

37. *EE*, Bd. 7, S. 28, Z. 1-5, 9-18 (Nr. 1809), 1527; Übers. *ERB*, S. 392.

38. *Ciceronianus sive de optimo genere dicendi*, bei Froben, Basel, März 1528; *ASD*, Bd. I-2, S. 583-710, Hrsg. P. MESNARD. Übers. von T. PAYR, *EAS*, Bd. VII. – Siehe auch CHOMARAT, *op. cit.*, Bd. 2, S. 815-840 mit einem Lob auf die Nachahmung, S. 1172. – Zum Ciceronianismus im 15. Jahrhundert siehe E. GARIN, *La Renaissance*, S. 61, 64, Verviers 1970.

39. *EE*, Bd. 7, S. 193-194, Z. 121-139 (Nr. 1885). – Vgl. P. BIETENHOLZ, *History and Biography in the Work of Erasmus*, S. 62-66, Genf 1966.

40. *ASD*, Bd. I-2, S. 641, Z. 9-12; Übers. *EAS*, Bd. VII, S. 153.

41. Ch. BÉNÉ, »Érasme et Cicéron«, in: *Colloquia Erasmiana Turonensia*, Bd. 2, S. 571-579. – M. CYTOWSKA, »Érasme et les auteurs classiques«, in: *Eos*, Bd. 72, S. 185, 187, Wroclaw 1984. – H. DE LUBAC, *Exégèse médiévale*, Bd. 4, S. 462, 481, 482, Paris 1964.

42. Die Angriffe kommen aus Italien und Frankreich (Scaliger, Budé, Dolet u. a.). Vgl. É V. TELLE, *L'Érasmianus sive Ciceronianus d'Étienne Dolet*, S. 57, Genf 1974. – R. AULOTTE, »Une rivalité d'humanistes: Érasme et Longueil« in: *Bibliothèque d'Humanisme et Renaissance*, Bd. 30, S. 549-573, Genf 1968.

43. *Concionalis expositio in psalmum LXXXV*, in: *ASD*, Bd. V-3, S. 329-427, Hrsg. C. S. RADEMAKER. – *Vidua christiana*, erschienen in Basel bei Froben. – *EE*, Bd. 8, S. 48, Z. 25-26 (Nr. 2095).

44. *EE*, Bd. 8, S. 48, Z. 25-53 (Nr. 2095), Vorwort.

Kapitel XX: Christus zuerst

1. Zitiert nach Ch. BÉNÉ, *Érasme et saint Augustin*, S. 149, Genf 1969. – Siehe auch *Dictionnaire de théologie catholique*, Bd. 5, Sp. 395, Paris 1913. – Ich verweise den Leser auf meinen Artikel »La piété d'Érasme« in: *Revue d'histoire ecclésiastique*, Bd. 79, S. 671-708, Löwen 1984. – J.-P. MASSAUT,

»Humanisme et spiritualité chez Érasme«, in: *Dictionnaire de spiritualité*, Bd. 7, Sp. 1006-1028, Paris 1969.

2. *ASD*, Bd. V-1, S. 126, Z. 174-175. – *LB*, Bd. 5, Sp. 500 F *(De sarcienda Ecclesiae concordia)*.

3. *ASD*, Bd. V-1, S. 120-176, Hrsg. J.N. BAKHUIZEN VAN DEN BRINK.

4. *ASD*, Bd. V-1, S. 156, Z. 197-215; S. 172, Z. 797-799.

5. *Exomologesis*, in: *LB*, Bd. 5, Sp. 146. – Siehe J. P. MASSAUT, »La position œcuménique d'Érasme sur la pénitence«, in: *Réforme et Humanisme*, Actes du IVe Colloque, S. 241-281, Montpellier 1975 (erschienen 1977).

6. *EE*, Bd. 1, S. 345, Z. 137-141 (Nr. 145), Paris, 27. Januar 1501. – Die Bittgebete an Maria sind abgedruckt in: *LB*, Bd. 5, Sp. 1227-1240. – Vgl. L. E. HALKIN, »La mariologie d'Érasme«, in: *Archiv für Reformationsgeschichte*, Bd. 68, S. 32-55, Gütersloh 1977.

7. Erasmus warnt in zahlreichen Schriften vor der Magie, die eine Gefahr für die Frömmigkeit darstelle.

8. 1528 weist Erasmus in seiner *Apologia adversus monachos quosdam Hispanos* darauf hin, daß dies nur eine »pia credulitas« sei. Vgl. *LB*, Bd. 9, Sp. 1085 B.

9. *LB*, Bd. 5, Sp. 1237 D. – In seiner *Apologia* aus dem Jahre 1528 stellt er dies erneut klar: »In Christo fixa est nostrae salutis ancora, non in Virgine.« *LB*, Bd. 9, Sp. 1087 B. – Siehe auch *ASD*, Bd. V-1, S. 100, Z. 121-122 *(Liturgia)*.

10. *ASD*, Bd. I-3, S. 327, Z. 71-77; Übers. SCHIEL, *op. cit.*, S. 19; siehe hierzu auch *ASD*, Bd. V-1, S. 155, Z. 181.

11. *ASD*, Bd. I-3, S. 474, Z. 123-128; Übers. SCHIEL, *op. cit.*, S. 94.

12. *ASD*, Bd. V-1, S. 172, Z. 785-786 *(Modus orandi)*.

13. *LB*, Bd. 9, Sp. 61 E *(Apologia ad Iacobum Fabrum)*. – Zur Haltung von *Jacques Lefèvre d'Étaples* siehe G. BÉDOUELLE, *Lefèvre d'Étaples et l'intelligence des Écritures*, S. 197, Genf 1978.

14. *ASD*, Bd. V-2, S. 298, Z. 160-161 *(De puritate)*. Siehe auch *EE*, Bd. 5, S. 186, Z. 614-615 (Nr. 1334), 1523.

15. E. F. RICE, »Erasmus and the Religious Tradition«, in: *Journal of the History of Ideas*, Bd. 11, S. 387-411, New York 1950.

16. *Virginis Matris apud Lauretum cultae liturgia*, Froben, Basel, November 1523, in: *ASD*, Bd. V-1, S. 87-109, Hrsg. L.-E. HALKIN.

17. *ASD*, Bd. V-1, S. 155-156 *(Modus orandi)*.

18. *EE*, Bd. 9, S. 162-163, Z. 201-226 (Nr. 2443), 1531.

19. *LB*, Bd. 9, Sp. 1166 A *(Apologia ad Pium)*, 1531.

20. *LB*, Bd. 9, Sp. 570 B *(Supputatio errorum Bedae)* und 1087 B *(Apologia ad monachos quosdam Hispanos)*. – Siehe auch *ASD*, Bd. IV-3, S. 142, Z. 996 *(Encomium Moriae)*.

21. *LB*, Bd. 5, Sp. 1237 D *(Obsecratio)*. – Mit seiner Mariologie ist Erasmus wohl ein Vorläufer von Muratori und der katholischen Aufklärung.

Kapitel XXI: Freiburg. Ein freiwilliges Exil

1. *EE*, Bd. 6, S. 504 *(Testament)*.

2. N. PINET, *Érasme à Fribourg (1529-1532)*, unveröffentlichte Abhandlung, Universität Lüttich 1969. – N. PIROTON, *Érasme à Fribourg (1532-1535)*, unveröffentlichte Abhandlung, Universität Lüttich 1973.

3. *EE*, Bd. 8, S. 89, Z. 5-11 (Nr. 2125), 17. März 1529.

4. *EE*, Bd. 8, S. 111, Z. 114-121 (Nr. 2134); Auszug Übers. *ERB*, S. 455.

5. *EE*, Bd. 8, S. 116, Z. 1-25 (Nr. 2136); Auszug Übers. *ERB*, S. 457-458.

6. L.-E. HALKIN, »Érasme et l'anabaptisme«, in: *Les Dissidents du XVIe siècle*, S. 67-68.

7. Reedijk, *Poems*, S. 345 (Nr. 123). – *EE*, Bd. 8, S. 231, Z. 33-36 (Nr. 2196), an W. Pirckheimer, Freiburg, 15. Juli 1529.

8. *De pueris statim ac liberaliter instituendis,* bei Froben in Basel, September 1528, in: *ASD*, Bd. I-2, S. 21-78; Hrsg. J.-Cl. Margolin; Übers. D. Reichling, *Ausgewählte pädagogische Schriften des Desiderius Erasmus,* Freiburg i. Br. 1896, S. 90-91. Das Zitat wurde an die heutige Orthographie angeglichen, ebenso wurde eine für den Argumentationszusammenhang relevante Abweichung von der französischen Übersetzung angeglichen. – Siehe auch Margolin, *Le Prix des mots et de l'homme,* Nr. IX, S. 370-391, London 1986.

9. *De civilitate morum puerilium,* bei Froben, Basel 1530. Abgedruckt in: *LB*, Bd. 1, Sp. 1033-1044. – Siehe F. Bierlaire, *Erasmus at School: the De civilitate,* in: R. L. de Molen, *Essays in the Works of Erasmus,* S. 239-251, New Haven 1978.

10. Die Sammlung erscheint 1529 bei Froben in Basel. – L.-E. Halkin, *Erasmus ex Erasmo,* S. 149.

11. *EE*, Bd. 8, S. 249-250, Z. 1-42 (Nr. 2203).

12. M. P. Gilmore, »Erasmus and Alberto Pio«, in: *Action and Conviction,* Hrsg. Th. Raab und J. Seigel, S. 299-310, Princeton 1969. – *ASD*, Bd. IX-1, S. 313-425, *(Epistola ad fratres Inferioris Germaniae),* Hrsg. C. Augustijn.

13. Telle, *Le Chevalier de Berquin. Déclamation des louenges de mariage,* Genf 1976. – N. Henrard, *Érasme entre Béda et Berquin,* unveröffentlichte Abhandlung, Universität Lüttich 1974.

14. L. Halkin, »Nicolas Nickman«, in: *Les études classiques,* Bd. 9, S. 377, Namur 1940.

15. *EE*, Bd. 9, S. 92, Z. 42-44 (Nr. 2411), an Campeggio, 1530; Übers. *ERB*, S. 505.

16. *EE*, Bd. 8, S. 46, Z. 47-52 (Nr. 2094), Vorwort von 1529; Übers. *ERB*, S. 446.

17. *EE*, Bd. 8, S. 364-365, Z. 21-46 (Nr. 2275), an die Franziskaner, 1530; Auszug Übers. *ERB*, S. 484. – Im gleichen Jahr veröffentlicht Erasmus Alger von Lüttichs Abhandlung *De veritate corporis et sanguinis Domini in Eucharistia,* bei Emmeus in Freiburg. In dieser Abhandlung aus dem 12. Jahrhundert taucht der Begriff der Transsubstantiation nicht auf.

Kapitel XXII: Freiburg. Die letzte Ernte

1. *ASD*, Bd. IX-1, S. 292, Z. 238-240 *(Épistola contra pseudevangelicos).*

2. *EE*, Bd. 8, S. 403, Z. 68-90 (Nr. 2299), 1530; Übers. *ERB*, S. 489-490.

3. *Epistola contra quosdam qui se falso iactant evangelicos,* Freiburg 1530, Hrsg. C. Augustijn, in: *ASD*, Bd. IX-1, S. 283-309. – »Vulturius« ist Erasmus' Spitzname für Geldenhouwer.

4. Y. Charlier, *op. cit.,* S. 318-319.

5. *Utilissima consultatio de bello Turcis inferendo,* bei Froben, Basel 1530, Hrsg. A. G. Weiler, in: *ASD*, Bd. V-3, S. 31-82. Die kleine Abhandlung ist ein Kommentar zum Psalm 28 über die Prüfungen des Lebens durch die Vorsehung. – Siehe auch Margolin, *Le Prix des mots et de l'homme,* Nr. XI., S. 3-38, London 1986.

6. *EE*, Bd. 9, S. 265, Z. 37-38 (Nr. 2492), 12. Mai 1531.

7. *EE*, Bd. 9, S. 309, Z. 11-30 (Nr. 2516), 5. August 1531.

8. *EE*, Bd. 10, S. 23-24, Z. 10-13, 25-37 (Nr. 2651), 19. Mai 1532.

9. *EE*, Bd. 9, S. 157-168, (Nr. 2443), 7. März 1531. – Siehe V. Ghuysen, *Érasme et Sadolet,* unveröffentlichte Abhandlung, Universität Lüttich 1974.

10. Halkin, *Erasmus,* S. 165.

11. *EE*, Bd. 9, S. 61, Z. 11 (Nr. 2394), 1530.

12. *Epistolarum floridarum liber unus antehac nunquam excusus,* bei Herwagen, Basel, September 1531.

13. *Epistolae palaeonaeoi,* bei Emmeus, Freiburg, September 1532.

14. R. J. Schoeck, »Telling More from Erasmus«, in: *Moreana,* Bd. 23, S. 11-20, Angers 1986

15. M. Delcourt, *Érasme,* S. 85.

16. *EE,* Bd. 10, S. 129, (Nr. 2743), 30. November 1532. – Vgl. L. THUASNE, »La lettre de Rabelais à Érasme«, in: *Revue des bibliothèques,* Bd. 15, S. 203-223, Paris 1905. – L. FEBVRE, *Le problème de l'incroyance au XVIe siècle.* La religion de Rabelais, S. 128, 441, 2. Aufl. Paris 1968. M. A. SCREECH, »Folie érasmienne et folie rabelaisienne. – Comment Rabelais a exploité les travaux d'Érasme«, in: *Colloquia Erasmiana Turonensia,* Bd. 1, S. 441-452, 453-461, Paris 1972.

17. GERLO, *op. cit.,* S. 56.

18. *Dilucida et pia explanatio Symboli quod Apostolorum dicitur,* bei Froben, Basel, März 1533, Hrsg. J. N. BAKHUIZEN VAN DEN BRINK, in: *ASD,* Bd. V-1, S. 205-320.

19. BAINTON, *op. cit.,* S. 253.

20. *Liber de sarcienda Ecclesiae concordia deque sedandis opinionum dissidiis,* bei Froben, Basel 1533, Hrsg. R. STUPPERICH, in: *ASD,* Bd. V-3, S. 257-313. – Vgl. J. V. POLLET, »Origine et structure du *De sarcienda Ecclesiae concordia«,* in: *Scrinium Erasmianum,* Bd. 2, S. 183-195. – Der zitierte Auszug in: *ASD,* Bd. V-3, S. 293, Z. 224. – Siehe auch R. PADBERG, »Erasmus und die Einheit der Kirche«, in: *Catholica,* Bd. 2, S. 97-109, Münster 1986.

21. *LB,* Bd. 7, Sp. 192 E-F.

22. J. W. O'MALLEY, »Erasmus and Luther. Continuity and Discontinuity«, in: *The sixteenth century Journal,* Bd. 5, S. 47-65, Kirksville 1974.

23. *EE,* Bd. 10, S. 282, Z. 1-25 (Nr. 2853), 1533.

24. *EE,* Bd. 10, S. 274, Z. 96-116 (Nr. 2846), 1533.

25. *EE,* Bd. 10, S. 283, Z. 38-42 (Nr. 2853), 1533.

26. *Purgatio …,* in: *ASD,* Bd. IX-1, S. 443-487, Hrsg. C. AUGUSTIJN.

27. Die Schrift ist abgedruckt in: *ASD,* Bd. V-1, S. 337-392, Hrsg. A. VAN HECK.

Kapitel XXIII: Rückkehr nach Basel. Der Abschied

1. *EE,* Bd. 11, S. 219, Z. 75-101 (Nr. 3049), an Tomiczki, 1535.

2. *Ecclesiastes sive de ratione concionandi,* bei Froben, Basel 1535. *LB,* Bd. 5, Sp. 765-1100. – Vgl. BÉNÉ, *op. cit.,* S. 372-424. – GODIN, *op. cit.,* S. 302-347. CHOMARAT, *op. cit.,* Bd. 2, S. 1059-1071. – R. G. KLEINHANS widmet dem *Ecclesiastes* ein ganzes Kapitel in den *Essays in the Works of Erasmus,* Hrsg. R. L. DE MOLEN, S. 253-266. – Siehe auch J. W. O'MALLEY, »Erasmus and the History of Sacred Rhetoric«, in: *Erasmus of Rotterdam Society Yearbook Five,* S. 1-29, Fort Washington 1985.

3. R. G. VILLOSLADA, »Erasmo y las missiones«, in: *Catolicismo,* Madrid, November 1943. Der Artikel ist mir nur durch J.-Cl. MARGOLIN, *Quatorze années de bibliographie érasmienne,* Nr. 801, bekannt.

4. *Precationes aliquot novae,* bei Froben, Basel 1535. *LB,* Bd. 5, Sp. 1197-1234. Übers. nach R. PADBERG, *Erasmus von Rotterdam. Seine Spiritualität. Grundlage seines Reformprogramms,* Paderborn 1979; zitierte Stellen S. 64-65, S. 60-61.

5. *EE,* Bd. 11, S. 61, Z. 1-7 (Nr. 2988), Freiburg, 23. Januar 1535; Übers. *ERB,* S. 564.

6. *De puritate tabernaculi sive Ecclesiae Christianae,* bei Froben, Basel, Februar 1536, Hrsg. Ch. BÉNÉ, in: *ASD,* Bd. V-2, S. 285-317. – Vgl. HALKIN, *Erasmus ex Erasmo,* S. 195. – HUIZINGA, *op. cit.,* S. 222f.

7. *EE,* Bd. 11, S. 217, Z. 83-100 (Nr. 3048), 24. August 1535. – Das ersehnte Konzil findet bekanntlich 1545 in Trient statt.

8. J. PAQUIER, *Jérôme Aléandre et la principauté de Liège,* S. 305, Paris 1896.

9. *EE,* Bd. 11, S. 276, Z. 29-46 (Nr. 3090), Februar 1536.

10. *EE,* Bd. 11, S. 362-365; Übers. *ERB,* S. 572-574. Vgl. REEDIJK, *Tandem bona causa triumphat,* S. 22-25.

11. *EE,* Bd. 11, S. 78, Z. 11-31 (Nr. 3000), an Peter Tomiczki, Freiburg, 28. Februar 1535. Zu Erasmus' »Körperchen« siehe M. CYTOWSKA, »Érasme et son petit corps«, in: *Eos,* Bd. 62, S. 135, Wroclaw 1974.

12. Erasmus sprach davon schon 1517. *EE,* Bd. 3, S. 171, Z. 21 (Nr. 742), an Richard Pace, Löwen 21. Dezember 1517. – Kommentar von G. CHANTRAINE, *op. cit.,* S. 276.

13. *EE,* Bd. 11, S. 337, Z. 28-29 (Nr. 3130).

14. Ich habe diese Zeugnisse in meinem Aufsatz »Érasme et la mort« untersucht, in: *Revue de l'histoire des religions,* Bd. 200, S. 286-291, Paris 1983. – Vgl. R. G. VILLOSLADA, »La morte di Érasmo«, in: *Rivista storica italiana,* Bd. 63, S. 100-108, Neapel 1951. – R. REEDIJK, »Das Lebensende des Erasmus«, in: *Basler Zeitschrift,* Bd. 57, S. 23-66, Basel 1958. – N. VAN DER BLOM, »Die letzten Worte des Erasmus«, in: *Basler Zeitschrift,* Bd. 65, S. 195-214, Basel 1965. – Ders., »Erasmus laatste woorden«, in: *Rotterdamse Jaarboek,* 7. Reihe, Bd. 4, S. 164-176, Rotterdam 1966.

15. HUIZINGA, *op. cit.,* S. 224.

16. E. MAJOR, »Die Grabstätte des Erasmus«, in: *Gedenkschrift zum 400. Todestage des Erasmus von Rotterdam,* S. 299-315, Basel 1936. – B. R. JENNY, »Tod, Begräbnis und Grabmal des Erasmus von Rotterdam«, in: *Basler Zeitschrift für Geschichte,* Bd. 86, S. 61-104, Basel 1986. – B. KAUFMANN, »Das Grab des Erasmus«, in: *Erasmus von Rotterdam,* S. 66-69, 247-250, Basel 1986.

Kapitel XXIV: Die Persönlichkeit des Erasmus

1. Roland Bainton befaßt sich eingehend mit diesem Thema.

2. Er ist gewiß nicht gegen die Philosophie oder die Theologie, wie ein Wort von ihm zeigt: »Bonae litterae reddunt homines, philosophia plus quam homines, theologia reddit divos.« *ASD,* Bd. IV-2, S. 66, Z. 143-144 *(Querela).*

3. Ich habe mich mit dieser Frage in einem Aufsatz befaßt: »La psychohistoire et le caractère d'Érasme«, in: *Storia della storiografia,* Bd. 8, S. 73-90, Mailand 1985.

4. K. R. POPPER, *Das Elend des Historizismus,* Übers. L. Walentik, Tübingen 1965, S. 103-106.

5. CHOMARAT, *op. cit.,* Bd. 1, S. 36.

6. P. O. KRISTELLER, *Huit philosophes de la Renaissance,* S. 84, Genf 1971.

7. *EE,* Bd. 5, S. 277, Z. 995-997 (Nr. 1342),1523.

Kapitel XXV: Bilanz eines Werkes.
Die schöne Literatur, der Frieden und die Philosophie Christi

1. M. CYTOWSKA, »Érasme et les auteurs classiques«, in: *Eos,* Bd. 72, S. 179-187, Wroclaw 1984. – Erasmus zeigt sich in den *Antibarbari* besonders begeistert über die Lehre seines Vorbildes Hieronymus auf diesem Gebiet: *ASD,* Bd. I-1, S. 111, Z. 16-25. – Erasmus beurteilt schon die antike Unterhaltungsliteratur mit Strenge, der französische Roman und die kirchlichen Mysterienspiele kommen nicht besser weg.

2. *EE,* Bd. 2, S. 170, Z. 164-180 (Nr. 373), Vorwort zum *Novum Instrumentum* in der Ausgabe von 1516.

3. J. H. BENTLEY, »Erasmus. Jean Le Clerc and the Principles of the Harder Reading«, in: *Renaissance Quarterly,* Bd. 31, S. 309-321, New York 1978.

4. Erasmus' Feinde ziehen die Qualität seines Lateins und seiner Textkritik in Zweifel: *EE,* Bd. 5, S. 514-521, (Nr. 1479). – Erasmus antwortet ihnen heftig im *Ciceronianer.* Vgl. CHOMARAT, *op. cit.,* Bd. 2, S. 815.

5. *EE,* Bd. 2, S. 332, Z. 1-4 (Nr. 458), 1516. – 1517 schreibt Erasmus an Budé: »Ich habe den treffenden Ausdruck dem glänzenden vorgezogen.« Vgl. *EE,* Bd. 2, S. 467, Z. 329-330 (Nr. 531).

6. M. MANN PHILLIPS, »Erasmus and the Art of Writing«, in: *Scrinium Erasmianum,* Bd. 1, S. 335-350,

Leiden 1969. – A. MICHEL, »Érasme et les atticismes«, in: *Acta Conventus neo-latini Turonensis*, Bd. 2 S. 1237-1247, Paris 1980. – CHOMARAT, *op. cit.*, Bd. 2, S. 711f.

7. M. BATAILLON, »Érasme conteur«, in: *Mélanges de langue et de littérature médiévales offerts à M. Le Gentil*, S. 85-104, Paris 1973. – J.-Cl. MARGOLIN, »L'art du récit et du conte chez Érasme«, in: *La Nouvelle française à la Renaissance*, S. 131-165, Genf, Paris 1981.

8. Beispiele für unverständliche Spitzfindigkeiten: *EE*, Bd. 2, S. 503, Z. 10-12 (Nr. 551), an Andreas Ammonius, 1517; Bd. 3, S. 606, Z. 52 (Nr. 980), 1519; Bd. 4, S. 345, Z. 30-35 (Nr. 1143), 1520.

9. *EE*, Bd. 4, S. 501, Z. 96-98 (Nr. 1206), 1521.

10. *EE*, Bd. 2, S. 255, Z. 105-106 (Nr. 421), 1516.

11. Zu Erasmus' Haltung in dieser Frage siehe L.-E. HALKIN, »Érasme, la guerre et la paix«, in: *Krieg und Frieden im Horizont des Renaissancehumanismus*, S. 13-44, Weinheim 1986. – Kritische Ausgabe der Texte von O. HERDING, *ASD*, Bd. IV-1, S. IV-2.

12. *EE*, Bd. 3, S. 511, Z. 43-44 (Nr. 928); Bd. 7, S. 484, Z. 33-34 (Nr. 2046). – Siehe auch V. BEUMER, *Erasmus der Europäer*, Frankfurt 1969.

13. *EE*, Bd. 5, S. 129, Z. 2-3 (Nr. 1314), an Ulrich Zwingli, 1522.

14. *EE*, Bd. 7, S. 362, Z. 36-37 (Nr. 1978), an Herman von Wied, 1528.

15. *LB*, Bd. 9, Sp. 1192 F - 1193 A *(Responsio ad Albertum Pium)*, 1529. – Im *Symbolum* erinnert Erasmus daran, daß der Krieg nicht immer verboten ist, aber er fügt hinzu, daß es »besser ist, getötet zu werden als zu töten.« *ASD*, Bd. V-1, S. 315, Z. 286.

16. Alle Stellen über Erasmus' spirituelles Programm zusammengenommen ergäben ein stattliches Buch. Siehe hierzu P. MESNARD, *Érasme. La philosophie chrétienne*, Paris 1970. – J.-M. DE BUJANDA, *Érasme de Rotterdam. Liberté et unité dans l'église*, Québec 1971. – L.-E. HALKIN, *Les Colloques d'Érasme*, Brüssel, Quebec 1971. – J.-Cl. MARGOLIN, *Guerre et paix dans la pensée d'Érasme*, Paris 1973.

17. J. ÉTIENNE, *Spiritualisme érasmien et théologiens louvanistes*, S. 187, Löwen 1956.

18. *LB*, Bd. 9, Sp. 1193 B-C *(Apologia adversus Pium)*, 1531.

19. *EE*, Bd. 4, S. 492, Z. 235-237 (Nr. 1202), 1521; Bd. 5, S. 220, Z. 704-708 (Nr. 1342), 1523; S. 598, Z. 192 (Nr. 1523), 1524. – *ASD*, Bd. IX-1, S. 42, Z. 679-689; S. 46, Z. 820-821 *(De interdicto)*.

Kapitel XXVI: Die Botschaft des Erasmus.
Von der Kritik am Christentum zum kritischen Christentum

1. 1516 schreibt Erasmus in seinen *Hieronymi opera*, Bd. 3, f^0 1, Basel: »Alioqui quo plus est dogmatum, hoc uberior haereseon materia. Et nunquam fuit sincerior castiorque christiana fides quam cum brevissimo illo symbolo contentus esset orbis.« – »Évangélisme sans dogmes« heißt es bei A. RENAUDET, *Études érasmiennes*, S. 189, Paris 1939.

2. O. SCHOTTENLOHER, »Érasme et la Res publica christiana«, in: *Colloquia Erasmiana Turonensia*, Bd. 2, S. 667f., Paris 1972.

3. *LB*, Bd. 10, Sp. 1258 A *(Hyperaspistes)*. Vgl. H. DE LUBAC, *Exégèse médiévale*, Bd. 4, S. 469, Paris 1964. – Es sei daran erinnert, daß die Schrift *De sarcienda Ecclesiae concordia* (1533) einen Überblick über die Positionen von Erasmus' kritischem Christentum gibt.

4. Der Ausdruck stammt von P. MESNARD *(Érasme ou le christianisme critique*, Paris 1969). Er hat Erasmus' Werk mit einem Satz treffend auf einen Nenner gebracht: »Es hat den Menschen erneuert, die Religion gereinigt und die Kultur getauft.«

5. L.-E. HALKIN, »Érasme et la critique du christianisme«, in: *Revue de littérature comparée*, Bd. 52, S. 172-184, Paris 1978.

6. Erasmus scheint auf die katholische Reform, vor allem in Italien, wenig eingewirkt zu haben. Siehe G. ALBERIGO, *I vescovi italiani al Concilio di Trento*, S. 384, Nr. 1, Florenz 1959.

364

7. J. K. McConica, *English humanists and Reformation*, Oxford 1965. – Thomson/Porter, *op. cit.*, S. 97. – In den Herzogtümern Kleve und Jülich scheitert ein Reformversuch im Geist des Erasmus. Vgl. A. Franzen, »Das Schicksal des Erasmianismus am Niederrhein«, in: *Historisches Jahrbuch*, Bd. 83, S. 84-112, Freiburg 1964.

8. Melanchthon liest in Wittenberg 1557 eine herrliche Lobrede auf Erasmus. Vgl. L. Spitz, »Humanism in the Reformation«, in: *Renaissance Studies in Honor of Hans Baron*, S. 647f., Florenz 1971.

9. B. Mansfield, *Phoenix of his Age. Interpretations of Erasmus ca. 1550-1570*, Toronto 1979. – In dieser Hinsicht ist besonders das Verdienst des jansenistischen Theologen Jean Richard hervorzuheben. Vgl. A. Stegmann, »La réhabilitation de l'orthodoxie d'Érasme«, in: *Colloquia Erasmiana Turonensia*, Bd. 2, S. 867f. Siehe auch J. Marsollier, *Apologie ou justification d'Érasme*, Paris 1713.

10. R. J. Schoeck, »The Place of Erasmus Today«, in: *Erasmus von Rotterdam* (Hrsg. R. L. de Molen), S. 77-92, New York 1971. – Zur tiefen Übereinstimmung zwischen Erasmus' Gedanken und dem Geist des Zweiten Vatikanischen Konzils siehe G. Chantraine, »Théologie et vie spirituelle chez Érasme«, in: *Nouvelle revue théologique*, Bd. 91, S. 808-810, Löwen 1969.

11. Ich nenne nur zwei der sonderbarsten Beispiele: Der Philosoph Bertrand Russell zitiert Erasmus als Verfasser des *Handbüchleins eines christlichen Streiters:* »Er schrieb ein Buch Enchiridion Militis Christiani mit Ratschlägen für ungebildete Soldaten.« *(Philosophie des Abendlandes. Ihr Zusammenhang mit der politischen und sozialen Entwicklung*, Übers. E. Fischer-Wernecke und R. Gillischewski, Frankfurt a. M. 1950, S.428.) Der Abbé L. Christiani veröffentlicht eine Broschüre unter dem Titel *Érasme, ennemi de la Chrétienté*, (Erasmus, ein Feind der Christenheit), Lüttich 1931.

Literaturangaben

Bibliographien

F. Vander Haeghen, *Bibliotheca Erasmiana, Répertoire des œuvres d'Érasme,* 3 Bde., Gent 1893 (unveränderter photomechanischer Nachdruck. 1961).

J.-Cl. Margolin, *Douze années de bibliographie érasmienne (1950-1961),* Paris 1963.

— *Quatorze années de bibliographie érasmienne (1936-1949),* Paris 1969.

— *Neuf années de bibliographie érasmienne (1962-1970),* Paris 1972.

P. G. Bietenholz, *Contemporaries of Erasmus,* 3 Bde., Toronto 1985-1987.

Ephemerides Theologicae Lovanienses, seit 1924.

Archiv für Reformationsgeschichte, Beiheft Literaturbericht, seit 1972.

Erasmus of Rotterdam Society Yearbook, Ann Arbor Mich., seit 1981.

Eine Bibliographie auf aktuellem Stand findet sich in der Zeitschrift *Bibliothèque d'Humanisme et Renaissance,* Genf.

Lateinische Ausgaben

Desiderii Erasmi Roterodami opera omnia, Hrsg. J. Clericus, 10 Bde. in 11 Bden., Leiden 1703-1706; Nachdruck Hildesheim 1961-1962 (=*LB*).

Opera omnia Desiderii Erasmi Roterodami, 12 Bde., Amsterdam, seit 1969 (=*ASD*).

P. S. Allen, *Opus epistolarum Desiderii Erasmi Roterodami,* 12 Bde., Oxford 1906-1958 (=*EE*).

H. Holborn, *Desiderius Erasmus Roterodamus. Ausgewählte Werke,* München 1933.

W. K. Ferguson, *Erasmi opuscula,* Den Haag 1933.

C. Reedijk, *The Poems of Desiderius Erasmus,* Leiden 1956.

S. Seidel Menchi, *Erasmo da Rotterdam. Adagia. Sei saggi politici,* Turin 1980.

A. Reeve, *Erasmus' Annotations on the New Testament,* London 1986.

É.-V. Telle, *Érasme. Dilutio eorum quae J. Clichtoveus scripsit,* Paris 1967.

Deutsche Übersetzungen

Erasmus von Rotterdam. Briefe, verdeutscht und herausgegeben von Walther Köhler und Andreas Flitner, 3. Aufl. Bremen 1956 (*=ERB*).

Erasmus von Rotterdam. Ausgewählte Schriften, Ausgabe in acht Bänden, Lateinisch und Deutsch, Hrsg. Werner Welzig, Darmstadt 1968-1980 (*=EAS*).

Erasmus von Rotterdam. Vertraute Gespräche, übertragen und eingeleitet von Hubert Schiel, Köln 1947.

Erasmus von Rotterdam. Süß scheint der Krieg den Unerfahrenen, übersetzt, kommentiert und herausgegeben von B. Hannemann, München 1987.

Erasmus von Rotterdam. Handbüchlein des christlichen Streiters, herausgegeben von Hubert Schiel, Olten/Freiburg i.Br. 1952.

Erasmus von Rotterdam. Vom freien Willen, herausgegeben von Otto Schumacher, Göttingen 1956.

Auswahlbibliographie

Die Studien zu Erasmus sind so zahlreich, daß ich hier nur einige Bücher nennen kann. Ich verzichte auf die Angabe von Artikeln aus Zeitschriften oder Sammelbänden: Der Leser kann sie den Anmerkungen entnehmen.

Actes du Congrès Érasme, Hrsg. C. REEDIJK, Amsterdam 1971.

J. W. ALDRIGDE, *The Hermeneutic of Erasmus,* Zürich 1966.

P. S. ALLEN, *The Age of Erasmus,* Oxford 1914.

— *Erasmus Lectures and Wayfaring Sketches,* Oxford 1934.

A. AUER, *Die vollkommene Frömmigkeit des Christen nach dem Enchiridion des Erasmus,* Düsseldorf 1954.

C. AUGUSTIJN, *Erasmus en de Reformatie,* Amsterdam 1962.

— *Erasmus von Rotterdam. Leben, Werk, Wirkung,* Übers. von Marga E. Baumer, München 1986.

R. H. BAINTON, *Erasmus. Reformer zwischen den Fronten,* Übers. von E. Langerbeck, Göttingen 1972.

M. BATAILLON, *Érasme et l'Espagne,* Paris 1937.

— *Erasmo y el erasmismo,* Barcelona 1977.

G. BÉDOUELLE, *Lefèvre d'Étaples et l'intelligence des Écritures,* Genf 1978.

CH. BÉNÉ, *Érasme et saint Augustin,* Genf 1969.

J. H. BENTLEY, *Humanists and Holy Writ,* Princeton 1983.

F. BIERLAIRE, *La Familia d'Érasme,* Paris 1968.

— *Érasme et ses Colloques: le livre d'une vie,* Genf 1977.

— *Les Colloques d'Érasme: réforme des études, réforme des mœurs et réforme de l'Église au XVIe siècle,* Paris 1978.

P. G. BIETENHOLZ, *History and Biography in the Work of Erasmus,* Genf 1966.

S. W. BIJL, *Erasmus in het Nederlands tot 1617,* Nieuwkoop 1978.

J. BOISSET, *Érasme et Luther,* Paris 1962.

L. BOUYER, *Autour d'Érasme,* Paris 1955.

M. O'R. BOYLE, *Christening pagan Mysteries. Erasmus in Pursuit of Wisdom,* Toronto 1981.

— *Rhetoric and Reform. Erasmus' Civil Dispute with Luther,* Cambridge (Mass.) 1983.

— *Erasmus on Language and Method in Theology,* Toronto 1977.

H. BRABANT, *Érasme, humaniste dolent,* Brüssel 1971.

H. BUCK, *Humanismus,* Freiburg i.Br. 1987.

G. CHANTRAINE, *Mystère et philosophie du Christ selon Érasme,* Namur 1971.

— *Érasme et Luther. Libre et serf arbitre*, Paris 1981.

Y. CHARLIER, *Érasme et l'amitié*, Paris 1977.

P. CHAUNU, *Le Temps des réformes*, Paris 1975.

Y. CHOMARAT, *Grammaire et rhétorique chez Érasme*, 2 Bde., Paris 1981.

C. CHRIST-VON WEDEL, *Das Nichtwissen bei Erasmus von Rotterdam*, Basel 1981.

Colloque érasmien de Liège, Hrsg. J.-P. MASSAUT, Paris 1987.

Colloquia Erasmiana Turonensia, 2 Bde., Paris 1972.

Colloquium Erasmianum, Mons 1968.

Commémoration nationale d'Érasme, Hrsg. A. GERLO, Brüssel 1970.

R. CRAHAY, *D'Érasme à Campanella*, Brüssel 1985.

G. DEGROOTE, *Erasmus, pelgrim van de geest*, Brüssel 1955.

M.-M. DE LA GARANDERIE, *Christianisme et lettres profanes (1517-1535)*, 2 Bde., Lille,Paris 1976.

M. DELCOURT, *Érasme*, 2. Aufl. Brüssel 1986.

J. DELUMEAU, *Le Péché et la Peur*, Paris 1983.

R. C. DE MOLEN, *Essays on the Work of Erasmus*, New Haven 1978.

— *The Spirituality of Erasmus of Rotterdam*, Nieuwkoop 1987.

P. DE NOLHAC, *Érasme en Italie*, 2. Aufl. Paris 1898.

H. DE VOCHT, *Érasme, sa vie, son œuvre*, Löwen 1935.

— *History of the Foundation and the Rise of the Collegium Trilingue Lovaniense*, 4 Bde., Löwen 1951-1955.

J. P. DOLAN, *The Influence of Erasmus, Witzel, and Cassander in the Church Ordinances*, Münster 1957.

S. DRESDEN, *Humanismus und Renaissance*, aus dem Holländischen von L. Riedel, München 1968.

H. DURAND DE LAUR, *Érasme, précurseur et initiateur de l'ésprit moderne*, 2 Bde., Paris 1872.

Érasme et la Belgique, Hrsg. A. GERLO, Brüssel 1969.

Erasmus, Hrsg. T. A. DOREY, London 1970.

Erasmus, De actualiteit van zijn denken, Amsterdam 1986.

Erasmus von Rotterdam. Vorkämpfer für Frieden und Toleranz, Basel 1986.

W. P. ECKERT, *Erasmus von Rotterdam. Werk und Wirkung*, 2. Bde., Köln 1967.

J. ÉTIENNE, *Spiritualisme érasmien et théologiens louvanistes*, Löwen 1956.

G. FALUDY, *Erasmus von Rotterdam*, aus dem Englischen von W. Seib u. W. Engel, Frankfurt a. M. 1970.

L. FEBVRE, *Le Problème de l'incroyance au XVIe siècle*, Paris 1942.

— *Au cœur religieux du XVIe siècle*, Paris 1957.

A. FLITNER, *Erasmus im Urteil seiner Nachwelt. Das literarische Erasmus-Bild von Beatus Rhenanus bis zu Jean Le Clerc*, Tübingen 1952.

G. J. FOKKE, *Christus verae pacis auctor et unicus scopus. Erasmus and Origen*, Löwen 1977.

J. A. FROUDE, *Life and Letters of Erasmus*, New York 1896.

A. J. GAIL, *Erasmus von Rotterdam. Mit Selbstzeugnissen und Bilddokumenten*, Reinbek bei Hamburg 1974.

E. GARIN, *L'Éducation de l'homme moderne (1400-1600)*, Paris 1968.

— *Erasmo*, Florenz 1988.

D. GEANAKOPLOS, *Greek Scholars in Venice*, Cambridge (Mass.) 1962.

G. GEBHARDT, *Die Stellung des Erasmus von Rotterdam zur Römischen Kirche*, Marburg 1966.

Gedenkschrift zum 400. Todestage des Erasmus von Rotterdam, Basel 1936.

A. GERLO, *Érasme et ses portraitistes*, 2. Aufl. Nieuwkoop 1969.

H. GIBAUD, *Un inédit d'Érasme: la première version du Nouveau Testament, copiée par Pierre Meghen (1506-1509)*, Angers 1982.

M. P. GILMORE, *Humanists and Jurists*, Cambridge (Mass.) 1963.

— *Le monde de l'humanisme*, Paris 1955.

369

A. GODIN, *Érasme, lecteur de Origène,* Genf 1982.

E. GUTMANN, *Die Colloquia familiaria des Erasmus von Rotterdam,* Basel 1968.

L.-E. HALKIN, *Érasme et l'humanisme chrétien,* Paris 1969.

— *Erasmus ex Erasmo,* Aubel 1983.

— *Erasme. Sa pensée et son comportement,* London 1988.

M. HEEP, *Die Colloquia familiaria des Erasmus und Lucian,* Halle 1927.

Fr. HEER, *Die dritte Kraft,* Frankfurt 1959.

O. HENDRIKS, *Erasmus en Leuven,* Bussum 1946.

W. HENTZE, *Kirche und kirchliche Einheit bei Desiderius Erasmus von Rotterdam,* Paderborn 1974.

M. HOFFMANN, *Erkenntnis und Verwirklichung der wahren Theologie nach Erasmus von Rotterdam,* Tübingen 1972.

H. HOLECZEK, *Humanistische Bibelphilologie als Reformproblem,* Leiden 1975.

— *Erasmus Deutsch,* Stuttgart 1983.

— *Erasmus von Rotterdam. Novum Instrumentum,* Stuttgart 1986.

J. HUIZINGA, *Erasmus,* dt. von W. Kaegi, Basel 1936.

A. HYMA, *The Youth of Erasmus,* 2. Aufl. Michigan 1968.

E. W. KOHLS, *Die Theologie des Erasmus,* 2 Bde., Basel 1966.

— *Luther oder Erasmus,* Basel 1972.

P. O. KRISTELLER, *Humanismus und Renaissance,* 2 Bde., Hrsg. E. Kessler, aus dem Englischen von R. Schweyen-Ott, München 1974, 1976.

— *Studies in Renaissance Thought and Letters,* 2 Bde., Rom 1985, 1987.

J. LECLER, *Geschichte der Religionsfreiheit,* 2 Bde., dt. von E. Schneider, Stuttgart 1965.

J. LINDEBOOM, *Erasmus. Onderzoek naar zijne theologie,* Leiden 1909.

J. J. MANGAN, *Life, Character and Influence of Desiderius Erasmus Roterodamus,* 2 Bde., New York 1927.

M. MANN, *Érasme et les débuts de la Réforme française,* Paris 1934.

M. MANN PHILLIPS, *The Adages of Erasmus,* Cambridge 1964.

— *Erasmus and the Northern Renaissance,* 5. Aufl. London 1980.

B. MANSFIELD, *Phoenix of His Age. Interpretations of Erasmus ca. 1550-1750,* Toronto 1979.

G. MARC'HADOUR, *L'Univers de Thomas More,* Paris 1963.

J.-Cl. MARGOLIN, *Érasme par lui-même,* Paris 1965.

— *Recherches érasmiennes,* Genf 1965.

— *Érasme: le prix des mots et de l'homme,* London 1986.

— *Érasme dans son miroire et dans son sillage,* London 1987.

S. MARKISH, *Érasme et les juifs,* Lausanne 1979.

G. MARLIER, *Érasme et la peinture flamande de son temps,* Damme 1954.

J.-P. MASSAUT, *Josse Clichtove, l'humanisme et la réforme de l'Église,* 2 Bde., Paris 1968.

— *Critique et Tradition,* Paris 1974.

J. McCONICA, *English Humanists and Reformation,* Oxford 1965.

P. MESNARD, *Érasme ou le christianisme critique,* Paris 1969.

— *L'Essor de la philosophie politique au XVIe siècle,* 3. Aufl. Paris 1969.

P. MESTWERDT, *Die Anfänge des Erasmus,* Leipzig 1917.

J. J. M. MEYERS, *Authors Edited, Translated or Annotated by Desiderius Erasmus … in the City Library of Rotterdam,* Rotterdam 1982.

F. NÈVE, *Recherches sur le séjour et les études d'Érasme en Brabant,* Löwen 1876.

R. NEWALD, *Erasmus von Rotterdam,* Freiburg i. Br. 1947.

K. H. OELRICH, *Der späte Erasmus und die Reformation,* Münster 1961.

J. C. OLIN, u. a., *Luther, Erasmus and the Reformation,* New York 1969.

R. PADBERG, *Erasmus als Katechet,* Freiburg i. Br. 1959.

— *Erasmus von Rotterdam. Seine Spiritualität. Grundlage seines Reformprogramms*, Paderborn 1979.

Z. Pavlovskis, *The Praise of Folly. Structure and Irony*, Leiden 1983.

J. B. Payne, *Erasmus: His Theology of the Sacraments*, Richmond 1970.

N. Peremans, *Érasme et Bucer*, Paris 1970.

N. Petruzellis, *Erasmo pensatore*, 2. Aufl. Neapel 1969.

R. Pfeiffer, *Humanitas Erasmiana*, Berlin 1931.

J.-B. Pineau, *Érasme. Sa pensée religieuse*, Paris 1923.

J. V. Pollet, *Julius Pflug. Correspondance*, 6 Bde., Leiden 1969-1982.

A. Rabil, *Erasmus and the New Testament*, San Antonio 1972.

C. Reedijk, *Erasmus en onze Dirk. De vriendschap tussen Erasmus en Dirk Martens*, Haarlem 1974.

— *Tandem bona causa triumphat*, Basel 1980.

A. Renaudet, *Érasme, sa pensée religieuse d'après sa correspondance (1518-1529)*, Paris 1926.

— *Études érasmiennes (1521-1529)*, Paris 1939.

— *Érasme et l'Italie*, Genf 1954.

L. D. Reynold, N. G. Wilson, *D'Homère à Erasme*, Paris 1984.

E.-E. Reynolds, *Thomas More and Erasmus*, London 1965.

K. Schätti, *Erasmus von Rotterdam und die Römische Kurie*, Basel, Stuttgart 1954.

E. Schneider, *Das Bild der Frau im Werk des Erasmus von Rotterdam*, Basel 1955.

O. Schottenloher, *Erasmus im Ringen um die humanistische Bildungsreform*, Berlin 1933.

M. A. Screech, *Ecstasy and the Praise of Folly*, London 1980.

Scrinium Erasmianum, Hrsg. J. Coppens, 2 Bde., Leiden 1969.

S. Seidel Menchi, *Erasmo in Italia (1520–1580)*, Turin 1988.

Pr. Smith, *Erasmus. A Study of His Life, Ideals and Place in History*, New York 1923.

— *A Key to the Colloquies of Erasmus*, Cambridge (Mass.) 1927.

C. Stange, *Erasmus und Julius II. Eine Legende*, Berlin 1937.

R. Stupperich, *Erasmus von Rotterdam und seine Welt*, Berlin, New York 1977.

É.-V. Telle, *Érasme et le septième sacrement*, Genf 1954.

D. F. S. Thomson, H. C. Porter, *Erasmus and Cambridge*, Toronto 1963.

G. Thompson, *Under Pretext of Praise. Satiric Mode in Erasmus' Fiction*, Toronto 1975.

Cr. R. Thompson, *The Colloquies of Erasmus*, Chicago 1965.

J. D. Tracy, *Erasmus. The Growth of a Mind*, Genf 1972.

— *The Politics of Erasmus*, Toronto 1978.

E. Treu, *Die Bildnisse des Erasmus von Rotterdam*, Basel 1959.

N. van der Blom, *Erasmus en Rotterdam*, Rotterdam, Den Haag 1969.

G. Villoslada, *Loyola y Erasmo*, Madrid 1965.

W. Vischer, *Erasmiana*, Basel 1876.

G. B. Winkler, *Erasmus und die Einleitungsschriften zum Neuen Testament*, Münster 1974.

W. H. Woodward, *Desiderius Erasmus Concerning the Aim and Method of Education*, 2. Aufl. New York 1964.

Namenregister